Habersack aktuell

Geleitwort zur Ergänzungslieferung

Die 191. Ergänzungslieferung bringt Ihre Textsammlung „Habersack, Deutsche Gesetze“ auf den Stand der Gesetzgebung vom 25. August 2022.

Auf vielfachen Wunsch wird mit dieser Ergänzungslieferung zunächst das Grundgesetz als Nr. **1** wieder in Ihre Textsammlung eingestellt.

Außerdem werden die mit Wirkung vom 1.11.2022 in Kraft tretenden Änderungen des Straßenverkehrsgesetzes (Nr. **35**) durch das Gesetz zur Verbesserung des Schutzes von Gerichtsvollziehern vor Gewalt sowie zur Änderung weiterer zwangsvollstreckungsrechtlicher Vorschriften und zur Änderung des Infektionsschutzgesetzes vom 7.5.2021 (BGBl. I S. 850) berücksichtigt. Dieses Gesetz hat auch die Insolvenzverordnung (Nr. **110**) geändert, die aber außerdem Änderungen durch das Gesetz zur Einführung virtueller Hauptversammlungen von Aktiengesellschaften und Änderung genossenschafts- sowie insolvenz- und restrukturierungsrechtlicher Vorschriften vom 20.7.2022 (BGBl. I S. 1166) erfahren hat.

Mit dieser Ergänzungslieferung wird außerdem das Sachverzeichnis ausgetauscht. Zudem wird ein breiterer Ordner ausgeliefert, der gewährleistet, dass die im Umfang ständig anwachsenden Vorschriften der Sammlung auch künftig in einem Ordner Platz finden.

Habersack aktuell 191. EL

Vorschau

Entwurf eines Gesetzes zur Überarbeitung des Sanktionenrechts – Ersatzfreiheitsstrafe, Strafzumessung, Auflagen und Weisungen sowie Unterbringung in einer Entziehungsanstalt

Der vom BMJ erarbeitete Referentenentwurf soll das Maßregelrecht reformieren. Die Anordnungsvoraussetzungen für die Unterbringung in einer Entziehungsanstalt nach § 64 StGB werden in mehrfacher Hinsicht künftig enger gefasst. Die Kriterien für den erforderlichen „Hang“ zum übermäßigen Rauschmittelkonsum, für den Zusammenhang zwischen Hang und Straffälligkeit und für die Erfolgsaussicht einer Behandlung werden erhöht. Des Weiteren wird der Umrechnungsmaßstab und einer Geld- in eine Ersatzfreiheitsstrafe in § 43 StGB so geändert, dass in Zukunft zwei Tagessätze Geldstrafe – statt bisher einer – einem Tag Ersatzfreiheitsstrafe entsprechen. Außerdem wird die Strafzumessungsnorm (§ 46 StGB) erweitert. Nunmehr sollen auch ausdrücklich „geschlechtsspezifische“ sowie „gegen die sexuelle Orientierung gerichtete“ Tatmotive dazukommen. Schließlich wird die Möglichkeit einer Therapieweisung im Rahmen der §§ 56c, 59a StGB und § 153a StPO eingeführt. Bei § 39a StGB kann zudem eine Arbeitsauflage erteilt werden.

Entwurf eines Dritten Gesetzes zur Änderung personenstandsrechtlicher Vorschriften (Drittes Personenstandsrechts-Änderungsgesetz – 3. PStRÄndG)

Der vom BMI veröffentliche Entwurf schafft die Basis für die elektronische Kommunikation der Bürger und von anzeigepflichtigen Einrichtungen mit dem Standesamt bei weitgehendem Verzicht auf die Vorlage urkundlicher Nachweise und setzt insofern die Vorgabe des Onlinezugangsgesetzes um. Die Ausstellung einer Personenstandsurkunde und eines Ehefähigkeitszeugnisses, die Bearbeitung der Anmeldung der Eheschließung und die Anzeige der Geburt bzw. eines Sterbefalls sollen so auf elektronischem Weg ermöglicht werden. Um die Antragsteller von

der Nachweispflicht zu befreien, sind Vorschriften für die Durchführung eines automatisierten Abrufverfahrens vorgesehen. Damit einher gehen muss die Intensivierung der elektronischen Nacherfassung der papiergebundenen Alteinträge in den elektronischen Personenstandsregistern. Um die damit verbundene Mehrbelastung in den Standesämtern teilweise zu kompensieren, ist geplant, auf die Eintragung der Religionszugehörigkeit künftig zu verzichten. Für die technische Umsetzung der Vorschriften müssen außerdem die elektronischen Fach-, Register- und Datenaustauschverfahren angepasst werden.

Habersack, Deutsche Gesetze

Einordnungsanweisung für die 191. Ergänzungslieferung August 2022

(Anschluss an die 190. Ergänzungslieferung August 2022)

Entnehmen Sie bitte zunächst den gesamten Buchblock der Textsammlung Ihrem Ordner und ordnen Sie ihn in den dieser Ergänzungslieferung beiliegenden neuen Ordner ein.
Danach ordnen Sie die Ergänzungslieferung wie folgt ein:

Die Angaben beziehen sich auf die Ordnungsnummern (fette Zahlen) und die dazugehörigen Seitenzahlen (magere Zahlen)

Herauszunehmen:	Blätter	Einzufügen:	Blätter
Titelblatt, „Habersack aktuell“ [1]	4	Titelblatt, „Habersack aktuell“ [1]	3
Vorwort–Inhalt II 4	5	Vorwort–Inhalt II 4	5
		nach **Abkürzungen** 6 *neu einzufügen:*	
		1 1–74	37
35 5/6	1	**35** 5/6	1
55–58	2	55–58	2
71–80	6	71–80a	6
110 3/3a	1	**110** 3/3a	1
18b–22	4	19–22a	4
Sachverzeichnis 1–202	101	**Sachverzeichnis** 1–212	106
Insgesamt herauszunehmen:	124	Insgesamt einzufügen:	165

[1] Aus technischen Gründen liegt das Geleitwort „Habersack aktuell“ am Anfang der Lieferung. Bitte ordnen Sie es wie gewohnt nach dem Titelblatt ein.

Habersack

Deutsche Gesetze

Sammlung des Zivil-, Straf- und Verfahrensrechts

Herausgegeben von
Prof. Dr. Mathias Habersack
Ludwig-Maximilians-Universität München

Begründet von
Dr. Heinrich Schönfelder

Stand: 25. August 2022
(191. Ergänzungslieferung)

C.H.BECK

Dieses Titelblatt stammt aus der 191. Ergänzungslieferung 25. August 2022,
die Ergänzungslieferung schließt an die 190. Ergänzungslieferung 1. August 2022 an.
ISBN 978 3 406 79455 1

Redaktioneller Hinweis: Paragraphenüberschriften in eckigen Klammern sind nichtamtlich. Sie sind ebenso wie die Fußnoten urheber- und wettbewerbsrechtlich geschützt.

www.beck.de

ISBN 978 3 406 46119 4 (Grundwerk zur Fortsetzung für 12 Monate)
ISBN 978 3 406 50075 6 (Grundwerk ohne Fortsetzung)

Wilhelmstraße 9, 80801 München
Druck: Druckerei C. H. Beck Nördlingen
(Adresse wie Verlag)

CO_2 neutral
chbeck.de/nachhaltig

Gedruckt auf säurefreiem, alterungsbeständigem Papier
(hergestellt aus chlorfrei gebleichtem Zellstoff)

Vorwort

Die von Heinrich Schönfelder 1931 begründete und seit 1935 als Loseblattausgabe erscheinende Textsammlung heißt nun „Habersack, Deutsche Gesetze“. Die Namensänderung ist vor dem Hintergrund der Ende Juli 2021 verlautbarten Entscheidung des Verlags zu sehen, die Werke seines Verlagsprogramms umzubenennen, die in ihrem Titel noch Namen von Juristen tragen, die während der nationalsozialistischen Diktatur eine aktive Rolle eingenommen haben.

Unverändert gilt, dass sich die Auswahl von Gesetzen des Zivil-, Straf- und Verfahrensrechts, darunter auch einige für die tägliche Arbeit besonders bedeutsame europäische Verordnungen, ganz nach den Bedürfnissen der universitären Ausbildung, des Referendariats und der Praxis richtet. Festgehalten wird auch an der bisherigen Nummerierung der abgedruckten Texte.

In den letzten Jahren ist der Umfang der Textsammlung ständig angestiegen. Daher ist geplant, 2022 einen größeren Ordner auszuliefern. Bei dieser Gelegenheit soll auch das Grundgesetz, das in vielfältiger Weise auf das Zivil-, Straf- und Verfahrensrecht ausstrahlt, unter der Ordnungsnummer 1 wieder in den Hauptband der Sammlung aufgenommen werden. Im Übrigen sind dem Umfang des Hauptbandes der Textsammlung aber auch künftig Grenzen gesetzt, so dass der Ergänzungsband weiterhin neben Gesetzen (u. a. Bauforderungssicherungsgesetz, Landpachtverkehrsgesetz, Gesetz über das gerichtliche Verfahren in Landwirtschaftssachen, Grundstücksverkehrsgesetz, Sozialgesetzbuch Achtes Buch, Wechselgesetz, Scheckgesetz, Strafvollzugsgesetz sowie das Recht der juristischen Berufe), die in der Vergangenheit der Textsammlung entnommen worden sind, weitere praxisrelevante Gesetze, untergesetzliche Regelungen und Arbeitshilfen enthält, die im Grundwerk aus Platzgründen nicht berücksichtigt werden konnten.

Zur leichteren Unterrichtung über Aufbau und Gliederung der einzelnen Gesetze wird ihnen weiterhin eine Inhaltsübersicht vorangestellt. Soweit der Gesetzgeber Paragraphen nicht mit Überschriften versehen hat, sind diese vom Verlag in eckigen Klammern eingefügt worden. Die nichtamtliche Satznummerierung soll das Auffinden von Gesetzesstellen erleichtern. Änderungstabellen vor den einzelnen Gesetzen ermöglichen einen raschen Überblick über die Änderungen des Gesetzeswortlauts. Bei den geänderten Paragraphen wird außerdem in einer Anmerkung auf die ändernde Vorschrift hingewiesen. In den Gesetzestexten sind nur Änderungen berücksichtigt, die der Gesetzgeber ausdrücklich vorgenommen hat. Sonstige (mittelbare) Änderungen werden durch Kursivdruck kenntlich gemacht. Darüber hinaus dienen Anmerkungen und Verweisungen auf andere zu beachtende Vorschriften des Bundes- oder Landesrechts und ein ausführliches Sachregister dem schnellen Zugriff auf die benötigten Rechtsnormen; soweit in diesen Anmerkungen und Verweisungen noch auf die Sammlung „Schönfelder“ Bezug genommen wird, erklärt sich auch dies aus dem Verzicht auf einen vollständigen Austausch.

Viele Anregungen zur Ausgestaltung der Textsammlung sowie Verbesserungsvorschläge und Hinweise auf unvermeidliche Druckfehler verdankt der Verlag der ständigen Mitarbeit der Bezieher. Herausgeber und Verlag bitten darum, auch wei-

terhin Vorschläge und Wünsche mitzuteilen, und werden stets bemüht sein, ihnen nach Möglichkeit zu entsprechen.

München, im Juli 2021

Herausgeber und Verlag

Inhaltsverzeichnis I

(Systematisch geordnet)

Verfassungsrecht

1. **Grundgesetz für die Bundesrepublik Deutschland** vom 23. Mai 1949

Bürgerliches Recht mit Nebenbestimmungen

20. **Bürgerliches Gesetzbuch (BGB)** idF der Bek. vom 2. Januar 2002

21. **Einführungsgesetz zum Bürgerlichen Gesetzbuche** idF der Bek. vom 21. September 1994

21 a. **Verordnung (EG) Nr. 593/2008 des Europäischen Parlaments und des Rates vom 17. Juni 2008 über das auf vertragliche Schuldverhältnisse anzuwendende Recht (Rom I)**

21 b. **Verordnung (EG) Nr. 864/2007 des Europäischen Parlaments und des Rates vom 11. Juli 2007 über das auf außervertragliche Schuldverhältnisse anzuwendende Recht („Rom II")**

21 c. **Verordnung (EU) Nr. 1259/2010 des Rates vom 20. Dezember 2010 zur Durchführung einer Verstärkten Zusammenarbeit im Bereich des auf die Ehescheidung und Trennung ohne Auflösung des Ehebandes anzuwendenden Rechts („Rom III")**

23. **Beurkundungsgesetz** vom 28. August 1969

27. Gesetz über die Haftung für fehlerhafte Produkte **(Produkthaftungsgesetz – ProdHaftG)** vom 15. Dezember 1989

28. **Umwelthaftungsgesetz (UmweltHG)** vom 10. Dezember 1990

33. **Haftpflichtgesetz** idF der Bek. vom 4. Januar 1978

34. **Allgemeines Gleichbehandlungsgesetz (AGG)** vom 14. August 2006

35. **Straßenverkehrsgesetz (StVG)** idF der Bek. vom 5. März 2003

35a. **Straßenverkehrs-Ordnung (StVO)** vom 6. März 2013

37. Gesetz über das Wohnungseigentum und das Dauerwohnrecht **(Wohnungseigentumsgesetz)** in der Fassung der Bekanntmachung vom 12. Januar 2021

41. Gesetz über das Erbbaurecht **(Erbbaurechtsgesetz – ErbbauRG)** vom 15. Januar 1919

48. Gesetz über den Versorgungsausgleich **(Versorgungsausgleichsgesetz – VersAusglG)** vom 3. April 2009

Handels- und Gesellschaftsrecht

50. **Handelsgesetzbuch** (ohne Seehandel) vom 10. Mai 1897

50 a. **Einführungsgesetz zum Handelsgesetzbuch** vom 10. Mai 1897

50 b. **Partnerschaftsgesellschaftsgesetz,** Gesetz über Partnerschaftsgesellschaften Angehöriger Freier Berufe vom 25. Juli 1994

51. **Aktiengesetz** vom 6. September 1965

51 a. **Einführungsgesetz zum Aktiengesetz** vom 6. September 1965

52. **Gesetz betreffend die Gesellschaften mit beschränkter Haftung (GmbHG)** vom 20. April 1892

52/1. Einführungsgesetz zum Gesetz betreffend die Gesellschaften mit beschränkter Haftung **(GmbHG-Einführungsgesetz – EGGmbHG)** vom 23. Oktober 2008

52 a. **Umwandlungsgesetz** vom 28. Oktober 1994

52 b. **Publizitätsgesetz,** Gesetz über die Rechnungslegung von bestimmten Unternehmen und Konzernen vom 15. August 1969

52 d. **Gesetz über Maßnahmen im Gesellschafts-, Genossenschafts-, Vereins-, Stiftungs- und Wohnungseigentumsrecht zur Bekämpfung der Auswirkungen der COVID-19-Pandemie** vom 27. März 2020

53. Gesetz betreffend die Erwerbs- und Wirtschaftsgenossenschaften **(Genossenschaftsgesetz – GenG)** idF des Bek. vom 16. Oktober 2006

Versicherungsrecht

62. Gesetz über den Versicherungsvertrag **(Versicherungsvertragsgesetz – VVG)** vom 23. November 2007

62 a. **Einführungsgesetz zum Versicherungsvertragsgesetz** vom 30. Mai 1908

63. Gesetz über die Pflichtversicherung für Kraftfahrzeughalter **(Pflichtversicherungsgesetz)** vom 5. April 1965 (Auszug)

63 a. VO über den Versicherungsschutz in der Kraftfahrzeug-Haftpflichtversicherung **(Kraftfahrzeug-PflichtversicherungsVO – KfzPflVV)** vom 29. Juli 1994

Gewerblicher Rechtsschutz und Urheberrecht

65. Gesetz über Urheberrecht und verwandte Schutzrechte **(Urheberrechtsgesetz)** vom 9. September 1965

67. Gesetz **betreffend das Urheberrecht an Werken der bildenden Künste und der Photographie** vom 9. Januar 1907

72. Gesetz über den Schutz von Marken und sonstigen Kennzeichen **(Markengesetz – MarkenG)** vom 25. Oktober 1994

73. **Gesetz gegen den unlauteren Wettbewerb (UWG)** idF der Bek. vom 3. März 2010

74. **Gesetz gegen Wettbewerbsbeschränkungen (GWB)** idF der Bek. vom 26. Juni 2013

Arbeitsrecht

83. **Arbeitsgerichtsgesetz** idF der Bek. vom 2. Juli 1979

84. **Kündigungsschutzgesetz (KSchG)** idF der Bek. vom 25. August 1969

Straf- und Strafverfahrensrecht, Ordnungswidrigkeitenrecht

85. **Strafgesetzbuch** (StGB) idF der Bek. vom 13. November 1998

85 a. **Einführungsgesetz zum Strafgesetzbuch (EGStGB)** vom 2. März 1974 (Auszug)

88. Gesetz zur weiteren Vereinfachung des Wirtschaftsstrafrechts **(Wirtschaftsstrafgesetz 1954)** idF der Bek. vom 3. Juni 1975

89. **Jugendgerichtsgesetz (JGG)** idF der Bek. vom 11. Dezember 1974

90. **Strafprozeßordnung (StPO)** idF der Bek. vom 7. April 1987

90 a. **Einführungsgesetz zur Strafprozeßordnung** vom 1. Februar 1877

92. Gesetz über das Zentralregister und das Erziehungsregister **(Bundeszentralregistergesetz – BZRG)** idF der Bek. vom 21. September 1984

94. **Gesetz über Ordnungswidrigkeiten (OWiG)** idF der Bek. vom 19. Februar 1987

Gerichtsverfassung

95. **Gerichtsverfassungsgesetz (GVG)** idF der Bek. vom 9. Mai 1975

95 a. **Einführungsgesetz zum Gerichtsverfassungsgesetz** vom 27. Januar 1877

Recht der juristischen Berufe

96. **Rechtspflegergesetz (RPflG)** idF der Bek. v. 14. April 2013

Zivilverfahrensrecht

100. **Zivilprozessordnung** idF der Bek. vom 5. Dezember 2005

101. ***Gesetz*, betreffend die Einführung der Zivilprozeßordnung** vom 30. Januar 1877

102. Verordnung über die Führung des Schuldnerverzeichnisses **(Schuldnerverzeichnisführungsverordnung – SchuFV)** vom 26. Juli 2012

102 a. Verordnung über den Bezug von Abdrucken aus dem Schuldnerverzeichnis **(Schuldnerverzeichnisabdruckverordnung – SchuVAbdrV)** vom 26. Juli 2012

102 b. Verordnung über das Vermögensverzeichnis **(Vermögensverzeichnisverordnung – VermVV)** vom 26. Juli 2012

105. Gesetz über Unterlassungsklagen bei Verbraucherrechts- und anderen Verstößen **(Unterlassungsklagengesetz – UKlaG)** idF der Bek. vom 27. August 2002

106. **Mediationsgesetz (MediationsG)** vom 21. Juli 2012

108. **Gesetz über die Zwangsversteigerung und die Zwangsverwaltung** vom 24. März 1897

110. **Insolvenzordnung (InsO)** vom 5. Oktober 1994

110 a. **Einführungsgesetz zur Insolvenzordnung (EGInsO)** vom 5. Oktober 1994 (Auszug)

110 d. Gesetz zur vorübergehenden Aussetzung der Insolvenzantragspflicht und zur Begrenzung der Organhaftung bei einer durch die COVID-19-Pandemie bedingten Insolvenz **(COVID-19-Insolvenzaussetzungsgesetz – COVInsAG)** vom 27. März 2020

111. Gesetz über die Anfechtung von Rechtshandlungen eines Schuldners außerhalb des Insolvenzverfahrens **(Anfechtungsgesetz – AnfG)** vom 5. Oktober 1994

112. **Gesetz über das Verfahren in Familiensachen und in den Angelegenheiten der freiwilligen Gerichtsbarkeit (FamFG)** vom 17. Dezember 2008

112 a. Gesetz zur Reform des Verfahrens in Familiensachen und in den Angelegenheiten der freiwilligen Gerichtsbarkeit **(FGG-Reformgesetz – FGG-RG)** vom 17. Dezember 2008 (Auszug)

114. **Grundbuchordnung** vom 24. März 1897

Kostenrecht

115. **Gerichtskostengesetz (GKG)** vom 5. Mai 2004

116. Gesetz über die Vergütung von Sachverständigen, Dolmetscherinnen, Dolmetschern, Übersetzerinnen und Übersetzern sowie die Entschädigung von ehrenamtlichen Richterinnen, ehrenamtlichen Richtern, Zeuginnen, Zeugen und Dritten **(Justizvergütungs- und -entschädigungsgesetz – JVEG)** vom 5. Mai 2004

117. Gesetz über die Vergütung der Rechtsanwältinnen und Rechtanwälte **(Rechtsanwaltsvergütungsgesetz – RVG)** idF d. Bek. vom 15. März 2022

118. **Gesetz über Gerichtskosten in Familiensachen (FamGKG)** vom 17. Dezember 2008

119. Gesetz über die Kosten der freiwilligen Gerichtsbarkeit für Gerichte und Notare **(Gerichts- und Notarkostengesetz – GNotKG)** vom 23. Juli 2013

120. Gesetz über Kosten in Angelegenheiten der Justizverwaltung **(Justizverwaltungskostengesetz – JVKostG)** vom 23. Juli 2013

122. **Justizbeitreibungsordnung** idF der Bek. vom 27. Juni 2017

123. **Gesetz über Kosten der Gerichtsvollzieher** vom 19. April 2001

Anhang Gebührentabelle

Anhang Registerzeichen

Sachverzeichnis

Inhaltsverzeichnis II

(Alphabetisch geordnet)

Aktiengesetz ... 51
Einführungsgesetz zum Aktiengesetz ... 51 a
Allgemeines Gleichbehandlungsgesetz ... 34
Anfechtungsgesetz, Gesetz über die Anfechtung von Rechtshandlungen eines Schuldners außerhalb des Insolvenzverfahrens ... 111
Arbeitsgerichtsgesetz ... 83

Beurkundungsgesetz ... 23
Bildende Künste, Gesetz betreffend das Urheberrecht an Werken der bildenden Künste und der Photographie ... 67
Bundeszentralregistergesetz, Gesetz über das Zentralregister und das Erziehungsregister ... 92
Bürgerliches Gesetzbuch ... 20
Einführungsgesetz zum Bürgerlichen Gesetzbuche ... 21

COVID-19, Insolvenzaussetzungsgesetz ... 110 d
Maßnahmen im Gesellschafts-, Genossenschafts-, Vereins-, Sitzungs- und Wohnungseigentumsrecht ... 52 d

Dolmetscher, Entschädigung ... 116

Ehrenamtliche Richter, Entschädigung ... 116
Einführungsgesetz zum Aktiengesetz ... 51 a
zum Bürgerlichen Gesetzbuche ... 21
zum Gerichtsverfassungsgesetz ... 95 a
zum GmbH-Gesetz ... 52/1
zum Handelsgesetzbuch ... 50 a
zum Scheckgesetz ... 57
zum Strafgesetzbuch ... 85 a
zur Strafprozeßordnung ... 90 a
zu dem Gesetz über den Versicherungsvertrag ... 62 a
zum Wechselgesetz ... 55
zur Zivilprozeßordnung ... 101
Entschädigung, Justizvergütungs- und -entschädigungsgesetz ... 116
Erbbaurechtsgesetz ... 41
Erziehungsregister, Gesetz über das Zentralregister und das Erziehungsregister ... 92

Familiensachen, Verfahren ... 112
Gerichtskosten ... 118
Freiwillige Gerichtsbarkeit, Gesetz über das Verfahren ... 112
FGG-Reformgesetz (Auszug) ... 112 a

Gebühren für ehrenamtliche Richter **116**
für Gerichtsvollzieher **123**
für Rechtsanwälte **117**
für Zeugen und Sachverständige **116**
Tabelle .... **Anh.**
Genossenschaftsgesetz, Gesetz betreffend die Erwerbs- und Wirtschaftsgenossenschaften **53**
Gerichtskostengesetz **115**
Gerichtskosten, Familiensachen **118**
Gerichts- und Notarkostengesetz **119**
Gerichtsverfassungsgesetz **95**
Einführungsgesetz zum Gerichtsverfassungsgesetz .... **95 a**
Gerichtsvollzieher, Gesetz über Kosten der Gerichtsvollzieher **123**
Gleichbehandlungsgesetz, Allgemeines **34**
GmbH-Gesetz, Gesetz betreffend die Gesellschaften mit beschränkter Haftung **52**
Einführungsgesetz zum GmbH-Gesetz **52/1**
Grundbuchordnung **114**
Grundgesetz **1**

Haftpflichtgesetz **33**
Handelsgesetzbuch (ohne Seehandel) **50**
Einführungsgesetz zum Handelsgesetzbuch .... **50 a**

Insolvenzordnung **110**
Einführungsgesetz zur Insolvenzordnung (Auszug) .... **110 a**

Jugendgerichtsgesetz **89**
Justizbeitreibungsordnung **122**
Justizvergütungs- und -entschädigungsgesetz **116**
Justizverwaltungskostengesetz **120**

Kartellgesetz, Gesetz gegen Wettbewerbsbeschränkungen **74**
Kraftfahrzeug-Pflichtversicherungsverordnung, VO über den Versicherungsschutz in der Kraftfahrzeug-Haftpflichtversicherung .... **63 a**
Kündigungsschutzgesetz **84**
Kunst, Gesetz betreffend das Urheberrecht an Werken der bildenden Künste und der Photographie **67**

Markengesetz, Gesetz über den Schutz von Marken und sonstigen Kennzeichen **72**
Mediationsgesetz **106**

Ordnungswidrigkeiten, Gesetz über Ordnungswidrigkeiten **94**

Partnerschaftsgesellschaftsgesetz, Gesetz über Partnerschaftsgesellschaften Angehöriger Freier Berufe .... **50 b**

Pflichtversicherungsgesetz, Gesetz über die Pflichtversicherung für Kraftfahrzeughalter (Auszug) **63**
VO über den Versicherungsschutz in der Kraftfahrzeug-Haftpflichtversicherung (Kraftfahrzeug-PflichtversicherungsVO) .... **63 a**
Photographie, Gesetz betreffend das Urheberrecht an Werken der bildenden Künste und der Photographie **67**
Produkthaftungsgesetz, Gesetz über die Haftung für fehlerhafte Produkte **27**
Publizitätsgesetz, Gesetz über die Rechnungslegung von bestimmten Unternehmen und Konzernen .... **52 b**

Rechtsanwälte, Vergütung **117**
Rechtsbeistände, Gebühren und Auslagen **124**
Rechtspflegergesetz **96**
Richter, Entschädigung der ehrenamtlichen Richter **116**
Rom I, Verordnung (EG) Nr. 593/2008 .... **21 a**
Rom II, Verordnung (EG) Nr. 864/2007 .... **21 b**
Rom III, Verordnung (EG) Nr. 1259/2010 .... **21 c**

Sachverständige, Entschädigung **116**
Schuldnerverzeichnisführungsverordnung **102**
Schuldnerverzeichnisabdruckverordnung **102**
Strafgesetzbuch **85**
Einführungsgesetz zum Strafgesetzbuch .... **85 a**
Strafprozeßordnung **90**
Einführungsgesetz zur Strafprozeßordnung .... **90 a**
Straßenverkehr, Gesetz über die Pflichtversicherung für Kraftfahrzeughalter **63**
Straßenverkehrsgesetz **35**
Straßenverkehrs-Ordnung .... **35 a**

Übersetzer, Entschädigung **116**
Umwandlungsgesetz .... **52 a**
Umwelthaftungsgesetz **28**
Unlauterer Wettbewerb, Gesetz gegen den unlauteren Wettbewerb **73**
Unterlassungsklagengesetz **105**
Urheberrecht, Gesetz über Urheberrecht und verwandte Schutzrechte (Urheberrechtsgesetz) **65**
Gesetz betreffend das Urheberrecht an Werken der bildenden Künste und der Photographie **67**
Gesetz betreffend das Urheberrecht an Mustern und Modellen (Geschmacksmustergesetz) **69**

Vermögensverzeichnisverordnung .... 102 b
Versicherungsvertragsgesetz, Gesetz über den Versicherungsvertrag 62
Einführungsgesetz zum Versicherungsvertragsgesetz .... 62 a
Pflichtversicherungsgesetz 63
Versorgungsausgleich, Gesetz über den Versorgungsausgleich 48

Wettbewerbsbeschränkungen, Gesetz gegen Wettbewerbsbeschränkungen 74
Wirtschaftsstrafgesetz 1954, Gesetz zur weiteren Vereinfachung des Wirtschaftsstrafrechts 88
Wohnungseigentumsgesetz, Gesetz über das Wohnungseigentum und das Dauerwohnrecht 37

Zentralregister, Gesetz über das Zentralregister und das Erziehungsregister 92
Zeugen, Entschädigung 116
Zivilprozessordnung 100
Einführungsgesetz zur Zivilprozeßordnung 101
Zwangsversteigerungsgesetz, Gesetz über die Zwangsversteigerung und die Zwangsverwaltung 108

1. Grundgesetz für die Bundesrepublik Deutschland

Vom 23. Mai 1949
(BGBl. S. 1)[1)]

BGBl. III/FNA 100-1

Lfd. Nr.	Änderndes Gesetz	Datum	Fundstelle	Betroffen	Hinweis
1.–36.	Änderungsgesetze bis einschl. G v. 21.12.1983 (BGBl. I S. 1481) nur noch in den Anm. nachgewiesen				
37.	Art. 4 Einigungsvertrag	31.8.1990	BGBl. II S. 885, 889	Art. 51, 135a	geänd. mWv 29.9.1990
				Präambel, 146	neu gef. mWv 29.9.1990
				Art. 143	eingef. mWv 29.9.1990
				Art. 23	aufgeh. mWv 29.9.1990
38.	Art. 1 ÄndG	14.7.1992	BGBl. I S. 1254	Art. 87d	geänd. mWv 22.7.1992
39.	Art. 1 ÄndG	21.12. 1992	BGBl. I S. 2086	Art. 24, 28, 52, 88, 115e	geänd. mWv 25.12.1992
				Art. 50	neu gef. mWv 25.12.1992
				Art. 23, 45	eingef. mWv 25.12.1992
40.	Art. 1 ÄndG	28.6.1993	BGBl. I S. 1002	Art. 16, 18	geänd. mWv 30.6.1993
				Art. 16a	eingef. mWv 30.6.1993
41.	Art. 1 ÄndG	20.12. 1993	BGBl. I S. 2089	Art. 73, 74, 80, 87	geänd. mWv 23.12.1993
				Art. 87e, 106a, 143a	eingef. mWv 23.12.1993
42.	Art. 1 ÄndG	30.8.1994	BGBl. I S. 2245	Art. 73, 80, 87	geänd. mWv 3.9.1994
				Art. 87f, 143b	eingef. mWv 3.9.1994
43.	Art. 1 ÄndG	27.10. 1994	BGBl. I S. 3146	Art. 3, 28, 29, 74, 75, 76, 77, 80, 87, 93	geänd. mWv 15.11.1994
				Art. 72	neu gef. mWv 15.11.1994
				Art. 20a, 118a, 125a	eingef. mWv 15.11.1994

[1)] In der im Bundesgesetzblatt Teil III, Gliederungsnummer 100-1, veröffentlichten bereinigten Fassung.

Die im BGBl. III abgedruckten amtlichen Änderungsnachweise und Verweise auf die Gliederungsnummern anderer Vorschriften sind nur in der online-Version wiedergegeben.

In den redaktionellen Änderungsfußnoten sind abweichend von der üblichen Praxis in Beck'schen Textausgaben alle Änderungen seit dem Erlass des Grundgesetzes aufgeführt, nicht nur diejenigen nach der Bereinigung durch das BGBl. III oder nach zwischenzeitlicher Neufassung von Artikeln.

Lfd. Nr.	Änderndes Gesetz	Datum	Fund-stelle	Betroffen	Hinweis
44.	Art. 1 ÄndG	3.11.1995	BGBl. I S. 1492	Art. 106	geänd. mWv 11.11.1995
45.	Art. 1 ÄndG	20.10. 1997	BGBl. I S. 2470	Art. 28, 106	geänd. mWv 25.10.1997
46.	Art. 1 ÄndG	26.3.1998	BGBl. I S. 610	Art. 13	geänd. mWv 1.4.1998
47.	Art. 1 ÄndG	16.7.1998	BGBl. I S. 1822	Art. 39	geänd. mWv 27.10.1998
48.	Art. 1 ÄndG (Art. 16)	29.11. 2000	BGBl. I S. 1633	Art. 16	geänd. mWv 2.12.2000
49.	Art. 1 ÄndG (Art. 12a)	19.12. 2000	BGBl. I S. 1755	Art. 12a	geänd. mWv 23.12.2000
50.	Art. 1 ÄndG (Art. 108)	26.11. 2001	BGBl. I S. 3219	Art. 108	geänd. mWv 30.11.2000
51.	Art. 1 ÄndG (Staatsziel Tierschutz)	26.7.2002	BGBl. I S. 2862	Art. 20a	geänd. mWv 1.8.2002
52.	Art. 1 ÄndG (Art. 96)	26.7.2002	BGBl. I S. 2863	Art. 96	geänd. mWv 1.8.2002
53.	Art. 1 ÄndG (Art. 22, 23, 33, 52, 72, 73, 74, 74a, 75, 84, 85, 87c, 91a, 91b, 93, 98, 104a, 104b, 105, 107, 109, 125a, 125b, 125c, 143c)	28.8.2006	BGBl. I S. 2034	Art. 22, 23, 33, 52, 72, 73, 74, 84, 85, 87c, 91a, 93, 98, 104a, 105, 107, 109	geänd. mWv 1.9.2006
				Art. 91b, 93, 125a	neu gef. mWv 1.9.2006
				Art. 104b, 125b, 125c, 143c	eingef. mWv 1.9.2006
				Art. 74a, 75	aufgeh. mit Ablauf des 31.8. 2006
54.	Art. 1 ÄndG (Art. 23, 45, 93)	8.10.2008	BGBl. I S. 1926	Art. 23, 45, 93	geänd. mWv 1.12.2009
55.	Art. 1 ÄndG (Art. 106, 106b, 107, 108)	19.3.2009	BGBl. I S. 606	Art. 107, 108	geänd. mWv 26.3.2009
				Art. 106b	eingef. mWv 26.3.2009
				Art. 106	geänd. mWv 1.7.2009
56.	Art. 1 ÄndG (Art. 45d)	17.7.2009	BGBl. I S. 1977	Art. 45d	eingef. mWv 23.7.2009
57.	Art. 1 ÄndG (Art. 87d)	29.7.2009	BGBl. I S. 2247	Art. 87d	geänd. mWv 1.8.2009
58.	Art. 1 ÄndG (Art. 91c, 91d, 104b, 109, 109a, 115, 143d)	29.7.2009	BGBl. I S. 2248	Überschrift Abschnitt VIIIa, Art. 104b, 109, 115	geänd. mWv 1.8.2009
				Art. 91c, 91d, 109a, 143d	eingef. mWv 1.8.2009
59.	Art. 1 ÄndG (Art. 91e)	21.7.2010	BGBl. I S. 944	Art. 91e	eingef. mWv 27.7.2010
60.	Art. 1 ÄndG (Art. 93)	11.7.2012	BGBl. I S. 1478	Art. 93	geänd. mWv 17.7.2012
61.	Art. 1 ÄndG (Art. 91b)	23.12. 2014	BGBl. I S. 2438	Art. 91b	geänd. mWv 1.1.2015
62.	Art. 1 ÄndG (Art. 21)	13.7.2017	BGBl. I S. 2346	Art. 21	geänd. mWv 20.7.2017

Lfd. Nr.	Änderndes Gesetz	Datum	Fundstelle	Betroffen	Hinweis
63.	Art. 1 ÄndG (Art. 90, 91c, 104b, 104c, 107, 108, 109a, 114, 125c, 143d, 143e, 143f, 143g)	13.7.2017	BGBl. I S. 2347	Art. 90, 91c, 104b, 107, 108, 109a, 114, 125c, 143d	geänd. mWv 20.7.2017
				Art. 104c, 143e, 143f, 143g	eingef. mWv 20.7.2017
64.	Art. 1 ÄndG (Art. 104b, 104c, 104d, 125c, 143e)	28.3.2019	BGBl. I S. 404	Art. 104b, 125c, 143e	geänd. mWv 4.4.2019
				Art. 104c	neu gef. mWv 4.4.2019
				Art. 104d	eingef. mWv 4.4.2019
65.	Art. 1 ÄndG (Art. 72, 105, 125b)	15.11. 2019	BGBl. I S. 1546	Art. 72, 105, 125b	geänd. mWv 21.11.2019
66.	Art. 1 und 2 ÄndG (Art. 104a, 143h)	29.9.2020	BGBl. I S. 2048	Art. 104a	geänd. mWv 8.10.2020
				Art. 143h	eingef. mWv 8.10.2020–31.12.2020
67.	Art. 1 ÄndG (Art. 87a)	28.6.2022	BGBl. I S. 968	Art. 87a	geänd. mWv 1.7.2022

Nichtamtliche Gliederungsübersicht

		Art.
I.	Die Grundrechte	1–19
II.	Der Bund und die Länder	20–37
III.	Der Bundestag	38–49
IV.	Der Bundesrat	50–53
IVa.	Gemeinsamer Ausschuss	53a
V.	Der Bundespräsident	54–61
VI.	Die Bundesregierung	62–69
VII.	Die Gesetzgebung des Bundes	70–82
VIII.	Die Ausführung der Bundesgesetze und die Bundesverwaltung	83–91
VIIIa.	Gemeinschaftsaufgaben, Verwaltungszusammenarbeit	91a–91e
IX.	Die Rechtsprechung	92–104
X.	Das Finanzwesen	104a–115
Xa.	Verteidigungsfall	115a–115l
XI.	Übergangs- und Schlussbestimmungen	116–146

[Verkündungsformel]

Der Parlamentarische Rat hat am 23. Mai 1949 in Bonn am Rhein in öffentlicher Sitzung festgestellt, daß das am 8. Mai des Jahres 1949 vom Parlamentarischen Rat beschlossene Grundgesetz für die Bundesrepublik Deutschland in der Woche vom 16. bis 22. Mai 1949 durch die Volksvertretungen von mehr als Zweidritteln der beteiligten deutschen Länder angenommen worden ist.

Auf Grund dieser Feststellung hat der Parlamentarische Rat, vertreten durch seine Präsidenten, das Grundgesetz ausgefertigt und verkündet.

Das Grundgesetz wird hiermit gemäß Artikel 145 Abs. 3 im Bundesgesetzblatt veröffentlicht:

Präambel[1)]

[1] Im Bewußtsein seiner Verantwortung vor Gott und den Menschen,

von dem Willen beseelt, als gleichberechtigtes Glied in einem vereinten Europa dem Frieden der Welt zu dienen, hat sich das Deutsche Volk kraft seiner verfassungsgebenden Gewalt dieses Grundgesetz gegeben.

[2] Die Deutschen[2)] in den Ländern Baden-Württemberg, Bayern, Berlin, Brandenburg, Bremen, Hamburg, Hessen, Mecklenburg-Vorpommern, Niedersachsen, Nordrhein-Westfalen, Rheinland-Pfalz, Saarland, Sachsen, Sachsen-Anhalt, Schleswig-Holstein und Thüringen haben in freier Selbstbestimmung die Einheit und Freiheit Deutschlands vollendet. [3] Damit gilt dieses Grundgesetz für das gesamte Deutsche Volk.

---

1) Präambel neu gef. mWv 29.9.1990 durch EVertr. v. 31.8.1990 (BGBl. II S. 885, 889).
2) Zum Begriff des „Deutschen" siehe Art. 116 Abs. 1.

I. Die Grundrechte[1)]

Art. 1[2) 3)] **[Schutz der Menschenwürde, Menschenrechte, Grundrechtsbindung]** (1) [1]Die Würde des Menschen ist unantastbar. [2]Sie zu achten und zu schützen ist Verpflichtung aller staatlichen Gewalt.

(2) Das Deutsche Volk bekennt sich darum zu unverletzlichen und unveräußerlichen Menschenrechten als Grundlage jeder menschlichen Gemeinschaft, des Friedens und der Gerechtigkeit in der Welt.

(3) Die nachfolgenden Grundrechte binden Gesetzgebung, vollziehende Gewalt und Rechtsprechung als unmittelbar geltendes Recht.

Art. 2 [Freie Entfaltung der Persönlichkeit, Recht auf Leben, körperliche Unversehrtheit, Freiheit der Person] (1) Jeder hat das Recht auf die freie Entfaltung seiner Persönlichkeit, soweit er nicht die Rechte anderer verletzt und nicht gegen die verfassungsmäßige Ordnung oder das Sittengesetz verstößt.

(2) [1]Jeder hat das Recht auf Leben und körperliche Unversehrtheit. [2]Die Freiheit der Person ist unverletzlich.[4)] [3]In diese Rechte darf nur auf Grund eines Gesetzes eingegriffen werden.[5)]

Art. 3[6) 7)] **[Gleichheit vor dem Gesetz]** (1) Alle Menschen sind vor dem Gesetz gleich.

(2) [1]Männer und Frauen sind gleichberechtigt. [2]Der Staat fördert die tatsächliche Durchsetzung der Gleichberechtigung von Frauen und Männern und wirkt auf die Beseitigung bestehender Nachteile hin.

(3)[8)] [1]Niemand darf wegen seines Geschlechtes, seiner Abstammung, seiner Rasse, seiner Sprache, seiner Heimat und Herkunft, seines Glaubens, seiner religiösen oder politischen Anschauungen benachteiligt oder bevorzugt werden. [2]Niemand darf wegen seiner Behinderung benachteiligt werden.

Art. 4 [Glaubens-, Gewissens- und Bekenntnisfreiheit, Kriegsdienstverweigerung] (1) Die Freiheit des Glaubens, des Gewissens und die Freiheit des religiösen und weltanschaulichen Bekenntnisses sind unverletzlich.

(2)[9)] Die ungestörte Religionsausübung wird gewährleistet.

(3) [1]Niemand darf gegen sein Gewissen zum Kriegsdienst mit der Waffe gezwungen werden. [2]Das Nähere regelt ein Bundesgesetz.[10)]

[1)] Siehe hierzu auch die Konvention zum Schutz der Menschenrechte und Grundfreiheiten **(Sartorius Nr. 1003)**.

[2)] Art. 1 Abs. 3 neu gef. mWv 22.3.1956 durch G v. 19.3.1956 (BGBl. I S. 111).

[3)] Zur Unzulässigkeit der Änderung des Art. 1 siehe Art. 79 Abs. 3.

[4)] Zur Freiheitsentziehung siehe Art. 104.

[5)] Siehe hierzu ua Buch 7 (§§ 415 ff. – Verfahren in Freiheitsentziehungssachen) des G über das Verfahren in Familiensachen und in den Angelegenheiten der freiwilligen Gerichtsbarkeit (FamFG) (Nr. **112**).

[6)] Art. 3 Abs. 2 Satz 2 und Abs. 3 Satz 2 angef. mWv 15.11.1994 durch G v. 27.10.1994 (BGBl. I S. 3146).

[7)] Siehe hierzu auch Art. 33 Abs. 2 GG sowie Art. 136 Abs. 1 und 2 WRV, wiedergegeben im Anschluss an Art. 146.

[8)] Siehe hierzu das Allgemeine GleichbehandlungsG (Nr. **34**).

[9)] Siehe hierzu auch Art. 136 Abs. 3 und 4 WRV, wiedergegeben im Anschluss an Art. 146.

[10)] Siehe das WehrpflichtG **(Sartorius Nr. 620)**, KriegsdienstverweigerungsG **(Sartorius Nr. 626)** und das ZivildienstG **(Sartorius Nr. 625)**.

Art. 5 [Recht der freien Meinungsäußerung, Medienfreiheit, Kunst- und Wissenschaftsfreiheit] (1) [1]Jeder hat das Recht, seine Meinung in Wort, Schrift und Bild frei zu äußern und zu verbreiten und sich aus allgemein zugänglichen Quellen ungehindert zu unterrichten. [2]Die Pressefreiheit und die Freiheit der Berichterstattung durch Rundfunk und Film werden gewährleistet. [3]Eine Zensur findet nicht statt.

(2) Diese Rechte finden ihre Schranken in den Vorschriften der allgemeinen Gesetze, den gesetzlichen Bestimmungen zum Schutze der Jugend und in dem Recht der persönlichen Ehre.

(3) [1]Kunst und Wissenschaft, Forschung und Lehre sind frei. [2]Die Freiheit der Lehre entbindet nicht von der Treue zur Verfassung.

Art. 6[1)] [Ehe, Familie, nicht eheliche Kinder] (1) Ehe und Familie stehen unter dem besonderen Schutze der staatlichen Ordnung.

(2) [1]Pflege und Erziehung der Kinder sind das natürliche Recht der Eltern und die zuvörderst ihnen obliegende Pflicht. [2]Über ihre Betätigung wacht die staatliche Gemeinschaft.

(3) Gegen den Willen der Erziehungsberechtigten dürfen Kinder nur auf Grund eines Gesetzes von der Familie getrennt werden, wenn die Erziehungsberechtigten versagen oder wenn die Kinder aus anderen Gründen zu verwahrlosen drohen.

(4) Jede Mutter hat Anspruch auf den Schutz und die Fürsorge der Gemeinschaft.

(5) Den unehelichen[2)] Kindern sind durch die Gesetzgebung die gleichen Bedingungen für ihre leibliche und seelische Entwicklung und ihre Stellung in der Gesellschaft zu schaffen wie den ehelichen Kindern.

Art. 7 [Schulwesen] (1) Das gesamte Schulwesen steht unter der Aufsicht des Staates.

(2) Die Erziehungsberechtigten haben das Recht, über die Teilnahme des Kindes am Religionsunterricht zu bestimmen.

(3) [1]Der Religionsunterricht ist in den öffentlichen Schulen mit Ausnahme der bekenntnisfreien Schulen ordentliches Lehrfach.[3)] [2]Unbeschadet des staatlichen Aufsichtsrechtes wird der Religionsunterricht in Übereinstimmung mit den Grundsätzen der Religionsgemeinschaften erteilt. [3]Kein Lehrer darf gegen seinen Willen verpflichtet werden, Religionsunterricht zu erteilen.

(4) [1]Das Recht zur Errichtung von privaten Schulen wird gewährleistet. [2]Private Schulen als Ersatz für öffentliche Schulen bedürfen der Genehmigung des Staates und unterstehen den Landesgesetzen. [3]Die Genehmigung ist zu erteilen, wenn die privaten Schulen in ihren Lehrzielen und Einrichtungen sowie in der wissenschaftlichen Ausbildung ihrer Lehrkräfte nicht hinter den öffentlichen Schulen zurückstehen und eine Sonderung der Schüler nach den Besitzverhältnissen der Eltern nicht gefördert wird. [4]Die Genehmigung ist zu versagen, wenn die wirtschaftliche und rechtliche Stellung der Lehrkräfte nicht genügend gesichert ist.

[1)] Siehe hierzu das G über die rechtliche Stellung der nichtehelichen Kinder v. 19.8.1969 (BGBl. I S. 1243), zuletzt geänd. durch G v. 12.4.2011 (BGBl. I S. 615).

[2)] Der Begriff „unehelich" ist durch Art. 9 § 2 G zur Neuregelung des Rechts der elterlichen Sorge v. 18.7.1979 (BGBl. I S. 1061) in allen Bundesgesetzen mit Ausnahme des GG durch den Begriff „nicht ehelich" ersetzt worden.

[3)] Siehe hierzu Art. 141.

(5) Eine private Volksschule ist nur zuzulassen, wenn die Unterrichtsverwaltung ein besonderes pädagogisches Interesse anerkennt oder, auf Antrag von Erziehungsberechtigten, wenn sie als Gemeinschaftsschule, als Bekenntnis- oder Weltanschauungsschule errichtet werden soll und eine öffentliche Volksschule dieser Art in der Gemeinde nicht besteht.

(6) Vorschulen bleiben aufgehoben.

Art. 8[1] **[Versammlungsfreiheit]** (1) Alle Deutschen[2] haben das Recht, sich ohne Anmeldung oder Erlaubnis friedlich und ohne Waffen zu versammeln.

(2) Für Versammlungen unter freiem Himmel kann dieses Recht durch Gesetz oder auf Grund eines Gesetzes beschränkt werden.

Art. 9[3][4] **[Vereinigungsfreiheit]** (1) Alle Deutschen[2] haben das Recht, Vereine und Gesellschaften zu bilden.

(2) Vereinigungen, deren Zwecke oder deren Tätigkeit den Strafgesetzen zuwiderlaufen oder die sich gegen die verfassungsmäßige Ordnung oder gegen den Gedanken der Völkerverständigung richten, sind verboten.

(3) [1] Das Recht, zur Wahrung und Förderung der Arbeits- und Wirtschaftsbedingungen Vereinigungen zu bilden, ist für jedermann und für alle Berufe gewährleistet. [2] Abreden, die dieses Recht einschränken oder zu behindern suchen, sind nichtig, hierauf gerichtete Maßnahmen sind rechtswidrig. [3] Maßnahmen nach den Artikeln 12a, 35 Abs. 2 und 3, Artikel 87a Abs. 4 und Artikel 91 dürfen sich nicht gegen Arbeitskämpfe richten, die zur Wahrung und Förderung der Arbeits- und Wirtschaftsbedingungen von Vereinigungen im Sinne des Satzes 1 geführt werden.

Art. 10[5] **[Brief-, Post- und Fernmeldegeheimnis]** (1) Das Briefgeheimnis sowie das Post- und Fernmeldegeheimnis sind unverletzlich.

(2) [1] Beschränkungen dürfen nur auf Grund eines Gesetzes[6] angeordnet werden. [2] Dient die Beschränkung dem Schutze der freiheitlichen demokratischen Grundordnung oder des Bestandes oder der Sicherung des Bundes oder eines Landes, so kann das Gesetz bestimmen, daß sie dem Betroffenen nicht mitgeteilt wird und daß an die Stelle des Rechtsweges die Nachprüfung durch von der Volksvertretung bestellte Organe und Hilfsorgane tritt.

Art. 11[7] **[Freizügigkeit]** (1) Alle Deutschen[2] genießen Freizügigkeit im ganzen Bundesgebiet.

(2) Dieses Recht darf nur durch Gesetz[8] oder auf Grund eines Gesetzes und nur für die Fälle eingeschränkt werden, in denen eine ausreichende Lebensgrundlage nicht vorhanden ist und der Allgemeinheit daraus besondere Lasten entstehen würden oder in denen es zur Abwehr einer drohenden Gefahr für den Bestand

---

[1] Siehe hierzu das VersammlungsG **(Sartorius Nr. 435)**.

[2] Zum Begriff des „Deutschen" siehe Art. 116 Abs. 1.

[3] Art. 9 Abs. 3 Satz 3 angef. mWv 28.6.1968 durch G v. 24.6.1968 (BGBl. I S. 709).

[4] Siehe hierzu auch Art. 21 und das VereinsG **(Sartorius Nr. 425)**.

[5] Art. 10 neu gef. mWv 28.6.1968 durch G v. 24.6.1968 (BGBl. I S. 709).

[6] Siehe hierzu ua das G zur Beschränkung des Brief-, Post- und Fernmeldegeheimnisses **(Habersack, Deutsche Gesetze ErgBd. Nr. 90f)** und das G zur Überwachung strafrechtl. und anderer Verbringungsverbote v. 24.5.1961 (BGBl. I S. 607), zuletzt geänd. durch G v. 8.7.2016 (BGBl. I S. 1594).

[7] Art. 11 Abs. 2 neu gef. mWv 28.6.1968 durch G v. 24.6.1968 (BGBl. I S. 709).

[8] Siehe hierzu ua § 51 WehrpflichtG **(Sartorius Nr. 620)** und § 39 ArbeitssicherstellungsG **(Loseblatt-Textsammlung Arbeitsrecht Nr. 101)**.

oder die freiheitliche demokratische Grundordnung des Bundes oder eines Landes, zur Bekämpfung von Seuchengefahr, Naturkatastrophen oder besonders schweren Unglücksfällen, zum Schutze der Jugend vor Verwahrlosung oder um strafbaren Handlungen vorzubeugen, erforderlich ist.

Art. 12[1] **[Berufsfreiheit]** (1) [1] Alle Deutschen[2] haben das Recht, Beruf, Arbeitsplatz und Ausbildungsstätte frei zu wählen. [2] Die Berufsausübung kann durch Gesetz oder auf Grund eines Gesetzes geregelt werden.

(2)[3] Niemand darf zu einer bestimmten Arbeit gezwungen werden, außer im Rahmen einer herkömmlichen allgemeinen, für alle gleichen öffentlichen Dienstleistungspflicht.

(3) Zwangsarbeit ist nur bei einer gerichtlich angeordneten Freiheitsentziehung zulässig.

Art. 12a[4] **[Dienstverpflichtungen]** (1) Männer können vom vollendeten achtzehnten Lebensjahr an zum Dienst in den Streitkräften, im Bundesgrenzschutz[5] oder in einem Zivilschutzverband verpflichtet werden.

(2) [1] Wer aus Gewissensgründen den Kriegsdienst mit der Waffe verweigert, kann zu einem Ersatzdienst verpflichtet werden. [2] Die Dauer des Ersatzdienstes darf die Dauer des Wehrdienstes nicht übersteigen. [3] Das Nähere regelt ein Gesetz[6], das die Freiheit der Gewissensentscheidung nicht beeinträchtigen darf und auch eine Möglichkeit des Ersatzdienstes vorsehen muß, die in keinem Zusammenhang mit den Verbänden der Streitkräfte und des Bundesgrenzschutzes[5] steht.

(3) [1] Wehrpflichtige, die nicht zu einem Dienst nach Absatz 1 oder 2 herangezogen sind, können im Verteidigungsfalle durch Gesetz oder auf Grund eines Gesetzes zu zivilen Dienstleistungen für Zwecke der Verteidigung einschließlich des Schutzes der Zivilbevölkerung in Arbeitsverhältnisse verpflichtet werden; Verpflichtungen in öffentlich-rechtliche Dienstverhältnisse sind nur zur Wahrnehmung polizeilicher Aufgaben oder solcher hoheitlichen Aufgaben der öffentlichen Verwaltung, die nur in einem öffentlich-rechtlichen Dienstverhältnis erfüllt werden können, zulässig. [2] Arbeitsverhältnisse nach Satz 1 können bei den Streitkräften, im Bereich ihrer Versorgung sowie bei der öffentlichen Verwaltung begründet werden; Verpflichtungen in Arbeitsverhältnisse im Bereiche der Versorgung der Zivilbevölkerung sind nur zulässig, um ihren lebensnotwendigen Bedarf zu decken oder ihren Schutz sicherzustellen.

(4) [1] Kann im Verteidigungsfalle der Bedarf an zivilen Dienstleistungen im zivilen Sanitäts- und Heilwesen sowie in der ortsfesten militärischen Lazarettorganisation nicht auf freiwilliger Grundlage gedeckt werden, so können Frauen vom vollendeten achtzehnten bis zum vollendeten fünfundfünfzigsten Lebensjahr durch Gesetz oder auf Grund eines Gesetzes zu derartigen Dienstleistungen heran-

[1] Art. 12 neu gef. mWv 22.3.1956 durch G v. 19.3.1956 (BGBl. I S. 111); neu gef. mWv 28.6.1968 durch G v. 24.6.1968 (BGBl. I S. 709).

[2] Zum Begriff des „Deutschen" siehe Art. 116 Abs. 1.

[3] Siehe hierzu ua §§ 25 ff. WehrpflichtG **(Sartorius Nr. 620)** und das ArbeitssicherstellungsG **(Loseblatt-Textsammlung Arbeitsrecht Nr. 101)**.

[4] Art. 12a eingef. mWv 28.6.1968 durch G v. 24.6.1968 (BGBl. I S. 709); Abs. 4 Satz 2 neu gef. mWv 23.12.2000 durch G v. 19.12.2000 (BGBl. I S. 1755).

[5] Bezeichnung ab 1.7.2005: „Bundespolizei".

[6] Siehe das KriegsdienstverweigerungsG **(Sartorius Nr. 626)** und das ZivildienstG **(Sartorius Nr. 625)**.

gezogen werden. [2] Sie dürfen auf keinen Fall zum Dienst mit der Waffe verpflichtet werden.

(5) [1] Für die Zeit vor dem Verteidigungsfalle können Verpflichtungen nach Absatz 3 nur nach Maßgabe des Artikels 80a Abs. 1 begründet werden. [2] Zur Vorbereitung auf Dienstleistungen nach Absatz 3, für die besondere Kenntnisse oder Fertigkeiten erforderlich sind, kann durch Gesetz oder auf Grund eines Gesetzes die Teilnahme an Ausbildungsveranstaltungen zur Pflicht gemacht werden. [3] Satz 1 findet insoweit keine Anwendung.

(6) [1] Kann im Verteidigungsfalle der Bedarf an Arbeitskräften für die in Absatz 3 Satz 2 genannten Bereiche auf freiwilliger Grundlage nicht gedeckt werden, so kann zur Sicherung dieses Bedarfs die Freiheit der Deutschen[1)], die Ausübung eines Berufs oder den Arbeitsplatz aufzugeben, durch Gesetz oder auf Grund eines Gesetzes eingeschränkt werden. [2] Vor Eintritt des Verteidigungsfalles gilt Absatz 5 Satz 1 entsprechend.

Art. 13[2)] [Unverletzlichkeit der Wohnung] (1) Die Wohnung ist unverletzlich.

(2) Durchsuchungen dürfen nur durch den Richter, bei Gefahr im Verzuge auch durch die in den Gesetzen vorgesehenen anderen Organe angeordnet und nur in der dort vorgeschriebenen Form durchgeführt werden.

(3) [1] Begründen bestimmte Tatsachen den Verdacht, daß jemand eine durch Gesetz einzeln bestimmte besonders schwere Straftat begangen hat, so dürfen zur Verfolgung der Tat auf Grund richterlicher Anordnung technische Mittel zur akustischen Überwachung von Wohnungen, in denen der Beschuldigte sich vermutlich aufhält, eingesetzt werden, wenn die Erforschung des Sachverhalts auf andere Weise unverhältnismäßig erschwert oder aussichtslos wäre. [2] Die Maßnahme ist zu befristen. [3] Die Anordnung erfolgt durch einen mit drei Richtern besetzten Spruchkörper. [4] Bei Gefahr im Verzuge kann sie auch durch einen einzelnen Richter getroffen werden.

(4) [1] Zur Abwehr dringender Gefahren für die öffentliche Sicherheit, insbesondere einer gemeinen Gefahr oder einer Lebensgefahr, dürfen technische Mittel zur Überwachung von Wohnungen nur auf Grund richterlicher Anordnung eingesetzt werden. [2] Bei Gefahr im Verzuge kann die Maßnahme auch durch eine andere gesetzlich bestimmte Stelle angeordnet werden; eine richterliche Entscheidung ist unverzüglich nachzuholen.

(5) [1] Sind technische Mittel ausschließlich zum Schutze der bei einem Einsatz in Wohnungen tätigen Personen vorgesehen, kann die Maßnahme durch eine gesetzlich bestimmte Stelle angeordnet werden. [2] Eine anderweitige Verwertung der hierbei erlangten Erkenntnisse ist nur zum Zwecke der Strafverfolgung oder der Gefahrenabwehr und nur zulässig, wenn zuvor die Rechtmäßigkeit der Maßnahme richterlich festgestellt ist; bei Gefahr im Verzuge ist die richterliche Entscheidung unverzüglich nachzuholen.

(6) [1] Die Bundesregierung unterrichtet den Bundestag jährlich über den nach Absatz 3 sowie über den im Zuständigkeitsbereich des Bundes nach Absatz 4 und, soweit richterlich überprüfungsbedürftig, nach Absatz 5 erfolgten Einsatz technischer Mittel. [2] Ein vom Bundestag gewähltes Gremium übt auf der Grundlage

[1)] Zum Begriff des „Deutschen" siehe Art. 116 Abs. 1.

[2)] Art. 13 Abs. 3–6 eingef., bish. Abs. 3 wird Abs. 7 mWv 1.4.1998 durch G v. 26.3.1998 (BGBl. I S. 610).

dieses Berichts die parlamentarische Kontrolle aus. [3] Die Länder gewährleisten eine gleichwertige parlamentarische Kontrolle.

(7) Eingriffe und Beschränkungen dürfen im übrigen nur zur Abwehr einer gemeinen Gefahr oder einer Lebensgefahr für einzelne Personen, auf Grund eines Gesetzes[1)] auch zur Verhütung dringender Gefahren für die öffentliche Sicherheit und Ordnung, insbesondere zur Behebung der Raumnot, zur Bekämpfung von Seuchengefahr oder zum Schutze gefährdeter Jugendlicher vorgenommen werden.

Art. 14 [Eigentum, Erbrecht und Enteignung] (1) [1] Das Eigentum und das Erbrecht werden gewährleistet. [2] Inhalt und Schranken werden durch die Gesetze bestimmt.

(2) [1] Eigentum verpflichtet. [2] Sein Gebrauch soll zugleich dem Wohle der Allgemeinheit dienen.

(3) [1] Eine Enteignung ist nur zum Wohle der Allgemeinheit zulässig. [2] Sie darf nur durch Gesetz oder auf Grund eines Gesetzes erfolgen, das Art und Ausmaß der Entschädigung regelt. [3] Die Entschädigung ist unter gerechter Abwägung der Interessen der Allgemeinheit und der Beteiligten zu bestimmen. [4] Wegen der Höhe der Entschädigung steht im Streitfalle der Rechtsweg vor den ordentlichen Gerichten offen.

Art. 15 [Sozialisierung, Überführung in Gemeineigentum] [1] Grund und Boden, Naturschätze und Produktionsmittel können zum Zwecke der Vergesellschaftung durch ein Gesetz, das Art und Ausmaß der Entschädigung regelt, in Gemeineigentum oder in andere Formen der Gemeinwirtschaft überführt werden. [2] Für die Entschädigung gilt Artikel 14 Abs. 3 Satz 3 und 4 entsprechend.

Art. 16[2)] [Ausbürgerung, Auslieferung] (1) [1] Die deutsche Staatsangehörigkeit darf nicht entzogen werden.[3)] [2] Der Verlust der Staatsangehörigkeit darf nur auf Grund eines Gesetzes und gegen den Willen des Betroffenen nur dann eintreten, wenn der Betroffene dadurch nicht staatenlos wird.[4)]

(2) [1] Kein Deutscher[5)] darf an das Ausland ausgeliefert werden.[6)] [2] Durch Gesetz[7)] kann eine abweichende Regelung für Auslieferungen an einen Mitgliedstaat der Europäischen Union oder an einen internationalen Gerichtshof getroffen werden, soweit rechtsstaatliche Grundsätze gewahrt sind.

Art. 16a[8)] [Asylrecht] (1) Politisch Verfolgte genießen Asylrecht.

(2) [1] Auf Absatz 1 kann sich nicht berufen, wer aus einem Mitgliedstaat der Europäischen Gemeinschaften oder aus einem anderen Drittstaat einreist, in dem die Anwendung des Abkommens über die Rechtsstellung der Flüchtlinge und der

---

[1)] Siehe ua das JugendschutzG **(Sartorius Nr. 400)**, das Lebensmittel- und Futtermittelgesetzbuch **(Sartorius ErgBd. Nr. 862)** und das InfektionsschutzG **(Sartorius ErgBd. Nr. 285)**.

[2)] Art. 16 Abs. 2 Satz 2 aufgeh. mWv 30.6.1993 durch G v. 28.6.1993 (BGBl. I S. 1002); Abs. 2 Satz 2 angef. mWv 2.12.2000 durch G v. 29.11.2000 (BGBl. I S. 1633).

[3)] Siehe das StaatsangehörigkeitsG **(Sartorius Nr. 15)**.

[4)] Zur Wiedererlangung verlorener deutscher Staatsangehörigkeit siehe Art. 116 Abs. 2.

[5)] Zum Begriff des „Deutschen" siehe Art. 116 Abs. 1.

[6)] Siehe hierzu das G über die internationale Rechtshilfe in Strafsachen **(Habersack, Deutsche Gesetze ErgBd. Nr. 90h)**.

[7)] Siehe das G zu dem Übereinkommen vom 27.9.1996 über die Auslieferung zwischen den Mitgliedstaaten der EU v. 7.9.1998 (BGBl. II S. 2253).

[8)] Art. 16a eingef. mWv 30.6.1993 durch G v. 28.6.1993 (BGBl. I S. 1002).

Konvention zum Schutze der Menschenrechte und Grundfreiheiten[1)] sichergestellt ist. [2]Die Staaten außerhalb der Europäischen Gemeinschaften, auf die die Voraussetzungen des Satzes 1 zutreffen, werden durch Gesetz, das der Zustimmung des Bundesrates bedarf, bestimmt. [3]In den Fällen des Satzes 1 können aufenthaltsbeendende Maßnahmen unabhängig von einem hiergegen eingelegten Rechtsbehelf vollzogen werden.

(3) [1]Durch Gesetz[2)], das der Zustimmung des Bundesrates bedarf, können Staaten bestimmt werden, bei denen auf Grund der Rechtslage, der Rechtsanwendung und der allgemeinen politischen Verhältnisse gewährleistet erscheint, daß dort weder politische Verfolgung noch unmenschliche oder erniedrigende Bestrafung oder Behandlung stattfindet. [2]Es wird vermutet, daß ein Ausländer aus einem solchen Staat nicht verfolgt wird, solange er nicht Tatsachen vorträgt, die die Annahme begründen, daß er entgegen dieser Vermutung politisch verfolgt wird.

(4) [1]Die Vollziehung aufenthaltsbeendender Maßnahmen wird in den Fällen des Absatzes 3 und in anderen Fällen, die offensichtlich unbegründet sind oder als offensichtlich unbegründet gelten, durch das Gericht nur ausgesetzt, wenn ernstliche Zweifel an der Rechtmäßigkeit der Maßnahme bestehen; der Prüfungsumfang kann eingeschränkt werden und verspätetes Vorbringen unberücksichtigt bleiben. [2]Das Nähere ist durch Gesetz zu bestimmen.

(5) Die Absätze 1 bis 4 stehen völkerrechtlichen Verträgen von Mitgliedstaaten der Europäischen Gemeinschaften untereinander und mit dritten Staaten nicht entgegen, die unter Beachtung der Verpflichtungen aus dem Abkommen über die Rechtsstellung der Flüchtlinge und der Konvention zum Schutze der Menschenrechte und Grundfreiheiten, deren Anwendung in den Vertragsstaaten sichergestellt sein muß, Zuständigkeitsregelungen für die Prüfung von Asylbegehren einschließlich der gegenseitigen Anerkennung von Asylentscheidungen treffen.

Art. 17 [Petitionsrecht] Jedermann hat das Recht, sich einzeln oder in Gemeinschaft mit anderen schriftlich mit Bitten oder Beschwerden an die zuständigen Stellen und an die Volksvertretung zu wenden.

Art. 17a[3)] [Grundrechtseinschränkungen bei Wehr- und Ersatzdienst]

(1) Gesetze über Wehrdienst[4)] und Ersatzdienst[5)] können bestimmen, daß für die Angehörigen der Streitkräfte und des Ersatzdienstes während der Zeit des Wehr- oder Ersatzdienstes das Grundrecht, seine Meinung in Wort, Schrift und Bild frei zu äußern und zu verbreiten (Artikel 5 Abs. 1 Satz 1 erster Halbsatz), das Grundrecht der Versammlungsfreiheit (Artikel 8) und das Petitionsrecht (Artikel 17), soweit es das Recht gewährt, Bitten oder Beschwerden in Gemeinschaft mit anderen vorzubringen, eingeschränkt werden.

(2) Gesetze, die der Verteidigung einschließlich des Schutzes der Zivilbevölkerung dienen, können bestimmen, daß die Grundrechte der Freizügigkeit (Artikel 11) und der Unverletzlichkeit der Wohnung (Artikel 13) eingeschränkt werden.

[1)] **Sartorius Nr. 1003.**
[2)] Siehe das Asylgesetz **(Sartorius Nr. 567)**.
[3)] Art. 17a eingef. mWv 22.3.1956 durch G v. 19.3.1956 (BGBl. I S. 111).
[4)] Siehe das WehrpflichtG **(Sartorius Nr. 620)**.
[5)] Siehe das ZivildienstG **(Sartorius Nr. 625)**.

Art. 18[1)][2)] **[Verwirkung von Grundrechten]** [1] Wer die Freiheit der Meinungsäußerung, insbesondere die Pressefreiheit (Artikel 5 Abs. 1), die Lehrfreiheit (Artikel 5 Abs. 3), die Versammlungsfreiheit (Artikel 8), die Vereinigungsfreiheit (Artikel 9), das Brief-, Post- und Fernmeldegeheimnis (Artikel 10), das Eigentum (Artikel 14) oder das Asylrecht (Artikel 16a) zum Kampfe gegen die freiheitliche demokratische Grundordnung mißbraucht, verwirkt diese Grundrechte. [2] Die Verwirkung und ihr Ausmaß werden durch das Bundesverfassungsgericht ausgesprochen.

Art. 19[3)] **[Einschränkung von Grundrechten; Grundrechtsträger; Rechtsschutz]** (1) [1] Soweit nach diesem Grundgesetz ein Grundrecht durch Gesetz oder auf Grund eines Gesetzes eingeschränkt werden kann, muß das Gesetz allgemein und nicht nur für den Einzelfall gelten. [2] Außerdem muß das Gesetz das Grundrecht unter Angabe des Artikels nennen.

(2) In keinem Falle darf ein Grundrecht in seinem Wesensgehalt angetastet werden.

(3) Die Grundrechte gelten auch für inländische juristische Personen, soweit sie ihrem Wesen nach auf diese anwendbar sind.

(4) [1] Wird jemand durch die öffentliche Gewalt in seinen Rechten verletzt, so steht ihm der Rechtsweg offen. [2] Soweit eine andere Zuständigkeit nicht begründet ist, ist der ordentliche Rechtsweg gegeben.[4)] [3] Artikel 10 Abs. 2 Satz 2 bleibt unberührt.

II. Der Bund und die Länder

Art. 20[5)][6)] **[Bundesstaatliche Verfassung; Widerstandsrecht]** (1) Die Bundesrepublik Deutschland ist ein demokratischer und sozialer Bundesstaat.

(2) [1] Alle Staatsgewalt geht vom Volke aus. [2] Sie wird vom Volke in Wahlen und Abstimmungen[7)] und durch besondere Organe der Gesetzgebung, der vollziehenden Gewalt und der Rechtsprechung ausgeübt.

(3) Die Gesetzgebung ist an die verfassungsmäßige Ordnung, die vollziehende Gewalt und die Rechtsprechung sind an Gesetz und Recht gebunden.[8)]

(4) Gegen jeden, der es unternimmt, diese Ordnung zu beseitigen, haben alle Deutschen[9)] das Recht zum Widerstand, wenn andere Abhilfe nicht möglich ist.

Art. 20a[10)] **[Schutz der natürlichen Lebensgrundlagen]** Der Staat schützt auch in Verantwortung für die künftigen Generationen die natürlichen Lebensgrundlagen und die Tiere im Rahmen der verfassungsmäßigen Ordnung durch die Gesetzgebung und nach Maßgabe von Gesetz und Recht durch die vollziehende Gewalt und die Rechtsprechung.

---

1) Art. 18 Satz 1 geänd. mWv 30.6.1993 durch G v. 28.6.1993 (BGBl. I S. 1002).

2) Siehe hierzu § 13 Nr. 1 und §§ 36 ff. BundesverfassungsgerichtsG **(Sartorius Nr. 40)**; zum Verwirkungsverfahren gegen Abgeordnete siehe Art. 46 Abs. 3.

3) Art. 19 Abs. 4 Satz 3 angef. mWv 28.6.1968 durch G v. 24.6.1968 (BGBl. I S. 709).

4) Zur Schadensersatzpflicht des Staates bei Amtspflichtverletzungen siehe Art. 34.

5) Art. 20 Abs. 4 angef. mWv 28.6.1968 durch G v. 24.6.1968 (BGBl. I S. 709).

6) Zur Unzulässigkeit der Änderung des Art. 20 siehe Art. 79 Abs. 3.

7) Zu Wahlen siehe Art. 28 und 38, zu Abstimmungen siehe Art. 29 und 118.

8) Siehe hierzu Art. 1 Abs. 3.

9) Zum Begriff des „Deutschen" siehe Art. 116 Abs. 1.

10) Art. 20a eingef. mWv 15.11.1994 durch G v. 27.10.1994 (BGBl. I S. 3146); geänd. mWv 1.8.2002 durch G v. 26.7.2002 (BGBl. I S. 2862).

Art. 21[1] **[Parteien]** (1) [1]Die Parteien wirken bei der politischen Willensbildung des Volkes mit. [2]Ihre Gründung ist frei. [3]Ihre innere Ordnung muß demokratischen Grundsätzen entsprechen. [4]Sie müssen über die Herkunft und Verwendung ihrer Mittel sowie über ihr Vermögen öffentlich Rechenschaft geben.

(2)[2] Parteien, die nach ihren Zielen oder nach dem Verhalten ihrer Anhänger darauf ausgehen, die freiheitliche demokratische Grundordnung zu beeinträchtigen oder zu beseitigen oder den Bestand der Bundesrepublik Deutschland zu gefährden, sind verfassungswidrig.

(3) [1]Parteien, die nach ihren Zielen oder dem Verhalten ihrer Anhänger darauf ausgerichtet sind, die freiheitliche demokratische Grundordnung zu beeinträchtigen oder zu beseitigen oder den Bestand der Bundesrepublik Deutschland zu gefährden, sind von staatlicher Finanzierung ausgeschlossen. [2]Wird der Ausschluss festgestellt, so entfällt auch eine steuerliche Begünstigung dieser Parteien und von Zuwendungen an diese Parteien.

(4) Über die Frage der Verfassungswidrigkeit nach Absatz 2 sowie über den Ausschluss von staatlicher Finanzierung nach Absatz 3 entscheidet das Bundesverfassungsgericht.

(5) Das Nähere regeln Bundesgesetze.[3]

Art. 22[4] **[Bundeshauptstadt, Bundesflagge]** (1) [1]Die Hauptstadt der Bundesrepublik Deutschland ist Berlin. [2]Die Repräsentation des Gesamtstaates in der Hauptstadt ist Aufgabe des Bundes. [3]Das Nähere wird durch Bundesgesetz geregelt.

(2) Die Bundesflagge ist schwarz-rot-gold.[5]

Art. 23[6] **[Verwirklichung der Europäischen Union; Beteiligung des Bundesrates, der Bundesregierung]** (1) [1]Zur Verwirklichung eines vereinten Europas wirkt die Bundesrepublik Deutschland bei der Entwicklung der Europäischen Union mit, die demokratischen, rechtsstaatlichen, sozialen und föderativen Grundsätzen und dem Grundsatz der Subsidiarität verpflichtet ist und einen diesem Grundgesetz im wesentlichen vergleichbaren Grundrechtsschutz gewährleistet. [2]Der Bund kann hierzu durch Gesetz mit Zustimmung des Bundesrates Hoheitsrechte übertragen. [3]Für die Begründung der Europäischen Union sowie für Änderungen ihrer vertraglichen Grundlagen und vergleichbare Regelungen, durch die dieses Grundgesetz seinem Inhalt nach geändert oder ergänzt wird oder solche Änderungen oder Ergänzungen ermöglicht werden, gilt Artikel 79 Abs. 2 und 3.

[1] Art. 21 Abs. Satz 4 neu gef. mWv 1.1.1984 durch G v. 21.12.1983 (BGBl. I S. 1481); Abs. 2 Satz 2 aufgeh., Abs. 3 und 4 eingef., bish. Abs. 3 wird Abs. 5 mWv 20.7.2017 durch G v. 13.7.2017 (BGBl. I S. 2346).

[2] Siehe hierzu § 13 Nr. 2 und §§ 43 ff. BundesverfassungsgerichtsG **(Sartorius Nr. 40)**.

[3] Siehe ua das ParteienG **(Sartorius Nr. 58)**

[4] Art. 22 Abs. 1 eingef., bish. Wortlaut wird Abs. 2 mWv 1.9.2006 durch G v. 28.8.2006 (BGBl. I S. 2034).

[5] Siehe hierzu die AnO über die deutschen Flaggen **(Sartorius Nr. 52)**, das FlaggenrechtsG idF der Bek. v. 26.10.1994 (BGBl. I S. 3140), zuletzt geänd. durch G v. 10.8.2021 (BGBl. I S. 3436), die Bek. betr. das Bundeswappen und den Bundesadler v. 20.1.1950 (BGBl. I S. 26), den Erl. über die Dienstsiegel v. 20.1.1950 (BGBl. I S. 26) und den Erl. über die Amtsschilder der Bundesbehörden v. 25.9.1951 (BGBl. I S. 927), geänd. durch Erlass v. 8.6.2021 (BAnz AT 17.06.2021 B2).

[6] Art. 23 aufgeh. mWv 29.9.1990 durch EVertr v. 31.8.1990 (BGBl. II S. 885, 889); neu eingef. mWv 25.12.1992 durch G v. 21.12.1992 (BGBl. I S. 2086); Abs. 6 Satz 1 neu gef. mWv 1.9.2006 durch G v. 28.8.2006 (BGBl. I S. 2034); Abs. 1a eingef. mWv 1.12.2009 durch G v. 8.10.2008 (BGBl. I S. 1926).

(1a) [1]Der Bundestag und der Bundesrat haben das Recht, wegen Verstoßes eines Gesetzgebungsakts der Europäischen Union gegen das Subsidiaritätsprinzip vor dem Gerichtshof der Europäischen Union Klage zu erheben. [2]Der Bundestag ist hierzu auf Antrag eines Viertels seiner Mitglieder verpflichtet. [3]Durch Gesetz, das der Zustimmung des Bundesrates bedarf, können für die Wahrnehmung der Rechte, die dem Bundestag und dem Bundesrat in den vertraglichen Grundlagen der Europäischen Union eingeräumt sind, Ausnahmen von Artikel 42 Abs. 2 Satz 1 und Artikel 52 Abs. 3 Satz 1 zugelassen werden.

(2) [1]In Angelegenheiten der Europäischen Union wirken der Bundestag und durch den Bundesrat die Länder mit. [2]Die Bundesregierung hat den Bundestag und den Bundesrat umfassend und zum frühestmöglichen Zeitpunkt zu unterrichten.

(3) [1]Die Bundesregierung gibt dem Bundestag Gelegenheit zur Stellungnahme vor ihrer Mitwirkung an Rechtsetzungsakten der Europäischen Union. [2]Die Bundesregierung berücksichtigt die Stellungnahmen des Bundestages bei den Verhandlungen. [3]Das Nähere regelt ein Gesetz.[1)]

(4) Der Bundesrat ist an der Willensbildung des Bundes zu beteiligen, soweit er an einer entsprechenden innerstaatlichen Maßnahme mitzuwirken hätte oder soweit die Länder innerstaatlich zuständig wären.

(5) [1]Soweit in einem Bereich ausschließlicher Zuständigkeiten des Bundes Interessen der Länder berührt sind oder soweit im übrigen der Bund das Recht zur Gesetzgebung hat, berücksichtigt die Bundesregierung die Stellungnahme des Bundesrates. [2]Wenn im Schwerpunkt Gesetzgebungsbefugnisse der Länder, die Einrichtung ihrer Behörden oder ihre Verwaltungsverfahren betroffen sind, ist bei der Willensbildung des Bundes insoweit die Auffassung des Bundesrates maßgeblich zu berücksichtigen; dabei ist die gesamtstaatliche Verantwortung des Bundes zu wahren. [3]In Angelegenheiten, die zu Ausgabenerhöhungen oder Einnahmeminderungen für den Bund führen können, ist die Zustimmung der Bundesregierung erforderlich.

(6) [1]Wenn im Schwerpunkt ausschließliche Gesetzgebungsbefugnisse der Länder auf den Gebieten der schulischen Bildung, der Kultur oder des Rundfunks betroffen sind, wird die Wahrnehmung der Rechte, die der Bundesrepublik Deutschland als Mitgliedstaat der Europäischen Union zustehen, vom Bund auf einen vom Bundesrat benannten Vertreter der Länder übertragen. [2]Die Wahrnehmung der Rechte erfolgt unter Beteiligung und in Abstimmung mit der Bundesregierung; dabei ist die gesamtstaatliche Verantwortung des Bundes zu wahren.

(7) Das Nähere zu den Absätzen 4 bis 6 regelt ein Gesetz[2)], das der Zustimmung des Bundesrates bedarf.

Art. 24[3)] [Übertragung von Hoheitsrechten; kollektives Sicherheitssystem; internationale Schiedsgerichtsbarkeit] (1) Der Bund kann durch Gesetz Hoheitsrechte auf zwischenstaatliche Einrichtungen übertragen.

(1a) Soweit die Länder für die Ausübung der staatlichen Befugnisse und die Erfüllung der staatlichen Aufgaben zuständig sind, können sie mit Zustimmung

---

[1)] Siehe das G über die Zusammenarbeit von Bundesregierung und Deutschem Bundestag in Angelegenheiten der EU (EUZBBG) **(Sartorius Nr. 96)**.

[2)] Siehe das G über die Zusammenarbeit von Bund und Ländern in Angelegenheiten der EU **(Sartorius Nr. 97)**.

[3)] Art. 24 Abs. 1a eingef. mWv 25.12.1992 durch G v. 21.12.1992 (BGBl. I S. 2086).

der Bundesregierung Hoheitsrechte auf grenznachbarschaftliche Einrichtungen übertragen.

(2) Der Bund kann sich zur Wahrung des Friedens einem System gegenseitiger kollektiver Sicherheit einordnen; er wird hierbei in die Beschränkungen seiner Hoheitsrechte einwilligen, die eine friedliche und dauerhafte Ordnung in Europa und zwischen den Völkern der Welt herbeiführen und sichern.

(3) Zur Regelung zwischenstaatlicher Streitigkeiten wird der Bund Vereinbarungen über eine allgemeine, umfassende, obligatorische, internationale Schiedsgerichtsbarkeit beitreten.

Art. 25 [Allgemeines Völkerrecht als Bestandteil des Bundesrechts]

[1] Die allgemeinen Regeln des Völkerrechtes sind Bestandteil des Bundesrechtes.[1)] [2] Sie gehen den Gesetzen vor und erzeugen Rechte und Pflichten unmittelbar für die Bewohner des Bundesgebietes.

Art. 26 [Verbot des Angriffskrieges] (1) [1] Handlungen, die geeignet sind und in der Absicht vorgenommen werden, das friedliche Zusammenleben der Völker zu stören, insbesondere die Führung eines Angriffskrieges vorzubereiten, sind verfassungswidrig. [2] Sie sind unter Strafe zu stellen.

(2) [1] Zur Kriegführung bestimmte Waffen dürfen nur mit Genehmigung der Bundesregierung hergestellt, befördert und in Verkehr gebracht werden. [2] Das Nähere regelt ein Bundesgesetz.[2)]

Art. 27 [Handelsflotte] Alle deutschen Kauffahrteischiffe bilden eine einheitliche Handelsflotte.

Art. 28[3)] [Verfassung der Länder] (1) [1] Die verfassungsmäßige Ordnung in den Ländern muß den Grundsätzen des republikanischen, demokratischen und sozialen Rechtsstaates im Sinne dieses Grundgesetzes entsprechen. [2] In den Ländern, Kreisen und Gemeinden muß das Volk eine Vertretung haben, die aus allgemeinen, unmittelbaren, freien, gleichen und geheimen Wahlen hervorgegangen ist. [3] Bei Wahlen in Kreisen und Gemeinden sind auch Personen, die die Staatsangehörigkeit eines Mitgliedstaates der Europäischen Gemeinschaft besitzen, nach Maßgabe von Recht der Europäischen Gemeinschaft wahlberechtigt und wählbar. [4] In Gemeinden kann an die Stelle einer gewählten Körperschaft die Gemeindeversammlung treten.

(2) [1] Den Gemeinden muß das Recht gewährleistet sein, alle Angelegenheiten der örtlichen Gemeinschaft im Rahmen der Gesetze in eigener Verantwortung zu regeln. [2] Auch die Gemeindeverbände haben im Rahmen ihres gesetzlichen Aufgabenbereiches nach Maßgabe der Gesetze das Recht der Selbstverwaltung. [3] Die Gewährleistung der Selbstverwaltung umfaßt auch die Grundlagen der finanziellen Eigenverantwortung; zu diesen Grundlagen gehört eine den Gemeinden mit Hebesatzrecht zustehende wirtschaftskraftbezogene Steuerquelle.

(3) Der Bund gewährleistet, daß die verfassungsmäßige Ordnung der Länder den Grundrechten und den Bestimmungen der Absätze 1 und 2 entspricht.

---

1) Siehe hierzu auch Art. 100 Abs. 2.

2) Siehe das G über die Kontrolle von Kriegswaffen **(Sartorius Nr. 823)**.

3) Art. 28 Abs. 1 Satz 3 eingef., bish. Satz 3 wird Satz 4 mWv 25.12.1992 durch G v. 21.12.1992 (BGBl. I S. 2086); Abs. 2 Satz 3 angef. mWv 15.11.1994 durch G v. 27.10.1994 (BGBl. I S. 3146); Abs. 2 Satz 3 geänd. mWv 25.10.1997 durch G v. 20.10.1997 (BGBl. I S. 2470).

Art. 29[1)] [Neugliederung des Bundesgebietes] (1) [1]Das Bundesgebiet kann neu gegliedert werden, um zu gewährleisten, daß die Länder nach Größe und Leistungsfähigkeit die ihnen obliegenden Aufgaben wirksam erfüllen können. [2]Dabei sind die landsmannschaftliche Verbundenheit, die geschichtlichen und kulturellen Zusammenhänge, die wirtschaftliche Zweckmäßigkeit sowie die Erfordernisse der Raumordnung und der Landesplanung zu berücksichtigen.

(2) [1]Maßnahmen zur Neugliederung des Bundesgebietes ergehen durch Bundesgesetz, das der Bestätigung durch Volksentscheid bedarf. [2]Die betroffenen Länder sind zu hören.

(3) [1]Der Volksentscheid findet in den Ländern statt, aus deren Gebieten oder Gebietsteilen ein neues oder neu umgrenztes Land gebildet werden soll (betroffene Länder). [2]Abzustimmen ist über die Frage, ob die betroffenen Länder wie bisher bestehenbleiben sollen oder ob das neue oder neu umgrenzte Land gebildet werden soll. [3]Der Volksentscheid für die Bildung eines neuen oder neu umgrenzten Landes kommt zustande, wenn in dessen künftigem Gebiet und insgesamt in den Gebieten oder Gebietsteilen eines betroffenen Landes, deren Landeszugehörigkeit im gleichen Sinne geändert werden soll, jeweils eine Mehrheit der Änderung zustimmt. [4]Er kommt nicht zustande, wenn im Gebiet eines der betroffenen Länder eine Mehrheit die Änderung ablehnt; die Ablehnung ist jedoch unbeachtlich, wenn in einem Gebietsteil, dessen Zugehörigkeit zu dem betroffenen Land geändert werden soll, eine Mehrheit von zwei Dritteln der Änderung zustimmt, es sei denn, daß im Gesamtgebiet des betroffenen Landes eine Mehrheit von zwei Dritteln die Änderung ablehnt.

(4) Wird in einem zusammenhängenden, abgegrenzten Siedlungs- und Wirtschaftsraum, dessen Teile in mehreren Ländern liegen und der mindestens eine Million Einwohner hat, von einem Zehntel der in ihm zum Bundestag Wahlberechtigten durch Volksbegehren gefordert, daß für diesen Raum eine einheitliche Landeszugehörigkeit herbeigeführt werde, so ist durch Bundesgesetz innerhalb von zwei Jahren entweder zu bestimmen, ob die Landeszugehörigkeit gemäß Absatz 2 geändert wird, oder daß in den betroffenen Ländern eine Volksbefragung stattfindet.

(5) [1]Die Volksbefragung ist darauf gerichtet festzustellen, ob eine in dem Gesetz vorzuschlagende Änderung der Landeszugehörigkeit Zustimmung findet. [2]Das Gesetz kann verschiedene, jedoch nicht mehr als zwei Vorschläge der Volksbefragung vorlegen. [3]Stimmt eine Mehrheit einer vorgeschlagenen Änderung der Landeszugehörigkeit zu, so ist durch Bundesgesetz innerhalb von zwei Jahren zu bestimmen, ob die Landeszugehörigkeit gemäß Absatz 2 geändert wird. [4]Findet ein der Volksbefragung vorgelegter Vorschlag eine den Maßgaben des Absatzes 3 Satz 3 und 4 entsprechende Zustimmung, so ist innerhalb von zwei Jahren nach der Durchführung der Volksbefragung ein Bundesgesetz zur Bildung des vorgeschlagenen Landes zu erlassen, das der Bestätigung durch Volksentscheid nicht mehr bedarf.

(6) [1]Mehrheit im Volksentscheid und in der Volksbefragung ist die Mehrheit der abgegebenen Stimmen, wenn sie mindestens ein Viertel der zum Bundestag Wahlberechtigten umfaßt. [2]Im übrigen wird das Nähere über Volksentscheid,

---

[1)] Art. 29 neu gef. mWv 23.8.1969 durch G v. 19.8.1969 (BGBl. I S. 1241); neu gef. mWv 28.8.1976 durch G v. 23.8.1976 (BGBl. I S. 2381); Abs. 7 Satz 1 geänd. und Abs. 8 angef. durch G v. 27.10.1994 (BGBl. I S. 3146).

Volksbegehren und Volksbefragung durch ein Bundesgesetz[1] geregelt; dieses kann auch vorsehen, daß Volksbegehren innerhalb eines Zeitraumes von fünf Jahren nicht wiederholt werden können.

(7) [1] Sonstige Änderungen des Gebietsbestandes der Länder können durch Staatsverträge der beteiligten Länder oder durch Bundesgesetz mit Zustimmung des Bundesrates erfolgen, wenn das Gebiet, dessen Landeszugehörigkeit geändert werden soll, nicht mehr als 50 000 Einwohner hat. [2] Das Nähere regelt ein Bundesgesetz[2], das der Zustimmung des Bundesrates und der Mehrheit[3] der Mitglieder des Bundestages bedarf. [3] Es muß die Anhörung der betroffenen Gemeinden und Kreise vorsehen.

(8) [1] Die Länder können eine Neugliederung für das jeweils von ihnen umfaßte Gebiet oder für Teilgebiete abweichend von den Vorschriften der Absätze 2 bis 7 durch Staatsvertrag regeln. [2] Die betroffenen Gemeinden und Kreise sind zu hören. [3] Der Staatsvertrag bedarf der Bestätigung durch Volksentscheid in jedem beteiligten Land. [4] Betrifft der Staatsvertrag Teilgebiete der Länder, kann die Bestätigung auf Volksentscheide in diesen Teilgebieten beschränkt werden; Satz 5 zweiter Halbsatz findet keine Anwendung. [5] Bei einem Volksentscheid entscheidet die Mehrheit der abgegebenen Stimmen, wenn sie mindestens ein Viertel der zum Bundestag Wahlberechtigten umfaßt; das Nähere regelt ein Bundesgesetz. [6] Der Staatsvertrag bedarf der Zustimmung des Bundestages.

Art. 30 [Funktionen der Länder] Die Ausübung der staatlichen Befugnisse und die Erfüllung der staatlichen Aufgaben ist Sache der Länder, soweit dieses Grundgesetz keine andere Regelung trifft oder zuläßt.[4]

Art. 31 [Vorrang des Bundesrechts] Bundesrecht bricht Landesrecht.[5]

Art. 32 [Auswärtige Beziehungen] (1) Die Pflege der Beziehungen zu auswärtigen Staaten ist Sache des Bundes.[6]

(2) Vor dem Abschlusse eines Vertrages, der die besonderen Verhältnisse eines Landes berührt, ist das Land rechtzeitig zu hören.

(3) Soweit die Länder für die Gesetzgebung zuständig sind, können sie mit Zustimmung der Bundesregierung mit auswärtigen Staaten Verträge abschließen.

Art. 33[7] [Staatsbürgerliche Rechte] (1) Jeder Deutsche[8] hat in jedem Lande die gleichen staatsbürgerlichen Rechte und Pflichten.

(2) Jeder Deutsche[8] hat nach seiner Eignung, Befähigung und fachlichen Leistung gleichen Zugang zu jedem öffentlichen Amte.

(3) [1] Der Genuß bürgerlicher und staatsbürgerlicher Rechte, die Zulassung zu öffentlichen Ämtern sowie die im öffentlichen Dienste erworbenen Rechte sind

---

[1] Siehe das G über das Verfahren bei Volksentscheid, Volksbegehren und Volksbefragung v. 30.7.1979 (BGBl. I S. 1317), geänd. durch VO v. 19.6.2020 (BGBl. I S. 1328) und die NeugliederungsdurchführungsVO v. 12.11.1984 (BGBl. I S. 1342), geänd. durch VO v. 19.6.2020 (BGBl. I S. 1328).

[2] Siehe das G über das Verfahren bei sonstigen Änderungen des Gebietsbestandes der Länder v. 30.7.1979 (BGBl. I S. 1325), geänd. durch VO v. 19.6.2020 (BGBl. I S. 1328).

[3] Zum Begriff der Mehrheit siehe Art. 121.

[4] Zur Ausführung der Bundesgesetze durch die Länder siehe Art. 83–85.

[5] Gem. Art. 142 bleiben mit den Art. 1–18 übereinstimmende Grundrechtsbestimmungen in Landesverfassungen in Kraft.

[6] Zur Fortgeltung der vom Deutschen Reich abgeschlossenen Verträge siehe Art. 123.

[7] Art. 33 Abs. 5 geänd. mWv 1.9.2006 durch G v. 28.8.2006 (BGBl. I S. 2034).

[8] Zum Begriff des „Deutschen" siehe Art. 116 Abs. 1.

unabhängig von dem religiösen Bekenntnis. [2] Niemandem darf aus seiner Zugehörigkeit oder Nichtzugehörigkeit zu einem Bekenntnisse oder einer Weltanschauung ein Nachteil erwachsen.[1)]

(4) Die Ausübung hoheitsrechtlicher Befugnisse ist als ständige Aufgabe in der Regel Angehörigen des öffentlichen Dienstes zu übertragen, die in einem öffentlich-rechtlichen Dienst- und Treueverhältnis stehen.

(5)[2)] Das Recht des öffentlichen Dienstes ist unter Berücksichtigung der hergebrachten Grundsätze des Berufsbeamtentums zu regeln und fortzuentwickeln.

Art. 34[3)] [Haftung bei Amtspflichtverletzung] [1] Verletzt jemand in Ausübung eines ihm anvertrauten öffentlichen Amtes die ihm einem Dritten gegenüber obliegende Amtspflicht, so trifft die Verantwortlichkeit grundsätzlich den Staat oder die Körperschaft, in deren Dienst er steht. [2] Bei Vorsatz oder grober Fahrlässigkeit bleibt der Rückgriff vorbehalten. [3] Für den Anspruch auf Schadensersatz und für den Rückgriff darf der ordentliche Rechtsweg nicht ausgeschlossen werden.

Art. 35[4)] [Rechts- und Amtshilfe] (1) Alle Behörden des Bundes und der Länder leisten sich gegenseitig Rechts- und Amtshilfe.

(2) [1] Zur Aufrechterhaltung oder Wiederherstellung der öffentlichen Sicherheit oder Ordnung kann ein Land in Fällen von besonderer Bedeutung Kräfte und Einrichtungen des Bundesgrenzschutzes[5)] zur Unterstützung seiner Polizei anfordern, wenn die Polizei ohne diese Unterstützung eine Aufgabe nicht oder nur unter erheblichen Schwierigkeiten erfüllen könnte. [2] Zur Hilfe bei einer Naturkatastrophe oder bei einem besonders schweren Unglücksfall kann ein Land Polizeikräfte anderer Länder, Kräfte und Einrichtungen anderer Verwaltungen sowie des Bundesgrenzschutzes[5)] und der Streitkräfte anfordern.

(3) [1] Gefährdet die Naturkatastrophe oder der Unglücksfall das Gebiet mehr als eines Landes, so kann die Bundesregierung, soweit es zur wirksamen Bekämpfung erforderlich ist, den Landesregierungen die Weisung erteilen, Polizeikräfte anderen Ländern zur Verfügung zu stellen, sowie Einheiten des Bundesgrenzschutzes[5)] und der Streitkräfte zur Unterstützung der Polizeikräfte einsetzen. [2] Maßnahmen der Bundesregierung nach Satz 1 sind jederzeit auf Verlangen des Bundesrates, im übrigen unverzüglich nach Beseitigung der Gefahr aufzuheben.

Art. 36[6)] [Beamte der Bundesbehörden] (1) [1] Bei den obersten Bundesbehörden sind Beamte aus allen Ländern in angemessenem Verhältnis zu verwenden. [2] Die bei den übrigen Bundesbehörden beschäftigten Personen sollen in der Regel aus dem Lande genommen werden, in dem sie tätig sind.

---

1) Siehe hierzu auch Art. 3 GG und Art. 136 Abs. 3 WRV, wiedergegeben im Anschluss an Art. 146.

2) Siehe hierzu ua das BeamtenstatusG **(Sartorius Nr. 150)**, das BeamtenrechtsrahmenG **(Sartorius Nr. 150a)**, das BundesbeamtenG **(Sartorius Nr. 160)**, das BundesdisziplinarG **(Sartorius Nr. 220)**, das BeamtenversorgungsG **(Sartorius Nr. 155)** und das SoldatenG idF der Bek. v. 30.5.2005 (BGBl. I S. 1482), zuletzt geänd. durch G v. 20.8.2021 (BGBl. I S. 3932).

3) Siehe hierzu ua § 75 BundesbeamtenG **(Sartorius Nr. 160)**, § 24 SoldatenG idF der Bek. v. 30.5. 2005 (BGBl. I S. 1482), zuletzt geänd. durch G v. 20.8.2021 (BGBl. I S. 3932) und das G über die Haftung des Reichs für seine Beamten **(Sartorius Nr. 210)**.

4) Art. 35 Abs. 2 und 3 angef. mWv 28.6.1968 durch G v. 24.6.1968 (BGBl. I S. 709); Abs. 2 neu gef. mWv 3.8.1972 durch G v. 28.7.1972 (BGBl. I S. 1305).

5) Bezeichnung ab 1.7.2005: „Bundespolizei".

6) Art. 36 neu gef. mWv 22.3.1956 durch G v. 19.3.1956 (BGBl. I S. 111).

(2) Die Wehrgesetze haben auch die Gliederung des Bundes in Länder und ihre besonderen landsmannschaftlichen Verhältnisse zu berücksichtigen.

Art. 37 [Bundeszwang] (1) Wenn ein Land die ihm nach dem Grundgesetze oder einem anderen Bundesgesetze obliegenden Bundespflichten nicht erfüllt, kann die Bundesregierung mit Zustimmung des Bundesrates die notwendigen Maßnahmen treffen, um das Land im Wege des Bundeszwanges zur Erfüllung seiner Pflichten anzuhalten.

(2) Zur Durchführung des Bundeszwanges hat die Bundesregierung oder ihr Beauftragter das Weisungsrecht gegenüber allen Ländern und ihren Behörden.

III. Der Bundestag

Art. 38[1)] [Wahl] (1) [1]Die Abgeordneten des Deutschen Bundestages werden in allgemeiner, unmittelbarer, freier, gleicher und geheimer Wahl gewählt. [2]Sie sind Vertreter des ganzen Volkes, an Aufträge und Weisungen nicht gebunden und nur ihrem Gewissen unterworfen.

(2) Wahlberechtigt ist, wer das achtzehnte Lebensjahr vollendet hat; wählbar ist, wer das Alter erreicht hat, mit dem die Volljährigkeit eintritt.

(3) Das Nähere bestimmt ein Bundesgesetz.[2)]

Art. 39[3)] [Zusammentritt und Wahlperiode] (1) [1]Der Bundestag wird vorbehaltlich der nachfolgenden Bestimmungen auf vier Jahre gewählt. [2]Seine Wahlperiode endet mit dem Zusammentritt eines neuen Bundestages. [3]Die Neuwahl findet frühestens sechsundvierzig, spätestens achtundvierzig Monate nach Beginn der Wahlperiode statt. [4]Im Falle einer Auflösung des Bundestages findet die Neuwahl innerhalb von sechzig Tagen statt.

(2) Der Bundestag tritt spätestens am dreißigsten Tage nach der Wahl zusammen.

(3) [1]Der Bundestag bestimmt den Schluß und den Wiederbeginn seiner Sitzungen. [2]Der Präsident des Bundestages kann ihn früher einberufen. [3]Er ist hierzu verpflichtet, wenn ein Drittel der Mitglieder, der Bundespräsident oder der Bundeskanzler es verlangen.

Art. 40 [Präsident; Geschäftsordnung] (1) [1]Der Bundestag wählt seinen Präsidenten, dessen Stellvertreter und die Schriftführer. [2]Er gibt sich eine Geschäftsordnung.[4)]

(2) [1]Der Präsident übt das Hausrecht und die Polizeigewalt im Gebäude des Bundestages aus. [2]Ohne seine Genehmigung darf in den Räumen des Bundestages keine Durchsuchung oder Beschlagnahme stattfinden.

---

1) Art. 38 Abs. 2 neu gef. mWv 6.8.1970 durch G v. 31.7.1970 (BGBl. I S. 1161).

2) Siehe hierzu ua das BundeswahlG **(Sartorius Nr. 30)**, die BundeswahlO **(Sartorius Nr. 31)** und die BundeswahlgeräteVO v. 3.9.1975 (BGBl. I S. 2459), zuletzt geänd. durch Entsch. v. 3.3.2009 (BGBl. I S. 525).

3) Art. 39 Abs. 1 und 2 neu gef. mWv 14.12.1976 durch G v. 23.8.1976 (BGBl. I S. 2381); Abs. 1 Sätze 1 und 3 geänd. mWv 27.10.1998 durch G v. 16.7.1998 (BGBl. I S. 1822).

4) Siehe die GeschäftsO des Deutschen Bundestages **(Sartorius Nr. 35)**.

Art. 41 [Wahlprüfung] (1) [1]Die Wahlprüfung ist Sache des Bundestages. [2]Er entscheidet auch, ob ein Abgeordneter des Bundestages die Mitgliedschaft verloren hat.[1)]

(2)[2)] Gegen die Entscheidung des Bundestages ist die Beschwerde an das Bundesverfassungsgericht zulässig.

(3) Das Nähere regelt ein Bundesgesetz.[3)]

Art. 42 [Öffentlichkeit der Sitzungen; Mehrheitsprinzip] (1) [1]Der Bundestag verhandelt öffentlich. [2]Auf Antrag eines Zehntels seiner Mitglieder oder auf Antrag der Bundesregierung kann mit Zweidrittelmehrheit die Öffentlichkeit ausgeschlossen werden. [3]Über den Antrag wird in nichtöffentlicher Sitzung entschieden.

(2) [1]Zu einem Beschlusse des Bundestages ist die Mehrheit der abgegebenen Stimmen erforderlich, soweit dieses Grundgesetz nichts anderes bestimmt. [2]Für die vom Bundestage vorzunehmenden Wahlen kann die Geschäftsordnung Ausnahmen zulassen.

(3) Wahrheitsgetreue Berichte über die öffentlichen Sitzungen des Bundestages und seiner Ausschüsse bleiben von jeder Verantwortlichkeit frei.

Art. 43 [Anwesenheit der Bundesregierung] (1) Der Bundestag und seine Ausschüsse können die Anwesenheit jedes Mitgliedes der Bundesregierung verlangen.

(2) [1]Die Mitglieder des Bundesrates und der Bundesregierung sowie ihre Beauftragten haben zu allen Sitzungen des Bundestages und seiner Ausschüsse Zutritt. [2]Sie müssen jederzeit gehört werden.

Art. 44 [Untersuchungsausschüsse] (1) [1]Der Bundestag hat das Recht und auf Antrag eines Viertels seiner Mitglieder die Pflicht, einen Untersuchungsausschuß einzusetzen, der in öffentlicher Verhandlung die erforderlichen Beweise erhebt. [2]Die Öffentlichkeit kann ausgeschlossen werden.

(2) [1]Auf Beweiserhebungen finden die Vorschriften über den Strafprozeß sinngemäß Anwendung. [2]Das Brief-, Post- und Fernmeldegeheimnis[4)] bleibt unberührt.

(3) Gerichte und Verwaltungsbehörden sind zur Rechts- und Amtshilfe verpflichtet.

(4) [1]Die Beschlüsse der Untersuchungsausschüsse sind der richterlichen Erörterung entzogen. [2]In der Würdigung und Beurteilung des der Untersuchung zugrunde liegenden Sachverhaltes sind die Gerichte frei.

Art. 45[5)] [Ausschuss für die Angelegenheiten der Europäischen Union]

[1]Der Bundestag bestellt einen Ausschuß für die Angelegenheiten der Europäischen Union. [2]Er kann ihn ermächtigen, die Rechte des Bundestages gemäß Artikel 23 gegenüber der Bundesregierung wahrzunehmen. [3]Er kann ihn auch

---

1) Siehe §§ 46, 47 BundeswahlG **(Sartorius Nr. 30)**.

2) Siehe § 13 Nr. 3 und § 48 BundesverfassungsgerichtsG **(Sartorius Nr. 40)**.

3) Siehe das WahlprüfungsG **(Sartorius Nr. 32)**.

4) Siehe Art. 10.

5) Art. 45 eingef. mWv 25.12.1992 durch G v. 21.12.1992 (BGBl. I S. 2086); Satz 3 angef. mWv 1.12. 2009 durch G v. 8.10.2008 (BGBl. I S. 1926).

ermächtigen, die Rechte wahrzunehmen, die dem Bundestag in den vertraglichen Grundlagen der Europäischen Union eingeräumt sind.

Art. 45a[1)] **[Ausschüsse für auswärtige Angelegenheiten und für Verteidigung]** (1) Der Bundestag bestellt einen Ausschuß für auswärtige Angelegenheiten und einen Ausschuß für Verteidigung.

(2) [1] Der Ausschuß für Verteidigung hat auch die Rechte eines Untersuchungsausschusses. [2] Auf Antrag eines Viertels seiner Mitglieder hat er die Pflicht, eine Angelegenheit zum Gegenstand seiner Untersuchung zu machen.

(3) Artikel 44 Abs. 1 findet auf dem Gebiet der Verteidigung keine Anwendung.

Art. 45b[2)] **[Wehrbeauftragter des Bundestages]** [1] Zum Schutz der Grundrechte und als Hilfsorgan des Bundestages bei der Ausübung der parlamentarischen Kontrolle wird ein Wehrbeauftragter des Bundestages berufen. [2] Das Nähere regelt ein Bundesgesetz.[3)]

Art. 45c[4)] **[Petitionsausschuss des Bundestages]** (1) Der Bundestag bestellt einen Petitionsausschuß, dem die Behandlung der nach Artikel 17 an den Bundestag gerichteten Bitten und Beschwerden obliegt.

(2) Die Befugnisse des Ausschusses zur Überprüfung von Beschwerden regelt ein Bundesgesetz[5)].

Art. 45d[6)] **Parlamentarisches Kontrollgremium.** (1) Der Bundestag bestellt ein Gremium zur Kontrolle der nachrichtendienstlichen Tätigkeit des Bundes.

(2) Das Nähere regelt ein Bundesgesetz.

Art. 46 [Indemnität und Immunität der Abgeordneten] (1) [1] Ein Abgeordneter darf zu keiner Zeit wegen seiner Abstimmung oder wegen einer Äußerung, die er im Bundestage oder in einem seiner Ausschüsse getan hat, gerichtlich oder dienstlich verfolgt oder sonst außerhalb des Bundestages zur Verantwortung gezogen werden. [2] Dies gilt nicht für verleumderische Beleidigungen.

(2) Wegen einer mit Strafe bedrohten Handlung darf ein Abgeordneter nur mit Genehmigung des Bundestages zur Verantwortung gezogen oder verhaftet werden, es sei denn, daß er bei Begehung der Tat oder im Laufe des folgenden Tages festgenommen wird.

(3) Die Genehmigung des Bundestages ist ferner bei jeder anderen Beschränkung der persönlichen Freiheit eines Abgeordneten oder zur Einleitung eines Verfahrens gegen einen Abgeordneten gemäß Artikel 18 erforderlich.

(4) Jedes Strafverfahren und jedes Verfahren gemäß Artikel 18 gegen einen Abgeordneten, jede Haft und jede sonstige Beschränkung seiner persönlichen Freiheit sind auf Verlangen des Bundestages auszusetzen.

---

1) Art. 45a eingef. mWv 22.3.1956 durch G v. 19.3.1956 (BGBl. I S. 111); Abs. 1 Satz 2 aufgeh. mWv 14.12.1976 durch G v. 23.8.1976 (BGBl. I S. 2381).

2) Art. 45b eingef. mWv 22.3.1956 durch G v. 19.3.1956 (BGBl. I S. 111).

3) Siehe das G über den Wehrbeauftragten des Deutschen Bundestages **(Sartorius Nr. 635)**.

4) Art. 45c eingef. mWv 19.7.1975 durch G v. 15.7.1975 (BGBl. I S. 1901).

5) Siehe das G über die Befugnisse des Petitionsausschusses des Deutschen Bundestages **(Sartorius Nr. 5)**.

6) Art. 45d eingef. mWv 23.7.2009 durch G v. 17.7.2009 (BGBl. I S. 1977).

Art. 47 [Zeugnisverweigerungsrecht der Abgeordneten] [1] Die Abgeordneten sind berechtigt, über Personen, die ihnen in ihrer Eigenschaft als Abgeordnete oder denen sie in dieser Eigenschaft Tatsachen anvertraut haben, sowie über diese Tatsachen selbst das Zeugnis zu verweigern. [2] Soweit dieses Zeugnisverweigerungsrecht reicht, ist die Beschlagnahme von Schriftstücken unzulässig.

Art. 48 [Ansprüche der Abgeordneten] (1) Wer sich um einen Sitz im Bundestage bewirbt, hat Anspruch auf den zur Vorbereitung seiner Wahl erforderlichen Urlaub.

(2) [1] Niemand darf gehindert werden, das Amt eines Abgeordneten zu übernehmen und auszuüben. [2] Eine Kündigung oder Entlassung aus diesem Grunde ist unzulässig.[1)]

(3) [1] Die Abgeordneten haben Anspruch auf eine angemessene, ihre Unabhängigkeit sichernde Entschädigung. [2] Sie haben das Recht der freien Benutzung aller staatlichen Verkehrsmittel. [3] Das Nähere regelt ein Bundesgesetz.[2)]

Art. 49[3)] *(aufgehoben)*

IV. Der Bundesrat

Art. 50[4)] **[Aufgabe]** Durch den Bundesrat wirken die Länder bei der Gesetzgebung und Verwaltung des Bundes und in Angelegenheiten der Europäischen Union mit.

Art. 51[5)] **[Zusammensetzung]** (1) [1] Der Bundesrat besteht aus Mitgliedern der Regierungen der Länder, die sie bestellen und abberufen. [2] Sie können durch andere Mitglieder ihrer Regierungen vertreten werden.

(2) Jedes Land hat mindestens drei Stimmen, Länder mit mehr als zwei Millionen Einwohnern haben vier, Länder mit mehr als sechs Millionen Einwohnern fünf, Länder mit mehr als sieben Millionen Einwohnern sechs Stimmen.

(3) [1] Jedes Land kann so viele Mitglieder entsenden, wie es Stimmen hat. [2] Die Stimmen eines Landes können nur einheitlich und nur durch anwesende Mitglieder oder deren Vertreter abgegeben werden.

Art. 52[6)] **[Präsident; Beschlussfassung; Bildung einer Europakammer]**

(1) Der Bundesrat wählt seinen Präsidenten auf ein Jahr.

(2) [1] Der Präsident beruft den Bundesrat ein. [2] Er hat ihn einzuberufen, wenn die Vertreter von mindestens zwei Ländern oder die Bundesregierung es verlangen.

(3) [1] Der Bundesrat faßt seine Beschlüsse mit mindestens der Mehrheit seiner Stimmen. [2] Er gibt sich eine Geschäftsordnung.[7)] [3] Er verhandelt öffentlich. [4] Die Öffentlichkeit kann ausgeschlossen werden.

---

1) Zur Beschränkung der Wählbarkeit von Beamten, Richtern usw siehe Art. 137 Abs. 1.

2) Siehe das AbgeordnetenG **(Sartorius Nr. 48)**.

3) Art. 49 neu gef. mWv 22.3.1956 durch G v. 19.3.1956 (BGBl. I S. 111); aufgeh. mWv 14.12.1976 durch G v. 23.8.1976 (BGBl. I S. 2381).

4) Art. 50 neu gef. mWv 25.12.1992 durch G v. 21.12.1992 (BGBl. I S. 2086).

5) Art. 51 Abs. 2 neu gef. mWv 29.9.1990 durch EVertr v. 31.8.1990 (BGBl. II S. 885, 889).

6) Art. 52 Abs. 3a eingef. mWv 25.12.1992 durch G v. 21.12.1992 (BGBl. I S. 2086); Abs. 3a letzter Satzteil neu gef. mWv 1.9.2006 durch G v. 28.8.2006 (BGBl. I S. 2034).

7) Siehe die GeschäftsO des Bundesrates **(Sartorius Nr. 37)**.

(3a) Für Angelegenheiten der Europäischen Union kann der Bundesrat eine Europakammer bilden[1], deren Beschlüsse als Beschlüsse des Bundesrates gelten; die Anzahl der einheitlich abzugebenden Stimmen der Länder bestimmt sich nach Artikel 51 Abs. 2.

(4) Den Ausschüssen des Bundesrates können andere Mitglieder oder Beauftragte der Regierungen der Länder angehören.

Art. 53 [Teilnahme der Bundesregierung] [1] Die Mitglieder der Bundesregierung haben das Recht und auf Verlangen die Pflicht, an den Verhandlungen des Bundesrates und seiner Ausschüsse teilzunehmen. [2] Sie müssen jederzeit gehört werden. [3] Der Bundesrat ist von der Bundesregierung über die Führung der Geschäfte auf dem laufenden zu halten.

IVa.[2] Gemeinsamer Ausschuß

Art. 53a[2] [Gemeinsamer Ausschuss] (1) [1] Der Gemeinsame Ausschuß besteht zu zwei Dritteln aus Abgeordneten des Bundestages, zu einem Drittel aus Mitgliedern des Bundesrates. [2] Die Abgeordneten werden vom Bundestage entsprechend dem Stärkeverhältnis der Fraktionen bestimmt; sie dürfen nicht der Bundesregierung angehören. [3] Jedes Land wird durch ein von ihm bestelltes Mitglied des Bundesrates vertreten; diese Mitglieder sind nicht an Weisungen gebunden. [4] Die Bildung des Gemeinsamen Ausschusses und sein Verfahren werden durch eine Geschäftsordnung[3] geregelt, die vom Bundestage zu beschließen ist und der Zustimmung des Bundesrates bedarf.

(2) [1] Die Bundesregierung hat den Gemeinsamen Ausschuß über ihre Planungen für den Verteidigungsfall zu unterrichten. [2] Die Rechte des Bundestages und seiner Ausschüsse nach Artikel 43 Abs. 1 bleiben unberührt.

V. Der Bundespräsident[4]

Art. 54 [Wahl durch die Bundesversammlung] (1) [1] Der Bundespräsident wird ohne Aussprache von der Bundesversammlung gewählt. [2] Wählbar ist jeder Deutsche[5], der das Wahlrecht zum Bundestage besitzt und das vierzigste Lebensjahr vollendet hat.

(2) [1] Das Amt des Bundespräsidenten dauert fünf Jahre. [2] Anschließende Wiederwahl ist nur einmal zulässig.

(3) Die Bundesversammlung besteht aus den Mitgliedern des Bundestages und einer gleichen Anzahl von Mitgliedern, die von den Volksvertretungen der Länder nach den Grundsätzen der Verhältniswahl gewählt werden.

(4) [1] Die Bundesversammlung tritt spätestens dreißig Tage vor Ablauf der Amtszeit des Bundespräsidenten, bei vorzeitiger Beendigung spätestens dreißig Tage nach diesem Zeitpunkt zusammen. [2] Sie wird von dem Präsidenten des Bundestages einberufen.

---

[1] Siehe hierzu §§ 45b ff. der Geschäftsordnung des Bundesrates **(Sartorius Nr. 37)**.

[2] Abschnitt IVa (Art. 53a) eingef. mWv 28.6.1968 durch G v. 24.6.1968 (BGBl. I S. 709).

[3] Siehe die GeschäftsO für den Gemeinsamen Ausschuss **(Sartorius Nr. 39)**.

[4] Siehe hierzu ua das G über die Wahl des Bundespräsidenten durch die Bundesversammlung **(Sartorius Nr. 33)** und das G über die Ruhebezüge des Bundespräsidenten v. 17.6.1953 (BGBl. I S. 406), zuletzt geänd. durch G v. 5.2.2009 (BGBl. I S. 160).

[5] Zum Begriff des „Deutschen" siehe Art. 116 Abs. 1.

(5) Nach Ablauf der Wahlperiode beginnt die Frist des Absatzes 4 Satz 1 mit dem ersten Zusammentritt des Bundestages.

(6) [1] Gewählt ist, wer die Stimmen der Mehrheit[1)] der Mitglieder der Bundesversammlung erhält. [2] Wird diese Mehrheit in zwei Wahlgängen von keinem Bewerber erreicht, so ist gewählt, wer in einem weiteren Wahlgang die meisten Stimmen auf sich vereinigt.

(7) Das Nähere regelt ein Bundesgesetz.[2)]

Art. 55 [Berufs- und Gewerbeverbot] (1) Der Bundespräsident darf weder der Regierung noch einer gesetzgebenden Körperschaft des Bundes oder eines Landes angehören.

(2) Der Bundespräsident darf kein anderes besoldetes Amt, kein Gewerbe und keinen Beruf ausüben und weder der Leitung noch dem Aufsichtsrate eines auf Erwerb gerichteten Unternehmens angehören.

Art. 56 [Amtseid] [1] Der Bundespräsident leistet bei seinem Amtsantritt vor den versammelten Mitgliedern des Bundestages und des Bundesrates folgenden Eid:

„Ich schwöre, daß ich meine Kraft dem Wohle des deutschen Volkes widmen, seinen Nutzen mehren, Schaden von ihm wenden, das Grundgesetz und die Gesetze des Bundes wahren und verteidigen, meine Pflichten gewissenhaft erfüllen und Gerechtigkeit gegen jedermann üben werde. So wahr mir Gott helfe."

[2] Der Eid kann auch ohne religiöse Beteuerung geleistet werden.

Art. 57 [Vertretung] Die Befugnisse des Bundespräsidenten werden im Falle seiner Verhinderung oder bei vorzeitiger Erledigung des Amtes durch den Präsidenten des Bundesrates wahrgenommen.

Art. 58 [Gegenzeichnung] [1] Anordnungen und Verfügungen des Bundespräsidenten bedürfen zu ihrer Gültigkeit der Gegenzeichnung durch den Bundeskanzler oder durch den zuständigen Bundesminister. [2] Dies gilt nicht für die Ernennung und Entlassung des Bundeskanzlers, die Auflösung des Bundestages gemäß Artikel 63 und das Ersuchen gemäß Artikel 69 Abs. 3.

Art. 59 [Völkerrechtliche Vertretungsmacht] (1) [1] Der Bundespräsident vertritt den Bund völkerrechtlich. [2] Er schließt im Namen des Bundes die Verträge mit auswärtigen Staaten.[3)] [3] Er beglaubigt und empfängt die Gesandten.

(2) [1] Verträge, welche die politischen Beziehungen des Bundes regeln oder sich auf Gegenstände der Bundesgesetzgebung beziehen, bedürfen der Zustimmung oder der Mitwirkung der jeweils für die Bundesgesetzgebung zuständigen Körperschaften in der Form eines Bundesgesetzes. [2] Für Verwaltungsabkommen gelten die Vorschriften über die Bundesverwaltung entsprechend.

Art. 59a[4)] *(aufgehoben)*

[1)] Zum Begriff der Mehrheit siehe Art. 121.

[2)] Siehe das G über die Wahl des Bundespräsidenten durch die Bundesversammlung **(Sartorius Nr. 33)**.

[3)] Zu Verträgen, die die besonderen Verhältnisse eines Landes berühren, siehe Art. 32 Abs. 2; zum Recht der Länder, Verträge mit auswärtigen Staaten abzuschließen, siehe Art. 32 Abs. 3.

[4)] Art. 59a eingef. mWv 22.3.1956 durch G v. 19.3.1956 (BGBl. I S. 111); aufgeh. mWv 28.6.1968 durch G v. 24.6.1968 (BGBl. I S. 709).

Art. 60[1] **[Ernennung der Bundesrichter, Bundesbeamten und Soldaten; Begnadigungsrecht]** (1)[2] Der Bundespräsident ernennt und entläßt die Bundesrichter, die Bundesbeamten, die Offiziere und Unteroffiziere, soweit gesetzlich nichts anderes bestimmt ist.

(2)[3] Er übt im Einzelfalle für den Bund das Begnadigungsrecht aus.

(3) Er kann diese Befugnisse auf andere Behörden übertragen.

(4) Die Absätze 2 bis 4 des Artikels 46 finden auf den Bundespräsidenten entsprechende Anwendung.

Art. 61[4] **[Anklage vor dem Bundesverfassungsgericht]** (1) [1]Der Bundestag oder der Bundesrat können den Bundespräsidenten wegen vorsätzlicher Verletzung des Grundgesetzes oder eines anderen Bundesgesetzes vor dem Bundesverfassungsgericht anklagen. [2]Der Antrag auf Erhebung der Anklage muß von mindestens einem Viertel der Mitglieder des Bundestages oder einem Viertel der Stimmen des Bundesrates gestellt werden. [3]Der Beschluß auf Erhebung der Anklage bedarf der Mehrheit von zwei Dritteln der Mitglieder des Bundestages oder von zwei Dritteln der Stimmen des Bundesrates. [4]Die Anklage wird von einem Beauftragten der anklagenden Körperschaft vertreten.

(2) [1]Stellt das Bundesverfassungsgericht fest, daß der Bundespräsident einer vorsätzlichen Verletzung des Grundgesetzes oder eines anderen Bundesgesetzes schuldig ist, so kann es ihn des Amtes für verlustig erklären. [2]Durch einstweilige Anordnung kann es nach der Erhebung der Anklage bestimmen, daß er an der Ausübung seines Amtes verhindert ist.

VI. Die Bundesregierung

Art. 62 [Zusammensetzung] Die Bundesregierung besteht aus dem Bundeskanzler und aus den Bundesministern.[5]

Art. 63 [Wahl des Bundeskanzlers] (1) Der Bundeskanzler wird auf Vorschlag des Bundespräsidenten vom Bundestage ohne Aussprache gewählt.

(2) [1]Gewählt ist, wer die Stimmen der Mehrheit[6] der Mitglieder des Bundestages auf sich vereinigt. [2]Der Gewählte ist vom Bundespräsidenten zu ernennen.

(3) Wird der Vorgeschlagene nicht gewählt, so kann der Bundestag binnen vierzehn Tagen nach dem Wahlgange mit mehr als der Hälfte seiner Mitglieder einen Bundeskanzler wählen.

(4) [1]Kommt eine Wahl innerhalb dieser Frist nicht zustande, so findet unverzüglich ein neuer Wahlgang statt, in dem gewählt ist, wer die meisten Stimmen erhält. [2]Vereinigt der Gewählte die Stimmen der Mehrheit[6] der Mitglieder des Bundestages auf sich, so muß der Bundespräsident ihn binnen sieben Tagen nach

---

[1] Art. 60 Abs. 1 neu gef. mWv 22.3.1956 durch G v. 19.3.1956 (BGBl. I S. 111).

[2] Siehe hierzu die AnO des Bundespräsidenten über die Ernennung und Entlassung der Beamtinnen, Beamten, Richterinnen und Richter des Bundes v. 23.6.2004 (BGBl. I S. 1286) und die AnO des Bundespräsidenten über die Ernennung und Entlassung der Soldaten v. 10.7.1969 (BGBl. I S. 775), zuletzt geänd. durch AnO v. 17.3.1972 (BGBl. I S. 499).

[3] Siehe hierzu die AnO des Bundespräsidenten über die Ausübung des Begnadigungsrechts des Bundes **(Sartorius Nr. 615)**.

[4] Siehe hierzu § 13 Nr. 4 und §§ 49 ff. BundesverfassungsgerichtsG **(Sartorius Nr. 40)**.

[5] Siehe auch das G über die Rechtsverhältnisse der Parlamentarischen Staatssekretäre v. 24.7.1974 (BGBl. I S. 1538), zuletzt geänd. durch G v. 17.7.2015 (BGBl. I S. 1322).

[6] Zum Begriff der Mehrheit siehe Art. 121.

der Wahl ernennen. [3] Erreicht der Gewählte diese Mehrheit nicht, so hat der Bundespräsident binnen sieben Tagen entweder ihn zu ernennen oder den Bundestag aufzulösen.

Art. 64 [Ernennung der Bundesminister] (1) Die Bundesminister[1)] werden auf Vorschlag des Bundeskanzlers vom Bundespräsidenten ernannt und entlassen.

(2) Der Bundeskanzler und die Bundesminister leisten bei der Amtsübernahme vor dem Bundestage den in Artikel 56 vorgesehenen Eid.

Art. 65 [Verantwortung] [1] Der Bundeskanzler bestimmt die Richtlinien der Politik und trägt dafür die Verantwortung. [2] Innerhalb dieser Richtlinien leitet jeder Bundesminister seinen Geschäftsbereich selbständig und unter eigener Verantwortung. [3] Über Meinungsverschiedenheiten zwischen den Bundesministern entscheidet die Bundesregierung. [4] Der Bundeskanzler leitet ihre Geschäfte nach einer von der Bundesregierung beschlossenen und vom Bundespräsidenten genehmigten Geschäftsordnung.[2)]

Art. 65a[3)] [Befehls- und Kommandogewalt über die Streitkräfte]

(1)[4)] Der Bundesminister für Verteidigung hat die Befehls- und Kommandogewalt über die Streitkräfte.

(2)[4)]

Art. 66[5)] [Berufs- und Gewerbeverbot] Der Bundeskanzler und die Bundesminister dürfen kein anderes besoldetes Amt, kein Gewerbe und keinen Beruf ausüben und weder der Leitung noch ohne Zustimmung des Bundestages dem Aufsichtsrate eines auf Erwerb gerichteten Unternehmens angehören.

Art. 67 [Misstrauensvotum] (1) [1] Der Bundestag kann dem Bundeskanzler das Mißtrauen nur dadurch aussprechen, daß er mit der Mehrheit[6)] seiner Mitglieder einen Nachfolger wählt und den Bundespräsidenten ersucht, den Bundeskanzler zu entlassen. [2] Der Bundespräsident muß dem Ersuchen entsprechen und den Gewählten ernennen.

(2) Zwischen dem Antrage und der Wahl müssen achtundvierzig Stunden liegen.

Art. 68 [Auflösung des Bundestages] (1) [1] Findet ein Antrag des Bundeskanzlers, ihm das Vertrauen auszusprechen, nicht die Zustimmung der Mehrheit[6)] der Mitglieder des Bundestages, so kann der Bundespräsident auf Vorschlag des Bundeskanzlers binnen einundzwanzig Tagen den Bundestag auflösen. [2] Das Recht zur Auflösung erlischt, sobald der Bundestag mit der Mehrheit seiner Mitglieder einen anderen Bundeskanzler wählt.

(2) Zwischen dem Antrage und der Abstimmung müssen achtundvierzig Stunden liegen.

[1)] Siehe hierzu das BundesministerG **(Sartorius Nr. 45)**.

[2)] Siehe die GeschäftsO der Bundesregierung **(Sartorius Nr. 38)**.

[3)] Art. 65a eingef. mWv 22.3.1956 durch G v. 19.3.1956 (BGBl. I S. 111); Abs. 2 aufgeh. mWv 28.6.1968 durch G v. 24.6.1968 (BGBl. I S. 709).

[4)] Amtlicher Wortlaut gem. BGBl. III.

[5)] Siehe hierzu auch das BundesministerG **(Sartorius Nr. 45)**.

[6)] Zum Begriff der Mehrheit siehe Art. 121.

Art. 69 [Stellvertreter des Bundeskanzlers] (1) Der Bundeskanzler ernennt einen Bundesminister zu seinem Stellvertreter.

(2) Das Amt des Bundeskanzlers oder eines Bundesministers endigt in jedem Falle mit dem Zusammentritt eines neuen Bundestages, das Amt eines Bundesministers auch mit jeder anderen Erledigung des Amtes des Bundeskanzlers.

(3) Auf Ersuchen des Bundespräsidenten ist der Bundeskanzler, auf Ersuchen des Bundeskanzlers oder des Bundespräsidenten ein Bundesminister verpflichtet, die Geschäfte bis zur Ernennung seines Nachfolgers weiterzuführen.

VII. Die Gesetzgebung des Bundes

Art. 70 [Gesetzgebung des Bundes und der Länder] (1) Die Länder haben das Recht der Gesetzgebung, soweit dieses Grundgesetz nicht dem Bunde Gesetzgebungsbefugnisse verleiht.

(2) Die Abgrenzung der Zuständigkeit zwischen Bund und Ländern bemißt sich nach den Vorschriften dieses Grundgesetzes über die ausschließliche und die konkurrierende Gesetzgebung.

Art. 71 [Ausschließliche Gesetzgebung] Im Bereiche der ausschließlichen Gesetzgebung des Bundes haben die Länder die Befugnis zur Gesetzgebung nur, wenn und soweit sie hierzu in einem Bundesgesetze ausdrücklich ermächtigt werden.

Art. 72[1)] [Konkurrierende Gesetzgebung] (1) Im Bereich der konkurrierenden Gesetzgebung haben die Länder die Befugnis zur Gesetzgebung, solange und soweit der Bund von seiner Gesetzgebungszuständigkeit nicht durch Gesetz Gebrauch gemacht hat.

(2) Auf den Gebieten des Artikels 74 Abs. 1 Nr. 4, 7, 11, 13, 15, 19a, 20, 22, 25 und 26 hat der Bund das Gesetzgebungsrecht, wenn und soweit die Herstellung gleichwertiger Lebensverhältnisse im Bundesgebiet oder die Wahrung der Rechts- oder Wirtschaftseinheit im gesamtstaatlichen Interesse eine bundesgesetzliche Regelung erforderlich macht.

(3) [1] Hat der Bund von seiner Gesetzgebungszuständigkeit Gebrauch gemacht, können die Länder durch Gesetz hiervon abweichende Regelungen treffen über:

1. das Jagdwesen (ohne das Recht der Jagdscheine);
2. den Naturschutz und die Landschaftspflege (ohne die allgemeinen Grundsätze des Naturschutzes, das Recht des Artenschutzes oder des Meeresnaturschutzes);
3. die Bodenverteilung;
4. die Raumordnung;
5. den Wasserhaushalt (ohne stoff- oder anlagenbezogene Regelungen);
6. die Hochschulzulassung und die Hochschulabschlüsse;
7. die Grundsteuer.

[2] Bundesgesetze auf diesen Gebieten treten frühestens sechs Monate nach ihrer Verkündung in Kraft, soweit nicht mit Zustimmung des Bundesrates anderes bestimmt ist. [3] Auf den Gebieten des Satzes 1 geht im Verhältnis von Bundes- und Landesrecht das jeweils spätere Gesetz vor.

1) Art. 72 neu gef. mWv 15.11.1994 durch G v. 27.10.1994 (BGBl. I S. 3146); Abs. 2 geänd. und Abs. 3 eingef., bish. Abs. 3 wird Abs. 4 mWv 1.9.2006 durch G v. 28.8.2006 (BGBl. I S. 2034); Abs. 3 Satz 1 Nr. 6 geänd., Nr. 7 angef. mWv 21.11.2019 durch G v. 15.11.2019 (BGBl. I S. 1546).

(4) Durch Bundesgesetz kann bestimmt werden, daß eine bundesgesetzliche Regelung, für die eine Erforderlichkeit im Sinne des Absatzes 2 nicht mehr besteht, durch Landesrecht ersetzt werden kann.

Art. 73[1)] **[Gegenstände der ausschließlichen Gesetzgebung]** (1) Der Bund hat die ausschließliche Gesetzgebung[2)] über:

1. die auswärtigen Angelegenheiten sowie die Verteidigung einschließlich des Schutzes der Zivilbevölkerung;
2. die Staatsangehörigkeit im Bunde;
3. die Freizügigkeit, das Paßwesen, das Melde- und Ausweiswesen, die Ein- und Auswanderung und die Auslieferung;
4. das Währungs-, Geld- und Münzwesen, Maße und Gewichte sowie die Zeitbestimmung;
5. die Einheit des Zoll- und Handelsgebietes, die Handels- und Schiffahrtsverträge, die Freizügigkeit des Warenverkehrs und den Waren- und Zahlungsverkehr mit dem Auslande einschließlich des Zoll- und Grenzschutzes;

5a. den Schutz deutschen Kulturgutes gegen Abwanderung ins Ausland;

6. den Luftverkehr;

6a. den Verkehr von Eisenbahnen, die ganz oder mehrheitlich im Eigentum des Bundes stehen (Eisenbahnen des Bundes), den Bau, die Unterhaltung und das Betreiben von Schienenwegen der Eisenbahnen des Bundes sowie die Erhebung von Entgelten für die Benutzung dieser Schienenwege;

7. das Postwesen und die Telekommunikation;
8. die Rechtsverhältnisse der im Dienste des Bundes und der bundesunmittelbaren Körperschaften des öffentlichen Rechtes stehenden Personen;
9. den gewerblichen Rechtsschutz, das Urheberrecht und das Verlagsrecht;

9a. die Abwehr von Gefahren des internationalen Terrorismus durch das Bundeskriminalpolizeiamt in Fällen, in denen eine länderübergreifende Gefahr vorliegt, die Zuständigkeit einer Landespolizeibehörde nicht erkennbar ist oder die oberste Landesbehörde um eine Übernahme ersucht;

10. die Zusammenarbeit des Bundes und der Länder
    a) in der Kriminalpolizei,
    b) zum Schutze der freiheitlichen demokratischen Grundordnung, des Bestandes und der Sicherheit des Bundes oder eines Landes (Verfassungsschutz) und
    c) zum Schutze gegen Bestrebungen im Bundesgebiet, die durch Anwendung von Gewalt oder darauf gerichtete Vorbereitungshandlungen auswärtige Belange der Bundesrepublik Deutschland gefährden,

    sowie die Einrichtung eines Bundeskriminalpolizeiamtes und die internationale Verbrechensbekämpfung;
11. die Statistik für Bundeszwecke;
12. das Waffen- und das Sprengstoffrecht;

---

1) Art. 73 Nr. 1 neu gef. mWv 28.3.1954 durch G v. 26.3.1954 (BGBl. I S. 45); Nr. 1 geänd. mWv 28.6.1968 durch G v. 24.6.1968 (BGBl. I S. 709); Nr. 10 neu gef. mWv 3.8.1972 durch G v. 28.7.1972 (BGBl. I S. 1305); Nr. 6 geänd., Nr. 6a eingef. mWv 23.12.1993 durch G v. 20.12.1993 (BGBl. I S. 2089); Nr. 7 neu gef. mWv 3.9.1994 durch G v. 30.8.1994 (BGBl. I S. 2245); Abs. 2 angef., bish. Wortlaut wird Abs. 1 und Nr. 3 und 11 geänd., Nr. 5a und 9a eingef. sowie Nr. 12–14 angef. mWv 1.9.2006 durch G v. 28.8.2006 (BGBl. I S. 2034).

2) Zur Gesetzgebungskompetenz auf dem Gebiet des Finanzwesens siehe Art. 104a–107.

13. die Versorgung der Kriegsbeschädigten und Kriegshinterbliebenen und die Fürsorge für die ehemaligen Kriegsgefangenen;
14. die Erzeugung und Nutzung der Kernenergie zu friedlichen Zwecken, die Errichtung und den Betrieb von Anlagen, die diesen Zwecken dienen, den Schutz gegen Gefahren, die bei Freiwerden von Kernenergie oder durch ionisierende Strahlen entstehen, und die Beseitigung radioaktiver Stoffe.

(2) Gesetze nach Absatz 1 Nr. 9a bedürfen der Zustimmung des Bundesrates.

Art. 74[1)] [Gegenstände der konkurrierenden Gesetzgebung] (1) Die konkurrierende Gesetzgebung[2)] erstreckt sich auf folgende Gebiete:

1. das bürgerliche Recht, das Strafrecht, die Gerichtsverfassung, das gerichtliche Verfahren (ohne das Recht des Untersuchungshaftvollzugs), die Rechtsanwaltschaft, das Notariat und die Rechtsberatung;
2. das Personenstandswesen;
3. das Vereinsrecht;
4. das Aufenthalts- und Niederlassungsrecht der Ausländer;

4a. *(aufgehoben)*

5. *(aufgehoben)*
6. die Angelegenheiten der Flüchtlinge und Vertriebenen;
7. die öffentliche Fürsorge (ohne das Heimrecht);
8. *(aufgehoben)*
9. die Kriegsschäden und die Wiedergutmachung;
10. die Kriegsgräber und Gräber anderer Opfer des Krieges und Opfer von Gewaltherrschaft;
11. das Recht der Wirtschaft (Bergbau, Industrie, Energiewirtschaft, Handwerk, Gewerbe, Handel, Bank- und Börsenwesen, privatrechtliches Versicherungswesen) ohne das Recht des Ladenschlusses, der Gaststätten, der Spielhallen, der Schaustellung von Personen, der Messen, der Ausstellungen und der Märkte;

11a. *(aufgehoben)*

12. das Arbeitsrecht einschließlich der Betriebsverfassung, des Arbeitsschutzes und der Arbeitsvermittlung sowie die Sozialversicherung einschließlich der Arbeitslosenversicherung;
13. die Regelung der Ausbildungsbeihilfen und die Förderung der wissenschaftlichen Forschung;
14. das Recht der Enteignung, soweit sie auf den Sachgebieten der Artikel 73 und 74 in Betracht kommt;

---

1) Art. 74 Nr. 11a eingef. mWv 1.1.1960 durch G v. 23.12.1959 (BGBl. I S. 813); Nr. 10 geänd., Nr. 10a eingef. durch G v. 16.6.1965 mWv 27.6.1965 (BGBl. I S. 513); Nr. 13 und 22 neu gef., Nr. 19a eingef. mWv 15.5.1969 durch G v. 12.5.1969 (BGBl. I S. 363); Nr. 20 neu gef. mWv 21.3.1971 durch G v. 18.3. 1971 (BGBl. I S. 207); Nr. 23 geänd., Nr. 24 angef. mWv 15.4.1972 durch G v. 12.4.1972 (BGBl. I S. 593); Nr. 4a eingef. mWv 3.8.1972 durch G v. 28.7.1972 (BGBl. I S. 1305); Nr. 4a neugef. mWv 28.8. 1976 durch G v. 23.8.1976 (BGBl. I S. 2383); Nr. 23 neu gef. mWv 23.12.1993 durch G v. 20.12.1993 (BGBl. I S. 2089); Abs. 1 Nr. 5 und 8 aufgeh., Nr. 18 und 24 geänd., Nr. 25 und 26 sowie Abs. 2 angef. mWv 15.11.1994 durch G v. 27.10.1994 (BGBl. I S. 3146); Abs. 1 Nr. 1, 11, 17, 22 und 26 sowie Abs. 2 geänd., Abs. 1 Nr. 3, 7, 18, 19, 20 und 24 neu gef., Nr. 4a, 10 und 11a aufgeh., bish. Nr. 10a wird Nr. 10 und Nr. 27–33 angef. mWv 1.9.2006 durch G v. 28.8.2006 (BGBl. I S. 2034).

2) Zur Gesetzgebungskompetenz auf dem Gebiet des Finanzwesens siehe Art. 104a–107.

15. die Überführung von Grund und Boden, von Naturschätzen und Produktionsmitteln in Gemeineigentum oder in andere Formen der Gemeinwirtschaft;
16. die Verhütung des Mißbrauchs wirtschaftlicher Machtstellung;
17. die Förderung der land- und forstwirtschaftlichen Erzeugung (ohne das Recht der Flurbereinigung), die Sicherung der Ernährung, die Ein- und Ausfuhr land- und forstwirtschaftlicher Erzeugnisse, die Hochsee- und Küstenfischerei und den Küstenschutz;
18. den städtebaulichen Grundstücksverkehr, das Bodenrecht (ohne das Recht der Erschließungsbeiträge) und das Wohngeldrecht, das Altschuldenhilferecht, das Wohnungsbauprämienrecht, das Bergarbeiterwohnungsbaurecht und das Bergmannssiedlungsrecht;
19. Maßnahmen gegen gemeingefährliche oder übertragbare Krankheiten bei Menschen und Tieren, Zulassung zu ärztlichen und anderen Heilberufen und zum Heilgewerbe, sowie das Recht des Apothekenwesens, der Arzneien, der Medizinprodukte, der Heilmittel, der Betäubungsmittel und der Gifte;

19a. die wirtschaftliche Sicherung der Krankenhäuser und die Regelung der Krankenhauspflegesätze;

20. das Recht der Lebensmittel einschließlich der ihrer Gewinnung dienenden Tiere, das Recht der Genussmittel, Bedarfsgegenstände und Futtermittel sowie den Schutz beim Verkehr mit land- und forstwirtschaftlichem Saat- und Pflanzgut, den Schutz der Pflanzen gegen Krankheiten und Schädlinge sowie den Tierschutz;
21. die Hochsee- und Küstenschiffahrt sowie die Seezeichen, die Binnenschiffahrt, den Wetterdienst, die Seewasserstraßen und die dem allgemeinen Verkehr dienenden Binnenwasserstraßen;
22. den Straßenverkehr, das Kraftfahrwesen, den Bau und die Unterhaltung von Landstraßen für den Fernverkehr sowie die Erhebung und Verteilung von Gebühren oder Entgelten für die Benutzung öffentlicher Straßen mit Fahrzeugen;
23. die Schienenbahnen, die nicht Eisenbahnen des Bundes sind, mit Ausnahme der Bergbahnen;
24. die Abfallwirtschaft, die Luftreinhaltung und die Lärmbekämpfung (ohne Schutz vor verhaltensbezogenem Lärm);
25. die Staatshaftung;
26. die medizinisch unterstützte Erzeugung menschlichen Lebens, die Untersuchung und die künstliche Veränderung von Erbinformationen sowie Regelungen zur Transplantation von Organen, Geweben und Zellen;
27. die Statusrechte und -pflichten der Beamten der Länder, Gemeinden und anderen Körperschaften des öffentlichen Rechts sowie der Richter in den Ländern mit Ausnahme der Laufbahnen, Besoldung und Versorgung;
28. das Jagdwesen;
29. den Naturschutz und die Landschaftspflege;
30. die Bodenverteilung;
31. die Raumordnung;
32. den Wasserhaushalt;
33. die Hochschulzulassung und die Hochschulabschlüsse.

(2) Gesetze nach Absatz 1 Nr. 25 und 27 bedürfen der Zustimmung des Bundesrates.

Art. 74a[1] *(aufgehoben)*

Art. 75[2] *(aufgehoben)*

Art. 76[3] **[Gesetzesvorlagen]** (1) Gesetzesvorlagen werden beim Bundestage durch die Bundesregierung, aus der Mitte des Bundestages oder durch den Bundesrat eingebracht.

(2) [1] Vorlagen der Bundesregierung sind zunächst dem Bundesrat zuzuleiten. [2] Der Bundesrat ist berechtigt, innerhalb von sechs Wochen zu diesen Vorlagen Stellung zu nehmen. [3] Verlangt er aus wichtigem Grunde, insbesondere mit Rücksicht auf den Umfang einer Vorlage, eine Fristverlängerung, so beträgt die Frist neun Wochen. [4] Die Bundesregierung kann eine Vorlage, die sie bei der Zuleitung an den Bundesrat ausnahmsweise als besonders eilbedürftig bezeichnet hat, nach drei Wochen oder, wenn der Bundesrat ein Verlangen nach Satz 3 geäußert hat, nach sechs Wochen dem Bundestag zuleiten, auch wenn die Stellungnahme des Bundesrates noch nicht bei ihr eingegangen ist; sie hat die Stellungnahme des Bundesrates unverzüglich nach Eingang dem Bundestag nachzureichen. [5] Bei Vorlagen zur Änderung dieses Grundgesetzes und zur Übertragung von Hoheitsrechten nach Artikel 23 oder Artikel 24 beträgt die Frist zur Stellungnahme neun Wochen; Satz 4 findet keine Anwendung.

(3) [1] Vorlagen des Bundesrates sind dem Bundestag durch die Bundesregierung innerhalb von sechs Wochen zuzuleiten. [2] Sie soll hierbei ihre Auffassung darlegen. [3] Verlangt sie aus wichtigem Grunde, insbesondere mit Rücksicht auf den Umfang einer Vorlage, eine Fristverlängerung, so beträgt die Frist neun Wochen. [4] Wenn der Bundesrat eine Vorlage ausnahmsweise als besonders eilbedürftig bezeichnet hat, beträgt die Frist drei Wochen oder, wenn die Bundesregierung ein Verlangen nach Satz 3 geäußert hat, sechs Wochen. [5] Bei Vorlagen zur Änderung dieses Grundgesetzes und zur Übertragung von Hoheitsrechten nach Artikel 23 oder Artikel 24 beträgt die Frist neun Wochen; Satz 4 findet keine Anwendung. [6] Der Bundestag hat über die Vorlagen in angemessener Frist zu beraten und Beschluß zu fassen.

Art. 77[4] **[Verfahren bei Gesetzesbeschlüssen]** (1) [1] Die Bundesgesetze werden vom Bundestage beschlossen. [2] Sie sind nach ihrer Annahme durch den Präsidenten des Bundestages unverzüglich dem Bundesrate zuzuleiten.

(2) [1] Der Bundesrat kann binnen drei Wochen nach Eingang des Gesetzesbeschlusses verlangen, daß ein aus Mitgliedern des Bundestages und des Bundesrates für die gemeinsame Beratung von Vorlagen gebildeter Ausschuß einberufen

---

[1] Art. 74a eingef. durch G v. 18.3.1971 (BGBl. I S. 206); aufgeh. mWv 1.9.2006 durch G v. 28.8.2006 (BGBl. I S. 2034).

[2] Art. 75 Abs. 2 und 3 angef., bish. Wortlaut wird Abs. 1 und Nr. 1a eingef. durch G v. 12.5.1969 (BGBl. I S. 363); Abs. 2 und 3 aufgeh., bish. Abs. 1 wird alleiniger Wortlaut und Nr. 1 neu gef. durch G v. 18.3.1971 (BGBl. I S. 206); Abs. 2 und 3 angef., bish. Wortlaut wird Abs. 1 und Satz 2 angef., bish. Wortlaut wird Satz 1 und Einleitungssatz sowie Nr. 2 geänd. und Nr. 6 angef. durch G v. 27.10.1994 (BGBl I S. 3146); aufgeh. mWv 1.9.2006 durch G v. 28.8.2006 (BGBl. I S. 2034).

[3] Art. 76 Abs. 2 Satz 2 geänd., Satz 3 angef. mWv 20.11.1968 durch G v. 15.11.1968 (BGBl. I S. 1177); Abs. 3 Satz 1 neu gef. mWv 23.7.1969 durch G v. 17.7.1969 (BGBl. I S. 817); Abs. 2 und 3 neu gef. mWv 15.11.1994 durch G v. 27.10.1994 (BGBl. I S. 3146).

[4] Art. 77 Abs. 2 Satz 1 und Abs. 3 Satz 1 geänd., Abs. 3 Satz 2 neu gef. mWv 20.11.1968 durch G v. 15.11.1968 (BGBl. I S. 1177); Abs. 2a eingef. mWv 15.11.1994 durch G v. 27.10.1994 (BGBl. I S. 3146).

wird. 2 Die Zusammensetzung und das Verfahren dieses Ausschusses regelt eine Geschäftsordnung[1)], die vom Bundestag beschlossen wird und der Zustimmung des Bundesrates bedarf. 3 Die in diesen Ausschuß entsandten Mitglieder des Bundesrates sind nicht an Weisungen gebunden. 4 Ist zu einem Gesetze die Zustimmung des Bundesrates erforderlich, so können auch der Bundestag und die Bundesregierung die Einberufung verlangen. 5 Schlägt der Ausschuß eine Änderung des Gesetzesbeschlusses vor, so hat der Bundestag erneut Beschluß zu fassen.

(2a) Soweit zu einem Gesetz die Zustimmung des Bundesrates erforderlich ist, hat der Bundesrat, wenn ein Verlangen nach Absatz 2 Satz 1 nicht gestellt oder das Vermittlungsverfahren ohne einen Vorschlag zur Änderung des Gesetzesbeschlusses beendet ist, in angemessener Frist über die Zustimmung Beschluß zu fassen.

(3) 1 Soweit zu einem Gesetze die Zustimmung des Bundesrates nicht erforderlich ist, kann der Bundesrat, wenn das Verfahren nach Absatz 2 beendigt ist, gegen ein vom Bundestage beschlossenes Gesetz binnen zwei Wochen Einspruch einlegen. 2 Die Einspruchsfrist beginnt im Falle des Absatzes 2 letzter Satz mit dem Eingange des vom Bundestage erneut gefaßten Beschlusses, in allen anderen Fällen mit dem Eingange der Mitteilung des Vorsitzenden des in Absatz 2 vorgesehenen Ausschusses, daß das Verfahren vor dem Ausschusse abgeschlossen ist.

(4) 1 Wird der Einspruch mit der Mehrheit[2)] der Stimmen des Bundesrates beschlossen, so kann er durch Beschluß der Mehrheit der Mitglieder des Bundestages zurückgewiesen werden. 2 Hat der Bundesrat den Einspruch mit einer Mehrheit von mindestens zwei Dritteln seiner Stimmen beschlossen, so bedarf die Zurückweisung durch den Bundestag einer Mehrheit von zwei Dritteln, mindestens der Mehrheit der Mitglieder des Bundestages.

Art. 78 [Zustandekommen von Bundesgesetzen] Ein vom Bundestage beschlossenes Gesetz kommt zustande, wenn der Bundesrat zustimmt, den Antrag gemäß Artikel 77 Abs. 2 nicht stellt, innerhalb der Frist des Artikels 77 Abs. 3 keinen Einspruch einlegt oder ihn zurücknimmt oder wenn der Einspruch vom Bundestage überstimmt wird.

Art. 79[3)] [Änderungen des Grundgesetzes] (1) 1 Das Grundgesetz kann nur durch ein Gesetz geändert werden, das den Wortlaut des Grundgesetzes ausdrücklich ändert oder ergänzt.[4)] 2 Bei völkerrechtlichen Verträgen, die eine Friedensregelung, die Vorbereitung einer Friedensregelung oder den Abbau einer besatzungsrechtlichen Ordnung zum Gegenstand haben oder der Verteidigung der Bundesrepublik zu dienen bestimmt sind, genügt zur Klarstellung, daß die Bestimmungen des Grundgesetzes dem Abschluß und dem Inkraftsetzen der Verträge nicht entgegenstehen, eine Ergänzung des Wortlautes des Grundgesetzes, die sich auf diese Klarstellung beschränkt.

(2) Ein solches Gesetz bedarf der Zustimmung von zwei Dritteln der Mitglieder des Bundestages und zwei Dritteln der Stimmen des Bundesrates.

(3) Eine Änderung dieses Grundgesetzes, durch welche die Gliederung des Bundes in Länder, die grundsätzliche Mitwirkung der Länder bei der Gesetzgebung oder die in den Artikeln 1 und 20 niedergelegten Grundsätze berührt werden, ist unzulässig.

---

1) Siehe die Gemeinsame GeschäftsO des Bundestages und des Bundesrates für den Vermittlungsausschuss **(Sartorius Nr. 36)**.

2) Zum Begriff der Mehrheit siehe Art. 121.

3) Art. 79 Abs. 1 Satz 2 angef. mWv 28.3.1954 durch G v. 26.3.1954 (BGBl. I S. 45).

4) Beachte hierzu auch Art. 81 Abs. 4.

Art. 80[1] **[Erlass von Rechtsverordnungen]** (1) [1]Durch Gesetz können die Bundesregierung, ein Bundesminister oder die Landesregierungen ermächtigt werden, Rechtsverordnungen zu erlassen.[2] [2]Dabei müssen Inhalt, Zweck und Ausmaß der erteilten Ermächtigung im Gesetze bestimmt werden. [3]Die Rechtsgrundlage ist in der Verordnung anzugeben. [4]Ist durch Gesetz vorgesehen, daß eine Ermächtigung weiter übertragen werden kann, so bedarf es zur Übertragung der Ermächtigung einer Rechtsverordnung.

(2) Der Zustimmung des Bundesrates bedürfen, vorbehaltlich anderweitiger bundesgesetzlicher Regelung, Rechtsverordnungen der Bundesregierung oder eines Bundesministers über Grundsätze und Gebühren für die Benutzung der Einrichtungen des Postwesens und der Telekommunikation, über die Grundsätze der Erhebung des Entgelts für die Benutzung der Einrichtungen der Eisenbahnen des Bundes, über den Bau und Betrieb der Eisenbahnen, sowie Rechtsverordnungen auf Grund von Bundesgesetzen, die der Zustimmung des Bundesrates bedürfen oder die von den Ländern im Auftrage des Bundes oder als eigene Angelegenheit ausgeführt werden.

(3) Der Bundesrat kann der Bundesregierung Vorlagen für den Erlaß von Rechtsverordnungen zuleiten, die seiner Zustimmung bedürfen.

(4) Soweit durch Bundesgesetz oder auf Grund von Bundesgesetzen Landesregierungen ermächtigt werden, Rechtsverordnungen zu erlassen, sind die Länder zu einer Regelung auch durch Gesetz befugt.

Art. 80a[3] **[Spannungsfall]** (1) [1]Ist in diesem Grundgesetz oder in einem Bundesgesetz über die Verteidigung einschließlich des Schutzes der Zivilbevölkerung bestimmt, daß Rechtsvorschriften nur nach Maßgabe dieses Artikels angewandt werden dürfen, so ist die Anwendung außer im Verteidigungsfalle nur zulässig, wenn der Bundestag den Eintritt des Spannungsfalles festgestellt oder wenn er der Anwendung besonders zugestimmt hat. [2]Die Feststellung des Spannungsfalles und die besondere Zustimmung in den Fällen des Artikels 12a Abs. 5 Satz 1 und Abs. 6 Satz 2 bedürfen einer Mehrheit von zwei Dritteln der abgegebenen Stimmen.[4]

(2) Maßnahmen auf Grund von Rechtsvorschriften nach Absatz 1 sind aufzuheben, wenn der Bundestag es verlangt.

(3) [1]Abweichend von Absatz 1 ist die Anwendung solcher Rechtsvorschriften auch auf der Grundlage und nach Maßgabe eines Beschlusses zulässig, der von einem internationalen Organ im Rahmen eines Bündnisvertrages mit Zustimmung der Bundesregierung gefaßt wird.[4] [2]Maßnahmen nach diesem Absatz sind aufzuheben, wenn der Bundestag es mit der Mehrheit[5] seiner Mitglieder verlangt.

Art. 81 **[Gesetzgebungsnotstand]** (1) [1]Wird im Falle des Artikels 68 der Bundestag nicht aufgelöst, so kann der Bundespräsident auf Antrag der Bundesregierung mit Zustimmung des Bundesrates für eine Gesetzesvorlage den Gesetzgebungsnotstand erklären, wenn der Bundestag sie ablehnt, obwohl die Bundesregierung sie als dringlich bezeichnet hat. [2]Das gleiche gilt, wenn eine Gesetzes-

[1] Art. 80 Abs. 2 geänd. mWv 23.12.1993 durch G v. 20.12.1993 (BGBl. I S. 2089); Abs. 2 geänd. mWv 3.9.1994 durch G v. 30.8.1994 (BGBl. I S. 2245); Abs. 3 und 4 angef. mWv 15.11.1994 durch G v. 27.10.1994 (BGBl. I S. 3146).

[2] Zur Fortgeltung bestehender Ermächtigungen siehe Art. 129.

[3] Art. 80a eingef. mWv 28.6.1968 durch G v. 24.6.1968 (BGBl. I S. 709).

[4] Siehe hierzu das G über vereinfachte Verkündungen und Bekanntgaben **(Sartorius Nr. 71)**.

[5] Zum Begriff der Mehrheit siehe Art. 121.

vorlage abgelehnt worden ist, obwohl der Bundeskanzler mit ihr den Antrag des Artikels 68 verbunden hatte.

(2) [1] Lehnt der Bundestag die Gesetzesvorlage nach Erklärung des Gesetzgebungsnotstandes erneut ab oder nimmt er sie in einer für die Bundesregierung als unannehmbar bezeichneten Fassung an, so gilt das Gesetz als zustande gekommen, soweit der Bundesrat ihm zustimmt. [2] Das gleiche gilt, wenn die Vorlage vom Bundestage nicht innerhalb von vier Wochen nach der erneuten Einbringung verabschiedet wird.

(3) [1] Während der Amtszeit eines Bundeskanzlers kann auch jede andere vom Bundestage abgelehnte Gesetzesvorlage innerhalb einer Frist von sechs Monaten nach der ersten Erklärung des Gesetzgebungsnotstandes gemäß Absatz 1 und 2 verabschiedet werden. [2] Nach Ablauf der Frist ist während der Amtszeit des gleichen Bundeskanzlers eine weitere Erklärung des Gesetzgebungsnotstandes unzulässig.

(4) Das Grundgesetz darf durch ein Gesetz, das nach Absatz 2 zustande kommt, weder geändert, noch ganz oder teilweise außer Kraft oder außer Anwendung gesetzt werden.

Art. 82 [Verkündung und Inkrafttreten der Gesetze] (1) [1] Die nach den Vorschriften dieses Grundgesetzes zustande gekommenen Gesetze werden vom Bundespräsidenten nach Gegenzeichnung ausgefertigt und im Bundesgesetzblatte verkündet. [2] Rechtsverordnungen werden von der Stelle, die sie erläßt, ausgefertigt und vorbehaltlich anderweitiger gesetzlicher Regelung im Bundesgesetzblatte verkündet.[1)]

(2) [1] Jedes Gesetz und jede Rechtsverordnung soll den Tag des Inkrafttretens bestimmen. [2] Fehlt eine solche Bestimmung, so treten sie mit dem vierzehnten Tage nach Ablauf des Tages in Kraft, an dem das Bundesgesetzblatt ausgegeben worden ist.

VIII. Die Ausführung der Bundesgesetze und die Bundesverwaltung

Art. 83 [Grundsatz der Landeseigenverwaltung] Die Länder führen die Bundesgesetze als eigene Angelegenheit aus, soweit dieses Grundgesetz nicht anderes bestimmt oder zuläßt.

Art. 84[2)] [Landeseigenverwaltung und Bundesaufsicht] (1) [1] Führen die Länder die Bundesgesetze als eigene Angelegenheit aus, so regeln sie die Einrichtung der Behörden und das Verwaltungsverfahren. [2] Wenn Bundesgesetze etwas anderes bestimmen, können die Länder davon abweichende Regelungen treffen. [3] Hat ein Land eine abweichende Regelung nach Satz 2 getroffen, treten in diesem Land hierauf bezogene spätere bundesgesetzliche Regelungen der Einrichtung der Behörden und des Verwaltungsverfahrens frühestens sechs Monate nach ihrer Verkündung in Kraft, soweit nicht mit Zustimmung des Bundesrates anderes bestimmt ist. [4] Artikel 72 Abs. 3 Satz 3 gilt entsprechend. [5] In Ausnahmefällen kann der Bund wegen eines besonderen Bedürfnisses nach bundeseinheitlicher Regelung das Verwaltungsverfahren ohne Abweichungsmöglichkeit für die Länder regeln. [6] Diese

---

[1)] Siehe hierzu das Verkündungs- und BekanntmachungsG **(Sartorius Nr. 70)** und das G über vereinfachte Verkündungen und Bekanntgaben **(Sartorius Nr. 71)**.

[2)] Art. 84 Abs. 1 neu gef. mWv 1.9.2006 durch G v. 28.8.2006 (BGBl. I S. 2034).

Gesetze bedürfen der Zustimmung des Bundesrates. [7] Durch Bundesgesetz dürfen Gemeinden und Gemeindeverbänden Aufgaben nicht übertragen werden.

(2) Die Bundesregierung kann mit Zustimmung des Bundesrates allgemeine Verwaltungsvorschriften erlassen.

(3) [1] Die Bundesregierung übt die Aufsicht darüber aus, daß die Länder die Bundesgesetze dem geltenden Rechte gemäß ausführen. [2] Die Bundesregierung kann zu diesem Zwecke Beauftragte zu den obersten Landesbehörden entsenden, mit deren Zustimmung und, falls diese Zustimmung versagt wird, mit Zustimmung des Bundesrates auch zu den nachgeordneten Behörden.

(4) [1] Werden Mängel, die die Bundesregierung bei der Ausführung der Bundesgesetze in den Ländern festgestellt hat, nicht beseitigt, so beschließt auf Antrag der Bundesregierung oder des Landes der Bundesrat, ob das Land das Recht verletzt hat. [2] Gegen den Beschluß des Bundesrates kann das Bundesverfassungsgericht angerufen werden.[1)]

(5) [1] Der Bundesregierung kann durch Bundesgesetz, das der Zustimmung des Bundesrates bedarf, zur Ausführung von Bundesgesetzen die Befugnis verliehen werden, für besondere Fälle Einzelweisungen zu erteilen. [2] Sie sind, außer wenn die Bundesregierung den Fall für dringlich erachtet, an die obersten Landesbehörden zu richten.

Art. 85[2)] [Landesverwaltung im Bundesauftrag] (1) [1] Führen die Länder die Bundesgesetze im Auftrage des Bundes aus, so bleibt die Einrichtung der Behörden Angelegenheit der Länder, soweit nicht Bundesgesetze mit Zustimmung des Bundesrates etwas anderes bestimmen. [2] Durch Bundesgesetz dürfen Gemeinden und Gemeindeverbänden Aufgaben nicht übertragen werden.

(2) [1] Die Bundesregierung kann mit Zustimmung des Bundesrates allgemeine Verwaltungsvorschriften erlassen. [2] Sie kann die einheitliche Ausbildung der Beamten und Angestellten regeln. [3] Die Leiter der Mittelbehörden sind mit ihrem Einvernehmen zu bestellen.

(3) [1] Die Landesbehörden unterstehen den Weisungen der zuständigen obersten Bundesbehörden. [2] Die Weisungen sind, außer wenn die Bundesregierung es für dringlich erachtet, an die obersten Landesbehörden zu richten. [3] Der Vollzug der Weisung ist durch die obersten Landesbehörden sicherzustellen.

(4) [1] Die Bundesaufsicht erstreckt sich auf Gesetzmäßigkeit und Zweckmäßigkeit der Ausführung. [2] Die Bundesregierung kann zu diesem Zwecke Bericht und Vorlage der Akten verlangen und Beauftragte zu allen Behörden entsenden.

Art. 86 [Bundesverwaltung] [1] Führt der Bund die Gesetze durch bundeseigene Verwaltung oder durch bundesunmittelbare Körperschaften oder Anstalten des öffentlichen Rechtes aus, so erläßt die Bundesregierung, soweit nicht das Gesetz Besonderes vorschreibt, die allgemeinen Verwaltungsvorschriften. [2] Sie regelt, soweit das Gesetz nichts anderes bestimmt, die Einrichtung der Behörden.

Art. 87[3)] [4)] [Gegenstände der Bundesverwaltung] (1) [1] In bundeseigener Verwaltung mit eigenem Verwaltungsunterbau werden geführt der Auswärtige Dienst,

---

1) Siehe hierzu § 13 Nr. 7 und §§ 68 ff. BundesverfassungsgerichtsG **(Sartorius Nr. 40)**.

2) Art. 85 Abs. 1 Satz 2 angef. mWv 1.9.2006 durch G v. 28.8.2006 (BGBl. I S. 2034).

3) Art. 87 Abs. 1 Satz 2 neu gef. mWv 3.8.1972 durch G v. 28.7.1972 (BGBl. I S. 1305); Abs. 1 Satz 1 geänd. mWv 23.12.1993 durch G v. 20.12.1993 (BGBl. I S. 2089) und mWv 3.9.1994 durch G v. 30.8. 1994 (BGBl. I S. 2245); Abs. 2 Satz 2 angef. mWv 15.11.1994 durch G v. 27.10.1994 (BGBl. I S. 3146).

4) Siehe hierzu auch Art. 130.

die Bundesfinanzverwaltung und nach Maßgabe des Artikels 89 die Verwaltung der Bundeswasserstraßen und der Schiffahrt. [2]Durch Bundesgesetz können Bundesgrenzschutzbehörden[1) 2)], Zentralstellen für das polizeiliche Auskunfts- und Nachrichtenwesen, für die Kriminalpolizei[3)] und zur Sammlung von Unterlagen für Zwecke des Verfassungsschutzes[4)] und des Schutzes gegen Bestrebungen im Bundesgebiet, die durch Anwendung von Gewalt oder darauf gerichtete Vorbereitungshandlungen auswärtige Belange der Bundesrepublik Deutschland gefährden, eingerichtet werden.

(2) [1]Als bundesunmittelbare Körperschaften des öffentlichen Rechtes werden diejenigen sozialen Versicherungsträger geführt, deren Zuständigkeitsbereich sich über das Gebiet eines Landes hinaus erstreckt. [2]Soziale Versicherungsträger, deren Zuständigkeitsbereich sich über das Gebiet eines Landes, aber nicht über mehr als drei Länder hinaus erstreckt, werden abweichend von Satz 1 als landesunmittelbare Körperschaften des öffentlichen Rechtes geführt, wenn das aufsichtsführende Land durch die beteiligten Länder bestimmt ist.

(3) [1]Außerdem können für Angelegenheiten, für die dem Bunde die Gesetzgebung zusteht, selbständige Bundesoberbehörden und neue bundesunmittelbare Körperschaften und Anstalten des öffentlichen Rechtes durch Bundesgesetz errichtet werden. [2]Erwachsen dem Bunde auf Gebieten, für die ihm die Gesetzgebung zusteht, neue Aufgaben, so können bei dringendem Bedarf bundeseigene Mittel- und Unterbehörden mit Zustimmung des Bundesrates und der Mehrheit[5)] der Mitglieder des Bundestages errichtet werden.

Art. 87a[6) 7)] [Streitkräfte] (1) [1]Der Bund stellt Streitkräfte zur Verteidigung auf. [2]Ihre zahlenmäßige Stärke und die Grundzüge ihrer Organisation müssen sich aus dem Haushaltsplan ergeben.

(1a) [1]Zur Stärkung der Bündnis- und Verteidigungsfähigkeit kann der Bund ein Sondervermögen für die Bundeswehr mit eigener Kreditermächtigung in Höhe von einmalig bis zu 100 Milliarden Euro errichten. [2]Auf die Kreditermächtigung sind Artikel 109 Absatz 3 und Artikel 115 Absatz 2 nicht anzuwenden. [3]Das Nähere regelt ein Bundesgesetz.

(2) Außer zur Verteidigung dürfen die Streitkräfte nur eingesetzt werden, soweit dieses Grundgesetz es ausdrücklich zuläßt.

(3) [1]Die Streitkräfte haben im Verteidigungsfalle und im Spannungsfalle die Befugnis, zivile Objekte zu schützen und Aufgaben der Verkehrsregelung wahrzunehmen, soweit dies zur Erfüllung ihres Verteidigungsauftrages erforderlich ist. [2]Außerdem kann den Streitkräften im Verteidigungsfalle und im Spannungsfalle der Schutz ziviler Objekte auch zur Unterstützung polizeilicher Maßnahmen übertragen werden; die Streitkräfte wirken dabei mit den zuständigen Behörden zusammen.

(4) [1]Zur Abwehr einer drohenden Gefahr für den Bestand oder die freiheitliche demokratische Grundordnung des Bundes oder eines Landes kann die Bundes-

---

1) Bezeichnung ab 1.7.2005: „Bundespolizei".
2) Siehe das BundespolizeiG **(Sartorius Nr. 90)**.
3) Siehe das BundeskriminalamtG **(Sartorius Nr. 450)**.
4) Siehe das BundesverfassungsschutzG **(Sartorius Nr. 80)**.
5) Zum Begriff der Mehrheit siehe Art. 121.
6) Art. 87a eingef. mWv 22.3.1956 durch G v. 19.3.1956 (BGBl. I S. 111); neu gef. mWv 28.6.1968 durch G v. 24.6.1968 (BGBl. I S. 709); Abs. 1a eingef. mWv 1.7.2022 durch G v. 28.6.2022 (BGBl. I S. 968).
7) Siehe hierzu das ParlamentsbeteiligungsG v. 18.3.2005 (BGBl. I S. 775).

regierung, wenn die Voraussetzungen des Artikels 91 Abs. 2 vorliegen und die Polizeikräfte sowie der Bundesgrenzschutz[1)] nicht ausreichen, Streitkräfte zur Unterstützung der Polizei und des Bundesgrenzschutzes[1)] beim Schutze von zivilen Objekten und bei der Bekämpfung organisierter und militärisch bewaffneter Aufständischer einsetzen. [2]Der Einsatz von Streitkräften ist einzustellen, wenn der Bundestag oder der Bundesrat es verlangen.

Art. 87b[2)] [Bundeswehrverwaltung] (1) [1]Die Bundeswehrverwaltung wird in bundeseigener Verwaltung mit eigenem Verwaltungsunterbau geführt. [2]Sie dient den Aufgaben des Personalwesens und der unmittelbaren Deckung des Sachbedarfs der Streitkräfte. [3]Aufgaben der Beschädigtenversorgung und des Bauwesens können der Bundeswehrverwaltung nur durch Bundesgesetz, das der Zustimmung des Bundesrates bedarf, übertragen werden. [4]Der Zustimmung des Bundesrates bedürfen ferner Gesetze, soweit sie die Bundeswehrverwaltung zu Eingriffen in Rechte Dritter ermächtigen; das gilt nicht für Gesetze auf dem Gebiete des Personalwesens.

(2) [1]Im übrigen können Bundesgesetze, die der Verteidigung einschließlich des Wehrersatzwesens und des Schutzes der Zivilbevölkerung dienen, mit Zustimmung des Bundesrates bestimmen, daß sie ganz oder teilweise in bundeseigener Verwaltung mit eigenem Verwaltungsunterbau oder von den Ländern im Auftrage des Bundes ausgeführt werden. [2]Werden solche Gesetze von den Ländern im Auftrage des Bundes ausgeführt, so können sie mit Zustimmung des Bundesrates bestimmen, daß die der Bundesregierung und den zuständigen obersten Bundesbehörden auf Grund des Artikels 85 zustehenden Befugnisse ganz oder teilweise Bundesoberbehörden übertragen werden; dabei kann bestimmt werden, daß diese Behörden beim Erlaß allgemeiner Verwaltungsvorschriften gemäß Artikel 85 Abs. 2 Satz 1 nicht der Zustimmung des Bundesrates bedürfen.

Art. 87c[3)] [Bestimmungen über Erzeugung und Nutzung der Kernenergie] Gesetze, die auf Grund des Artikels 73 Abs. 1 Nr. 14 ergehen, können mit Zustimmung des Bundesrates bestimmen, daß sie von den Ländern im Auftrage des Bundes ausgeführt werden.

Art. 87d[4)] [Luftverkehrsverwaltung] (1) [1]Die Luftverkehrsverwaltung wird in Bundesverwaltung geführt. [2]Aufgaben der Flugsicherung können auch durch ausländische Flugsicherungsorganisationen wahrgenommen werden, die nach Recht der Europäischen Gemeinschaft zugelassen sind. [3]Das Nähere regelt ein Bundesgesetz.

(2) Durch Bundesgesetz, das der Zustimmung des Bundesrates bedarf, können Aufgaben der Luftverkehrsverwaltung den Ländern als Auftragsverwaltung übertragen werden.

[1)] Bezeichnung ab 1.7.2005: „Bundespolizei".

[2)] Art. 87b eingef. mWv 22.3.1956 durch G v. 19.3.1956 (BGBl. I S. 111).

[3)] Art. 87c eingef. mWv 1.1.1960 durch G v. 23.12.1959 (BGBl. I S. 813); geänd. mWv 1.9.2006 durch G v. 28.8.2006 (BGBl. I S. 2034).

[4)] Art. 87d eingef. mWv 16.2.1961 durch G v. 6.2.1961 (BGBl. I S. 65); Abs. 1 neu gef. mWv 22.7.1992 durch G v. 14.7.1992 (BGBl. I S. 1254); Abs. 1 neu gef. mWv 1.8.2009 durch G v. 29.7.2009 (BGBl. I S. 2247).

Art. 87e[1) 2)] **[Eisenbahnen des Bundes]** (1) [1]Die Eisenbahnverkehrsverwaltung für Eisenbahnen des Bundes wird in bundeseigener Verwaltung geführt. [2]Durch Bundesgesetz können Aufgaben der Eisenbahnverkehrsverwaltung den Ländern als eigene Angelegenheit übertragen werden.

(2) Der Bund nimmt die über den Bereich der Eisenbahnen des Bundes hinausgehenden Aufgaben der Eisenbahnverkehrsverwaltung wahr, die ihm durch Bundesgesetz übertragen werden.

(3) [1]Eisenbahnen des Bundes werden als Wirtschaftsunternehmen in privatrechtlicher Form geführt. [2]Diese stehen im Eigentum des Bundes, soweit die Tätigkeit des Wirtschaftsunternehmens den Bau, die Unterhaltung und das Betreiben von Schienenwegen umfaßt. [3]Die Veräußerung von Anteilen des Bundes an den Unternehmen nach Satz 2 erfolgt auf Grund eines Gesetzes; die Mehrheit der Anteile an diesen Unternehmen verbleibt beim Bund. [4]Das Nähere wird durch Bundesgesetz geregelt.

(4) [1]Der Bund gewährleistet, daß dem Wohl der Allgemeinheit, insbesondere den Verkehrsbedürfnissen, beim Ausbau und Erhalt des Schienennetzes der Eisenbahnen des Bundes sowie bei deren Verkehrsangeboten auf diesem Schienennetz, soweit diese nicht den Schienenpersonennahverkehr betreffen, Rechnung getragen wird. [2]Das Nähere wird durch Bundesgesetz geregelt.

(5) [1]Gesetze auf Grund der Absätze 1 bis 4 bedürfen der Zustimmung des Bundesrates. [2]Der Zustimmung des Bundesrates bedürfen ferner Gesetze, die die Auflösung, die Verschmelzung und die Aufspaltung von Eisenbahnunternehmen des Bundes, die Übertragung von Schienenwegen der Eisenbahnen des Bundes an Dritte sowie die Stillegung von Schienenwegen der Eisenbahnen des Bundes regeln oder Auswirkungen auf den Schienenpersonennahverkehr haben.

Art. 87f[3) 4)] **[Post und Telekommunikation]** (1) Nach Maßgabe eines Bundesgesetzes, das der Zustimmung des Bundesrates bedarf, gewährleistet der Bund im Bereich des Postwesens und der Telekommunikation flächendeckend angemessene und ausreichende Dienstleistungen.

(2) [1]Dienstleistungen im Sinne des Absatzes 1 werden als privatwirtschaftliche Tätigkeiten durch die aus dem Sondervermögen Deutsche Bundespost hervorgegangenen Unternehmen und durch andere private Anbieter erbracht. [2]Hoheitsaufgaben im Bereich des Postwesens und der Telekommunikation werden in bundeseigener Verwaltung ausgeführt.

(3) Unbeschadet des Absatzes 2 Satz 2 führt der Bund in der Rechtsform einer bundesunmittelbaren Anstalt des öffentlichen Rechts einzelne Aufgaben in bezug auf die aus dem Sondervermögen Deutsche Bundespost hervorgegangenen Unternehmen nach Maßgabe eines Bundesgesetzes aus.

---

1) Art. 87e eingef. mWv 23.12.1993 durch G v. 20.12.1993 (BGBl. I S. 2089).

2) Siehe hierzu das EisenbahnneuordnungsG **(Loseblatt-Textsammlung Arbeitsrecht Nr. 635c)**.

3) Art. 87f eingef. mWv 3.9.1994 durch G v. 30.8.1994 (BGBl. I S. 2245).

4) Siehe hierzu auch das PostneuordnungsG v. 14.9.1994 (BGBl. I S. 2325, ber. 1996 S. 103), durch das weitere Bestimmungen im Zuge der Privatisierung der Post erlassen wurden, zB in Art. 1 das Bundesanstalt Post-G v. 14.9.1994 (BGBl. I S. 2325), zuletzt geänd. durch G v. 16.7.2021 (BGBl. I S. 3372), in Art. 3 das PostumwandlungsG v. 14.9.1994 (BGBl. I S. 2325), zuletzt geänd. durch G v. 5.2.2009 (BGBl. I S. 160) und (urspr. in Art. 10) das Post- und TelekommunikationssicherstellungsG **(Sartorius ErgBd. Nr. 905)**.

Art. 88[1) 2)] **[Bundesbank]** [1]Der Bund errichtet eine Währungs- und Notenbank als Bundesbank. [2]Ihre Aufgaben und Befugnisse können im Rahmen der Europäischen Union der Europäischen Zentralbank übertragen werden, die unabhängig ist und dem vorrangigen Ziel der Sicherung der Preisstabilität verpflichtet.

Art. 89[3)] **[Bundeswasserstraßen]** (1) Der Bund ist Eigentümer der bisherigen Reichswasserstraßen.

(2) [1]Der Bund verwaltet die Bundeswasserstraßen durch eigene Behörden. [2]Er nimmt die über den Bereich eines Landes hinausgehenden staatlichen Aufgaben der Binnenschiffahrt und die Aufgaben der Seeschiffahrt wahr, die ihm durch Gesetz[4)] übertragen werden. [3]Er kann die Verwaltung von Bundeswasserstraßen, soweit sie im Gebiete eines Landes liegen, diesem Lande auf Antrag als Auftragsverwaltung übertragen. [4]Berührt eine Wasserstraße das Gebiet mehrerer Länder, so kann der Bund das Land beauftragen, für das die beteiligten Länder es beantragen.

(3) Bei der Verwaltung, dem Ausbau und dem Neubau von Wasserstraßen sind die Bedürfnisse der Landeskultur und der Wasserwirtschaft im Einvernehmen mit den Ländern zu wahren.

Art. 90[5)] **[Bundesautobahnen und Bundesstraßen]** (1) [1]Der Bund bleibt Eigentümer der Bundesautobahnen und sonstigen Bundesstraßen des Fernverkehrs. [2]Das Eigentum ist unveräußerlich.

(2) [1]Die Verwaltung der Bundesautobahnen wird in Bundesverwaltung geführt. [2]Der Bund kann sich zur Erledigung seiner Aufgaben einer Gesellschaft privaten Rechts bedienen. [3]Diese Gesellschaft steht im unveräußerlichen Eigentum des Bundes. [4]Eine unmittelbare oder mittelbare Beteiligung Dritter an der Gesellschaft und deren Tochtergesellschaften ist ausgeschlossen. [5]Eine Beteiligung Privater im Rahmen von Öffentlich-Privaten Partnerschaften ist ausgeschlossen für Streckennetze, die das gesamte Bundesautobahnnetz oder das gesamte Netz sonstiger Bundesfernstraßen in einem Land oder wesentliche Teile davon umfassen. [6]Das Nähere regelt ein Bundesgesetz.

(3) Die Länder oder die nach Landesrecht zuständigen Selbstverwaltungskörperschaften verwalten die sonstigen Bundesstraßen des Fernverkehrs im Auftrage des Bundes.

(4) Auf Antrag eines Landes kann der Bund die sonstigen Bundesstraßen des Fernverkehrs, soweit sie im Gebiet dieses Landes liegen, in Bundesverwaltung übernehmen.

Art. 91[6)] **[Abwehr von Gefahren für den Bestand des Bundes oder eines Landes]** (1) Zur Abwehr einer drohenden Gefahr für den Bestand oder die

---

1) Art. 88 Satz 2 angef. mWv 25.12.1992 durch G v. 21.12.1992 (BGBl. I S. 2086).

2) Siehe hierzu das G über die Deutsche Bundesbank **(Sartorius ErgBd. Nr. 855)**.

3) Siehe hierzu das G über die vermögensrechtlichen Verhältnisse der Bundeswasserstraßen **(Sartorius Nr. 970)** und das BundeswasserstraßenG **(Sartorius Nr. 971)**.

4) Siehe das BinnenschifffahrtsaufgabenG idF der Bek. v. 5.7.2001 (BGBl. I S. 2026), zuletzt geänd. durch G v. 3.6.2021 (BGBl. I S. 1467) und das SeeaufgabenG idF der Bek. v. 17.6.2016 (BGBl. I S. 1489), zuletzt geänd. durch VO v. 19.10.2021 (BGBl. I S. 4717).

5) Siehe hierzu das G über die vermögensrechtlichen Verhältnisse der Bundesautobahnen und sonstigen Bundesstraßen des Fernverkehrs **(Sartorius Nr. 930)**, das BundesfernstraßenG **(Sartorius Nr. 932)** und die BundesfernstraßenkreuzungsVO **(Sartorius Nr. 935)**.

6) Art. 91 neu gef. mWv 28.6.1968 durch G v. 24.6.1968 (BGBl. I S. 709).

freiheitliche demokratische Grundordnung des Bundes oder eines Landes kann ein Land Polizeikräfte anderer Länder sowie Kräfte und Einrichtungen anderer Verwaltungen und des Bundesgrenzschutzes[1] anfordern.

(2) [1] Ist das Land, in dem die Gefahr droht, nicht selbst zur Bekämpfung der Gefahr bereit oder in der Lage, so kann die Bundesregierung die Polizei in diesem Lande und die Polizeikräfte anderer Länder ihren Weisungen unterstellen sowie Einheiten des Bundesgrenzschutzes[1] einsetzen. [2] Die Anordnung ist nach Beseitigung der Gefahr, im übrigen jederzeit auf Verlangen des Bundesrates aufzuheben. [3] Erstreckt sich die Gefahr auf das Gebiet mehr als eines Landes, so kann die Bundesregierung, soweit es zur wirksamen Bekämpfung erforderlich ist, den Landesregierungen Weisungen erteilen; Satz 1 und Satz 2 bleiben unberührt.

VIIIa.[2] Gemeinschaftsaufgaben, Verwaltungszusammenarbeit

Art. 91a[3] [Mitwirkungsbereiche des Bundes bei Länderaufgaben]

(1) Der Bund wirkt auf folgenden Gebieten bei der Erfüllung von Aufgaben der Länder mit, wenn diese Aufgaben für die Gesamtheit bedeutsam sind und die Mitwirkung des Bundes zur Verbesserung der Lebensverhältnisse erforderlich ist (Gemeinschaftsaufgaben):

1. Verbesserung der regionalen Wirtschaftsstruktur,
2. Verbesserung der Agrarstruktur und des Küstenschutzes.

(2) Durch Bundesgesetz[4] mit Zustimmung des Bundesrates werden die Gemeinschaftsaufgaben sowie Einzelheiten der Koordinierung näher bestimmt.

(3) [1] Der Bund trägt in den Fällen des Absatzes 1 Nr. 1 die Hälfte der Ausgaben in jedem Land. [2] In den Fällen des Absatzes 1 Nr. 2 trägt der Bund mindestens die Hälfte; die Beteiligung ist für alle Länder einheitlich festzusetzen. [3] Das Nähere regelt das Gesetz. [4] Die Bereitstellung der Mittel bleibt der Feststellung in den Haushaltsplänen des Bundes und der Länder vorbehalten.

Art. 91b[5] [Bildungsplanung und Forschungsförderung] (1) [1] Bund und Länder können auf Grund von Vereinbarungen in Fällen überregionaler Bedeutung bei der Förderung von Wissenschaft, Forschung und Lehre zusammenwirken. [2] Vereinbarungen, die im Schwerpunkt Hochschulen betreffen, bedürfen der Zustimmung aller Länder. [3] Dies gilt nicht für Vereinbarungen über Forschungsbauten einschließlich Großgeräten.

---

[1] Bezeichnung ab 1.7.2005: „Bundespolizei".

[2] Abschnitt VIIIa (Art. 91a und 91b) eingef. mWv 1.1.1970 durch G v. 12.5.1969 (BGBl. I S. 359); Überschrift neu gef. mWv 1.8.2009 durch G v. 29.7.2009 (BGBl. I S. 2248).

[3] Art. 91a eingef. mWv 1.1.1970 durch G v. 12.5.1969 (BGBl. I S. 359); Abs. 1 Nr. 1 neu gef. mWv 6.8.1970 durch G v. 31.7.1970 (BGBl. I S. 1161); Abs. 1 Nr. 1, Abs. 3 und 5 aufgeh., Abs. 1 bish. Nr. 2 und 3 werden Nr. 1 und 2, bish. Abs. 4 wird Abs. 3 und Sätze 1 und 2 geänd. sowie Abs. 2 neu gef. mWv 1.9.2006 durch G v. 28.8.2006 (BGBl. I S. 2034).

[4] Siehe die Gesetze über die Gemeinschaftsaufgaben
– „Verbesserung der Agrarstruktur und des Küstenschutzes" idF der Bek. v. 21.7.1988 (BGBl. I S. 1055), zuletzt geänd. durch G v. 11.10.2016 (BGBl. I S. 2231) und
– „Verbesserung der regionalen Wirtschaftsstruktur" v. 6.10.1969 (BGBl. I S. 1861), zuletzt geänd. durch G v. 13.4.2021 (BGBl. I S. 770).

[5] Art. 91a eingef. mWv 1.1.1970 durch G v. 12.5.1969 (BGBl. I S. 359); neu gef. mWv 1.9.2006 durch G v. 28.8.2006 (BGBl. I S. 2034); Abs. 1 neu gef. mWv 1.1.2015 durch G v. 23.12.2014 (BGBl. I S. 2438).

(2) Bund und Länder können auf Grund von Vereinbarungen zur Feststellung der Leistungsfähigkeit des Bildungswesens im internationalen Vergleich und bei diesbezüglichen Berichten und Empfehlungen zusammenwirken.

(3) Die Kostentragung wird in der Vereinbarung geregelt.

Art. 91c[1)] [Informationstechnische Systeme] (1) Bund und Länder können bei der Planung, der Errichtung und dem Betrieb der für ihre Aufgabenerfüllung benötigten informationstechnischen Systeme zusammenwirken.

(2) [1] Bund und Länder können auf Grund von Vereinbarungen die für die Kommunikation zwischen ihren informationstechnischen Systemen notwendigen Standards und Sicherheitsanforderungen festlegen. [2] Vereinbarungen über die Grundlagen der Zusammenarbeit nach Satz 1 können für einzelne nach Inhalt und Ausmaß bestimmte Aufgaben vorsehen, dass nähere Regelungen bei Zustimmung einer in der Vereinbarung zu bestimmenden qualifizierten Mehrheit für Bund und Länder in Kraft treten. [3] Sie bedürfen der Zustimmung des Bundestages und der Volksvertretungen der beteiligten Länder; das Recht zur Kündigung dieser Vereinbarungen kann nicht ausgeschlossen werden. [4] Die Vereinbarungen regeln auch die Kostentragung.

(3) Die Länder können darüber hinaus den gemeinschaftlichen Betrieb informationstechnischer Systeme sowie die Errichtung von dazu bestimmten Einrichtungen vereinbaren.

(4) [1] Der Bund errichtet zur Verbindung der informationstechnischen Netze des Bundes und der Länder ein Verbindungsnetz. [2] Das Nähere zur Errichtung und zum Betrieb des Verbindungsnetzes regelt ein Bundesgesetz mit Zustimmung des Bundesrates.

(5) Der übergreifende informationstechnische Zugang zu den Verwaltungsleistungen von Bund und Ländern wird durch Bundesgesetz mit Zustimmung des Bundesrates geregelt.

Art. 91d[2)] [Leistungsvergleich] Bund und Länder können zur Feststellung und Förderung der Leistungsfähigkeit ihrer Verwaltungen Vergleichsstudien durchführen und die Ergebnisse veröffentlichen.

Art. 91e[3)] [Zusammenwirken hinsichtlich der Grundsicherung für Arbeitsuchende] (1) Bei der Ausführung von Bundesgesetzen auf dem Gebiet der Grundsicherung für Arbeitsuchende wirken Bund und Länder oder die nach Landesrecht zuständigen Gemeinden und Gemeindeverbände in der Regel in gemeinsamen Einrichtungen zusammen.

(2) [1] Der Bund kann zulassen, dass eine begrenzte Anzahl von Gemeinden und Gemeindeverbänden auf ihren Antrag und mit Zustimmung der obersten Landesbehörde die Aufgaben nach Absatz 1 allein wahrnimmt. [2] Die notwendigen Ausgaben einschließlich der Verwaltungsausgaben trägt der Bund, soweit die Aufgaben bei einer Ausführung von Gesetzen nach Absatz 1 vom Bund wahrzunehmen sind.

(3) Das Nähere regelt ein Bundesgesetz, das der Zustimmung des Bundesrates bedarf.

[1)] Art. 91c eingef. mWv 1.8.2009 durch G v. 29.7.2009 (BGBl. I S. 2248); Abs. 5 angef. mWv 20.7.2017 durch G v. 13.7.2017 (BGBl. I S. 2347).

[2)] Art. 91d eingef. mWv 1.8.2009 durch G v. 29.7.2009 (BGBl. I S. 2248).

[3)] Art. 91e eingef. mWv 27.7.2010 durch G v. 21.7.2010 (BGBl. I S. 944).

IX. Die Rechtsprechung

Art. 92[1] **[Gerichtsorganisation]** Die rechtsprechende Gewalt ist den Richtern anvertraut; sie wird durch das Bundesverfassungsgericht, durch die in diesem Grundgesetze vorgesehenen Bundesgerichte und durch die Gerichte der Länder ausgeübt.

Art. 93[2) 3)] **[Zuständigkeit des Bundesverfassungsgerichts]** (1) Das Bundesverfassungsgericht entscheidet:

1. über die Auslegung dieses Grundgesetzes aus Anlaß von Streitigkeiten über den Umfang der Rechte und Pflichten eines obersten Bundesorgans oder anderer Beteiligter, die durch dieses Grundgesetz oder in der Geschäftsordnung eines obersten Bundesorgans mit eigenen Rechten ausgestattet sind;
2. bei Meinungsverschiedenheiten oder Zweifeln über die förmliche und sachliche Vereinbarkeit von Bundesrecht oder Landesrecht mit diesem Grundgesetze oder die Vereinbarkeit von Landesrecht mit sonstigem Bundesrechte auf Antrag der Bundesregierung, einer Landesregierung oder eines Viertels der Mitglieder des Bundestages;

2a. bei Meinungsverschiedenheiten, ob ein Gesetz den Voraussetzungen des Artikels 72 Abs. 2 entspricht, auf Antrag des Bundesrates, einer Landesregierung oder der Volksvertretung eines Landes;

3. bei Meinungsverschiedenheiten über Rechte und Pflichten des Bundes und der Länder, insbesondere bei der Ausführung von Bundesrecht durch die Länder und bei der Ausübung der Bundesaufsicht;
4. in anderen öffentlich-rechtlichen Streitigkeiten zwischen dem Bunde und den Ländern, zwischen verschiedenen Ländern oder innerhalb eines Landes, soweit nicht ein anderer Rechtsweg gegeben ist;

4a. über Verfassungsbeschwerden, die von jedermann mit der Behauptung erhoben werden können, durch die öffentliche Gewalt in einem seiner Grundrechte oder in einem seiner in Artikel 20 Abs. 4, 33, 38, 101, 103 und 104 enthaltenen Rechte verletzt zu sein;

4b. über Verfassungsbeschwerden von Gemeinden und Gemeindeverbänden wegen Verletzung des Rechts auf Selbstverwaltung nach Artikel 28 durch ein Gesetz, bei Landesgesetzen jedoch nur, soweit nicht Beschwerde beim Landesverfassungsgericht erhoben werden kann;

4c. über Beschwerden von Vereinigungen gegen ihre Nichtanerkennung als Partei für die Wahl zum Bundestag;

5. in den übrigen in diesem Grundgesetze vorgesehenen Fällen.

(2) [1]Das Bundesverfassungsgericht entscheidet außerdem auf Antrag des Bundesrates, einer Landesregierung oder der Volksvertretung eines Landes, ob im Falle des Artikels 72 Abs. 4 die Erforderlichkeit für eine bundesgesetzliche Regelung nach Artikel 72 Abs. 2 nicht mehr besteht oder Bundesrecht in den Fällen des

---

[1] Art. 92 geänd. mWv 23.6.1968 durch G v. 18.6.1968 (BGBl. I S. 657).

[2] Art. 93 Abs. 1 Nr. 4a und 4b eingef. mWv 2.2.1969 durch G v. 29.1.1969 (BGBl. I S. 97); Abs. 1 Nr. 2a eingef. mWv 15.11.1994 durch G v. 27.10.1994 (BGBl. I S. 3146); Abs. 2 eingef., bish. Abs. 2 wird Abs. 3 mWv 1.9.2006 durch G v. 28.8.2006 (BGBl. I S. 2034); Abs. 1 Nr. 2 geänd. mWv 1.12.2009 durch G v. 8.10.2008 (BGBl. I S. 1926); Abs. 1 Nr. 4c eingef. mWv 17.7.2012 durch G v. 11.7.2012 (BGBl. I S. 1478).

[3] Siehe hierzu auch § 13 Nr. 5 ff. und §§ 63 ff. BundesverfassungsgerichtsG **(Sartorius Nr. 40)**.

Artikels 125a Abs. 2 Satz 1 nicht mehr erlassen werden könnte. [2] Die Feststellung, dass die Erforderlichkeit entfallen ist oder Bundesrecht nicht mehr erlassen werden könnte, ersetzt ein Bundesgesetz nach Artikel 72 Abs. 4 oder nach Artikel 125a Abs. 2 Satz 2. [3] Der Antrag nach Satz 1 ist nur zulässig, wenn eine Gesetzesvorlage nach Artikel 72 Abs. 4 oder nach Artikel 125a Abs. 2 Satz 2 im Bundestag abgelehnt oder über sie nicht innerhalb eines Jahres beraten und Beschluss gefasst oder wenn eine entsprechende Gesetzesvorlage im Bundesrat abgelehnt worden ist.

(3) Das Bundesverfassungsgericht wird ferner in den ihm sonst durch Bundesgesetz zugewiesenen Fällen tätig.

Art. 94[1)] [Zusammensetzung des Bundesverfassungsgerichts] (1) [1] Das Bundesverfassungsgericht besteht aus Bundesrichtern und anderen Mitgliedern. [2] Die Mitglieder des Bundesverfassungsgerichtes werden je zur Hälfte vom Bundestage und vom Bundesrate gewählt. [3] Sie dürfen weder dem Bundestage, dem Bundesrate, der Bundesregierung noch entsprechenden Organen eines Landes angehören.

(2) [1] Ein Bundesgesetz[2)] regelt seine Verfassung und das Verfahren und bestimmt, in welchen Fällen seine Entscheidungen Gesetzeskraft haben. [2] Es kann für Verfassungsbeschwerden die vorherige Erschöpfung des Rechtsweges zur Voraussetzung machen und ein besonderes Annahmeverfahren vorsehen.

Art. 95[3)] [Oberste Gerichtshöfe des Bundes] (1) Für die Gebiete der ordentlichen, der Verwaltungs-, der Finanz-, der Arbeits- und der Sozialgerichtsbarkeit errichtet der Bund als oberste Gerichtshöfe den Bundesgerichtshof[4)], das Bundesverwaltungsgericht[5)], den Bundesfinanzhof[6)], das Bundesarbeitsgericht[7)] und das Bundessozialgericht[8)].

(2) Über die Berufung der Richter dieser Gerichte entscheidet der für das jeweilige Sachgebiet zuständige Bundesminister gemeinsam mit einem Richterwahlausschuß, der aus den für das jeweilige Sachgebiet zuständigen Ministern der Länder und einer gleichen Anzahl von Mitgliedern besteht, die vom Bundestage gewählt werden.[9)]

(3) [1] Zur Wahrung der Einheitlichkeit der Rechtsprechung ist ein Gemeinsamer Senat der in Absatz 1 genannten Gerichte zu bilden. [2] Das Nähere regelt ein Bundesgesetz.[10)]

[1)] Art. 94 Abs. 2 Satz 2 angef. durch G v. 29.1.1969 (BGBl. I S. 97).

[2)] Siehe das BundesverfassungsgerichtsG **(Sartorius Nr. 40)**.

[3)] Art. 95 neu gef. mWv 23.6.1968 durch G v. 18.6.1968 (BGBl. I S. 657).

[4)] BGH in Karlsruhe, siehe §§ 12 und 123 GerichtsverfassungsG (Nr. **95**).

[5)] BVerwG in Leipzig, siehe § 2 VerwaltungsgerichtsO **(Sartorius Nr. 600)**.

[6)] BFH in München, siehe § 2 FinanzgerichtsO idF der Bek. v. 28.3.2001 (BGBl. I S. 442, ber. S. 2262, 2002 S. 679), zuletzt geänd. durch G v. 5.10.2021 (BGBl. I S. 4607).

[7)] BAG in Erfurt, siehe § 40 ArbeitsgerichtsG (Nr. **83**).

[8)] BSG in Kassel, siehe § 38 SozialgerichtsG **(Sartorius ErgBd. Nr. 415)**.

[9)] Siehe das RichterwahlG **(Sartorius Nr. 610)**.

[10)] Siehe das G zur Wahrung der Einheitlichkeit der Rechtsprechung der obersten Gerichtshöfe des Bundes **(Habersack, Deutsche Gesetze ErgBd. Nr. 95b)**.

Art. 96[1] **[Weitere Bundesgerichte]** (1) Der Bund kann für Angelegenheiten des gewerblichen Rechtsschutzes ein Bundesgericht[2] errichten.

(2) [1] Der Bund kann Wehrstrafgerichte für die Streitkräfte als Bundesgerichte errichten. [2] Sie können die Strafgerichtsbarkeit nur im Verteidigungsfalle sowie über Angehörige der Streitkräfte ausüben, die in das Ausland entsandt oder an Bord von Kriegsschiffen eingeschifft sind. [3] Das Nähere regelt ein Bundesgesetz. [4] Diese Gerichte gehören zum Geschäftsbereich des Bundesjustizministers. [5] Ihre hauptamtlichen Richter müssen die Befähigung zum Richteramt haben.

(3) Oberster Gerichtshof für die in Absatz 1 und 2 genannten Gerichte ist der Bundesgerichtshof.

(4) Der Bund kann für Personen, die zu ihm in einem öffentlich-rechtlichen Dienstverhältnis stehen, Bundesgerichte zur Entscheidung in Disziplinarverfahren und Beschwerdeverfahren errichten.[3]

(5) Für Strafverfahren auf den folgenden Gebieten kann ein Bundesgesetz mit Zustimmung des Bundesrates vorsehen, dass Gerichte der Länder Gerichtsbarkeit des Bundes ausüben:

1. Völkermord;
2. völkerstrafrechtliche Verbrechen gegen die Menschlichkeit;
3. Kriegsverbrechen;
4. andere Handlungen, die geeignet sind und in der Absicht vorgenommen werden, das friedliche Zusammenleben der Völker zu stören (Artikel 26 Abs. 1);
5. Staatsschutz.

Art. 97 [Unabhängigkeit der Richter] (1) Die Richter sind unabhängig und nur dem Gesetze unterworfen.

(2) [1] Die hauptamtlich und planmäßig endgültig angestellten Richter können wider ihren Willen nur kraft richterlicher Entscheidung und nur aus Gründen und unter den Formen, welche die Gesetze bestimmen, vor Ablauf ihrer Amtszeit entlassen oder dauernd oder zeitweise ihres Amtes enthoben oder an eine andere Stelle oder in den Ruhestand versetzt werden. [2] Die Gesetzgebung kann Altersgrenzen festsetzen, bei deren Erreichung auf Lebenszeit angestellte Richter in den Ruhestand treten. [3] Bei Veränderung der Einrichtung der Gerichte oder ihrer Bezirke können Richter an ein anderes Gericht versetzt oder aus dem Amte entfernt werden, jedoch nur unter Belassung des vollen Gehaltes.

Art. 98[4] **[Rechtsstellung der Richter]** (1) Die Rechtsstellung der Bundesrichter ist durch besonderes Bundesgesetz[5] zu regeln.

---

[1] Früherer Art. 96a eingef. mWv 22.3.1956 durch G v. 19.3.1956 (BGBl. I S. 111); neu gef. mWv 12.3.1961 durch G v. 6.3.1961 (BGBl. I S. 141); Art. 96 aufgeh., bish. Art 96a wird Art. 96 und Abs. 3 geänd. mWv 23.6.1968 durch G v. 18.6.1968 (BGBl. I S. 657); Abs. 4 neu gef. mWv 15.5.1969 durch G v. 12.5.1969 (BGBl. I S. 363); Abs. 5 angef. mWv 30.8.1969 durch G v. 26.8.1969 (BGBl. I S. 1357); Abs. 5 neu gef. mWv 1.8.2002 durch G v. 26.7.2002 (BGBl. I S. 2863).

[2] Bundespatentgericht (BPatG) in München, siehe § 65 PatentG **(Habersack, Deutsche Gesetze ErgBd. Nr. 70)**.

[3] Siehe hierzu das BundesdisziplinarG **(Sartorius Nr. 220)**, die Wehrdisziplinarordnung v. 16.8.2001 (BGBl. I S. 2093), zuletzt geänd. durch G v. 20.8.2021 (BGBl. I S. 3932) sowie die Wehrbeschwerdeordnung idF der Bek. v. 22.1.2009 (BGBl. I S. 81), zuletzt geänd. durch G v. 25.6.2021 (BGBl. I S. 2154).

[4] Art. 98 Abs. 3 neu gef. mWv 21.3.1971 durch G v. 18.3.1971 (BGBl. I S. 206); Abs. 3 neu gef. mWv 1.9.2006 durch G v. 28.8.2006 (BGBl. I S. 2034).

[5] Siehe das Deutsche RichterG **(Habersack, Deutsche Gesetze ErgBd. Nr. 97)**.

(2)[1] [1]Wenn ein Bundesrichter im Amte oder außerhalb des Amtes gegen die Grundsätze des Grundgesetzes oder gegen die verfassungsmäßige Ordnung eines Landes verstößt, so kann das Bundesverfassungsgericht mit Zweidrittelmehrheit auf Antrag des Bundestages anordnen, daß der Richter in ein anderes Amt oder in den Ruhestand zu versetzen ist. [2]Im Falle eines vorsätzlichen Verstoßes kann auf Entlassung erkannt werden.

(3) Die Rechtsstellung der Richter in den Ländern ist durch besondere Landesgesetze zu regeln, soweit Artikel 74 Abs. 1 Nr. 27 nichts anderes bestimmt.

(4) Die Länder können bestimmen, daß über die Anstellung der Richter in den Ländern der Landesjustizminister gemeinsam mit einem Richterwahlausschuß entscheidet.

(5)[1] [1]Die Länder können für Landesrichter eine Absatz 2 entsprechende Regelung treffen. [2]Geltendes Landesverfassungsrecht bleibt unberührt. [3]Die Entscheidung über eine Richteranklage steht dem Bundesverfassungsgericht zu.

Art. 99[2] [3] [Landesrechtliche Zuweisung von Streitigkeiten an das Bundesverfassungsgericht oder die obersten Gerichtshöfe des Bundes] Dem Bundesverfassungsgerichte kann durch Landesgesetz die Entscheidung von Verfassungsstreitigkeiten innerhalb eines Landes, den in Artikel 95 Abs. 1 genannten obersten Gerichtshöfen für den letzten Rechtszug die Entscheidung in solchen Sachen zugewiesen werden, bei denen es sich um die Anwendung von Landesrecht handelt.

Art. 100[4] [Verfassungswidrigkeit von Gesetzen] (1)[5] [1]Hält ein Gericht ein Gesetz, auf dessen Gültigkeit es bei der Entscheidung ankommt, für verfassungswidrig, so ist das Verfahren auszusetzen und, wenn es sich um die Verletzung der Verfassung eines Landes handelt, die Entscheidung des für Verfassungsstreitigkeiten zuständigen Gerichtes des Landes, wenn es sich um die Verletzung dieses Grundgesetzes handelt, die Entscheidung des Bundesverfassungsgerichtes einzuholen. [2]Dies gilt auch, wenn es sich um die Verletzung dieses Grundgesetzes durch Landesrecht oder um die Unvereinbarkeit eines Landesgesetzes mit einem Bundesgesetze handelt.

(2) Ist in einem Rechtsstreite zweifelhaft, ob eine Regel des Völkerrechtes Bestandteil des Bundesrechtes ist und ob sie unmittelbar Rechte und Pflichten für den Einzelnen erzeugt (Artikel 25), so hat das Gericht die Entscheidung des Bundesverfassungsgerichtes einzuholen.

(3) Will das Verfassungsgericht eines Landes bei der Auslegung des Grundgesetzes von einer Entscheidung des Bundesverfassungsgerichtes oder des Verfassungsgerichtes eines anderen Landes abweichen, so hat das Verfassungsgericht die Entscheidung des Bundesverfassungsgerichtes einzuholen.

Art. 101 [Ausnahmegerichte] (1) [1]Ausnahmegerichte sind unzulässig. [2]Niemand darf seinem gesetzlichen Richter entzogen werden.

(2) Gerichte für besondere Sachgebiete können nur durch Gesetz errichtet werden.

---

[1] Siehe hierzu § 13 Nr. 9 und §§ 58 ff. BundesverfassungsgerichtsG **(Sartorius Nr. 40)**.
[2] Art. 99 geänd. mWv 23.6.1968 durch G v. 18.6.1968 (BGBl. I S. 657).
[3] Siehe hierzu § 13 Nr. 10 und §§ 73 ff. BundesverfassungsgerichtsG **(Sartorius Nr. 40)**.
[4] Art. 100 Abs. 3 geänd. mWv 23.6.1968 durch G v. 18.6.1968 (BGBl. I S. 657).
[5] Siehe hierzu § 13 Nr. 11–13 und §§ 80 ff. BundesverfassungsgerichtsG **(Sartorius Nr. 40)**.

Art. 102 [Abschaffung der Todesstrafe] Die Todesstrafe ist abgeschafft.

Art. 103 [Grundrechte vor Gericht] (1) Vor Gericht hat jedermann Anspruch auf rechtliches Gehör.

(2) Eine Tat kann nur bestraft werden, wenn die Strafbarkeit gesetzlich bestimmt war, bevor die Tat begangen wurde.

(3) Niemand darf wegen derselben Tat auf Grund der allgemeinen Strafgesetze mehrmals bestraft werden.

Art. 104[1] [Rechtsgarantien bei Freiheitsentziehung] (1) [1] Die Freiheit der Person kann nur auf Grund eines förmlichen Gesetzes und nur unter Beachtung der darin vorgeschriebenen Formen beschränkt werden. [2] Festgehaltene Personen dürfen weder seelisch noch körperlich mißhandelt werden.

(2) [1] Über die Zulässigkeit und Fortdauer einer Freiheitsentziehung hat nur der Richter zu entscheiden. [2] Bei jeder nicht auf richterlicher Anordnung beruhenden Freiheitsentziehung ist unverzüglich eine richterliche Entscheidung herbeizuführen. [3] Die Polizei darf aus eigener Machtvollkommenheit niemanden länger als bis zum Ende des Tages nach dem Ergreifen in eigenem Gewahrsam halten. [4] Das Nähere ist gesetzlich[2] zu regeln.

(3) [1] Jeder wegen des Verdachtes einer strafbaren Handlung vorläufig Festgenommene ist spätestens am Tage nach der Festnahme dem Richter vorzuführen, der ihm die Gründe der Festnahme mitzuteilen, ihn zu vernehmen und ihm Gelegenheit zu Einwendungen zu geben hat. [2] Der Richter hat unverzüglich entweder einen mit Gründen versehenen schriftlichen Haftbefehl zu erlassen oder die Freilassung anzuordnen.

(4) Von jeder richterlichen Entscheidung über die Anordnung oder Fortdauer einer Freiheitsentziehung ist unverzüglich ein Angehöriger des Festgehaltenen oder eine Person seines Vertrauens zu benachrichtigen.

X. Das Finanzwesen[3]

Art. 104a[4] [Ausgabenverteilung; Lastenverteilung] (1) Der Bund und die Länder tragen gesondert die Ausgaben, die sich aus der Wahrnehmung ihrer Aufgaben ergeben, soweit dieses Grundgesetz nichts anderes bestimmt.

---

[1] Zu den Voraussetzungen der Festnahme von Abgeordneten siehe Art. 46 Abs. 2–4, zu denen der Festnahme des Bundespräsidenten siehe Art. 60 Abs. 4 iVm Art. 46 Abs. 2–4; siehe ferner Art. 5 der Konvention zum Schutz der Menschenrechte und Grundfreiheiten **(Sartorius Nr. 1003)**.

[2] Siehe hierzu Buch 7 (§§ 415 ff. – Verfahren in Freiheitsentziehungssachen) des G über das Verfahren in Familiensachen und in den Angelegenheiten der freiwilligen Gerichtsbarkeit (FamFG) (Nr. **112**).

[3] Siehe für die Zeit nach der Herstellung der Einheit Deutschlands Art. 7 EVertr. v. 31.8.1990 (BGBl. II S. 885, 889):

„**Art. 7 Finanzverfassung.** (1) Die Finanzverfassung der Bundesrepublik Deutschland wird auf das in Artikel 3 genannte Gebiet erstreckt, soweit in diesem Vertrag nichts anderes bestimmt ist.

(2), (3) *(nicht mehr wiedergegebene Maßgaben für die Anwendung der Art. 106 und 107 GG bis zum 31.12. 1994 bzw. 31.12.1996)*

(4) Das in Artikel 3 genannte Gebiet wird in die Regelungen der Artikel 91a, 91b und 104a Abs. 3 und 4 des Grundgesetzes einschließlich der hierzu ergangenen Ausführungsbestimmungen nach Maßgabe dieses Vertrags mit Wirkung vom 1. Januar 1991 einbezogen.

(5) Nach Herstellung der deutschen Einheit werden die jährlichen Leistungen des Fonds „Deutsche Einheit"

1. zu 85 vom Hundert als besondere Unterstützung den Ländern Brandenburg, Mecklenburg-Vorpommern, Sachsen, Sachsen-Anhalt und Thüringen sowie dem Land Berlin zur Deckung ihres allgemeinen →

(2) Handeln die Länder im Auftrage des Bundes, trägt der Bund die sich daraus ergebenden Ausgaben.

(3) [1] Bundesgesetze, die Geldleistungen gewähren und von den Ländern ausgeführt werden, können bestimmen, daß die Geldleistungen ganz oder zum Teil vom Bund getragen werden. [2] Bestimmt das Gesetz, daß der Bund die Hälfte der Ausgaben oder mehr trägt, wird es im Auftrage des Bundes durchgeführt. [3] Bei der Gewährung von Leistungen für Unterkunft und Heizung auf dem Gebiet der Grundsicherung für Arbeitsuchende wird das Gesetz im Auftrage des Bundes ausgeführt, wenn der Bund drei Viertel der Ausgaben oder mehr trägt.

(4) Bundesgesetze, die Pflichten der Länder zur Erbringung von Geldleistungen, geldwerten Sachleistungen oder vergleichbaren Dienstleistungen gegenüber Dritten begründen und von den Ländern als eigene Angelegenheit oder nach Absatz 3 Satz 2 im Auftrag des Bundes ausgeführt werden, bedürfen der Zustimmung des Bundesrates, wenn daraus entstehende Ausgaben von den Ländern zu tragen sind.

(5) [1] Der Bund und die Länder tragen die bei ihren Behörden entstehenden Verwaltungsausgaben und haften im Verhältnis zueinander für eine ordnungsmäßige Verwaltung. [2] Das Nähere bestimmt ein Bundesgesetz, das der Zustimmung des Bundesrates bedarf.

(6) [1] Bund und Länder tragen nach der innerstaatlichen Zuständigkeits- und Aufgabenverteilung die Lasten einer Verletzung von supranationalen oder völkerrechtlichen Verpflichtungen Deutschlands.[1)] [2] In Fällen länderübergreifender Finanzkorrekturen der Europäischen Union tragen Bund und Länder diese Lasten im Verhältnis 15 zu 85. [3] Die Ländergesamtheit trägt in diesen Fällen solidarisch 35 vom Hundert der Gesamtlasten entsprechend einem allgemeinen Schlüssel; 50 vom Hundert der Gesamtlasten tragen die Länder, die die Lasten verursacht haben, anteilig entsprechend der Höhe der erhaltenen Mittel. [4] Das Nähere regelt ein Bundesgesetz, das der Zustimmung des Bundesrates bedarf.

Art. 104b[2)] [Finanzhilfen für bedeutsame Investitionen der Länder]

(1) [1] Der Bund kann, soweit dieses Grundgesetz ihm Gesetzgebungsbefugnisse verleiht, den Ländern Finanzhilfen für besonders bedeutsame Investitionen der Länder und der Gemeinden (Gemeindeverbände) gewähren, die

1. zur Abwehr einer Störung des gesamtwirtschaftlichen Gleichgewichts oder
2. zum Ausgleich unterschiedlicher Wirtschaftskraft im Bundesgebiet oder
3. zur Förderung des wirtschaftlichen Wachstums

(Fortsetzung der Anm. von voriger Seite)

Finanzbedarfs gewährt und auf diese Länder im Verhältnis ihrer Einwohnerzahl ohne Berücksichtigung der Einwohnerzahl von Berlin (West) verteilt sowie

2. zu 15 vom Hundert zur Erfüllung zentraler öffentlicher Aufgaben auf dem Gebiet der vorgenannten Länder verwendet.

(6) Bei grundlegender Veränderung der Gegebenheiten werden die Möglichkeiten weiterer Hilfe zum angemessenen Ausgleich der Finanzkraft für die Länder in dem Artikel 3 genannten Gebiet von Bund und Ländern gemeinsam geprüft."

[4)] Art. 104a eingef. mWv 1.1.1970 durch G v. 12.5.1969 (BGBl. I S. 359); Abs. 3 Satz 3 aufgeh., Abs. 4 neu gef. und Abs. 6 angef. mWv 1.9.2006 durch G v. 28.8.2006 (BGBl. I S. 2034); Abs. 3 Satz 3 angef. mWv 8.10.2020 durch G v. 29.9.2020 (BGBl. I S. 2048).

[1)] Siehe auch das G zur Lastentragung im Bund-Länder-Verhältnis bei Verletzung von supranationalen oder völkerrechtlichen Verpflichtungen (Lastentragungsgesetz – LastG) v. 5.9.2006 (BGBl. I S. 2098).

[2)] Art. 104b eingef. mWv 1.9.2006 durch G v. 28.8.2006 (BGBl. I S. 2034); Abs. 1 Satz 2 angef. mWv 1.8.2009 durch G v. 29.7.2009 (BGBl. I S. 2248); Abs. 2 Sätze 2–4 eingef., bish. Sätze 2 und 3 werden Sätze 5 und 6 mWv 20.7.2017 durch G v. 13.7.2017 (BGBl. I S. 2347); Abs. 2 Satz 5 eingef., bish. Sätze 5 und 6 werden Sätze 6 und 7, Satz 6 geänd. mWv 4.4.2019 durch G v. 28.3.2019 (BGBl. I S. 404).

erforderlich sind. [2] Abweichend von Satz 1 kann der Bund im Falle von Naturkatastrophen oder außergewöhnlichen Notsituationen, die sich der Kontrolle des Staates entziehen und die staatliche Finanzlage erheblich beeinträchtigen, auch ohne Gesetzgebungsbefugnisse Finanzhilfen gewähren.

(2) [1] Das Nähere, insbesondere die Arten der zu fördernden Investitionen, wird durch Bundesgesetz, das der Zustimmung des Bundesrates bedarf, oder auf Grund des Bundeshaushaltsgesetzes durch Verwaltungsvereinbarung[1)] geregelt. [2] Das Bundesgesetz oder die Verwaltungsvereinbarung kann Bestimmungen über die Ausgestaltung der jeweiligen Länderprogramme zur Verwendung der Finanzhilfen vorsehen. [3] Die Festlegung der Kriterien für die Ausgestaltung der Länderprogramme erfolgt im Einvernehmen mit den betroffenen Ländern. [4] Zur Gewährleistung der zweckentsprechenden Mittelverwendung kann die Bundesregierung Bericht und Vorlage der Akten verlangen und Erhebungen bei allen Behörden durchführen. [5] Die Mittel des Bundes werden zusätzlich zu eigenen Mitteln der Länder bereitgestellt. [6] Sie sind befristet zu gewähren und hinsichtlich ihrer Verwendung in regelmäßigen Zeitabständen zu überprüfen. [7] Die Finanzhilfen sind im Zeitablauf mit fallenden Jahresbeträgen zu gestalten.

(3) Bundestag, Bundesregierung und Bundesrat sind auf Verlangen über die Durchführung der Maßnahmen und die erzielten Verbesserungen zu unterrichten.

Art. 104c[2)] [Finanzhilfen für bedeutsame Investitionen der Länder im Bereich der kommunalen Bildungsinfrastruktur] [1] Der Bund kann den Ländern Finanzhilfen für gesamtstaatlich bedeutsame Investitionen sowie besondere, mit diesen unmittelbar verbundene, befristete Ausgaben der Länder und Gemeinden (Gemeindeverbände) zur Steigerung der Leistungsfähigkeit der kommunalen Bildungsinfrastruktur gewähren. [2] Artikel 104b Absatz 2 Satz 1 bis 3, 5, 6 und Absatz 3 gilt entsprechend. [3] Zur Gewährleistung der zweckentsprechenden Mittelverwendung kann die Bundesregierung Berichte und anlassbezogen die Vorlage von Akten verlangen.

Art. 104d[3)] [Finanzhilfen für bedeutsame Investitionen der Länder im Bereich des sozialen Wohnungsbaus] [1] Der Bund kann den Ländern Finanzhilfen für gesamtstaatlich bedeutsame Investitionen der Länder und Gemeinden (Gemeindeverbände) im Bereich des sozialen Wohnungsbaus gewähren. [2] Artikel 104b Absatz 2 Satz 1 bis 5 sowie Absatz 3 gilt entsprechend.

Art. 105[4)] [Gesetzgebungsrecht] (1) Der Bund hat die ausschließliche Gesetzgebung über die Zölle und Finanzmonopole.

(2) [1] Der Bund hat die konkurrierende Gesetzgebung über die Grundsteuer. [2] Er hat die konkurrierende Gesetzgebung über die übrigen Steuern, wenn ihm das Aufkommen dieser Steuern ganz oder zum Teil zusteht oder die Voraussetzungen des Artikels 72 Abs. 2 vorliegen.

(2a) [1] Die Länder haben die Befugnis zur Gesetzgebung über die örtlichen Verbrauch- und Aufwandsteuern, solange und soweit sie nicht bundesgesetzlich ge-

---

1) Siehe hierzu ua die VV Städtebauförderung 2021 v. 18.12.2020 (BAnz AT 28.05.2021 B1).

2) Art. 104c eingef. mWv 20.7.2017 durch G v. 13.7.2017 (BGBl. I S. 2347); neu gef. mWv 4.4.2019 durch G v. 28.3.2019 (BGBl. I S. 404).

3) Art. 104d eingef. mWv 4.4.2019 durch G v. 28.3.2019 (BGBl. I S. 404).

4) Art. 105 Abs. 2 neu gef. und Abs. 2a eingef. mWv 1.1.1970 durch G v. 12.5.1969 (BGBl. I S. 359); Abs. 2a Satz 2 angef. mWv 1.9.2006 durch G v. 28.8.2006 (BGBl. I S. 2034); Abs. 2 Satz 1 eingef., Satz 2 geänd. mWv 21.11.2019 durch G v. 15.11.2019 (BGBl. I S. 1546).

regelten Steuern gleichartig sind. [2]Sie haben die Befugnis zur Bestimmung des Steuersatzes bei der Grunderwerbsteuer.

(3) Bundesgesetze über Steuern, deren Aufkommen den Ländern oder den Gemeinden (Gemeindeverbänden) ganz oder zum Teil zufließt, bedürfen der Zustimmung des Bundesrates.

Art. 106[1)] [Verteilung des Steueraufkommens und des Ertrages der Finanzmonopole] (1) Der Ertrag der Finanzmonopole und das Aufkommen der folgenden Steuern stehen dem Bund zu:

1. die Zölle,
2. die Verbrauchsteuern, soweit sie nicht nach Absatz 2 den Ländern, nach Absatz 3 Bund und Ländern gemeinsam oder nach Absatz 6 den Gemeinden zustehen,
3. die Straßengüterverkehrsteuer, die Kraftfahrzeugsteuer und sonstige auf motorisierte Verkehrsmittel bezogene Verkehrsteuern,
4. die Kapitalverkehrsteuern, die Versicherungsteuer und die Wechselsteuer,
5. die einmaligen Vermögensabgaben und die zur Durchführung des Lastenausgleichs erhobenen Ausgleichsabgaben,
6. die Ergänzungsabgabe zur Einkommensteuer und zur Körperschaftsteuer,
7. Abgaben im Rahmen der Europäischen Gemeinschaften.

(2) Das Aufkommen der folgenden Steuern steht den Ländern zu:

1. die Vermögensteuer,
2. die Erbschaftsteuer,
3. die Verkehrsteuern, soweit sie nicht nach Absatz 1 dem Bund oder nach Absatz 3 Bund und Ländern gemeinsam zustehen,
4. die Biersteuer,
5. die Abgabe von Spielbanken.

(3) [1]Das Aufkommen der Einkommensteuer, der Körperschaftsteuer und der Umsatzsteuer steht dem Bund und den Ländern gemeinsam zu (Gemeinschaftsteuern), soweit das Aufkommen der Einkommensteuer nicht nach Absatz 5 und das Aufkommen der Umsatzsteuer nicht nach Absatz 5a den Gemeinden zugewiesen wird. [2]Am Aufkommen der Einkommensteuer und der Körperschaftsteuer sind der Bund und die Länder je zur Hälfte beteiligt. [3]Die Anteile von Bund und Ländern an der Umsatzsteuer werden durch Bundesgesetz, das der Zustimmung des Bundesrates bedarf, festgesetzt. [4]Bei der Festsetzung ist von folgenden Grundsätzen auszugehen:

1. [1]Im Rahmen der laufenden Einnahmen haben der Bund und die Länder gleichmäßig Anspruch auf Deckung ihrer notwendigen Ausgaben. [2]Dabei ist der Umfang der Ausgaben unter Berücksichtigung einer mehrjährigen Finanzplanung zu ermitteln.

[1)] Art. 106 neu gef. mWv 1.4.1955 durch G v. 23.12.1955 BGBl. I S. 817); Abs. 2 Nr. 7 aufgeh., bish. Nr. 8 wird Nr. 7, Abs. 6 und Abs. 7 eingef., bish. Abs. 6 wird Abs. 8 und Satz 2 aufgeh. mWv 1.4.1957 (Vorschriften über die verbundene Steuerwirtschaft mWv 1.4.1958) durch G. v. 24.12.1956 (BGBl. I S. 1077); neu gef. mWv 1.1.1970 durch G v. 12.5.1969 (BGBl. I S. 359); Abs. 3 Sätze 5 und 6 angef., Abs. 4 Satz 1 geänd. mWv 11.11.1995 durch G v. 3.11.1995 (BGBl. I S. 1492); Abs. 3 Satz 1 und Abs. 6 Sätze 1–3 und 6 neu gef., Abs. 5a eingef. mWv 25.10.1997 durch G v. 20.10.1997 (BGBl. I S. 2470); Abs. 1 Nr. 3 neu gef., Abs. 2 Nr. 3 aufgeh., Nr. 4–6 werden Nr. 3–5 mWv 1.7.2009 durch G v. 19.3.2009 (BGBl. I S. 606).

2. Die Deckungsbedürfnisse des Bundes und der Länder sind so aufeinander abzustimmen, daß ein billiger Ausgleich erzielt, eine Überbelastung der Steuerpflichtigen vermieden und die Einheitlichkeit der Lebensverhältnisse im Bundesgebiet gewahrt wird.

[5] Zusätzlich werden in die Festsetzung der Anteile von Bund und Ländern an der Umsatzsteuer Steuermindereinnahmen einbezogen, die den Ländern ab 1. Januar 1996 aus der Berücksichtigung von Kindern im Einkommensteuerrecht entstehen. [6] Das Nähere bestimmt das Bundesgesetz nach Satz 3.

(4) [1] Die Anteile von Bund und Ländern an der Umsatzsteuer sind neu festzusetzen, wenn sich das Verhältnis zwischen den Einnahmen und Ausgaben des Bundes und der Länder wesentlich anders entwickelt; Steuermindereinnahmen, die nach Absatz 3 Satz 5 in die Festsetzung der Umsatzsteueranteile zusätzlich einbezogen werden, bleiben hierbei unberücksichtigt. [2] Werden den Ländern durch Bundesgesetz zusätzliche Ausgaben auferlegt oder Einnahmen entzogen, so kann die Mehrbelastung durch Bundesgesetz, das der Zustimmung des Bundesrates bedarf, auch mit Finanzzuweisungen des Bundes ausgeglichen werden, wenn sie auf einen kurzen Zeitraum begrenzt ist. [3] In dem Gesetz sind die Grundsätze für die Bemessung dieser Finanzzuweisungen und für ihre Verteilung auf die Länder zu bestimmen.

(5) [1] Die Gemeinden erhalten einen Anteil an dem Aufkommen der Einkommensteuer, der von den Ländern an ihre Gemeinden auf der Grundlage der Einkommensteuerleistungen ihrer Einwohner weiterzuleiten ist. [2] Das Nähere bestimmt ein Bundesgesetz[1)], das der Zustimmung des Bundesrates bedarf. [3] Es kann bestimmen, daß die Gemeinden Hebesätze für den Gemeindeanteil festsetzen.

(5a) [1] Die Gemeinden erhalten ab dem 1. Januar 1998 einen Anteil an dem Aufkommen der Umsatzsteuer. [2] Er wird von den Ländern auf der Grundlage eines orts- und wirtschaftsbezogenen Schlüssels an ihre Gemeinden weitergeleitet. [3] Das Nähere wird durch Bundesgesetz, das der Zustimmung des Bundesrates bedarf, bestimmt.

(6) [1] Das Aufkommen der Grundsteuer und Gewerbesteuer steht den Gemeinden, das Aufkommen der örtlichen Verbrauch- und Aufwandsteuern steht den Gemeinden oder nach Maßgabe der Landesgesetzgebung den Gemeindeverbänden zu. [2] Den Gemeinden ist das Recht einzuräumen, die Hebesätze der Grundsteuer und Gewerbesteuer im Rahmen der Gesetze festzusetzen. [3] Bestehen in einem Land keine Gemeinden, so steht das Aufkommen der Grundsteuer und Gewerbesteuer sowie der örtlichen Verbrauch- und Aufwandsteuern dem Land zu. [4] Bund und Länder können durch eine Umlage an dem Aufkommen der Gewerbesteuer beteiligt werden. [5] Das Nähere über die Umlage bestimmt ein Bundesgesetz, das der Zustimmung des Bundesrates bedarf. [6] Nach Maßgabe der Landesgesetzgebung können die Grundsteuer und Gewerbesteuer sowie der Gemeindeanteil vom Aufkommen der Einkommensteuer und der Umsatzsteuer als Bemessungsgrundlagen für Umlagen zugrunde gelegt werden.

(7) [1] Von dem Länderanteil am Gesamtaufkommen der Gemeinschaftsteuern fließt den Gemeinden und Gemeindeverbänden insgesamt ein von der Landesgesetzgebung zu bestimmender Hundertsatz zu. [2] Im übrigen bestimmt die Landesgesetzgebung, ob und inwieweit das Aufkommen der Landessteuern den Gemeinden (Gemeindeverbänden) zufließt.

[1)] Siehe das GemeindefinanzreformG idF der Bek. v. 10.3.2009 (BGBl. I S. 502), zuletzt geänd. durch G v. 9.12.2019 (BGBl. I S. 2051).

(8) [1] Veranlaßt der Bund in einzelnen Ländern oder Gemeinden (Gemeindeverbänden) besondere Einrichtungen, die diesen Ländern oder Gemeinden (Gemeindeverbänden) unmittelbar Mehrausgaben oder Mindereinnahmen (Sonderbelastungen) verursachen, gewährt der Bund den erforderlichen Ausgleich, wenn und soweit den Ländern oder Gemeinden (Gemeindeverbänden) nicht zugemutet werden kann, die Sonderbelastungen zu tragen. [2] Entschädigungsleistungen Dritter und finanzielle Vorteile, die diesen Ländern oder Gemeinden (Gemeindeverbänden) als Folge der Einrichtungen erwachsen, werden bei dem Ausgleich berücksichtigt.

(9) Als Einnahmen und Ausgaben der Länder im Sinne dieses Artikels gelten auch die Einnahmen und Ausgaben der Gemeinden (Gemeindeverbände).

Art. 106a[1)] [Bundeszuschuss für öffentlichen Personennahverkehr]

[1] Den Ländern steht ab 1. Januar 1996 für den öffentlichen Personennahverkehr ein Betrag aus dem Steueraufkommen des Bundes zu. [2] Das Nähere regelt ein Bundesgesetz, das der Zustimmung des Bundesrates bedarf. [3] Der Betrag nach Satz 1 bleibt bei der Bemessung der Finanzkraft nach Artikel 107 Abs. 2 unberücksichtigt.

Art. 106b[2)] [Länderanteil an der Kraftfahrzeugsteuer] [1] Den Ländern steht ab dem 1. Juli 2009 infolge der Übertragung der Kraftfahrzeugsteuer auf den Bund ein Betrag aus dem Steueraufkommen des Bundes zu. [2] Das Nähere regelt ein Bundesgesetz, das der Zustimmung des Bundesrates bedarf.

Art. 107[3)][4)] [Finanzausgleich; Ergänzungszuweisungen] (1) [1] Das Aufkommen der Landessteuern und der Länderanteil am Aufkommen der Einkommensteuer und der Körperschaftsteuer stehen den einzelnen Ländern insoweit zu, als die Steuern von den Finanzbehörden in ihrem Gebiet vereinnahmt werden (örtliches Aufkommen). [2] Durch Bundesgesetz, das der Zustimmung des Bundesrates bedarf, sind für die Körperschaftsteuer und die Lohnsteuer nähere Bestimmungen über die Abgrenzung sowie über Art und Umfang der Zerlegung des örtlichen Aufkommens zu treffen. [3] Das Gesetz kann auch Bestimmungen über die Abgrenzung und Zerlegung des örtlichen Aufkommens anderer Steuern treffen. [4] Der Länderanteil am Aufkommen der Umsatzsteuer steht den einzelnen Ländern, vorbehaltlich der Regelungen nach Absatz 2, nach Maßgabe ihrer Einwohnerzahl zu.

(2) [1] Durch Bundesgesetz, das der Zustimmung des Bundesrates bedarf, ist sicherzustellen, dass die unterschiedliche Finanzkraft der Länder angemessen ausgeglichen wird; hierbei sind die Finanzkraft und der Finanzbedarf der Gemeinden (Gemeindeverbände) zu berücksichtigen. [2] Zu diesem Zweck sind in dem Gesetz Zuschläge zu und Abschläge von der jeweiligen Finanzkraft bei der Verteilung der Länderanteile am Aufkommen der Umsatzsteuer zu regeln. [3] Die Voraussetzungen für die Gewährung von Zuschlägen und für die Erhebung von Abschlägen sowie die Maßstäbe für die Höhe dieser Zuschläge und Abschläge sind in dem Gesetz zu

---

1) Art. 106a eingef. mWv 23.12.1993 durch G v. 20.12.1993 (BGBl. I S. 2089).

2) Art. 106b eingef. mWv 26.3.2009 durch G v. 19.3.2009 (BGBl. I S. 606).

3) Art. 107 Satz 1 geänd. mWv 23.4.1953 durch G v. 20.4.1953 (BGBl. I S. 130); Satz 1 geänd. mWv 31.12.1954 durch G v. 25.12.1954 (BGBl. I S. 517); neu gef. mWv 1.1.1970 durch G v. 12.5.1969 (BGBl. I S. 359); Abs. 1 Satz 4 neu gef. mWv 1.9.2006 durch G v. 28.8.2006 (BGBl. I S. 2034); Abs. 1 Satz 4 geänd. mWv 26.3.2009 durch G v. 19.3.2009 (BGBl. I S. 606); Abs. 1 Satz 4 und Abs. 2 neu gef. mWv 20.7.2017 durch G v. 13.7.2017 (BGBl. I S. 2347).

4) Zur Anwendung von Art. 107 siehe Art. 143g GG.

bestimmen. [4] Für Zwecke der Bemessung der Finanzkraft kann die bergrechtliche Förderabgabe mit nur einem Teil ihres Aufkommens berücksichtigt werden. [5] Das Gesetz kann auch bestimmen, dass der Bund aus seinen Mitteln leistungsschwachen Ländern Zuweisungen zur ergänzenden Deckung ihres allgemeinen Finanzbedarfs (Ergänzungszuweisungen) gewährt. [6] Zuweisungen können unabhängig von den Maßstäben nach den Sätzen 1 bis 3 auch solchen leistungsschwachen Ländern gewährt werden, deren Gemeinden (Gemeindeverbände) eine besonders geringe Steuerkraft aufweisen (Gemeindesteuerkraftzuweisungen), sowie außerdem solchen leistungsschwachen Ländern, deren Anteile an den Fördermitteln nach Artikel 91b ihre Einwohneranteile unterschreiten.

Art. 108[1)] [Finanzverwaltung] (1) [1] Zölle, Finanzmonopole, die bundesgesetzlich geregelten Verbrauchsteuern einschließlich der Einfuhrumsatzsteuer, die Kraftfahrzeugsteuer und sonstige auf motorisierte Verkehrsmittel bezogene Verkehrsteuern ab dem 1. Juli 2009 sowie die Abgaben im Rahmen der Europäischen Gemeinschaften werden durch Bundesfinanzbehörden verwaltet. [2] Der Aufbau dieser Behörden wird durch Bundesgesetz[2)] geregelt. [3] Soweit Mittelbehörden eingerichtet sind, werden deren Leiter im Benehmen mit den Landesregierungen bestellt.

(2) [1] Die übrigen Steuern werden durch Landesfinanzbehörden verwaltet. [2] Der Aufbau dieser Behörden und die einheitliche Ausbildung der Beamten können durch Bundesgesetz[3)] mit Zustimmung des Bundesrates geregelt werden. [3] Soweit Mittelbehörden eingerichtet sind, werden deren Leiter im Einvernehmen mit der Bundesregierung bestellt.

(3) [1] Verwalten die Landesfinanzbehörden Steuern, die ganz oder zum Teil dem Bund zufließen, so werden sie im Auftrage des Bundes tätig. [2] Artikel 85 Abs. 3 und 4 gilt mit der Maßgabe, daß an die Stelle der Bundesregierung der Bundesminister der Finanzen tritt.

(4) [1] Durch Bundesgesetz, das der Zustimmung des Bundesrates bedarf, kann bei der Verwaltung von Steuern ein Zusammenwirken von Bundes- und Landesfinanzbehörden sowie für Steuern, die unter Absatz 1 fallen, die Verwaltung durch Landesfinanzbehörden und für andere Steuern die Verwaltung durch Bundesfinanzbehörden vorgesehen werden, wenn und soweit dadurch der Vollzug der Steuergesetze erheblich verbessert oder erleichtert wird. [2] Für die den Gemeinden (Gemeindeverbänden) allein zufließenden Steuern kann die den Landesfinanzbehörden zustehende Verwaltung durch die Länder ganz oder zum Teil den Gemeinden (Gemeindeverbänden) übertragen werden. [3] Das Bundesgesetz nach Satz 1 kann für ein Zusammenwirken von Bund und Ländern bestimmen, dass bei Zustimmung einer im Gesetz genannten Mehrheit Regelungen für den Vollzug von Steuergesetzen für alle Länder verbindlich werden.

(4a) [1] Durch Bundesgesetz, das der Zustimmung des Bundesrates bedarf, können bei der Verwaltung von Steuern, die unter Absatz 2 fallen, ein Zusammenwirken von Landesfinanzbehörden und eine länderübergreifende Übertragung von Zuständigkeiten auf Landesfinanzbehörden eines oder mehrerer Länder im Einver-

---

[1)] Art. 108 neu gef. mWv 1.1.1970 durch G v. 12.5.1969 (BGBl. I S. 359); Abs. 1 Satz 3 und Abs. 2 Satz 3 neu gef. mWv 30.11.2001 durch G v. 26.11.2001 (BGBl. I S. 3219); Abs. 1 Satz 1 neu gef. mWv 26.3.2009 durch G v. 19.3.2009 (BGBl. I S. 606); Abs. 4 Satz 3 angef., Abs. 4a eingef. mWv 20.7.2017 durch G v. 13.7.2017 (BGBl. I S. 2347).

[2)] Siehe das FinanzverwaltungsG **(Sartorius ErgBd. Nr. 698)**.

[3)] Siehe das Steuerbeamten-AusbildungsG idF der Bek. v. 29.10.1996 (BGBl. I S. 1577), zuletzt geänd. durch G v. 9.7.2021 (BGBl. I S. 2442).

nehmen mit den betroffenen Ländern vorgesehen werden, wenn und soweit dadurch der Vollzug der Steuergesetze erheblich verbessert oder erleichtert wird. [2]Die Kostentragung kann durch Bundesgesetz geregelt werden.

(5) [1]Das von den Bundesfinanzbehörden anzuwendende Verfahren wird durch Bundesgesetz geregelt. [2]Das von den Landesfinanzbehörden und in den Fällen des Absatzes 4 Satz 2 von den Gemeinden (Gemeindeverbänden) anzuwendende Verfahren kann durch Bundesgesetz mit Zustimmung des Bundesrates geregelt werden.

(6) Die Finanzgerichtsbarkeit wird durch Bundesgesetz[1)] einheitlich geregelt.

(7) Die Bundesregierung kann allgemeine Verwaltungsvorschriften erlassen, und zwar mit Zustimmung des Bundesrates, soweit die Verwaltung den Landesfinanzbehörden oder Gemeinden (Gemeindeverbänden) obliegt.

Art. 109[2)] [Haushaltswirtschaft in Bund und Ländern] (1) Bund und Länder sind in ihrer Haushaltswirtschaft selbständig und voneinander unabhängig.

(2) Bund und Länder erfüllen gemeinsam die Verpflichtungen der Bundesrepublik Deutschland aus Rechtsakten der Europäischen Gemeinschaft auf Grund des Artikels 104 des Vertrags zur Gründung der Europäischen Gemeinschaft zur Einhaltung der Haushaltsdisziplin und tragen in diesem Rahmen den Erfordernissen des gesamtwirtschaftlichen Gleichgewichts Rechnung.

(3) [1]Die Haushalte von Bund und Ländern sind grundsätzlich ohne Einnahmen aus Krediten auszugleichen. [2]Bund und Länder können Regelungen zur im Auf- und Abschwung symmetrischen Berücksichtigung der Auswirkungen einer von der Normallage abweichenden konjunkturellen Entwicklung sowie eine Ausnahmeregelung für Naturkatastrophen oder außergewöhnliche Notsituationen, die sich der Kontrolle des Staates entziehen und die staatliche Finanzlage erheblich beeinträchtigen, vorsehen. [3]Für die Ausnahmeregelung ist eine entsprechende Tilgungsregelung vorzusehen. [4]Die nähere Ausgestaltung regelt für den Haushalt des Bundes Artikel 115 mit der Maßgabe, dass Satz 1 entsprochen ist, wenn die Einnahmen aus Krediten 0,35 vom Hundert im Verhältnis zum nominalen Bruttoinlandsprodukt nicht überschreiten. [5]Die nähere Ausgestaltung für die Haushalte der Länder regeln diese im Rahmen ihrer verfassungsrechtlichen Kompetenzen mit der Maßgabe, dass Satz 1 nur dann entsprochen ist, wenn keine Einnahmen aus Krediten zugelassen werden.

(4) Durch Bundesgesetz[3)], das der Zustimmung des Bundesrates bedarf, können für Bund und Länder gemeinsam geltende Grundsätze für das Haushaltsrecht, für eine konjunkturgerechte Haushaltswirtschaft und für eine mehrjährige Finanzplanung aufgestellt werden.

(5) [1]Sanktionsmaßnahmen der Europäischen Gemeinschaft im Zusammenhang mit den Bestimmungen in Artikel 104 des Vertrags zur Gründung der Europäischen Gemeinschaft zur Einhaltung der Haushaltsdisziplin tragen Bund und Länder im Verhältnis 65 zu 35. [2]Die Ländergesamtheit trägt solidarisch 35 vom Hundert

---

1) Siehe die FinanzgerichtsO idF der Bek. v. 28.3.2001 (BGBl. I S. 442, ber. S. 2262, 2002 S. 679), zuletzt geänd. durch G v. 5.10.2021 (BGBl. I S. 4607).

2) Art. 109 neu gef. mWv 14.6.1967 durch G v. 8.6.1967 (BGBl. I S. 581); Abs. 3 neu gef. mWv 15.5. 1969 durch G v. 12.5.1969 (BGBl. I S. 357); Abs. 5 angef. mWv 1.9.2006 durch G v. 28.8.2006 (BGBl. I S. 2034); Abs. 2 neu gef., Abs. 3 eingef., bish. Abs. 3 wird Abs. 4, bish. Abs. 4, Abs. 5 Satz 1 aufgeh., bish. Sätze 2 bis 4 werden Sätze 1 bis 3, neuer Satz 1 neu gef. mWv 1.8.2009 durch G v. 29.7.2009 (BGBl. I S. 2248).

3) Siehe das HaushaltsgrundsätzeG **(Sartorius Nr. 699)** und das G zur Förderung der Stabilität und des Wachstums der Wirtschaft **(Sartorius Nr. 720)**.

der auf die Länder entfallenden Lasten entsprechend ihrer Einwohnerzahl; 65 vom Hundert der auf die Länder entfallenden Lasten tragen die Länder entsprechend ihrem Verursachungsbeitrag. 3 Das Nähere regelt ein Bundesgesetz, das der Zustimmung des Bundesrates bedarf.

Art. 109a[1] **[Haushaltsnotlagen]** (1) Zur Vermeidung von Haushaltsnotlagen regelt ein Bundesgesetz, das der Zustimmung des Bundesrates bedarf,

1. die fortlaufende Überwachung der Haushaltswirtschaft von Bund und Ländern durch ein gemeinsames Gremium (Stabilitätsrat),
2. die Voraussetzungen und das Verfahren zur Feststellung einer drohenden Haushaltsnotlage,
3. die Grundsätze zur Aufstellung und Durchführung von Sanierungsprogrammen zur Vermeidung von Haushaltsnotlagen.

(2) 1 Dem Stabilitätsrat obliegt ab dem Jahr 2020 die Überwachung der Einhaltung der Vorgaben des Artikels 109 Absatz 3 durch Bund und Länder. 2 Die Überwachung orientiert sich an den Vorgaben und Verfahren aus Rechtsakten auf Grund des Vertrages über die Arbeitsweise der Europäischen Union zur Einhaltung der Haushaltsdisziplin.

(3) Die Beschlüsse des Stabilitätsrats und die zugrunde liegenden Beratungsunterlagen sind zu veröffentlichen.

Art. 110[2] [3] **[Haushaltsplan des Bundes]** (1) 1 Alle Einnahmen und Ausgaben des Bundes sind in den Haushaltsplan einzustellen; bei Bundesbetrieben und bei Sondervermögen brauchen nur die Zuführungen oder die Ablieferungen eingestellt zu werden. 2 Der Haushaltsplan ist in Einnahme und Ausgabe auszugleichen.

(2) 1 Der Haushaltsplan wird für ein oder mehrere Rechnungsjahre, nach Jahren getrennt, vor Beginn des ersten Rechnungsjahres durch das Haushaltsgesetz festgestellt. 2 Für Teile des Haushaltsplanes kann vorgesehen werden, daß sie für unterschiedliche Zeiträume, nach Rechnungsjahren getrennt, gelten.

(3) Die Gesetzesvorlage nach Absatz 2 Satz 1 sowie Vorlagen zur Änderung des Haushaltsgesetzes und des Haushaltsplanes werden gleichzeitig mit der Zuleitung an den Bundesrat beim Bundestage eingebracht; der Bundesrat ist berechtigt, innerhalb von sechs Wochen, bei Änderungsvorlagen innerhalb von drei Wochen, zu den Vorlagen Stellung zu nehmen.

(4) 1 In das Haushaltsgesetz dürfen nur Vorschriften aufgenommen werden, die sich auf die Einnahmen und die Ausgaben des Bundes und auf den Zeitraum beziehen, für den das Haushaltsgesetz beschlossen wird. 2 Das Haushaltsgesetz kann vorschreiben, daß die Vorschriften erst mit der Verkündung des nächsten Haushaltsgesetzes oder bei Ermächtigung nach Artikel 115 zu einem späteren Zeitpunkt außer Kraft treten.

Art. 111 [Ausgaben vor Beschluss des Haushaltsplans] (1) Ist bis zum Schluß eines Rechnungsjahres der Haushaltsplan für das folgende Jahr nicht durch Gesetz festgestellt, so ist bis zu seinem Inkrafttreten die Bundesregierung ermächtigt, alle Ausgaben zu leisten, die nötig sind,

---

[1] Art. 109a eingef. mWv 1.8.2009 durch G v. 29.7.2009 (BGBl. I S. 2248); Abs. 1 Satz 2 aufgeh., Abs. 2 und 3 angef. mWv 20.7.2017 durch G v. 13.7.2017 (BGBl. I S. 2347).

[2] Art. 110 neu gef. mWv 15.5.1969 durch G v. 12.5.1969 (BGBl. I S. 357).

[3] Siehe die BundeshaushaltsO **(Sartorius Nr. 700)**.

a) um gesetzlich bestehende Einrichtungen zu erhalten und gesetzlich beschlossene Maßnahmen durchzuführen,

b) um die rechtlich begründeten Verpflichtungen des Bundes zu erfüllen,

c) um Bauten, Beschaffungen und sonstige Leistungen fortzusetzen oder Beihilfen für diese Zwecke weiter zu gewähren, sofern durch den Haushaltsplan eines Vorjahres bereits Beträge bewilligt worden sind.

(2) Soweit nicht auf besonderem Gesetze beruhende Einnahmen aus Steuern, Abgaben und sonstigen Quellen oder die Betriebsmittelrücklage die Ausgaben unter Absatz 1 decken, darf die Bundesregierung die zur Aufrechterhaltung der Wirtschaftsführung erforderlichen Mittel bis zur Höhe eines Viertels der Endsumme des abgelaufenen Haushaltsplanes im Wege des Kredits flüssig machen.

Art. 112[1)] [Überplanmäßige und außerplanmäßige Ausgaben] [1] Überplanmäßige und außerplanmäßige Ausgaben bedürfen der Zustimmung des Bundesministers der Finanzen. [2] Sie darf nur im Falle eines unvorhergesehenen und unabweisbaren Bedürfnisses erteilt werden. [3] Näheres kann durch Bundesgesetz bestimmt werden.

Art. 113[2)] [Ausgabenerhöhungen; Einnahmeminderungen] (1) [1] Gesetze, welche die von der Bundesregierung vorgeschlagenen Ausgaben des Haushaltsplanes erhöhen oder neue Ausgaben in sich schließen oder für die Zukunft mit sich bringen, bedürfen der Zustimmung der Bundesregierung. [2] Das gleiche gilt für Gesetze, die Einnahmeminderungen in sich schließen oder für die Zukunft mit sich bringen. [3] Die Bundesregierung kann verlangen, daß der Bundestag die Beschlußfassung über solche Gesetze aussetzt. [4] In diesem Fall hat die Bundesregierung innerhalb von sechs Wochen dem Bundestage eine Stellungnahme zuzuleiten.

(2) Die Bundesregierung kann innerhalb von vier Wochen, nachdem der Bundestag das Gesetz beschlossen hat, verlangen, daß der Bundestag erneut Beschluß faßt.

(3) [1] Ist das Gesetz nach Artikel 78 zustande gekommen, kann die Bundesregierung ihre Zustimmung nur innerhalb von sechs Wochen und nur dann versagen, wenn sie vorher das Verfahren nach Absatz 1 Satz 3 und 4 oder nach Absatz 2 eingeleitet hat. [2] Nach Ablauf dieser Frist gilt die Zustimmung als erteilt.

Art. 114[3)] [Rechnungslegung; Bundesrechnungshof] (1) Der Bundesminister der Finanzen hat dem Bundestage und dem Bundesrate über alle Einnahmen und Ausgaben sowie über das Vermögen und die Schulden im Laufe des nächsten Rechnungsjahres zur Entlastung der Bundesregierung Rechnung zu legen.

(2) [1] Der Bundesrechnungshof, dessen Mitglieder richterliche Unabhängigkeit besitzen, prüft die Rechnung sowie die Wirtschaftlichkeit und Ordnungsmäßigkeit der Haushalts- und Wirtschaftsführung des Bundes. [2] Zum Zweck der Prüfung nach Satz 1 kann der Bundesrechnungshof auch bei Stellen außerhalb der Bundesverwaltung Erhebungen vornehmen; dies gilt auch in den Fällen, in denen der Bund den Ländern zweckgebundene Finanzierungsmittel zur Erfüllung von Län-

---

[1)] Art. 112 neu gef. mWv 15.5.1969 durch G v. 12.5.1969 (BGBl. I S. 357).

[2)] Art. 113 neu gef. mWv 15.5.1969 durch G v. 12.5.1969 (BGBl. I S. 357).

[3)] Art. 114 neu gef. mWv 15.5.1969 durch G v. 12.5.1969 (BGBl. I S. 357); Abs. 2 Satz 1 geänd., Satz 2 eingef., bish. Sätze 2 und 3 werden Sätze 3 und 4 mWv 20.7.2017 durch G v. 13.7.2017 (BGBl. I S. 2347).

deraufgaben zuweist. [3] Er hat außer der Bundesregierung unmittelbar dem Bundestage und dem Bundesrate jährlich zu berichten. [4] Im übrigen werden die Befugnisse des Bundesrechnungshofes durch Bundesgesetz[1)] geregelt.

Art. 115[2)] [Kreditbeschaffung] (1) Die Aufnahme von Krediten sowie die Übernahme von Bürgschaften, Garantien oder sonstigen Gewährleistungen, die zu Ausgaben in künftigen Rechnungsjahren führen können, bedürfen einer der Höhe nach bestimmten oder bestimmbaren Ermächtigung durch Bundesgesetz.

(2) [1] Einnahmen und Ausgaben sind grundsätzlich ohne Einnahmen aus Krediten auszugleichen. [2] Diesem Grundsatz ist entsprochen, wenn die Einnahmen aus Krediten 0,35 vom Hundert im Verhältnis zum nominalen Bruttoinlandsprodukt nicht überschreiten. [3] Zusätzlich sind bei einer von der Normallage abweichenden konjunkturellen Entwicklung die Auswirkungen auf den Haushalt im Auf- und Abschwung symmetrisch zu berücksichtigen. [4] Abweichungen der tatsächlichen Kreditaufnahme von der nach den Sätzen 1 bis 3 zulässigen Kreditobergrenze werden auf einem Kontrollkonto erfasst; Belastungen, die den Schwellenwert von 1,5 vom Hundert im Verhältnis zum nominalen Bruttoinlandsprodukt überschreiten, sind konjunkturgerecht zurückzuführen. [5] Näheres, insbesondere die Bereinigung der Einnahmen und Ausgaben um finanzielle Transaktionen und das Verfahren zur Berechnung der Obergrenze der jährlichen Nettokreditaufnahme unter Berücksichtigung der konjunkturellen Entwicklung auf der Grundlage eines Konjunkturbereinigungsverfahrens sowie die Kontrolle und den Ausgleich von Abweichungen der tatsächlichen Kreditaufnahme von der Regelgrenze, regelt ein Bundesgesetz. [6] Im Falle von Naturkatastrophen oder außergewöhnlichen Notsituationen, die sich der Kontrolle des Staates entziehen und die staatliche Finanzlage erheblich beeinträchtigen, können diese Kreditobergrenzen auf Grund eines Beschlusses der Mehrheit der Mitglieder des Bundestages überschritten werden. [7] Der Beschluss ist mit einem Tilgungsplan zu verbinden. [8] Die Rückführung der nach Satz 6 aufgenommenen Kredite hat binnen eines angemessenen Zeitraumes zu erfolgen.

Xa.[3)] Verteidigungsfall

Art. 115a[3)] [Feststellung des Verteidigungsfalles] (1) [1] Die Feststellung, daß das Bundesgebiet mit Waffengewalt angegriffen wird oder ein solcher Angriff unmittelbar droht (Verteidigungsfall), trifft der Bundestag mit Zustimmung des Bundesrates. [2] Die Feststellung erfolgt auf Antrag der Bundesregierung und bedarf einer Mehrheit von zwei Dritteln der abgegebenen Stimmen, mindestens der Mehrheit[4)] der Mitglieder des Bundestages.

(2) Erfordert die Lage unabweisbar ein sofortiges Handeln und stehen einem rechtzeitigen Zusammentritt des Bundestages unüberwindliche Hindernisse entgegen oder ist er nicht beschlußfähig, so trifft der Gemeinsame Ausschuß diese Feststellung mit einer Mehrheit von zwei Dritteln der abgegebenen Stimmen, mindestens der Mehrheit seiner Mitglieder.

(3) [1] Die Feststellung wird vom Bundespräsidenten gemäß Artikel 82 im Bundesgesetzblatte verkündet. [2] Ist dies nicht rechtzeitig möglich, so erfolgt die Ver-

---

[1)] Siehe das BundesrechnungshofG **(Sartorius Nr. 705)**.

[2)] Art. 115 neu gef. mWv 15.5.1969 durch G v. 12.5.1969 (BGBl. I S. 357); Abs. 1 Sätze 2 und 3 aufgeh., Abs. 2 neu gef. mWv 1.8.2009 durch G v. 29.7.2009 (BGBl. I S. 2248).

[3)] Abschnitt Xa (Art. 115a–115l) eingef. mWv 28.6.1968 durch G v. 24.6.1968 (BGBl. I S. 709).

[4)] Zum Begriff der Mehrheit siehe Art. 121.

kündung in anderer Weise[1]; sie ist im Bundesgesetzblatte nachzuholen, sobald die Umstände es zulassen.

(4) [1] Wird das Bundesgebiet mit Waffengewalt angegriffen und sind die zuständigen Bundesorgane außerstande, sofort die Feststellung nach Absatz 1 Satz 1 zu treffen, so gilt diese Feststellung als getroffen und als zu dem Zeitpunkt verkündet, in dem der Angriff begonnen hat. [2] Der Bundespräsident gibt diesen Zeitpunkt bekannt, sobald die Umstände es zulassen.

(5) [1] Ist die Feststellung des Verteidigungsfalles verkündet und wird das Bundesgebiet mit Waffengewalt angegriffen, so kann der Bundespräsident völkerrechtliche Erklärungen über das Bestehen des Verteidigungsfalles mit Zustimmung des Bundestages abgeben. [2] Unter den Voraussetzungen des Absatzes 2 tritt an die Stelle des Bundestages der Gemeinsame Ausschuß.

Art. 115b[2] [Übergang der Befehls- und Kommandogewalt] Mit der Verkündung des Verteidigungsfalles geht die Befehls- und Kommandogewalt über die Streitkräfte auf den Bundeskanzler über.

Art. 115c[3] [Erweiterte Bundesgesetzgebungskompetenz] (1) [1] Der Bund hat für den Verteidigungsfall das Recht der konkurrierenden Gesetzgebung auch auf den Sachgebieten, die zur Gesetzgebungszuständigkeit der Länder gehören. [2] Diese Gesetze bedürfen der Zustimmung des Bundesrates.

(2) Soweit es die Verhältnisse während des Verteidigungsfalles erfordern, kann durch Bundesgesetz für den Verteidigungsfall

1. bei Enteignungen abweichend von Artikel 14 Abs. 3 Satz 2 die Entschädigung vorläufig geregelt werden,
2. für Freiheitsentziehungen eine von Artikel 104 Abs. 2 Satz 3 und Abs. 3 Satz 1 abweichende Frist, höchstens jedoch eine solche von vier Tagen, für den Fall festgesetzt werden, daß ein Richter nicht innerhalb der für Normalzeiten geltenden Frist tätig werden konnte.

(3) Soweit es zur Abwehr eines gegenwärtigen oder unmittelbar drohenden Angriffs erforderlich ist, kann für den Verteidigungsfall durch Bundesgesetz mit Zustimmung des Bundesrates die Verwaltung und das Finanzwesen des Bundes und der Länder abweichend von den Abschnitten VIII, VIIIa und X geregelt werden, wobei die Lebensfähigkeit der Länder, Gemeinden und Gemeindeverbände, insbesondere auch in finanzieller Hinsicht, zu wahren ist.

(4) Bundesgesetze nach den Absätzen 1 und 2 Nr. 1 dürfen zur Vorbereitung ihres Vollzuges schon vor Eintritt des Verteidigungsfalles angewandt werden.

Art. 115d[2] [Vereinfachtes Bundesgesetzgebungsverfahren] (1) Für die Gesetzgebung des Bundes gilt im Verteidigungsfalle abweichend von Artikel 76 Abs. 2, Artikel 77 Abs. 1 Satz 2 und Abs. 2 bis 4, Artikel 78 und Artikel 82 Abs. 1 die Regelung der Absätze 2 und 3.

(2) [1] Gesetzesvorlagen der Bundesregierung, die sie als dringlich bezeichnet, sind gleichzeitig mit der Einbringung beim Bundestage dem Bundesrate zuzuleiten. [2] Bundestag und Bundesrat beraten diese Vorlagen unverzüglich gemeinsam. [3] Soweit zu einem Gesetze die Zustimmung des Bundesrates erforderlich ist, bedarf

---

[1] Siehe das G über vereinfachte Verkündungen und Bekanntgaben **(Sartorius Nr. 71)**.
[2] Abschnitt Xa (Art. 115a–115l) eingef. mWv 28.6.1968 durch G v. 24.6.1968 (BGBl. I S. 709).
[3] Art. 115c eingef. mWv 28.6.1968 durch G v. 24.6.1968 (BGBl. I S. 709); Abs. 3 neu gef. mWv 1.1.1970 durch G v. 12.5.1969 (BGBl. I S. 359).

es zum Zustandekommen des Gesetzes der Zustimmung der Mehrheit seiner Stimmen. [4]Das Nähere regelt eine Geschäftsordnung[1)], die vom Bundestage beschlossen wird und der Zustimmung des Bundesrates bedarf.

(3) Für die Verkündung der Gesetze gilt Artikel 115a Abs. 3 Satz 2 entsprechend.

Art. 115e[2)] [Aufgaben des Gemeinsamen Ausschusses] (1) Stellt der Gemeinsame Ausschuß im Verteidigungsfalle mit einer Mehrheit von zwei Dritteln der abgegebenen Stimmen, mindestens mit der Mehrheit seiner Mitglieder fest, daß dem rechtzeitigen Zusammentritt des Bundestages unüberwindliche Hindernisse entgegenstehen oder daß dieser nicht beschlußfähig ist, so hat der Gemeinsame Ausschuß die Stellung von Bundestag und Bundesrat und nimmt deren Rechte einheitlich wahr.

(2) [1]Durch ein Gesetz des Gemeinsamen Ausschusses darf das Grundgesetz weder geändert noch ganz oder teilweise außer Kraft oder außer Anwendung gesetzt werden. [2]Zum Erlaß von Gesetzen nach Artikel 23 Abs. 1 Satz 2, Artikel 24 Abs. 1 oder Artikel 29 ist der Gemeinsame Ausschuß nicht befugt.

Art. 115f[3)] [Erweiterte Befugnisse der Bundesregierung] (1) Die Bundesregierung kann im Verteidigungsfalle, soweit es die Verhältnisse erfordern,

1. den Bundesgrenzschutz[4)] im gesamten Bundesgebiete einsetzen;
2. außer der Bundesverwaltung auch den Landesregierungen und, wenn sie es für dringlich erachtet, den Landesbehörden Weisungen erteilen und diese Befugnis auf von ihr zu bestimmende Mitglieder der Landesregierungen übertragen.

(2) Bundestag, Bundesrat und der Gemeinsame Ausschuß sind unverzüglich von den nach Absatz 1 getroffenen Maßnahmen zu unterrichten.

Art. 115g[3)] [Stellung des Bundesverfassungsgerichts] [1]Die verfassungsmäßige Stellung und die Erfüllung der verfassungsmäßigen Aufgaben des Bundesverfassungsgerichtes und seiner Richter dürfen nicht beeinträchtigt werden. [2]Das Gesetz über das Bundesverfassungsgericht[5)] darf durch ein Gesetz des Gemeinsamen Ausschusses nur insoweit geändert werden, als dies auch nach Auffassung des Bundesverfassungsgerichtes zur Aufrechterhaltung der Funktionsfähigkeit des Gerichtes erforderlich ist. [3]Bis zum Erlaß eines solchen Gesetzes kann das Bundesverfassungsgericht die zur Erhaltung der Arbeitsfähigkeit des Gerichtes erforderlichen Maßnahmen treffen. [4]Beschlüsse nach Satz 2 und Satz 3 faßt das Bundesverfassungsgericht mit der Mehrheit der anwesenden Richter.

Art. 115h[3)] [Wahlperioden und Amtszeiten] (1) [1]Während des Verteidigungsfalles ablaufende Wahlperioden des Bundestages oder der Volksvertretungen der Länder enden sechs Monate nach Beendigung des Verteidigungsfalles. [2]Die im Verteidigungsfalle ablaufende Amtszeit des Bundespräsidenten sowie bei vorzeitiger Erledigung seines Amtes die Wahrnehmung seiner Befugnisse durch den Präsidenten des Bundesrates enden neun Monate nach Beendigung des Verteidigungsfalles. [3]Die im Verteidigungsfalle ablaufende Amtszeit eines Mitgliedes des Bun-

---

[1)] Siehe die GeschäftsO für das Verfahren nach Art. 115d GG **(Sartorius Nr. 34)**.

[2)] Art. 115e eingef. mWv 28.6.1968 durch G v. 24.6.1968 (BGBl. I S. 709); Abs. 2 Satz 2 neu gef. mWv 25.12.1992 durch G v. 21.12.1992 (BGBl. I S. 2086).

[3)] Abschnitt Xa (Art. 115a–115l) eingef. mWv 28.6.1968 durch G v. 24.6.1968 (BGBl. I S. 709).

[4)] Bezeichnung ab 1.7.2005: „Bundespolizei".

[5)] **Sartorius Nr. 40.**

desverfassungsgerichtes endet sechs Monate nach Beendigung des Verteidigungsfalles.

(2) [1]Wird eine Neuwahl des Bundeskanzlers durch den Gemeinsamen Ausschuß erforderlich, so wählt dieser einen neuen Bundeskanzler mit der Mehrheit seiner Mitglieder; der Bundespräsident macht dem Gemeinsamen Ausschuß einen Vorschlag. [2]Der Gemeinsame Ausschuß kann dem Bundeskanzler das Mißtrauen nur dadurch aussprechen, daß er mit der Mehrheit von zwei Dritteln seiner Mitglieder einen Nachfolger wählt.

(3) Für die Dauer des Verteidigungsfalles ist die Auflösung des Bundestages ausgeschlossen.

Art. 115i[1)] [Erweiterte Befugnisse der Landesregierungen] (1) Sind die zuständigen Bundesorgane außerstande, die notwendigen Maßnahmen zur Abwehr der Gefahr zu treffen, und erfordert die Lage unabweisbar ein sofortiges selbständiges Handeln in einzelnen Teilen des Bundesgebietes, so sind die Landesregierungen oder die von ihnen bestimmten Behörden oder Beauftragten befugt, für ihren Zuständigkeitsbereich Maßnahmen im Sinne des Artikels 115f Abs. 1 zu treffen.

(2) Maßnahmen nach Absatz 1 können durch die Bundesregierung, im Verhältnis zu Landesbehörden und nachgeordneten Bundesbehörden auch durch die Ministerpräsidenten der Länder, jederzeit aufgehoben werden.

Art. 115k[2)] [Geltung von Gesetzen und Rechtsverordnungen des Verteidigungsfalls] (1) [1]Für die Dauer ihrer Anwendbarkeit setzen Gesetze nach den Artikeln 115c, 115e und 115g und Rechtsverordnungen, die auf Grund solcher Gesetze ergehen, entgegenstehendes Recht außer Anwendung. [2]Dies gilt nicht gegenüber früherem Recht, das auf Grund der Artikel 115c, 115e und 115g erlassen worden ist.

(2) Gesetze, die der Gemeinsame Ausschuß beschlossen hat, und Rechtsverordnungen, die auf Grund solcher Gesetze ergangen sind, treten spätestens sechs Monate nach Beendigung des Verteidigungsfalles außer Kraft.

(3) [1]Gesetze, die von den Artikeln 91a, 91b, 104a, 106 und 107 abweichende Regelungen enthalten, gelten längstens bis zum Ende des zweiten Rechnungsjahres, das auf die Beendigung des Verteidigungsfalles folgt. [2]Sie können nach Beendigung des Verteidigungsfalles durch Bundesgesetz mit Zustimmung des Bundesrates geändert werden, um zu der Regelung gemäß den Abschnitten VIIIa und X überzuleiten.

Art. 115l[1)] [Aufhebung von Maßnahmen und Beendigung des Verteidigungsfalls] (1) [1]Der Bundestag kann jederzeit mit Zustimmung des Bundesrates Gesetze des Gemeinsamen Ausschusses aufheben. [2]Der Bundesrat kann verlangen, daß der Bundestag hierüber beschließt. [3]Sonstige zur Abwehr der Gefahr getroffene Maßnahmen des Gemeinsamen Ausschusses oder der Bundesregierung sind aufzuheben, wenn der Bundestag und der Bundesrat es beschließen.

(2) [1]Der Bundestag kann mit Zustimmung des Bundesrates jederzeit durch einen vom Bundespräsidenten zu verkündenden Beschluß den Verteidigungsfall für beendet erklären. [2]Der Bundesrat kann verlangen, daß der Bundestag hierüber

---

1) Abschnitt Xa (Art. 115a–115l) eingef. mWv 28.6.1968 durch G v. 24.6.1968 (BGBl. I S. 709).

2) Art. 115k eingef. mWv 28.6.1968 durch G v. 24.6.1968 (BGBl. I S. 709); Abs. 3 neu gef. mWv 1.1.1970 durch G v. 12.5.1969 (BGBl. I S. 359).

beschließt. [3] Der Verteidigungsfall ist unverzüglich für beendet zu erklären, wenn die Voraussetzungen für seine Feststellung nicht mehr gegeben sind.

(3) Über den Friedensschluß wird durch Bundesgesetz entschieden.

XI. Übergangs- und Schlußbestimmungen

Art. 116[1)] [Begriff des „Deutschen"; nationalsozialistische Ausbürgerung] (1) Deutscher im Sinne dieses Grundgesetzes ist vorbehaltlich anderweitiger gesetzlicher Regelung, wer die deutsche Staatsangehörigkeit besitzt oder als Flüchtling oder Vertriebener deutscher Volkszugehörigkeit oder als dessen Ehegatte oder Abkömmling in dem Gebiete des Deutschen Reiches nach dem Stande vom 31. Dezember 1937 Aufnahme gefunden hat.

(2) [1] Frühere deutsche Staatsangehörige, denen zwischen dem 30. Januar 1933 und dem 8. Mai 1945 die Staatsangehörigkeit aus politischen, rassischen oder religiösen Gründen entzogen worden ist, und ihre Abkömmlinge sind auf Antrag wieder einzubürgern. [2] Sie gelten als nicht ausgebürgert, sofern sie nach dem 8. Mai 1945 ihren Wohnsitz in Deutschland genommen haben und nicht einen entgegengesetzten Willen zum Ausdruck gebracht haben.

Art. 117 [Übergangsregelung zu Art. 3 Abs. 2 und Art. 11] (1) Das dem Artikel 3 Abs. 2 entgegenstehende Recht bleibt bis zu seiner Anpassung an diese Bestimmung des Grundgesetzes in Kraft, jedoch nicht länger als bis zum 31. März 1953.

(2) Gesetze, die das Recht der Freizügigkeit mit Rücksicht auf die gegenwärtige Raumnot einschränken, bleiben bis zu ihrer Aufhebung durch Bundesgesetz in Kraft.

Art. 118 [Neugliederung der badischen und württembergischen Länder]

[1] Die Neugliederung in dem die Länder Baden, Württemberg-Baden und Württemberg-Hohenzollern umfassenden Gebiete kann abweichend von den Vorschriften des Artikels 29 durch Vereinbarung der beteiligten Länder erfolgen. [2] Kommt eine Vereinbarung nicht zustande, so wird die Neugliederung durch Bundesgesetz[2)] geregelt, das eine Volksbefragung vorsehen muß.

Art. 118a[3)] [Neugliederung Berlins und Brandenburgs] Die Neugliederung in dem die Länder Berlin und Brandenburg umfassenden Gebiet kann abweichend von den Vorschriften des Artikels 29 unter Beteiligung ihrer Wahlberechtigten durch Vereinbarung beider Länder erfolgen.

Art. 119 [Flüchtlinge und Vertriebene] [1] In Angelegenheiten der Flüchtlinge und Vertriebenen, insbesondere zu ihrer Verteilung auf die Länder, kann bis zu einer bundesgesetzlichen Regelung die Bundesregierung mit Zustimmung des Bundesrates Verordnungen mit Gesetzeskraft erlassen. [2] Für besondere Fälle kann dabei die Bundesregierung ermächtigt werden, Einzelweisungen zu erteilen. [3] Die Weisungen sind außer bei Gefahr im Verzuge an die obersten Landesbehörden zu richten.

---

1) Siehe hierzu das StaatsangehörigkeitsG **(Sartorius Nr. 15)** und das G zur Reform des Staatsangehörigkeitsrechts v. 15.7.1999 (BGBl. I S. 1618).

2) So geschehen durch das Zweite G über die Neugliederung in den Ländern Baden, Württemberg-Baden und Württemberg-Hohenzollern v. 4.5.1951 (BGBl. I S. 284).

3) Art. 118a eingef. mWv 15.11.1994 durch G v. 27.10.1994 (BGBl. I S. 3146).

Art. 120[1] [Kriegsfolge- und Sozialversicherungslasten; Ertragshoheit]

(1) [1]Der Bund trägt die Aufwendungen für Besatzungskosten und die sonstigen inneren und äußeren Kriegsfolgelasten nach näherer Bestimmung von Bundesgesetzen.[2] [2]Soweit diese Kriegsfolgelasten bis zum 1. Oktober 1969 durch Bundesgesetze geregelt worden sind, tragen Bund und Länder im Verhältnis zueinander die Aufwendungen nach Maßgabe dieser Bundesgesetze. [3]Soweit Aufwendungen für Kriegsfolgelasten, die in Bundesgesetzen weder geregelt worden sind noch geregelt werden, bis zum 1. Oktober 1965 von den Ländern, Gemeinden (Gemeindeverbänden) oder sonstigen Aufgabenträgern, die Aufgaben von Ländern oder Gemeinden erfüllen, erbracht worden sind, ist der Bund zur Übernahme von Aufwendungen dieser Art auch nach diesem Zeitpunkt nicht verpflichtet. [4]Der Bund trägt die Zuschüsse zu den Lasten der Sozialversicherung mit Einschluß der Arbeitslosenversicherung und der Arbeitslosenhilfe. [5]Die durch diesen Absatz geregelte Verteilung der Kriegsfolgelasten auf Bund und Länder läßt die gesetzliche Regelung von Entschädigungsansprüchen für Kriegsfolgen unberührt.

(2) Die Einnahmen gehen auf den Bund zu demselben Zeitpunkte über, an dem der Bund die Ausgaben übernimmt.

Art. 120a[3] [Lastenausgleich] (1) [1]Die Gesetze, die der Durchführung des Lastenausgleichs dienen, können mit Zustimmung des Bundesrates bestimmen, daß sie auf dem Gebiete der Ausgleichsleistungen teils durch den Bund, teils im Auftrage des Bundes durch die Länder ausgeführt werden und daß die der Bundesregierung und den zuständigen obersten Bundesbehörden auf Grund des Artikels 85 insoweit zustehenden Befugnisse ganz oder teilweise dem Bundesausgleichsamt übertragen werden. [2]Das Bundesausgleichsamt bedarf bei Ausübung dieser Befugnisse nicht der Zustimmung des Bundesrates; seine Weisungen sind, abgesehen von den Fällen der Dringlichkeit, an die obersten Landesbehörden (Landesausgleichsämter) zu richten.

(2) Artikel 87 Abs. 3 Satz 2 bleibt unberührt.

Art. 121 [Begriff der Mehrheit] Mehrheit der Mitglieder des Bundestages und der Bundesversammlung im Sinne dieses Grundgesetzes ist die Mehrheit ihrer gesetzlichen Mitgliederzahl.

Art. 122 [Bisherige Gesetzgebungskompetenzen] (1) Vom Zusammentritt des Bundestages an werden die Gesetze ausschließlich von den in diesem Grundgesetze anerkannten gesetzgebenden Gewalten beschlossen.

(2) Gesetzgebende und bei der Gesetzgebung beratend mitwirkende Körperschaften, deren Zuständigkeit nach Absatz 1 endet, sind mit diesem Zeitpunkt aufgelöst.

Art. 123 [Fortgeltung des alten Rechts] (1) Recht aus der Zeit vor dem Zusammentritt des Bundestages gilt fort, soweit es dem Grundgesetze nicht widerspricht.

(2) Die vom Deutschen Reich abgeschlossenen Staatsverträge, die sich auf Gegenstände beziehen, für die nach diesem Grundgesetze die Landesgesetzgebung

---

[1] Art. 120 Abs. 1 neu gef. mWv 5.8.1965 durch G v. 30.7.1965 (BGBl. I S. 649); Abs. 1 Satz 2 geänd. mWv 1.8.1969 durch G v. 28.7.1969 (BGBl. I S. 985).

[2] Siehe das Erste G zur Überleitung von Lasten und Deckungsmitteln auf den Bund v. 28.4.1955 (BGBl. I S. 193), zuletzt geänd. durch G v. 20.12.1991 (BGBl. I S. 2317).

[3] Art. 120a eingef. mWv 18.8.1952 durch G v. 14.8.1952 (BGBl. I S. 445).

zuständig ist, bleiben, wenn sie nach allgemeinen Rechtsgrundsätzen gültig sind und fortgelten, unter Vorbehalt aller Rechte und Einwendungen der Beteiligten in Kraft, bis neue Staatsverträge durch die nach diesem Grundgesetze zuständigen Stellen abgeschlossen werden oder ihre Beendigung auf Grund der in ihnen enthaltenen Bestimmungen anderweitig erfolgt.

Art. 124 [Altes Recht auf dem Gebiet der ausschließlichen Gesetzgebung] Recht, das Gegenstände der ausschließlichen Gesetzgebung des Bundes[1] betrifft, wird innerhalb seines Geltungsbereiches Bundesrecht.

Art. 125 [Altes Recht auf dem Gebiet der konkurrierenden Gesetzgebung] Recht, das Gegenstände der konkurrierenden Gesetzgebung des Bundes[2] betrifft, wird innerhalb seines Geltungsbereiches Bundesrecht,

1. soweit es innerhalb einer oder mehrerer Besatzungszonen einheitlich gilt,
2. soweit es sich um Recht handelt, durch das nach dem 8. Mai 1945 früheres Reichsrecht abgeändert worden ist.

Art. 125a[3] [Fortgeltung von Bundesrecht; Ersetzung durch Landesrecht] (1) [1]Recht, das als Bundesrecht erlassen worden ist, aber wegen der Änderung des Artikels 74 Abs. 1, der Einfügung des Artikels 84 Abs. 1 Satz 7, des Artikels 85 Abs. 1 Satz 2 oder des Artikels 105 Abs. 2a Satz 2 oder wegen der Aufhebung der Artikel 74a, 75 oder 98 Abs. 3 Satz 2 nicht mehr als Bundesrecht erlassen werden könnte, gilt als Bundesrecht fort. [2]Es kann durch Landesrecht ersetzt werden.

(2) [1]Recht, das auf Grund des Artikels 72 Abs. 2 in der bis zum 15. November 1994 geltenden Fassung erlassen worden ist, aber wegen Änderung des Artikels 72 Abs. 2 nicht mehr als Bundesrecht erlassen werden könnte, gilt als Bundesrecht fort. [2]Durch Bundesgesetz kann bestimmt werden, dass es durch Landesrecht ersetzt werden kann.

(3) [1]Recht, das als Landesrecht erlassen worden ist, aber wegen Änderung des Artikels 73 nicht mehr als Landesrecht erlassen werden könnte, gilt als Landesrecht fort. [2]Es kann durch Bundesrecht ersetzt werden.

Art. 125b[4] [Fortgeltung von Bundesrecht; abweichende Regelungen durch die Länder] (1) [1]Recht, das auf Grund des Artikels 75 in der bis zum 1. September 2006 geltenden Fassung erlassen worden ist und das auch nach diesem Zeitpunkt als Bundesrecht erlassen werden könnte, gilt als Bundesrecht fort. [2]Befugnisse und Verpflichtungen der Länder zur Gesetzgebung bleiben insoweit bestehen. [3]Auf den in Artikel 72 Abs. 3 Satz 1 genannten Gebieten können die Länder von diesem Recht abweichende Regelungen treffen, auf den Gebieten des Artikels 72 Abs. 3 Satz 1 Nr. 2, 5 und 6 jedoch erst, wenn und soweit der Bund ab dem 1. September 2006 von seiner Gesetzgebungszuständigkeit Gebrauch gemacht hat, in den Fällen der Nummern 2 und 5 spätestens ab dem 1. Januar 2010, im Falle der Nummer 6 spätestens ab dem 1. August 2008.

---

[1] Siehe Art. 73 und 105 Abs. 1.

[2] Siehe Art. 74 und 105 Abs. 2.

[3] Art. 125a eingef. mWv 15.11.1994 durch G v. 27.10.1994 (BGBl. I S. 3146); neu gef. mWv 1.9.2006 durch G v. 28.8.2006 (BGBl. I S. 2034).

[4] Art. 125b eingef. mWv 1.9.2006 durch G v. 28.8.2006 (BGBl. I S. 2034); Abs. 3 angef. mWv 21.11.2019 durch G v. 15.11.2019 (BGBl. I S. 1546).

(2) Von bundesgesetzlichen Regelungen, die auf Grund des Artikels 84 Abs. 1 in der vor dem 1. September 2006 geltenden Fassung erlassen worden sind, können die Länder abweichende Regelungen treffen, von Regelungen des Verwaltungsverfahrens bis zum 31. Dezember 2008 aber nur dann, wenn ab dem 1. September 2006 in dem jeweiligen Bundesgesetz Regelungen des Verwaltungsverfahrens geändert worden sind.

(3) Auf dem Gebiet des Artikels 72 Absatz 3 Satz 1 Nummer 7 darf abweichendes Landesrecht der Erhebung der Grundsteuer frühestens für Zeiträume ab dem 1. Januar 2025 zugrunde gelegt werden.

Art. 125c[1)] **[Fortgeltung von Bundesrecht auf dem Gebiet der Gemeindeverkehrsfinanzierung und der sozialen Wohnraumförderung]**

(1) Recht, das auf Grund des Artikels 91a Abs. 2 in Verbindung mit Abs. 1 Nr. 1 in der bis zum 1. September 2006 geltenden Fassung erlassen worden ist, gilt bis zum 31. Dezember 2006 fort.

(2) [1] Die nach Artikel 104a Abs. 4 in der bis zum 1. September 2006 geltenden Fassung in den Bereichen der Gemeindeverkehrsfinanzierung und der sozialen Wohnraumförderung geschaffenen Regelungen gelten bis zum 31. Dezember 2006 fort. [2] Die im Bereich der Gemeindeverkehrsfinanzierung für die besonderen Programme nach § 6 Absatz 1 des Gemeindeverkehrsfinanzierungsgesetzes sowie die mit dem Gesetz über Finanzhilfen des Bundes nach Artikel 104a Absatz 4 des Grundgesetzes an die Länder Bremen, Hamburg, Mecklenburg-Vorpommern, Niedersachsen sowie Schleswig-Holstein für Seehäfen vom 20. Dezember 2001 nach Artikel 104a Absatz 4 in der bis zum 1. September 2006 geltenden Fassung geschaffenen Regelungen gelten bis zu ihrer Aufhebung fort. [3] Eine Änderung des Gemeindeverkehrsfinanzierungsgesetzes durch Bundesgesetz ist zulässig. [4] Die sonstigen nach Artikel 104a Absatz 4 in der bis zum 1. September 2006 geltenden Fassung geschaffenen Regelungen gelten bis zum 31. Dezember 2019 fort, soweit nicht ein früherer Zeitpunkt für das Außerkrafttreten bestimmt ist oder wird. [5] Artikel 104b Absatz 2 Satz 4 gilt entsprechend.

(3) Artikel 104b Absatz 2 Satz 5 ist erstmals auf nach dem 31. Dezember 2019 in Kraft getretene Regelungen anzuwenden.

Art. 126[2)] **[Streit über das Fortgelten des alten Rechts]** Meinungsverschiedenheiten über das Fortgelten von Recht als Bundesrecht entscheidet das Bundesverfassungsgericht.

Art. 127 [Recht des Vereinigten Wirtschaftsgebietes] Die Bundesregierung kann mit Zustimmung der Regierungen der beteiligten Länder Recht der Verwaltung des Vereinigten Wirtschaftsgebietes, soweit es nach Artikel 124 oder 125 als Bundesrecht fortgilt, innerhalb eines Jahres nach Verkündung dieses Grundgesetzes in den Ländern Baden, Groß-Berlin, Rheinland-Pfalz und Württemberg-Hohenzollern in Kraft setzen.

Art. 128 [Fortbestehen von Weisungsrechten] Soweit fortgeltendes Recht Weisungsrechte im Sinne des Artikels 84 Abs. 5 vorsieht, bleiben sie bis zu einer anderweitigen gesetzlichen Regelung bestehen.

[1)] Art. 125c eingef. mWv 1.9.2006 durch G v. 28.8.2006 (BGBl. I S. 2034); Abs. 2 Satz 2 neu gef., Sätze 3 und 4 angef. mWv 20.7.2017 durch G v. 13.7.2017 (BGBl. I S. 2347); Abs. 2 Satz 3 geänd., Satz 5 und Abs. 3 angef. mWv 4.4.2019 durch G v. 28.3.2019 (BGBl. I S. 404).

[2)] Siehe hierzu § 13 Nr. 14 und §§ 86 ff. BundesverfassungsgerichtsG **(Sartorius Nr. 40)**.

Art. 129 [Fortgeltung von Ermächtigungen zu Rechtsverordnungen]

(1) [1] Soweit in Rechtsvorschriften, die als Bundesrecht fortgelten, eine Ermächtigung zum Erlasse von Rechtsverordnungen oder allgemeinen Verwaltungsvorschriften sowie zur Vornahme von Verwaltungsakten enthalten ist, geht sie auf die nunmehr sachlich zuständigen Stellen über. [2] In Zweifelsfällen entscheidet die Bundesregierung im Einvernehmen mit dem Bundesrate; die Entscheidung ist zu veröffentlichen.

(2) Soweit in Rechtsvorschriften, die als Landesrecht fortgelten, eine solche Ermächtigung enthalten ist, wird sie von den nach Landesrecht zuständigen Stellen ausgeübt.

(3) Soweit Rechtsvorschriften im Sinne der Absätze 1 und 2 zu ihrer Änderung oder Ergänzung oder zum Erlaß von Rechtsvorschriften anstelle von Gesetzen ermächtigen, sind diese Ermächtigungen erloschen.

(4) Die Vorschriften der Absätze 1 und 2 gelten entsprechend, soweit in Rechtsvorschriften auf nicht mehr geltende Vorschriften oder nicht mehr bestehende Einrichtungen verwiesen ist.

Art. 130 [Überleitung von Verwaltungs- und Rechtspflegeeinrichtungen] (1) [1] Verwaltungsorgane und sonstige der öffentlichen Verwaltung oder Rechtspflege dienende Einrichtungen, die nicht auf Landesrecht oder Staatsverträgen zwischen Ländern beruhen, sowie die Betriebsvereinigung der südwestdeutschen Eisenbahnen und der Verwaltungsrat für das Post- und Fernmeldewesen für das französische Besatzungsgebiet unterstehen der Bundesregierung. [2] Diese regelt mit Zustimmung des Bundesrates die Überführung, Auflösung oder Abwicklung.

(2) Oberster Disziplinarvorgesetzter der Angehörigen dieser Verwaltungen und Einrichtungen ist der zuständige Bundesminister.

(3) Nicht landesunmittelbare und nicht auf Staatsverträgen zwischen den Ländern beruhende Körperschaften und Anstalten des öffentlichen Rechtes unterstehen der Aufsicht der zuständigen obersten Bundesbehörde.

Art. 131[1)] [Frühere Angehörige des Öffentlichen Dienstes] [1] Die Rechtsverhältnisse von Personen einschließlich der Flüchtlinge und Vertriebenen, die am 8. Mai 1945 im öffentlichen Dienste standen, aus anderen als beamten- oder tarifrechtlichen Gründen ausgeschieden sind und bisher nicht oder nicht ihrer früheren Stellung entsprechend verwendet werden, sind durch Bundesgesetz zu regeln. [2] Entsprechendes gilt für Personen einschließlich der Flüchtlinge und Vertriebenen, die am 8. Mai 1945 versorgungsberechtigt waren und aus anderen als beamten- oder tarifrechtlichen Gründen keine oder keine entsprechende Versorgung mehr erhalten. [3] Bis zum Inkrafttreten des Bundesgesetzes können vorbehaltlich anderweitiger landesrechtlicher Regelung Rechtsansprüche nicht geltend gemacht werden.

Art. 132[2)] [Ausschluss aus dem Öffentlichen Dienst] (1) [1] Beamte und Richter, die im Zeitpunkte des Inkrafttretens dieses Grundgesetzes auf Lebenszeit angestellt sind, können binnen sechs Monaten nach dem ersten Zusammentritt des Bundestages in den Ruhestand oder Wartestand oder in ein Amt mit niedrigerem

[1)] Für das Gebiet der ehem. DDR ist Art. 131 nach Art. 6 EVertr. v. 31.8.1990 (BGBl. II S. 885, 889) vorerst nicht in Kraft gesetzt worden.

[2)] Gegenstandslos durch Zeitablauf.

Diensteinkommen versetzt werden, wenn ihnen die persönliche oder fachliche Eignung für ihr Amt fehlt. [2] Auf Angestellte, die in einem unkündbaren Dienstverhältnis stehen, findet diese Vorschrift entsprechende Anwendung. [3] Bei Angestellten, deren Dienstverhältnis kündbar ist, können über die tarifmäßige Regelung hinausgehende Kündigungsfristen innerhalb der gleichen Frist aufgehoben werden.

(2) Diese Bestimmung findet keine Anwendung auf Angehörige des öffentlichen Dienstes, die von den Vorschriften über die „Befreiung von Nationalsozialismus und Militarismus" nicht betroffen oder die anerkannte Verfolgte des Nationalsozialismus sind, sofern nicht ein wichtiger Grund in ihrer Person vorliegt.

(3) Den Betroffenen steht der Rechtsweg gemäß Artikel 19 Abs. 4 offen.

(4) Das Nähere bestimmt eine Verordnung der Bundesregierung, die der Zustimmung des Bundesrates bedarf.

Art. 133 [Rechtsnachfolge, Vereinigtes Wirtschaftsgebiet] Der Bund tritt in die Rechte und Pflichten der Verwaltung des Vereinigten Wirtschaftsgebietes ein.

Art. 134 [Rechtsnachfolge in das Reichsvermögen] (1) Das Vermögen des Reiches wird grundsätzlich Bundesvermögen.

(2) [1] Soweit es nach seiner ursprünglichen Zweckbestimmung überwiegend für Verwaltungsaufgaben bestimmt war, die nach diesem Grundgesetze nicht Verwaltungsaufgaben des Bundes sind, ist es unentgeltlich auf die nunmehr zuständigen Aufgabenträger und, soweit es nach seiner gegenwärtigen, nicht nur vorübergehenden Benutzung Verwaltungsaufgaben dient, die nach diesem Grundgesetze nunmehr von den Ländern zu erfüllen sind, auf die Länder zu übertragen. [2] Der Bund kann auch sonstiges Vermögen den Ländern übertragen.

(3) Vermögen, das dem Reich von den Ländern und Gemeinden (Gemeindeverbänden) unentgeltlich zur Verfügung gestellt wurde, wird wiederum Vermögen der Länder und Gemeinden (Gemeindeverbände), soweit es nicht der Bund für eigene Verwaltungsaufgaben benötigt.

(4) Das Nähere regelt ein Bundesgesetz[1)], das der Zustimmung des Bundesrates bedarf.

Art. 135 [Vermögen bei Änderung des Gebietsstandes] (1) Hat sich nach dem 8. Mai 1945 bis zum Inkrafttreten dieses Grundgesetzes[2)] die Landeszugehörigkeit eines Gebietes geändert, so steht in diesem Gebiete das Vermögen des Landes, dem das Gebiet angehört hat, dem Lande zu, dem es jetzt angehört.

(2) Das Vermögen nicht mehr bestehender Länder und nicht mehr bestehender anderer Körperschaften und Anstalten des öffentlichen Rechtes geht, soweit es nach seiner ursprünglichen Zweckbestimmung überwiegend für Verwaltungsaufgaben bestimmt war, oder nach seiner gegenwärtigen, nicht nur vorübergehenden Benutzung überwiegend Verwaltungsaufgaben dient, auf das Land oder die Körperschaft oder Anstalt des öffentlichen Rechtes über, die nunmehr diese Aufgaben erfüllen.

[1)] Siehe ua das G zur Regelung der Rechtsverhältnisse des Reichsvermögens und der preußischen Beteiligungen v. 16.5.1961 (BGBl. I S. 597) und das G über die vermögensrechtlichen Verhältnisse der Deutschen Bundesbahn v. 2.3.1951 (BGBl. I S. 155).

[2)] Siehe Art. 145.

(3) Grundvermögen nicht mehr bestehender Länder geht einschließlich des Zubehörs, soweit es nicht bereits zu Vermögen im Sinne des Absatzes 1 gehört, auf das Land über, in dessen Gebiet es belegen ist.

(4) Sofern ein überwiegendes Interesse des Bundes oder das besondere Interesse eines Gebietes es erfordert, kann durch Bundesgesetz eine von den Absätzen 1 bis 3 abweichende Regelung getroffen werden.

(5) Im übrigen wird die Rechtsnachfolge und die Auseinandersetzung, soweit sie nicht bis zum 1. Januar 1952 durch Vereinbarung zwischen den beteiligten Ländern oder Körperschaften oder Anstalten des öffentlichen Rechtes erfolgt, durch Bundesgesetz geregelt, das der Zustimmung des Bundesrates bedarf.

(6) [1] Beteiligungen des ehemaligen Landes Preußen an Unternehmen des privaten Rechtes gehen auf den Bund über. [2] Das Nähere regelt ein Bundesgesetz, das auch Abweichendes bestimmen kann.

(7) Soweit über Vermögen, das einem Lande oder einer Körperschaft oder Anstalt des öffentlichen Rechtes nach den Absätzen 1 bis 3 zufallen würde, von dem danach Berechtigten durch ein Landesgesetz, auf Grund eines Landesgesetzes oder in anderer Weise bei Inkrafttreten des Grundgesetzes verfügt worden war, gilt der Vermögensübergang als vor der Verfügung erfolgt.

Art. 135a[1) 2)] [Verbindlichkeiten des Reichs und anderer Körperschaften]

(1) Durch die in Artikel 134 Abs. 4 und Artikel 135 Abs. 5 vorbehaltene Gesetzgebung des Bundes kann auch bestimmt werden, daß nicht oder nicht in voller Höhe zu erfüllen sind

1. Verbindlichkeiten des Reiches sowie Verbindlichkeiten des ehemaligen Landes Preußen und sonstiger nicht mehr bestehender Körperschaften und Anstalten des öffentlichen Rechts,
2. Verbindlichkeiten des Bundes oder anderer Körperschaften und Anstalten des öffentlichen Rechts, welche mit dem Übergang von Vermögenswerten nach Artikel 89, 90, 134 und 135 im Zusammenhang stehen, und Verbindlichkeiten dieser Rechtsträger, die auf Maßnahmen der in Nummer 1 bezeichneten Rechtsträger beruhen,
3. Verbindlichkeiten der Länder und Gemeinden (Gemeindeverbände), die aus Maßnahmen entstanden sind, welche diese Rechtsträger vor dem 1. August 1945 zur Durchführung von Anordnungen der Besatzungsmächte oder zur Beseitigung eines kriegsbedingten Notstandes im Rahmen dem Reich obliegender oder vom Reich übertragener Verwaltungsaufgaben getroffen haben.

(2) Absatz 1 findet entsprechende Anwendung auf Verbindlichkeiten der Deutschen Demokratischen Republik oder ihrer Rechtsträger sowie auf Verbindlichkeiten des Bundes oder anderer Körperschaften und Anstalten des öffentlichen Rechts, die mit dem Übergang von Vermögenswerten der Deutschen Demokratischen Republik auf Bund, Länder und Gemeinden im Zusammenhang stehen, und auf Verbindlichkeiten, die auf Maßnahmen der Deutschen Demokratischen Republik oder ihrer Rechtsträger beruhen.

---

1) Art. 135a eingef. mWv 27.10.1957 durch G v. 22.10.1957 (BGBl. I S. 1745); Abs. 2 angef. mWv 29.9.1990 durch V v. 31.8.1990 (BGBl. II S. 885, 889).

2) Siehe hierzu ua das Allgemeine KriegsfolgenG v. 5.11.1957 (BGBl. I S. 1747), zuletzt geänd. durch VO v. 19.6.2020 (BGBl. I S. 1328), das G zur Regelung der Verbindlichkeiten nationalsozialistischer Einrichtungen und der Rechtsverhältnisse an deren Vermögen v. 17.3.1965 (BGBl. I S. 79), zuletzt geänd. durch G v. 12.8.2005 (BGBl. I S. 2354) und das Rechtsträger-AbwicklungsG v. 6.9.1965 (BGBl. I S. 1065), zuletzt geänd. durch VO v. 19.6.2020 (BGBl. I S. 1328).

Art. 136[1] **[Erster Zusammentritt des Bundesrates]** (1) Der Bundesrat tritt erstmalig am Tage des ersten Zusammentrittes des Bundestages zusammen.

(2) [1] Bis zur Wahl des ersten Bundespräsidenten werden dessen Befugnisse von dem Präsidenten des Bundesrates ausgeübt. [2] Das Recht der Auflösung des Bundestages steht ihm nicht zu.

Art. 137[2] **[Beschränkung der Wählbarkeit von Angehörigen des Öffentlichen Dienstes]** (1)[3] Die Wählbarkeit von Beamten, Angestellten des öffentlichen Dienstes, Berufssoldaten, freiwilligen Soldaten auf Zeit und Richtern im Bund, in den Ländern und den Gemeinden kann gesetzlich beschränkt werden.

(2)[1] Für die Wahl des ersten Bundestages, der ersten Bundesversammlung und des ersten Bundespräsidenten der Bundesrepublik gilt das vom Parlamentarischen Rat zu beschließende Wahlgesetz.

(3)[1] Die dem Bundesverfassungsgerichte gemäß Artikel 41 Abs. 2 zustehende Befugnis wird bis zu seiner Errichtung von dem Deutschen Obergericht für das Vereinigte Wirtschaftsgebiet wahrgenommen, das nach Maßgabe seiner Verfahrensordnung entscheidet.

Art. 138 [Süddeutsches Notariat] Änderungen der Einrichtungen des jetzt bestehenden Notariats in den Ländern *Baden*[4], Bayern, *Württemberg-Baden und Württemberg-Hohenzollern*[4] bedürfen der Zustimmung der Regierungen dieser Länder.

Art. 139 [Entnazifizierungsvorschriften] Die zur „Befreiung des deutschen Volkes vom Nationalsozialismus[5] und Militarismus" erlassenen Rechtsvorschriften werden von den Bestimmungen dieses Grundgesetzes nicht berührt.

Art. 140 [Übernahme von Glaubensbestimmungen der Weimarer Reichsverfassung] Die Bestimmungen der Artikel 136, 137, 138, 139 und 141 der deutschen Verfassung vom 11. August 1919[6] sind Bestandteil dieses Grundgesetzes.

Art. 141 [Religionsunterricht] Artikel 7 Abs. 3 Satz 1 findet keine Anwendung in einem Lande, in dem am 1. Januar 1949 eine andere landesrechtliche Regelung bestand.

Art. 142 [Grundrechte in Landesverfassungen] Ungeachtet der Vorschrift des Artikels 31 bleiben Bestimmungen der Landesverfassungen auch insoweit in Kraft, als sie in Übereinstimmung mit den Artikeln 1 bis 18 dieses Grundgesetzes Grundrechte gewährleisten.

Art. 142a[7] *(aufgehoben)*

---

[1] Gegenstandslos durch Vollzug.

[2] Art. 137 Abs. 1 neu gef. mWv 22.3.1956 durch G v. 19.3.1956 (BGBl. I S. 111).

[3] Siehe hierzu auch das AbgeordnetenG **(Sartorius Nr. 48)**.

[4] Nach Vereinigung der drei Länder durch das 2. NeugliederungsG v. 4.5.1951 (BGBl. I S. 284) seit dem 25.4.1952 „Baden-Württemberg".

[5] Korrekter Wortlaut gem. BGBl. 1949 S. 18 sowie BGBl. III Folge 6 (Stand 1.8.1959) und Folge 113 (Stand 31.12.1963); im BGBl. III Folge 132 (Stand 1.10.1969) fälschlich „Nationalismus".

[6] Wiedergegeben im Anschluss an Art. 146.

[7] Art. 142a eingef. mWv 28.3.1954 durch G v. 26.3.1954 (BGBl. I S. 45); aufgeh. mWv 28.6.1968 durch G v. 24.6.1968 (BGBl. I S. 709).

Art. 143[1] **[Sondervorschriften für neue Bundesländer und Ost-Berlin]**

(1)[2] [1] Recht in dem in Artikel 3 des Einigungsvertrags[3] genannten Gebiet kann längstens bis zum 31. Dezember 1992 von Bestimmungen dieses Grundgesetzes abweichen, soweit und solange infolge der unterschiedlichen Verhältnisse die völlige Anpassung an die grundgesetzliche Ordnung noch nicht erreicht werden kann. [2] Abweichungen dürfen nicht gegen Artikel 19 Abs. 2 verstoßen und müssen mit den in Artikel 79 Abs. 3 genannten Grundsätzen vereinbar sein.

(2)[2] Abweichungen von den Abschnitten II, VIII, VIIIa, IX, X und XI sind längstens bis zum 31. Dezember 1995 zulässig.

(3) Unabhängig von Absatz 1 und 2 haben Artikel 41 des Einigungsvertrags und Regelungen zu seiner Durchführung auch insoweit Bestand, als sie vorsehen, daß Eingriffe in das Eigentum auf dem in Artikel 3 dieses Vertrags genannten Gebiet nicht mehr rückgängig gemacht werden.

Art. 143a[4] **[Übergangsvorschriften für Bundeseisenbahnen]** (1) [1] Der Bund hat die ausschließliche Gesetzgebung über alle Angelegenheiten, die sich aus der Umwandlung der in bundeseigener Verwaltung geführten Bundeseisenbahnen in Wirtschaftsunternehmen ergeben.[5] [2] Artikel 87e Abs. 5 findet entsprechende Anwendung. [3] Beamte der Bundeseisenbahnen können durch Gesetz unter Wahrung ihrer Rechtsstellung und der Verantwortung des Dienstherrn einer privatrechtlich organisierten Eisenbahn des Bundes zur Dienstleistung zugewiesen werden.

(2) Gesetze nach Absatz 1 führt der Bund aus.

(3)[6] [1] Die Erfüllung der Aufgaben im Bereich des Schienenpersonennahverkehrs der bisherigen Bundeseisenbahnen ist bis zum 31. Dezember 1995 Sache des Bundes. [2] Dies gilt auch für die entsprechenden Aufgaben der Eisenbahnverkehrsverwaltung. [3] Das Nähere wird durch Bundesgesetz geregelt, das der Zustimmung des Bundesrates bedarf.

Art. 143b[7] **[Umwandlung der Deutschen Bundespost]** (1) [1] Das Sondervermögen Deutsche Bundespost wird nach Maßgabe eines Bundesgesetzes in Unternehmen privater Rechtsform umgewandelt. [2] Der Bund hat die ausschließliche Gesetzgebung über alle sich hieraus ergebenden Angelegenheiten.

(2) [1] Die vor der Umwandlung bestehenden ausschließlichen Rechte des Bundes können durch Bundesgesetz für eine Übergangszeit den aus der Deutschen Bundespost POSTDIENST und der Deutschen Bundespost TELEKOM hervorgegangenen Unternehmen verliehen werden. [2] Die Kapitalmehrheit am Nachfolgeunternehmen der Deutschen Bundespost POSTDIENST darf der Bund frühestens fünf Jahre nach Inkrafttreten des Gesetzes aufgeben. [3] Dazu bedarf es eines Bundesgesetzes mit Zustimmung des Bundesrates.

(3) [1] Die bei der Deutschen Bundespost tätigen Bundesbeamten werden unter Wahrung ihrer Rechtsstellung und der Verantwortung des Dienstherrn bei den

---

[1] Art. 143 aufgeh. mWv 28.6.1968 durch G v. 24.6.1968 (BGBl. I S. 709); neu eingef. mWv 29.9.1990 durch EVertr. v. 31.8.1990 (BGBl. II S. 885, 889).

[2] Art. 143 Abs. 1 und 2 haben gem. Unterzeichnungsprotokoll zum EVertr. „[…] nur zeitliche Bedeutung; sie sind deshalb keine Vorgabe für die künftige Gesetzgebung."

[3] **Habersack II Nr. 2.**

[4] Art. 143a eingef. mWv 23.12.1993 durch G v. 20.12.1993 (BGBl. I S. 2089).

[5] Siehe das EisenbahnneuordnungsG **(Loseblatt-Textsammlung Arbeitsrecht Nr. 635c).**

[6] Gegenstandslos durch Zeitablauf.

[7] Art. 143b eingef. mWv 3.9.1994 durch G v. 30.8.1994 (BGBl. I S. 2245).

privaten Unternehmen beschäftigt. [2]Die Unternehmen üben Dienstherrenbefugnisse aus. [3]Das Nähere bestimmt ein Bundesgesetz.

Art. 143c[1) 2)] [Übergangsvorschriften wegen Wegfalls der Finanzhilfen durch den Bund] (1) [1]Den Ländern stehen ab dem 1. Januar 2007 bis zum 31. Dezember 2019 für den durch die Abschaffung der Gemeinschaftsaufgaben Ausbau und Neubau von Hochschulen einschließlich Hochschulkliniken und Bildungsplanung sowie für den durch die Abschaffung der Finanzhilfen zur Verbesserung der Verkehrsverhältnisse der Gemeinden und zur sozialen Wohnraumförderung bedingten Wegfall der Finanzierungsanteile des Bundes jährlich Beträge aus dem Haushalt des Bundes zu. [2]Bis zum 31. Dezember 2013 werden diese Beträge aus dem Durchschnitt der Finanzierungsanteile des Bundes im Referenzzeitraum 2000 bis 2008 ermittelt.

(2) Die Beträge nach Absatz 1 werden auf die Länder bis zum 31. Dezember 2013 wie folgt verteilt:

1. als jährliche Festbeträge, deren Höhe sich nach dem Durchschnittsanteil eines jeden Landes im Zeitraum 2000 bis 2003 errechnet;
2. jeweils zweckgebunden an den Aufgabenbereich der bisherigen Mischfinanzierungen.

(3) [1]Bund und Länder überprüfen bis Ende 2013, in welcher Höhe die den Ländern nach Absatz 1 zugewiesenen Finanzierungsmittel zur Aufgabenerfüllung der Länder noch angemessen und erforderlich sind. [2]Ab dem 1. Januar 2014 entfällt die nach Absatz 2 Nr. 2 vorgesehene Zweckbindung der nach Absatz 1 zugewiesenen Finanzierungsmittel; die investive Zweckbindung des Mittelvolumens bleibt bestehen. [3]Die Vereinbarungen aus dem Solidarpakt II bleiben unberührt.

(4) Das Nähere regelt ein Bundesgesetz, das der Zustimmung des Bundesrates bedarf.

Art. 143d[3)] [Übergangsvorschriften zu Konsolidierungs- und Sanierungshilfen] (1)[2)] [1]Artikel 109 und 115 in der bis zum 31. Juli 2009 geltenden Fassung sind letztmals auf das Haushaltsjahr 2010 anzuwenden. [2]Artikel 109 und 115 in der ab dem 1. August 2009 geltenden Fassung sind erstmals für das Haushaltsjahr 2011 anzuwenden; am 31. Dezember 2010 bestehende Kreditermächtigungen für bereits eingerichtete Sondervermögen bleiben unberührt. [3]Die Länder dürfen im Zeitraum vom 1. Januar 2011 bis zum 31. Dezember 2019 nach Maßgabe der geltenden landesrechtlichen Regelungen von den Vorgaben des Artikels 109 Absatz 3 abweichen. [4]Die Haushalte der Länder sind so aufzustellen, dass im Haushaltsjahr 2020 die Vorgabe aus Artikel 109 Absatz 3 Satz 5 erfüllt wird. [5]Der Bund kann im Zeitraum vom 1. Januar 2011 bis zum 31. Dezember 2015 von der Vorgabe des Artikels 115 Absatz 2 Satz 2 abweichen. [6]Mit dem Abbau des bestehenden Defizits soll im Haushaltsjahr 2011 begonnen werden. [7]Die jährlichen Haushalte sind so aufzustellen, dass im Haushaltsjahr 2016 die Vorgabe aus Artikel 115 Absatz 2 Satz 2 erfüllt wird; das Nähere regelt ein Bundesgesetz.

---

1) Art. 143c eingef. mWv 1.9.2006 durch G v. 28.8.2006 (BGBl. I S. 2034).
2) Gegenstandslos durch Zeitablauf.
3) Art. 143d eingef. mWv 1.8.2009 durch G v. 29.7.2009 (BGBl. I S. 2248); Abs. 4 angef. mWv 20.7.2017 durch G v. 13.7.2017 (BGBl. I S. 2347).

(2)[1] [1]Als Hilfe zur Einhaltung der Vorgaben des Artikels 109 Absatz 3 ab dem 1. Januar 2020 können den Ländern Berlin, Bremen, Saarland, Sachsen-Anhalt und Schleswig-Holstein für den Zeitraum 2011 bis 2019 Konsolidierungshilfen aus dem Haushalt des Bundes in Höhe von insgesamt 800 Millionen Euro jährlich gewährt werden. [2]Davon entfallen auf Bremen 300 Millionen Euro, auf das Saarland 260 Millionen Euro und auf Berlin, Sachsen-Anhalt und Schleswig-Holstein jeweils 80 Millionen Euro. [3]Die Hilfen werden auf der Grundlage einer Verwaltungsvereinbarung nach Maßgabe eines Bundesgesetzes mit Zustimmung des Bundesrates geleistet. [4]Die Gewährung der Hilfen setzt einen vollständigen Abbau der Finanzierungsdefizite bis zum Jahresende 2020 voraus. [5]Das Nähere, insbesondere die jährlichen Abbauschritte der Finanzierungsdefizite, die Überwachung des Abbaus der Finanzierungsdefizite durch den Stabilitätsrat sowie die Konsequenzen im Falle der Nichteinhaltung der Abbauschritte, wird durch Bundesgesetz mit Zustimmung des Bundesrates und durch Verwaltungsvereinbarung geregelt. [6]Die gleichzeitige Gewährung der Konsolidierungshilfen und Sanierungshilfen auf Grund einer extremen Haushaltsnotlage ist ausgeschlossen.

(3)[1] [1]Die sich aus der Gewährung der Konsolidierungshilfen ergebende Finanzierungslast wird hälftig von Bund und Ländern, von letzteren aus ihrem Umsatzsteueranteil, getragen. [2]Das Nähere wird durch Bundesgesetz mit Zustimmung des Bundesrates geregelt.

(4) [1]Als Hilfe zur künftig eigenständigen Einhaltung der Vorgaben des Artikels 109 Absatz 3 können den Ländern Bremen und Saarland ab dem 1. Januar 2020 Sanierungshilfen in Höhe von jährlich insgesamt 800 Millionen Euro aus dem Haushalt des Bundes gewährt werden. [2]Die Länder ergreifen hierzu Maßnahmen zum Abbau der übermäßigen Verschuldung sowie zur Stärkung der Wirtschafts- und Finanzkraft. [3]Das Nähere regelt ein Bundesgesetz, das der Zustimmung des Bundesrates bedarf. [4]Die gleichzeitige Gewährung der Sanierungshilfen und Sanierungshilfen auf Grund einer extremen Haushaltsnotlage ist ausgeschlossen.

Art. 143e[2] [Übergangsvorschrift wegen Umwandlung der Auftragsverwaltung für die Bundesautobahnen und Bundesstraßen in Bundesverwaltung] (1)[1] [1]Die Bundesautobahnen werden abweichend von Artikel 90 Absatz 2 längstens bis zum 31. Dezember 2020 in Auftragsverwaltung durch die Länder oder die nach Landesrecht zuständigen Selbstverwaltungskörperschaften geführt. [2]Der Bund regelt die Umwandlung der Auftragsverwaltung in Bundesverwaltung nach Artikel 90 Absatz 2 und 4 durch Bundesgesetz mit Zustimmung des Bundesrates.

(2)[1] Auf Antrag eines Landes, der bis zum 31. Dezember 2018 zu stellen ist, übernimmt der Bund abweichend von Artikel 90 Absatz 4 die sonstigen Bundesstraßen des Fernverkehrs, soweit sie im Gebiet dieses Landes liegen, mit Wirkung zum 1. Januar 2021 in Bundesverwaltung.

(3) Durch Bundesgesetz mit Zustimmung des Bundesrates kann geregelt werden, dass ein Land auf Antrag die Aufgabe der Planfeststellung und Plangenehmigung für den Bau und für die Änderung von Bundesautobahnen und von sonstigen Bundesstraßen des Fernverkehrs, die der Bund nach Artikel 90 Absatz 4 oder Artikel 143e Absatz 2 in Bundesverwaltung übernommen hat, im Auftrage des

---

[1] Gegenstandslos durch Zeitablauf.

[2] Art. 143e eingef. mWv 20.7.2017 durch G v. 13.7.2017 (BGBl. I S. 2347); Abs. 3 angef. mWv 4.4. 2019 durch G v. 28.3.2019 (BGBl. I S. 404).

Bundes übernimmt und unter welchen Voraussetzungen eine Rückübertragung erfolgen kann.

Art. 143f[1] **[Bedingtes Außerkrafttreten des Art. 143d GG, des FAG und sonstiger aufgrund von Art. 107 Abs. 2 GG erlassener Gesetze]** [1]Artikel 143d, das Gesetz über den Finanzausgleich zwischen Bund und Ländern sowie sonstige auf der Grundlage von Artikel 107 Absatz 2 in seiner ab dem 1. Januar 2020 geltenden Fassung erlassene Gesetze treten außer Kraft, wenn nach dem 31. Dezember 2030 die Bundesregierung, der Bundestag oder gemeinsam mindestens drei Länder Verhandlungen über eine Neuordnung der bundesstaatlichen Finanzbeziehungen verlangt haben und mit Ablauf von fünf Jahren nach Notifikation des Verhandlungsverlangens der Bundesregierung, des Bundestages oder der Länder beim Bundespräsidenten keine gesetzliche Neuordnung der bundesstaatlichen Finanzbeziehungen in Kraft getreten ist. [2]Der Tag des Außerkrafttretens ist im Bundesgesetzblatt bekannt zu geben.

Art. 143g[2) 3)] **[Anwendung des Art. 107 GG]** Für die Regelung der Steuerertragsverteilung, des Länderfinanzausgleichs und der Bundesergänzungszuweisungen bis zum 31. Dezember 2019 ist Artikel 107 in seiner bis zum Inkrafttreten des Gesetzes zur Änderung des Grundgesetzes vom 13. Juli 2017 geltenden Fassung weiter anzuwenden.

Art. 143h[4] *(außer Kraft)*

Art. 144[5] **[Annahme des Grundgesetzes; Beschränkungen in der Anwendung des Grundgesetzes]** (1) Dieses Grundgesetz bedarf der Annahme durch die Volksvertretungen in zwei Dritteln der deutschen Länder, in denen es zunächst gelten soll.

(2) Soweit die Anwendung dieses Grundgesetzes in einem der in Artikel 23[6] aufgeführten Länder oder in einem Teile eines dieser Länder Beschränkungen unterliegt, hat das Land oder der Teil des Landes das Recht, gemäß Artikel 38 Vertreter in den Bundestag und gemäß Artikel 50 Vertreter in den Bundesrat zu entsenden.

Art. 145 **[Inkrafttreten des Grundgesetzes]** (1) Der Parlamentarische Rat stellt in öffentlicher Sitzung unter Mitwirkung der Abgeordneten Groß-Berlins die Annahme dieses Grundgesetzes fest, fertigt es aus und verkündet es.

(2) Dieses Grundgesetz tritt mit Ablauf des Tages der Verkündung[7] in Kraft.

(3) Es ist im Bundesgesetzblatte zu veröffentlichen.

Art. 146[8] **[Geltungsdauer des Grundgesetzes]** Dieses Grundgesetz, das nach Vollendung der Einheit und Freiheit Deutschlands für das gesamte deutsche Volk gilt, verliert seine Gültigkeit an dem Tage, an dem eine Verfassung in Kraft tritt, die von dem deutschen Volke in freier Entscheidung beschlossen worden ist.

---

1) Art. 143f eingef. mWv 20.7.2017 durch G v. 13.7.2017 (BGBl. I S. 2347).

2) Gegenstandslos durch Zeitablauf.

3) Art. 143g eingef. mWv 20.7.2017 durch G v. 13.7.2017 (BGBl. I S. 2347).

4) Art. 143h eingef. mWv 8.10.2020–31.12.2020 durch G v. 29.9.2020 (BGBl. I S. 2048).

5) Gegenstandslos durch Vollzug.

6) Bezieht sich auf Art. 23 in der durch Art. 4 Nr. 2 EVertr. v. 31.8.1990 (BGBl. II S. 885, 889) aufgehobenen Fassung.

7) Verkündet am 23.5.1949.

8) Art. 146 neu gef. mWv 29.9.1990 durch EVertr. v. 31.8.1990 (BGBl. II S. 885, 889).

[Nichtamtlicher Anhang: Gemäß Art. 140 GG weitergeltende Artikel der Weimarer Reichsverfassung]

Art. 136 WRV [Religionsunabhängigkeit von Rechten und Pflichten]

(1) Die bürgerlichen und staatsbürgerlichen Rechte und Pflichten werden durch die Ausübung der Religionsfreiheit weder bedingt noch beschränkt.

(2) Der Genuß bürgerlicher und staatsbürgerlicher Rechte sowie die Zulassung zu öffentlichen Ämtern sind unabhängig von dem religiösen Bekenntnis.

(3) [1] Niemand ist verpflichtet, seine religiöse Überzeugung zu offenbaren. [2] Die Behörden haben nur soweit das Recht, nach der Zugehörigkeit zu einer Religionsgesellschaft zu fragen, als davon Rechte und Pflichten abhängen oder eine gesetzlich angeordnete statistische Erhebung dies erfordert.

(4) Niemand darf zu einer kirchlichen Handlung oder Feierlichkeit oder zur Teilnahme an religiösen Übungen oder zur Benutzung einer religiösen Eidesform gezwungen werden.

Art. 137 WRV [Religionsgesellschaften] (1) Es besteht keine Staatskirche.

(2) [1] Die Freiheit der Vereinigung zu Religionsgesellschaften wird gewährleistet. [2] Der Zusammenschluß von Religionsgesellschaften innerhalb des Reichsgebiets unterliegt keinen Beschränkungen.

(3) [1] Jede Religionsgesellschaft ordnet und verwaltet ihre Angelegenheiten selbständig innerhalb der Schranken des für alle geltenden Gesetzes. [2] Sie verleiht ihre Ämter ohne Mitwirkung des Staates oder der bürgerlichen Gemeinde.

(4) Religionsgesellschaften erwerben die Rechtsfähigkeit nach den allgemeinen Vorschriften des bürgerlichen Rechtes.

(5) [1] Die Religionsgesellschaften bleiben Körperschaften des öffentlichen Rechtes, soweit sie solche bisher waren. [2] Anderen Religionsgesellschaften sind auf ihren Antrag gleiche Rechte zu gewähren, wenn sie durch ihre Verfassung und die Zahl ihrer Mitglieder die Gewähr der Dauer bieten. [3] Schließen sich mehrere derartige öffentlich-rechtliche Religionsgesellschaften zu einem Verbande zusammen, so ist auch dieser Verband eine öffentlich-rechtliche Körperschaft.

(6) Die Religionsgesellschaften, welche Körperschaften des öffentlichen Rechtes sind, sind berechtigt, auf Grund der bürgerlichen Steuerlisten nach Maßgabe der landesrechtlichen Bestimmungen Steuern zu erheben.

(7) Den Religionsgesellschaften werden die Vereinigungen gleichgestellt, die sich die gemeinschaftliche Pflege einer Weltanschauung zur Aufgabe machen.

(8) Soweit die Durchführung dieser Bestimmungen eine weitere Regelung erfordert, liegt diese der Landesgesetzgebung ob.

Art. 138 WRV [Staatsleistungen; Kirchengut] (1) [1] Die auf Gesetz, Vertrag oder besonderen Rechtstiteln beruhenden Staatsleistungen an die Religionsgesellschaften werden durch die Landesgesetzgebung abgelöst. [2] Die Grundsätze hierfür stellt das Reich auf.

(2) Das Eigentum und andere Rechte der Religionsgesellschaften und religiösen Vereine an ihren für Kultus-, Unterrichts- und Wohltätigkeitszwecke bestimmten Anstalten, Stiftungen und sonstigen Vermögen werden gewährleistet.

Art. 139 WRV [Sonn- und Feiertagsruhe] Der Sonntag und die staatlich anerkannten Feiertage bleiben als Tage der Arbeitsruhe und der seelischen Erhebung gesetzlich geschützt.

Art. 141 WRV [Religiöse Handlungen in öffentlichen Anstalten] Soweit das Bedürfnis nach Gottesdienst und Seelsorge im Heer, in Krankenhäusern, Strafanstalten oder sonstigen öffentlichen Anstalten besteht, sind die Religionsgesellschaften zur Vornahme religiöser Handlungen zuzulassen, wobei jeder Zwang fernzuhalten ist.

Lfd. Nr.	Änderndes Gesetz	Datum	Fundstelle	Betroffen	Hinweis
57.	Art. 1 G zur Änd. des StraßenverkehrsG und weiterer straßenverkehrsrechtl. Vorschriften	5.12.2019	BGBl. I S. 2008	§§ 6, 62, 65	geänd. mWv 12.12.2019
				§§ 6, 50	geänd. mWv 1.6.2020
58.	Art. 325 Elfte ZuständigkeitsanpassungsVO	19.6.2020	BGBl. I S. 1328	§ 6	geänd. mWv 27.6.2020
59.	Art. 2 Achtes G zur Änd. des BundesfernstraßenG und zur Änd. weiterer Vorschriften	29.6.2020	BGBl. I S. 1528	§ 6a	geänd. mWv 4.7.2020
				§§ 35, 36	geänd. mWv 1.10.2020
60.	Art. 1 G zur Haftung bei Unfällen mit Anhängern und Gespannen im Straßenverkehr	10.7.2020	BGBl. I S. 1653	§§ 7, 8, 12, 17, 18, 65	geänd. mWv 17.7.2020
				§§ 19, 19a	eingef. mWv 17.7.2020
61.	Art. 3 G über Änderungen im Berufskraftfahrerqualifikationsrecht	26.11. 2020	BGBl. I S. 2575	§ 6a	geänd. mWv 2.12.2020
62.	Art. 6 Abs. 2 Zweites G zur Änd. des BundesmeldeG	15.1.2021	BGBl. I S. 530	§ 35	geänd. mWv 1.5.2022
63.	Art. 3 G zur Modernisierung des Personenbeförderungsrechts	16.4.2021	BGBl. I S. 822	§ 2	geänd. mWv 1.8.2021
64.	Art. 4 Abs. 9 G zur Verbesserung des Schutzes von Gerichtsvollziehern vor Gewalt sowie zur Änd. weiterer zwangsvollstreckungsrechtl. Vorschriften und zur Änd. des InfektionsschutzG	7.5.2021	BGBl. I S. 850	§ 35	geänd. mWv 1.1.2022
				§§ 35, 36	geänd. mWv 1.11.2022
65.	Art. 1 und 2 Viertes G zur Änd. des StraßenverkehrsG und anderer straßenverkehrsrechtlicher Vorschriften	12.7.2021	BGBl. I S. 3091	§§ 2, 2a, 2b, 3, 4, 6a, 6b, 6c, 25, 25a, 26, 26a, 28, 28a, 29, 30, 30c, 31, 32, 33, 34, 35, 36, 37, 37a, 39, 41, 42, 43, 47, 58, 60, 63, 63b, 64, 65	geänd. mWv 28.7.2021
				§§ 6, 24	neu gef. mWv 28.7.2021
				§§ 39a, 63d, 63e, 63f	eingef. mWv 28.7.2021
				§§ 23, 24b	aufgeh. mit Ablauf des 27.7. 2021
				§ 33	geänd. mWv 1.7.2023
66.	Art. 1 Gesetz zum autonomen Fahren[1]	12.7.2021	BGBl. I S. 3108	§§ 8, 12, 19, 24	geänd. mWv 28.7.2021
				§§ 1d, 1e, 1f, 1g, 1h, 1i, 1j, 1k, 1l	eingef. mWv 28.7.2021

[1] **Amtl. Anm.:** Notifiziert gemäß Richtlinie (EU) 2015/1535 des Europäischen Parlaments und des Rates vom 9. September 2015 über ein Informationsverfahren auf dem Gebiet der technischen Vorschriften und der Vorschriften für die Dienste der Informationsgesellschaft (ABl. L 241 vom 17.9.2015, S. 1).

(2b) [1]Werden gegen die betroffene Person mehrere Fahrverbote rechtskräftig verhängt, so sind die Verbotsfristen nacheinander zu berechnen. [2]Die Verbotsfrist auf Grund des früher wirksam gewordenen Fahrverbots läuft zuerst. [3]Werden Fahrverbote gleichzeitig wirksam, so läuft die Verbotsfrist auf Grund des früher angeordneten Fahrverbots zuerst, bei gleichzeitiger Anordnung ist die frühere Tat maßgebend.

(3) [1]In anderen als in Absatz 2 Satz 3 genannten ausländischen Führerscheinen wird das Fahrverbot vermerkt. [2]Zu diesem Zweck kann der Führerschein beschlagnahmt werden.

(4) [1]Wird der Führerschein in den Fällen des Absatzes 2 Satz 4 oder des Absatzes 3 Satz 2 bei der betroffenen Person nicht vorgefunden, so hat sie auf Antrag der Vollstreckungsbehörde (§ 92 des Gesetzes über Ordnungswidrigkeiten[1)]) bei dem Amtsgericht eine eidesstattliche Versicherung über den Verbleib des Führerscheins abzugeben. [2]§ 883 Abs. 2 und 3 der Zivilprozessordnung[2)] gilt entsprechend.

(5) [1]Ist ein Führerschein amtlich zu verwahren oder das Fahrverbot in einem ausländischen Führerschein zu vermerken, so wird die Verbotsfrist erst von dem Tag an gerechnet, an dem dies geschieht. [2]In die Verbotsfrist wird die Zeit nicht eingerechnet, in welcher der Täter auf behördliche Anordnung in einer Anstalt verwahrt wird.

(6) [1]Die Dauer einer vorläufigen Entziehung der Fahrerlaubnis (§ 111a der Strafprozessordnung[3)]) wird auf das Fahrverbot angerechnet. [2]Es kann jedoch angeordnet werden, dass die Anrechnung ganz oder zum Teil unterbleibt, wenn sie im Hinblick auf das Verhalten der betroffenen Person nach Begehung der Ordnungswidrigkeit nicht gerechtfertigt ist. [3]Der vorläufigen Entziehung der Fahrerlaubnis steht die Verwahrung, Sicherstellung oder Beschlagnahme des Führerscheins (§ 94 der Strafprozessordnung) gleich.

(7) [1]Wird das Fahrverbot nach Absatz 1 im Strafverfahren angeordnet (§ 82 des Gesetzes über Ordnungswidrigkeiten), so kann die Rückgabe eines in Verwahrung genommenen, sichergestellten oder beschlagnahmten Führerscheins aufgeschoben werden, wenn die betroffene Person nicht widerspricht. [2]In diesem Fall ist die Zeit nach dem Urteil unverkürzt auf das Fahrverbot anzurechnen.

(8) Über den Zeitpunkt der Wirksamkeit des Fahrverbots nach Absatz 2 oder 2a Satz 1 und über den Beginn der Verbotsfrist nach Absatz 5 Satz 1 ist die betroffene Person bei der Zustellung der Bußgeldentscheidung oder im Anschluss an deren Verkündung zu belehren.

§ 25a[4)] Kostentragungspflicht des Halters. (1) [1]Kann in einem Bußgeldverfahren wegen eines Halt- oder Parkverstoßes der Führer des Kraftfahrzeugs, der den Verstoß begangen hat, nicht vor Eintritt der Verfolgungsverjährung ermittelt werden oder würde seine Ermittlung einen unangemessenen Aufwand erfordern, so werden dem Halter des Kraftfahrzeugs oder seinem Beauftragten die Kosten des Verfahrens auferlegt; er hat dann auch seine Auslagen zu tragen. [2]Entsprechendes gilt für den Halter eines Kraftfahrzeuganhängers, wenn mit diesem Kraftfahrzeuganhänger, ohne dass dieser an ein Kraftfahrzeug angehängt ist, ein Halt- oder

---

[1)] Nr. **94**.
[2)] Nr. **100**.
[3)] Nr. **90**.
[4)] § 25a Überschrift neu gef., Abs. 1 Satz 2 eingef., bish. Satz 2 wird Satz 3 und neu gef. mWv 28.7. 2021 durch G v. 12.7.2021 (BGBl. I S. 3091).

Parkverstoß begangen wurde und derjenige, der den Verstoß begangen hat, nicht vor Eintritt der Verfolgungsverjährung ermittelt werden kann oder seine Ermittlung einen unangemessenen Aufwand erfordern würde. [3] Von einer Entscheidung nach Satz 1 oder 2 wird abgesehen, wenn es unbillig wäre, den Halter oder seinen Beauftragten mit den Kosten zu belasten.

(2) Die Kostenentscheidung ergeht mit der Entscheidung, die das Verfahren abschließt; vor der Entscheidung ist derjenige zu hören, dem die Kosten auferlegt werden sollen.

(3) [1] Gegen die Kostenentscheidung der Verwaltungsbehörde und der Staatsanwaltschaft kann innerhalb von zwei Wochen nach Zustellung gerichtliche Entscheidung beantragt werden. [2] § 62 Abs. 2 des Gesetzes über Ordnungswidrigkeiten[1)] gilt entsprechend; für die Kostenentscheidung der Staatsanwaltschaft gelten auch § 50 Abs. 2 und § 52 des Gesetzes über Ordnungswidrigkeiten entsprechend. [3] Die Kostenentscheidung des Gerichts ist nicht anfechtbar.

§ 26[2)] Zuständige Verwaltungsbehörde; Verjährung. (1) [1] Bei Ordnungswidrigkeiten nach den § 24 Absatz 1, § 24a Absatz 1 bis 3 und § 24c Absatz 1 und 2 ist Verwaltungsbehörde im Sinne des § 36 Abs. 1 Nr. 1 des Gesetzes über Ordnungswidrigkeiten[1)] die Behörde oder Dienststelle der Polizei, die von der Landesregierung durch Rechtsverordnung[3)] näher bestimmt wird. [2] Die Landesregierung kann die Ermächtigung auf die zuständige oberste Landesbehörde übertragen.

[1)] Nr. **94**.

[2)] § 26 Abs. 1 Satz 1 geänd. mWv 1.8.2007 durch G v. 19.7.2007 (BGBl. I S. 1460); Abs. 1 Satz 1 geänd. mWv 7.12.2016 durch G v. 28.11.2016 (BGBl. I S. 2722); Abs. 1 geänd., Abs. 2 und 3 neu gef. mWv 28.7.2021 durch G v. 12.7.2021 (BGBl. I S. 3091).

[3)] **Zuständige Verwaltungsbehörden sind:**

in **Baden-Württemberg** die unteren Verwaltungsbehörden, bei Ordnungswidrigkeiten auf Bundesautobahnen das Regierungspräsidium Karlsruhe (VO der Landesregierung über Zuständigkeiten nach dem G über Ordnungswidrigkeiten (OWiZuVO) idF der Bek. v. 2.2.1990 (GBl. S. 75, ber. S. 268), zuletzt geänd. durch VO v. 10.5.2022 (GBl. S. 275));

in **Bayern** das Polizeiverwaltungsamt, die Dienststellen der Landespolizei und der Bereitschaftspolizei (§ 91 ZuständigkeitsVO (ZustV) v. 16.6.2015 (GVBl. S. 184), zuletzt geänd. durch V v. 19.7.2022 (GVBl. S. 397));

in **Berlin** der Polizeipräsident in Berlin (VO über sachliche Zuständigkeiten für die Verfolgung und Ahndung von Ordnungswidrigkeiten (ZustVO-OwiG) v. 29.2.2000 (GVBl. S. 249), zuletzt geänd. durch VO v. 1.3.2022 (GVBl. S. 92));

in **Brandenburg** das Polizeipräsidium und die Kreisordnungsbehörden (VerkehrsordnungswidrigkeitenzuständigkeitsVO – VOWiZustV v. 18.6.1996 (GVBl. II S. 412), zuletzt geänd. durch VO v. 19.11.2020 (GVBl. II Nr. 109));

in **Bremen** die Ortspolizeibehörden (VO über die Zuständigkeit für die Verfolgung und Ahndung von Ordnungswidrigkeiten nach den §§ 23, 24 und 24a des StraßenverkehrsG v. 21.7.1980 (Brem.GBl. S. 229), geänd. durch VO v. 14.7.2009 (Brem.GBl. S. 281));

in **Hamburg** die Behörde für Inneres und Sport (AnO über Zuständigkeiten auf dem Gebiet des Straßenverkehrsrechts v. 5.1.1999 (Amtl. Anz. S. 345), zuletzt geänd. durch AO v. 6.10.2020 (Amtl. Anz. S. 2089));

in **Hessen** in der Stadt Frankfurt der Oberbürgermeister als örtliche Ordnungsbehörde, im Übrigen das Regierungspräsidium Kassel als Bezirksordnungsbehörde (VO zur Bestimmung verkehrsrechtlicher Zuständigkeiten v. 12.11.2007 (GVBl. I S. 800), zuletzt geänd. durch VO v. 5.7.2021 (GVBl. S. 331));

in **Mecklenburg-Vorpommern** die Landräte und die Oberbürgermeister der kreisfreien Städte (Straßenverkehr-ZuständigkeitslandesVO – StVZustLVO M-V v. 12.8.2021 (GVOBl. M-V S. 1221));

in **Niedersachsen** die Landkreise und kreisfreien Städte (VO über sachliche Zuständigkeiten für die Verfolgung und Ahndung von Ordnungswidrigkeiten (ZustVO-OWi) v. 30.6.2021 (Nds. GVBl. S. 442), geänd. durch VO v. 28.6.2022 (Nds. GVBl. S. 421)); →

(2) Verwaltungsbehörde im Sinne des § 36 Absatz 1 Nummer 1 des Gesetzes über Ordnungswidrigkeiten ist das Kraftfahrt-Bundesamt

1. abweichend von Absatz 1 bei Ordnungswidrigkeiten nach § 24 Absatz 1, soweit es für den Vollzug der bewehrten Vorschriften zuständig ist, oder
2. bei Ordnungswidrigkeiten nach § 24 Absatz 2 Satz 1.

(3) [1]Die Frist der Verfolgungsverjährung beträgt bei Ordnungswidrigkeiten nach § 24 Absatz 1 drei Monate, solange wegen der Handlung weder ein Bußgeldbescheid ergangen ist noch öffentliche Klage erhoben worden ist, danach sechs Monate. [2]Abweichend von Satz 1 beträgt die Frist der Verfolgungsverjährung bei Ordnungswidrigkeiten nach § 24 Absatz 1 in Verbindung mit § 6 Absatz 1 Satz 1 Nummer 5 oder 10 zwei Jahre, soweit diese Ordnungswidrigkeiten Zuwiderhandlungen gegen Vorschriften mit Anforderungen an Fahrzeuge oder Fahrzeugteile betreffen, die der Genehmigung ihrer Bauart bedürfen. [3]Die Frist der Verfolgungsverjährung beträgt bei Ordnungswidrigkeiten nach § 24 Absatz 2 Satz 1 Nummer 1 Buchstabe c und d und Nummer 2 Buchstabe c und d[1)] fünf Jahre.

§ 26a[2)] Bußgeldkatalog. (1) Das Bundesministerium für Verkehr und digitale Infrastruktur wird ermächtigt, durch Rechtsverordnung mit Zustimmung des Bundesrates Vorschriften zu erlassen über

1. die Erteilung einer Verwarnung (§ 56 des Gesetzes über Ordnungswidrigkeiten[3)]) wegen einer Ordnungswidrigkeit nach § 24 Absatz 1,
2. Regelsätze für Geldbußen wegen einer Ordnungswidrigkeit nach den § 24 Absatz 1, § 24a Absatz 1 bis 3 und § 24c Absatz 1 und 2,
3. die Anordnung des Fahrverbots nach § 25.

(Fortsetzung der Anm. von voriger Seite)

in **Nordrhein-Westfalen** die Kreisordnungsbehörden (VO zur Bestimmung der für die Verfolgung und Ahndung von Verkehrsordnungswidrigkeiten zuständigen Verwaltungsbehörden v. 25.9.1979 (GV. NRW. S. 652), zuletzt geänd. durch VO v. 6.12.2016 (GV. NRW. S. 1070));

in **Rheinland-Pfalz** das Polizeipräsidium Rheinpfalz (§ 8 LandesVO über Zuständigkeiten auf dem Gebiet des Straßenverkehrsrechts v. 12.3.1987 (GVBl. S. 46), zuletzt geänd. durch VO v. 24.11.2020 (GVBl. S. 147));

im **Saarland** das Landesverwaltungsamt (§ 2 StraßenverkehrszuständigkeitsG (StVZustG) v. 13.6.2001 (Amtsbl. S. 1430), zuletzt geänd. durch G v. 11.11.2020 (Amtsbl. I S. 1262));

in **Sachsen** die Großen Kreisstädte Görlitz, Hoyerswerda, Plauen und Zwickau, bei Ordnungswidrigkeiten auf Bundesautobahnen die Landesdirektion Sachsen (Ordnungswidrigkeiten-ZuständigkeitsVO – OWiZuVO v. 16.6.2014 (SächsGVBl. S. 342), zuletzt geänd. durch VO v. 11.4.2022 (SächsGVBl. S. 285));

in **Sachsen-Anhalt** die Zentrale Bußgeldstelle im Technischen Polizeiamt (VO über sachliche Zuständigkeiten für die Verfolgung und Ahndung von Ordnungswidrigkeiten (ZustVO OWi) v. 2.3.2010 (GVBl. LSA S. 106), zuletzt geänd. durch VO v. 20.11.2019 (GVBl. LSA S. 940));

in **Schleswig-Holstein** die Landräte und die Bürgermeister der kreisfreien Städte (Ordnungswidrigkeiten-ZuständigkeitsVO – OWi-ZustVO v. 22.1.1988 (GVOBl. Schl.-H. S. 32), zuletzt geänd. durch VO v. 24.5.2022 (GVOBl. Schl.-H. S. 676));

in **Thüringen** die Zentrale Bußgeldstelle bei der Landespolizeidirektion, die Dienststellen der Polizei und Einheiten der Bereitschaftspolizei (Thüringer VO über Zuständigkeiten für die Verfolgung und Ahndung von Verkehrsordnungswidrigkeiten (ThürVOWiZustVO) v. 27.10.2021 (GVBl. S. 535), geänd. durch VO v. 18.11.2021 (GVBl. S. 561)).

[1)] Nr. **35**.

[2)] § 26a Abs. 1 einl. Satzteil geänd. mWv 18.8.2006 durch G v. 14.8.2006 (BGBl. I S. 1958); Abs. 1 Nr. 2 geänd. mWv 1.8.2007 durch G v. 19.7.2007 (BGBl. I S. 1460); Abs. 1 einl. Satzteil geänd. mWv 5.12.2014 durch G v. 28.11.2014 (BGBl. I S. 1802); Abs. 1 Nr. 1 und 2 geänd. mWv 28.7.2021 durch G v. 12.7.2021 (BGBl. I S. 3091).

[3)] Nr. **94**.

(2) Die Vorschriften nach Absatz 1 bestimmen unter Berücksichtigung der Bedeutung der Ordnungswidrigkeit, in welchen Fällen, unter welchen Voraussetzungen und in welcher Höhe das Verwarnungsgeld erhoben, die Geldbuße festgesetzt und für welche Dauer das Fahrverbot angeordnet werden soll.

§ 27[1)] Informationsschreiben. (1) [1]Hat die Verwaltungsbehörde in einem Bußgeldverfahren den Halter oder Eigentümer eines Kraftfahrzeugs auf Grund einer Abfrage im Sinne des Artikels 4 der Richtlinie (EU) 2015/413 des Europäischen Parlaments und des Rates vom 11. März 2015 zur Erleichterung des grenzüberschreitenden Austauschs von Informationen über die Straßenverkehrssicherheit gefährdende Verkehrsdelikte (ABl. L 68 vom 13.3.2015, S. 9) ermittelt, übersendet sie der ermittelten Person ein Informationsschreiben. [2]In diesem Schreiben werden die Art des Verstoßes, Zeit und Ort seiner Begehung, das gegebenenfalls verwendete Überwachungsgerät, die anwendbaren Bußgeldvorschriften sowie die für einen solchen Verstoß vorgesehene Sanktion angegeben. [3]Das Informationsschreiben ist in der Sprache des Zulassungsdokuments des Kraftfahrzeugs oder in einer der Amtssprachen des Mitgliedstaates zu übermitteln, in dem das Kraftfahrzeug zugelassen ist.

(2) Absatz 1 gilt nicht, wenn die ermittelte Person ihren ordentlichen Wohnsitz im Inland hat.

IV.[2)] Fahreignungsregister

§ 28[3)] Führung und Inhalt des Fahreignungsregisters. (1) Das Kraftfahrt-Bundesamt führt das Fahreignungsregister nach den Vorschriften dieses Abschnitts.

(2) Das Fahreignungsregister wird geführt zur Speicherung von Daten, die erforderlich sind

1. für die Beurteilung der Eignung und der Befähigung von Personen zum Führen von Kraftfahrzeugen oder zum Begleiten eines Kraftfahrzeugführers entsprechend einer nach § 6e Abs. 1 erlassenen Rechtsverordnung,
2. für die Prüfung der Berechtigung zum Führen von Fahrzeugen,
3. für die Ahndung der Verstöße von Personen, die wiederholt Straftaten oder Ordnungswidrigkeiten, die im Zusammenhang mit dem Straßenverkehr stehen, begehen oder
4. für die Beurteilung von Personen im Hinblick auf ihre Zuverlässigkeit bei der Wahrnehmung der ihnen durch Gesetz, Satzung oder Vertrag übertragenen Verantwortung für die Einhaltung der zur Sicherheit im Straßenverkehr bestehenden Vorschriften.

---

1) § 27 neu eingef. mWv 31.8.2013 durch G v. 28.8.2013 (BGBl. I S. 3310); Abs. 1 Satz 1 geänd. mWv 7.12.2016 durch G v. 28.11.2016 (BGBl. I S. 2722).

2) Abschnitt IV Überschrift geänd. mWv 1.5.2014 durch G v. 28.8.2013 (BGBl. I S. 3313).

3) § 28 Abs. 2 Nr. 1 geänd. mWv 18.8.2005 durch G v. 14.8.2005 (BGBl. I S. 2412); Überschrift, Abs. 1, Abs. 2 einl. Satzteil geänd., Abs. 3 einl. Satzteil und Nr. 1–3 neu gef., Nr. 10 aufgeh., Nr. 11 geänd., Nr. 12 und 13 neu gef, bish. Nr. 13 wird Nr. 14 und geänd., Abs. 6 geänd. mWv 1.5.2014 durch G v. 28.8.2013 (BGBl. I S. 3313); Abs. 3 Nr. 6 neu gef., Abs. 4 Satz 2 angef. mWv 7.12.2016 durch G v. 28.11.2016 (BGBl. I S. 2722); Abs. 3 Nr. 3 Buchst. a, Abs. 5 Sätze 1 und 2 sowie Abs. 6 geänd. mWv 26.11.2019 durch G v. 20.11.2019 (BGBl. I S. 1626); Abs. 3 Nr. 1 und Nr. 3 Buchst. a–c geänd. mWv 28.7.2021 durch G v. 12.7.2021 (BGBl. I S. 3091).

1. bei natürlichen Personen der Beruf oder das Gewerbe (Wirtschaftszweig) und
2. bei juristischen Personen und Vereinigungen gegebenenfalls das Gewerbe (Wirtschaftszweig).

(3) Im örtlichen und im Zentralen Fahrzeugregister darf die Anordnung einer Fahrtenbuchauflage wegen Zuwiderhandlungen gegen Verkehrsvorschriften gespeichert werden.

(4) Ferner werden für Daten, die nicht übermittelt werden dürfen (§ 41), in den Fahrzeugregistern Übermittlungssperren gespeichert.

§ 34[1)] Erhebung der Daten. (1) [1] Wer die Zuteilung oder die Ausgabe eines Kennzeichens für ein Fahrzeug beantragt, hat der hierfür zuständigen Stelle

1. von den nach § 33 Abs. 1 Satz 1 Nr. 1 zu speichernden Fahrzeugdaten bestimmte Daten nach näherer Regelung durch Rechtsverordnung (§ 47 Nummer 1) und
2. die nach § 33 Abs. 1 Satz 1 Nr. 2 zu speichernden Halterdaten

mitzuteilen und auf Verlangen nachzuweisen. [2] Zur Mitteilung und zum Nachweis der Daten über die Haftpflichtversicherung ist gegenüber der Zulassungsbehörde auch der jeweilige Versicherer befugt. [3] Die Zulassungsbehörde kann durch Einholung von Auskünften aus dem Melderegister die Richtigkeit und Vollständigkeit der vom Antragsteller mitgeteilten Daten überprüfen.

(2) Wer die Zuteilung eines amtlichen Kennzeichens für ein Fahrzeug beantragt, hat der Zulassungsbehörde außerdem die Daten über Beruf oder Gewerbe (Wirtschaftszweig) mitzuteilen, soweit sie nach § 33 Abs. 2 zu speichern sind.

(3) [1] Wird ein Fahrzeug veräußert, für das ein amtliches Kennzeichen zugeteilt ist, so hat der Veräußerer der Zulassungsbehörde, die dieses Kennzeichen zugeteilt hat, die in § 33 Abs. 1 Satz 2 aufgeführten Daten des Erwerbers (Halterdaten) mitzuteilen. [2] Die Mitteilung ist nicht erforderlich, wenn der neue Eigentümer bereits seiner Meldepflicht nach Absatz 4 nachgekommen ist.

(4) Der Halter und der Eigentümer, wenn dieser nicht zugleich Halter ist, haben der Zulassungsbehörde jede Änderung der Daten mitzuteilen, die nach Absatz 1 erhoben wurden; dies gilt nicht für die Fahrzeuge, die ein Versicherungskennzeichen führen müssen.

(5) [1] Die Versicherer dürfen der zuständigen Zulassungsbehörde Folgendes mitteilen:

1. das Nichtbestehen oder die Beendigung des Versicherungsverhältnisses über die vorgeschriebene Haftpflichtversicherung für das betreffende Fahrzeug oder
2. die Halterdaten, sofern die Zulassungsbehörde dem Versicherer gegenüber dargelegt hat, dass sie die Mitteilung dieser Daten zur Erfüllung ihrer gesetzlichen Aufgaben für erforderlich hält.

[2] Die Versicherer haben dem Kraftfahrt-Bundesamt im Rahmen der Zulassung von Fahrzeugen mit Versicherungskennzeichen die erforderlichen Fahrzeugdaten nach näherer Bestimmung durch Rechtsverordnung (§ 47 Nummer 2) und die Halter-

---

[1)] § 34 Abs. 1 Satz 2 eingef., bish. Satz 2 wird Satz 3 mWv 1.6.2005 durch G v. 3.5.2005 (BGBl. I S. 1221); Abs. 3 Satz 2 angef., Abs. 4 geänd. mWv 26.6.2011 durch G v. 20.6.2011 (BGBl. I S. 1124); Abs. 1 Satz 1 Nr. 1 und Abs. 5 Satz 2 geänd., Abs. 6 angef. mWv 7.12.2016 durch G v. 28.11.2016 (BGBl. I S. 2722); Abs. 1 Satz 2 und Abs. 5 Satz 2 geänd., Satz 1 neu gef. mWv 28.7.2021 durch G v. 12.7.2021 (BGBl. I S. 3091).

daten nach § 33 Absatz 1 Satz 1 Nummer 2 sowie jede Änderung dieser Daten mitzuteilen.

(6) [1] Die Technischen Prüfstellen, amtlich anerkannten Überwachungsorganisationen und anerkannten Kraftfahrzeugwerkstätten, soweit diese Werkstätten Sicherheitsprüfungen durchführen, haben dem Kraftfahrt-Bundesamt nach näherer Bestimmung durch Rechtsverordnung auf Grund des § 47 Nummer 1a die nach § 33 Absatz 1 Satz 1 Nummer 1 zu speichernden oder zu einer Änderung oder Löschung einer Eintragung führenden Daten über Prüfungen und Untersuchungen einschließlich der durchführenden Stellen und Kennungen zur Feststellung der für die Durchführung der Prüfung oder Untersuchung Verantwortlichen zu übermitteln. [2] Im Fall der anerkannten Kraftfahrzeugwerkstätte erfolgt die Übermittlung über Kopfstellen; im Fall der Technischen Prüfstellen und anerkannten Überwachungsorganisationen kann die Übermittlung über Kopfstellen erfolgen. [3] Eine Speicherung der nach Satz 2 zur Übermittlung an das Kraftfahrt-Bundesamt erhaltenen Daten bei den Kopfstellen erfolgt ausschließlich zu diesem Zweck. [4] Nach erfolgter Übermittlung haben die Kopfstellen die nach Satz 3 gespeicherten Daten unverzüglich, bei elektronischer Speicherung automatisiert, zu löschen.

§ 35[1)] Übermittlung von Fahrzeugdaten und Halterdaten. (1) Die nach § 33 Absatz 1 gespeicherten Fahrzeugdaten und Halterdaten dürfen an Behörden und sonstige öffentliche Stellen im Geltungsbereich dieses Gesetzes sowie im Rahmen einer internetbasierten Zulassung an Personen im Sinne des § 6g Absatz 3 zur Erfüllung der Aufgaben der Zulassungsbehörde, des Kraftfahrt-Bundesamtes oder der Aufgaben des Empfängers nur übermittelt werden, wenn dies für die Zwecke nach § 32 Absatz 2 jeweils erforderlich ist

1. zur Durchführung der in § 32 Abs. 1 angeführten Aufgaben,
2. zur Verfolgung von Straftaten, zur Vollstreckung oder zum Vollzug von Strafen, von Maßnahmen im Sinne des § 11 Abs. 1 Nr. 8 des Strafgesetzbuchs[2)] oder von Erziehungsmaßregeln oder Zuchtmitteln im Sinne des Jugendgerichtsgesetzes[3)],

---

[1)] § 35 Abs. 3 Satz 1 Nr. 1 Buchst. e und Abs. 5 Nr. 6 geänd. mWv 1.1.2005 durch G v. 27.12.2003 (BGBl. I S. 3022); Abs. 3 Satz 1 einl. Satzteil geänd., Abs. 4b eingef. mWv 1.3.2005 durch G v. 26.1.2005 (BGBl. I S. 162); Abs. 3 Satz 1 Nr. 1 Buchst. e, Abs. 5 Nr. 6 geänd. mWv 1.1.2005 durch G v. 21.3.2005 (BGBl. I S. 818); Abs. 1 Nr. 11 und 12, Abs. 5 Nr. 5 geänd., Abs. 1 Nr. 13 angef. mWv 1.6.2005 durch G v. 3.5.2005 (BGBl. I S. 1221); Abs. 1 Nr. 13 geänd. mWv 1.8.2006 durch G v. 20.7.2006 (BGBl. I S. 1706); Abs. 4b geänd. mWv 1.1.2009 durch G v. 17.3.2007 (BGBl. I S. 314) iVm Bek. v. 12.12.2008 (BGBl. 2009 II S. 39); Abs. 5 Nr. 4 geänd. mWv 1.7.2009 durch G v. 29.5.2009 (BGBl. I S. 1170); Abs. 3 Satz 1 geänd., Abs. 4c eingef. mWv 1.1.2013 durch G v. 29.7.2009 (BGBl. I S. 2258, geänd. durch G v. 23.5.2011, BGBl. I S. 898); Abs. 1 Nr. 12 und 13 geänd., Nr. 14 angef., Abs. 4b geänd. mWv 18.6.2011, Abs. 1 Nr. 13 und 14 geänd., Nr. 15 angef. mWv 1.1.2013 durch G v. 23.5.2011 (BGBl. I S. 898); Abs. 1a eingef. mWv 26.6.2011 durch G v. 20.6.2011 (BGBl. I S. 1124); Abs. 1 Nr. 10 neu gef. mWv 19.7.2011 durch G v. 12.7.2011 (BGBl. I S. 1378); Abs. 2a eingef., Abs. 5 Satz 1 einl. Satzteil geänd. mWv 31.8. 2013 durch G v. 28.8.2013 (BGBl. I S. 3310); Abs. 1 einl. Satzteil neu gef., Abs. 5 einl. Satzteil und Abs. 6 Satz 3 geänd., Abs. 2 Sätze 2 und 3 angef. mWv 7.12.2016 durch G v. 28.11.2016 (BGBl. I S. 2722); Abs. 1 Nr. 14 und 15 geänd., Nr. 16 angef. mWv 10.3.2017 durch G v. 6.3.2017 (BGBl. I S. 399); Abs. 4b geänd. mWv 17.6.2017 durch G v. 11.6.2017 (BGBl. I S. 1607); Abs. 1 Nr. 15 und 16 geänd., Nr. 17 angef., Abs. 4c neu gef. mWv 6.7.2017 durch G v. 30.6.2017 (BGBl. I S. 2094); Abs. 1 Nr. 16 geänd., Nr. 18 angef. mWv 12.4.2019 durch G v. 8.4.2019 (BGBl. I S. 430); Abs. 1 Nr. 17 und 18 geänd., Nr. 19 angef. mWv 1.10.2020 durch G v. 29.6.2020 (BGBl. I S. 1528); Abs. 4b geänd. mWv 1.5.2022 durch G v. 15.1.2021 (BGBl. I S. 530); Abs. 1 Nr. 17 einl. Satzteil geänd., Buchst. a–c neu gef. mWv 1.1.2022, Abs. 1 Nr. 18 und 19 geänd., Nr. 20 angef. mWv 1.11.2022 durch G v. 7.5.2021 (BGBl. I S. 850); Abs. 2 Satz 1 neu gef., Abs. 2a Nr. 3 geänd. mWv 28.7.2021 durch G v. 12.7.2021 (BGBl. I S. 3091).

[2)] Nr. **85**.

[3)] Nr. **89**.

3. zur Verfolgung von Ordnungswidrigkeiten,
4. zur Abwehr von Gefahren für die öffentliche Sicherheit oder Ordnung,
5. zur Erfüllung der den Verfassungsschutzbehörden, dem Militärischen Abschirmdienst und dem Bundesnachrichtendienst durch Gesetz übertragenen Aufgaben,
6. für Maßnahmen nach dem Abfallbeseitigungsgesetz oder den darauf beruhenden Rechtsvorschriften,
7. für Maßnahmen nach dem Wirtschaftssicherstellungsgesetz oder den darauf beruhenden Rechtsvorschriften,
8. für Maßnahmen nach dem Energiesicherungsgesetz 1975 oder den darauf beruhenden Rechtsvorschriften,
9. für die Erfüllung der gesetzlichen Mitteilungspflichten zur Sicherung des Steueraufkommens nach § 93 der Abgabenordnung,
10. zur Feststellung der Maut für die Benutzung mautpflichtiger Straßen im Sinne des § 1 des Bundesfernstraßenmautgesetzes und zur Verfolgung von Ansprüchen nach diesem Gesetz,
11. zur Ermittlung der Mautgebühr für die Benutzung von Bundesfernstraßen und zur Verfolgung von Ansprüchen nach dem Fernstraßenbauprivatfinanzierungsgesetz vom 30. August 1994 (BGBl. I S. 2243) in der jeweils geltenden Fassung,
12. zur Ermittlung der Mautgebühr für die Benutzung von Straßen nach Landesrecht und zur Verfolgung von Ansprüchen nach den Gesetzen der Länder über den gebührenfinanzierten Neu- und Ausbau von Straßen,
13. zur Überprüfung von Personen, die Sozialhilfe, Leistungen der Grundsicherung für Arbeitsuchende oder Leistungen nach dem Asylbewerberleistungsgesetz[1] beziehen, zur Vermeidung rechtswidriger Inanspruchnahme solcher Leistungen,
14. für die in § 17 des Auslandsunterhaltsgesetzes[2] genannten Zwecke,
15. für die in § 802l der Zivilprozessordnung[3] genannten Zwecke soweit kein Grund zu der Annahme besteht, dass dadurch schutzwürdige Interessen des Betroffenen beeinträchtigt werden,
16. zur Erfüllung der den Behörden der Zollverwaltung in § 2 Absatz 1 des Schwarzarbeitsbekämpfungsgesetzes[4] übertragenen Prüfungsaufgaben,
17. zur Durchführung eines Vollstreckungsverfahrens an die für die Vollstreckung nach dem Verwaltungs-Vollstreckungsgesetz[5] oder nach den Verwaltungsvollstreckungsgesetzen der Länder zuständige Behörde, wenn der Vollstreckungsschuldner als Halter des Fahrzeugs eingetragen ist, kein Grund zu der Annahme besteht, dass dadurch schutzwürdige Interessen des Betroffenen beeinträchtigt werden, und
    a) die Ladung zu dem Termin zur Abgabe der Vermögensauskunft an den Vollstreckungsschuldner nicht zustellbar ist und
        aa) die Anschrift, unter der die Zustellung ausgeführt werden sollte, mit der Anschrift übereinstimmt, die von einer der in § 755 Absatz 1 und 2 der

---

[1] **Sartorius ErgBd. Nr. 418.**
[2] **Habersack, Deutsche Gesetze ErgBd. Nr. 103o.**
[3] Nr. **100.**
[4] **Habersack, Deutsche Gesetze ErgBd. Nr. 94b.**
[5] **Sartorius Nr. 112.**

Zivilprozessordnung genannten Stellen innerhalb von drei Monaten vor oder nach dem Zustellungsversuch mitgeteilt wurde, oder

bb) die Meldebehörde nach dem Zustellungsversuch die Auskunft erteilt, dass ihr keine derzeitige Anschrift des Vollstreckungsschuldners bekannt ist, oder

cc) die Meldebehörde innerhalb von drei Monaten vor Erlass der Vollstreckungsanordnung die Auskunft erteilt hat, dass ihr keine derzeitige Anschrift des Vollstreckungsschuldners bekannt ist;

b) der Vollstreckungsschuldner seiner Pflicht zur Abgabe der Vermögensauskunft in dem dem Ersuchen zugrundeliegenden Vollstreckungsverfahren nicht nachkommt oder

c) bei einer Vollstreckung in die in der Vermögensauskunft aufgeführten Vermögensgegenstände eine vollständige Befriedigung der Forderung nicht zu erwarten ist,

18. zur Überprüfung der Einhaltung von Verkehrsbeschränkungen und Verkehrsverboten, die aufgrund des § 40 des Bundes-Immissionsschutzgesetzes[1] nach Maßgabe der straßenverkehrsrechtlichen Vorschriften angeordnet worden oder aufgrund straßenverkehrsrechtlicher Vorschriften zum Schutz der Wohnbevölkerung oder der Bevölkerung vor Abgasen ergangen sind,

19. zur Überprüfung und Ergänzung der Angaben in Anträgen und Verwendungsnachweisen zu einer Förderung hinsichtlich der Einhaltung der Regelungen über die Förderung des Absatzes von elektrisch betriebenen Fahrzeugen (Umweltbonus) oder

20. für die in § 98 Absatz 1a Satz 1 der Insolvenzordnung[2] genannten Zwecke, soweit kein Grund zu der Annahme besteht, dass dadurch schutzwürdige Interessen des Betroffenen beeinträchtigt werden.

(1a) Die nach § 33 Absatz 1 Nummer 1 gespeicherten Daten über Beschaffenheit, Ausrüstung und Identifizierungsmerkmale von Fahrzeugen dürfen den Zentralen Leitstellen für Brandschutz, Katastrophenschutz und Rettungsdienst, wenn dies für Zwecke nach § 32 Absatz 2 Nummer 3 erforderlich ist, zur Rettung von Unfallopfern übermittelt werden.

(2) [1]Die nach § 33 Absatz 1 gespeicherten Fahrzeugdaten und Halterdaten dürfen, soweit dies jeweils erforderlich ist, übermittelt werden

1. für die Zwecke des § 32 Absatz 1 Nummer 1 an Inhaber von Betriebserlaubnissen für Fahrzeuge, an Fahrzeughersteller oder an für den Mangel verantwortliche Teilehersteller, Werkstätten oder sonstige Produktverantwortliche, um Folgendes zu ermöglichen:
   a) Rückrufmaßnahmen zur Beseitigung von sicherheitsgefährdenden Mängeln an bereits ausgelieferten Fahrzeugen,
   b) Rückrufmaßnahmen zur Beseitigung von für die Umwelt erheblichen Mängeln an bereits ausgelieferten Fahrzeugen oder
   c) Rückrufmaßnahmen, die die Typgenehmigungsbehörde oder die Marktüberwachungsbehörde zur Beseitigung von sonstigen Unvorschriftsmäßigkeiten an bereits ausgelieferten Fahrzeugen für erforderlich erachtet,

---

[1] **Sartorius Nr. 296.**
[2] Nr. **110**.

2. für die Zwecke des § 32 Absatz 1 Nummer 6 an Fahrzeughersteller und Importeure von Fahrzeugen sowie an deren Rechtsnachfolger zur Überprüfung der Angaben über die Verwertung des Fahrzeugs nach dem Altfahrzeugrecht,
3. für die Zwecke des § 32 Absatz 1 Nummer 2 an Versicherer zur Gewährleistung des vorgeschriebenen Versicherungsschutzes oder
4. für die Zwecke des § 32 Absatz 1 Nummer 1 unmittelbar oder über Kopfstellen an Technische Prüfstellen und amtlich anerkannte Überwachungsorganisationen sowie über Kopfstellen an anerkannte Kraftfahrzeugwerkstätten, soweit diese Werkstätten Sicherheitsprüfungen durchführen, für die Durchführung der regelmäßigen Untersuchungen und Prüfungen, um die Verkehrssicherheit der Fahrzeuge und den Schutz der Verkehrsteilnehmer zu gewährleisten; § 34 Absatz 6 Satz 3 und 4 gilt entsprechend.

[2] Bei Übermittlungen nach Satz 1 Nummer 3 erfolgt eine Speicherung der Daten bei den Kopfstellen ausschließlich zum Zweck der Übermittlung an Technische Prüfstellen, amtlich anerkannte Überwachungsorganisationen und anerkannte Kraftfahrzeugwerkstätten, soweit diese Werkstätten Sicherheitsprüfungen durchführen. [3] Nach erfolgter Übermittlung haben die Kopfstellen die nach Satz 2 gespeicherten Daten unverzüglich, bei elektronischer Speicherung automatisiert, zu löschen.

(2a) Die nach § 33 Absatz 3 gespeicherten Daten über die Fahrtenbuchauflagen dürfen

1. den Zulassungsbehörden in entsprechender Anwendung des Absatzes 5 Nummer 1 zur Überwachung der Fahrtenbuchauflage,
2. dem Kraftfahrt-Bundesamt in entsprechender Anwendung des Absatzes 5 Nummer 1 für die Unterstützung der Zulassungsbehörden im Rahmen der Überwachung der Fahrtenbuchauflage oder
3. den hierfür zuständigen Behörden oder Gerichten zur Verfolgung von Straftaten oder von Ordnungswidrigkeiten nach § 24 Absatz 1, § 24a oder § 24c

jeweils im Einzelfall übermittelt werden.

(3) [1] Die Übermittlung von Fahrzeugdaten und Halterdaten zu anderen Zwecken als der Feststellung oder Bestimmung von Haltern oder Fahrzeugen (§ 32 Abs. 2) ist, unbeschadet der Absätze 4, 4a bis 4c, unzulässig, es sei denn, die Daten sind

1. unerlässlich zur
   a) Verfolgung von Straftaten oder zur Vollstreckung oder zum Vollzug von Strafen,
   b) Abwehr einer im Einzelfall bestehenden Gefahr für die öffentliche Sicherheit,
   c) Erfüllung der den Verfassungsschutzbehörden, dem Militärischen Abschirmdienst und dem Bundesnachrichtendienst durch Gesetz übertragenen Aufgaben,
   d) Erfüllung der gesetzlichen Mitteilungspflichten zur Sicherung des Steueraufkommens nach § 93 der Abgabenordnung, soweit diese Vorschrift unmittelbar anwendbar ist, oder
   e) Erfüllung gesetzlicher Mitteilungspflichten nach § 118 Abs. 4 Satz 4 Nr. 6 des Zwölften Buches Sozialgesetzbuch[1)]

   und

[1)] **Sartorius ErgBd. Nr. 412.**

2. auf andere Weise nicht oder nicht rechtzeitig oder nur mit unverhältnismäßigem Aufwand zu erlangen.

[2] Die ersuchende Behörde hat Aufzeichnungen über das Ersuchen mit einem Hinweis auf dessen Anlass zu führen. [3] Die Aufzeichnungen sind gesondert aufzubewahren, durch technische und organisatorische Maßnahmen zu sichern und am Ende des Kalenderjahres, das dem Jahr der Erstellung der Aufzeichnung folgt, zu vernichten. [4] Die Aufzeichnungen dürfen nur zur Kontrolle der Zulässigkeit der Übermittlungen verwertet werden, es sei denn, es liegen Anhaltspunkte dafür vor, dass ihre Verwertung zur Aufklärung oder Verhütung einer schwerwiegenden Straftat gegen Leib, Leben oder Freiheit einer Person führen kann und die Aufklärung oder Verhütung ohne diese Maßnahme aussichtslos oder wesentlich erschwert wäre.

(4) [1] Auf Ersuchen des Bundeskriminalamtes kann das Kraftfahrt-Bundesamt die im Zentralen Fahrzeugregister gespeicherten Halterdaten mit dem polizeilichen Fahndungsbestand der mit Haftbefehl gesuchten Personen abgleichen. [2] Die dabei ermittelten Daten gesuchter Personen dürfen dem Bundeskriminalamt übermittelt werden. [3] Das Ersuchen des Bundeskriminalamtes erfolgt durch Übersendung eines Datenträgers.

(4a) Auf Ersuchen der Auskunftsstelle nach § 8a des Pflichtversicherungsgesetzes[1)] übermitteln die Zulassungsbehörden und das Kraftfahrt-Bundesamt die nach § 33 Abs. 1 gespeicherten Fahrzeugdaten und Halterdaten zu den in § 8a Abs. 1 des Pflichtversicherungsgesetzes genannten Zwecken.

(4b) Zu den in § 7 Absatz 2 des Internationalen Familienrechtsverfahrensgesetzes[2)], § 4 Abs. 3 Satz 2 des Erwachsenenschutzübereinkommens-Ausführungsgesetzes vom 17. März 2007 (BGBl. I S. 314) und den in den §§ 16 und 17 des Auslandsunterhaltsgesetzes vom 23. Mai 2011 (BGBl. I S. 898) bezeichneten Zwecken übermittelt das Kraftfahrt-Bundesamt der in diesen Vorschriften bezeichneten Zentralen Behörde auf Ersuchen die nach § 33 Abs. 1 Satz 1 Nr. 2 gespeicherten Halterdaten.

(4c) Auf Ersuchen übermittelt das Kraftfahrt-Bundesamt

1. dem Gerichtsvollzieher zu den in § 755 der Zivilprozessordnung genannten Zwecken und
2. der für die Vollstreckung nach dem Verwaltungs-Vollstreckungsgesetz oder nach den Verwaltungsvollstreckungsgesetzen der Länder zuständigen Behörde, soweit diese die Angaben nicht durch Anfrage bei der Meldebehörde ermitteln kann, zur Durchführung eines Vollstreckungsverfahrens

die nach § 33 Absatz 1 Satz 1 Nummer 2 gespeicherten Halterdaten, soweit kein Grund zu der Annahme besteht, dass dadurch schutzwürdige Interessen des Betroffenen beeinträchtigt werden.

(5) Die nach § 33 Absatz 1 oder 3 gespeicherten Fahrzeugdaten und Halterdaten dürfen nach näherer Bestimmung durch Rechtsverordnung (§ 47 Nummer 3) regelmäßig übermittelt werden

1. von den Zulassungsbehörden an das Kraftfahrt-Bundesamt für das Zentrale Fahrzeugregister und vom Kraftfahrt-Bundesamt an die Zulassungsbehörden für die örtlichen Fahrzeugregister,

---

1) Nr. 63.
2) **Habersack, Deutsche Gesetze ErgBd. Nr. 103n.**

2. von den Zulassungsbehörden an andere Zulassungsbehörden, wenn diese mit dem betreffenden Fahrzeug befasst sind oder befasst waren,
3. von den Zulassungsbehörden an die Versicherer zur Gewährleistung des vorgeschriebenen Versicherungsschutzes (§ 32 Abs. 1 Nr. 2),
4. von den Zulassungsbehörden an die für die Ausübung der Verwaltung der Kraftfahrzeugsteuer zuständigen Behörden zur Durchführung des Kraftfahrzeugsteuerrechts (§ 32 Abs. 1 Nr. 3),
5. von den Zulassungsbehörden und vom Kraftfahrt-Bundesamt für Maßnahmen nach dem Bundesleistungsgesetz, dem Verkehrssicherstellungsgesetz, dem Verkehrsleistungsgesetz oder des Katastrophenschutzes nach den hierzu erlassenen Gesetzen der Länder oder den darauf beruhenden Rechtsvorschriften an die hierfür zuständigen Behörden (§ 32 Abs. 1 Nr. 4 und 5),
6. von den Zulassungsbehörden für Prüfungen nach § 118 Abs. 4 Satz 4 Nr. 6 des Zwölften Buches Sozialgesetzbuch an die Träger der Sozialhilfe nach dem Zwölften Buch Sozialgesetzbuch.

(6) [1] Das Kraftfahrt-Bundesamt als übermittelnde Behörde hat Aufzeichnungen zu führen, die die übermittelten Daten, den Zeitpunkt der Übermittlung, den Empfänger der Daten und den vom Empfänger angegebenen Zweck enthalten. [2] Die Aufzeichnungen dürfen nur zur Kontrolle der Zulässigkeit der Übermittlungen verwertet werden, sind durch technische und organisatorische Maßnahmen gegen Missbrauch zu sichern und am Ende des Kalenderhalbjahres, das dem Halbjahr der Übermittlung folgt, zu löschen oder zu vernichten. [3] Bei Übermittlung nach Absatz 5 sind besondere Aufzeichnungen entbehrlich, wenn die Angaben nach Satz 1 aus dem Register oder anderen Unterlagen entnommen werden können. [4] Die Sätze 1 und 2 gelten auch für die Übermittlungen durch das Kraftfahrt-Bundesamt nach den §§ 37 bis 40.

§ 36[1)] Abruf im automatisierten Verfahren. (1) Die Übermittlung nach § 35 Absatz 1 Nummer 1, soweit es sich um Aufgaben nach § 32 Absatz 1 Nummer 1 handelt, aus dem Zentralen Fahrzeugregister

1. an die Zulassungsbehörden oder
2. im Rahmen einer internetbasierten Zulassung an Personen im Sinne des § 6g Absatz 3

darf durch Abruf im automatisierten Verfahren erfolgen.

[1)] § 36 Abs. 2 Satz 1 Nr. 2 und Abs. 3 geänd., Abs. 3a eingef. mWv 1.6.2005 durch G v. 3.5.2005 (BGBl. I S. 1221); Abs. 2 Satz 1 einl. Satzteil, Nr. 1a und 2 sowie Abs. 3 geänd., Abs. 2 Satz 1 Nr. 3 angef. mWv 11.1.2007 durch G v. 5.1.2007 (BGBl. I S. 2, geänd. durch G v. 7.12.2011, BGBl. I S. 2576, G v. 3.12.2015, BGBl. I S. 2161 und G v. 3.12.2020, BGBl. I S. 2667); Abs. 2 Nr. 1 Buchst. b, Nr. 1a geänd. mWv 1.8.2007 durch G v. 19.7.2007 (BGBl. I S. 1460); Abs. 3b eingef. mWv 1.7.2009 durch G v. 29.5. 2009 (BGBl. I S. 1170); Abs. 2c eingef. mWv 18.6.2011, Abs. 2d eingef. mWv 1.1.2013 durch G v. 23.5. 2011 (BGBl. I S. 898); Abs. 3c eingef. mWv 26.6.2011 durch G v. 20.6.2011 (BGBl. I S. 1124); Abs. 2b geänd. mWv 19.7.2011 durch G v. 12.7.2011 (BGBl. I S. 1378); Abs. 2a eingef., bish. Abs. 2a–2d werden Abs. 2b–2e, Abs. 2f eingef., Abs. 6 Sätze 3–5 eingef., bish. Sätze 3 und 4 werden Sätze 6 und 7 mWv 31.8.2013 durch G v. 28.8.2013 (BGBl. I S. 3310); Abs. 1 und Abs. 6 Satz 3 neu gef., Abs. 2f eingef., bish. Abs. 2f wird Abs. 2g, Abs. 5 einl. Satzteil und Abs. 7 Satz 2 geänd. mWv 7.12.2016 durch G v. 28.11.2016 (BGBl. I S. 2722); Abs. 2 Satz 1 Nr. 2 geänd., Nr. 2a eingef., Abs. 2a neu gef., Abs. 2h eingef. mWv 10.3. 2017 durch G v. 6.3.2017 (BGBl. I S. 399); Abs. 2 Satz 1 Nr. 2 und Nr. 3 geänd., Nr. 4 angef. mWv 26.6. 2017 durch G v. 23.6.2017 (BGBl. I S. 1822); Abs. 2i eingef. mWv 12.4.2019 durch G v. 8.4.2019 (BGBl. I S. 430); Abs. 5 Nr. 1 geänd., Nr. 2 neu gef. mWv 26.11.2019 durch G v. 20.11.2019 (BGBl. I S. 1626); Abs. 2j eingef. mWv 1.10.2020 durch G v. 29.6.2020 (BGBl. I S. 1528); Abs. 2k eingef. mWv 1.11.2022 durch G v. 7.5.2021 (BGBl. I S. 850); Abs. 2 Satz 1 Nr. 1b und Abs. 2f geänd. mWv 28.7.2021 durch G v. 12.7.2021 (BGBl. I S. 3091).

(2) [1] Die Übermittlung nach § 35 Abs. 1 Nr. 1 bis 5 aus dem Zentralen Fahrzeugregister darf durch Abruf im automatisierten Verfahren erfolgen

1. an die Polizeien des Bundes und der Länder sowie an Dienststellen der Zollverwaltung, soweit sie Befugnisse nach § 10 des Zollverwaltungsgesetzes ausüben oder grenzpolizeiliche Aufgaben wahrnehmen,
   a) zur Kontrolle, ob die Fahrzeuge einschließlich ihrer Ladung und die Fahrzeugpapiere vorschriftsmäßig sind,
   b) zur Verfolgung von Ordnungswidrigkeiten nach § 24 Absatz 1, § 24a oder § 24c,
   c) zur Verfolgung von Straftaten oder zur Vollstreckung oder zum Vollzug von Strafen oder
   d) zur Abwehr von Gefahren für die öffentliche Sicherheit,

1a. an die Verwaltungsbehörden im Sinne des § 26 Abs. 1 für die Verfolgung von Ordnungswidrigkeiten nach §§ 24, 24a oder § 24c,

2. an die Zollfahndungsdienststellen zur Verhütung oder Verfolgung von Steuer- und Wirtschaftsstraftaten sowie an die mit der Steuerfahndung betrauten Dienststellen der Landesfinanzbehörden zur Verhütung oder Verfolgung von Steuerstraftaten,

2a. an die Behörden der Zollverwaltung zur Verfolgung von Straftaten, die mit einem der in § 2 Absatz 1 des Schwarzarbeitsbekämpfungsgesetzes[1)] genannten Prüfgegenstände unmittelbar zusammenhängen, und

3. an die Verfassungsschutzbehörden, den Militärischen Abschirmdienst und den Bundesnachrichtendienst zur Erfüllung ihrer durch Gesetz übertragenen Aufgaben und

4. an die Zentralstelle für Finanztransaktionsuntersuchungen zur Erfüllung ihrer Aufgaben nach dem Geldwäschegesetz[2)].

[2] Satz 1 gilt entsprechend für den Abruf der örtlich zuständigen Polizeidienststellen der Länder und Verwaltungsbehörden im Sinne des § 26 Abs. 1 aus den jeweiligen örtlichen Fahrzeugregistern.

(2a) Die Übermittlung nach § 35 Absatz 1 Nummer 9 aus dem Zentralen Fahrzeugregister darf durch Abruf im automatisierten Verfahren erfolgen

1. an die mit der Kontrolle und Erhebung der Umsatzsteuer betrauten Dienststellen der Finanzbehörden, soweit ein Abruf im Einzelfall zur Verhinderung einer missbräuchlichen Anwendung der Vorschriften des Umsatzsteuergesetzes beim Handel, Erwerb oder bei der Übertragung von Fahrzeugen erforderlich ist,
2. an die mit der Durchführung einer Außenprüfung nach § 193 der Abgabenordnung betrauten Dienststellen der Finanzbehörden, soweit ein Abruf für die Ermittlung der steuerlichen Verhältnisse im Rahmen einer Außenprüfung erforderlich ist und
3. an die mit der Vollstreckung betrauten Dienststellen der Finanzbehörden nach § 249 der Abgabenordnung, soweit ein Abruf für die Vollstreckung von Ansprüchen aus dem Steuerschuldverhältnis erforderlich ist.

---

1) Habersack, Deutsche Gesetze ErgBd. Nr. 94b.
2) Habersack, Deutsche Gesetze ErgBd. Nr. 88a.

(2b) Die Übermittlung nach § 35 Abs. 1 Nr. 11 und 12 aus dem Zentralen Fahrzeugregister darf durch Abruf im automatisierten Verfahren an den Privaten, der mit der Erhebung der Mautgebühr beliehen worden ist, erfolgen.

(2c) Die Übermittlung nach § 35 Abs. 1 Nr. 10 aus dem Zentralen Fahrzeugregister darf durch Abruf im automatisierten Verfahren an das Bundesamt für Güterverkehr und an eine sonstige öffentliche Stelle, die mit der Erhebung der Maut nach dem Bundesfernstraßenmautgesetz beauftragt ist, erfolgen.

(2d) Die Übermittlung nach § 35 Absatz 1 Nummer 14 aus dem Zentralen Fahrzeugregister darf durch Abruf im automatisierten Verfahren an die zentrale Behörde (§ 4 des Auslandsunterhaltsgesetzes[1)]) erfolgen.

(2e) Die Übermittlung nach § 35 Absatz 1 Nr. 15 aus dem Zentralen Fahrzeugregister darf durch Abruf im automatisierten Verfahren an den Gerichtsvollzieher erfolgen.

(2f) Die Übermittlung aus dem Zentralen Fahrzeugregister nach § 35 Absatz 2 Satz 1 Nummer 4 darf durch Abruf im automatisierten Verfahren erfolgen.

(2g) Die Übermittlung nach § 35 Absatz 2a darf durch Abruf im automatisierten Verfahren erfolgen.

(2h) Die Übermittlung nach § 35 Absatz 1 Nummer 16 darf durch Abruf im automatisierten Verfahren an die Behörden der Zollverwaltung zur Erfüllung der ihnen in § 2 Absatz 1 des Schwarzarbeitsbekämpfungsgesetzes bertragenen Prüfungsaufgaben erfolgen.

(2i) [1] In einem solchen Verfahren darf auch die Übermittlung nach § 35 Absatz 1 Nummer 18 aus dem Zentralen Fahrzeugregister an die nach Landesrecht für die Überprüfung der Einhaltung dieser Verkehrsbeschränkungen und Verkehrsverbote zuständigen Behörden erfolgen. [2] Die Einrichtung von Anlagen zum Abruf nach Satz 1 ist für den Abruf der nach § 33 Absatz 1 Satz 1 Nummer 1 gespeicherten und für die Überprüfung der Einhaltung der jeweiligen Verkehrsbeschränkungen und Verkehrsverbote erforderlichen Fahrzeugdaten aus dem Zentralen Fahrzeugregister durch die Behörden nach Satz 1 zulässig; einer Rechtsverordnung nach Absatz 5 bedarf es nicht; die Maßgaben nach Absatz 5 Nummer 2 und 3 gelten unmittelbar.

(2j) Die Übermittlung nach § 35 Absatz 1 Nummer 19 darf durch Abruf im automatisierten Verfahren an das Bundesamt für Wirtschaft und Ausfuhrkontrolle erfolgen.

(2k) Die Übermittlung nach § 35 Absatz 1 Nummer 20 aus dem Zentralen Fahrzeugregister darf durch Abruf im automatisierten Verfahren an das Insolvenzgericht erfolgen.

(3) Die Übermittlung nach § 35 Abs. 3 Satz 1 aus dem Zentralen Fahrzeugregister darf ferner durch Abruf im automatisierten Verfahren an die Polizeien des Bundes und der Länder zur Verfolgung von Straftaten oder zur Vollstreckung oder zum Vollzug von Strafen oder zur Abwehr einer im Einzelfall bestehenden Gefahr für die öffentliche Sicherheit, an die Zollfahndungsdienststellen zur Verhütung oder Verfolgung von Steuer- und Wirtschaftsstraftaten, an die mit der Steuerfahndung betrauten Dienststellen der Landesfinanzbehörden zur Verhütung oder Verfolgung von Steuerstraftaten sowie an die Verfassungsschutzbehörden, den Militärischen Abschirmdienst und den Bundesnachrichtendienst zur Erfüllung ihrer durch Gesetz übertragenen Aufgaben vorgenommen werden.

[1)] **Habersack, Deutsche Gesetze ErgBd. Nr. 103o.**

(3a) Die Übermittlung aus dem Zentralen Fahrzeugregister nach § 35 Abs. 4a darf durch Abruf im automatisierten Verfahren an die Auskunftsstelle nach § 8a des Pflichtversicherungsgesetzes[1)] erfolgen.

(3b) [1] Die Übermittlung aus dem Zentralen Fahrzeugregister nach § 35 Absatz 1 Nummer 1 an die für die Ausübung der Verwaltung der Kraftfahrzeugsteuer zuständigen Behörden darf durch Abruf im automatisierten Verfahren erfolgen. [2] Der Abruf ist nur zulässig, wenn die von den Zulassungsbehörden nach § 35 Absatz 5 Nummer 4 übermittelten Datenbestände unrichtig oder unvollständig sind.

(3c) Die Übermittlung aus dem Zentralen Fahrzeugregister nach § 35 Absatz 1a darf an die Zentralen Leitstellen für Brandschutz, Katastrophenschutz und Rettungsdienst zur Vorbereitung der Rettung von Personen aus Fahrzeugen durch Abruf im automatisierten Verfahren erfolgen.

(4) Der Abruf darf sich nur auf ein bestimmtes Fahrzeug oder einen bestimmten Halter richten und in den Fällen der Absätze 1 und 2 Satz 1 Nr. 1 Buchstabe a und b nur unter Verwendung von Fahrzeugdaten durchgeführt werden.

(5) Die Einrichtung von Anlagen zum Abruf im automatisierten Verfahren ist nur zulässig, wenn nach näherer Bestimmung durch Rechtsverordnung (§ 47 Nummer 4) gewährleistet ist, dass

1. die zum Abruf bereitgehaltenen Daten ihrer Art nach für den Empfänger erforderlich sind und ihre Übermittlung durch automatisierten Abruf unter Berücksichtigung der schutzwürdigen Interessen der betroffenen Person und der Aufgabe des Empfängers angemessen ist,
2. die erforderlichen technischen und organisatorischen Maßnahmen nach den Artikeln 24, 25 und 32 der Verordnung (EU) 2016/679 zur Sicherstellung des Datenschutzes und der Datensicherheit getroffen werden und
3. die Zulässigkeit der Abrufe nach Maßgabe des Absatzes 6 kontrolliert werden kann.

(5a) (weggefallen)

(6) [1] Das Kraftfahrt-Bundesamt oder die Zulassungsbehörde als übermittelnde Stelle hat über die Abrufe Aufzeichnungen zu fertigen, die die bei der Durchführung der Abrufe verwendeten Daten, den Tag und die Uhrzeit der Abrufe, die Kennung der abrufenden Dienststelle und die abgerufenen Daten enthalten müssen. [2] Die protokollierten Daten dürfen nur für Zwecke der Datenschutzkontrolle, der Datensicherung oder zur Sicherstellung eines ordnungsgemäßen Betriebs der Datenverarbeitungsanlage verwendet werden. [3] Die nach Satz 1 protokollierten Daten dürfen auch dazu verwendet werden, der betroffenen Person darüber Auskunft zu erteilen, welche ihrer in Anhang I, Abschnitt I und II der Richtlinie (EU) 2015/413 enthaltenen personenbezogenen Daten an Stellen in anderen Mitgliedstaaten der Europäischen Union zum Zweck der dortigen Verfolgung der in Artikel 2 der Richtlinie (EU) 2015/413 aufgeführten, die Straßenverkehrssicherheit gefährdenden Delikte übermittelt wurden. [4] Das Datum des Ersuchens und die zuständige Stelle nach Satz 1, an die die Übermittlung erfolgte, sind der betroffenen Person ebenfalls mitzuteilen. [5] § 36a gilt für das Verfahren nach den Sätzen 3 und 4 entsprechend. [6] Liegen Anhaltspunkte dafür vor, dass ohne ihre Verwendung die Verhinderung oder Verfolgung einer schwerwiegenden Straftat gegen Leib, Leben oder Freiheit einer Person aussichtslos oder wesentlich er-

---

[1)] Nr. **63**.

schwert wäre, dürfen die Daten auch für diesen Zweck verwendet werden, sofern das Ersuchen der Strafverfolgungsbehörde unter Verwendung von Halterdaten einer bestimmten Person oder von Fahrzeugdaten eines bestimmten Fahrzeugs gestellt wird. [7]Die Protokolldaten sind durch geeignete Vorkehrungen gegen zweckfremde Verwendung und gegen sonstigen Missbrauch zu schützen und nach sechs Monaten zu löschen.

(7) [1]Bei Abrufen aus dem Zentralen Fahrzeugregister sind vom Kraftfahrt-Bundesamt weitere Aufzeichnungen zu fertigen, die sich auf den Anlass des Abrufs erstrecken und die Feststellung der für den Abruf verantwortlichen Personen ermöglichen. [2]Das Nähere wird durch Rechtsverordnung (§ 47 Nummer 5) bestimmt. [3]Dies gilt entsprechend für Abrufe aus den örtlichen Fahrzeugregistern.

(8) [1]Soweit örtliche Fahrzeugregister nicht im automatisierten Verfahren geführt werden, ist die Übermittlung der nach § 33 Abs. 1 gespeicherten Fahrzeugdaten und Halterdaten durch Einsichtnahme in das örtliche Fahrzeugregister außerhalb der üblichen Dienstzeiten an die für den betreffenden Zulassungsbezirk zuständige Polizeidienststelle zulässig, wenn

1. dies für die Erfüllung der in Absatz 2 Satz 1 Nr. 1 bezeichneten Aufgaben erforderlich ist und
2. ohne die sofortige Einsichtnahme die Erfüllung dieser Aufgaben gefährdet wäre.

[2]Die Polizeidienststelle hat die Tatsache der Einsichtnahme, deren Datum und Anlass sowie den Namen des Einsichtnehmenden aufzuzeichnen; die Aufzeichnungen sind für die Dauer eines Jahres aufzubewahren und nach Ablauf des betreffenden Kalenderjahres zu vernichten. [3]Die Sätze 1 und 2 finden entsprechende Anwendung auf die Einsichtnahme durch die Zollfahndungsämter zur Erfüllung der in Absatz 2 Satz 1 Nr. 2 bezeichneten Aufgaben.

§ 36a[1)] Automatisiertes Anfrage- und Auskunftsverfahren beim Kraftfahrt-Bundesamt. [1]Die Übermittlung der Daten aus dem Zentralen Fahrzeugregister nach den §§ 35 und 37 darf nach näherer Bestimmung durch Rechtsver-

(Fortsetzung nächstes Blatt)

1) § 36a Satz 1 geänd. mWv 7.12.2016 durch G v. 28.11.2016 (BGBl. I S. 2722).

Lfd. Nr.	Änderndes Gesetz	Datum	Fundstelle	Betroffen	Hinweis
48.	Art. 2 G zur Durchführung der VO (EU) 2015/848 über Insolvenzverfahren[1]	5.6.2017	BGBl. I S. 1476	§§ 13, 15a, 27, 35, 303a, 305	geänd. mWv 26.6.2017
49.	Art. 24 Abs. 3 Zweites FinanzmarktnovellierungsG	23.6.2017	BGBl. I S. 1693	§ 340	geänd. mWv 3.1.2018
50.	Art. 2 Pfändungsschutzkonto-FortentwicklungsG	22.11.2020	BGBl. I S. 2466	§ 36	geänd. mWv 1.12.2021
51.	Art. 5 Sanierungs- und InsolvenzrechtsfortentwicklungsG[2) 3)]	22.12.2020	BGBl. I S. 3256	§§ 3, 3a, 3c, 4, 5, 14, 15a, 18, 19, 21, 39, 55, 56, 56a, 59, 66, 174, 210a, 217, 220, 222, 230, 232, 235, 245, 251, 252, 253, 254, 258, 269f, 270g, 272, 274, 276a, 284, 292, 348, 354	geänd. mWv 1.1.2021
				§§ 270, 270a, 270b, 270c	neu gef. mWv 1.1.2021
				§§ 10a, 15b, 223a, 238b, 245a, 270d, 270e, 270f	eingef. mWv 1.1.2021
52.	Art. 2, 6 G zur weiteren Verkürzung des Restschuldbefreiungsverfahrens und zur Anpassung pandemiebedingter Vorschriften im Gesellschafts-, Genossenschafts-, Vereins- und Stiftungsrecht sowie im Miet- und Pachtrecht[4) 5)]	22.12.2020	BGBl. I S. 3328	§§ 286, 287, 287a, 295, 296, 300a, 301	geänd. mWv 1.10.2020
				§ 300	neu gef. mWv 1.10.2020
				§§ 35, 287a, 295, 296	geänd. mWv 31.12.2020
				§ 295a	eingef. mWv 31.12.2020
53.	Art. 2 G zur Verbesserung des Schutzes von Gerichtsvollziehern vor Gewalt sowie zur Änd. weiterer zwangsvollstreckungsrechtlicher Vorschriften und zur Änd. des InfektionsschutzG	7.5.2021	BGBl. I S. 850	§ 36	geänd. mWv 1.1.2022
				§ 98	geänd. mWv 1.11.2022
54.	Art. 5 G zur Vereinheitlichung des Stiftungsrechts und zur Änd. des InfektionsschutzG	16.7.2021	BGBl. I S. 2947	§§ 23, 31	geänd. mWv 1.1.2026

[1] **Amtl. Anm.:** Dieses Gesetz dient der Durchführung der Verordnung (EU) 2015/848 des Europäischen Parlaments und des Rates vom 20. Mai 2015 über Insolvenzverfahren (ABl. L 141 vom 5.6.2015, S. 19; L 349 vom 21.12.2016, S. 6), die zuletzt durch die Verordnung (EU) 2017/353 (ABl. L 57 vom 3.3. 2017, S. 19) geändert worden ist.

[2] **Amtl. Anm.:** Dieses Gesetz dient der weiteren Umsetzung der Richtlinie (EU) 2019/1023 des Europäischen Parlaments und des Rates vom 20. Juni 2019 über präventive Restrukturierungsrahmen, über Entschuldung und über Tätigkeitsverbote sowie über Maßnahmen zur Steigerung der Effizienz von Restrukturierungs-, Insolvenz- und Entschuldungsverfahren und zur Änderung der Richtlinie (EU) 2017/1132 (Richtlinie über Restrukturierung und Insolvenz) (ABl. L 172 vom 26.6.2019, S. 18).

[3] Beachte zu den Änderungen durch dieses G die Übergangsvorschrift in Art. 103m EGInsO (Nr. **110a**).

[4] **Amtl. Anm.:** Artikel 2 dieses Gesetzes dient der Umsetzung der Richtlinie (EU) 2019/1023 des Europäischen Parlaments und des Rates vom 20. Juni 2019 über präventive Restrukturierungsrahmen, über Entschuldung und über Tätigkeitsverbote sowie über Maßnahmen zur Steigerung der Effizienz von Restrukturierungs-, Insolvenz- und Entschuldungsverfahren und zur Änderung der Richtlinie (EU) 2017/1132 (Richtlinie über Restrukturierung und Insolvenz) (ABl. L 172 vom 26.6.2019, S. 18).

[5] Beachte zu den Änderungen durch dieses G die Übergangsvorschriften in Art. 103k und 103l EGInsO (Nr. **110a**).

Lfd. Nr.	Änderndes Gesetz	Datum	Fundstelle	Betroffen	Hinweis
55.	Art. 35 PersonengesellschaftsrechtsmodernisierungsG (MoPeG)	10.8.2021	BGBl. I S. 3436	§§ 11, 15, 15a, 18, 19, 23, 27, 31, 84, 93, 118, 138, 225a, 227, 230, 260, 276a	geänd. mWv 1.1.2024
56.	Art. 11 G zur Einführung virtueller Hauptversammlungen von Aktiengesellschaften und Änderung genossenschafts- sowie insolvenz- und restrukturierungsrechtlicher Vorschriften	20.7.2022	BGBl. I S. 1166	§§ 270b, 270f	geänd. mWv 27.7.2022
				§ 98	geänd. mWv 1.11.2022

Vorbemerkung:

Die Änderungen durch G v. 16.7.2021 (BGBl. I S. 2947) treten erst mWv 1.1.2026 in Kraft und sind im Text noch nicht berücksichtigt.

Die Änderungen durch G v. 10.8.2021 (BGBl. I S. 3436) treten erst mWv 1.1.2024 in Kraft und sind im Text noch nicht berücksichtigt.

§ 75[1] Antrag auf Einberufung. (1) Die Gläubigerversammlung ist einzuberufen, wenn dies beantragt wird:

1. vom Insolvenzverwalter;
2. vom Gläubigerausschuß;
3. von mindestens fünf absonderungsberechtigten Gläubigern oder nicht nachrangigen Insolvenzgläubigern, deren Absonderungsrechte und Forderungen nach der Schätzung des Insolvenzgerichts zusammen ein Fünftel der Summe erreichen, die sich aus dem Wert aller Absonderungsrechte und den Forderungsbeträgen aller nicht nachrangigen Insolvenzgläubiger ergibt;
4. von einem oder mehreren absonderungsberechtigten Gläubigern oder nicht nachrangigen Insolvenzgläubigern, deren Absonderungsrechte und Forderungen nach der Schätzung des Gerichts zwei Fünftel der in Nummer 3 bezeichneten Summe erreichen.

(2) Der Zeitraum zwischen dem Eingang des Antrags und dem Termin der Gläubigerversammlung soll höchstens drei Wochen betragen.

(3) Wird die Einberufung abgelehnt, so steht dem Antragsteller die sofortige Beschwerde zu.

§ 76 Beschlüsse der Gläubigerversammlung. (1) Die Gläubigerversammlung wird vom Insolvenzgericht geleitet.

(2) Ein Beschluß der Gläubigerversammlung kommt zustande, wenn die Summe der Forderungsbeträge der zustimmenden Gläubiger mehr als die Hälfte der Summe der Forderungsbeträge der abstimmenden Gläubiger beträgt; bei absonderungsberechtigten Gläubigern, denen der Schuldner nicht persönlich haftet, tritt der Wert des Absonderungsrechts an die Stelle des Forderungsbetrags.

§ 77 Feststellung des Stimmrechts. (1) [1] Ein Stimmrecht gewähren die Forderungen, die angemeldet und weder vom Insolvenzverwalter noch von einem stimmberechtigten Gläubiger bestritten worden sind. [2] Nachrangige Gläubiger sind nicht stimmberechtigt.

(2) [1] Die Gläubiger, deren Forderungen bestritten werden, sind stimmberechtigt, soweit sich in der Gläubigerversammlung der Verwalter und die erschienenen stimmberechtigten Gläubiger über das Stimmrecht geeinigt haben. [2] Kommt es nicht zu einer Einigung, so entscheidet das Insolvenzgericht. [3] Es kann seine Entscheidung auf den Antrag des Verwalters oder eines in der Gläubigerversammlung erschienenen Gläubigers ändern.

(3) Absatz 2 gilt entsprechend

1. für die Gläubiger aufschiebend bedingter Forderungen;
2. für die absonderungsberechtigten Gläubiger.

§ 78 Aufhebung eines Beschlusses der Gläubigerversammlung.

(1) Widerspricht ein Beschluß der Gläubigerversammlung dem gemeinsamen Interesse der Insolvenzgläubiger, so hat das Insolvenzgericht den Beschluß aufzuheben, wenn ein absonderungsberechtigter Gläubiger, ein nicht nachrangiger Insolvenzgläubiger oder der Insolvenzverwalter dies in der Gläubigerversammlung beantragt.

---

[1] § 75 Abs. 2 geänd. durch G v. 19.12.1998 (BGBl. I S. 3836).

(2) [1]Die Aufhebung des Beschlusses ist öffentlich bekanntzumachen. [2]Gegen die Aufhebung steht jedem absonderungsberechtigten Gläubiger und jedem nicht nachrangigen Insolvenzgläubiger die sofortige Beschwerde zu. [3]Gegen die Ablehnung des Antrags auf Aufhebung steht dem Antragsteller die sofortige Beschwerde zu.

§ 79 Unterrichtung der Gläubigerversammlung. [1]Die Gläubigerversammlung ist berechtigt, vom Insolvenzverwalter einzelne Auskünfte und einen Bericht über den Sachstand und die Geschäftsführung zu verlangen. [2]Ist ein Gläubigerausschuß nicht bestellt, so kann die Gläubigerversammlung den Geldverkehr und -bestand des Verwalters prüfen lassen.

Dritter Teil. Wirkungen der Eröffnung des Insolvenzverfahrens

Erster Abschnitt. Allgemeine Wirkungen

§ 80 Übergang des Verwaltungs- und Verfügungsrechts. (1) Durch die Eröffnung des Insolvenzverfahrens geht das Recht des Schuldners, das zur Insolvenzmasse gehörende Vermögen zu verwalten und über es zu verfügen, auf den Insolvenzverwalter über.

(2) [1]Ein gegen den Schuldner bestehendes Veräußerungsverbot, das nur den Schutz bestimmter Personen bezweckt (§§ 135, 136 des Bürgerlichen Gesetzbuchs[1)]), hat im Verfahren keine Wirkung. [2]Die Vorschriften über die Wirkungen einer Pfändung oder einer Beschlagnahme im Wege der Zwangsvollstreckung bleiben unberührt.

§ 81[2)] Verfügungen des Schuldners. (1) [1]Hat der Schuldner nach der Eröffnung des Insolvenzverfahrens über einen Gegenstand der Insolvenzmasse verfügt, so ist diese Verfügung unwirksam. [2]Unberührt bleiben die §§ 892, 893 des Bürgerlichen Gesetzbuchs[1)], §§ 16, 17 des Gesetzes über Rechte an eingetragenen Schiffen und Schiffsbauwerken und §§ 16, 17 des Gesetzes über Rechte an Luftfahrzeugen. [3]Dem anderen Teil ist die Gegenleistung aus der Insolvenzmasse zurückzugewähren, soweit die Masse durch sie bereichert ist.

(2) [1]Für eine Verfügung über künftige Forderungen auf Bezüge aus einem Dienstverhältnis des Schuldners oder an deren Stelle tretende laufende Bezüge gilt Absatz 1 auch insoweit, als die Bezüge für die Zeit nach der Beendigung des Insolvenzverfahrens betroffen sind. [2]Das Recht des Schuldners zur Abtretung dieser Bezüge an einen Treuhänder mit dem Ziel der gemeinschaftlichen Befriedigung der Insolvenzgläubiger bleibt unberührt.

(3) [1]Hat der Schuldner am Tag der Eröffnung des Verfahrens verfügt, so wird vermutet, daß er nach der Eröffnung verfügt hat. [2]Eine Verfügung des Schuldners über Finanzsicherheiten im Sinne des § 1 Abs. 17 des Kreditwesengesetzes[3)] nach der Eröffnung ist, unbeschadet der §§ 129 bis 147, wirksam, wenn sie am Tag der Eröffnung erfolgt und der andere Teil nachweist, dass er die Eröffnung des Verfahrens weder kannte noch kennen musste.

§ 82 Leistungen an den Schuldner. [1]Ist nach der Eröffnung des Insolvenzverfahrens zur Erfüllung einer Verbindlichkeit an den Schuldner geleistet worden,

---

[1)] Nr. **20**.
[2)] § 81 Abs. 3 Satz 2 angef. mWv 9.4.2004 durch G v. 5.4.2004 (BGBl. I S. 502).
[3)] **Sartorius ErgBd. Nr. 856.**

obwohl die Verbindlichkeit zur Insolvenzmasse zu erfüllen war, so wird der Leistende befreit, wenn er zur Zeit der Leistung die Eröffnung des Verfahrens nicht kannte. [2] Hat er vor der öffentlichen Bekanntmachung der Eröffnung geleistet, so wird vermutet, daß er die Eröffnung nicht kannte.

§ 83 Erbschaft. Fortgesetzte Gütergemeinschaft. (1) [1] Ist dem Schuldner vor der Eröffnung des Insolvenzverfahrens eine Erbschaft oder ein Vermächtnis angefallen oder geschieht dies während des Verfahrens, so steht die Annahme oder Ausschlagung nur dem Schuldner zu. [2] Gleiches gilt von der Ablehnung der fortgesetzten Gütergemeinschaft.

(2) Ist der Schuldner Vorerbe, so darf der Insolvenzverwalter über die Gegenstände der Erbschaft nicht verfügen, wenn die Verfügung im Falle des Eintritts der Nacherbfolge nach § 2115 des Bürgerlichen Gesetzbuchs[1)] dem Nacherben gegenüber unwirksam ist.

§ 84 Auseinandersetzung einer Gesellschaft oder Gemeinschaft.

(1) [1] Besteht zwischen dem Schuldner und Dritten eine Gemeinschaft nach Bruchteilen, eine andere Gemeinschaft oder eine Gesellschaft ohne Rechtspersönlichkeit, so erfolgt die Teilung oder sonstige Auseinandersetzung außerhalb des Insolvenzverfahrens. [2] Aus dem dabei ermittelten Anteil des Schuldners kann für Ansprüche aus dem Rechtsverhältnis abgesonderte Befriedigung verlangt werden.

(2) [1] Eine Vereinbarung, durch die bei einer Gemeinschaft nach Bruchteilen das Recht, die Aufhebung der Gemeinschaft zu verlangen, für immer oder auf Zeit ausgeschlossen oder eine Kündigungsfrist bestimmt worden ist, hat im Verfahren keine Wirkung. [2] Gleiches gilt für eine Anordnung dieses Inhalts, die ein Erblasser für die Gemeinschaft seiner Erben getroffen hat, und für eine entsprechende Vereinbarung der Miterben.

§ 85 Aufnahme von Aktivprozessen. (1) [1] Rechtsstreitigkeiten über das zur Insolvenzmasse gehörende Vermögen, die zur Zeit der Eröffnung des Insolvenzverfahrens für den Schuldner anhängig sind, können in der Lage, in der sie sich befinden, vom Insolvenzverwalter aufgenommen werden. [2] Wird die Aufnahme verzögert, so gilt § 239 Abs. 2 bis 4 der Zivilprozeßordnung[2)] entsprechend.

(2) Lehnt der Verwalter die Aufnahme des Rechtsstreits ab, so können sowohl der Schuldner als auch der Gegner den Rechtsstreit aufnehmen.

§ 86 Aufnahme bestimmter Passivprozesse. (1) Rechtsstreitigkeiten, die zur Zeit der Eröffnung des Insolvenzverfahrens gegen den Schuldner anhängig sind, können sowohl vom Insolvenzverwalter als auch vom Gegner aufgenommen werden, wenn sie betreffen:

1. die Aussonderung eines Gegenstands aus der Insolvenzmasse,
2. die abgesonderte Befriedigung oder
3. eine Masseverbindlichkeit.

(2) Erkennt der Verwalter den Anspruch sofort an, so kann der Gegner einen Anspruch auf Erstattung der Kosten des Rechtsstreits nur als Insolvenzgläubiger geltend machen.

---

1) Nr. **20**.
2) Nr. **100**.

§ 87 Forderungen der Insolvenzgläubiger. Die Insolvenzgläubiger können ihre Forderungen nur nach den Vorschriften über das Insolvenzverfahren verfolgen.

§ 88[1] Vollstreckung vor Verfahrenseröffnung. (1) Hat ein Insolvenzgläubiger im letzten Monat vor dem Antrag auf Eröffnung des Insolvenzverfahrens oder nach diesem Antrag durch Zwangsvollstreckung eine Sicherung an dem zur Insolvenzmasse gehörenden Vermögen des Schuldners erlangt, so wird diese Sicherung mit der Eröffnung des Verfahrens unwirksam.

(2) Die in Absatz 1 genannte Frist beträgt drei Monate, wenn ein Verbraucherinsolvenzverfahren nach § 304 eröffnet wird.

§ 89 Vollstreckungsverbot. (1) Zwangsvollstreckungen für einzelne Insolvenzgläubiger sind während der Dauer des Insolvenzverfahrens weder in die Insolvenzmasse noch in das sonstige Vermögen des Schuldners zulässig.

(2) [1] Zwangsvollstreckungen in künftige Forderungen auf Bezüge aus einem Dienstverhältnis des Schuldners oder an deren Stelle tretende laufende Bezüge sind während der Dauer des Verfahrens auch für Gläubiger unzulässig, die keine Insolvenzgläubiger sind. [2] Dies gilt nicht für die Zwangsvollstreckung wegen eines Unterhaltsanspruchs oder einer Forderung aus einer vorsätzlichen unerlaubten Handlung in den Teil der Bezüge, der für andere Gläubiger nicht pfändbar ist.

(3) [1] Über Einwendungen, die auf Grund des Absatzes 1 oder 2 gegen die Zulässigkeit einer Zwangsvollstreckung erhoben werden, entscheidet das Insolvenzgericht. [2] Das Gericht kann vor der Entscheidung eine einstweilige Anordnung erlassen; es kann insbesondere anordnen, daß die Zwangsvollstreckung gegen oder ohne Sicherheitsleistung einstweilen einzustellen oder nur gegen Sicherheitsleistung fortzusetzen sei.

§ 90 Vollstreckungsverbot bei Masseverbindlichkeiten. (1) Zwangsvollstreckungen wegen Masseverbindlichkeiten, die nicht durch eine Rechtshandlung des Insolvenzverwalters begründet worden sind, sind für die Dauer von sechs Monaten seit der Eröffnung des Insolvenzverfahrens unzulässig.

(2) Nicht als derartige Masseverbindlichkeiten gelten die Verbindlichkeiten:

1. aus einem gegenseitigen Vertrag, dessen Erfüllung der Verwalter gewählt hat;
2. aus einem Dauerschuldverhältnis für die Zeit nach dem ersten Termin, zu dem der Verwalter kündigen konnte;
3. aus einem Dauerschuldverhältnis, soweit der Verwalter für die Insolvenzmasse die Gegenleistung in Anspruch nimmt.

§ 91[2] Ausschluß sonstigen Rechtserwerbs. (1) Rechte an den Gegenständen der Insolvenzmasse können nach der Eröffnung des Insolvenzverfahrens nicht wirksam erworben werden, auch wenn keine Verfügung des Schuldners und keine Zwangsvollstreckung für einen Insolvenzgläubiger zugrunde liegt.

(2) Unberührt bleiben die §§ 878, 892, 893 des Bürgerlichen Gesetzbuchs[3], § 3 Abs. 3, §§ 16, 17 des Gesetzes über Rechte an eingetragenen Schiffen und Schiffsbauwerken, § 5 Abs. 3, §§ 16, 17 des Gesetzes über Rechte an Luftfahrzeugen und § 20 Abs. 3 der Schiffahrtsrechtlichen Verteilungsordnung.

---

[1] § 88 Abs. 2 angef. mWv 1.7.2014 durch G v. 15.7.2013 (BGBl. I S. 2379).
[2] § 91 Abs. 2 geänd. durch G v. 25.8.1998 (BGBl. I S. 2489).
[3] Nr. **20**.

§ 92 Gesamtschaden. [1]Ansprüche der Insolvenzgläubiger auf Ersatz eines Schadens, den diese Gläubiger gemeinschaftlich durch eine Verminderung des zur Insolvenzmasse gehörenden Vermögens vor oder nach der Eröffnung des Insolvenzverfahrens erlitten haben (Gesamtschaden), können während der Dauer des Insolvenzverfahrens nur vom Insolvenzverwalter geltend gemacht werden. [2]Richten sich die Ansprüche gegen den Verwalter, so können sie nur von einem neu bestellten Insolvenzverwalter geltend gemacht werden.

§ 93 Persönliche Haftung der Gesellschafter. Ist das Insolvenzverfahren über das Vermögen einer Gesellschaft ohne Rechtspersönlichkeit oder einer Kommanditgesellschaft auf Aktien eröffnet, so kann die persönliche Haftung eines Gesellschafters für die Verbindlichkeiten der Gesellschaft während der Dauer des Insolvenzverfahrens nur vom Insolvenzverwalter geltend gemacht werden.

§ 94 Erhaltung einer Aufrechnungslage. Ist ein Insolvenzgläubiger zur Zeit der Eröffnung des Insolvenzverfahrens kraft Gesetzes oder auf Grund einer Vereinbarung zur Aufrechnung berechtigt, so wird dieses Recht durch das Verfahren nicht berührt.

§ 95 Eintritt der Aufrechnungslage im Verfahren. (1) [1]Sind zur Zeit der Eröffnung des Insolvenzverfahrens die aufzurechnenden Forderungen oder eine von ihnen noch aufschiebend bedingt oder nicht fällig oder die Forderungen noch nicht auf gleichartige Leistungen gerichtet, so kann die Aufrechnung erst erfolgen, wenn ihre Voraussetzungen eingetreten sind. [2]Die §§ 41, 45 sind nicht anzuwenden. [3]Die Aufrechnung ist ausgeschlossen, wenn die Forderung, gegen die aufgerechnet werden soll, unbedingt und fällig wird, bevor die Aufrechnung erfolgen kann.

(2) [1]Die Aufrechnung wird nicht dadurch ausgeschlossen, daß die Forderungen auf unterschiedliche Währungen oder Rechnungseinheiten lauten, wenn diese Währungen oder Rechnungseinheiten am Zahlungsort der Forderung, gegen die aufgerechnet wird, frei getauscht werden können. [2]Die Umrechnung erfolgt nach dem Kurswert, der für diesen Ort zur Zeit des Zugangs der Aufrechnungserklärung maßgeblich ist.

§ 96[1)] Unzulässigkeit der Aufrechnung. (1) Die Aufrechnung ist unzulässig,

1. wenn ein Insolvenzgläubiger erst nach der Eröffnung des Insolvenzverfahrens etwas zur Insolvenzmasse schuldig geworden ist,
2. wenn ein Insolvenzgläubiger seine Forderung erst nach der Eröffnung des Verfahrens von einem anderen Gläubiger erworben hat,
3. wenn ein Insolvenzgläubiger die Möglichkeit der Aufrechnung durch eine anfechtbare Rechtshandlung erlangt hat,
4. wenn ein Gläubiger, dessen Forderung aus dem freien Vermögen des Schuldners zu erfüllen ist, etwas zur Insolvenzmasse schuldet.

(2) Absatz 1 sowie § 95 Abs. 1 Satz 3 stehen nicht der Verfügung über Finanzsicherheiten im Sinne des § 1 Abs. 17 des Kreditwesengesetzes[2)] oder der Verrechnung von Ansprüchen und Leistungen aus Zahlungsaufträgen, Aufträgen

---

[1)] § 96 Abs. 2 angef. mWv 11.12.1999 durch G v. 8.12.1999 (BGBl. I S. 2384); Abs. 2 neu gef. mWv 9.4.2004 durch G v. 5.4.2004 (BGBl. I S. 502); Abs. 2 geänd. mWv 31.10.2009 durch G v. 29.7.2009 (BGBl. I S. 2355); Abs. 2 geänd. mWv 30.6.2011 durch G v. 19.11.2010 (BGBl. I S. 1592).

[2)] **Sartorius ErgBd. Nr. 856.**

zwischen Zahlungsdienstleistern oder zwischengeschalteten Stellen oder Aufträgen zur Übertragung von Wertpapieren entgegen, die in Systeme im Sinne des § 1 Abs. 16 des Kreditwesengesetzes eingebracht wurden, das der Ausführung solcher Verträge dient, sofern die Verrechnung spätestens am Tage der Eröffnung des Insolvenzverfahrens erfolgt; ist der andere Teil ein Systembetreiber oder Teilnehmer in dem System, bestimmt sich der Tag der Eröffnung nach dem Geschäftstag im Sinne des § 1 Absatz 16b des Kreditwesengesetzes.

§ 97 Auskunfts- und Mitwirkungspflichten des Schuldners. (1) [1]Der Schuldner ist verpflichtet, dem Insolvenzgericht, dem Insolvenzverwalter, dem Gläubigerausschuß und auf Anordnung des Gerichts der Gläubigerversammlung über alle das Verfahren betreffenden Verhältnisse Auskunft zu geben. [2]Er hat auch Tatsachen zu offenbaren, die geeignet sind, eine Verfolgung wegen einer Straftat oder einer Ordnungswidrigkeit herbeizuführen. [3]Jedoch darf eine Auskunft, die der Schuldner gemäß seiner Verpflichtung nach Satz 1 erteilt, in einem Strafverfahren oder in einem Verfahren nach dem Gesetz über Ordnungswidrigkeiten[1)] gegen den Schuldner oder einen in § 52 Abs. 1 der Strafprozeßordnung[2)] bezeichneten Angehörigen des Schuldners nur mit Zustimmung des Schuldners verwendet werden.

(2) Der Schuldner hat den Verwalter bei der Erfüllung von dessen Aufgaben zu unterstützen.

(3) [1]Der Schuldner ist verpflichtet, sich auf Anordnung des Gerichts jederzeit zur Verfügung zu stellen, um seine Auskunfts- und Mitwirkungspflichten zu erfüllen. [2]Er hat alle Handlungen zu unterlassen, die der Erfüllung dieser Pflichten zuwiderlaufen.

§ 98[3)] [4)] Durchsetzung der Pflichten des Schuldners. (1) [1]Wenn es zur Herbeiführung wahrheitsgemäßer Aussagen erforderlich erscheint, ordnet das Insolvenzgericht an, daß der Schuldner zu Protokoll an Eides Statt versichert, er habe die von ihm verlangte Auskunft nach bestem Wissen und Gewissen richtig und vollständig erteilt. [2]Die §§ 478 bis 480, 483 der Zivilprozeßordnung[5)] gelten entsprechend.

(1a) [1]Das Gericht kann an Stelle des Gerichtsvollziehers die Maßnahmen nach § 802l Absatz 1 Satz 1 der Zivilprozessordnung durchführen, wenn

1. eine Aufforderung zur Auskunftserteilung nach § 97 Absatz 1 nicht zustellbar ist und
   a) die Anschrift, unter der die Zustellung ausgeführt werden sollte, mit der Anschrift übereinstimmt, die von einer der in § 755 Absatz 1 und 2 der Zivilprozessordnung genannten Stellen innerhalb von drei Monaten vor oder nach dem Zustellungsversuch mitgeteilt wurde, oder
   b) die Meldebehörde nach dem Zustellungsversuch die Auskunft erteilt, dass ihr keine derzeitige Anschrift des Schuldners bekannt ist, oder

---

1) Nr. **94**.

2) Nr. **90**.

3) § 98 Abs. 3 Satz 1 geänd. mWv 1.7.2007 durch G v. 13.4.2007 (BGBl. I S. 509); Abs. 3 Satz 1 geänd. mWv 1.1.2013 durch G v. 29.7.2009 (BGBl. I S. 2258); Abs. 1a eingef. mWv 1.11.2022 durch G v. 7.5.2021 (BGBl. I S. 850); Abs. 1a Satz 1 Nr. 1 einl. Satzteil, Buchst. c geänd. mWv 1.11.2022 durch G v. 20.7.2022 (BGBl. I S. 1166).

4) Beachte hierzu Übergangsvorschrift in Art. 103c EGInsO (Nr. **110a**).

5) Nr. **100**.

c) die Meldebehörde innerhalb von drei Monaten vor der Aufforderung zur Auskunftserteilung die Auskunft erteilt hat, dass ihr keine derzeitige Anschrift des Schuldners bekannt ist;

2. der Schuldner seiner Auskunftspflicht nach § 97 nicht nachkommt oder
3. dies aus anderen Gründen zur Erreichung der Zwecke des Insolvenzverfahrens erforderlich erscheint.

[2] § 802l Absatz 2 der Zivilprozessordnung ist entsprechend anzuwenden.

(2) Das Gericht kann den Schuldner zwangsweise vorführen und nach Anhörung in Haft nehmen lassen,

1. wenn der Schuldner eine Auskunft oder die eidesstattliche Versicherung oder die Mitwirkung bei der Erfüllung der Aufgaben des Insolvenzverwalters verweigert;
2. wenn der Schuldner sich der Erfüllung seiner Auskunfts- und Mitwirkungspflichten entziehen will, insbesondere Anstalten zur Flucht trifft, oder
3. wenn dies zur Vermeidung von Handlungen des Schuldners, die der Erfüllung seiner Auskunfts- und Mitwirkungspflichten zuwiderlaufen, insbesondere zur Sicherung der Insolvenzmasse, erforderlich ist.

(3) [1] Für die Anordnung von Haft gelten die § 802g Abs. 2, §§ 802h und 802j Abs. 1 der Zivilprozeßordnung entsprechend. [2] Der Haftbefehl ist von Amts wegen aufzuheben, sobald die Voraussetzungen für die Anordnung von Haft nicht mehr vorliegen. [3] Gegen die Anordnung der Haft und gegen die Abweisung eines Antrags auf Aufhebung des Haftbefehls wegen Wegfalls seiner Voraussetzungen findet die sofortige Beschwerde statt.

§ 99[1) 2)] Postsperre. (1) [1] Soweit dies erforderlich erscheint, um für die Gläubiger nachteilige Rechtshandlungen des Schuldners aufzuklären oder zu verhindern, ordnet das Insolvenzgericht auf Antrag des Insolvenzverwalters oder von Amts wegen durch begründeten Beschluß an, dass die in dem Beschluss bezeichneten Unternehmen bestimmte oder alle Postsendungen für den Schuldner dem Verwalter zuzuleiten haben. [2] Die Anordnung ergeht nach Anhörung des Schuldners, sofern dadurch nicht wegen besonderer Umstände des Einzelfalls der Zweck der Anordnung gefährdet wird. [3] Unterbleibt die vorherige Anhörung des Schuldners, so ist dies in dem Beschluß gesondert zu begründen und die Anhörung unverzüglich nachzuholen.

(2) [1] Der Verwalter ist berechtigt, die ihm zugeleiteten Sendungen zu öffnen. [2] Sendungen, deren Inhalt nicht die Insolvenzmasse betrifft, sind dem Schuldner unverzüglich zuzuleiten. [3] Die übrigen Sendungen kann der Schuldner einsehen.

(3) Gegen die Anordnung der Postsperre steht dem Schuldner die sofortige Beschwerde zu. Das Gericht hat die Anordnung nach Anhörung des Verwalters aufzuheben, soweit ihre Voraussetzungen fortfallen.

§ 100[3)] Unterhalt aus der Insolvenzmasse. (1) Die Gläubigerversammlung beschließt, ob und in welchem Umfang dem Schuldner und seiner Familie Unterhalt aus der Insolvenzmasse gewährt werden soll.

[1)] § 99 Abs. 1 Satz 1 geänd. mWv 1.7.2007 durch G v. 13.4.2007 (BGBl. I S. 509).

[2)] Beachte hierzu Übergangsvorschrift in Art. 103c EGInsO (Nr. **110a**).

[3)] § 100 Abs. 2 Satz 2 geänd. durch G v. 16.12.1997 (BGBl. I S. 2942); Abs. 2 Satz 2 geänd. mWv 1.1. 2005 durch G v. 15.12.2004 (BGBl. I S. 3396).

(2) [1]Bis zur Entscheidung der Gläubigerversammlung kann der Insolvenzverwalter mit Zustimmung des Gläubigerausschusses, wenn ein solcher bestellt

(Fortsetzung nächstes Blatt)

Sachverzeichnis

Stand: August 2022

Die fetten Zahlen bezeichnen die Gesetze (siehe Inhaltsverzeichnis I S. 1 ff.), die mageren deren Artikel oder Paragraphen.
Die Buchstaben ä, ö und ü sind wie a, o und u in das Alphabet eingeordnet.

Abänderung einer Entscheidung **112** 48, Gebühren **119** 57; einer Urkunde **100** 323a; eines Urteils **100** 323; eines Vergleichs **100** 323a

Abänderungsklage **100** 323; einstweilige Anordnungen **100** 769; verschärfte Haftung **100** 323b

Abbaurechte **21** 68

Abberufung des Abschlussprüfers **50** 318; von Personen, Geschäftswert **119** 67

Abbiegen im Straßenverkehr **35a** 9, 37

Abbildungen von Beschuldigten, Veröffentlichung **90** 131b; Einziehung und Unbrauchbarmachung **85** 74d; geschützte **65** 2

Abblendlicht, Benutzung **35a** 17

Abbruch der Schwangerschaft, Strafbarkeit **85** 218 ff.

Abdruck, beglaubigter des Notars, Gebühr **119** Anl. 1 Nr. 25210 f.; aus Schuldnerverzeichnis, Bewilligung **102a** 1 ff.

Abfall, unerlaubter Umgang mit **85** 326

Abfallwirtschaft **1** 74

Abfindung für Arbeitnehmer **84** 9 f., Pfändungsschutz **100** 850i; bei betriebsbedingter Kündigung **84** 1a; aus Gesamtgut **20** 1501, 1503; bei Leibrentenvertrag **20** 330; des Schadensersatzberechtigten **20** 843 ff.; nach Scheidung **48** 23 f.; eines Unterhaltsberechtigten **20** 1585; bei Verschmelzung **52a** 29 ff., 122i, gerichtliche Nachprüfung **52a** 34, Verfahren für **52a** 30 ff.

Abgabe der eidesstattlichen Versicherung, Klage **100** 254, bei Zwangsvollstreckung **100** 889; eines Verfahrens an anderes Gericht, Gerichtskosten **119** 5

Abgabe, -n **1** 106, 108

Abgaben beim Erbschaftskauf **20** 2379; Haftung für beim Kauf **20** 436; Rückerstattung **21** 104

Abgase, Vermeidung im Straßenverkehr **35a** 30

Abgeordnete, Bestechung/Bestechlichkeit **85** 108e; Immunität **90** 152a; Indemnität **85** 36; Mitteilungen in Strafsachen gegen **90a** 8; Ruhen der Verfolgungsverjährung **85** 78b; Vernehmung **90** 50, als Zeugen **100** 382; Zeugnisverweigerungsrecht **90** 53 ff.

Abgesonderte Befriedigung **110** 49 ff.

Abgesonderte Verhandlung über Widerklage **100** 145; über Wiederaufnahme **100** 590

Abhandenkommen von Sachen, kein Eigentumserwerb **20** 935, 1006 f.; von Schuldverschreibungen, Aufgebotsverfahren **20** 799

Abhängige Unternehmen **51** 17; Wettbewerbsbeschränkungen gegenüber **74** 20

Abhilfe, Recht auf bei Pauschalreiseverträgen **20** 651k; bei Verletzung des Anspruchs auf rechtliches Gehör **119** 84, 131

Abhören und Aufzeichnen der Telekommunikation **90** 100f; außerhalb von Wohnraum **90** 100f; der Wohnung **1** 13

Abhörverbot **85** 201

Abkömmlinge, Ausgleichsanspruch bei besonderer Mitarbeit **20** 2316, oder Pflege **20** 2057a; eines Dritten, Bedenken im Testament **20** 2070; als Erben **20** 1924 ff.; des Erblassers, Bedenken im Testament **20** 2069; Erbverzicht **20** 2349 f.; fortgesetzte Gütergemeinschaft **20** 1483 ff.; kinderlose als Vorerben **20** 2107; Pflichtteilsrecht **20** 2303, 2309; Unterhaltspflicht **20** 1606

Abkürzung der Verjährungsfrist **20** 202

Ablehnung der Eröffnung des Insolvenzverfahrens **110** 26; von Gerichtspersonen im arbeitsgerichtlichen Verfahren **83** 49; eines Rechtspflegers **96** 10; von Richtern nach StPO **90** 24 ff., nach Selbstanzeige **90** 30, im Zivilprozess **100** 42 ff.; von Sachverständigen im Strafverfahren **90** 74; einer Schenkung bei Gütergemeinschaft **20** 1455

Ablieferung von Testamenten **20** 2259

Ablösung der Staatsleistungen an Religionsgesellschaften **1** 140

Ablösungsrecht des dinglich Berechtigten und des Besitzers **20** 268; bei Hypothek **20** 1142, 1150; bei Pfandveräußerung **20** 1249; bei Rentenschuld **20** 1199 ff.

Ablösungsrenten **21** 114

Abmahnung statt Fristsetzung **20** 281; bei Pflichtverletzung des gegenseitigen Vertrags **20** 323; bei unlauteren geschäftlichen Handlungen **73** 13f., bei Sektoruntersuchung **74** 32; im Urheberrecht **65** 97a
Abnahme der Kaufsache **20** 433, Kosten **20** 448; Teilabnahme beim Architekten- und Ingenieurvertrag **20** 650s; Vereinbarung über die Frist zur **20** 271a, Unterlassungsanspruch nach UKlaG **105** 1a; der Vermögensauskunft nach Pfändungsversuch **100** 807; des Werkes **20** 640, 646
Abnutzung von Erbschaftsgegenständen **20** 2132; bei der Leihe **20** 602; der Mietsache **20** 538; der Nießbrauchsache **20** 1050, 1057
Abrufverfahren, automatisiertes *s. Automatisierter Datenabruf*
Abschiebehaft, Vorrang der U-Haft-Vollstreckung **90** 116b
Abschiebung und Erhebung der öffentlichen Klage **90** 154b; und Strafvollstreckung **90** 456a, 458
Abschlagsverteilung im Genossenschaftsinsolvenzverfahren **53** 115a
Abschlagszahlung beim Bauträgervertrag **20** 650v; und Neubeginn der Verjährung **20** 212; beim Verbraucherbauvertrag **20** 650m; **21** Art. 244; beim Werkvertrag **20** 632a, 650m; *s. a. Teilleistungen, Teilzahlung*
Abschluss des Vertrages **20** 151
Abschlussprüfer **50** 318ff.; **50a** 25f.; **51** 119; Anwesenheit bei Hauptversammlung **51** 175; Aufsicht über **50** 324; Aufsichtsreformgesetz **50a** 78; Auskunftsrechte **50** 320; Ausschlussgründe **50** 319ff., Netzwerk **50** 319b; Bestellung/Abberufung **50** 318; bei Einzelabschluss **50** 324a; mehrere **50** 322; Strafvorschriften **52b** 18; Verantwortlichkeit **50** 323
Abschlussprüferaufsichtsreformgesetz **50a** 78
Abschlussprüferaufsichtsstelle, Meldungen an die **50** 335c; **51** 407a; **52b** 21a; **53** 153
Abschlussprüfung **51** 313ff.; bei GmbH **52** 42a; Ordnungswidrigkeiten bei der **51** 405; **51a** 26k; **52** 87; **52b** 20; **53** 152; strafbare Handlungen bei der **51** 404a; **51a** 26k; **52** 86, 88; **52b** 19a; **53** 151, Meldung an Aufsichtsstelle **50** 335c; **51** 407a; **52b** 21a; **53** 153
Abschlussprüfungsreformgesetz **50a** 79; **52/1** 7; **53** 169
Abschlussvollmacht **62** 71
Abschreibungen des Geschäfts- oder Firmenwerts **50** 309; von Grundstücksteilen **114** 2, 7
Abschriften aus Akten **100** 299, 760; Beglaubigung, elektronische **100** 169, durch Notar **23** 42; von beschlagnahmten Briefen **90** 101; von Entscheidungen **90** 35; Gerichtsvollziehergebühren **123** Anl.; aus Güterrechtsregister **20** 1563; von öffentliche Urkunden **100** 435; von Schriftsätzen **100** 133; aus Vereinsregister **20** 79; des Widerspruchs gegen Mahnbescheid **100** 695
Absehen von Strafe **85** 60, bei Widerstand **85** 113
Absehen von der Verfolgung **90** 153ff.; bei Abschiebung und Auslieferung **90** 154b; unter Auflagen und Weisungen **90** 153a; bei Auslandstaten **90** 153c; bei Staatsschutzdelikten **90** 153d f.; bei Straftaten nach dem Völkerstrafgesetzbuch **90** 153f
Absonderung im Insolvenzverfahren **110** 49ff., 165f., 203
Abstammung **20** 1591ff.; Anfechtung **21** Art. 20; im Beitrittsgebiet **21** Art. 234 § 7; deutsche, Zuständigkeit **112** 100; Feststellung der **100** 372a; genetische Untersuchung und Probeentnahme **112** 169; von Kindern **21** Art. 19ff.; Klärung **20** 1598a; Übergangsvorschriften **21** 224; Untersuchungen **112** 178; Verbot der Bevorzugung oder Benachteiligung wegen **1** 3; Verwandtschaft **20** 1589; Vollstreckung in Abstammungssachen **112** 96a
Abstammungserklärung, Zustimmung **21** 23
Abstammungsgutachten, Einsicht oder Abschriftaushändigung **112** 169; Honorar für erbbiologisches **116** Anl. 2 Nr. 500ff.
Abstammungssachen **112** 169ff.; Antrag **112** 171; Beschluss mit Begründung **112** 38; Beschwerderecht **112** 184; Beteiligte **112** 172; als Familiensachen **112** 111; Gebühren **118** Anl. 1 Nr. 1320ff.; Mehrheit von Verfahren **112** 179; örtliche Zuständigkeit **112** 170; persönliche Anhörung **112** 175; Tod eines Beteiligten **112** 181; Verfahrenswert **118** 47; Wiederaufnahmeverfahren **112** 185; Wirksamkeit **112** 184
Abstand im fließenden Verkehr **35a** 4; beim Überholen **35a** 5
Abstimmung, Ausübung der Staatsgewalt durch Wahlen und **1** 20; im Bundesrat **1** 51; im Bundestag **1** 42
Abstimmungen über Gerichtsentscheidung **95** 192ff.; der Gläubiger im InsVerfahren **110** 72, 237ff., in Gruppen **110** 243ff.; Stimmenmehrheit **95** 196; Straftaten bei **85** 107ff.; keine Verweigerung **95** 195

Abstimmungstermin bei Insolvenzplan **110** 235 f., 241
Abtreibung *s. Abbruch der Schwangerschaft*
Abtretung von Ansprüchen bei Insolvenz der Genossenschaft **53** 108a; Beurkundung **20** 403; des Ersatzanspruchs **20** 255, 285; von Forderungen **20** 398 ff.; einer Geldforderung bei Handelsgeschäften **50** 354a; des geltend gemachten Anspruchs **100** 265; von genossenschaftlichen Ansprüchen **53** 88a; von Geschäftsanteilen der GmbH **52** 15; des Herausgabeanspruchs **20** 870, 931, 934, Eigentumserwerb **20** 934; von Hypothekenforderungen **20** 1153 ff.; nochmalige **20** 408; durch Pfandrecht gesicherter Forderungen **20** 1250 f.; Prozesskosten bei unterlassener Mitteilung **100** 94; keine bei unpfändbaren Forderungen **20** 400; bei Verbraucherdarlehensverträgen **20** 493, 496
Abtretungsurkunde **20** 409 f.
Abtretungsverbot bei unpfändbaren Sachen **62** 17
Abwasserbehandlungsanlage, unerlaubtes Betreiben **85** 327
Abwehrklage des Eigentümers **20** 1004
Abwesende, Anfechtung gegenüber **20** 121; Beschlagnahme des Vermögens **90** 290; Hauptverhandlung gegen **90** 232 ff., oder flüchtigen Angeklagten **90** 230; Pflegschaft **20** 1911; sicheres Geleit **90** 295; Strafverfahren gegen **90** 276 ff.; Willenserklärungen gegenüber **20** 130, 147, 152
Abwesenheitspfleger **20** Anm. zu 1911
Abwesenheitspflegschaft **20** 1911, 1921
Abwickler *s. Liquidatoren*
Abwicklung von Verwaltungsorganen **1** 130
Abzeichenmissbrauch **85** 132a
Adhäsionsverfahren **90** 403 ff.; Akteneinsicht im **90** 406e; kein im Jugendstrafverfahren **89** 81; Kosten **90** 472a
Adoption, Aufhebung **112** 198; durch Beschluss **112** 197; deutsche Zuständigkeit **112** 101; von Stiefkindern in nichtehelichen Familien **21** Art. 229 § 52; unbefugte **85** 236; *s. a. Annahme als Kind*
Adoptionsgeheimnis und Mitteilungen der Meldebehörde **92** 20a
Adoptionssachen **112** 186 ff.; Anhörung **112** 192 ff.; Beteiligte **112** 188; keine Verbindung mit anderen Verfahren **112** 196; örtliche Zuständigkeit **112** 187; Richtervorbehalt **96** 14; bei Volljährigen, Gebühren **118** Anl. 1 Nr. 1320 ff.
Adoptionsvermittlung **20** Anm. zu 1741
Adoptionsvermittlungsstelle, fachliche Äußerung **112** 189
Adoptionswirkungsgesetz **112** 199
Agent *s. Handelsvertreter, Versicherungsvertreter*
Agentenmarken **72** 11; Ansprüche des Markeninhabers **72** 17
Agentur für Arbeit, Information bei Massenentlassungen **84** 17 ff.
Agrarorganisationen- und -Lieferketten-Gesetz, Beschwerdeverfahren **115** 50a
Agrarstruktur, Mitwirkung des Bundes bei Verbesserung **1** 91a
AIFM-Umsetzungsgesetz **50a** 72
Akkreszenz *s. Anwachsung eines Erbteils*
Akten, Einsicht **100** 760; elektronische *s. dort;* Herausgabepflicht von Sachverständigen **100** 407a; **122** 1; Übersendung bei Rechtsmittel **90** 320 f., 347; Vernichtung **85** 133
Akteneinsicht im Adhäsionsverfahren **90** 406e; bei elektronischer Aktenführung **94** 110c; **100** 299; **112** 13; gemäß FamFG **112** 13; im Markeneintragungsverfahren **72** 62; im Nachprüfungsverfahren nach GWB **74** 165; Notargebühr **119** Anl. 1 Nr. 25209; im Strafverfahren bei elektronischer Aktenführung **90** 32f, für Justizbehörden **90** 474, für Privatkläger **90** 385, für Privatpersonen **90** 475, für Sachverständige im Strafverfahren **90** 80, beim Täter-Opfer-Ausgleich **90** 155b, für Verteidiger **90** 147; bei Verfahren nach OWiG **94** 49
Aktien, abhandengekommene, Aufgebotsverfahren **51** 72; Ausgabe **51** 203 ff.; Ausgabebetrag **51** 9; beschädigte **51** 74; Besitzzeitberechnung **51** 70; Bestand, Erwerb, Veräußerung eigener **51** 160; Bezugsaktien **51** 192 ff.; eigene **51** 71 ff.; Eintragung in Aktienregister **51** 67; Einziehung **51** 237 ff.; Erwerb eigener **51** 93; Form **51** 8; Inhaberaktien **51** 10, 23 f.; Kaduzierungsverfahren **51** 64 ff.; Kapitalherabsetzung **51** 237 ff.; Kraftloserklärung **51** 72 f., 226; Mehrstimmrechtsaktien **51** 12; **51a** 5; Mindestnennbetrag **51a** 3; Namensaktien **51** 10, 23 f., Eintragung **51** 67; Nennbetrag **51** 6; Nennbetragsaktien **51** 8, 23, 198; als Pfand **51** 71, 93; Pfandnahme eigener **51** 71e; Rechtsgemeinschaft an **51** 69; Stimmrecht **51** 12, 134 f.; **52** 67; Stimmrechtsausschluss **51** 136; Stückaktien **51** 8, 23; Übertragung **51** 68; Umwandlung von **51a** 26h; Unteilbarkeit **51** 8; Unterzeichnung **51** 13; Verbot der Ausgabe **51** 41, 191, 197, 219, der Zeichnung eigener **51** 56; vernichtete, Aufgebotsverfahren **51** 72; Vorzugsaktien **51** 11 f., 139 ff., 204; Zeichnung neuer **51**

185; Zerlegung des Grundkapitals der AG in **51** 1; Zwischenscheine **51** 10, 191, 219

Aktiengesellschaften, Abfindung von Aktionären **51** 320b; Abschlagzahlung auf Bilanzgewinn **51** 59; Abschlussprüfung **50a** 25; Abwicklung **51** 264 ff., Pflichten des Abwicklers **51** 268; Aktienrechtsnovelle 2016 **51a** 26h; Angemessenheit der Vorstandsvergütung **51a** 23; Anhangsvorschriften **51** 160; Anmeldung **51** 36 ff., 45, 210, der bedingten Kapitalerhöhung **51** 195, der Kapitalherabsetzung **51** 239, bei Sachgründung ohne externe Gründungsprüfung **51** 37a; Auflösung **51** 119, 262 ff., durch Urteil **51** 396 ff.; Auflösung wegen Satzungsmangels **112** 399; Aufsichtsrat **51** 30, *s. a. dort;* Ausgabe von Gewinn- oder Wandelschuldverschreibungen **51** 221; Beherrschungsvertrag **51** 291; Bekanntmachungen **51** 23 f., Anfechtungsklage **51** 246, 248, Haftungsklage **51** 149; Berichterstattung, Unterlassen **51** 160; Beteiligung an Spaltung **52a** 141 ff., an Verschmelzung **52a** 60 ff.; mit Beteiligung von Gebietskörperschaften **51** 393a ff.; Betriebspachtvertrag **51** 292; Betriebsüberlassungsvertrag **51** 292; Beziehung zu verbundenen Unternehmen (Konzernen) **51** 291 f.; Bilanzgewinnverteilung vor Auflösung **51** 57; börsennotierte **51** 3, Erklärung zum Corporate Governance Kodex **51** 161, Konzernlagebericht **50** 315a, Prüfung **50** 316 ff., Lageberichte **50** 289a, Erklärung zur Unternehmensführung **50** 289f, Prüfung **50** 316 ff., nichtfinanzielle Erklärungen **50** 289c ff.; **51** 26i, 170 f., Vergütungsberichte **51** 162; **51a** 26j, Vergütungssystem **51** 87a; **51a** 26j, Votum der Hauptversammlung **51** 120a; **51a** 26j; eigene Aktien **51** 71 ff.; Eingliederung in andere AG **51** 319 f.; Einlagenrückzahlung **51** 27; Einpersonen-Gesellschaft **51** 42; Eintragungen ins Handelsregister, Auflösung **51** 263, 398, Ausgabe von Bezugsaktien **51** 201, Erhöhung des Grundkapitals **51** 188, 195, Gesellschaftsgründung **51** 39 ff., 266, Herabsetzung des Grundkapitals **51** 227, 238, Nichtigkeit **51** 277, Satzungsänderung **51** 181, Schluss der Abwicklung **51** 273, Sitzverlegung **51** 45, von Unternehmensverträgen **51** 294, 298, Vorstand **51** 81; Entlastung auf Hauptversammlung **51** 120; Entsprechensbericht **51** 150 ff.; Eröffnungsbilanz bei Abwicklung **51** 270; Errichtung **51** 29; Ersatzansprüche gegen Aufsichtsrat, Vorstand und Gründer **51** 46 ff., 50, 53, 117, 147, 310, 318, 322; Feststellung der Satzung **51** 23; Firma **51** 4; Formkaufmann **51** 3; Fortsetzung einer aufgelösten AG **51** 274; genehmigtes Kapital **51** 160; gerichtliche Freigabeverfahren **51** 246a; Geschäfte mit nahestehenden Personen **51** 111a ff.; Geschäftsbriefe **51** 80; Geschäftsführung **51** 77; gesetzliche Rücklagen **51** 231, 300, 324; Gewinn- und Verlustrechnung **51** 158; Gewinnabführungsvertrag **51** 291; Gewinnausschüttung **51** 233; Gewinngemeinschaft **51** 292; Gewinnverwendung **51** 174; gleichberechtigte Teilhabe von Frauen und Männern **51** 76, 96, 250; **51a** 25, 26l; Gründer **51** 2, 28; Grundkapital **51a** 1; Gründung **51** 23 ff.; Gründungsbericht **51** 32; Gründungsprüfung **51** 33 ff.; Haftung vor Eintragung **51** 41, bei Gründung **51** 46 ff., für Verbindlichkeiten **51** 1; als Handelsgesellschaft **51** 3; Hauptversammlung **51** 118 ff., *s. a. dort,* Übergangsvorschriften **51a** 16; Herabsetzung des Grundkapitals **51** 222 ff.; Informationspflichten bei Unternehmensereignissen **51** 67a, 186, 214; **51a** 26j, durch Intermediäre **51** 67b f., Kosten **51** 67f; Insolvenzverfahren **51** 62, 262 ff.; institutionelle Anleger **51** 134a ff., *s. a. dort;* Intermediäre **51** 67a; **51a** 26j, *s. a. dort;* Jahresabschluss **50** 264 ff.; **51** 253, und Lagebericht **51** 150 ff.; Jahresüberschuss, Verwendung **51** 58; Kapitalbeschaffung **51** 119; Kapitalerhöhung **51** 182 ff., bedingte **51** 192 ff., aus Gesellschaftsmitteln **51** 207 ff.; Kapitalherabsetzung **51** 119, Ausweis **51** 240; kleine, Bilanzierungsvorschriften **51** 152, 160, 240; Kraftloserklärung von Aktien **51** 73; Leitung **51** 76; Löschung vermögensloser **112** 394; Löschung wegen Nichtigkeit **112** 397; Mindestnennbetrag des Grundkapitals **51** 7; **51a** 2; Mitbestimmungsgesetz **51** 96 s. Anm.; Mitteilungspflicht bei Beteiligungen **51a** 7, bei Sonderprüferbestellung **51** 261a; Nachgründung **51** 52 f.; **51a** 11; Nebenleistungen der Aktionäre **51** 61; Nebenverpflichtungen der Aktionäre **51** 55, 180; **51a** 10; Nichtigkeit von Hauptversammlungsbeschlüssen **51** 241 ff., des Jahresabschlusses **51** 256 ff., der Satzung **51** 38; Nichtigkeitsklage **51** 275 ff.; notarielle Beurkundung **51** 23, 30; Offenlegung der Vorstandsvergütung **50** 285 f.; Prüfung der Errichtung **51** 38; Prüfungsbericht **51** 145, 259; Rücklagen **51** 58, 231 f.; Sacheinlagen **51** 27, 205 f., Fristen **51a** 26c; Sachgründung ohne externe Gründungsprüfung **51** 33a; Sachübernahmen, Fristen

51a 26c; Satzung **51** 23; Satzungsänderung **51** 119, 179 ff.; **51a** 5, 8, 26b; Sitz **51** 5; Sonderprüfer **51** 143 ff.; Sonderprüfung **51** 142 ff., 258 ff.; Sperrjahr **51** 272; Stimmrechte **51** 12, 134 f.; Stimmrechtsberater **51** 134a ff., *s. a. dort;* Stimmrechtsmissbrauch **51** 405; **51a** 26k; Strafvorschriften **51** 399; Teilgewinnabführungsvertrag **51** 292; Übergangsvorschriften **50a** 34, zu Anmeldung und Eintragung **51a** 18, für Konzernabschluss u. Konzernlagebericht **51a** 13, zum Transparenz- und PublizitätsG **51a** 13 f.; Übertragungspflicht des Gesellschaftsvermögens **51** 179a; Umwandlungsmöglichkeiten **52a** 1 f.; Unternehmensverträge **51** 291 ff.; verbundene Unternehmen **51** 291 ff., *s. a. dort;* Verfassung **51** 76 ff.; Verjährung, Übergangsvorschr. **51a** 26e; Verlust, Überschuldung, Zahlungsunfähigkeit **51** 92; Vermögensverwalter **51** 134a ff., *s. a. dort;* Veröffentlichungen bzgl. Hauptversammlung auf der Internetseite **51** 124a; Verschmelzung von **52a** 60 ff., *s. a. dort;* Vertretung **51** 78 f., 269; Vorstand einer **51** 76 ff., *s. a. dort;* wechselseitige Beteiligung an anderen Unternehmen **51** 19, 328; **51a** 6; zuständiges Gericht **51** 14; Zweigniederlassung im Ausland **50** 13f

Aktiengesetz 51; Anwendungsbereich **51a** 27; und die DigitalisierungsRL **51a** 26m; EinführungsG **51a**; und Finanzmarktintegritätsstärkungsgesetz **51a** 26k; Klagen nach dem **95** 95; Klagezulassungsverfahren **51** 148, Streitwertfestsetzung **115** 50; Verfahren, Gebühren **115** Anl. 1 Nr. 1641, zur Umstellung auf Euro **51a** 4; Verfahren nach AktG, Gebühren **115** Anl. 1 Nr. 1640

Aktienrechtsnovelle 2016 51a 26h

Aktienregister 51 67

Aktienübernahme 51 56

Aktionäre, Abfindung bei Beherrschungs- oder Gewinnabführungsvertrag **51** 305; Anfechtung von Hauptversammlungsbeschlüssen **51** 245, der Wahl von Aufsichtsratsmitgliedern **51** 251; Anspruch auf Bilanzgewinn **51** 58; Anträge auf der Hauptversammlung **51** 126; Ausgleichsanspruch bei Gewinnabführungsvertrag der AG **51** 304; Auskunftsrecht **51** 131 f., 138, 326; Ausschluss **51** 64, 327a ff.; **51a** 11; Bekanntgabe zur Einberufung der Hauptversammlung **51** 125; Bezeichnung unbekannter **52a** 35; Bezugsrecht **51** 186 f.; Einlage **51** 54, 57, 63, 93; Eintragung in Aktienregister **51** 67; Gewinnbeteiligung **51** 60; Gleichbehandlung **51** 53a; Gründer der AG **51** 28; Haftung **51** 62; Informationsansprüche bei Unternehmensereignissen **51** 67a, 186, 214, durch Intermediäre **51** 67b f., Kosten **51** 67f; institutionelle Anleger **51** 134a ff., *s. a. dort;* Kaduzierungsverfahren **51** 64 f.; Klagezulassungsverfahren **51** 148; Leistungspflichten **51** 66; Minderheitsaktionäre **51** 327a; Nebenverpflichtungen **51** 55; Ordnungswidrigkeiten **51** 405; **51a** 26k; Richtlinie zur Umsetzung der Rechte **51a** 20; Rückgewähr von Einlagen **51** 57; Sacheinlagen und Sachübernahmen **51** 27, 41; Sonderbeschlüsse **51** 138; Sondervorteile **51** 26; Stimmrecht **51** 12, 134 f., Ruhen des **52a** 35; Stimmrechtsberater **51** 134a ff., *s. a. dort;* Verbot von Zahlungen an **51** 230; Vermögensverteilung **51** 271; Vermögensverwalter als **51** 134a ff., *s. a. dort;* Verpflichtungen **51** 54 ff.; gesonderte Versammlung **51** 138; Verzinsung von Einlagen **51** 93; Vorzugsaktionäre **51** 139 ff.; Wahlvorschläge **51** 127, 137; Widerspruch gegen Hauptversammlungsbeschluss **51** 245; Zahlungspflicht des Vormannes **51** 65

Aktionärsforum, Bundesanzeiger **51** 127a

Aktionärsrechterichtlinie, Übergangsvorschriften **51a** 20

Aktivlegitimation, Insolvenzverwalter **110** 85; der OHG **50** 124; bei Testamentsvollstreckung **20** 2212

Akustische Überwachung außerhalb von Wohnraum **90** 100f

Akustische Wohnraumüberwachung 90 100c ff.; Berichtspflicht der Bundesregierung **90** 101b; und Kernbereich privater Lebensgestaltung **90** 100d; Verfahren **90** 100e

Akzept *s. Wechsel*

Akzessorietät, beschränkte der Teilnahme **85** 29; der Hypothek **20** 1153

Alimente *s. Unterhalt*

Alkohol, Genuss im Übermaß **85** 64; Rauschtaten **85** 323a; im Straßenverkehr **35** 24a; Trunkenheit im Verkehr **85** 315a, 315c, 316

Alkoholverbot für Fahranfänger/-innen **35** 24c

Alleinsorgeübertragung bei Getrenntleben der Eltern **20** 1671

Allgemeine Bankrisiken 50 340e ff.

Allgemeine Geschäftsbedingungen 20 305 ff.; Änderung der Beweislast **20** 309; Anwendungsbereich **20** 310; in Arbeitsverträgen **20** 310; Auslegung **20** 305c; Ausschluss von Klauseln **20** 305c; Fiktion des Zugangs von Erklärungen **20** 308;

Generalklausel **20** 307; Gewährleistungsausschluss **20** 309; Haftung bei Verschulden **20** 309; Klagen nach dem UKlaG **105** 1; Klauselverbote mit Wertungsmöglichkeit **20** 308, ohne Wertungsmöglichkeit **20** 309; Laufzeit bei Dauerschuldverhältnissen **20** 309; Mahnung **20** 309; Nachfrist **20** 309; Umgehungsverbot **20** 306a; Unmöglichkeit der Leistung **20** 309; unwirksame Klauseln **20** 307 f.; Vertragsstrafe **20** 309; Verzug **20** 309
Allgemeine Versicherungsbedingungen **62a** 1
Allgemeine Verwaltungsvorschriften, Erlass **1** 84 bis 86, 87b
Allgemeines Gleichbehandlungsgesetz **34**; Antidiskriminierungsstelle des Bundes **34** 25 ff.; Begriffsbestimmungen **34** 3; Benachteiligungsklage **83** 61b; Rechtfertigung der unterschiedlichen Behandlung **34** 4; Rechtsschutz **34** 22; Übergangsbestimmungen **34** 33; unzulässige Benachteiligungen **34** 2; zulässige unterschiedliche Behandlung **34** 5
Allgemeinverbindliche Tarifverträge, Prüfung durch ArbG **83** 2a, 98
Allgemein-Verbraucherdarlehensvertrag **20** 491 ff.; Anbahnung per Telefon **21** Art. 247 § 5; Angaben im **21** Art. 247; Informationspflichten, vorvertragliche **21** Art. 247 Anlagen 4, 5; Kosten bei Kündigung **20** 501; zur Umschuldung **21** Art. 247 § 11, Anlage 5 zu 247 § 11; Vorfälligkeitsentschädigung **20** 502; mit Zusatzleistungen **21** Art. 247; *s. a. Verbraucherdarlehensvertrag*
Allgemeinwohl, Enteignung zum **1** 14
Altenteil **21** 96; Eintragung ins Grundbuch **114** 49
Altenteilsvertrag, Zuständigkeit des Amtsgerichts **95** 23
Alter, Anpassung des Versorgungsausgleichs **48** 35 f.; Diskriminierungsverbot **34** 10; Mindestalter für aktives und passives Wahlrecht **1** 38; Unterhaltsanspruch bei Scheidung **20** 1571; Zweifel über Alter und JGG **89** 1; *s. a. Lebensalter*
Alternativ Bedachte **20** 2152
Alternativobligation **20** 262 ff., *s. a. Wahlschuld*
Alternativvermächtnis **20** 2148
Alters- und Invaliditätsvorsorge **48** 2
Altersgrenze für Richter **1** 97
Altersrenten, Pfändungsschutz **100** 851c
Altersvorsorgevermögen, Pfändungsschutz **100** 851d
Altfahrzeug-Gesetz, Übergangsvorschriften **50a** 53
Altverträge bei Versicherungen **62a** 1
Amnestie, Eintragung ins Zentralregister **92** 14
Amortisation von Geschäftsanteilen **52** 34; *s. Kraftloserklärung, Tilgung*
Ampel, Verkehrsregelung **35a** 37
Amt, kirchliches **1** 140; öffentliches **1** 33; Straftaten im **85** 331 ff.; Unfähigkeit zur Bekleidung öffentlicher Ämter **85** 45 ff., 101
Amtliche Bekanntmachungen, Abreißen, Beschädigen von **85** 134; kein Urheberrechtsschutz **65** 5
Amtliche Verkehrszeichen **35** 5b
Amtliche Werke, kein Urheberrechtsschutz **65** 5
Amts- und Gerichtssprache **20** 483; in Markenangelegenheiten **72** 93, 107
Amtsanmaßung **85** 132 f.
Amtsanwalt **95** 142, 145
Amtsdelikte *s. Amtspflichtverletzung*
Amtsenthebung eines ehrenamtlichen Richters **83** 27; **95** 113; von Richtern **1** 98
Amtsfähigkeit, Verlust **85** 108c, 109i
Amtsgeheimnis, Aussagegenehmigung für Beamte **100** 376; *s. a. Geheimhaltungspflicht, Schweigepflicht, Verschwiegenheit*
Amtsgerichte **95** 12; Anmeldung der Aktiengesellschaft **51** 36 ff., Prüfung der Errichtung **51** 38; auswärtige Strafkammern **95** 78; Belehrung bei Unzuständigkeit **100** 504; Betreuungsgerichte **95** 23d; Bewilligung der Kraftloserklärung der Vollmachtsurkunde **20** 176; Dienstaufsicht **95** 22; EDV im Mahnverfahren **100** 703c; Führung des Güterrechtsregisters **20** 1558; gemeinsames in Familiensachen **95** 23d, in Strafsachen **95** 58; Inhalt des Urteils **100** 495a; Insolvenzgericht **110** 2; Rechtshilfe **83** 13; **95** 157; bestellte oder beigeordnete Richter in Strafverfahren **117** Anl. 1 Nr. 4110 f.; RichterInnen und Richter **95** 22; Staatsanwaltschaft **95** 142; Strafanzeigen beim **90** 158; Strafgewalt **95** 24 ff.; Verbot der Sicherungsverwahrung **95** 24; Verfahren **100** 495 ff.; Verfahrensgebühren des Verteidigers **117** Anl. 1 Nr. 4106; als Vollstreckungsgericht **100** 764; **108** 1 f., 163, 171b; Vorsitz des Präsidiums **95** 22a; Zuständigkeit **20** 1141; **95** 23 ff., für Beurkundungen **23** 67 f., bei einstweiliger Verfügung **100** 942, für Familiensachen mehrerer Bezirke **95** 23d, für Familiensachen und in Angelegenheiten der freiwilligen Gerichtsbarkeit **95** 23a, für Handelssachen **95** 23d, in Jugendsachen **95** 26, im Mahnverfahren **100** 689,

bei Sicherheitsarrest **20** 230, in Vereinssachen **20** 66, Einberufung der Mitgliederversammlung **20** 37, Notbestellung des Vereinsvorstandes **20** 29, Vereinsregister **20** 60, Zwangsgeld gegen Vereinsvorstand **20** 78, für Wirtschaftsvergehen **88** 13; Zustellung von Willenserklärungen **20** 132; als Zustellungsstelle iSd VO (EU) 2020/84 **100** 1069

Amtsgerichtspräsidenten *s. Präsident des Amtsgerichts*

Amtshandlung auf Antrag, Kostenhaftung **120** 14

Amtshandlungen des Gerichtsvollziehers, Gebühren **123** 13 ff., Anl. Nr. 600; kostenfreie **120** 3

Amtshilfe **122** 2; der Bundes- und Landesbehörden **1** 35, 44; Übertragung auf Rechtspfleger **96** 24b

Amtspflichtverletzung **1** 34; **21** 77; durch Beamte **20** 839, 841; des ehrenamtlichen Richters **83** 27; durch Richter **1** 98; Zuständigkeit des Landgerichts **95** 71

Amtsträger, europäische *s. dort;* iSd StGB **85** 11; Straftaten im Amt **85** 331 ff., 335a; Verletzung von Privatgeheimnissen **85a** 311; Verwahrungsbruch **85** 133

Amtsverschwiegenheit der Beamten **100** 376

Amtsvormundschaft, Entlassung des Vormunds **20** 1887, 1889; des Jugendamtes **20** 1791b f.

Amtszeit des Bundespräsidenten **1** 115h

Anbieten von Waren auf Straßen **35a** 33

Änderung arbeitsgerichtlicher Beschlüsse **83** 89; des Arrestes **100** 925; der Aufbewahrung, Anzeige **20** 692; des Güterstandes durch Ehevertrag **20** 1408; der Klage **100** 268; von Landpachtverträgen **20** 593; des Rangverhältnisses **20** 880; eines Schuldverhältnisses **20** 311; der Unpfändbarkeitsvoraussetzung **100** 850g; eines urheberschutzfähigen Werkes **65** 39; eines Urteils im Zivilprozess **100** 528; des Vertragsantrags **20** 150

Änderung eines Strafurteils, Verschlechterungsverbot **90** 331, 358, 373

Änderungskündigung, Annahme unter Vorbehalt **84** 2, 4, 8

Androhung des Pfandverkaufs **20** 1234; der Versteigerung der geschuldeten Sache **20** 384

Aneignung aufgegebener Grundstücke **20** 928; **21** 129; von Bestandteilen **20** 954; beweglicher Sachen **20** 958 ff.; Gestattung bei Erzeugnissen und Bestandteilen **20** 956 f.; von Tauben **21** 130; von Tieren **20** 960

Anerbenrecht **21** 63

Anerkenntnis, Anerkennung des Rechts **20** 1170; im arbeitsgerichtlichen Verfahren **83** 55; Belehrung über Folgen **100** 499; als Bereicherung **20** 812; des Bestehens eines Schuldverhältnisses **20** 781 f.; des Erlöschens einer Forderung **20** 371; im Güteverfahren **83** 55; negativer Anerkennungsvertrag **20** 397; Neubeginn der Verjährung durch **20** 212; Prozesskosten **100** 93; nach Verjährungseintritt **20** 214; durch Versicherungsnehmer, Unwirksamkeit **62** 105

Anerkenntnisurteil **100** 307; abgekürzte Form **100** 313b; Verkündung **100** 311; Vollstreckbarkeit **100** 708; Zustellung statt Verkündung **100** 310

Anerkennung ausländischer Titel nach VO (EU) Nr. 1215/2012 **100** 1110 ff., Versagung **100** 1115; des Bestehens oder Nichtbestehens eines Schuldverhältnisses **20** 812; einer Stiftung **20** 80, Rückwirkung **20** 84; des Urteils eines ausländischen Gerichts **100** 328, 723; der Vaterschaft **20** 1594 ff.; **112** 169, missbräuchliche **20** 1597a, öffentliche Beurkundung **20** 1597, Unwirksamkeit **20** 1598; von Wettbewerbsregeln **74** 26

Anerkennungs- und Vollstreckungsausführungsgesetz, Kosten **115** 1

Anfangstermin für Wirkung eines Rechtsgeschäfts **20** 163, 308; einer Zuwendung **20** 2070

Anfangsvermögen des Ehegatten **20** 1374, Verzeichnis **20** 1377

Anfechtbarkeit **20** 143; der Annahme oder Ausschlagung der Erbschaft **20** 1954 ff., 2308; von Beschlüssen in unternehmensrechtlichen Verfahren **112** 402; der Bestimmung der Leistung durch Dritte **20** 318; wegen Drohung und arglistiger Täuschung **20** 123; Einrede des Bürgen **20** 770; der Eintragung in Registersachen **112** 383; des Erbschaftserwerbs **20** 2340 ff.; Form **20** 143; Frist **20** 121, 124; außerhalb des Insolvenzverfahrens **111**; wegen Irrtums **20** 119; von Rechtshandlungen **111** 3 ff., außerhalb des Insolvenzverfahrens **111**; wegen unrichtiger Übermittlung **20** 120; von Urteilen im Jugendstrafverfahren **89** 55; der Versäumung der Ausschlagungsfrist **20** 1956; Verweigerung der Befriedigung des Gläubigers wegen A. **20** 770; von Willenserklärungen **20** 119 ff.; Wirkung **20** 142 f.

Anfechtung der Abstammung **21** Art. 20; Anfechtungsgegner **20** 143; der Anpassung eines Titels gem. VO (EU)

Nr. 1215/2012 **100** 1114; wegen arglistiger Täuschung **62** 22; der Aussetzung der Jugendstrafe **89** 59; der Entscheidung über Dauer der Bewährungszeit **89** 59, über Weisungen und Auflagen **89** 59; des Erbvertrags **20** 2281 ff.; Form bei Erbschaftsannahme oder -ausschlagung **20** 1955; von Gesellschafterdarlehen im Insolvenzverfahren **110** 135; durch Hypothekenschuldner **20** 1137; nach Insolvenzrecht *s. Insolvenzanfechtung;* des Jahresabschlusses **51** 257; von Kostenentscheidungen **100** 99; der letztwilligen Verfügung **20** 2078 ff.; von Rechtshandlungen des Schuldners **111**; des Testaments **20** 2078 ff., Notargebühr **119** Anl. 1 Nr. 21201; der Vaterschaft **20** 1600 ff.; **112** 169, 177, Aussetzung eines Verfahrens **100** 153, Kosten **112** 183, Übergangsvorschriften **21** Art. 229 § 10; von Verwaltungsakten im Bereich von Kostenvorschriften **95a** 30a; der Wahl von Aufsichtsratsmitgliedern **51** 251

Anfechtungsberechtigte nach AnfG **111** 2

Anfechtungsfrist für Vaterschaft **20** 1600b

Anfechtungsgesetz 111

Anfechtungsklage, Bekanntmachung **51** 248a; gegen Erbschaftserwerb **20** 2342; nach GenG **53** 111 f.; gegen Hauptversammlungsbeschlüsse der AG **51** 243, 246 f.; **51a** 17

Angebot, Ersatz der Mehraufwendungen bei Gläubigerverzug **20** 304; der Leistung **20** 294 ff.

Angehörige des Angeklagten, Vertretung des Flüchtigen **90** 286; Ansprüche bei Arbeitsunfällen **20** Anm. zu 618; Benachrichtigung bei Festnahme **1** 104, bei Freiheitsentziehung **112** 432, bei Unterbringungsmaßnahmen **112** 339; von Beschuldigten, Benachrichtigung bei Verhaftung **90** 114c, Zeugnisverweigerungsrecht **90** 52, Zuziehung bei Durchsuchung **90** 106; Bild von **67** 22; Fortsetzung des Mietverhältnisses **20** 563 ff.; Nichtanzeige gegen **85** 139; Notstand **85** 35; des öffentl. Dienstes **1** 33, 73, ehemalige **1** 131; iSd Strafrechts **85** 11; von Verletzten, Befugnisse im Strafverfahren **90** 406l

Angeklagter 90 157; abwesender, Berufungsfrist **90** 314, Revisionsfrist **90** 341, Vertretung in der Hauptverhandlung **90** 234; Anordnung des persönlichen Erscheinens **90** 236; Ausbleiben in Hauptverhandlung **90** 230 ff., 412; Beendigung der Hauptverhandlung ohne **90** 231; Berufungsverfahren **90** 323 f.; Beurlaubung **90** 231c; Beweisanträge **90** 219; Entbindung von der Verpflichtung zum Erscheinen in Hauptverhandlung **90** 233; Entfernung aus Hauptverhandlung **90** 231c, Weiterführung der Hauptverhandlung **90** 231b, aus Sitzungszimmer **90** 247; Fragerecht **90** 240 ff.; Grundrechte **1** 103; Kosten des Verfahrens **90** 465; Ladung zur Hauptverhandlung **90** 214 ff.; letztes Wort **90** 258, im Berufungsverfahren **90** 326, im Revisionsverfahren **90** 351; rechtliches Gehör **90** 257; Revisionsverfahren **90** 350, 357; Verlassen der Hauptverhandlung, Verhinderung **90** 231; Verlesung von früheren Geständnissen **90** 254; vorsätzliche Verhandlungsunfähigkeit **90** 231a; Wiederaufnahmeverfahren **90** 359

Angemessener Unterhalt 20 1360a, 1603, 1608, 1610; Berücksichtigung bei Billigkeitshaftung **20** 829; Gefährdung durch Schenkung **20** 519, 528; *s. a. Unterhalt*

Angeschuldigter 90 157

Angestellte, -r des öffentl. Dienstes, Beschränkung der Wählbarkeit **1** 137

Angestellter eines Geschäftsbetriebs **50** 59 ff.; Haftung für Verschulden **20** 278, Anm. zu 618, 831; des Insolvenzschuldners **110** 101; Kündigung von leitenden **84** 14; Kündigungsfristen **20** 622, 626

Angriff, gegenwärtiger rechtswidriger **85** 32; **94** 15; tätlicher auf Vollstreckungsbeamte **85** 114 f.

Angriffskrieg 1 26

Angriffsmittel in der Berufungsinstanz **100** 530 f.; Kosten erfolgloser **100** 96; verspätetes Vorbringen **100** 296

Anhalten von Verkehrsteilnehmern durch Polizeibeamte **35a** 36

Anhang zur Bilanz **50** 284 ff.

Anhörung in Arbeitssachen **83** 83, 105; der Beteiligten im Strafverfahren **90** 33 ff.; der Beteiligten und Behörden in Betreuungssachen **112** 278 f., 298 ff.; des Beteiligten und Behörden in Unterbringungssachen **112** 319 f.; vor Erteilung der Vollstreckungsklausel **100** 730; bei Erwirkung von Handlungen oder Unterlassungen **100** 891; in Freiheitsentziehungssachen **112** 420; der Parteien über Rechtmäßigkeit einer Zeugnisverweigerung **100** 387; persönliche Anhörung in Abstammungssachen **112** 175; keine vor Pfändung einer Forderung **100** 834; des Schuldners im Insolvenzverfahren **110** 10; vor Unterbringung in psychiatrischem Krankenhaus **90** 463; **90a** 13; von Verwandten des

Mündels **20** 1847; im Vorverfahren **94** 55; *s. a. Rechtliches Gehör*

Ankaufsrecht, Wertbestimmung **119** 51

Anklage, Änderung des rechtlichen Gesichtspunktes **90** 265; Äußerung des Angeklagten zur **90** 231a; gegen Bundespräsidenten wegen Verletzung des Bundesrechts **1** 61; durch Europäische Staatsanwaltschaft **90** 16; gegen Richter **1** 98; vor dem Richter beim Amtsgericht **95** 24 ff.

Anklageerhebung durch Europäische Staatsanwaltschaft **90** 16; im Klageerzwingungsverfahren **90** 175; öffentliche Klage **90** 170; bei Privatklagedelikten **90** 376

Anklageerzwingung 117 Anl. 1 Nr. 4301

Anklageschrift 90 199 f.; Einreichung durch Staatsanwalt **90** 170; Jugendsachen **89** 46, und Berichterstattung der Jugendgerichtshilfe **89** 46a; Mitteilung an Angeschuldigten **90** 201, an Nebenkläger und Nebenklagebefugten **90** 201; Privatklage **90** 381

Anlagen, Auskunftsanspruch des Inhabers **28** 10; Auskunftspflicht der Genehmigungsbehörden u. a. **28** 9, des Inhabers **28** 8; Ausschluss der Ursachenvermutung **28** 7; Beeinträchtigung des Nachbargrundstückes **20** 907; Beseitigung **20** 1028; Betriebspflicht **28** 6; bei Grunddienstbarkeit **20** 1020; auf Nießbrauchgrundstück **20** 1037 f.; Umweltbelästigung durch **85** 325a, 327; iSd UmweltHG **28** 3, Schadensverursachung **28** 6; Unterhaltungspflicht bei Grunddienstbarkeiten **20** 1020 ff.

Anlagenhaftung 28 1 f.

Anlagevermögen, Wertansatz **50** 253

Anlandungen 21 65

Anlegung des eingezogenen Kapitals bei Nießbrauch **20** 1079

Anleitung zu Straftaten **85** 130a

Anmaßung eines Rechtes an der Mietsache **20** 536c

Anmeldepflicht, Zusammenschluss von Unternehmen **74** 39 f., 186

Anmeldung in Aufgebotssachen **112** 438; des Beschlusses der AG über Kapitalerhöhung **51** 184; zu bestimmten Registern, Geschäftswert **119** 105; des Erbrechts **20** 1965; einer Forderung im Aufgebotsverfahren der Nachlassgläubiger **112** 459; zum Handelsregister o. ä. Register, Notargebühr **119** Anl. 1 Nr. 21201; im Insolvenzverfahren **110** 174 ff., und Hemmung der Verjährung **20** 204; der Markeneintragung **72** 32 ff., und Ansprüche des Markeninhabers **72** 31, ausländische Priorität **72** 34, Ausstellungspriorität **72** 35, beschleunigtes Verfahren **72** 38, bei Gewährleistungsmarken **72** 106d ff., bei Kollektivmarken **72** 102 ff., Teilung der **72** 40, Weiterbehandlung nach Fristablauf **72** 91a; Musterverfahrensanspruch, Gebühren **115** Anl. 1 Nr. 1902; der Nachlassverbindlichkeiten **20** 1970 ff., 2061; einer Partnerschaftsgesellschaft **50b** 4; von Rechten im Zwangsversteigerungsverfahren **108** 37; in Registersachen durch Notar **112** 378; der Spaltung **52a** 129, 137; zum Vereinsregister **20** 59 f., Form **20** 77; der Verschmelzung **52a** 16 f.; im Zwangsversteigerungsverfahren **108** 45, 114, 140; der Zweigniederlassung der AG **51** 52

Annahme des Antrags (Angebots) **20** 146 ff.; der Anweisung **20** 784, 787; des Auftrags **20** 662; der Erbschaft **20** 1455; der Erbschaft bei Insolvenz **110** 83; an Erfüllungs Statt **20** 364 f.; getrennte Beurkundung von Antrag und **20** 128; des GG **1** 144; des Insolvenzplans **110** 235 ff.; der Leistung **20** 281, 293, 363, für Mündel **20** 1813; einer mangelhaften Sache, Miete **20** 536b; des Schuldenbereinigungsplans **110** 308; des Vertragsantrags, Schweigen nach **20** 151; des Werkes **20** 642, 644

Annahme als Kind 20 1741 ff.; **21** Art. 22 f., 209; Ablehnung des Antrags auf **112** 196a; Adoptionssachen **112** 186; Alter des Annehmenden **20** 1743; Aufhebung des Annahmeverhältnisses **20** 1759 ff., durch Familiengericht **20** 1760; Aufhebungssperre und Kindeswohlgefährdung **20** 1761; im Beitrittsgebiet **21** Art. 234 § 13; durch Beschluss **112** 197; durch Ehegatten **20** 1742; Eheverbot nach **20** 1308; Einwilligung des Ehegatten **20** 1749, der Eltern **20** 1747, des Kindes **20** 1746; Ersetzung der Einwilligung **20** 1748, Richtervorbehalt **96** 14; in gefestigten Lebensgemeinschaften **20** 1766a; Geheimhaltung **20** 1758; Geschäftswert **119** 101; Interesse der Eltern des Anzunehmenden **20** 1772; Nachlassauseinandersetzung **20** 2043; Probezeit **20** 1744; Stiefkinder in nichtehelichen Familien **21** Art. 229 § 52; nach Tod des Annehmenden **20** 1753; Unterhaltspflicht **20** 1751; Vertretung **20** 1750; Volljährige **20** 1767 ff.; Wirkung für Abkömmlinge und Verwandte des Kindes (Verfassungswidrigkeit) **20** 1755 ff., für Angehörige **20** 1770, der elterlichen Einwilligung **20** 1751, (Verfassungswidrigkeit) **20** 1754; **21** Art. 229 § 52

Annahmeerklärung, Ausschluss des Rücknahmerechts bei Hinterlegung **20** 376; verspäteter Zugang **20** 149

Annahmeverhinderung, vorübergehende **20** 299
Annahmeverweigerung 20 274, 293; **50** 373
Annahmeverzug 20 293, 298, 301 f., 322 f., 372, 383 f.; des Arbeitgebers/Dienstberechtigten **20** 615; nicht bei Unvermögen des Schuldners **20** 297; Wirkungen **20** 300; bei Zug-um-Zug-Leistung **100** 756; *s. a. Verzug des Gläubigers*
Anordnung des Erblassers **20** 1803, 2048 f., 2306, 2324, 2376; von freiheitsentziehenden Maßnahmen **85** 63 ff.; des Gerichts, Gebühren **100** 141 ff.; von mehreren Maßregeln **85** 72; von Polizeibeamten im Straßenverkehr **35a** 36, 44; der Unterbringung mit Aussetzung **85** 67b f.; einer vertretbaren Handlung durch Dritte, Gebühr **119** Anl. 1 Nr. 18002; vorläufige im Schiedsverfahren **100** 1033, 1041; von Zwangs- oder Ordnungsmitteln, Gebühren **119** Anl. 1 Nr. 18003; der Zwangsversteigerung **108** 15 ff., Voraussetzungen **108** 181
Anrechnung auf Ausgleichsforderung **20** 1380; der Draufgabe **20** 337; von Geldstrafen **85** 51; auf den Kaufpreis **20** 416; einer Leistung auf mehrere Verpflichtungen **20** 366; des Umfangs der Leistungspflichtbefreiung **20** 326; von Untersuchungshaft **85** 51; gegenüber dem Werkunternehmer **20** 648; auf Zinsen, Kosten und Hauptverpflichtung **20** 367; von Zuwendungen auf Pflichtteil **20** 2327
Anrechte, auszugleichende **48** 2; aus Betriebsrenten **48** 17; fehlende Ausgleichsreife **48** 19; geringfügige Differenz **48** 18; aus öffentlich-rechtlichen Dienst- oder Amtsverhältnissen **48** 16; iSd VersAusglG **48** 2
Ansammlung, unerlaubte **94** 113
Anschaffungskosten, Bewertungsmaßstäbe in Bilanz **50** 255; iSd HGB **50** 255
Anschauung, religiöse, politische und weltanschauliche **1** 3
Anschlussberufung 100 524
Anschlussbeschwerde 100 567; **112** 66
Anschlusspfändung 100 826 f.
Anschlussrechtsbeschwerde 112 73
Anschlussrevision 100 554
Anschriftsänderung, Versicherungsvertrag **62** 13
Anspruch auf rechtliches Gehör *s. Rechtliches Gehör*
Ansprüche, Anmeldung zum Musterverfahren, Rechtsanwaltsgebühr **117** Anl. 1 Nr. 1003; Begriff **20** 194; aus Eigentum **20** 985 ff.; eingetragene **21** 179; Entstehung und Beginn der Verjährungsfrist **20** 199 f.; Geltendmachung bei Miteigentum **20** 1011; auf Herausgabe **20** 285; des Käufers bei Mängeln **20** 437; Konkurrenz bei Schadensersatzpflicht **20** 200; aus Nachbarrecht, Unverjährbarkeit **20** 924; für und gegen Nachlass **20** 1958, 1961, 1973 f., 1984; aus Produkthaftung **27** 1; Schiedsfähigkeit **100** 1030; Sicherung von und Verjährungseintritt **20** 216; unverjährbare **20** 898; Vergleich im Strafverfahren **90** 405; Verjährung **20** 194 ff., Wirkung **20** 214; auf Vernichtung und Rückruf nach MarkenG **72** 18; verspätete Geltendmachung am Nachlass **20** 1974; Verwirklichung des vorgemerkten **20** 888; *s. a. Forderungen*
Anstalt des öffentl. Rechts 1 86 f., 130, 135
Anstalten, Eigentum der Religionsgesellschaften an **1** 140
Anstalten des öffentlichen Rechts 21 91; als Erbe **21** 138; Formwechsel **52a** 301 ff.; Gerichtsstand **100** 17; Pflichten nach dem PublG **52b** 3 ff.; Schadenshaftung für Organe **20** 89; Zwangsvollstreckung gegen **100** 882a
Anstaltsseelsorge 1 140
Anstaltsunterbringung, Gefährdung des Zwecks **85** 323b; eines Jugendlichen, notwendige Verteidigung **89** 68 ff.
Anstandsschenkungen 20 534, 1425, 2287, 2325, 2330; Bereicherung **20** 814; in Vertretung des Kindes **20** 1641; durch den Vormund **20** 1804
Anstifter, Haftung **20** 830
Anstiftung, erfolglose bei Verbrechen **85** 31; zu Straftaten **85** 26
Anteile an fortgesetzter Gütergemeinschaft **20** 1511 ff.; an der Gemeinschaft **20** 742 f., 747, 751; anderer Gesellschafter, Ausgleichsposten in Bilanz **50** 307; am Gesellschaftsvermögen **20** 719, 722, 725, 738; des Miteigentümers **20** 947 f., 1008, 1066, 1095, 1106, 1114, 1258; des Miterben **20** 1922, 2033 ff.; an Unternehmen als Beteiligungen **50** 271
Anteilsinhaber, Rechte bei Insolvenzplan **110** 225a; Stimmrecht **110** 238a
Anteilsrechte bei der AG, Verbot der Übertragung **51** 41
Antidiskriminierungsstelle des Bundes **34** 25 ff., Beirat **34** 30
Antidiskriminierungsverbände 34 23
Anti-Doping-Gesetz, Anwendbarkeit **85a** 316m; Telekommmunikationsüberwachung **90** 100a

Antrag auf Abänderung des Wertausgleichs bei Scheidung **112** 226; auf Abgabe einer eidesstattlichen Versicherung **100** 802c ff.; auf Abschluss eines Vertrags **20** 145 ff.; auf Anerkennung von Wettbewerbsregeln **74** 24; auf Annahme als Kind **20** 1768; auf Anordnung der Nachlassverwaltung **20** 2062, der Zwangsversteigerung **108** 15 f.; in Aufgebotssachen **112** 434; auf Aufhebung der Adoption, Frist **20** 1762, der Ehe **20** 1313 ff., der fortgesetzten Gütergemeinschaft **20** 1495 ff., der Gütergemeinschaft **20** 1447 ff., 1469; Begründung im Aufgebotsverfahren **112** 468; auf Beistand **20** 1712; Berechtigte für Aufgebotsverfahren **112** 467; auf Bestrafung **85** 77 ff.; getrennte Beurkundung von A. und Annahme **20** 128; auf Bewilligung der PKH **100** 117; in Ehesachen **112** 124; auf Einleitung des Beschlussverfahrens in Arbeitssachen **83** 81; auf einstweilige Anordnung nach FamFG **112** 51; auf einstweilige Einstellung der Zwangsversteigerung **108** 30b; auf Eintragung ins Grundbuch **20** 873, 1115, 1139, 1157, 1168, 1189; **114** 13 ff.; auf Entscheidung nach Lage der Akten **100** 331a, 335; Erfordernisse beim Güterrechtsregister **20** 1561; Erklärung zu Protokoll der Geschäftsstelle **100** 496; Erlöschen **20** 146; auf Eröffnung des Insolvenzverfahrens **110** 13 ff., *s. a. Insolvenzantrag;* auf Erteilung eines Erbscheins **112** 352; auf Fortsetzung der Zwangsversteigerung **108** 31; in Freiheitsentziehungssachen durch Verwaltungsbehörde **112** 417; Frist zur Annahme **20** 147 ff.; nach GBO, Notargebühr **119** Anl. 1 Nr. 21201; auf gerichtliche Entscheidung über Justizverwaltungsakte **95a** 26 f., in Unterbringungssachen **112** 327; auf Herausgabe, Verfahrenswert **118** 38; auf Insolvenzverfahrenseröffnung **20** 1980; an das Nachlassgericht, Geschäftswert **119** 103, Notargebühr **119** Anl. 1 Nr. 21201; auf Nachprüfung der Vergabe öffentlicher Aufträge **74** 160 f.; eines Notars **119** 4; auf PKH **100** 114, 116 f.; auf Rechnungslegung, Verfahrenswert **118** 38; Rücknahme bei Verfahren nach FamFG **112** 22; auf schriftliches Verfahren **100** 331; auf Strafverfolgung nach UWG **85** 301; in Teilungssachen **112** 363; Tod oder Geschäftsunfähigkeit des Antragstellers **20** 153; auf Übertragung der elterlichen Sorge **20** 1671; für Unterhalt Minderjähriger im Verfahren **112** 250; verfahrenseinleitender nach FamFG **112** 23; auf Vermögensverzeichnisvorlage, Verfahrenswert **118** 38; auf Versagung des Zuschlags im Verfahren **108** 74a; für Versorgungsausgleichsansprüche **112** 223; auf Vertragsschluss **20** 145 f.; auf Verweisung des Rechtsstreits **100** 506; auf Vollstreckbarerklärung eines Schiedsspruchs **100** 1060; und Widerantrag, Verfahrenswert **118** 39; Zurücknahme oder Zurückweisung, Gebühren **119** Anl. 1 Nr. 14400 f.; *s. a. Strafantrag*

Anträge nach der StPO auf Ablehnung eines Richters **90** 26 ff.; auf Erlass eines Strafbefehls **90** 408; auf Eröffnung des Hauptverfahrens **90** 199, 201; im Klageerzwingungsverfahren **90** 172; auf Wiederaufnahme **90** 365 ff.

Antragsberechtigung, Angehörige **85** 77; Aufhebung der Ehe **20** 1316; für Beistandschaft **20** 1713

Antragsrücknahme, Gebühren **119** Anl. 1 Nr. 15214

Antragsstraftat, Antragsberechtigte **85** 77 f.; wechselseitig begangene, Antragsfrist **85** 77c; *s. a. Strafantrag*

Antragstellung im Zivilprozess **100** 297, Protokollierung **100** 309

Antragsverfahren, Kostenschuldner **118** 21; **119** 22; für weitere vollstreckbare Ausfertigung, Gebühr **119** Anl. 1 Nr. 18001

Anwachsung des Anteils am Gesellschaftsvermögen **20** 738; beim Erbschaftskauf **20** 2373; des Erbteils **20** 2094 f., 2099; Verhältnis zum Recht des Ersatzerben **20** 2099

Anwalt, Bestellung eines neuen Rechtsanwalts **100** 244; *s. a. Anwaltsprozess, Anwaltsvergleich, Anwaltszwang, Rechtsanwalt*

Anwaltsprozess **100** 78; Anträge und Erklärungen **100** 297; Anzeige der Bestellung eines anderen Anwalts **100** 87; Aufforderung zur Bestellung eines Anwalts **100** 215; vorbereitende Schriftsätze **100** 129

Anwaltsvergleich, Gebühren **117** Anl. 1 Nr. 3327; Vollstreckbarerklärung **115** Anl. 1 Nr. 2118

Anwaltszwang **100** 78; in Arbeitssachen **83** 89, 94; im Beschwerdeverfahren im Vergabeverfahren **74** 175; Beschwerdeverfahren nach dem GWB **74** 64; vor Bundesarbeitsgericht und Landesarbeitsgerichten **83** 10; in Ehe- und Folgesachen **112** 114, nicht im Verfahren vor dem Rechtspfleger **96** 13; in selbständigen Familienstreitsachen **112** 114; im Strafverfahren, notwendige Verteidigung **90** 140, Revision **90** 345

Anwartschaften, Bewertungen **48** 39 f.
Anweisung 20 783 ff.; Aushändigung **20** 785; Befreiung von der Schuld **20** 787; Deckungsverhältnis **20** 787; kaufmännische **50** 363 f.; Rückgriff **20** 792; Tod, Geschäftsunfähigkeit **20** 791; Übertragung **20** 792; Valutaverhältnis **20** 788; Verhältnis des Anweisenden zum Angewiesenen **20** 787, zum Anweisungsempfänger **20** 788; Verpflichtung zur Annahme **20** 787; Verweigerung der Annahme, Anzeigepflicht **20** 789; Widerruf **20** 790
Anwesende, Vertragsangebot (Antrag) unter **20** 147
Anwesenheit der Bundesregierung **1** 43; gleichzeitige beim Erbvertrag **20** 2276; bei Urteilsverkündung **100** 312
Anzahlungsverbot bei Teilzeit-Wohnrechteverträgen **20** 486
Anzeige der Abtretung einer Forderung **20** 409; des Anweisungsempfängers bei Zahlungsverweigerung **20** 789; der Bestellung eines neuen Anwalts **100** 87; Entgegennahme durch Notar, Gebühren **119** Anl. 1 Nr. 12410; des Erbschaftskaufs **20** 2384; Gebühren bei unwahrer **115** Anl. 1 Nr. 3200, 4300; des Gegenvormundes **20** 1799; des Geschäftsführers von der Übernahme des Geschäfts **20** 681; der Hinterlegung **20** 374; eines Leichenfundes **90** 159; der Nacherbfolge an Nachlassgericht **20** 2146; des Nießbrauchers bei Zerstörung oder Beschädigung **20** 1042; einer Straftat, Zuständigkeit **90** 158; beim Tod des Beauftragten **20** 673; unterlassene **85** 138 f.; der Verpfändung der Forderung **20** 1280
Anzeigepflicht der Erben des verstorbenen Gesellschafters **20** 727; des Ersatzberechtigten bei Unfall **63** 3; des Finders **20** 965; im Insolvenzverfahren **110** 262, 285; bei Massenentlassungen **84** 17; des Mieters **20** 536c; Schrift- oder Textform **62** 32; des Versicherungsfalls **62** 30; des Versicherungsnehmers **62** 19, Verletzung der **62** 56; Zusammenschluss von Unternehmen **74** 39 f., 186
Apotheker, strafbare Verletzung von Privatgeheimnissen **85** 203
Arbeitgeber, Anzeigepflicht bei Massenentlassungen **84** 17; Entschädigung und Schadensersatz **34** 15; fristlose Kündigung **20** 626; Haftung nach Betriebsübergang **20** 613a; Haftung nach dem UrhG **65** 99; Information des Betriebsrates **84** 17; Kündigung **20** 622; Maßregelungsverbot **20** 612a; Nutzungsberechtigter iSd UrhG **65** 69b; Organisationspflichten **34** 12; Schutzpflichten **20** 618; soziale Verantwortung **34** 17; Verzug des **20** 615, Verzugspauschale **20** 288; Vorenthaltung von Sozialversicherungsbeiträgen als schwere Straftat **85** 266a, Telekommunikationsüberwachung **90** 100a; Weisungsrecht **20** 611a
Arbeitgebervereinigungen, Parteifähigkeit vor Arbeitsgerichten **83** 10 f.
Arbeitnehmer 83 5; Abfindung bei Auflösung des Arbeitsverhältnisses **84** 9 f., 13; Ansprüche bei Arbeitsunfall **20** Anm. zu 618; im Aufsichtsrat der AG **51** 96 s. Anm.; Begriff **20** 611a, bei Massenentlassungen **84** 17; Beweislast bei Haftung **20** 619a; Gerichtsstand **100** 20; Haftung des Arbeitgebers bei Arbeitsunfall **20** Anm. zu 618; Kündigung von Werkmietwohnungen **20** 576 ff.; Kündigungsfristen **20** 622, 626; Kündigungsschutz **84** 1; MitbestimmungsG **51** 96 s. Anm.; persönliche Abhängigkeit **20** 611a; Rechte im Insolvenzverfahren **110** 113 f., 127; Schutz **34** 6 ff.; als Urheber von Software **65** 69b; Vergütungsanspruch, Verzugspauschale **20** 288; Widerspruchsrecht bei Betriebsübergang **20** 613a
Arbeitnehmererfindungen, Klagen ohne Kostenvorschuss **115** 12, 14
Arbeitnehmerrechte, Angaben in Lageberichten **50** 289c
ArbeitnehmerüberlassungsG, Zuständigkeit der Wirtschaftsstrafkammern **95** 74c
Arbeitnehmervereinigungen, Beteiligte am arbeitsgerichtlichen Verfahren **83** 10; *s. Gewerkschaften*
Arbeitnehmervertreter im Aufsichtsrat der AG **51** 96 s. Anm.
Arbeits- und Wirtschaftsbedingungen, Recht zur Vereinigung zwecks Förderung **1** 9
Arbeitsamt *s. Agentur für Arbeit*
Arbeitsauflagen für Jugendliche **89** 10, 45
Arbeitsbedingungen für Handelsvertreter **50** 92a; Wiederherstellung der früheren **84** 8
Arbeitseinkommen, Begriff iSd Pfändungsschutzvorschriften **100** 850; Berechnung des pfändbaren **100** 850e; Pfändung gleichgestellter Bezüge **100** 850; Pfändungsfreigrenze **100** 850c; Pfändungsschutz **100** 850 ff., verschleiertes **100** 850h; Schätzung bei Lohnpfändung **100** 850i
Arbeitsentgelt, Veruntreuung von als schwere Straftat **85** 266a, Telekommunikationsüberwachung **90** 100a; Verzugspauschale **20** 288

Arbeitsgeräte, Schutzvorschriften **20** 618

Arbeitsgerichte 83 1, Alleinentscheidung des Vorsitzenden **83** 55; Anrufung bei Kündigung **84** 4 ff.; Aufbau, Errichtung und Organisation **83** 14 ff.; Berufung **83** 64, Gebühren **115** Anl. 1 Nr. 8220 ff.; Beschlussverfahren **83** 2a, 80 ff., *s. a. dort;* Besetzung **83** 6, der Fachkammern **83** 30; Bewerdeverfahren, Gebühren **115** Anl. 1 Nr. 8610 ff.; einstweilige Verfügung, Gebühren **115** Anl. 1 Nr. 8310 bis 8331; erster Rechtszug, Gebühren **115** Anl. 1 Nr. 8210 f.; Geschäftsstelle, Kosten **83** 7; Landesarbeitsgerichte **83** 33 ff.; Mahnverfahren, Gebühren **115** Anl. 1 Nr. 8100; Niederlegung des Schiedsspruchs **83** 108; Parteien **83** 11; PKH **83** 11a; Prozessvertretung **83** 11 f.; Rechtshilfe **83** 13; Rechtsweg **83** 48; Revision, Gebühren **115** Anl. 1 Nr. 8230 ff.; sachliche Zuständigkeit **83** 2 ff.; selbständiges Beweisverfahren, Gebühren **115** Anl. 1 Nr. 8400; Urteilsverfahren **83** 46 ff., Gebühren **115** Anl. 1 Nr. 8210 bis 8232; Verfahren **83** 8 f.; internationale Verfahren **83** 13a; Zuständigkeit **83** 48, 110 f.

Arbeitsgerichtsbarkeit, Ausschluss **83** 101; Gebühren **115** Anl. 1 Nr. 8100 bis 8700; oberster Gerichtshof des Bundes **1** 95

Arbeitsgerichtsverfahren, Anwendung des GVG **83** 9; Beiordnung eines Rechtsanwalts **83** 11a; Berufungsurteil **83** 69; Beschleunigungsgrundsatz **83** 9; Beschlussverfahren *s. dort;* elektronisches Verfahren **83** 46c ff.; Gebührenordnung für Zeugen, Sachverständige, Gerichtsvollzieher **83** 9; Kosten **83** 12; **115** 1, Haftung für **115** 22; Kostentragungspflicht **83** 12a; kein Kostenvorschuss **83** 12; **115** 11; Mahnverfahren **83** 46a; Nichtzulassungsbeschwerde **83** 72a, 92a; Parteifähigkeit **83** 9 f.; Prozessförderung im Kündigungsschutzverfahren **83** 61a; rechtliches Gehör **83** 78a; Rechtsschutz bei überlangen Verfahren **83** 9; sofortige Beschwerde **83** 72b, 92b; Vorbereitung der Kammerverhandlung **83** 56; Zulassung der Rechtsbeschwerde **83** 92; keine Zurückverweisung bei Mangel in **83** 68; Zwangsvollstreckung aus Beschlüssen **83** 85

Arbeitskampf, Kündigung im **84** 25; Maßnahmen gegen **1** 9

Arbeitsleistung statt Ersatzfreiheitsstrafe **85a** 293

Arbeitslohn, Pfändung **100** 850 ff.; *s. a. Arbeitseinkommen*

Arbeitslosengeld, Anrechnung bei Fortsetzung des Arbeitsverhältnisses **84** 11

Arbeitslosenhilfe, Zuschüsse **1** 120

Arbeitslosenversicherung, Gesetzgebung **1** 74; Zuschüsse **1** 120

Arbeitsplatz, freie Wahl **1** 12

Arbeitsrecht 1 9; keine Anwendung des UKlaG **105** 15; Arbeitsschutz **1** 74; Arbeitsvermittlung **1** 74

Arbeitsruhe an Sonn- und Feiertagen **1** 140

Arbeitssachen, Rechtsanwaltsgebühren **117** Anl. 1 Nr. 3326

Arbeitsschutz als Pflicht des Arbeitgebers **20** 618

Arbeitsstreitigkeiten, Schiedsvertrag in **83** 101 ff.

Arbeitsunfall, Haftung bei **20** Anm. zu 618

Arbeitsverhältnis 21 Art. 232; Änderungskündigung **84** 2, 4, 8; Auflösung durch Urteil **84** 9, 12 f., 16; und internationales Insolvenzverfahren **110** 337; Kündigung wegen Betriebsübergangs **20** 613a; Kündigungsfrist **20** 622, 626; Kündigungsschutzgesetz **84**; Lösung **20** 620 ff.; mit Minderjährigen **20** 113; des Mündels **20** 1822; neues eines Betriebsratsmitgliedes **84** 16, nach Kündigung **84** 12; Pflichten des Arbeitgebers bei Entlassungen **84** 17; besondere Prozessförderung in Kündigungssachen **83** 61a; Verpflichtung im Verteidigungsfall **1** 12a

Arbeitsvertrag, Begriff **20** 611a; Rechtswahl **21a** 8

Arbeitszeit, Verkürzung **84** 19

Architekten, Verstoß gegen Regeln der Technik **85** 319

Architektenverträge 20 650p ff.; Gesamtschuldnerhaftung **20** 650t; Sonderkündigungsrecht **20** 650r

Archive, gesetzlich erlaubte Nutzung geschützter Werke **65** 60f

Arglistige Täuschung, Anfechtung **20** 123 f., 318, durch Versicherer **62** 22; bei Bestimmung der Leistung durch Dritte **20** 318; des Erblassers **20** 2339; bei Erbschaftsschenkung **20** 2385

Arglistiges Verschweigen des Schenkers **20** 523 f.; des Unternehmers beim Werkvertrag **20** 639; des Verkäufers **20** 438, 444; des Verleihers **20** 600; bei Vermächtnissen **20** 2183; des Vermieters **20** 536d

Arme, Bedenken im Testament **20** 2072

Arrest 100 916 ff.; in Arbeitssachen **83** 62, Gebühren **115** Anl. 1 Nr. 8310 ff.; Aufhebung **100** 923, 925 ff., 934; Ausschluss der Revision **100** 542; dinglicher **100**

917; in Familienstreitsachen **112** 119; Gebühren **115** Anl. 1 Nr. 1410 ff., für Anordnung, Abänderung, Gesuch **100** 920; bei Jugendlichen **89** 16; in den Nachlass **20** 1984; persönlicher **100** 918, 933; Pfändungskosten **123** Anl.; Schadensersatz nach Aufhebung eines ungerechtfertigten **100** 945; und Selbsthilfe **20** 230; Vollmacht für **100** 82; Vollstreckbarkeit des aufhebenden Urteils **100** 708; Vollziehung **100** 928 ff.; bei Vorerbfolge **20** 2115; vorrangige Befriedigung **90** 111g; Zustellung des Auftrags und Verjährung **20** 204
Arrestbefehl 100 923 f.
Arrestbeschluss 100 922
Arrestgericht 100 919, 926
Arrestgrund 100 917 f., 920; Erledigung **100** 927
Arresthypothek 100 932
Arrestpfandrecht, Eintragung, Gebühren **119** Anl. 1 Nr. 14220; Löschung, Gebühren **119** Anl. 1 Nr. 14240; an Schiffen **100** 931
Arresturteil 100 922
Arrestverfahren, Zuständigkeit des Rechtspflegers **96** 20
Arrestvollziehung 20 883; in Erbbaurecht **41** 8; in Nachlass **20** 1984, 1990, 2016; rechtsgeschäftliche Verfügungen während Schwebezeiten **20** 135 f., 161, 184; und Wiederkauf **20** 458
Arten- oder Biotopschutz, Verkehrsbeschränkung **35a** 45
Artisten, Streitigkeiten aus Tarifvertrag **83** 101
Arzneimittel, Haftung **27** 15; Verkehr mit **1** 74
Arzneimittelwerbung, Klagen nach dem UKlaG **105** 2
Arzt, Zulassung **1** 74
Ärzte, Behandlungsverträge **20** 630a ff.; Berufsverbot, europaweite Unterrichtung durch Gerichte (Vorwarnmechanismus) **90a** 9; Beschlagnahmeverbote **90** 97; strafbare Bestechlichkeit **85** 299a, 300, als Wirtschaftsstrafsache **95** 74c; als Sachverständige im Strafprozess **90** 246a; Schwangerschaftsabbrüche, Aufhebung von Urteilen **85a** 316n, Pflichtverletzungen **85** 218c; Schweigerecht bei Kenntnis von Straftaten **85** 139; unrichtige Zeugnisse **85** 277 ff.; Verlesung ärztlicher Atteste in Hauptverhandlung **90** 256; strafbare Verletzung von Privatgeheimnissen **85** 203; Zuziehung zur Leichenschau **90** 87
Ärztliche Behandlung, Kostentragung durch Arbeitgeber/Dienstherrn **20** 617
Ärztliche Maßnahmen bei Betreuten **20** 1904; **112** 298
Ärztliche Zwangsmaßnahmen bei Betreuten, gerichtliche Genehmigung **20** 1906a
Ärztlicher Befund, Honorar **116** Anl. 2 Nr. 200 ff.
Ärztliches Sachverständigengutachten vor Entscheidung über Unterbringungen **90** 246a
Ärztliches Zeugnis in Betreuungssachen **112** 281
Assoziierte Unternehmen im Konzernabschluss **50** 311 f.; Wertansatz von Beteiligungen **50** 312
Asylrecht 1 16a; Verwirkung **1** 18
Asylverfahren, Gegenstandswert für Rechtsanwaltsgebühren **117** 30
Atomenergie, Gesetzgebung **1** 74, 87c
Attest, Verlesung in Hauptverhandlung **90** 256
Aufbauseminar bei Zuwiderhandlungen innerhalb der Probezeit **35** 2b
Aufbewahrung einer hinterlegten Sache **20** 688 ff.; kaufmännische Unterlagen **50** 257; des Protokolls über Beweissicherung **100** 492; von Wertsachen durch den Gastwirt **20** 702 f.
Aufbewahrungsfristen nach dem GenG **53** 30, 47; nach Steuer- und Handelsrecht **50a** 47
Aufenthaltsort, Bestimmung für Jugendliche **89** 10, des Kindes **20** 1631; als Gerichtsstand **100** 16, 20, nach der StPO **90** 8; des Hauptschuldners **20** 772, 775; öffentliche Zustellung bei unbekanntem **20** 132; des Schuldners, Ermittlung **100** 755
Aufenthaltspapiere, Verschaffen von falschen **85** 276a
Aufenthaltsrecht 1 11, 17a; der Ausländer **1** 74
Auffangwert im Kostenrecht **118** 42
Aufforderung zur Anmeldung im Insolvenzverfahren **110** 28; im Aufgebotsverfahren von Erbrechten **20** 1965, 2358, gegen Nachlass **20** 1970 ff.; zur Erklärung über die Annahme einer Schenkung **20** 516; zur Genehmigung von Rechtsgeschäften **20** 177, der Schuldübernahme **20** 415 f.; der Gläubiger eines aufgelösten Vereins **20** 50; zu Straftaten **85** 30
Aufführungsrecht im Urheberrecht **65** 19
Aufgabe des Besitzes **20** 303, 856, 959; des Eigentums an beweglichen Sachen **20** 959; des Grundstückseigentums **20** 928; des Nießbrauchs **20** 1064; des Pfandrechts **20** 1255; von Rechten an Grundstücken **20** 875; einer Sicherheit durch Bürg-

schaftsgläubiger **20** 776; der Streitkräfte **1** 87a

Aufgebot, Anmeldung nach Anmeldezeitpunkt **112** 438; des Berechtigten bei Vormerkung, Vorkaufsrecht, Reallast **112** 453; des Erben **20** 1965, 2358; der Gesamtgutsgläubiger **112** 464; Glaubhaftmachung vor Verfahren **112** 449 f.; des Gläubigers von Grund- und Schiffspfandrechten **112** 447 ff.; des Grundstückseigentümers **20** 927; **112** 442 ff.; eines Hypothekenbriefes **20** 1162; des Hypothekengläubigers **20** 1170 f., 1188; der Nachlassgläubiger **20** 1970 ff., 1980, 2013, 2060; **112** 454 ff.; des Reallastberechtigten **20** 1112; von Schuldverschreibungen **20** 799 f., 808; **21** 102; des Vorkaufsberechtigten **20** 1104; des Vormerkungsberechtigten **20** 887; eines Wertpapiers **50** 365

Aufgebotssachen, Begriff **112** 433; Verfahren **112** 433 ff., Gebühren **119** Anl. 1 Nr. 15212

Aufgebotsverfahren zur Ausschließung des Schiffs- oder Schiffsbauwerkseigentümers **112** 446, der Schiffsgläubiger **112** 465; Gebühren **115** Anl. 1 Nr. 1630; zur Kraftloserklärung von Aktien und Zwischenscheinen **51** 72, von Urkunden **112** 466 ff.; nach Landesrecht **112** 484, 486, 490; der Nachlassgläubiger **20** 2015 f., 2045; örtliche Zuständigkeit bzgl. Urkunden **112** 466; Rechtsanwaltsgebühren **117** Anl. 1 Nr. 3324; der Staatsanwaltschaft, kostenfreie Amtshandlungen **120** 3; Zuständigkeit der Amtsgerichte **95** 23a; im Zwangsversteigerungsverfahren **108** 136, 138, 140

Aufgelöste Länder und andere Körperschaften und Anstalten des öffentl. Rechts, Verbindlichkeiten **1** 135a

Aufhebung der Adoption **20** 1759 ff., 1764, 1771, von Amts wegen **20** 1763, Familienname des Kindes **20** 1765; des Adoptionsbeschlusses **112** 198; der Ehe **20** 1313 ff., erbrechtliche Folgen **20** 1933, Folgen **20** 1318, Vorrang- und Beschleunigungsgebot **112** 129a, Zuständigkeit der deutschen Gerichte **112** 98, 122; der ehelichen Gemeinschaft, Erbrecht **20** 2268, 2279; der einstweiligen Verfügung **100** 939; des Einwilligungsvorbehalts **112** 306; einer Entscheidung, Entfernung aus Zentralregister **92** 19, Gebühren **119** 57; des Erbverzichts **20** 2351; von Erwerbsbeschränkungen **21** 86; des Freiheitsentziehungsbeschlusses **112** 426; der Führungsaufsicht **85** 68e; der Gemeinschaft **20** 749 ff., 1258; der Gütergemeinschaft, Antrag **20** 1447 ff., 1469 ff., Auseinandersetzung **20** 1471 ff.; der fortgesetzten Gütergemeinschaft **20** 1492; des Güterstandes durch Ehevertrag **20** 1408, 1414; des Haftbefehls **90** 120f, 123, Zuständigkeit **90** 126; der Hypothek **20** 1165; des Insolvenzverfahrens **110** 200 ff., 258 f.; letztwilliger Verfügungen **20** 2289, 2299; eines dem Nießbrauch unterliegenden Rechts **20** 1071; des Nießbrauchs **20** 1062, 1064; des Pfandrechts **20** 1255; von Rechten an Grundstücken **20** 875 f.; eines Schiedsspruchs **100** 1059; einer Stiftung **20** 87; der Strafen gegen ausgebliebene Parteien, Zeugen und Sachverständige **100** 400; der Trennung, Verbindung oder Aussetzung eines Rechtsstreits **100** 150, 155; der Unterbringungsmaßnahme **112** 330; der Untersagung der Berufsausübung **85** 70a; von Vollstreckungsmaßregeln **100** 811c, 851b, ohne Sicherheit **100** 776; der vorläufigen Vollstreckbarkeit **100** 868; des Wohnsitzes **20** 7

Aufhebungsklage gegen Schiedsspruch in Arbeitssachen **83** 110

Aufklärungspflicht des Arztes **20** 630e; des Gerichts **100** 139, Anordnung des persönlichen Erscheinens **100** 141

Auflage, Ablehnung bei Insolvenz **110** 83; und Absehen von der Verfolgung **90** 153a; keine Anmeldung im Aufgebotsverfahren **20** 1972; bei Anwachsung **20** 2095; Bestimmung einer Frist zur Vollziehung **100** 255; während Bewährungszeit **85** 56b, 56e; im Erbfall und Anfechtung gem. InsO **110** 322; bei Erbschaftskauf **20** 2376; im Erbvertrag **20** 1940, 2278 f.; Folgen der Unmöglichkeit der Vollziehung **20** 2196; Fürsorge durch Testamentsvollstrecker **20** 2223; bei gemeinschaftlichem Testament **20** 2270; Kürzung bei Pflichtteil **20** 2318, 2322; als Nachlassverbindlichkeit **20** 1967, 1972, 1980, 1991 f., Anfechtung **111** 5; der Person des Begünstigten **20** 2193; als Pflichtteilsbeschwerung **20** 2306; bei Schenkung **20** 525 ff.; Überschuldung des Nachlasses durch **20** 1992; unentgeltliche Zuwendung unter **20** 330; bei Verfügungen von Todes wegen **20** 2192 ff.; bei Vermächtnissen **20** 2186 f.; bei Verwarnung mit Strafvorbehalt **85** 59a; Verweigerung der Erfüllung **20** 2323; und Weisungen gegen Jugendliche **89** 8; als Zuchtmittel **89** 15

Auflassung **20** 925; Entgegennahme durch Notare **20** 925; Heilung des Formmangels des Grundstücksveräußerungsvertrags **20** 311b; Kostentragung **20** 448; landesrecht-

liche Vorbehalte **21** 143; Voraussetzungen **20** 925a
Auflösende Bedingung im Insolvenzverfahren **110** 42; bei letztwilligen Zuwendungen **20** 2075; bei Miete **20** 572
Auflösung der BGB-Gesellschaft **20** 723 ff.; des Bundestages **1** 39, 58, 63, 68, 115h; der Ehe mit Rechtskraft der richterlichen Entscheidung **20** 1564, Unwirksamkeit der letztwilligen Verfügung **20** 2077; der Genossenschaft **53** 78 ff., Prüfung **53** 64c; bisheriger gesetzgebender Körperschaften **1** 122; der GmbH **52** 60; einer Partnerschaftsgesellschaft **50b** 9; des Vereins **20** 41 f., Registereintrag **20** 74, Vereinsvermögen **20** 45; von Verwaltungsorganen **1** 130
Auflösungsverfahren bei AG und KGaA **112** 399
Aufnahme des unterbrochenen oder ausgesetzten Verfahrens **100** 239 ff.
Aufrechnung **20** 387 ff.; abgetrennte Verhandlung über die **100** 145; gegen abgetretene Forderungen **20** 406; gegenüber dem Anspruch aus unerlaubter Handlung **20** 393; anzuwendendes Recht **21a** 17; zur Befriedigung des Pfandgläubigers **20** 1224; im Berufungsverfahren **100** 533; bei Beschlagnahme einer Forderung **20** 392; bei beschränkter Erbenhaftung **20** 1977; durch Dritte zur Abwendung der Zwangsvollstreckung **20** 268; nicht gegen Einlage bei der AG **51** 66; Einrede des Bürgen **20** 770; einredebehaftete Forderungen **20** 390; Entscheidung über **100** 322; Erhöhung des Verfahrenswerts **118** 39; gegenüber Forderungen des Staates und der Gemeinde **20** 395; bei Gesamtgläubigerverhältnis **20** 429; bei Gesamtschuldverhältnis **20** 422; gegen Gesellschaftsforderungen **20** 719; des Grundstückseigentümers **20** 1137; bei Gütergemeinschaft **20** 1419; und Hemmung der Verjährung **20** 204; gegenüber Hypotheken- und Pfandgläubiger **20** 1142, 1224; im Insolvenzverfahren **110** 94 ff., 104; im internationalen Insolvenzverfahren **110** 336; bei mehreren aufrechenbaren Forderungen **20** 396; gegen Miet- oder Pachtforderungen **20** 543, 556b, 566d, 1125; gegen Nachlassforderungen **20** 2040; bei Nachlassinsolvenzverfahren und Nachlassverwaltung **20** 1977; nach Rücktritt **20** 352; durch den Schuldübernehmer **20** 417; Streitwertberechnung **115** 45; gegenüber unpfändbaren Forderungen **20** 394; Verbot **20** 308 f.; Verfahrenswert **118** 39; nach Verjährungseintritt **20** 215; verschiedene Leistungsorte **20** 391; durch Versicherer **62** 35; Wirkung **20** 389
Aufruf der Gläubiger einer AG durch die Abwickler **51** 267
Aufruhr **21** 108
Aufschiebende Bedingung bei letztwilligen Zuwendungen **20** 2074; bei unmöglicher Leistung **20** 308
Aufschiebende Einreden des Erben **20** 2014 ff., bei Zwangsvollstreckung **100** 782 f., 785
Aufschiebende Wirkung der Berufung und Revision **100** 705; der Beschwerde **83** 87; **100** 570, im Vergabeverfahren **74** 173; von Rechtsbehelfen in Kartellsachen **74** 66
Aufschub beim Wiederaufnahmegesuch **90** 360
Aufsicht der Bundesregierung **1** 84, 85, 130; über die Führung der Vormundschaft **20** 1799; des Gerichts über Insolvenzverwalter **110** 58, über Zwangsverwalter **108** 150c, 153; des Staates im Schulwesen **1** 7
Aufsichtsbehörde bei Genossenschaften **53** 63
Aufsichtspflicht des Familiengerichts über Vormund und Gegenvormund **20** 1837 ff.; Schadensersatz infolge Verletzung der **20** 832; bei Tieren **20** 833 f.
Aufsichtsrat der kapitalmarktorientierten Gesellschaft **51a** 12, Empfehlung zum Abschlussprüfer **51** 124, Prüfungspflichten **52b** 7, 22; der Kreditinstitute **51a** 12, Empfehlung zum Abschlussprüfer **51** 124; Prüfungspflichten nach PublG **52b** 7, 22; Verbot der Zugehörigkeit für Bundeskanzler und Bundesminister **1** 66, für Bundespräsidenten **1** 55; der Versicherungsunternehmen **51a** 12, Empfehlung zum Abschlussprüfer **51** 124
Aufsichtsrat der Aktiengesellschaft **51** 95 ff.; Angaben auf Geschäftsbriefen **51** 268; Aufgaben **51** 202, 204; Ausschüsse **51** 107; Berichte an den **51** 90; Bestellung der Mitglieder **51** 30, bei Sachgründung **51** 31; Einberufung **51** 110; Entlastung **51** 119 f.; Geheimhaltungspflicht **51** 404; gleichberechtigte Teilhabe von Frauen und Männern **51** 250; Haftung **51** 117, 147, 310; innere Ordnung **51** 107 ff.; Mitglieder *s. a. dort;* Prüfung des Lageberichts und Bilanzgewinns **51** 171; Strafvorschriften **51** 399 f.; Überwachung der Vorstandsbezüge **51** 87; Verantwortlichkeit **51** 48; Vorsitzender **51** 188, 203 f., 223, 229, 237, Anmeldepflicht **51** 184; Wahlvorschläge der Aktionäre **51** 127; Zustim-

mung zu Geschäften mit nahestehenden Personen **51** 111b
Aufsichtsrat der Genossenschaft **53** 9, 36 ff.; gleichberechtigte Teilhabe von Frauen und Männern **53** 9, 168; Prüfungsausschuss **53** 170; Sorgfaltspflichten **53** 41; Strafbarkeit **53** 147
Aufsichtsrat der GmbH **52** 52; Angaben auf Geschäftsbriefen **52** 35a; gleichberechtigte Teilhabe von Frauen und Männern **52/1** 5
Aufsichtsratsmitglieder von Aktiengesellschaften **51** 95 ff.; Bestellung durch Hauptversammlung **51** 119; Ordnungswidrigkeiten der **51** 405; **51a** 26k; **52** 87; **52b** 20; **53** 152; strafbare Handlungen **51** 404a; **51a** 26k; **52** 86, 88; **52b** 19a; **53** 151, Meldung an Aufsichtsstelle **51** 407a; **52b** 21a; **53** 153; Vergütung **51** 113 f.; nicht im Vorstand **51** 105; Wahl, Anfechtung **51** 251, durch Hauptversammlung **51** 124, Nichtigkeit **51** 250; Zahl **51a** 12
Aufsichtsstellen bei Führungsaufsicht **85** 68a; **90** 463a, Datenverarbeitung durch **90** 483 ff.; Geschäftsbereich der Landesjustizverwaltungen **85a** 295
Aufstand, Einsatz der Streitkräfte **1** 87a
Auftrag **20** 662 ff.; Abweichung von den Weisungen des Auftraggebers **20** 665; Anzeigepflicht bei Ablehnung **20** 663; Aufwendungen **20** 669 f.; Auskunfts- und Rechenschaftspflicht **20** 666; Beendigung durch Widerruf und Kündigung **20** 671; keine Bindung für Abgeordnete **1** 38; Erlöschen im Insolvenzverfahren **110** 115; Geschäftsführung ohne **20** 677 ff.; iSd GvKostG **123** 3; Herausgabepflicht **20** 667; an Notar **119** 4; öffentliche *s. dort;* Tod oder Geschäftsunfähigkeit einer Partei **20** 672 f.; Unübertragbarkeit der Ausführung **20** 664; Verzinsungspflicht **20** 668; Vorschusspflicht **20** 669; vorzeitige Beendigung, Rechtsanwaltsgebühren **117** Anl. 1 Nr. 3306, 3405, 3503 ff.; Zeitpunkt des Erlöschens **20** 674; zur Zwangsvollstreckung **100** 753 ff.; **101** 43
Auftraggeber, Kostenschuldner für Gerichtsvollzieherkosten **123** 3; öffentliche iSd GWB **74** 98 ff., *s. a. dort*
Auftragsverwaltung der Länder **1** 85, 87c, 89, 90; im Steuerrecht **1** 108
Aufwandsentschädigung des Betreuers **112** 292; für Dolmetscher **116** 6 f.; für Dritte **116** 6 f.; für ehrenamtliche Richter **116** 6 f.; für Sachverständige **116** 6 f.; für Übersetzer **116** 6 f.; des Vormunds oder Gegenvormunds **112** 168; für Zeugen **116** 6 f.
Aufwendungen, Ausgleichungspflicht unter Miterben **20** 2050; des Beauftragten **20** 670; Befreiungsanspruch von Verbindlichkeiten für **20** 257; des Beschenkten **20** 526; des Besitzers **20** 994 ff.; des Erbschaftsbesitzers **20** 2022 f.; beim Erbschaftskauf **20** 2381; Ersatz **20** 256 f.; Ersatz vergeblicher **20** 284, beim Kauf **20** 437; Ersatz von aus Kindesvermögen **20** 1648 f.; des Finders **20** 970; des Geschäftsführers **20** 683; des Gesellschafters der OHG **50** 110; des Handelsvertreters **50** 87d; der Kinder für Haushalt **20** 1620; des Maklers **20** 652; des Mieters, Ersatz **20** 536a; des mit dem Vermächtnis Beschwerten **20** 2185; ersparte des Vermieters **20** 537
Aufwendungsersatz des Betreuers **112** 292; Dolmetscher **116** 7, 12; für ehrenamtliche Richter **116** 7; Sachverständige **116** 7, 12; statt Schadensersatz **20** 284; Übersetzer **116** 7, 12; bei Unterlassungsanspruch gem. UrhG **65** 36b; des Verfahrenspflegers **112** 277, 318; des Vormunds oder Gegenvormunds **112** 168; nach VVG **62** 83, erweiterter **62** 90; Zeugen **116** 7
Aufzeichnungen, Vernehmung des Beschuldigten, Verwertung **90** 254, von Zeugen **90** 58a, Verwertung **90** 255a
Augenschein, Anordnung **100** 3, 144, 358a; Beweis durch **100** 371 ff.; Einnahme **100** 219; iSd StPO **90** 86, 225, Anwesenheitsrechte beim richterlichen **90** 168d
Ausbesserung bei Nießbrauch **20** 1041 ff.
Ausbeutung einer Zwangslage (Wucher) **20** 138
Ausbeutung der Arbeitskraft unter Ausnutzung einer Freiheitsberaubung **85** 233a; Strafbarkeit **85** 233
Ausbeutung von Menschen **85** 232
Ausbilder, Anhörung im Jugendstrafverfahren **89** 43
Ausbildung, einheitliche der Beamten und Angestellten **1** 85, 108; der Kinder **20** 1631a; Unterhaltsanspruch **20** 1575
Ausbildungsbeihilfen, Gesetzgebung **1** 74
Ausbildungsfahrten **35** 2
Ausbildungskosten **20** 1610
Ausbildungsstätte, freie Wahl **1** 12
Ausbildungsvertrag, Abschluss für Mündel **20** 1822
Ausbürgerung **1** 16, 116
Ausdrucke, amtliche, Gebühr **119** Anl. 1 Nr. 17001; Aufwendungsersatz **116** 7; aus Grundbuch oder Register, Gebühren **119** Anl. 1 Nr. 1700; *s. Ablichtungen*
Auseinandersetzung, Ausgleichungspflicht der Abkömmlinge **20** 2050 ff.;

Ausschluss durch Erblasser **20** 2044; der Erbengemeinschaft **20** 2032, 2042 ff., 2204; nach fortgesetzter Gütergemeinschaft **20** 1497 ff., Übernahmerecht **20** 1502; der Gemeinschaft, Ausschluss **20** 750 f.; zwischen Gesellschaftern **20** 730 ff., 738 ff.; im Insolvenzverfahren **110** 84; eines Nachlasses oder Gesamtgutes **114** 36 f., durch Zwangsversteigerung **108** 175 ff.; Übernahme eines zum Nachlass gehörenden Landgutes **20** 2049, im Wege der Zwangsversteigerung **108** 180; Wertausgleich **20** 2055
Auseinandersetzungsplan 112 368
Ausfädelungsstreifen 35a 7a
Ausfahren aus Autobahn **35a** 18; aus Grundstück **35a** 10; aus verkehrsberuhigtem Bereich **35a** 10
Ausfertigung der Bundesgesetze und Rechtsverordnungen **1** 82; Leistung, Zug um Zug **100** 726; einer Niederschrift **23** 47 ff.; für und gegen Testamentsvollstrecker **100** 749; vollstreckbare *s. dort*
Ausfuhr, forst- und landwirtschaftl. Erzeugnisse **1** 74
Ausgaben von Bund und Ländern **1** 106; des Bundes, außerplanmäßige **1** 112, Erhöhung **1** 113, Etatisierung **1** 110, vor Genehmigung des Etats **1** 111, überplanmäßige **1** 112
Ausgleichsanspruch des Handelsvertreters **50** 89b; Pfändbarkeit **100** 852; nach der Scheidung **48** 20 ff.
Ausgleichsbeiträge und Anweisungen an leistungsschwache Länder **1** 107
Ausgleichsforderung, Anrechnung von Zuwendungen **20** 1380; Berechnungszeitpunkt bei Scheidung **20** 1384; im ehelichen Güterrecht, Richtervorbehalt **96** 14, Zuständigkeit **95** 23b; Stundung **20** 1382; Übertragung von Gegenständen **20** 1383; Verweigerung der Erfüllung **20** 1381; bei Zugewinnausgleich **20** 1378 ff.
Ausgleichsrente, schuldrechtliche **48** 20
Ausgleichswert, Begriff **48** 1; Bestimmung **48** 5
Ausgleichszahlungen, schuldrechtliche **48** 20 ff.
Ausgleichszuweisungen, Finanzausgleich **1** 107
Ausgleichung unter Gesamtgläubigern **20** 430; unter Gesamtschuldnern **20** 426
Ausgleichungspflicht der Abkömmlinge **20** 2050 ff.; bei Anwachsung **20** 2095; bei Erbschaftskauf **20** 2372; der Pflichtteilsberechtigten **20** 2315 f.
Aushändigung der Anweisung **20** 785; des Hypothekenbriefs **20** 1117
Auskunft über Bestandsdaten, Entschädigung **116** Anl. 3 Nr. 200 f.; über Gegenstände, eidesstattliche Versicherung **112** 410; für Justizbehörden **90** 474; über Struktur von Funkzellen, Entschädigung **116** Anl. 3 Nr. 401; über nach TKG erhobene Daten **90** 100j; über Verkehrsdaten, Entschädigung **116** Anl. 3 Nr. 300 ff.; des Vermieters über Kündigungsgründe **20** 569, 573; für wissenschaftliche Forschungsvorhaben, Kosten **120** 21; aus dem Zentralregister **92** 30 ff., an Behörden, verfahrensübergreifende **92** 43a f.
Auskunftsanspruch nach dem StVG **35** 39a, 58; nach dem UKlaG **105** 13 f.; des Urhebers bei Lizenzketten **65** 32e, und Unterlassungsansprüche **65** 36d, bei Verletzungshandlungen **65** 101
Auskunftspflicht des Abtretenden **20** 402; des Ausstellers von Inhaberpapieren **20** 799; des Beauftragten **20** 666; des Besitzers eines unrichtigen Erbscheins **20** 2362; der Ehegatten bei Beendigung des Güterstandes **20** 1379; über Einkünfte **20** 1605; der Eltern **20** 1686; des Erben **20** 2011, 2314; des Erbschaftsbesitzers **20** 2027; des Geschäftsführers **20** 681; der geschiedenen Ehegatten **20** 1580; des Gesellschafters **20** 713, 740; nach dem GWB **74** 33g, im Bußgeldverfahren **74** 33g; der Hausgenossen des Erblassers **20** 2028; über einen Inbegriff von Gegenständen, Bestandsverzeichnis **20** 260; gegenüber Kartellbehörde **74** 59 ff.; der Krankenversicherung **62** 202; nach MarkenG **72** 19; der Miterben **20** 2057; des Nachlasspflegers **20** 2012; des Notars über Geschäftswert **119** 39; des Schuldners im Insolvenzeröffnungsverfahren **110** 20, 97 f.; in Unterhaltssachen **112** 235 f.; im Urheberrecht **65** 54f; der Versicherer **62** 6a; Versicherungsnehmer **62** 31; beim Versorgungsausgleich **112** 220; des Vorerben **20** 2127; des Vormundes **20** 1839, gegenüber Gegenvormund **20** 1799, und Gegenvormundes **20** 1891
Auskunftsrechte des Abschlussprüfers **50** 320; der Eltern **20** 1686; Schuldner **100** 882h
Auskunftsverweigerungsrechte 90 54 ff.
Auskunftswesen, Zentralstelle für polizeiliches **1** 87
Auslagen, Ersatz bei Ablehnung eines Antrags auf Freiheitsentziehung **112** 430; Erstattung bei Rechtshilfesachen **95** 164; in Familiensachen **118** 16; Gebühren **120** Anl. Nr. 2000; des Gerichts **119** 14, Fäl-

ligkeit **119** 9, Pauschalen **115** Anl. 1 Nr. 9000 ff.; Gerichtskosten **115** 1; der Gerichtsvollzieher **123** 12a, Anl. Nr. 7, 700, bei mehreren Aufträgen **123** 17; nach dem GKG, Fälligkeit **115** 9, Kostenhaftung **115** 28, Vorschuss **115** 17; im Jugendstrafverfahren **89** 74; Kostenschuldner **119** 26; der Notare **119** Anl. 1 Nr. 32000 ff.; Pfandrecht des Gastwirts **20** 704; des Rechtsanwalts **117** Anl. 1 Nr. 7000 bis 7008; im Strafverfahren des Angeschuldigten **90** 464c, 467 f., Aufteilung nach Bruchteilen **90** 464d, Beschwerdewert **90** 304, notwendige **90** 464a, 467; in Verfahren **118** Anl. 1 Nr. 2000 ff.

Ausland, Anwerben zu Militärdienst im **85** 109h; Auskunft aus Zentralregister **92** 57; ausländische Verurteilungen, Eintragung ins Zentralregister **92** 54; Beweisaufnahme im **100** 363 f., 369; Beziehungen zum **1** 32, 59; Bezugnahme im Güterrechtsvertrag **20** 1409; Freiheitsentzug im und Freiheitsstrafe **90** 450a; Nichtverfolgung von Straftaten im **90** 153c; Sitz einer Hauptniederlassung im **50** 13d; Straftaten im **85a** 1b, Geltung deutschen Strafrechts **85** 5 ff.; Streitkräfte **1** 96; Verbot der Auslieferung **1** 16; Verfahren, Gebühren **118** Anl. 1 Nr. 1710 ff.; Wohnsitz des Erblassers im **20** 1944, 1954; Zustellung im **100** 183, eines Mahnbescheides im **100** 688, eines Pfändungs- und Überweisungsbeschlusses im **100** 829, 845; Zwangsvollstreckung **100** 917

Ausländer, Aufenthaltsrecht **1** 74

Ausländerinnen und Ausländer, Aufhebung von Erwerbsbeschränkungen **21** 86; Ausweisung, Eintragung ins Zentralregister **92** 10; Bestechlichkeit und Bestechung **85** 335a; Betreuung **21** 24; Ehefähigkeitszeugnis **20** 1309; Eheschließung **21** Art. 13; Entziehung der Fahrerlaubnis **85** 69b; Personalstatut **21** Art. 7; Pflegschaft **21** 24; Straftat **85** 7; Urheberrechtsschutz **65** 121 ff., 125; Vormundschaft **21** 24

Ausländische Behörden, Auskünfte aus Zentralregister **92** 57

Ausländische Entscheidungen, Anerkennung **112** 107 ff.; Anerkennungshindernisse **112** 109; Vollstreckbarkeit **112** 110

Ausländische Erbschaft **20** 2369

Ausländische Fahrerlaubnis **35** 2a; Entziehung **35** 3

Ausländische Flüchtlinge, Urheberrechtsschutz **65** 123

Ausländische Gesetze, Anwendung **23** 17

Ausländische Marken bei Markeneintragung **72** 34

Ausländische Schuldtitel, Vollstreckbarerklärung **100** 722

Ausländische Staaten, Straftaten gegen **85** 102 ff.

Ausländische Titel, Anerkennung und Vollstreckung aus **100** 1112 ff.; Vollstreckbarerklärung, Gebühren **115** Anl. 1 Nr. 1510 ff.

Ausländische Urkunden **100** 438

Ausländische Urteile **100** 328; Anerkennung und Vollstreckung aus **100** 1112 ff.

Ausländische Währung, Umrechnungsgrundlagen im Bilanzanhang **50** 284

Ausländischer Insolvenzverwalter, Rechtsanwaltsgebühren **117** Anl. 1 vor Nr. 3313

Ausländischer Schiedsspruch **100** 1061; Gebühren **115** Anl. 1 Nr. 1620

Ausländisches Recht, Anwendung **21** Art. 7

Auslandsauslagenkosten **115** Anl. 1 Nr. 9012

Auslandsbezug, Justizverwaltungsangelegenheiten, Gebühren **120** Anl. Nr. 1310 f.

Auslandskosten **118** Anl. 1 Nr. 2010

Auslandstraftaten mit besonderem Inlandsbezug **85** 5; Geltung deutschen Strafrechts **85** 5 ff.; Gerichtsstand bei **90** 10 ff.; gegen international geschützte Rechtsgüter **85** 6; Nichtverfolgung **90** 153c

Auslandsunterhaltsgesetz, Zuständigkeit des Rechtspflegers **96** 20 ff.

Auslegung von Erbverzichtsverträgen **20** 2350; des Grundgesetzes **1** 93, 100; von Verträgen **20** 157, 311c; von Willenserklärungen **20** 133

Auslieferung, Absehen von Klageerhebung **90** 154b; von Deutschen an das Ausland, Verbot **1** 16; Gesetzgebung über **1** 73; und Strafvollstreckung **90** 450a, 456a, 458

Auslieferungshaft, Vorrang der U-Haft-Vollstreckung **90** 116b

Auslobung **20** 657 ff.; Gewinnzusagen **20** 661a

Auslosung, Verfahrensgebühr **119** Anl. 1 Nr. 23200 f.

Ausnahmegerichte, Verbot **1** 101; **95** 16

Ausreise als Vorbereitung einer schweren staatsgefährdenden Gewalttat **85** 89a

Aussagegenehmigung für Beamte und Angehörige des öffentlichen Dienstes **90** 54; bei Vernehmung von Beamten **100** 376

Aussagen, falsche uneidliche **85** 153 ff.; widersprechende **100** 394

Aussageverweigerungsrecht, Belehrung des Beschuldigten **90** 136, 163a

Ausschlagung, Berechnung des Pflichtteils **20** 2310; der Erbschaft **20** 1455, 1822, 1942 ff., Anfechtung **20** 2308, für das Kind **20** 1643, durch Pflichtteilsberechtigten **20** 2306, keine Schenkung **20** 517; der Erbschaft bei Insolvenz **110** 83; des in einem gemeinschaftlichen Testament Zugewendeten **20** 2271; durch Pflichtteilsberechtigte **20** 2306 ff., 2321 f.; des Vermächtnisses **20** 2307

Ausschließliche Gerichtsstände **100** 24, 802

Ausschließliche Gesetzgebung **1** 73; des Bundes **1** 71, 124; auf dem Gebiet des Finanzwesens **1** 105

Ausschließung der Auseinandersetzung bei der Gemeinschaft **20** 750; von Erbfolge **20** 2303 ff.; der Erteilung eines Hypothekenbriefes **20** 1116; der Fortsetzung einer Gütergemeinschaft **20** 1509 ff.; der Garantie beim Kauf **20** 444; eines GbR-Gesellschafters **20** 737 ff.; der Gegenvormundschaft **20** 1852, 1855; von Gerichtspersonen im Strafprozess **90** 22 ff., wegen Gefahr für die Sicherheit der Bundesrepublik **90** 138b, Verteidiger **90** 138a ff., Zuständigkeit **90** 138c; des Grundstückseigentümers **20** 927; der Haftung beim Werkvertrag **20** 639; der Mängelansprüche beim Kauf **20** 444; des Rechts auf Rücknahme der hinterlegten Sachen **20** 376, 378; eines Rechtspflegers **96** 10; des Richters im Zivilprozess **100** 41 ff.; der Übertragung einer Forderung **20** 399; der Urkundsbeamten **100** 49; der Verjährung durch Rechtsgeschäft **20** 202; zeitweilige von Beteiligten in Jugendstrafverfahren **89** 51

Ausschließungsbeschluss im Aufgebotsverfahren **20** 927; Erlass in Aufgebotssachen **112** 439; Kraftloserklärung der Urkunde **112** 478 f.; öffentliche Zustellung im Aufgebotsverfahren **112** 441; bei Vormerkung **20** 887

Ausschluss eines Abkömmlings von fortgesetzter Gütergemeinschaft **20** 1511; des Anspruchs auf Finderlohn **20** 978; der Aufrechnung **20** 391 f.; eines Genossenschaftsmitglieds **53** 68; der Gewährleistung bei Miete **20** 536d; der Haftung wegen Vorsatzes **20** 276; einer Klage gegen Verschmelzungsbeschluss **52a** 32; der Leistungspflicht, Schadensersatz **20** 283; der Öffentlichkeit im arbeitsgerichtlichen Verfahren **83** 52; bei Recht auf Ehescheidung **20** 1933; des Rücktrittsrechts **20** 350 f.; des Vorkaufsrechts **20** 466, 470 f.; der Wertersatzpflicht bei Rücktritt **20** 346; des Widerrufs der Schenkung **20** 532; des Zugewinnausgleichs, Gütertrennung **20** 1414

Ausschluss der Öffentlichkeit im Bundestag **1** 42

Ausschlussfrist bei Modernisierungsmaßnahmen **20** 555d

Ausschlussurteil im Zwangsversteigerungsverfahren **108** 141

Ausschlussverfahren von Aktionären, Geschäftswert **119** 73

Ausschreibungen, Arbeitsplatz **34** 11; wettbewerbsbeschränkende Absprachen **85** 298, als Wirtschaftsstrafsache **95** 74c

Ausschuss, Ausschüsse für Angelegenheiten der EU **1** 45; für auswärtige Angelegenheiten **1** 45a; des Bundesrates **1** 52; des Bundestages **1** 42 bis 45a; gemeinsamer A. des Bundesrates und des Bundestages (Vermittlungsausschuss) **1** 77; Teilnahme der Bundesregierung an A. des Bundesrates **1** 53; für Verteidigung **1** 45a

Ausschüsse der Handwerksinnungen zur Streitschlichtung **83** 111

Außergerichtliche Konfliktbeilegung, Arbeitsgerichtsgesetz **83** 54a; FamFG **112** 36a; in Urheberrechtsstreitigkeiten **65** 32f, 35a; nach dem UrhG **65** 32f; Zivilprozess **100** 278a

Außergerichtliche Streitbeilegung über Folgesachen nach Scheidung **112** 135; Hemmung der Verjährung **20** 204

Außerordentliche Kündigung des Arbeitsverhältnisses **20** 626; **84** 13; bei Satzungsänderung der Genossenschaft **53** 67a; des Vermieters mit gesetzlicher Frist **20** 573d, 575a

Außervertragliche Schuldverhältnisse **21** 38

Aussetzung der Anstaltsunterbringung **85** 67b; des Aufgebotsverfahren **112** 440; wegen Aufhebung einer Ehe **100** 152; der Hauptverhandlung **90** 228, wegen Anhängigkeit einer Zivilklage **90** 262; des Nachlassteilungsverfahrens **112** 370; einer Person **85** 221; des Strafrestes bei lebenslanger Freiheitsstrafe, Rechtsanwaltsgebühren **117** Anl. 1 Nr. 4300; der Strafvollstreckung, Widerruf **90** 453c; der Unterbringung, Widerruf **85** 67g; der Untersagung der Berufsausübung **85** 70a; des Verfahrens **1** 100, gegen Abgeordnete **1** 46, in Angelegenheiten der freiwilligen Gerichtsbarkeit **112** 21, in Familiensachen **112** 21, in Registersachen **112** 381, wegen sonstiger Gründe **100** 246 ff., bei Vorgreiflichkeit

100 148; der Verhandlung wegen anderer Entscheidungen **100** 148 f.; des Versorgungsausgleichsverfahrens **112** 221; des Verteilungsverfahren **108** 116; der Vollstreckung von Maßregeln **85** 67b f.; der Vollziehung einer Entscheidung **100** 570; des Vollzugs der Freiheitsentziehung **112** 424, des Haftbefehls **90** 116 f., in Unterbringungssachen **112** 328
Aussöhnungsgebühr des Rechtsanwalts **117** Anl. 1 Nrn. 1001 ff.
Aussonderung im Insolvenzverfahren **110** 47
Ausspielvertrag 20 763
Ausstattung, Berücksichtigung bei Zugewinnausgleich **20** 1374; des Kindes **20** 1624 f., bei Gütergemeinschaft **20** 1444, 1466; aus Vermögen des Betreuten **20** 1908
Aussteigen aus Fahrzeugen **35a** 14
Ausstellungen iSd MarkenG **72** 35
Ausstellungsrecht im Urheberrecht **65** 18, 44 f.
Aussteuer 20 1624; Berücksichtigung bei Zugewinnausgleich **20** 1374
Austauschpfändung 100 811a f.
Ausübung von Dienstbarkeiten **20** 1092; des Nießbrauchs **20** 1036, 1059; des Vorkaufsrechts **20** 463 f., 1097, 1099
Auswanderung, Gesetzgebung **1** 73
Auswärtige Angelegenheiten 1 32, 59, 73; Ausschuss für **1** 45a
Auswärtige Beziehungen, Bundeskompetenz **1** 32
Auswärtige Verträge, Abschluss seitens der Länder **1** 32
Auswärtiger Dienst 1 87; Vertrauensbruch **85** 353a
Auswechslung der Forderung bei Hypothek **20** 1180
Ausweispapiere, Fälschung amtlicher **85** 273; Legitimationspapiere **20** 808; Missbrauch **85** 281; Verschaffen von falschen **85** 276; Vorbereitung zur Fälschung eines **85** 275
Ausweisung von Beschuldigten und Absehen von der Verfolgung **90** 154b; und Strafvollstreckung **90** 456a, 458
Auszubildendenvertretung, Kündigung von Mitgliedern **84** 15
Auszug, Nießbrauch **20** 1073; aus Vereinsregister **20** 69
Auszugsvertrag 21 96; **95** 23
Auto *s. Fahrzeuge*
Autobahn, Benutzung **35a** 18
Automatenmissbrauch 85 265a
Automatische Kennzeichenerfassung 90 163g
Automatisierter Datenabruf nach automatischer Kennzeichenerfassung **90** 163g; nach dem BZRG **92** 21 f., aus dem Fahreignungsregister **35** 30a ff.; aus den Fahrerlaubnisregistern **35** 53 ff.; aus dem Genossenschaftsregister, Kosten **120** 1; aus dem Grundbuch, Kosten **120** 1; aus dem Handelsregister, Kosten **120** 1; aus dem Partnerschaftsregister, Kosten **120** 1; aus dem Register für Pfandrechte an Luftfahrzeugen **120** 1; aus dem Schiffsregister, Kosten **120** 1; aus dem Schuldnerverzeichnis **102a** 16 f.; nach der StPO **90** 488, Errichtungsanordnung **90** 490, durch das staatsanwaltliche Verfahrensregister **90** 493; aus dem Vereinsregister, Kosten **120** 1; aus dem Zentralen Fahrzeugregister **35** 35 ff.

Baden, Erstreckung des Rechts des Vereinigten Wirtschaftsgebietes auf **1** 127; Notariat **1** 138
Baden-Württemberg, Rechtspfleger in **96** 33; Sonderregelung in der GBO **114** 1, 149, nach dem GNotKG **119** 135
Badische Gesetze 21 157, 200
Bahnbetriebsunternehmen, Haftung **33** 1
Bahneinheit, Zwangsliquidation, Gebühren **115** Anl. 1 Nr. 2230, Streitwertberechnung **115** 57
Bahnübergänge, Haltverbote **35a** 12; Verhalten **35a** 19; Verkehrszeichen **35a** 43
Ballone *s. Luftfahrzeuge*
Bandendiebstahl 85 244 f.
Bandenhehlerei 85 260 f.
Banken, Ausübung des Stimmrechts für Aktien **51** 134 f.; Bilanzrichtlinien **50a** 30 f.; Zinseszinsen **20** 248; *s. a. Kreditinstitute*
Bankenrichtlinie, Umsetzung **50a** 69
Bankguthaben, Pfändungsschutz **100** 850k f., 899 ff.
Bankwesen 1 74
Bannrechte 21 74
Bannware, Gefährdung durch **85** 297
Bareinlagen, Leistung **51** 36a
Bargebot im Zwangsversteigerungstermin **108** 49, 51
Bargeld, Verwahrung durch Notar **23** 57 ff.
Barrierefreiheit des Gerichtsverfahrens **95** 191a; Mietsache **20** 554; bei der Nutzung geschützter Werke **65** 62
Basiszinssatz 20 247; **21** Art. 229 § 7
Baubeschreibung 20 650j f.
Bäuerliche Erbfolge 21 64
Baugefährdung 85 319
Bauhandwerker, Sicherungshypothek für **20** 650e

Bauhandwerkersicherung 20 650f; beim Verbraucherbauvertrag **20** 650m
Baukostenzuschuss, Erstattung des verlorenen **20** Anm. zu 546
Baumaßnahmen in der Mietwohnung, Duldungspflicht **20** 555a ff.
Bäume 21 181, 183; Beeinträchtigung des Nachbargrundstückes **20** 907, 910; Früchte **20** 911, 923; an der Grenze **21** 122, 124; Schutz gegen Krankheiten **1** 74
Bausparkassenvertreter 50 92
Bausparverträgemakler 50 104
Baustellen, Verkehrsregelung **35a** 45
Bauten, Beschaffung der Mittel zur Fortsetzung durch Bund **1** 111
Bauträgerverträge 20 650u f.; Abschlagszahlungen **20** 650v
Bauunternehmer, Kennzeichnung von Baustellen **35a** 45
Bauverträge 20 650a ff.; Änderung durch Besteller **20** 650b ff.; Schlussrechnung **20** 650g; Schriftform der Kündigung **20** 650h; Übergangsvorschriften **21** Art. 229 § 39; mit Verbrauchern **20** 650i ff., *s. a. Verbraucherbauvertrag;* Vergütung bei Änderungsanordnung **20** 650c f.; Zuständigkeit der Landgerichte **95** 71; Zustandsfeststellung bei Abnahmeverweigerung **20** 650g
Bauwerk, Aneignung oder Wegnahme **41** 34; beim Erbbaurecht **41** 12; regelwidrige Ausführung **85** 319; Unterhaltspflicht bei Grunddienstbarkeiten **20** 1020 ff.; Urheberrechtsschutz **65** 2, 59
Bauwesen, Beauftragung der Bundeswehrverwaltung **1** 87b
Bayern, Notariat **1** 138
Beamte, Amtspflichtverletzung **1** 34; Beschäftigung von B. aus allen Ländern bei Bundesbehörden **1** 36; Beschränkung der Wählbarkeit **1** 137; einheitliche Ausbildung **1** 85; Regelung des Dienstrechts **1** 33; Staatshaftung bei Amtspflichtverletzung **1** 34
Beamtenbesoldung 21 80
Beamtenversorgung 48 2
Beamtinnen und Beamte 34 24; Abtretung von Gehalt **20** 411; Amtspflichtverletzung **20** 839, 841; als Amtsträger **85** 11; keine Arbeitnehmer **83** 5; Beitreibung von Ansprüchen gegen **122** 1; Bestellung zum Vormund **20** 1784, 1888; Festnahme von Störern **90** 164; Gerichtsstand der Auslandsbeamten **100** 15; Rechtspflegerausbildung **96** 2, 33; als Sachverständige **100** 408; Staatshaftung **21** 77, bei Amtspflichtverletzung **20** 839; vermögensrechtliche Ansprüche **21** 80; Vernehmung über Dienstgeheimnisse **90** 54; Vorlegung von Urkunden durch **100** 432; als Zeugen **100** 376
Bearbeitung, Eigentumserwerb durch **20** 950 f.; von Werken iSd UrhG **65** 3, 23
Beauftragter der Bundesregierung **1** 84
Beauftragter Richter, kein Anwaltszwang vor **100** 78; keine Ausschließung **100** 41; Befugnisse **100** 229, 329, 405; Beweisaufnahme durch **100** 355, 370, 372, 375, 389, 398, 400; Erinnerung gegen **100** 573; Güteverhandlung **100** 278; Protokollierung **100** 389
Beauftragter Richter im Strafverfahren, Beschwerde gegen **90** 304; Vernehmung von Zeugen oder Sachverständigen **90** 223
Bedarfsgegenstände, Schutz beim Verkehr mit **1** 74
Bedingte Ansprüche im Zwangsversteigerungsverfahren **108** 14, 48, 50, 119 f., 125
Bedingte Forderungen, Hypothek **20** 1113; Pfandrecht **20** 1204, 1209; Verwertung gepfändeter **100** 844
Bedingungen, aufschiebende und auflösende **20** 158; bei Berechnung des Nachlasses **20** 2313; Erbbaurecht **41** 1, 11; bei letztwilliger Zuwendung **20** 2066, 2070, 2074 ff., 2108, 2162, 2177, 2179; bei Rechtsgeschäften **20** 158 ff., 308, 449, 454, 652; Rückbeziehung **20** 159; im Testament **20** 2074 ff.; Unzulässigkeit bei Annahme oder Ausschlagung der Erbschaft **20** 1947, des Vermächtnisses **20** 2180, bei Auflassung **20** 925, bei Aufrechnungserklärung **20** 388, bei Testamentsvollstreckeramt **20** 2202; Vereitelung und Herbeiführung wider Treu und Glauben **20** 162
Bedrohung 85 241
Bedrucken, Eigentumserwerb durch **20** 950
Bedürftigkeit des Schenkers **20** 519, 528 f.; Unterhaltspflicht bei **20** 1603 f., 1611
Beeidigung des Dolmetschers und Ausnahmen **95** 189; der Partei **100** 452 ff., 536; Zwangsmittel bei unbegründeter Eidesverweigerung **100** 390
Beeinträchtigung der Benutzung des Grundstücks **20** 906; des Eigentums **100** 77; des Nießbrauchs **20** 1065; der persönlichen Dienstbarkeit **20** 1090; des Pfandrechts **20** 1227; durch Überbau **20** 916; eines urheberrechtlich geschützten Werkes **65** 75; des Vertragserben durch Erblasser **20** 2287 f.
Beendigung des Besitzes **20** 856; des Erbbaurechts **41** 26 ff.; der Führungsaufsicht **85** 68e; der Gesellschaft **20** 726; des Miet-

verhältnisses **20** 542 f., 568 ff., Vorenthaltung der Mietsache **20** 546a; des Nießbrauchs **20** 1072; des Unterhaltsanspruchs **20** 1586; des Verteidigungsfalles **1** 115l; der Zugewinngemeinschaft durch Tod **20** 1371
Beendigungserklärung bei Verfahren nach FamFG **112** 22
Beerbung *s. Erbfall*
Beerdigung, Störung **85** 167a
Beerdigungskosten, Beerdigung des Erblassers **20** 1968, der Mutter **20** 1615m; bei Tötung **20** 844; Versicherung über **62** 150
Befangenheit von Richtern im Strafprozess **90** 24 ff., im Zivilprozess **100** 42 f.; des Sachverständigen **100** 406; des Urkundsbeamten **100** 49
Befehlsgewalt über Streitkräfte **1** 65a, 115b
Beförderung von Reisenden, Streitigkeiten **95** 23
Beförderungsmittel, Frachtvertrag mit verschiedenen **50** 452 ff.; Fund in **20** 978 ff.
Beförderungsverträge, Allgemeine Geschäftsbedingungen **20** 305a; Rechtswahl **21a** 5
Befreite Pflegschaft 20 191
Befreite Vorerbschaft 20 2136
Befreite Vormundschaft 20 1852 ff.
Befreiung der eingebrachten Sachen vom Vermieterpfandrecht **20** 562c; von Gefangenen **85** 120; von Gerichtsvollzieherkosten **123** 2; des Käufers beim Vorkaufsrecht **20** 1102; von Unterhaltspflicht **20** 1614; von Vertretungspflicht im Anwaltsprozess **100** 78; des Vorkaufsberechtigten **20** 1101
Befreiungsanspruch des Bürgen **20** 775; von der Verbindlichkeit für Aufwendungen **20** 257
Befriedigung des ausgeschlossenen Nachlassgläubigers **20** 1973; durch Bürgen **20** 770 ff.; bei Gesamthypothek **20** 1182; durch Gesamtschuldner **20** 426; des Gläubigers durch einen Dritten **20** 267 f., Erlöschen der Hypothek **20** 1181, aus Gesamtgut **20** 1437, 1459; der Insolvenzgläubiger **110** 187 ff.; Klage auf vorzugsweise **100** 805; der Massegläubiger **110** 209; durch persönlichen Schuldner **20** 1174; des Pfandgläubigers **20** 1224 f., 1228, 1247; aus verpfändetem Recht **20** 1277
Befriedigungsrecht des Besitzers **20** 1003; des Gläubigers **50** 371 f.
Befristung bei Rechtsgeschäften **20** 163
Befugnisse zur Gesetzgebung **1** 70 ff.
Befund, Honorar **116** Anl. 2 Nr. 200 ff.
Beginn der Strafverfolgungsverjährung **85** 78a
Beglaubigte Abschrift *s. Abschrift*
Beglaubigung 21 Art. 231; amtliche **23** 70; von Dokumenten, Notargebühr **119** Anl. 1 Nr. 25102 ff.; elektronisch übermittelter Daten **50** 9; einer Erklärung **20** 129; Gebühren **120** Anl. Nr. 1400 ff.; Gerichtsvollziehergebühren **123** Anl.; des Handzeichens **20** 126, 129; **100** 416, 440; durch Notar **23** 39 ff., Gebühr **119** Anl. 1 Nr. 25100 f., bei qualifizierten elektronischen Signaturen **23** 40a
Beglaubigungsbefugnis der Vermessungsbehörde **20** Anm. zu 890
Begnadigung, Rechtsanwaltsgebühren für Gesuch **117** Anl. 1 Nr. 4303
Begnadigungsrecht 1 90; **90** 452
Begräbnisstätte 21 133
Begründung von Entscheidungen im Strafverfahren **90** 34; der Revision **90** 344 f.; eines Schuldverhältnisses durch Vertrag **20** 311; der Vormundschaft **20** 1773 ff.
Begünstigung, Strafbarkeit **85** 257
Begutachtung, Anordnung von Amts wegen **100** 3, 144, 287; wiederholte **100** 412; *s. a. Gutachten*
Begutachtungsverfahren, Hemmung der Verjährung **20** 204
Behandlung, Dokumentation **20** 630f
Behandlungsvertrag 20 312; Aufklärungsfehler, Beweislast bei Haftung **20** 630h; Pflichten **20** 630a ff.
Beherrschungsverträge von AG oder KGaA **51** 291; Ausgleichszahlung an Aktionäre **51** 304 f.; Gläubigerschutz bei Beendigung **51** 303; Leitungsmacht und Verantwortlichkeit **51** 308 ff.; Verlustübernahme bei **51** 302
Behinderte Menschen, Barrierefreiheit des Gerichtsverfahrens **95** 191a; Beurkundung von Willenserklärungen **23** 22 ff.; notwendige Verteidigung **90** 140; Rückhaltesysteme für Rollstühle in Kraftfahrzeugen **35a** 21a; Vereidigung **90** 66; Vervielfältigungsrechte nach dem UrhG **65** 45a f.; in Werkstätten für b. M., arbeitsgerichtliches Verfahren **83** 83, Rechtsweg bei Streitigkeiten **83** 2; *s. a. Sehbehinderte Menschen*
Behörde, -n des Bundes und der Länder, Amts- und Rechtshilfe **1** 35; Einrichtung und Aufbau **1** 84, 85, 108; der Länder, Einrichtung **1** 85
Behörden, Abgabe von Erklärungen gegenüber **20** 130; Anfechtung einer Erklärung gegenüber **20** 143; Anspruch auf Vollziehung von Auflagen **20** 525, 2194; Aufnahme des Nachlassinventars **20** 2002 f., der dem Nießbrauch unterliegen-

den Sachen **20** 1035, des Verzeichnisses des Mündelvermögens **20** 1802; Auslagenersatz an deutsche **118** Anl. 1 Nr. 2011; Beweisaufnahme durch ausländische **100** 364; Fund im Bereich von **20** 978 ff.; für Fund zuständige **20** 965 ff.; Gericht als **85** 11; Gerichtsstand **100** 17 ff.; Klagerecht bei Auflage oder Schenkung **20** 2194; Mitteilungen zum Zentralregister **92** 20; Mitteilungspflicht in Registersachen **112** 379; Veräußerungsverbot **20** 136; Vorlegung von Urkunden durch **100** 432; Zuständigkeit der Länderbehörde für Maßnahmen bei Kontaktsperre **95a** 33; Zwangsvollstreckung mittels Ersuchens einer **100** 789

Behördenbetreuer, Zwangsgeldfestsetzung **20** 1908g

Beichtgeheimnis **85** 139

Beihilfe **85** 27

Beiladung, Kostenhaftung **115** 32; zum Nachprüfungsverfahren nach GWB **74** 162

Beiordnung eines Rechtsanwalts, Gebühren **117** Anl. 1 Nr. 4110 ff., als Kontaktperson **117** Anl. 1 Nr. 4304, bei Scheidung **112** 138, Verfahrenskostenhilfe **112** 78

Beischlaf zwischen Verwandten **85** 173

Beisitzer, Beitreibung von Ansprüchen gegen nichtbeamtete **122** 1; Fragerecht **90** 240 f.; *s. a. Ehrenamtliche Richter*

Beistand **20** 1712; vor Arbeitsgerichten **83** 11; für Beschuldigten, Rechtsanwaltsgebühren **117** Anl. 1 Nr. 4301; Ehegatte als **90** 149; Erscheinen mit **100** 90; in Jugendstrafsachen **89** 69; für Nebenkläger im Strafverfahren **90** 397a, 406h, gemeinschaftliche Vertretung **90** 397b; Rechtsanwaltsgebühren in Strafsachen **117** Anl. 1 vor Nr. 4100; für Verfahren in Familiensachen und Angelegenheiten der freiw. Gerichtsbarkeit **112** 12; für Verletzten im Strafverfahren **90** 406f ff., psychosoziale Prozessbegleitung **90** 406g, Kosten **90** 465, 472; für Zeugen oder Sachverständigen in Bußgeldverfahren, Rechtsanwaltsgebühren **117** Anl. 1 vor Nr. 5100, Rechtsanwaltsgebühren **117** Anl. 1 vor Nr. 2100

Beistandschaft **20** 1712 ff.; Aufenthaltsort **20** 1717; Beendigung **20** 1715; Eintritt **20** 1714; Hemmung der Verjährung während der **20** 207; Übergangsvorschriften **21** 223; für Vereine **21** 144

Beiträge des Gesellschafters **20** 705 ff.

Beitragspflicht von ausgeschiedenen Mitgliedern einer Genossenschaft **53** 115c

Beitreibung von Ansprüchen der Bundeskasse **122** 1 ff.; gepfändeter Geldforderungen **100** 842 f.

Beitritt zum Zwangsversteigerungsverfahren **108** 27

Beitrittserklärung zur Genossenschaft **53** 15, notwendiger Inhalt **53** 15a

Beitrittsgebiet, Sonderregelung in der GBO **114** 1

Bekämpfung von Aufständischen durch Streitkräfte **1** 87a

Bekanntmachung der Aktiengesellschaft **51** 23 f.; der Aufforderung zur Anmeldung von Nachlassforderungen **20** 2061; der Auflösung des Vereins in Liquidation **20** 50 f.; Auslagen des Gerichtsvollziehers **123** Anl.; der Auslobung **20** 657; des Beschlusses **112** 41; Eintragung von Vereinen **20** 66; der Erteilung und des Erlöschens der Vollmacht **20** 171, 176; eines Fundes **20** 980 ff.; gemäß GenG **53** 156, 158; der Grundbucheintragung **114** 55; im Insolvenzverfahren **110** 9, 23, 30, 200, 215, 252, 273, nach der VO (EG) 1346/2000 **110a** 102 § 5, nach der VO (EU) 2015/848 **110a** 102c § 7, § 12; von Kartellprüfungsverfahren **74** 43; der Musterfeststellungsklage **100** 607; des Musterfeststellungsurteils **100** 612; von Neufassungen des FamGKG **118** 62a; öffentliche von Eintragungen im Güterrechtsregister **20** 1562; im Strafverfahren, notwendige **90** 35, 292; von Verfügungen der Kartellbehörden **74** 62; der Versteigerung **20** 383, 1237; des Versteigerungstermins bei Zwangsversteigerung **108** 39 f.; von Wettbewerbsregeln **74** 27

Bekanntmachungsbefugnis bei Urheberrechtsverletzung **65** 103, 111

Bekenntnis, religiöses und weltanschauliches **1** 3, 4, 33, 140

Bekenntnisfreiheit **1** 4; Beschimpfung von Bekenntnissen **85** 166 ff.

Bekenntnisschulen **1** 7

Bekleidung öffentlicher Ämter, Unfähigkeit zur **85** 45 ff.

Belästigung der Allgemeinheit, Ordnungswidrigkeit **94** 118; als unlautere geschäftliche Handlung **73** 4a, 7

Belastung mit Erbbaurecht **41** 1; des Erbbaurechts, Zustimmung des Grundstückeigentümers **41** 5 ff.; der gekauften Sache **20** 442; des gepachteten Grundstücks **20** 593b; des Grundstücks **20** 873, 876; Höchstbetrag des Wertersatzes bei Erlöschen der **20** 882; mit Hypothek **20** 1113 f.; der Mietsache **20** 567 ff.; mit Reallast **20** 1105; mit Rentenschuld **20**

1199, der Sache bei Erbschaftskauf **20** 2375; des Vermächtnisgegenstandes **20** 2288; Verträge über **20** 1136; des Zubehörs **20** 311c
Belastungsveränderung bei Schiffs- und Schiffsbauwerken, Gebühren **119** Anl. 1 Nr. 14230
Belastungsverbot 20 137, 1136
Belegene Sache, Gerichtsstand **100** 25 f.
Belehrung des Beschuldigten über Aussageverweigerungsrecht **90** 136, 163a, Dokumentation **90** 168b, bei Verhaftung **90** 114b; über Fahrverbot **90** 409, durch Richter **90** 268c; im Jugendstrafverfahren **89** 70a; im Mahnverfahren **100** 695; über schriftliches Anerkenntnis **100** 499; über Strafaussetzung zur Bewährung **90** 453a; bei Unzuständigkeit des Amtsgerichts **100** 504; über Verwarnung mit Strafvorbehalt **90** 453a; über Zeugnisverweigerungsrecht **90** 57; mit Zustellung der Klage oder des Protokolls **100** 499
Beleidigung 85 185 ff.; Bekanntgabe von Verurteilungen **85** 200; Strafantrag **85** 194; Verbreitung mittels Rundfunk oder Telemedien **85** 194; verhetzende **85** 192a; verleumderische durch Abgeordnete **1** 46; trotz Wahrheitsbeweises **85** 192; wechselseitige **85** 199; **90** 468
Beleuchtung von Fahrzeugen **35a** 17, in geschlossenen Verbänden **35a** 27
Belohnung von Straftaten **85** 140
Benachrichtigung bei Beschlagnahme von Postsendungen **90** 101; des Eigentümers vom Verkauf des Pfandes **20** 1241; des Gläubigers von der Übernahme der Hypothek **20** 416; der Parteien **100** 362, 365; von der Versteigerung der geschuldeten Sache **20** 384; des Vorkaufsberechtigten vom Kaufabschluss **20** 469
Benachteiligung des Gläubigers durch Schuldner **110** 133; **111** 3
Benachteiligungsklage 83 61b
Benachteiligungsverbot, Anspruch auf Beseitigung **34** 21; Ausnahmen **34** 20; im Zivilrechtsverkehr **34** 19
Benutzung eines Grundstücks **20** 1018 ff., 1090; einer Marke **72** 25 f.; einer Sache, Wertersatz bei Rücktritt **20** 346
Benutzungsgebühren für Straßen **1** 74
Berater, strafbare Verletzung von Privatgeheimnissen **85** 203
Beratung des Gerichts **95** 192 ff.; des Versicherungsnehmers **62** 6 f., durch Versicherungsvermittler **62** 61
Beratungsgebühr des Notars **119** Anl. 1 Nr. 24200 ff.; des Rechtsanwalts **117** Anl. 1 Nr. 2100 ff.
Beratungshilfe, Rechtsanwaltsgebühren **117** 44 ff., Anl. 1 Nr. 2500 ff.; Zuständigkeit des Rechtspflegers **96** 24a
Beratungsleistungen bei Immobiliar-Verbraucherdarlehensvertrag **20** 511; **21** Art. 247
Beratungspflichten bei Verbraucherdarlehensvertrag **20** 504a
Beratungsstelle, Beschlagnahmeverbote **90** 97; strafbare Verletzung von Privatgeheimnissen **85** 203
Berauschende Mittel im Straßenverkehr **35** 24a; iSd StVG **35** 24a, 24a Anlage
Berechnung des Streitwertes **100** 4 ff.; bei Zugewinnausgleich, Anfangs- und Endvermögen **20** 1376, Zeitpunkt **20** 1384
Berechtigungen, Zwangsvollstreckung und Arrestvollziehung in grundstücksgleiche **100** 864
Bereicherung beim Fund **20** 977; bei Geschäftsführung ohne Auftrag **20** 682, 684; Haftung des Erbschaftsbesitzers wegen **20** 2021; Herausgabe von Früchten **20** 993, der ungerechtfertigten **20** 951; Herausgabepflicht **20** 346; bei Kündigung des Dienstvertrages **20** 628; zum Nachteil des Pflichtteilsberechtigten **20** 2329, des Vertragserben **20** 2287; bei Nichtvollziehung einer Auflage **20** 2196; bei Schenkung **20** 516; durch Straftat, Geldstrafe neben Freiheitsstrafe **85** 41; ungerechtfertigte **20** 812 ff.
Bereichsrechtspfleger 96 34 f.
Bereitschaft zu Verbrechen **85** 30
Bergbahnen 1 74
Bergbau 1 74
Bergrecht 21 67
Bergrechtliche Gewerkschaft, Gerichtsstand **100** 17
Bergungsansprüche, Gerichtsstand **100** 30a
Bergwerk, Erbschaft **20** 2123; Gefährdung **85** 318; Wirtschaftsplan beim Nießbrauch **20** 1038
Bergwerksbetrieb, Haftung **33** 3
Bergwerksgesellschaften 50a 5
Berichterstatter im Berufungsverfahren **90** 324; im Revisionsverfahren **90** 351; Stimmabgabe **95** 197; bei Zwischenstreit über Zeugnisverweigerung **100** 388 f.
Berichterstattung an Bundesregierung **1** 85; Freiheit **1** 5; parlamentarische **1** 42; Rechtfertigungsgrund **85** 131; Urheberrechtsschutz **65** 50
Berichtigung, Anspruch auf, Unverjährbarkeit **20** 898; eines Beschlusses **112** 42; des Grundbuchs **20** 894 ff., 1144 f., 1167, 1416; **108** 158; der Klage **100** 264; des

Markenregisters **72** 45; der Nachlassverbindlichkeiten **20** 2014 f., 2046
Berichtstermin im Insolvenzverfahren **110** 156
Berlin, Erstreckung des GG auf **1** 144, des Rechts des Vereinigten Wirtschaftsgebietes auf **1** 127; Mitwirkung bei Annahme des GG **1** 145; Sonderregelungen **85a** 324; Wahl der Schöffen **95a** 4a
Berlin-Brandenburg 1 118a
Berliner Testament 20 2269
Berner Übereinkunft zum Schutze von Werken der Literatur und der Kunst **65** 120
Beruf, freie Wahl **1** 12; Verbot der Ausübung eines B. für Bundeskanzler und Bundesminister **1** 66
Berufsausbildung, Unterhalt für **20** 1610
Berufsausübung, gesetzl. Regelung **1** 12
Berufsausübungsverbot 85 61, 70; Aufschub und Aussetzung **90** 456c
Berufsbeamtentum 1 33
Berufsbezeichnungsmissbrauch 85 132a
Berufsgeheimnis 85 203; Nichtanzeige von Straftaten **85** 139
Berufsgeheimnisträger, Ermittlungsmaßnahmen gegen **90** 160a; Zeugnisverweigerungsrecht **90** 53 ff.
Berufsgerichtliche Verfahren, Rechtsanwaltsgebühren **117** Anl. 1 Nr. 6200 bis 6216
Berufspflichtverletzung, Rechtsanwaltsgebühren **117** Anl. 1 Nr. 6200 bis 6216
Berufsrichter *s. Richter*
Berufssoldaten, Beschränkung der Wählbarkeit **1** 137
Berufsständische Organe, Beteiligung in Registersachen **112** 380
Berufsständische Versorgung 48 2
Berufsunfähigkeitsversicherung 62 172 ff.; **62a** 4
Berufsverbot 85 70 ff.; **85a** 305; Aufschub und Aussetzung **90** 456c; europaweite Unterrichtung durch Gerichte (Vorwarnmechanismus) **90a** 9; Maßregeln **85** 61; notwendige Verteidigung im Verfahren wegen **90** 140; Verstoß gegen **85** 145c; vorläufiges **90** 132a, Beschwerde **90** 305; Widerruf der Aussetzung **85** 70b
Berufsvereinigungen zur Förderung **1** 9; anerkannte Wettbewerbsregeln **74** 24
Berufung 83 61; **100** 511 ff.; Anschlussberufung **100** 524; in Arbeitssachen **83** 8, 64 ff.; Begründung **100** 520; Berechnung des Streitwerts **100** 4; Einlegung **100** 519; Einstellung der Vollstreckung wegen **100** 719; Einzelrichter **100** 527; nicht wegen fehlender Zuständigkeit **100** 513; Gebühren **115** Anl. 1 Nr. 1220 ff.; auf geleisteten Eid **100** 398; im Jugendstrafverfahren **89** 55; Kosten **100** 97; der Mitglieder des BVerfG **1** 94; der Mitgliederversammlung **20** 36 f.; Nichtzulassungsbeschwerde, Rechtsanwaltsgebühren **117** Anl. 1 Nr. 3504; als Pfleger **20** 1916; Rechtsanwaltsgebühren **117** Anl. 1 Nr. 3200 ff.; Rechtsbeschwerde, Gebühren **115** Anl. 1 Nr. 1820; der Richter der obersten Gerichtshöfe **1** 95; Rücknahme, Rechtsanwaltsgebühren **117** Anl. 1 Nr. 4141; Sozialgericht, Gebühren **115** Anl. 1 Nr. 7120 ff.; gegen Urteile des Jugendrichters und Jugendschöffengerichts **89** 41; Verfahren in Zivilsachen **100** 525 ff.; Verfahrensgebühr **117** Anl. 1 Nr. 3200; Verhandlung **100** 529; Versäumnisverfahren nach **100** 539; verspätete Angriffs- oder Verteidigungsmittel **100** 530; Verzicht **100** 515, 566; vorläufige Vollstreckbarkeit des Urteils **100** 718; Widerklage **100** 533; im Zivilprozess **100** 511 ff., Zuständigkeit des OLG **95** 119; Zulässigkeit **100** 511 ff., 522; Zulassung neuer Angriffs- und Verteidigungsmittel **100** 531; Zurücknahme **100** 516, 524; Zuständigkeit in Zivilsachen **95** 72
Berufung im Strafverfahren 90 312 ff.; Ausbleiben des Angeklagten und Wiedereinsetzung **90** 329 f.; Begründung **90** 317 f.; Frist **90** 314; durch gesetzlichen Vertreter **90** 330; Hauptverhandlung **90** 323 ff., ohne Angeklagten **90** 329; Hemmung der Rechtskraft durch **90** 316; Inhalt des Berufungsurteils **90** 328; in Privatklageverfahren **90** 390; Schlussvorträge **90** 326; Umfang der Prüfung des angefochtenen Urteils **90** 327; Verschlechterungsverbot **90** 331; verspätete **90** 319 f.; Verwerfung bei Ausbleiben des Angeklagten **90** 329, Revision **90** 340, wegen Unzulässigkeit **90** 319, 322; Zulässigkeit **90** 312 f.; Zuständigkeit **95** 74
Berufungsanschlussschrift 100 524
Berufungsantrag 100 520, 528
Berufungsbegründung 83 66; Wiedereinsetzung bei Versäumung der Frist **100** 233
Berufungsfrist in Arbeitssachen **83** 66; in Strafsachen **90** 314; in Zivilsachen **100** 517 f.
Berufungsgericht als Gericht der Hauptsache **100** 943; Nachprüfung von Entscheidungen im ersten Rechtszug **100** 512; Zulassung der Revision **101** 7
Berufungsinstanz, Vollstreckbarkeit des ersten Urteils **100** 537
Berufungsschrift, Zustellung **100** 521

Berufungssumme 100 511; in Arbeitssachen **83** 64
Berufungsurteil, Inhalt **100** 540
Berufungsverfahren, Gebühren des Verteidigers **117** Anl. 1 Nr. 4124 bis 4129, Verwaltungsgericht **115** Anl. 1 Nr. 5120 ff.; nach PatG und GebrMG vor BGH, Gebühren **115** Anl. 1 Nr. 1250 ff.; Rechtsanwaltsgebühren **117** Anl. 1 Nr. 1004
Besatzungskosten, Aufwendungen **1** 120
Besatzungsrecht, Abbau **1** 79
Beschädigtenversorgung, Aufgaben **1** 87b
Beschädigung, Ersatz **20** 718, 818, 2374; fremder Sachen bei Gefahrenabwehr **20** 228 f.; der Nießbrauchsache **20** 1042; einer Schuldverschreibung **20** 798; der vermachten Sache **20** 2164, 2288
Beschäftigte, Gleichbehandlungsgebot **34** 6 ff.; Rechte nach dem AGG **34** 13 ff.; soziale Verantwortung **34** 17; *s. a. Arbeitnehmer*
Bescheinigungen über Eintragungen im Handelsregister **50** 9; Gebühren **120** Anl. Nr. 1400 ff.; über inländische Titel, Kostenschuldner **115** 22; nach Pachtkreditgesetz, Gebühr **119** Anl. 1 Nr. 17004; der Vertretungsmacht **114** 34; nach VO (EU) Nr. 1215/2012 über inländische Titel **100** 1110 f.
Beschlagnahme im Bundestag **1** 40; Entziehung beschlagnahmter Sachen **85** 136; von Erzeugnissen des Grundstücks **20** 1121 f.; der Forderung, Aufrechnung **20** 392; des Grundstücks **20** 1124, 1126, bei Zwangsversteigerung **108** 20 ff., 26, 173, bei Zwangsverwaltung **108** 148, 151; durch Kartellbehörde **74** 58; Pfändung von Früchten und Zubehör nach **100** 810, 865; Schadensersatzansprüche bei ungerechtfertigter **72** 149; von Schriftstücken bei Abgeordneten **1** 47; von Waren bei Verletzung von Kennzeichenrechten **72** 146 ff.; im Zwangsversteigerungsverfahren **108** 55
Beschlagnahme iSd StPO gegen Abwesende **90** 290 ff.; von Akten und anderen amtlichen Schriftstücken **90** 96; Beschwerde **90** 305; zur Beweissicherung oder Einziehung **90** 94 f.; bei Durchsuchung **90** 108; des Führerscheins **90** 111a, 463b; Herausgabe des Verwertungserlöses **90** 459k; Inventarisierung **90** 109; Mitteilungen an Verletzten **90** 111l; Notveräußerung von Gegenständen nach **90** 111p; durch Pfändung **90** 111c; Postbeschlagnahme **90** 99 f.; und Pressefreiheit **90** 97; Rechtsmittel **90** 304, 306; Rückgabe an Verletzten **90** 111n f., 459j; Schriften und Inhalte iSd StGB **90** 111q; von Schriftstücken bei Abgeordneten, Verbote **90** 97; des Schriftwechsels des Angeklagten, Verbote **90** 97; zur Sicherung der Einziehung **90** 111b ff., Vollziehung **90** 111c; Verbote **90** 97; Verfahren **90** 98, 111j ff., 421 ff.; **96** 31; des Vermögens **90** 443; Vermögensarrest und Insolvenzverfahren **90** 111i, 459m; Verwaltung der Gegenstände **90** 111m; Verwertungsverbot **90** 108; vorrangige Befriedigung **90** 111g; Wirkung **90** 111d; Zuständigkeit **90** 111f
Beschleunigtes Verfahren im Strafprozess **90** 417 ff.; Übergangsvorschriften **101** 34; Verbot in Jugendstrafsachen **89** 79; vor Vergabekammern **74** 167
Beschleunigungsbeschwerde in Kindschaftssachen **112** 155c
Beschleunigungsgebot im Arbeitsgerichtsverfahren **83** 56 f.; in Kindschaftssachen **112** 155; bei der Vollstreckung der Herausgabe von Personen und Umgangsregelungen **112** 88
Beschleunigungsrüge in Kindschaftssachen **112** 155b
Beschluss, Abänderung und Wiederaufnahme **112** 48; über Ablehnung eines Sachverständigen **100** 406; über Ablehnungsgesuch **100** 46; über Annahme als Kind **112** 197; über Antrag auf Ablehnung eines Richters in Strafsachen **90** 28; über Antrag auf selbständiges Beweisverfahren **100** 490; im arbeitsgerichtlichen Verfahren **83** 53, 84; Aufhebung der Arrestvollziehung **100** 934; über Ausschluss der Öffentlichkeit, Verkündung **95** 174; mit Begründung wegen Geltendmachung im Ausland **112** 38; über Beibringungsfrist **100** 356; über Beiordnung eines Notanwalts **100** 78b; über Berichtigung des Urteils **100** 319; im Beweisverfahren **100** 359, 409; über Einstellung oder Eröffnung des Hauptverfahrens **90** 199, 203 ff.; über einstweilige Einstellung der Zwangsvollstreckung **100** 707; über Erinnerung gegen Vollstreckungsklausel **100** 732; zur Erteilung des Zuschlags bei Zwangsversteigerung **108** 87, 89; formlose Mitteilung **100** 329; bzgl. Freiheitsentziehungsantrag **112** 421; über gerichtliche Bestimmung **100** 37; als Gerichtsentscheidung **112** 38 ff.; bei Klagerücknahme **100** 269; des OLG, Rechtsbeschwerde **95a** 29; über Räumungsfrist **100** 721; Rückgabe der Sicherheit **100** 109; über Rüge der Verletzung des Anspruchs auf rechtliches Ge-

hör **100** 321a; Verfahren **112** 402; Verkündung **100** 136, 329; über Verweisung wegen Unzuständigkeit des Gerichts **100** 281, 506; bei Verweisung an anderes Gericht **90** 270; Verwerfung der Berufung **100** 522, der Revision **100** 552; über vorläufige Vollstreckbarkeit in Berufungsinstanz **100** 537; über Vorlegungsfrist für Urkunde **100** 431; Wirksamkeit **112** 40; über Zulässigkeit des Einspruchs **100** 341; über Zwangsvollstreckung oder Arrestvollziehung, Anfechtung **90** 111g

Beschlüsse von Organen, Geschäftswert **119** 108, einer Vereinigung oder Stiftung **119** Anl. 1 Nr. 21100 f.

Beschlussfassung in der Bundesregierung **1** 65; der Genossenschaftsmitglieder während der COVID-19-Pandemie **52d** 3; des Gläubigerausschusses **110** 72; der Gläubigerversammlung **110** 76; der GmbH-Gesellschafter während der COVID-19-Pandemie **52d** 2, 7; des Vereinsvorstandes **20** 28; *s. a. Abstimmung*

Beschlussverfahren vor den Arbeitsgerichten **83** 80, in besonderen Fällen **83** 98 ff., Zuständigkeit **83** 2 f., örtliche **83** 82; bei Insolvenz **110** 126

Beschmutzen der Straßen **35a** 32

Beschneidung des männlichen Kindes **20** 1631d

Beschränkte Geschäftsfähigkeit **20** 131, 165, 682, 2282, 2347; bei Adoption **20** 1746; bei Ehevertrag **20** 1411; und Hemmung der Verjährung **20** 210; Wohnsitz **20** 8

Beschränkte Haftung des Miterben, Urteil unter Vorbehalt **100** 305; Zusatz im Firmennamen der GmbH **52** 4; und Zwangsvollstreckung **100** 780 ff.

Beschränkte persönliche Dienstbarkeit **20** 1090 ff., 2182; **21** 115

Beschränkung der Garantie beim Kauf **20** 444; des Gebrauchs bei Miete **20** 567; der Gewährleistung bei Miete **20** 536d, beim Werkvertrag **20** 639; der Haftung des Erben **100** 305, 781, und Zwangsvollstreckung **100** 786; der Hoheitsrechte zugunsten kollektiver Sicherheit **1** 24; des passiven Wahlrechts **1** 137; des Pflichtteilsrechts **20** 2338; der Strafverfolgung **90** 154a; der Verfügung über eingetragenes Recht **20** 892 ff.; der Verhandlung auf einzelne Angriffs- und Verteidigungsmittel **100** 146; der Vertretung des Kindes **20** 1643 ff.; des Vorkaufsrechts **20** 1097; der Vormundschaft **20** 1796

Beschuldigte **90** 157; abwesende **90** 276; Abwesenheit und vorläufige Einstellung **90** 154f; Akteneinsichtsrechtshinweis für Verteidiger **90** 114b; Aufenthaltsort, Aufforderung zur Bekanntgabe **90** 288, Bestimmung durch Verkehrsdatenerhebung **90** 100g, Ermittlung durch Ausschreibung **90** 131a, anhand von Telekommunikationsdaten **90** 100j; Beitreibung von Ansprüchen gegen **122** 1; Belehrung über Aussageverweigerungsrecht **90** 136, 163a, über Rechte **90** 114b; Benachrichtigung des abwesenden **90** 287, Zurückstellung **90** 95a; DNA-Identitätsfeststellung **90** 81g; Dolmetscher oder Übersetzer **95** 187; Duldung von Untersuchungen und Eingriffen **90** 81a; Durchsuchungen bei **90** 102; Einlegung eines Rechtsmittels durch verhafteten **90** 299; erkennungsdienstliche Maßnahmen **90** 81b; Gegenüberstellungen mit dem vor Bestellung eines Pflichtverteidigers **90** 141a; Maßnahmen wegen Ungehorsams **95** 177 ff.; längerfristige Observation von **90** 163f; Online-Durchsuchungen **90** 100b; Rechtsmittel gegen Entscheidung **90** 296 f.; schriftliche Äußerung **90** 163a; Überwachung **90** 148a; Unterbringung für Gutachten **90** 81; Verhaftung, Benachrichtigung der Angehörigen **90** 114c; Verkehr mit Verteidiger **90** 148; Vernehmung **90** 133 ff., *s. a. dort,* nach dem JGG **89** 44, 70c; Zahlungsanspruch des Rechtsanwalts **117** 52 ff.

Beschwerde, Abhilfe oder Vorlegung **100** 572; bei Ablehnung der Eintragungsentfernung aus Zentralregister **92** 25; bei Ablehnung von Amtshandlungen eines Notars **23** 54; bei Abstammungssachen **112** 184; in Angelegenheiten der freiwilligen Gerichtsbarkeit, Gebühren **118** Anl. 1 Nr. 1322 ff.; gegen Anordnung einer Vorauszahlung **119** 82; Anschlussbeschwerde **100** 567; kein Anwaltszwang **100** 571; in Arbeitssachen **83** 8, 77 f., 83, 87 ff.; gegen Auferlegung einer Verzögerungsgebühr **115** 69; **118** 60; in Aufgebotsverfahren **112** 439, zur Kraftloserklärung von Urkunden **112** 479; gegen Auflösung wegen Satzungsmangels **112** 399; aufschiebende Wirkung **100** 570; Berechtigte nach FamFG **112** 59; gegen Beschluss betr. Dispache **112** 408, über Einleitung eines Löschungsverfahrens **112** 393, des Registergerichts **112** 380; gegen Beschlüsse, Einlegung, Form, Frist **83** 89 f.; in Betreuungssachen **112** 303; gegen Bewährungsanordnungen in Jugendsachen **89** 59; des durch Unterbringung Betroffenen **112** 336; in Ehe- oder Folgesachen, Gebühren **118** Anl. 1 Nr. 1120 ff., durch

Versorgungsträger **112** 145; Einlegung **100** 569 ff.; Entscheidung **112** 69; gegen Entscheidung über Erinnerung **119** 81, in Notarkostensachen **119** 129 ff.; gegen Entscheidung des Familiengerichts über Erinnerung **118** 57; gegen Entscheidungen des Rechtspflegers **96** 11, des Vorsitzenden **83** 98; nach Erledigung der Hauptsache **112** 62; gegen Erteilung der Vollstreckungsklausel **23** 54; nach dem FamFG **112** 58 ff.; Familiengerichtsentscheidungen **95** 119; in Familiensachen **112** 58 ff., Kosten **118** 1; gegen Festsetzung eines Ordnungsgeldes **50** 335a; gegen Festsetzung des Vefahrenswerts durch Familiengericht **118** 59; gegen Freiheitsentziehungsbeschluss **112** 429; Frist **112** 63; Gebühren nach dem FamGKG **118** Anl. 1 Nr. 1211, 1222 ff., 1314 f., 1720 ff.; Gebühren nach dem GKG **115** Anl. 1 Nr. 1642 f.; Gebühren nach dem GNotKG **119** Anl. 1 Nr. 19110; gegen Geschäftswertfestsetzung **119** 83; nach HGB, Verwerfung oder Zurückweisung, Gebühr **119** Anl. 1 Nr. 19115; im Insolvenzverfahren **110** 6 f., 34, 75, 78, 184, 204, 216, 253; **110a** 102c § 6, 102c § 9, 102c § 20, 102c § 26; nach JVEG **116** 4; gegen Kostenentscheidungen **115** 66 ff.; in Markenangelegenheiten zum Bundesgerichtshof **72** 83 ff., zum Bundespatentgericht **72** 66 ff.; gegen Nachlassgerichtsbeschluss **112** 355; Rechtsbeschwerde **100** 574 ff., *s. a. dort;* gegen Registergerichtsentscheidungen, Gebühr **119** Anl. 1 Nr. 19112; wegen Schweigegebots über Verhandlungen **95** 174; sofortige **83** 77; **100** 567 ff., *s. a. dort;* sofortige Entscheidung über Aussetzung auf Bewährung **89** 59; von Soldaten **1** 96; in Teilungssachen **112** 372; bei Unterbringungssachen **112** 335; des Untergebrachten **112** 305; in Unterhaltssachen **112** 256; im unternehmensrechtlichen Verfahren **112** 402; Verfahren **118** Anl. 1 Nr. 1910 ff.; gegen Verfügungen der Kartellbehörden **74** 73 ff.; gegen verhängte Ordnungsmittel **95** 181; wegen versagter Rechtshilfe **95** 159; in Versorgungsausgleichssachen **112** 228; des Vertreters der Staatskasse in Betreuungssachen **112** 304; Verzicht oder Rücknahme **112** 67; gegen Vorauszahlungsanordnung des Familiengerichts **118** 58; im Wahlprüfungsverfahren **1** 41; Wertfestsetzung für Zulässigkeit **118** 54; **119** 78; gegen Wertfestsetzung für die Rechtsanwaltsgebühren **117** 33; Wiedereinsetzung bei Versäumung der Frist **100** 233; im Zivilprozess **100** 567 ff.; Zulässigkeit **100** 567, 574; Zuständigkeit **95** 72 f., 121, 133, 135; gegen Zwangsgeldbeschluss **112** 391; im Zwangsversteigerungsverfahren **108** 95 f.; im Zwangsvollstreckungsverfahren **100** 793

Beschwerde im Strafverfahren 90 304 ff.; aufschiebende Wirkung **90** 307; gegen Ausschluss des Verteidigers **90** 138d; Einlegung **90** 306; im Klageerzwingungsverfahren **90** 172; sofortige *s. dort;* gegen Verfügungen des Ermittlungsrichters des BGH **90** 304; weitere **90** 310

Beschwerde- und Petitionsrecht 1 17, 17a

Beschwerdefrist 100 569; im arbeitsgerichtlichen Verfahren **83** 98

Beschwerdegegenstand, Wert bei Berufung **100** 511

Beschwerdegericht 100 568; nach FamFG **112** 58; Vorbereitung der Entscheidung **90** 308

Beschwerdegrund 100 571

Beschwerderecht eines Beschäftigten **34** 13; des Verhafteten **90** 115 f.

Beschwerdeschrift 90 306; **100** 569

Beschwerdesumme 90 304; **100** 511, 567

Beschwerdeverfahren ohne Entscheidung **115** Anl. 1 Nr. 1811; vor Entscheidung über Justizverwaltungsakte **95a** 24; nach FamFG **112** 68; Kosten **119** 1; nach OWiG **115** Anl. 1 Nr. 4400 f.; Streitwertberechnung **115** 50; Terminsgebühr für Rechtsanwalt **117** Anl. 1 Nr. 3513 bis 3518; bei Zwischenurteil über Nebenintervention, Gebühren **115** Anl. 1 Nr. 1810, 1822

Beschwerdewert 112 61

Beseitigung, Anspruch auf nach dem UWG **73** 8; von Einrichtungen **20** 922; des Strafmakels, Eintragung ins Zentralregister **92** 13, durch Richterspruch **89** 97, 111

Besetzung des Gerichts **90** 222a f., 338, Revisions- und Nichtigkeitsgrund **90** 359; **100** 579

Besichtigung, Gestattung **20** 809 ff.; Kauf auf **20** 454; Vorlegung von Sachen **20** 809 ff.

Besichtigungsanspruch bei Marken **72** 19a

Besitz 20 854 ff.; **21** 180; Aufgabe **20** 303, 959, 1007; Beeinträchtigung **20** 1004; im Beitrittsgebiet **21** Art. 233 § 1; bei Dienstbarkeiten **20** 1029, 1090; **21** 191; Eigenbesitz *s. dort;* Eigentumsvermutung **20** 1006; Einräumung **20** 861, 864; Einwendungen gegen Ansprüche aus **20** 863;

Entsetzung, Entziehung **20** 858 ff., 869, durch Gerichtsvollzieher, Gebühr **123** Anl.; Erwerb **20** 990; fehlerhafter **20** 859, 861 ff., 992, 2025; am Gesamtgut **20** 1422; mittelbarer **20** 868 f., 871, 1205; des Nießbrauchers **20** 1036; der Pfandsache **20** 1205; Schutz **20** 858 ff.; Störung **20** 858, 862 ff.; eines Testaments, Ablieferungspflicht **20** 2259; Übertragung **20** 870; Vererblichkeit **20** 857; Vermächtnis **20** 2169; Wert bei Streit über **100** 6; Wiedereinräumung **20** 861

Besitzdiener 20 855, 860

Besitzeinweisung und -entsetzung bei unbeweglichen Sachen **20** 885

Besitzer, Befriedigungsrecht **20** 268, 1003; Benennung des mittelbaren **100** 76; einer beweglichen Sache **20** 1007; Eigentumserwerb **20** 929; Einreden **20** 986; Ersatz für Aufwendungen **20** 994 ff., 999 ff.; Haftung **20** 838, 989 ff., 1000, für Beschädigung durch Einsturz des Gebäudes **20** 836 f.; Herausgabe an den früheren **20** 1007; eines Hypothekenbriefs **20** 1155; Leistung an den **20** 851; Rechtsstreit mit Grundstücksbesitzer **100** 266; Schadenshaftung **20** 836; Verfolgungsrecht **20** 867; Verzug **20** 990; Wirkung des Urteils gegen **100** 325; Zurückbehaltungsrecht **20** 1000

Besitzergreifung von Früchten, Sachbestandteilen **20** 955 ff.

Besitzklage 20 861 f.; **100** 24

Besitzkonstitut 20 930, 933, 936

Besitzmittler 20 868; Wirkung eines rechtskräftigen Urteils **100** 325

Besitzschutz 20 1007; bei Dienstbarkeiten **20** 1029

Besitzzeit, Anrechnung bei Ersitzung **20** 943 f.

Besoldung *s. Dienstbezüge*

Besondere Gebühren 119 Anl. 1 Nr. 1700 ff.

Besondere Gerichte für Schifffahrtsangelegenheiten **95** 14; **95a** 3

Besondere Geschäfte, Gerichtsvollziehergebühren **123** Anl. Nr. 400

Besondere Pflichten, Auferlegung durch Jugendrichter **89** 13

Besorgung eines fremden Geschäftes als eigenes **20** 687

Besserung und Sicherung, Maßregeln **85** 61 ff.; *s. Fürsorgeerziehung*

Bestallungsurkunde des Vormunds **20** 1791 f.

Bestandsaufnahme 20 1035

Bestandsdaten, Entschädigung für Auskünfte **116** Anl. 3 Nr. 200 f.; im Rahmen der Telekommunikationsüberwachung **90** 100j; **94** 46

Bestandsverzeichnis bei Auskunftspflicht **20** 260

Bestandteile, Abtrennung **20** 997; Aneignung **20** 954; von beweglichen Sachen **20** 947, 997; Eigentumserwerb **20** 953 ff.; Erstreckung der Hypothek auf **20** 1120 ff.; eines Grundstücks **20** 94 ff., 890, 946, 1043 f., 1120 ff., Verwendung durch Nießbraucher **20** 1043 f.; von Sachen **20** 93 ff.; Verbindung **20** 946 f.; wesentliche **20** 93 f.

Bestätigung des Arrests **100** 925, 927; eines Auseinandersetzungsplans durch Nachlassgericht **112** 368; inländischer Titel, Kostenschuldner **115** 22; nichtiger und anfechtbarer Rechtsgeschäfte **20** 141, 144; Wirksamkeit durch Beschluss **112** 371

Bestätigungsschreiben 20 147, 150

Bestätigungsvermerk bei Genossenschaften **50** 339; Jahresabschluss **50** 322

Bestattung, gefundener Leichen **90** 159

Bestattungsfeier, Störung **85** 167a

Bestechlichkeit 85 332, 335; von Ärzten **85** 299a, als Wirtschaftsstrafsache **95** 74c; im Geschäftsverkehr **85** 299; von Mandatsträgern **85** 108e; **95** 120b, im Ausland **85** 5

Bestechung 85 334 f.; Angaben zur Bekämpfung in Lageberichten **50** 289c; von Ärzten **85** 299b f., als Wirtschaftsstrafsache **95** 74c; im Geschäftsverkehr **85** 299; von Mandatsträgern **85** 108e; **95** 120b, im Ausland **85** 5

Besteller eines Werkes **20** 631 ff., Abnahmepflicht **20** 640, Kündigungsrecht **20** 648, Mängelansprüche **20** 634, Mitwirkungspflicht **20** 642, Selbstvornahme **20** 637, Sonderkündigungsrecht beim Architekten- und Ingenieurvertrag **20** 650r, Verantwortlichkeit **20** 645

Bestellte Verteidiger, Gebühren **117** Anl. 1 Nr. 4110 ff.

Bestellung eines Anwalts **100** 271; des Gegenvormundes **20** 1792; des Insolvenzverwalters **110** 56 ff., bei gruppenangehörigen Schuldnern **110** 56b; des Nießbrauchs **20** 1032, 1069; des Pfandrechts **20** 1274; eines Sequesters **100** 848; des Vereinsvorstandes **20** 27; eines Zwangsverwalters **108** 150b

Bestellungsurkunde zum Betreuer **112** 290

Besteuerungsrecht der Religionsgesellschaften **1** 140

Bestimmung einer Frist für Gegenleistung **20** 316, im Urteil **100** 510b; der Leistung

durch eine Partei oder einen Dritten **20** 315, 317 f.
Bestrafung, allg. Voraussetzungen **1** 103; des Bundespräsidenten **1** 60
Betagte Ansprüche, Vermächtnisse **20** 2217; Verwertung bei Pfändung **100** 844; vorzeitige Erfüllung **20** 813; bei der Zwangsversteigerung **108** 111
Betäubungsmittel, unbefugter Vertrieb im Ausland **85** 6; Verkehr mit **1** 74
Beteiligte in Abstammungssachen **112** 172; in Adoptionssachen **112** 188, Anhörung **112** 192, im Strafverfahren **90** 311a; im arbeitsgerichtlichen Verfahren **83** 10, 83; in Betreuungssachen **112** 274; bei Beurkundung **23** 10; in Ehewohnungssachen und Haushaltssachen **112** 204; nach dem FamFG **112** 7 f., 412; in Freiheitsentziehungssachen **112** 418; in Gewaltschutzsachen **112** 212; Mitwirkung nach FamFG **112** 27, bei Wertermittlung **119** 95; in Nachlasssachen **112** 345; im Nachprüfungsverfahren nach GWB **74** 162, 174; an unerlaubten Handlungen **20** 830; in Unterbringungssachen **112** 315; in Versorgungsausgleichssachen **112** 219; im Zwangsversteigerungsverfahren **108** 9, 163
Beteiligung der berufsständischen Organe in Registersachen **112** 380; an Ordnungswidrigkeit **94** 14
Beteiligungen der Aktiengesellschaften **51** 20 f.; an assoziierten Unternehmen, Wertansatz **50** 312; Dritter am Rechtsstreit **100** 64 ff.; des ehemaligen Landes Preußen, Übergang auf den Bund **1** 135; Jugendlicher an Straftaten Erwachsener **89** 103 ff.; an Unternehmen **50** 271; an Verbrechen, Versuch **85** 30
Beteiligungsbesitz, Angaben im Konzernanhang **50** 313
Beteiligungsverhältnis von Bund und Ländern an Einkommen-, Körperschaft- und Umsatzsteuer **1** 106, 107
Betrag des Anspruchs, Verhandlung über **100** 304, 347, 538
Betreuer **20** 1897; Abstimmung mit Betreutem **20** 1901; Aufgaben **20** 1896; Aufwendungsersatz oder Vergütung **20** 1835 f., 1908i; Beschränkung bei Eheverträgen **20** 1411; Bestellung **20** 1896, nicht bei Abhängigkeit vom Betreuten **20** 1897, Beschwerde gegen **112** 303, durch Einwilligung des Vereins **20** 1900; Bestellungsurkunde **112** 290; Einwilligungsvorbehalt **20** 1903; Entlassung **20** 1908b; **112** 296; Genehmigungspflicht bei ärztlichen Maßnahmen **20** 1904; gerichtliche Überprüfung der Auswahl **112** 291; Inhalt der Beschlussformel bei Bestellung **112** 286; keine Vergütung nach RVG **117** 1; mehrere **20** 1899; Mitteilungen an Betreuungsgericht **20** 1901; mündliche Verpflichtung **112** 289; Neubestellung **20** 1908c; **112** 296; Patientenverfügung **20** 1901a; Patientenwille **20** 1901b; Pflichten **20** 1901; Vertretung des Betreuten **20** 1902; des verwaltenden Ehegatten bei Gütergemeinschaft **20** 1436; Vorschlagsrecht des Betreuten **20** 1897; Vorsorgevollmacht **20** 1901c; Zahlungen von Betreutem **112** 292; *s. a. Vormund*
Betreute Personen, ärztliche Zwangsmaßnahmen, gerichtliche Genehmigung **20** 1906a; Aufhebung eines Erbvertrages, gerichtliche Genehmigung **20** 2290; Ehevertrag **20** 1411; Einwilligung des Betreuers **20** 1903; Patientenverfügung **20** 1901a; Unterbringung mit Freiheitsentzug **112** 312
Betreuung **112** 271; abwechselnde **20** 1899; Antrag auf **20** 1896; anwendbare Vorschriften **20** 1908i; anzuwendendes Recht **21** Art. 24; Aufhebung oder Änderung **20** 1901, 1908d; Aufhebung oder Einschränkung **112** 294; für Ausländer **21** 24; durch eine Behörde **20** 1900; Bekanntgabe des Beschlusses **112** 288; Erweiterung **112** 293; gemeinsame **20** 1899; Hemmung der Verjährung während der **20** 207; keine Bekanntgabe der Gründe an Betroffenen **112** 288; Pflicht zur Übernahme **20** 1898; rechtliche B. **20** 1896 ff.; für einzelne Rechtshandlungen, Gebühren **119** Anl. 1 Nr. 11103; durch Verein **20** 1900; Verlängerung **112** 295
Betreuungs- und Unterbringungssachen, deutsche Zuständigkeit **112** 104
Betreuungs- und Vollzugsgebühr, einmalige Erhebung **119** 93
Betreuungsgericht, Aufhebung der Abwesenheitspflegschaft **20** 1921; Bestellung eines Betreuers **20** 1896; Erbverzichtsgenehmigung **20** 2347; Genehmigung bei ärztlichen Maßnahmen **20** 1904; **112** 298, bei Ausstattung **20** 1908, bei freiheitsentziehender Unterbringung **20** 1906, der Gütergemeinschaftsaufhebung **20** 1492, eines Verzichts auf Gesamtgutsanteil **20** 1491, der Wohnungskündigung **20** 1907; Informationspflicht bei Betreuerauswahl **20** 1901c; Landgericht als Beschwerdegericht **95** 72; Mitteilungs- und Informationspflichten **112** 22a; Regelung des Post- und Fernmeldeverkehrs bei Betreuten **20** 1896; Übertragung von Aufgaben **21** 147; Ver-

fahrensfähigkeit **112** 125; Zuständigkeit **95** 23c, 23d, für Pflegschaften **20** 1915
Betreuungsgerichtliche Zuweisungssachen 112 340; Richtervorbehalt **96** 15; Zuständigkeit des Amtsgerichts **95** 23a
Betreuungshelfer, Verkehr mit Jugendlichen in U-Haft **89** 72b
Betreuungssachen 112 271 ff.; Anhörung des Betroffenen **112** 278; ärztliches Zeugnis statt Gutachten **112** 281; Beschluss mit Begründung **112** 38; Beschwerde **112** 303; einstweilige Anordnung **112** 300 ff.; Entscheidungsmitteilungen an Behörden und öffentliche Stellen **112** 308 ff., zur Strafverfolgung **112** 311; Geschäftswert **119** 63; Gutachten **112** 280; keine Gebühren **119** Anl. 1 Nr. 11100; keine Rechtsmittel vor OLG **95** 119; Kostenschuldner **119** 23; Richtervorbehalt **96** 14 f.; Verfahrensfähigkeit des Betroffenen **112** 275; Wirksamkeit von Beschlüssen **112** 287; Zulässigkeit einer Vertrauensperson **95** 170; Zuständigkeit **95** 23d, des Amtsgerichts **95** 23a
Betreuungstätigkeiten, Betreuungsgebühr **119** Anl. 1 Nr. 22200; Geschäftswert **119** 113; Treuhandgebühr **119** Anl. 1 Nr. 22201
Betreuungsverein 20 1897, 1900; Anerkennung **20** 1908f
Betreuungsverfügung, Herausgabe **112** 285
Betreuungswünsche, schriftliche **20** 1901c, Herausgabe **112** 285
Betrieb, Haftung **21** 105; kaufmännischer des Bundes **1** 110
Betriebliche Altersversorgung 48 2; durch Lebensversicherungen **62** 150
Betriebsänderung bei Insolvenz **110** 121 ff.
Betriebserfordernisse, Kündigung **84** 1
Betriebsgeheimnisse 50 90; Ausschluss der Öffentlichkeit **95** 172; Einsicht durch Monopolkommission **74** 46; Offenbarung **85** 203 ff.; strafbare Verletzung **85** 355, im Ausland **85** 5
Betriebshaftpflichtversicherung 62 102
Betriebskosten, Abrechnungsmaßstab **20** 556a; Veränderungen **20** 560; Vereinbarungen **20** 556
Betriebsleiter, Kündigung **84** 14
Betriebsmittelrücklage des Bundes **1** 111
Betriebspacht, Fortsetzung bei wirtschaftlicher Lebensgrundlage **20** 595
Betriebspachtvertrag von AG und KGaA **51** 292
Betriebsrat, Anhörung durch Landesarbeitsamt **84** 20; im arbeitsgerichtlichen Verfahren **83** 10; Kündigungsschutz der Mitglieder **84** 15; bei Massenentlassungen **84** 17; Stellungnahme bei Kündigung **84** 4; Zuständigkeit bei Kündigung **84** 3
Betriebsratsmitglieder, strafbare Verletzung von Privatgeheimnissen **85** 203
Betriebsrente, Rechtsfolgen der internen Teilung **48** 12; Sondervorschriften für Anrechte nach dem VersAusglG **48** 45
Betriebsübergabe bei Landpachtverhältnis **20** 593a
Betriebsübergang, Kündigung des Arbeitsverhältnisses **20** 613a; Rechte und Pflichten des neuen Firmeninhabers **20** 613a; Widerspruch des Arbeitnehmers **20** 613a
Betriebsüberlassungsvertrag von AG und KG auf Aktien **51** 292
Betriebsveräußerung bei Insolvenz **110** 128, 162 f.
Betriebsvereinbarung, Kündigung im Insolvenzverfahren **110** 120
Betriebsverfassung 1 74
Betriebsverfassungsgesetz, Zuständigkeit der Arbeitsgerichte **83** 2a, des Arbeitsgerichts **83** 3
Betriebswohnungen, Kündigung **20** 576 ff.
Betrug 85 263 ff.; Anfechtung wegen **20** 123; Computerbetrug **85** 263a
Beugung des Rechts **20** 839
Beurkundung 21 Art. 231; Abrede der **20** 154; der Abtretung **20** 403; der Aufhebung fortgesetzter Gütergemeinschaft **20** 1492; Beteiligung behinderter Personen **23** 22 ff.; des Ehevertrages **20** 1410; des Erbbaurechts **41** 11; des Erbschaftskaufs **20** 2371; des Erbvertrags **20** 2276, 2282, 2291, Rücktritt **20** 2296; des Erbverzichts **20** 2348, 2351 f.; Falschbeurkundung im Amt **85** 348, mittelbare **85** 271; Feststellung der Beteiligten **23** 10; durch Gerichtsvollzieher, Gebühren **123** Anl.; Geschäftswerte **119** 97 ff.; der Grundstücksübereignung **20** 873; Kosten **20** 448; Nachtragsbeurkundung **23** 44b; Niederschriften **23** 36 ff.; notarielle **20** 1491 f., 1501, bei Ausschließung eines Abkömmlings **20** 1516, Gebühr **119** Anl. 1 Nr. 21200; von Rechtsgeschäften **20** 154; des Schenkungsversprechens **20** 518; der Verfügung über einen Erbteil **20** 2033; von Verträgen über Grundstücke, das Vermögen, den Nachlass **20** 311b; vollstreckbarer Urkunden **100** 799 f.; der Wahl des Eherechts **21** Art. 14; von Willenserklärungen **23** 6 ff., mittels Videokommunikation **23** 16 ff.

Beurkundungen, Bundesrecht **23** 65; Landesrecht **23** 66, 68; nach dem PersonenstandsG **23** 64
Beurkundungs- und Beglaubigungsbefugnis der Vermessungsbehörden **20** Anm. zu 890
Beurkundungsgegenstand 119 86; besonderer **119** 111; derselbe, Geschäftswert **119** 109; verschiedene **119** 110
Beurkundungsgesetz 23
Beurkundungsverfahren 119 85; Antragsannahme für Vertragsabschluss, Notargebühr **119** Anl. 1 Nr. 21101; Notargebühren **119** 30, Anl. 1 Nr. 21100 ff., 21300 ff.
Bevölkerung, Beteiligung bei Neugliederung der Länder **1** 118
Bevollmächtigte, Ausübung des Stimmrechts für Aktien **51** 135; einseitige Rechtsgeschäfte **20** 174; Erbschaftsausschlagung **20** 1945; iSd FamFG **112** 10; Genehmigungspflicht bei ärztlichen Maßnahmen **20** 1904; Patientenverfügung **20** 1901a; Patientenwille **20** 1901b; Verschulden **100** 85; *s. a. Prozessbevollmächtigter*
Bewachung von Schiffen, Gebühr **123** Anl.
Bewährung, Aussetzung nach dem JGG, Bewährungsplan **89** 60, Vorbehalt der nachträglichen Entscheidung **89** 61 ff.; Strafaussetzung nach dem JGG **89** 21 ff., 57 ff., 88, Widerruf **89** 60; Strafaussetzung zur **85** 56; **90** 268a, 453; Überwachung des Verurteilten **90** 453b; Vorbehalt der Entscheidung, Eintragung ins Erziehungsregister **92** 61, Eintragung ins Zentralregister **92** 7
Bewährungsauflagen 85 56b, 56e; **90** 265a, 268a, 453b
Bewährungsaufsicht für Jugendliche **89** 8
Bewährungshelfer 85 56d, 56e, 57; Datenverarbeitung durch **90** 483 ff.; für Jugendliche **89** 113
Bewährungshilfe 85 68a; für Jugendliche **89** 29
Bewährungszeit 85 56a; **89** 27 f.; Beginn **90** 454a; Dauer **89** 59a; Widerruf der Strafaussetzung **85** 56f
Bewegliche Sachen, Aneignung **20** 958 ff.; Eigentumsübertragung **20** 929 ff.; Eigentumsvermutung **20** 1006; Ersitzung **20** 937 ff.; Erwerb von Erzeugnissen und Bestandteilen **20** 953 ff., streitbefangener **100** 325; Miete **20** 578 ff.; Nießbrauch **20** 1032 f.; Pfandrecht **20** 1204 ff., des Unternehmers **20** 647; des Schuldners **100** 777; Sicherheitsleistung **20** 232, 235, 237; Übereignung **20** 929 ff.; Überweisung einer durch Pfandrecht gesicherten Forderung **100** 838; Verbindung, Vermischung, Verarbeitung **20** 946 ff.; verbotene Eigenmacht **20** 859; Verkauf **20** 440, unter Eigentumsvorbehalt **20** 449; Zwangsvollstreckung **100** 803 ff., in Ansprüche auf Herausgabe **100** 847, 854, 886
Bewegliches Vermögen, Arrestvollziehung **100** 930
Beweis bei Annahme der Leistung als Erfüllung **20** 363; durch Augenschein **90** 86; **100** 371 ff.; der Erfüllung **20** 345; des Gegenteils **100** 292; in Hauptverhandlung **90** 244 ff.; des mündlichen Parteivorbringens **100** 314; durch Parteivernehmung **100** 445 ff.; durch Sachverständige **100** 402 ff.; Sicherung **100** 485 ff.; nicht bedürftige Tatsachen und Rechte **100** 288, 291, 293; durch Urkunden **100** 415 ff.; voller **100** 415 ff.; im Wiederaufnahmeverfahren **90** 369; durch Zeugen **100** 373 ff.; *s. a. Beweisaufnahme*
Beweisantrag iSd StPO **90** 244, Ablehnung **90** 244 ff., im Vorverfahren **90** 166
Beweisantritt durch Urkunden **100** 420 ff.
Beweisaufnahme 100 284, 355 ff.; Anordnung **100** 3; Anwesenheit der Parteien **100** 357; im arbeitsgerichtlich Verfahren **83** 58; Ausbleiben von Parteien **100** 367; im Ausland **100** 363 f., 369; durch beauftragten oder ersuchten Richter **100** 355, 360 ff., 365 f.; im Berufungsrechtszug des Strafverfahrens **90** 323 ff.; im beschleunigten Verfahren **90** 420; Beschluss vor mündlicher Verhandlung **100** 358a; im Beschlussverfahren **83** 83; vor Erteilung des Erbscheins **20** 2358; in der Europäischen Union **100** 1072 ff.; im europäischen Verfahren für geringfügige Forderungen **100** 1101; gemäß FamFG **112** 30; bei Feststellung oder Anfechtung der Vaterschaft **112** 177; gegen flüchtigen Angeklagten **90** 289; im Haupttermin **100** 279; in Hauptverhandlung **90** 244 ff.; Hindernis **100** 356; vor einem Mitglied des Prozessgerichts **100** 355, 375, 434; im Privatklageverfahren **90** 384; Protokollführung durch Urkundsbeamten **100** 159; vor Schiedsgericht **83** 106; Termin **100** 361, 370; durch Urkunden **100** 434 f.; vereinfachte nach OWiG **94** 77 f.; Vervollständigung der **100** 367
Beweisbeschluss 100 284, 358 ff.; Änderung **100** 360; Anordnung der Parteivernehmung **100** 359, 450, 595; vor mündlicher Verhandlung **100** 358a
Beweiserhebung, Anordnung durch Gericht **90** 202; durch das Bundespatent-

gericht **72** 74; durch Einzelrichter **100** 527; nach FamFG **112** 29; durch Untersuchungsausschüsse **1** 44; durch Vorsitzenden der Kammer für Handelssachen **100** 349
Beweiskraft elektronischer Dokumente **100** 371a, bei Erstellung durch Behörden **100** 371b; von öffentlichen und Privaturkunden **100** 415 ff.; des Protokolls über Hauptverhandlung **90** 274; des Tatbestands **100** 314
Beweislast, Änderung **20** 309; bei Annahme als Erfüllung **20** 363; Ausführung von Zahlungsvorgängen **20** 676; Authentifzierung von Zahlungsvorgängen **20** 675w; bei Behandlungs- und Aufklärungsfehler **20** 630h; über Echtheit der Urkunden **100** 437 ff.; bei Haftung des Arbeitnehmers **20** 619a; bei Insolvenzanfechtung **110** 130 ff.; bei Kündigung des Arbeitsverhältnisses **84** 1, des Mietvertrages **20** 543; und Parteivernehmung **100** 448; bei Pauschalreiseverträgen **20** 651d; bei Pflichtteilsentziehung **20** 2336; bei Sach- und Rechtsmängeln **20** 363; bei Unmöglichkeit der Leistung **20** 283; bei Verbraucherverträgen **20** 355 ff.; bei Verwirkung der Vertragsstrafe **20** 345; bei Zahlungsdienstleistungsvertrag **20** 675d
Beweislastumkehr beim Verbrauchsgüterkauf **20** 477, digitaler Produkte **20** 327k
Beweismittel, Angabe **100** 588; Bezeichnung im Beweisbeschluss **100** 359; drohender Verlust **100** 434; Geltendmachung anderer **100** 450; Herausgabepflichten nach dem GWB **74** 33g; Herbeischaffung, Anordnung **90** 221; Herbeischaffung **90** 214, 219; nachträgliches Vorbringen **100** 356; im Urkundenprozess **100** 592, 595; Verspätung **90** 246
Beweissicherung **100** 485 ff.; durch Beschlagnahme und Durchsuchung **90** 94; gegen flüchtige Personen **90** 285
Beweissicherungsverfahren *s. Beweisverfahren*
Beweistermin, Nichterscheinen der Partei **100** 367 f.
Beweisthema **100** 359
Beweisurkunden, Auslieferung **20** 402
Beweisverfahren, selbständiges **100** 485 ff., Entscheidungen **100** 490, und Hemmung der Verjährung **20** 204, Zuständigkeit **100** 486
Beweisverhandlungen, mündlicher Vortrag **100** 285
Beweisverwertungsverbote **90** 100d ff., 110a, 136a, 160a, 163f
Beweiswürdigung, freie **90** 261; **100** 286 f., 419, 435, 442
BewerberInnen, Diskriminierungsverbot **34** 6 ff.
Bewertung von Kleinstkapitalgesellschaften **50** 253; von Vermögensgegenständen **50** 340e
Bewertungseinheiten, Bildung steuerlicher **50** 254
Bewertungsvereinfachungsverfahren **50** 256
Bewertungsvorschriften **50** 340e; **50a** 24; **119** 46 ff.; bei Immobiliar-Verbraucherdarlehensverträgen **50a** 75
Bewilligung der einstweiligen Einstellung des Zwangsversteigerungsverfahren **108** 30; der Eintragung ins Grundbuch **20** 873, 885; **114** 19, 21 ff.; von PKH, Antrag **100** 117, Aufhebung **100** 124
Bewusstlosigkeit bei Eingehung von Rechtsgeschäften **20** 105; bei unerlaubten Handlungen **20** 827, 829
Bewusstseinsstörungen bei Begehung von Straftaten **85** 20; Testamentserrichtung **20** 2229; und Verantwortlichkeit iSd OWiG **94** 12
Bezeichnung, geschäftliche iSd MarkenG **72** 5, *s. Geschäftliche Bezeichnung*
Bezeichnungsschutz, Handelsregister **50** 8
Beziehungen zu auswärtigen Staaten **1** 59
Bezirksjugendrichter **89** 33
Bezirksnotar als Rechtspfleger **96** 33
Bezirksvertreter, Provision **50** 87
Bezüge, bedingt pfändbare **100** 850b
Bezugsaktien **51** 192 ff., *s. Aktien*
Bezugsperson, Verbleibensanordnung **20** 1682
Bezugsrecht auf Aktien **51** 221
Bezugssperren, Verbot von **74** 21
BGB-Gesellschaft **20** 705 ff.; im Grundbuch, Übergangsvorschriften **21** Art. 229 § 21
Bibliotheken, gesetzlich erlaubte Nutzung geschützter Werke **65** 60e
Bienenschwarm, Aneignung **20** 961 ff.
Bierlieferungsvertrag, Landesrecht **50a** 18
Biersteuer **1** 106
Bigamie **85** 172
Bilanz der Aktiengesellschaft **51** 150, 152, Anhang **51** 160, vor Verschmelzung (Zwischenbilanz) **52a** 63; Angabe der Haftungsverhältnisse **50** 251; Anhang **50** 284 ff., Pflichtangaben **50** 285; **50a** 85; Bewertungsgrundsätze **50** 252 ff.; in elektronischer Form **50** 326; Erläuterungen zur **50** 284, 313; der Genossenschaft **50**

336 ff., 337; **53** 48, bei Liquidation **53** 89; Gliederung **50** 266; der GmbH **52** 42; Inhalt **50** 247; der kleinen Kapitalgesellschaften **50** 274a; latente Steuern **50** 274; der OHG **50** 120; Pflichtangaben **50** 314; Rückstellungen **50** 249; Vorschriften zu Posten der **50** 268 ff.
Bilanzgewinn, Anspruch des Aktionärs **51** 58; Verwendung **51** 119, 170, 174 ff., 253
Bilanzierungsverbote 50 248
Bilanzierungswahlrechte 50 248
Bilanzkontrollgesetz, Übergangsvorschriften **50a** 56
Bilanzrechtsmodernisierungsgesetz betreffend Genossenschaften **53** 167; Übergangsvorschriften **50a** 66 f.
Bilanzreformgesetz, Übergangsvorschriften **50a** 57 f.
Bilanzrichtlinien-Gesetz 50a 24
Bilanzrichtlinie-Umsetzungsgesetz 50a 75; und Insolvenzverfahren **110a** 103i
Bilanzvermerke 50 268
Bild, Meinungsäußerung durch **1** 5, 17a; Recht am eigenen **67** 22 f.
Bild- und Tonübertragung bei Verhandlung **100** 128a
Bildaufnahmen zur Aufklärung von Straftaten **90** 100h; als Verletzung des höchstpersönlichen Lebensbereichs **85** 201a, Privatklage **90** 374
Bildliche Darstellungen *s. Abbildungen*
Bildnisschutz 67
Bildnisse iSd UrhG **65** 60
Bildträger, Einziehung und Unbrauchbarmachung **85** 74d; als Inhalt iSd StGB **85** 11; kaufmännische Unterlagen auf, Aufbewahrung **50** 257, Vorlegung **50** 261
Bildungseinrichtungen, gesetzlich erlaubte Nutzung geschützter Werke **65** 60f
Billiges Ermessen bei Auslobung **20** 660; eines Dritten **20** 2048, 2156; beim Pfandverkauf **20** 1246; Verwaltung und Benutzung gemeinschaftlicher Sache **20** 745
Billigung bei Kauf auf Probe oder Besichtigung **20** 454; von Straftaten **85** 140
Bindung des Berufungsgerichts im Falle der Zurückverweisung **90** 358; **100** 563; an Entscheidung über Zulässigkeit oder Unzulässigkeit des Rechtswegs **83** 48; des Gerichts an Anträge der Staatsanwaltschaft **90** 206; des Musterfeststellungsurteils **100** 613; des Revisionsgerichts **95** 138; **100** 559 ff.; an Vertragsantrag **20** 145 ff.; an Verweisungsbeschluss **100** 506
Binnenschifffahrt 1 74, 89; privatrechtliche Verhältnisse **20** Anm. zu 1257
Bitten, Beschwerde- und Petitionsrecht **1** 17, 17a
Blinde oder sehbehinderte Menschen, Barrierefreiheit des Gerichtsverfahrens **95** 191a; Beurkundung von Willenserklärungen **23** 22; Testamentserrichtung **20** 2233
Blinklicht, blaues und gelbes **35a** 38
Blutentnahme, Honorar **116** Anl. 2 Nr. 200 ff.
Blutprobe, Entnahme zur Feststellung der Abstammung **100** 372a, im OWiG-Verfahren **94** 46, im Strafverfahren **90** 81a, 81c; Verwendung im OWiG **94** 46
Boden, Verunreinigung **85** 324a
Bodenbestandteile als Früchte **20** 99; Rechte des Nießbrauchers **20** 1037, des Vorerben **20** 2123
Bodenrecht 1 74
Bodenreform, Abwicklung **21** Art. 233 §§ 11 ff.
Bodenverteilung, Gesetzgebung **1** 74
Börsennotierung einer Gesellschaft **51** 3
Börsenpreis beim Pfandverkauf **20** 1221, 1235, 1295; Verkauf zum statt Versteigerung **20** 385
Börsenwesen 1 74
Böser Glaube 20 932; beim Besitzerwerb **20** 990 f., 1007; des Erbschaftsbesitzers **20** 2024 f.; des Pfandrechterwerbers **20** 1207 f.
Botschafter, Exterritorialität **95** 18 ff.
Boykottverbot iSd GWB **74** 21
Brandstiftung 85 306 ff.
Brandversicherung des Hypothekengegenstandes **20** 1127 ff.; des Nießbrauchgegenstandes **20** 1045 f.
Brauhaus 21 164; Zubehör **20** 98
Brief, Beschlagnahme **90** 99 f., 101; Unpfändbarkeit auf der Post **100** Anm. zu 811
Briefgeheimnis 1 10, 44; **85** 202; Verwirkung des Schutzes **1** 18
Briefgrundschuld 119 Anl. 1 Nr. 14120
Briefhypothek 20 1116 f.; des Eigentümers **20** 1163; Eintragung **119** Anl. 1 Nr. 14120; Form der Abtretung **20** 1154; Legitimation des Gläubigers **20** 1160 f.
Briefrentenschuld 119 Anl. 1 Nr. 14120
Briefwechsel als Schriftform **20** 127
Bringschuld 20 270
Bruchteil, Gemeinschaft nach **20** 741 ff.; **21** 173, Art. 232 § 9; **114** 47; von Grundstücken **20** 1106, 1114, Vorkaufsrecht **20** 1095; Miteigentum **20** 1008; **21** 181; Vermächtnis **20** 2157; eines Vermögens **20** 311b; Zwangsvollstreckung **100** 864
Brücke, Beschädigung **85** 318
Brunnenvergiftung 85 314
Bruttogewicht 50 380
Buchersitzung 20 900

Buchforderungen 21 97; der Erbschaft **20** 2117 f.; eines Mündels **20** 1807, 1815 f., 1820, 1853; Sicherheitsleistung **20** 232, 236
Buchführung 50 238 f.; **52** 41; der Aktiengesellschaft **51** 91; Pflicht der Kaufleute zur **50** 238 f., Befreiung **50** 241a; **50a** 76
Buchhypothek 20 1116 f., 1139, 1154, 1160; Sicherungshypothek **20** 1185
Buchungsbelege, Aufbewahrung **50** 238
Budgetrecht 1 109 bis 115
Büdnerrecht 21 63
Bühnenaufführungen, Urheberrechtsschutz **65** 80
Bühnenkünstler, Streitigkeiten aus Tarifvertrag **83** 101
Bund, Aufrechnung gegen Forderungen **20** 395; auswärtige Beziehungen **1** 32; Befreiung von Kfz-Haftpflichtversicherungspflicht **63** 2; Beteiligung an Aktiengesellschaften **51** 393a ff.; Beteiligung an GmbH **52** 77a; Eintritt in Rechte und Pflichten der Verwaltung des Vereinigten Wirtschaftsgebietes **1** 133; Finanzhilfen **1** 104a; Freiheit von Gerichtsvollzieherkosten **123** 2; früheres Reichsvermögen **1** 134, 135; Gemeinschaftsaufgaben **1** 91a, 91b; als gesetzlicher Erbe **20** 1936; Haushalt **1** 109 ff.; und Länder **1** 20 bis 37; Steuergesetzgebung **1** 105; Zwangsvollstreckung gegen **100** 882a
Bundesamt für Infrastruktur, Umweltschutz und Dienstleistungen der Bundeswehr, Verwaltungsbehörde iSd OWiG **94** 131
Bundesamt für Justiz, Führung des Bundeszentralregisters **92** 1; Klageregister im Musterfeststellungsverfahren **100** 609; Kontaktstellen zur Datenübermittlung **95a** 16a; länderübergreifendes staatsanwaltliches Verfahrensregister **90** 492 ff.; Vollstreckungsbehörde nach dem JBeitrG **122** 2; als zentrale Kontaktstelle gem. Art. 18 RL (EU) 2015/2302 – Reisevertragsrecht **21** Art. 253; Zuständigkeit bei grenzüberschreitende Kontenpfändung **100** 948
Bundesamt für Wirtschaft und Ausfuhrkontrolle, Abschlussprüferaufsichtsstelle **50** 324
Bundesanstalt für Arbeit, Zuständigkeit bei Massenentlassungen **84** 21
Bundesanstalt für Finanzdienstleistungsaufsicht, Bericht der Schlichtungsstellen iSd VVG **62** 214; Überwachung des Unternehmensregisters **50** 8b
Bundesanstalt für Straßenwesen, Evaluierung von Fahreignungsseminaren **35** 4b; Verkehrsunfallforschung **35** 63f
Bundesanwälte 95 142, 148; Ernennung **95** 149
Bundesanzeiger, Aktionärsforum **51** 127a; Bekanntmachung nach dem MarkenG **72** 35; als Bekanntmachungsblatt **20** 2061; **51** 25; **90** 292, bei Beschlagnahmen **90** 291; elektronische Bekanntmachung nach dem GenG **53** 156, des Verlusts eines Inhaberpapiers **50** 367, bei Wertpapiererwerb **50** 367; GmbH-Bekanntmachung **52** 10; Urheberrechtsschutz **65** 138; Veröffentlichung der Benachrichtigung **100** 187
Bundesarbeitsgericht 1 95; **83** 1, 40 ff.; Zuständigkeit **83** 8
Bundesausgaben und -einnahmen **1** 104a bis 107, 120
Bundesausgleichsamt 1 120a
Bundesautobahnen 1 90
Bundesbank 1 88; Anlegung von Mündelgeld **20** 1814; Konjunkturausgleichsrücklagen **1** 109; Stellung in Zwangsversteigerung **108** 67; Übertragung von Aufgaben auf Europäische Zentralbank **1** 88; Wertpapierhinterlegung **20** 1082
Bundesbeamte, Disziplinargerichte **1** 96; Ernennung und Entlassung von **1** 36, 60; Rechtsverhältnisse **1** 73
Bundesbeauftragte für Antidiskriminierung 34 25 ff.; des Bundes, Berufsbeschränkung **34** 26i
Bundesbehörden, personelle Zusammensetzung **1** 36
Bundesdatenschutzbeauftragte, Zusammenarbeit mit anderen Behörden nach dem GWB **74** 50f
Bundesdatenschutzgesetz und StPO **90** 500; und ZPO **100** 882g
Bundesdisziplinargericht 1 96
Bundeseigene Verwaltung 1 86, 87; der Bundesstraßen **1** 90
Bundeseinkommen 1 106
Bundeseisenbahn 1 73, 80; Umwandlung **1** 143a
Bundesfinanzbehörden 1 87, 108
Bundesfinanzhof 1 95
Bundesflagge 1 22
Bundesgebiet, Angriff auf B. mit Waffengewalt **1** 115a; Freizügigkeit **1** 11; Hochverrat **85** 81; Neugliederung **1** 29, 118
Bundesgerichte 1 92; Berufung der Richter **1** 95; oberste Gerichtshöfe **1** 95; Wehrstrafgerichte **1** 96
Bundesgerichtshof 95 12, 123 ff.; Anwaltszwang **90** 304; Besetzung **95** 124; Besetzung der Senate **95** 139; Ermittlungsgerichte am **95** 130; Ermittlungsrichter **90** 169; Ernennung der Mitglieder **95** 125; Geschäftsordnung **95** 140; Große

Senate und Vereinigte Große Senate **95** 132; Kartellsenat **74** 94; oberster Gerichtshof des Bundes **1** 95, für gewerbl. Rechtsschutz und Wehrstrafgerichtsbarkeit **1** 96; Senate **95** 130; Staatsanwaltschaft beim **95** 142 f.; Zuständigkeit **89** 102, 112, für Ausschließungsentscheidung **90** 138c, in Strafsachen **95** 135, Revisionsverfahren **85a** 312, in Zivilsachen **95** 133

Bundesgesetzblatt, Verkündung des Verteidigungsfalles **1** 115a; Verkündung im **1** 82; Veröffentlichung des GG **1** 145

Bundesgesetze, Ausführung **1** 83 bis 91; Zustandekommen **1** 78, 115c, d

Bundesgesetzgebung **1** 70 bis 82; Abgrenzung der Zuständigkeit **1** 70; Ausfertigung, Gegenzeichnung, Verkündung, Inkrafttreten der Gesetze **1** 82; ausschließliche **1** 71, 73, altes Recht **1** 124, Zuständigkeit im Finanzwesen **1** 105; Einspruch des Bundesrates **1** 77; Erlass von RechtsVOen **1** 80; Gesetzgebungsnotstand **1** 81; konkurrierende **1** 72, 74, altes Recht **1** 125, im Finanzwesen **1** 105; *s. Gesetzgebung*

Bundesgrenzschutz, Einrichtung von Behörden **1** 87; Einsatz **1** 35, 91, im Verteidigungsfall **1** 115f; Unterstützung durch Streitkräfte **1** 87a; Verpflichtung zur Dienstleistung **1** 12a; *s. Bundespolizei*

Bundeshaushalt, über- und außerplanmäßige, Ausgaben **1** 112

Bundeshaushaltsgesetz **1** 110

Bundesjustizamt, Verzeichnis qualifizierter Einrichtungen iSd UKlaG **105** 4

Bundeskanzler, Befehls- und Kommandogewalt über Streitkräfte **1** 115b; Befugnisse **1** 39, 64 f.; Berufs-, und Gewerbeverbot **1** 66; Eid **1** 64; Gegenzeichnung **1** 58, 82; Gesetzgebungsnotstand **1** 81; Misstrauensvotum, Entlassung **1** 67; Mitglied der Bundesregierung **1** 62; Stellvertreter, Amtsdauer, vorläufige Weiterführung der Geschäfte **1** 69; Verantwortung **1** 65; Vertrauensvotum **1** 68; Wahl und Ernennung **1** 63, 115h

Bundeskartellamt und ausländische Wettbewerbsbehörden **74** 50b; und das Netzwerk der europäischen Wettbewerbsbehörden **74** 50a ff.; Sitz **74** 51 ff.; Vergabekammern beim **74** 158; Vollzug europäischen Rechts **74** 50; Zuständigkeit **74** 48 ff., Zusammenschlusskontrolle **74** 40, 186

Bundeskonsul *s. Konsul*

Bundeskriminalpolizeiamt, Einrichtung **1** 73

Bundesländer und Europäische Union **1** 23; *s. Länder*

Bundesminister, Amtsdauer **1** 69; Berufs- und Gewerbeverbot **1** 66; Erlass von RechtsVOen **1** 80; Ernennung, Entlassung **1** 64; Geschäftsbereich, Verantwortung, Meinungsverschiedenheiten **1** 65; Mitglied der Bundesregierung **1** 62

Bundesminister der Justiz, Aufgaben **1** 96 ff.; Feststellung der Voraussetzungen für Kontaktsperre **95a** 32

Bundesminister der Verteidigung, Befehls- und Kommandogewalt über Streitkräfte **1** 65a

Bundesminister für das Post- und Telekommunikationswesen, Massenentlassungen **84** 21

Bundesminister für Finanzen, Aufsicht über Finanzverwaltung **1** 108; Rechnungslegung **1** 114; Zustimmung zu über- und außerplanmäßigen Ausgaben **1** 112

Bundesministerium für Verkehr, Bau- und Wohnungswesen **84** 21

Bundesministerium für Wirtschaft und Arbeit als Kartellbehörde **74** 48

Bundesoberbehörden, Errichtung **1** 87

Bundesorgane, oberste, Zuständigkeit **1** 93

Bundespatentgericht, elektronische Akten **72** 95a; Errichtung **1** 96; Verfahren vor dem, Kosten **72** 71, in Markenangelegenheiten **72** 66 ff.

Bundespflichten der Länder **1** 37

Bundespolizei, Dienstfahrerlaubnis **35** 2; Sonderrechte im Straßenverkehr **35a** 35

Bundespräsident **1** 54 bis 61; Amtsdauer **1** 54, 115h; Amtseid **1** 56; Amtsverlust **1** 61; Anklage **1** 61; Anordnungen und Verfügungen **1** 58; Aufgaben **1** 58 ff.; Auflösung des Bundestages **1** 68; Ausfertigung der Gesetze **1** 82; Beendigung des Verteidigungsfalles **1** 115l; Begnadigungsrecht **1** 60; **90** 452; Berufs- und Gewerbeverbot **1** 55; Erklärung des Gesetzgebungsnotstandes **1** 81; Ernennung des Bundeskanzlers bei Misstrauensvotum **1** 67, und Entlassung von Bundesbeamten **1** 60; Genehmigung der Geschäftsordnung der Bundesregierung **1** 65; Verkündung des Verteidigungsfalles **1** 115a; Verlangen der Einberufung des Bundestages **1** 39; Vernehmung **100** 219, 375 f.; Vernehmung des **90** 49; Vertretung **1** 57, des Bundes **1** 59; strafbare Verunglimpfung **85** 90; völkerrechtl. Erklärungen über Verteidigungsfall **1** 115a; Vorschlag des Kandidaten für Bundeskanzlerwahl **1** 63; Weiterführung der Geschäfte von Bundes-

kanzler und Bundesministern auf Ersuchen des **1** 69; Zeugnisverweigerungsrecht **90** 54

Bundesrat **1** 50 bis 53; Anklage gegen Bundespräsidenten **1** 61; Aufhebung von Polizeihilfsmaßnahmen **1** 91; Beschluss der Erhöhung der Ausgaben **1** 113; Bildung einer Europakammer **1** 52; Einbringen von Gesetzesvorlagen **1** 76; Einspruch gegen Gesetzesbeschlüsse **1** 77; Einstellung des Einsatzes von Streitkräften **1** 87a; Entlastung der Bundesregierung **1** 114; und Europäische Union **1** 23; Gemeinsamer Ausschuss **1** 53a; Gesetzgebungsnotstand **1** 81; Mitglieder, Vernehmung **90** 50; Mitwirkung bei Entscheidungen der Bundesregierung **1** 129; Verletzung des Rechts durch ein Land **1** 84; Vertreter der Länder **1** 144; Wahl der Mitglieder des BVerfG **1** 94; Zustimmung zu Akten der Bundesregierung **1** 84 f., zu allg. Verwaltungsvorschr. **1** 84 f., 108, zu Bundesgesetzen **1** 29, 53a, 79, 81, 84 f., 87, 87b ff., 91a, 104a, 105 bis 109, 115c, d, 115l, 120a, 130, 134 f., zu Bundeszwangsmaßnahmen **1** 37, zur Feststellung des Verteidigungsfalles **1** 115a, zur Geschäftsordnung des Vermittlungsausschusses **1** 77, zu RechtsVOen **1** 80, 119, zu Regierungsakten **1** 87; Zutritt seiner Mitglieder zu Sitzungen des Bundestages **1** 43

Bundesrechnungshof **1** 114

Bundesrecht, Fortgeltung **1** 125a; Geltung des OWiG **94** 2; Verhältnis zum früheren Reichsrecht **1** 124 bis 126, zum Landesrecht **1** 31, 142; Verletzung einer Vorschrift als Revisionsgrund **100** 545; Völkerrecht als Bestandteil des **1** 25

Bundesregierung **1** 62 bis 69; Antrag auf Feststellung des Verteidigungsfalles **1** 115a; Anwendung des Bundeszwangs **1** 37; Aufsicht über Ausführung der Bundesgesetze, Erlass von Anweisungen an die Länder **1** 84, 85; Berichtspflicht zur akustischen Wohnraumüberwachung **90** 101b; **90a** 18; Einsatz der Streitkräfte **1** 87a; Ermächtigung zum Erlass von RechtsVOen **1** 80; und Europäische Union **1** 23; Gesetzesvorlagen **1** 76; Gesetzgebungsnotstand **1** 81; Mitglieder der, Vernehmung **90** 50, 54; **100** 376, 382; Planungen im Verteidigungsfall **1** 53a; Polizeihilfe **1** 91; Rechte im Verteidigungsfall **1** 115f; Teilnahme an Verhandlungen des Bundesrates **1** 53; Zustimmung zu Ausgabenerhöhungen oder Einnahmenminderungen **1** 113; Zutritt ihrer Mitglieder zu Sitzungen des Bundestages **1** 43

Bundesrepublik, Grundgesetz **1**

Bundesrichter **1** 98; Ernennung und Entlassung **1** 60

Bundessozialgericht **1** 95; Nichtzulassungsbeschwerde, Rechtsanwaltsgebühren **117** Anl. 1 Nr. 3512

Bundesstaat **1** 20

Bundesstaatliche Gliederung, Unzulässigkeit der Änderung **1** 79

Bundesstraßen **1** 90

Bundestag **1** 38 bis 48; Anklage gegen Bundespräsidenten **1** 61; Aufhebung von Gesetzen des Gemeinsamen Ausschusses **1** 115l; Auflösung **1** 39, 58, 63, 68, 115h; Begriff der Mehrheit **1** 121; Beteiligung an Wahl der Bundesrichter **1** 95; Bundesversammlung **1** 54; Einstellung des Einsatzes von Streitkräften **1** 87a; Feststellung des Spannungsfalls **1** 80a, des Verteidigungsfalles **1** 115a; gemeinsamer Ausschuss **1** 53a; Gesetzesbeschluss **1** 77; Gesetzesvorlagen **1** 76; Misstrauensvotum gegen Bundeskanzler **1** 67; Petitionsausschuss **1** 45c; Petitionsrecht **1** 17; Präsident **1** 39, 40; Schutz der gesetzgebenden Versammlung **85** 36 f.; Unterrichtung über akustische Wohnraumüberwachungen **90** 101b; **90a** 18; Untersuchungsausschüsse **1** 44; Vernehmung von Mitgliedern **100** 382; Vertrauensvotum für Bundeskanzler **1** 68; Vertreter eines Landes **1** 144; Wahl **1** 38, 39, 115h, des Bundeskanzlers **1** 63; Wehrbeauftragter **1** 45b; Zusammentritt **1** 122; Zustimmung zu Verwaltungsakten der Bundesregierung **1** 87

Bundestagsabgeordnete, allgemeine Stellung **1** 38; Ansprüche **1** 48; Indemnität **85** 36; Indemnität und Immunität **1** 46; Vernehmung **90** 50, als Zeugen **100** 382; Wahl **1** 38, 137; Zeugnisverweigerung **1** 47

Bundestagspräsident **1** 39 f.

Bundesunmittelbare Körperschaften des öffentl. Rechts **1** 86, 87

Bundesverfassungsgericht, Rechtsanwaltsgebühren **117** 37; Stellung im Verteidigungsfall **1** 115g; Verfassungsbeschwerde **1** 93, 94; Verstoß gegen Parteiverbot **85** 84; Zusammensetzung **1** 94; Zuständigkeit **1** 18, 21, 41, 61, 84, 92 f., 98 ff., 126

Bundesversammlung, Begriff der Mehrheit **1** 121; Schutz **85** 36; Wahl des Bundespräsidenten **1** 54

Bundesverwaltung **1** 83 bis 91

Bundesverwaltungsgericht **1** 95; Rechtsanwaltsgebühren **117** Anl. 1 Nr. 3300

Bundeswasserstraßen 1 89; Verwaltung **1** 87
Bundeswehr, Befehls- und Kommandogewalt **1** 65a; Dienstfahrerlaubnis **35** 2; Dienstfahrerlaubnisregister **35** 62; Durchsuchung von Gebäuden oder Anlagen **90** 105; Gerichtsstand für Soldatinnen und Soldaten **90** 11a; Jugendstrafvorschriften für Soldaten **89** 112a ff.; Organisation **1** 87a, b; Sonderrechte im Straßenverkehr **35a** 35; Vergehen gegen Landesverteidigung **85** 109; Wehrstrafgerichte **1** 96; *s. a. Soldaten*
Bundeswehrverwaltung 1 87b
Bundeszentralamt für Steuern, Datenabruf bei Kreditinstituten in Beitreibungssachen **122** 6
Bundeszentralregister 92, *s. a. Erziehungsregister, Zentralregister*
Bundeszwang gegenüber Ländern **1** 37
Bürge, Bürgschaft 20 765 ff.; **50** 356; zur Abwendung der Untersuchungshaft **90** 116a; akzessorische Natur **20** 767; Befreiungsanspruch **20** 775, des Bundes **1** 115; Einreden **20** 1137, 1211, 1251; Erlöschen bei Antrag auf Rückgabe der Sicherheit **100** 715, bei Forderungsübertragung **20** 401, durch Schuldübernahme **20** 418; handelsrechtlicher **50** 349 f.; im Insolvenzverfahren **110** 44; Mehrheit von **20** 769; selbstschuldnerischer **20** 773; und Sicherheitsleistung **20** 232, 239; **100** 108, Unzulässigkeit **20** 273; Übernahme durch Vormund **20** 1822; auf Zeit **20** 777
Bürgerliche Rechtsstreitigkeiten, Ausschließung der Gerichtsvollzieher **95** 155; Aussetzung des Strafverfahrens **90** 262; Berufung **100** 511 ff.; Beschwerde **100** 567 ff.; Gebühren **115** 48; Gerichtsbarkeit **95** 13; **95a** 3; Gerichtskostenvorschuss und -vorauszahlung **115** 12, 14; nach dem GWB **74** 87 ff.; Kostenhaftung **115** 22; Mahnverfahren **100** 688 ff.; Rechtsweg **95** 17a; Revision **100** 542 ff.; Zivilprozess **100**; Zuständigkeit der Amtsgerichte **95** 23, der Arbeitsgerichte **83** 2, der Landgerichte **95** 71 f., des Rechtspflegers **96** 20; *s. a. Zivilprozess*
Bürgerliches Gesetzbuch 20; Anwendbarkeit in Handelssachen **50** 74a; Einführungsgesetz **21**; Inkrafttreten **21** Art. 1; und Landesgesetze **21** 55; und Reichsgesetze **21** 50
Bürgerliches Recht, Gesetzgebung **1** 74
Bürgermeister, Nottestament vor dem **20** 2249
Bürgschaftserklärung 20 766
Bürokratieentlastungsgesetz, Änderungen des HGB **50a** 76
Buße für Verletzten, Wegfall **85a** 17, 291
Bußgeld 94 1; wegen fehlerhafter Datenübermittlung **50** 104a; Vollstreckung **94** 89 ff.
Bußgeldbescheid 94 65 f.
Bußgeldkatalog 35 26a; Eintragungen in das Fahreignungsregister **35** 28a
Bußgeldsachen, Gebühren des Verteidigers **117** Anl. 1 Nr. 5100 bis 5200; Kosten, Fälligkeit der Gebühren **115** 8; Kostenhaftung **115** 27; Rechtsanwaltsgebühren **117** 42; Rechtsbehelf gegen Festsetzung der Rechtsanwaltsgebühren **117** 57
Bußgeldverfahren, Abführung des Mehrerlöses **88** 11; Anwendung der StPO **94** 46; Beschluss nach OWiG, Rechtsanwaltsgebühren **117** Anl. 1 Nr. 5115; Beweisaufnahme **94** 77a f.; elektronische Aktenführung **94** 110a ff., 134; Gebühren **115** Anl. 1 Nr. 4110 ff., für Kostentragungspflicht des Halters **115** Anl. 1 Nr. 4301 f., des Verteidigers **117** Anl. 1 Nr. 5100 bis 5200; in Kartellsachen **74** 82 ff., und Kronzeugenregelung **74** 81k f.; Kostenansatz durch Staatsanwaltschaft **115** 19; Übergang zum Strafverfahren **94** 81 ff.; Urteil **94** 77b; vereinfachtes Verfahren **94** 77a ff.; Zuständigkeit des Rechtspflegers **96** 22
Bußgeldvorschriften 50 334; nach HGB **50** 340n, 341n, 341x; nach dem MarkenG **72** 145; nach StVO **35a** 49

Carsharingfahrzeuge, Parken von **35a** 13; Zusatzzeichen **35a** 39
Choraufführungen, Urheberrechtsschutz **65** 80
Computerbetrug 85 263a
Computerprogramme, Rechtsverletzungen **65** 69f; Sicherungskopien **65** 69d; und Text und Data Mining **65** 69d; Urheberrechtsschutz **65** 2, 69a ff., 137d
Computersabotage 85 303b
Computerspionage 85 202
constitutum possessorium 20 930
Convertible bonds *s. Wandelschuldverschreibungen*
Corporate Governance Kodex, Erklärung zum **51** 161; Übergangsvorschriften **51a** 15
Coupon *s. Zinsscheine*
Courtage 50 99
COVID-19-Pandemie, Hemmung der Unterbrechungsfristen iSd StPO **90a** 10; Maßnahmen betr. AGs, KGaA, SE, VVaG

52d 1, 7; **110a** 103k f., 107, betr. Genossenschaften **52d** 3, 7; **110a** 103k f., 107, betr. GmbHs **52d** 2, 7; **110a** 103k f., 107, betr. Vereine, Parteien und Stiftungen **52d** 5, betr. Vereine und Stiftungen **52d** 7; **110a** 103k f., 107, Verlängerungsermächtigung **52d** 8, betr. Verschmelzungen **52d** 4, 7, betr. Wohnungseigentümergemeinschaften **52d** 6; Regelungen im Insolvenzrecht **110d**; vertragsrechtliche Regelungen bis zum 30. 9. 2022 **21** Art. 240, betr. Freizeitveranstaltungen, -einrichtungen **21** Art. 240 § 5, Miet- und Pachtverhältnisse **21** Art. 240 § 2, Art. 240 § 4, Art. 240 § 7; **101** 44; **110a** 103k f., 107, Moratorium aufgrund der COVID-19-Pandemie **21** Art. 240 § 1, Art. 240 § 4, Verbraucherdarlehensverträge **21** Art. 240 § 3 f.; Vorrang – und Beschleunigungsgebot **101** 44

Damm, Beschädigung **85** 318
Dämmerung, Beleuchtung von Fahrzeugen **35a** 17
Dampf, Immission von **20** 906
Dampfschifffahrtsunternehmen 21 125
Darlehen, Geldbetrag **20** 488; gesicherte, Anfechtbarkeit **111** 6a, im Insolvenzverfahren **110** 44a; einer Kreditanstalt **20** 1115; Nichtgewährung **20** 1139; Rückgewähr **52/1** 3; verzinsliche **50** 354; Vorrang von Verbesserungsdarlehen **21** 118; *s. a. Kapitalersetzende Darlehen*
Darlehensgeber, Abtretung von Forderungen **20** 493; Beratungspflichten **20** 504a; Informationspflichten **20** 493; Pflichten im Rahmen der Regelungen aufgrund der COVID-19-Pandemie **21** Art. 240 § 3 f.
Darlehenshypothek 20 1139
Darlehensnehmer, Kündigung **20** 489; Verzug **20** 497
Darlehensvermittler 20 655a ff.; bei Immobiliar-Verbraucherdarlehensverträgen **21** Art. 247 § 13b; Pflichten **20** 655a; verbotene Nebenentgelte **20** 655d; bei Verbraucherdarlehensverträgen **21** Art. 247 §§ 11 ff., Anlage 6 zu 247 §§ 11 ff.; Vergütung **20** 655c
Darlehensvermittlungsverträge für Allgemein-Verbraucherdarlehen **21** Art. 247 § 13; für Immobiliar-Verbraucherdarlehen **21** Art. 247 § 13, Informationspflichten **21** Art. 247a; Klagen nach dem UKlaG **105** 2; zwischen Unternehmer und Verbraucher **20** 655a ff.; für Verbraucherdarlehen **21** Art. 247 § 13
Darlehensverträge, Abtretungen **20** 493, 496; Anwendung auf Summenverwahrung **20** 700; außerordentliches Kündigungsrecht **20** 490; Definition **20** 488; Pflicht zur Kreditwürdigkeitsprüfung **20** 505a ff.; Übergangsvorschriften **21** Art. 229 § 40; unentgeltliche **20** 514; zwischen Unternehmer und Verbraucher **20** 488 ff.; Verbraucherschutz **20** 358; Wechsel des Vertragspartners **20** 309
Darstellungen, Urheberrechtsschutz von plastischen **65** 2
Data Mining *s. Text und Data Mining*
Dateien, beglaubigte, Gebühren **119** Anl. 1 Nr. 17003; gemeinsame Dateisysteme iSd StPO **90** 486
Daten, Abfangen von **85** 202b; anonymisierte **35** 45; Ausspähens- und Abfangvorbereitungen **85** 202c; Datenhehlerei **85** 202d; Fälschung beweiserhebliche **85** 269; in gemeinsamen Dateisystemen **90** 486; unbefugte Offenbarung und Verwertung **85** 355; unberechtigtes Verschaffen von **85** 202a; Unbrauchbarmachen, Veränderung **85** 274; Verwendung für verfahrensübergreifende Zwecke **94** 49b; Zugang zu wettbewerbsrelevanten und GWB **74** 18 ff.
Datenabgleich zur Aufklärung von Straftaten **90** 98c; Rasterfahndung **90** 98a ff.; zur Schleppnetzfahndung **90** 163d
Datenabruf, automatisierter *s. dort;* bei Grundbuchangelegenheiten, Gebühren **120** Anl. Nr. 1150 ff.; bei Kreditinstituten durch das Bundeszentralamt für Steuern in Beitreibungssachen **122** 6; aus Registern, Gebühren **120** Anl. Nr. 1140 f., oder Grundbuch, Kostenhaftung **120** 15; bei Schiffsbauregisterangelegenheiten, Gebühren **120** Anl. Nr. 1150 ff.
Datenbanken, eingetragene Marken in **72** 16; Urheberrechtsschutz **65** 87a ff., gesetzlich erlaubte Nutzungen **65** 87c
Datenbankgrundbuch 114 134a
Datenbankhersteller als Urheber **65** 87a ff., 127a
Datenbankwerke, Benutzung **65** 55a, 137g; Text und Data Mining **65** 60a f.; Urheberrechtsschutz **65** 4
Datenerhebung durch Fahrzeugregister **35** 34; durch Markttransparenzstellen **74** 47b
Datenhehlerei 85 202d
Datenlöschung nach der StPO **90** 489, und BDSG **90** 161, nach verdeckten Maßnahmen iSd StPO **90** 101; nach dem StVG **35** 2, 44, 61
Datennutzung nach dem StVG **35** 60
Datenschutz bei der Akteneinsicht beim DPMA **72** 62 f.; nach dem AktG **51** 67e; Auskünfte und Akteneinsicht **90** 475; und Auskunftsrechte des Abschlussprüfers **50**

320; Dateiregelungen nach dem OWiG **94** 49c, nach der StPO **90** 483 ff.; bei der Einsichtnahme in die Mitgliederliste der Genossenschaft **53** 31; Eintragungen in Register iSd StVG **35** 2; in elektronischen Akten **94** 49d; im Fahreignungsregister **35** 30a ff.; im Grundbuch **114** 126; beim Register anonymer und pseudonymer Werke iSd UrhG **65** 138 f.; im Strafverfahren und Auskunftsrechte von Privatpersonen **90** 475, bei der molekulargenetischen Untersuchung **90** 81f, Täter-Opfer-Ausgleich **90** 155b
Datenschutzbeauftragte, strafbare Verletzung von Privatgeheimnissen **85** 203
Datenschutzbehörden, Anhörung im Verfahren nach dem UKlaG **105** 12a
Datenspeicher, Einziehung und Unbrauchbarmachung **85** 74d; als Schriften iSd StGB **85** 11
Datenspeichereinrichtung 100 160a
Datenspeicherung im Fahreignungsregister **35** 28; zur Schleppnetzfahndung **90** 163d
Datenspionage 85 202
Datenträger, Abgabe von Erklärungen auf dauerhaften **20** 492; Handelsbücher auf **50** 238 ff.; kaufmännische Unterlagen, Aufbewahrung **50** 257, Vorlegung **50** 261
Datenträgerarchiv 100 299a
Datenübermittlung, Auskunft an Betroffenen bei **95a** 20 f.; an ausländische Stellen nach dem EGGVG **95a** 16; Bundesamt für Justiz als Kontaktstelle **95a** 16a; fehlerhafte, Bußgeld **50** 104a; nach der GBO **114** 134a; durch Gerichte in Strafsachen gegen Mandatsträger **90a** 8; durch Gerichte und Staatsanwaltschaft **95a** 13 ff.; durch Gerichte (Vorwarnmechanismus) **90a** 9; an Markttransparenzstellen **74** 47c ff.; an Monopolkommission **74** 47; für planerische Zwecke nach dem StVG **35** 38b, 57; Rasterfahndung, Zuständigkeit **90** 98a ff.; für statistische Zwecke nach dem StVG **35** 38a, 57; nach dem StVG **35** 2, 30 ff., 35 ff., 52 ff.; Überprüfung der Rechtmäßigkeit **95a** 22; verbundene Daten **95a** 18; im Vergabeverfahren für öffentliche Aufträge **74** 114; für die wissenschaftliche Forschung nach dem StVG **35** 30, 38, 57
Datenübermittlung nach der StPO, Auskunft über **90** 487 ff.; automatisierte Verfahren **90** 488, 490; Form **90** 478; zu Forschungszweicken **90** 476; staatsanwaltliches Verfahrensregister **90** 492; unzulässige **90** 479; von Amts wegen **90** 477
Datenveränderung 85 303a
Datenverarbeitung, Auskunftsrechte des Schuldners **100** 882h; nach dem BZRG nach Europarecht **92** 58a ff., in Kfz mit autonomer Fahrfunktion **35** 1g; durch Markttransparenzstellen **74** 47b ff., 47g; nach dem OWiG **94** 49c; Rechte der Betroffenen **95a** 21 ff.; nach dem StVG **35** 43, 60, bei Fahrzeugen mit hoch- oder vollautomatisierter Fahrfunktion **35** 63a f., zu immissionsschutzrechtlichen Zwecken **35** 63c; Täuschung im Rechtsverkehr bei **85** 270; Zulässigkeit nach der GBO **114** 12d, nach der ZPO **100** 755, 802d, 882f, 947; **102** 9; **102a** 4, 6, Auftragsverarbeitung **100** 802k; Zweckgebundenheit und Erforderlichkeit nach dem EGGVG **95a** 19
Datenverarbeitung nach der StPO durch Aufsichtsstellen **90** 463a, 485; und Auskünfte bzw. Akteneinsicht **90** 474 ff.; automatisierte Verfahren **90** 488, 490, 493; Berichtigung, Löschung, Sperrung von Daten **90** 494; Einschränkung **90** 489; in elektronischen Akten **90** 496 ff.; Errichtungsanordnung **90** 490; gemeinsame Dateisysteme **90** 486; für polizeiliche Zwecke **90** 481 f.; Rechte der Betroffenen **90** 491, 495; zum Zwecke von Strafverfahren **90** 483 ff.
Datenverarbeitungsprogramm, Vervielfältigung **65** 53
Datum, Angabe bei Errichtung eines Testaments **20** 2247, 2267
Dauer der Bewährungszeit **85** 59a; der Entziehung der Fahrerlaubnis **85** 51; des Urheberrechts **65** 64 ff., 82, 137m
Dauerbetreuung, Jahresgebühr **119** Anl. 1 Nr. 11101 f.
Dauerlichtzeichen zur Verkehrsregelung **35a** 37, 43
Dauerpflegschaft, Gebühren **119** Anl. 1 Nr. 11104, Fälligkeit **118** 10; Kosten **118** 22, Verjährung **118** 7
Dauerschuldverhältnisse, Fortbestehen bei Insolvenz **110** 108; Kündigung **20** 314; Laufzeitreglung in AGB **20** 309; Moratorium aufgrund der COVID-19-Pandemie **21** Art. 240 § 1
Dauerwohnrecht 37 31 ff.; Eintragung **37** 32; Gesetz über **37**; Heimfallanspruch **37** 36; Inhalt **37** 33; langfristiges **37** 41; Rechte des Eigentümers und des Berechtigten **37** 34; Veräußerung **37** 38, Beschränkung **37** 35; und Vermietung **37** 37; Zwangsversteigerung **37** 39
DDR *s. Deutsche Demokratische Republik*
Deckungsregister, unpfändbare Sachen **100** 811

Deckungsschutz, vorläufiger bei Kfz-Haftpflicht **63a** 9
Deckungsvorsorge gemäß UmweltHG **28** 19
Deich, Beschädigung **85** 318
Deichrecht 21 66
Delikt *s. Straftaten, Unerlaubte Handlungen*
Deliktsfähigkeit 20 827 ff.; **89** 3; und seelische Störungen **85** 20 f.
Delkredereprovision des Handelsvertreters **50** 86b
De-Mail-Konto und Beweiskraft elektronischer Dokumente **100** 371a
Demokratische Grundordnung, Abwehr einer drohenden Gefahr **1** 87a, 91; freiheitliche, Beseitigung derselben als Parteiziel **1** 21; Kampf gegen **1** 18; Verfassung der Parteien in Übereinstimmung mit **1** 21
Demokratische Verfassung der BRD **1** 20; der Länder **1** 28
Demokratischer Rechtsstaat, Gefährdung **85** 84 ff.
Denunziation 85 241a
Deputat als Arbeitseinkommen **100** 850e
Dereliktion 20 959
Designgesetz, Streitwertberechnung **115** 51
Deutsche Demokratische Republik, Strafregister **92** 64a; Straftaten in der **85a** 315; Verbindlichkeiten **1** 135a
Deutsche Genossenschaftsbank, Anlegung von Mündelgeld **20** 1814; keine Sicherheitsleistung bei Versteigerung **108** 67; Wertpapierhinterlegung **20** 1082
Deutsche Girozentrale 108 67
Deutsche Kommunalbank 108 67; Anlegung von Mündelgeld **20** 1814; Wertpapierhinterlegung **20** 1082
Deutscher, Auslieferungsverbot **1** 16; Staatsangehörigkeit **1** 16, 73, 116; staatsbürgerl. Rechte und Pflichten **1** 33; Volkszugehörigkeit **1** 116
Deutsches Patent- und Markenamt (DPMA), Akteneinsicht **72** 62 f.; Beitreibung von Kosten für **122** 1; Beschlüsse des **72** 61; Führung der Urheberrolle **65** 138; internationale Registrierungen **72** 107 ff.; internationale Zusammenarbeit **72** 65a; Löschungsverfahren **72** 53 f.; Markenabteilungen **72** 56; Markenregister **72** 32 ff.; Markenstellen **72** 56; Prüfung nach MarkenG **72** 36 ff., beschleunigtes Verfahren **72** 38; Rechtshilfe für das **72** 95; Sachverhaltsermittlungen **72** 59 f.; Unionsmarken **72** 119 ff.; Verfahren vor dem **72** 56 ff., betr. geographische Herkunftsangaben **72** 130 ff., Kosten **72** 63, 64a; Zuständigkeiten **72** 56
Deutsches Reich, Staatsverträge **1** 123; Verbindlichkeiten **1** 135a
Deutsches Volk, Einheit **1** Präambel; Geber des Grundgesetzes **1** Präambel
Deutschland, Vollendung der Einheit und Freiheit **1** Präambel
Diebstahl 85 242 ff.; kein Eigentumserwerb nach **20** 935; keine Eigentumsvermutung nach **20** 1006; Herausgabeanspruch des Besitzers **20** 1007; durch Mitglied einer Bande **85** 244 f.; Schadensersatz **20** 823, 992; von Schuldverschreibungen auf den Inhaber **20** 794; mit Waffen **85** 244; Wohnungseinbruchdiebstahl **85** 244
Diebstahlsicherung bei Kraftfahrzeugen **35a** 14
Dienstalter der Richter **95** 197
Dienstaufsicht über Richter **95** 151; über die Staatsanwaltschaft **95** 146 f.
Dienstbarkeiten 20 1018 ff.; beschränkte persönliche **20** 1090 ff.; **21** 191; Eintragung **114** 44; Gerichtsstand **100** 25; Grunddienstbarkeit **20** 1018 ff.; landesrechtliche Vorbehalte **21** 113, 128
Dienstbehörde, Genehmigung zur Herausgabe von Schriftstücken **90** 96, zur Vernehmung eines Beamten **100** 376, zur Vernehmung über Amtsgeheimnisse **90** 54
Dienstberechtigter, Unabdingbarkeit der Pflichten **20** 619; Vergütungspflicht **20** 615 ff.
Dienstbezüge, Pfändung **100** 850
Dienstboten, Gerichtsstand **100** 20
Dienste höherer Art **20** 627 f.; Vergütung des Wertes geleisteter **20** 346
Diensteinkommen 21 80; Abtretung **20** 411; Pfändung **100** 832 f., 850
Dienstfahrerlaubnis 35 2; Entziehung **35** 3
Dienstfahrerlaubnisregister der Bundeswehr **35** 62
Dienstflagge, Missbrauch **94** 124
Dienstgeheimnis, Verletzung **85** 353b
Diensthandlung, Unterlassen **85** 336
Dienstleistungen als Beitrag zur Gesellschaft **20** 706; im Rahmen eines Verbrauchsgüterkaufs **20** 474 ff.; Verurteilung zu **100** 888; wiederkehrende **21** Art. 232
Dienstleistungsaufträge, öffentliche iSd GWB, soziale und andere besondere Dienstleistungen **74** 130
Dienstlohn *s. Arbeitseinkommen*
Dienstunfall, Schadensersatzpflicht des Arbeitgebers **20** 618
Dienstverhältnis 20 611 ff.; Ansprüche der Beamten **95** 71; Arbeitsschutz **20** 618; Ende **20** 620 ff.; Kündigungsfristen **20**

621 f., 626 f.; Kündigungsschutz **84**; mit Minderjährigen **20** 113; Übergangsvorschriften **21** 171; Zeit für Dienstsuche **20** 629; Zuwendung an eine zum Erblasser im D. stehende Person **20** 2071; *s. a. Arbeitsverhältnis*
Dienstvertrag 20 611 ff.; fristlose Kündigung **20** 626 f.; Geschäftswert **119** 99; Haftung des Arbeitgebers **20** Anm. zu 618; Informationspflichten bei Abschluss außerhalb von Geschäftsräumen **21** Art. 246a, Anlagen 1, 2 zu 246a; bei Insolvenzverfahren **110** 108, 113; für Minderjährige **20** 1822; Pflichten **20** 611 f., zu Schutzmaßnahmen **20** 618, Unabdingbarkeit **20** 619; Vergütung **20** 614 ff.; Verhinderung des Verpflichteten **20** 616 f.; Vermittlung **20** 655; Wechsel d. Vertragspartners **20** 309; *s. a. Arbeitsvertrag*
Dienstwohnung, Kündigung **20** 576 ff.
Dienstzeugnis 20 630
Digitale Produkte, Miete von **20** 548a, 578b, 580a; Verbrauchervertrag über die Herstellung von **20** 650, über die Schenkung von **20** 516a; Verbraucherverträge über **20** 327 ff.; **21** Art. 229 §§ 57 ff., Aktualisierungen **20** 327f, und Ansprüche nach dem UKlaG **105** 2, Nutzungsrechte nach Beendigung **20** 327p, Paketverträge **20** 327a, Produktmangel **20** 327e, Beweislastumkehr **20** 327k, Rechte der Verbraucher **20** 327i, Rechtsmängel **20** 327g, Verbrauchsgüterkauf **20** 475a ff., abweichende Vereinbarungen **20** 327s, Vertragsbeendigung und Schadensersatz **20** 327m, 327o; Verträge zwischen Unternehmern **20** 327t f.
Dingliche Ersetzung bei Verwendung von Kindesvermögen **20** 1646
Dingliche Rechte bei Marken **72** 29, 154
Dinglicher Arrest 100 917
Dinglicher Gerichtsstand 100 24 ff.
Diplomaten, Exterritorialität **95** 18 ff.
Diskontsatz *s. Basiszinssatz*
Dispache, Kostenschuldner **119** 23; Verfahren **112** 402 ff.; Verhandlung über, Geschäftswert **119** 68; Wirksamkeit **112** 409
Dispacheur, Auftragsverweigerung **112** 403; Aushändigung von Schriftstücken **112** 404; Verpflichtung zur Aufmachung der Dispache, Geschäftswert **119** 67
Dissens bei Verträgen **20** 154 f.
Disziplinargericht, -e des Bundes **1** 96
Disziplinarmaßnahmen, Verfahren, Rechtsanwaltsgebühren **117** Anl. 1 Nr. 6500
Disziplinarverfahren gegen Bundesbedienstete **1** 96; Rechtsanwaltsgebühren **117** Anl. 1 Nr. 6200 ff.; und Strafverfahren **90** 151e
DNA-Analyse, Übergangsregelung **90a** 11
DNA-Identitätsfeststellung 90 81g
DNA-Reihenuntersuchungen 90 81h
Dokumente, Bekanntgabe nach FamFG **112** 15; elektronische *s. dort*
Dokumentenpauschale 118 23, Anl. 1 Nr. 2000; Auslagen des Rechtsanwalts **117** Anl. 1 Nr. 7000; des Gerichtsvollziehers **123** Anl. Nr. 7; nach dem GKG, Fälligkeit **115** 9, Kostenhaftung **115** 28
Dolmetscherinnen und Dolmetscher, Ausschließung und Ablehnung **95** 191; Beeidigung **95** 189; für Beschuldigten oder Verurteilten **95** 187; bei Beurkundung von Rechtsgeschäften **23** 16; bei Gerichtsverhandlungen **95** 185 ff., 189 ff.; bei Hör- und Sprachbehinderungen **95** 186; Justizvergütungs- und -entschädigungsgesetz **116**; Kosten **90** 464c, im arbeitsgerichtlichen Verfahren **83** 12; im Strafverfahren **90** 259; Vergütung **94** 59; **116** 1, 8 ff., Anl. 1
Doppelehe, Strafbarkeit **85** 172
Dorftestament 20 2249
Draufgabe bei Verträgen **20** 336 ff.
Dreiteilung der Gewalten **1** 20
Dringliche Gesetzesvorlagen 1 81
Dringlichkeit bei Arrest und einstweiliger Verfügung **100** 937, 942, 944
Dritte, Änderung der Person des in einem Vertrag bezeichneten **20** 332; Anfechtung des Erbvertrags **20** 2285; Bedingung zum Vorteil eines **20** 2076; Bestimmung der Leistung **20** 317 ff.; Beteiligung am Rechtsstreit **100** 64 ff.; Entschädigung **116** 1; Erlöschen der Rechte **20** 936, 945, 949; Ersatzansprüche bei Tötung des Unterhaltsverpflichteten **20** 844; Erwerb eigener Aktien durch **51** 71d; Festsetzung des Inhalts letztwilliger Verfügungen **20** 2065, 2151 ff., 2193, 2198; Geltendmachung eines Pfand- oder Vorzugsrechts durch einen nichtbesitzenden **100** 805; Gewahrsam bei Pfändung **100** 886; Herausgabe der Bereicherung **20** 822; Justizvergütungs- und -entschädigungsgesetz **116**; Leistungen an **20** 362; Leistungen durch **20** 267 f.; Pfändung körperlicher Sachen **100** 809; Rechtskraft gegenüber **100** 325; Verträge zugunsten **20** 328 ff.; Vorlegung von Urkunden **100** 428 ff.; Vornahme einer Handlung **100** 887; Widerspruch gegen Zwangsvollstreckung **100** 771 ff.; Zwangsvollstreckung **100** 750
Drittschuldner, Anzeige an Amtsgericht **100** 853 ff.; Erklärung über gepfändete

Forderungen **100** 840; Zahlungsverbot an **100** 829; Zwangsvollstreckung in Vermögensrechte **100** 857
Drittwiderspruch bei Gütergemeinschaft **20** 1455
Drittwiderspruchsklage **100** 771 ff.; des Ehegatten **100** 774; des Nacherben **100** 773; Zwangsvollstreckung **100** 771 ff.
Drohung bei Annahme oder Ausschlagung der Erbschaft **20** 1954; bei Bestimmung der Leistung durch Dritte **20** 318; bei Erbvertrag **20** 2283; als Grund der Erbunwürdigkeit **20** 2339; bei letztwilliger Verfügung **20** 2078; zur Wahlbehinderung **85** 107; Wettbewerbsbeschränkung durch **74** 21; bei Willenserklärungen **20** 318, Anfechtung **20** 123 f.
Duldung eines Überbaues **20** 912; Zwangsvollstreckung zur Erwirkung einer **100** 890, 892
Duldungspflicht bei Modernisierungsmaßnahmen **20** 555d
Duldungstitel **100** 737, 739, 743, 748
Dünger als Zubehör **20** 98
Dunkelheit, Beleuchtung von Fahrzeugen bei **35a** 17
Durchstreichungen in Urkunden **100** 419
Durchsuchung, Anordnung **90** 105; Bescheid über Maßregeln **90** 107; bei Beschuldigten, Online-Durchsuchungen **90** 100b; im Bundestag **1** 40; Durchsicht von Papieren **90** 110; durch Gerichtsvollzieher **100** 758; durch Kartellbehörde **74** 59b; Verfahren **90** 105 ff.; Verzeichnis, mitgenommener Gegenstände **90** 107; der Wohnung **1** 13; von Wohnungen von Beschuldigten **90** 102, zur Nachtzeit **90** 104, unbeteiligter Personen **90** 103; Zuziehung des Inhabers der Räume **90** 106

Echtheit, Beweis **100** 440; öffentlicher Urkunden **100** 437 f.; der Privaturkunden **100** 440; von Urkunden, Wiederaufnahmeverfahren wegen fehlender **90** 359, 362; Vermutung **100** 440
E-Geld, Informationspflichten **21** Art. 248 § 11; Verträge über die Nutzung von **20** 675c ff., 675i
Ehe **20** 1297 ff.; und Adoption **20** 1766; Aufhebung **20** 1313 ff.; **21** 201; **112** 121, Antragsberechtigung **20** 1316, Antragsfrist **20** 1317, Ausschluss der **20** 1315, Folgen **20** 1318, Gründe **20** 1314, nach Todeserklärung **20** 1319 f.; Auflösung **20** 2077; Auseinandersetzung der Gütergemeinschaft **112** 373; Beendigung einer Gütergemeinschaft **112** 342; und bestehende Lebenspartnerschaft oder **20** 1306; eheliche Lebensgemeinschaft **20** 1353 ff.; Ehemündigkeit **20** 1303 f.; **21** Art. 13, Art. 229 § 44; Eingehung mit Ausländern **21** Art. 13; Erbrecht **20** 1931 ff.; Feststellung des Bestehens oder Nichtbestehens **112** 121; gesetzlicher Güterstand **20** 1363 ff.; gleichgeschlechtliche **20** 1353 ff.; **21** Art. 17b, und internationales Recht **21** Art. 229 § 48; Gültigkeit **21** 198; Kinderehen **20** 1303; **21** Art. 229 § 44; kirchliche Verpflichtungen **20** 1588; Kosten bei Aufhebung **112** 132; Maklerlohn **20** 656; Nichtigerklärung, Wirkung **20** 2268, 2279; Scheidung **112** 121; Schutz **1** 6; Strafbarkeit der Doppelehe **85** 172; Strafbarkeit der Zwangsheirat **85** 237; Tod eines Ehegatten **112** 131; Trauung **20** 1312; Wahl des Rechts **21** Art. 14; Wiederverheiratung nach Todeserklärung **20** 1319 f.; Wirkungen **21** Art. 14; Zugewinnausgleich bei Tod **20** 1371
Ehefähigkeit **20** 1303 f.; **21** Art. 13, Art. 229 § 44
Ehefähigkeitszeugnis **20** 1309; Befreiung, Kosten **120** 1, Anl. Nr. 1330
Ehegatten als Angehörige **85** 11; Ansprüche des ausgleichsberechtigten gegen Dritte **20** 1390; Antrag auf Wiederaufnahme des Strafverfahrens **90** 361; Antragsrecht gem. InsO **110** 318, 333 f.; Aufgebot bei Nachlass eines Gesamtguts der Gütergemeinschaft **112** 462; Ausgleichsforderung nach Beendigung des Güterstandes **20** 1378 ff.; Auskunftspflichten **20** 1379, des geschiedenen **20** 1580; Ausschließung von Erbfolge **20** 1938; Drittwiderspruchsklage gegen Zwangsvollstreckung **100** 774; Ehe- und Familienname **20** 1355; eheliche Lebensgemeinschaft **20** 1353; Eintritt in Mietverhältnis **20** 563 ff.; Erbrecht **20** 1931 ff.; Erbschaft **20** 2008; Erbverträge unter **20** 2279 f., 2290, in Verbindung mit Ehevertrag **20** 2276; Erbvertragsaufhebung durch gemeinschaftliches Testament **20** 2292; Erbverzicht **20** 2346 ff.; Erwerbstätigkeit **20** 1356; gemeinschaftliches Testament **20** 2265 ff., Nottestament **20** 2266; geschäftsunfähiger **20** 1411; gesetzlicher Güterstand **20** 1363 ff.; Getrenntleben **20** 1567; Haftung des geschiedenen für Unterhalt **20** 1584; Haushaltsführung **20** 1356; Hemmung der Verjährung von Ansprüchen zwischen **20** 207; Insolvenzverfahren **110** 37; letztwillige Verfügungen **20** 2077, 2268, 2279; persönliche Rechtsbeziehungen **21** 199; persönliches Erscheinen in Ehesachen **112** 128; Pfändung des Anteils

am Gesamtgut der Gütergemeinschaft **100** 860; Pflichtteilsrecht **20** 2303; Prozessstandschaft **20** 1368; Rechtsstellung bei Zwangsvollstreckung gegen den anderen **100** 739 ff.; Rechtswahlvereinbarung **21** 46e; Sondergut **20** 1417; Sorgfaltspflicht **20** 1359, 1435; Tod vor Entscheidung in Ehesachen **112** 131; Tod vor Wertausgleich **48** 31; Umfang der Unterhaltsleistung **20** 1581; Unterhalt wegen Alters bei Scheidung **20** 1571, wegen Betreuung eines Kindes **20** 1570, aus Billigkeit **20** 1576, Rangfolge **20** 1609; Unterhaltsanspruch *s. dort;* Unterhaltspflicht **20** 1360 ff., 1604, 1608; Urteil unter Vorbehalt **100** 305; Vermögensverwaltung **20** 1364 ff.; Verschwägerung **20** 1590; Versorgungsausgleichsvereinbarung **48** 6; **112** 227; gegenseitige Vertretung **20** 1357; Verwaltung des Gesamtguts **20** 1421 ff., bei Betreuung **20** 1436; Voraus **20** 1932 f.; Vorbehaltsgut **20** 1418; Vormundschaft über minderjährigen **20** 1778; vorzeitiger Zugewinnausgleich des ausgleichberechtigten **20** 1385; Zuhälterei gegenüber **85** 181a; Zusammentreffen von Unterhaltsansprüchen **20** 1582; Zuwendungen und Ende der Ehe **20** 2279; Zwangsvollstreckung **100** 744a

Ehehindernis *s. Eheverbote*

Eheliche Gemeinschaft, Erbrecht **20** 1933

Eheliche Kinder, Wohnsitz **20** 11

Eheliche Lebensgemeinschaft 20 1353; Beendigung **20** 1567; Beendigung durch Trennung **20** 1361 ff.

Ehelicherklärung, Aufschub der Auseinandersetzung des Nachlasses **20** 2043

Eheliches Güterrecht 21 200; im Beitrittsgebiet **21** Art. 234 § 4; gesetzliches **20** 1363 ff.; Handelsgewerbe **50a** 4; Verfahrensvorschriften **112** 261 ff.

Ehemündigkeit 20 1303; **21** Art. 13, Art. 229 § 44

Ehename 20 1355

Eheregister 20 1310 ff.

Ehesachen, Anerkennung ausländischer Entscheidungen **112** 107; **120** 1; Antrag **112** 113; Antragsgegner **112** 113; Antragsteller **112** 113; Anwaltszwang **112** 114; Anwendung der ZPO **112** 113; Aussetzung des Verfahrens bis zur Feststellung einer **100** 154; Begriff **112** 121; Beschluss mit Begründung **112** 38; Beteiligter **112** 113; deutsche Zuständigkeit **112** 98; eingeschränkte Amtsermittlung **112** 127; Endentscheidung mit Rechtskraft **112** 116; Fälligkeit der Gebühren **118** 9; Familiensachen **112** 111; Gebühren im Hauptsacheverfahren mit Folgesachen **118** Anl. 1 Nr. 1110 ff.; Kosten **112** 132; Mitwirkung der Verwaltungsbehörde oder dritter Personen **112** 129; Rechtsmittel **112** 117; Verfahren **112** 121 ff., statt Prozess oder Rechtsstreit **112** 113; Verfahrenswert **118** 43; Vollstreckung **112** 120; Vorrang- und Beschleunigungsgebot **112** 129a; Wiederaufnahme **112** 118; Zurückweisung von Angriffs- und Verteidigungsmitteln **112** 115; zuständiges Gericht **112** 122; Zustellung nach Gebührenzahlung **118** 14

Ehescheidung *s. Scheidung*

Eheschließung 20 1310 ff.; und Annahme als Kind **20** 1308; von und mit Ausländern **21** Art. 13; nochmalige bei fortgesetzter Gütergemeinschaft **20** 1493; durch persönliche gleichzeitige Erklärungen **20** 1311; keine Verurteilung zur **100** 894; und Verwandtschaft **20** 1307

Eheschließungsrecht, Übergangsvorschriften **21** 226

Eheverbote 20 1303, 1306 ff.; **21** Art. 13, Art. 229 § 44; Befreiung **112** 186; Richtervorbehalt **96** 14

Ehevermittlung 20 656

Ehevertrag 20 1408 ff.; Beschränkung **20** 1518; betreuter Personen **20** 1411; Form **20** 1410, in Verbindung mit Erbvertrag **20** 2276; fortgesetzte Gütergemeinschaft **20** 1483 ff.; Geschäftswert **119** 100; güterrechtliche Verhältnisse **20** 1408; vereinbarte Gütergemeinschaft **20** 1415 ff.; Vorbehaltsgut **20** 1418; Wahl-Zugewinngemeinschaft **20** 1519; Wirkung gegenüber Dritten **20** 1412

Ehewohnung, Behandlung bei Scheidung **20** 1568a; bei Getrenntleben **20** 1361b; Nutzung **21** Art. 17a; Vollstreckung in Ehewohnungssache **112** 96

Ehewohnungssachen 112 111; Antragsverfahren **112** 203; einstweilige Anordnung in, Rechtsmittel nach mündlicher Erörterung **112** 57; Entscheidung, Durchführung und Wirksamkeit **112** 209; als Folgesache **112** 137; Tod eines Ehegatten **112** 208; Verfahren **112** 200 ff.; Verfahrenswert **118** 48

Ehezeit, Ausschluss des Versorgungsausgleichs **48** 3

Ehezeitanteil, Begriff **48** 1; Berechnung **48** 5

Ehre, persönliche **1** 5

Ehrenamtliche Richterinnen und Richter 95a 6; Amtsenthebung **83** 27; **95** 113; Anhörung zur Geschäftsordnung **83** 44;

am Arbeitsgericht **83** 20 ff.; Befugnisse **83** 53; am Bundesarbeitsgericht **83** 41, 43; Entschädigung **95** 107; **116** 1, 15 ff.; Ernennung **95** 108 ff.; in Handelskammern **95** 107; Justizvergütungs- und -entschädigungsgesetz **116**; an Landesarbeitsgerichten **83** 37 ff.; Pflichten **95** 112; Reihenfolge der Stimmabgabe **95** 197; als Richter iSd StGB **85** 11

Ehrenwort, Versicherungen auf **50** 74a

Eid, Beurkundung durch Notar **23** 38, Gebühren **119** Anl. 1 Nr. 23300 f.; des Dolmetschers **95** 189; falscher **85** 154 ff.; der Partei **100** 452 ff.; des Sachverständigen **100** 410; sprach- oder hörbehinderter Personen **100** 483; Verfahren bei Abnahme **100** 478 ff.; Wirksamkeit für Berufungsrechtszug **100** 536; der Zeugen **100** 391 ff.; der Zeugen im Strafverfahren **90** 59 ff.

Eidesformel **90** 64; Bundeskanzler und Bundesminister **1** 64; Bundespräsident **1** 56; religiöse **1** 140

Eidesgleiche Bekräftigung von Zeugen in Strafsachen **90** 65

Eidesleistung fremdsprachiger Personen **95** 188; Verfahren nach ZPO **100** 478 ff.

Eidesmündigkeit, Parteivernehmung Minderjähriger **100** 455

Eidespflicht, Hinweis auf **100** 395

Eidesstattliche Versicherung, Abgabe **20** 259 ff.; zur Ablehnung von Sachverständigen **100** 406; Abnahme durch Gerichtsvollzieher, Gebühr **123** Anl.; Abnahmeverfahren, Gebühren **119** Anl. 1 Nr. 18004; Änderung **20** 261; Antrag nach dem JBeitrG **122** 7; Antragsrecht **112** 413; im arbeitsgerichtlich Verfahren **83** 58; Beurkundung durch Notar **23** 38, Gebühren **119** Anl. 1 Nr. 23300 f.; des Erben **20** 2006, Gebühr **119** Anl. 1 vor Nr. 12100; bei Erteilung des Erbscheins **20** 2356 f.; fahrlässig falsche **85** 161; falsche im Ausland **85** 5; nach FamFG **112** 410; zur Glaubhaftmachung **100** 294, der Gründe für Ablehnung von Sachverständigen **100** 406; der Hausgenossen des Erblassers **20** 2028; **112** 410; bei Herausgabe eines Inbegriffs von Gegenständen **20** 260 f.; wegen herauszugebender Person **112** 94; im Insolvenzverfahren **110** 98; Klage auf Abgabe einer **100** 254; Kosten der Abnahme **20** 261; des Miterben **20** 2057; **112** 410; im Nachlassverfahren **112** 361; örtliche Zuständigkeit **112** 411; bei Rechnungslegung **20** 259; vor dem Schiedsgericht **83** 106; Termínsgebühr für Rechtsanwälte **117** Anl. 1 Nr. 3310; über Verbleib einer herauszugebenden Person **112** 94; Verfahren zur Abnahme, Gebühren **119** Anl. 1 Nr. 15212; bei Verlust von Dokumenten nach dem StVG **35** 5; Verpflichtung zur Abgabe **100** 883, 889; in Verwaltungsverfahren **23** 71

Eidesunfähigkeit einer Partei **100** 455

Eigenbedarf, Vermieter **20** 573

Eigenbesitz **20** 872; Ersitzung des Eigentums **20** 900, 927, 937 ff.; Erwerb der Früchte **20** 955; des Schuldners bei Zwangsverwaltung **108** 147; Unterbrechung der Ersitzung **20** 940 ff.

Eigenhändige Unterzeichnung des gemeinschaftlichen Testaments **20** 2267

Eigenkapital **50** 272; im Konzernabschluss **50** 307

Eigenmacht des Erbschaftsbesitzers **20** 2025; Haftung wegen unerlaubter Handlungen **20** 992; Schutz **20** 859 ff., 869; verbotene **20** 858; **100** 940a

Eigenschaften, Irrtum über bei Miete **20** 536, bei Willenserklärungen **20** 119

Eigenstaatlichkeit in Gesetzgebung **1** 72, 74, 105; der Länder **1** 83, 109

Eigentum **20** 903 ff.; **21** 181; Ansprüche aus **20** 985 ff.; Beeinträchtigung **20** 823, 904 ff., 1004; im Beitrittsgebiet **21** Art. 233 § 2; Beschränkung im öffentlichen Interesse **21** 111; an beweglichen Sachen **20** 929 ff.; Eigentumsklagen **20** 985, 1004; Ersitzung **20** 900, 927, 937 ff.; Erwerb an Erzeugnissen **20** 953 ff., durch Zuschlag **108** 90; Garantie, Pflichten **1** 14; gemeinschaftliches im Beitrittsgebiet **21** Art. 234 § 4a; Gerichtsstand **100** 24; an Grund-, Rentenschuld- und Hypothekenbriefen **20** 952; an Grundstücken, Verlust **20** 925 ff.; gutgläubiger Erwerb **20** 932 ff., 1244; Inhalt **20** 903 ff.; Miteigentum **20** 1008 ff.; am Schatz **20** 984; an Schuldscheinen **20** 952; Sozialisierung **1** 15; Tier **20** 903; Übertragung **20** 929 ff., und Belastung **20** 873 ff., 925 ff.; **21** 126; Verjährung von Herausgabeansprüchen **20** 197; Vermutung **20** 1006; des Verpfänders **20** 1248; an verpfändeten Sachen **20** 1229; Verpflichtung zur Übertragung **20** 311b; an versicherter Sache **62** 95, 99; Verwirkung **1** 18; an Wohnungen *s. Wohnungseigentum*

Eigentümer, Abwehranspruch **20** 1004; Befriedigungsrecht **20** 1142; Benennung des Urhebers bei Klage des **100** 77; Bestellung eines Vertreters **100** 58; Bietungsrecht bei Versteigerung **20** 1239; Einreden gegen Hypothek **20** 1137; Eintragung **20**

900; eines Grundstücks *s. dort;* Herausgabeanspruch **20** 985; Rechte **20** 903 ff.; Unterlassungsklage bei Nießbrauch **20** 1053; Unterwerfung unter sofortige Zwangsvollstreckung **100** 799 f.; Verfolgungsrecht **20** 962, 1005; Verletzung der Rechte durch Nießbraucher **20** 1051
Eigentümergrundschuld 20 1177, 1196 f.
Eigentümerhypothek 20 1163, 1168 ff.; **100** 868; Gesamthypothek **20** 1143, 1172 f., 1182; Löschung bei Dauerwohnrecht **37** 41
Eigentumsbeschränkungen 20 904 ff.
Eigentumserwerb an beweglichen Sachen **20** 926, 929 ff.; des Finders **20** 973 f.; an Grundstücken **20** 926 f.; des Nießbrauchers **20** 1039; beim Pfandverkauf **20** 1242
Eigentumsfiktion bei Hypothek **20** 1148; beim Pfandverkauf **20** 1248
Eigentumsübergang bei Einziehung iSd StGB **85** 75
Eigentumsübertragung 20 873; **21** 126; Anzeige durch den Vermieter **20** 566e; bei Überbau **20** 915; bei Verwahrung vertretbarer Sachen **20** 700; Verwendungen **20** 999
Eigentumsverletzung, Schadensersatz **20** 823 ff.
Eigentumsvermutung 20 891, 1006; bei Ehegatten **20** 1362; bei Hypothek **20** 1148
Eigentumsvorbehalt 20 449; im Insolvenzverfahren **110** 107
Eigenverwaltung, Anordnung und Eintragung ins Handelsregister **50** 32; im Genossenschaftsinsolvenzverfahren **53** 115e
Eigenverwaltung des Schuldners, Anzeigepflicht bei Masseunzulänglichkeit **110** 285; Aufhebung der Anordnung **110** 272; Befriedigung der Insolvenzgläubiger **110** 283; Bekanntmachung **110** 273; während der COVID-19-Pandemie **110d** 5; Eigenverwaltungsplan **110** 270a; gegenseitige Verträge **110** 279; bei gruppenangehörigen Schuldnern **110** 270g; Insolvenzplan **110** 284; Lebensführung des Schuldners **110** 278; Mitwirkung des Gläubigerausschusses **110** 276 f.; nachträgliche Anordnung **110** 271; Rechtsstellung des Sachwalters **110** 275; Unterrichtung der Gläubiger **110** 281; Verwertung von Sicherungsgut **110** 282; Voraussetzungen **110** 270 ff.; vorläufige **110** 270b f.; Zustimmungsbedürftigkeit von Rechtsgeschäften **110** 277
Eignung zum Führen von Fahrzeugen **35** 2, Begutachtungsstellen **35** 6f
Ein- und Auswanderung 1 73
Einbürgerung von Verfolgten **1** 116
Einfädelungsstreifen 35a 7a
Einfahren in und aus Grundstücken **35a** 10
Einfamilienhäuser, Maklerverträge betreffend **20** 656a ff.; **21** Art. 230 § 53
Eingebrachte Sachen, Pfandrecht des Vermieters **20** 562 ff.
Eingegliederte Gesellschaften 51 319 ff.
Eingetragene Genossenschaft, Beteiligung an Spaltung **52a** 147 f., an Verschmelzung **52a** 79 ff.; Formwechsel **52a** 258 ff.; Umwandlung **52a** 79 ff., 147 f.
Eingetragene Lebenspartnerschaft *s. Lebenspartnerschaft*
Eingetragener Verein 20 55 ff., *s. Verein*
Eingliederungsverfahren nach AktG, Rechtsanwaltsgebühren **117** Anl. 1 Nr. 3325
Eingriffe in Bahn-, Schiffs- oder Luftverkehr **85** 315; in Grundrechte **1** 19; in Rechte Dritter durch Bundeswehrverwaltung **1** 87b; in den Verkehr **85** 315b
Einheit des deutschen Volkes **1** Präambel; Gesetzgebung über E. des Zollgebietes **1** 73
Einheitsstrafe, nachträgliche Bildung **89** 66; Rechtsmittel **89** 56
Einigung über Eigentumsübergang **20** 929; über Rechte an beweglichen Sachen **20** 1205, 1250, an Grundstücken **20** 925; über Vertragsbestimmungen **20** 154 f.
Einigungsgebühr des Rechtsanwalts **117** Anl. 1 Nr. 1000, 1003, 1006, 4147; in sozialrechtlichen Angelegenheiten **117** Anl. 1 Nr. 1005
Einigungsstellen im Betrieb **83** 98; nach UWG **73** 15
Einigungsversuch vor Gütestelle **101** 15a
Einigungsvertrag, Übergangsrecht und Inkrafttreten **21** Art. 230
Einkommen, Einsatz bei PKH **100** 115
Einkommensteuer 1 106 bis 108
Einkünfte, Anrechnung auf Unterhalt **20** 1577; des Kindesvermögens **20** 1649
Einlagen in Aktiengesellschaften **51** 54, Rückzahlung **51** 27, 183, 205; in GbR **20** 705 ff.; Verzinsung **20** 248
Einlagepflicht, Geschäftsanteil der GmbH **52** 14
Einlassung auf abgeänderte Klage **100** 267; im Arbeitsgerichtsverfahren **83** 47; zur Hauptsache **100** 504
Einlassungsfrist, Abkürzung **100** 226; vor mündlicher Verhandlung **100** 274; im Revisionsrechtszug **100** 553; im schriftlichen Vorverfahren **100** 276; im Urkundenprozess **100** 593

Einlegung der Beschwerde **83** 89; der Revision **83** 74; Zeitpunkt für Wertberechnung **100** 4
Einlösungsrecht 20 268, 1150, 1249
Einmündung von Straßen, Freihalten **35a** 11 f.; Vorfahrtsrecht **35a** 8, 18
Einnahmen und Ausgaben des Bundes, Besatzungskosten, Kriegsfolgelasten **1** 120, Etatisierung **1** 110, und der Länder **1** 104a, 106
Einpersonen-Gesellschaft 51 42
Einrede gegen die abgetretene Forderung **20** 404; der Anfechtbarkeit des Testaments **20** 2083; des Angewiesenen **20** 784, 792; bei Aufrechnung **20** 390; aufschiebende des Erben des überlebenden Ehegatten **100** 305; im Berufungsrechtszug **100** 513, 531; des Besitzers **20** 986; des Bürgen **20** 768, 770 ff.; des Erben **20** 1958, 1989 ff., 2014 ff.; Erhebung des Anfechtungsanspruchs **111** 9; der Erschöpfung durch Erben **20** 1989; gegen Hypothek **20** 1137 f., 1157, 1169; der mangelnden Benutzung einer Marke **72** 43; der mangelnden Sachbefugnis **100** 265 f.; des nichterfüllten Vertrags **20** 320, 363; des Notbedarfs **20** 519; gegen Orderpapiere **50** 364; gegen Pfandrecht **20** 1211, 1254; prozesshindernde **83** 102, der Rechtshängigkeit **100** 261; der Rechtskraft **100** 322; der Schiedsvereinbarung **100** 1032; des Schuldners bei Faustpfand **100** 838; des Schuldübernehmers **20** 417; der unerlaubten Handlung **20** 853; der ungerechtfertigten Bereicherung **20** 821; der Unzulänglichkeit durch Erben **20** 1990; der Verjährung **20** 214; des Verpfänders **20** 1211; des Versprechenden gegenüber Dritten **20** 334; der Vorausklage **20** 771 ff., 777; **50** 349, im Genossenschaftsinsolvenzverfahren **53** 115e, Verzicht **20** 239; Vorbringen **100** 282; bei Vormerkung **20** 886; des Zurückbehaltungsrechts **20** 273; *s. a. Einwendungen, Rüge*
Einrichtung, Wegnahme **20** 539
Einrichtungen, qualifizierte *s. dort*
Einsatz der Streitkräfte **1** 87a
Einsatzfahrzeuge, Fahrberechtigung **35** 2
Einschränkung von Grundrechten **1** 17a, 18, 19
Einseitige Rechtsgeschäfte, Anfechtung **20** 143; des Bevollmächtigten **20** 174; eines Ehegatten **20** 1367; Einwilligung **20** 182; von Minderjährigen **20** 107, 111; des Vertreters ohne Vertretungsmacht **20** 180
Einsetzung des Erben **20** 1941, 2087 ff.; des Gläubigerausschusses **110** 67
Einsicht der Anfechtungserklärung **20** 2081; von Erklärungen dem Nachlassgericht gegenüber **20** 2228; in Geschäftsbücher **20** 716; **50** 157; in das Güterrechtsregister **20** 1563; in das Handelsregister **50** 9, nach Europarecht **50** 10a; in die Mitgliederliste der Genossenschaft **53** 31; Recht auf in Dispache **112** 404; in das Schuldnerverzeichnis **100** 882f; **102** 5 ff., 11, Ausschluss **102** 10; **102a** 18, elektronische **102** 6 ff.; in das Unternehmensregister **50** 9; in die Urheberrolle **65** 138; in Urkunden **20** 810; in das Vereinsregister **20** 79; der Vormundschaftspapiere durch Gegenvormund **20** 1799
Einsichtsfähigkeit und seelische Störungen **85** 20 f.
Einsperren, widerrechtliches eines Menschen **85** 239
Einspruch des Bundesrates **1** 77, 78; Einstellung der Vollstreckung nach **100** 719; gegen Eintragung nach dem MarkenG, zwischenstaatliches Verfahren **72** 131; Entscheidung über Zulässigkeit **100** 341; gegen Europäischen Zahlungsbefehl **100** 1090; Frist **100** 339; gegen Kündigung **84** 3; nach OWiG **94** 67 ff.; gegen Strafbefehl **90** 409, Beschränkung **90** 410; gegen Versäumnisentscheidung bei Scheidung **112** 143; gegen Versäumnisurteil **100** 338 ff., 345, im arbeitsgerichtlich Verfahren **83** 59, Wirkung **100** 342; Verzicht oder Zurücknahme **100** 346; gegen Vollstreckungsbescheid **100** 700; Widerspruch gegen Mahnbescheid als **100** 694; Wiedereinsetzung **100** 233; gegen Zwangsgeldbeschluss **112** 390
Einspruchsschrift, Erfordernisse **100** 340; Zustellung **100** 340a
Einstandspreise iSd GWB **74** 20
Einsteigen in Fahrzeuge **35a** 14
Einstellung im Beschlussverfahren (Arbeitssachen) **83** 81; des Insolvenzverfahrens **110** 207 ff.; des Jugendstrafverfahrens **89** 47; der Vollstreckung **112** 93; des Zwangsversteigerungsverfahrens **108** 30, 75 ff., 180; der Zwangsvollstreckung **100** 707, 719, 868, bei Einwendungen gegen Zulässigkeit der Vollstreckungsklausel **100** 769, bei Widersprüchen Dritter **100** 805
Einstellung des Strafverfahrens 90 153a ff., 170 ff.; bei Auslandstaten **90** 153c; wegen Geringfügigkeit **90** 153, Kosten **90** 467; bei Gesetzesänderungen **90** 206b, 354; Kosten des Nebenklägers **90** 467a; in Privatklagesachen **90** 383, 389; Rechtsanwaltsgebühren **117** Anl. 1 Nr. 4141; im Revisionsrechtszug **90** 354;

wegen Verfahrenshindernisses **90** 206a; vorläufige **90** 154, 199, 205; bei vorübergehenden Hindernissen **90** 154f

Einsturz, Sicherung gegen **20** 908

Einstweilige Anordnung, Außerkrafttreten **112** 56; bei Beschwerde gegen Entscheidungen **100** 570; in Betreuungssachen **112** 300 ff.; gegen Bundespräsidenten **1** 61; bei Einwendungen gegen Zulässigkeit der Vollstreckungsklausel **100** 732, 769; nach FamFG **112** 49 ff.; in Familienstreitsachen **112** 119; vor Geburt eines Kindes bzgl. Unterhalt **112** 247; in Gewaltschutzsachen **112** 214; und Hemmung der Verjährung **20** 204; der Kartellbehörde **74** 60; bei Kindeswohlgefährdung **112** 157; in Unterbringungssachen **112** 331 ff.; in Unterhaltssachen **100** 44; **112** 246; bei Vaterschaftsfeststellung **112** 248; Verfahrenswert **118** 41; mit Vollstreckungsklausel **112** 53; für vorläufige Freiheitsentziehung **112** 427; Wertberechnung **119** 62; bei Widerspruch gegen Arrest **100** 924, Dritter gegen Zwangsvollstreckung **100** 805; zuständiges Gericht **112** 50

Einstweilige Einstellung der Vollstreckung nach dem JBeitrG **122** 9; der Zwangsversteigerung *s. dort;* der Zwangsvollstreckung **100** 707, 719, 769, Rechtsanwaltsgebühr **117** Anl. 1 Nr. 3311

Einstweilige Maßnahmen der Kartellbehörde bei Zuwiderhandlungen gegen GWB **74** 32a

Einstweilige Unterbringung, Anrechnung auf erkannte Strafe **85** 51; Beschwerde **90** 305, 310; im Erziehungsheim **89** 71 f.; bei Schuldunfähigkeit **90** 126a

Einstweilige Verfügung **100** 935 ff.; **115** Anl. 1 Nr. 1410 ff.; in Arbeitssachen **83** 62, 85, Gebühren **115** Anl. 1 Nr. 8310 ff.; Aufhebung **100** 942; bei Bauvertrag **20** 650d; und Hemmung der Verjährung **20** 204; Räumung von Wohnraum **100** 940a; gegen Sicherheitsleistung **100** 939; zur Sicherung des Rechtsfriedens **100** 940; Unzulässigkeit der Revision gegen Urteile über **100** 542; Vollmacht **100** 82; Vollstreckbarkeit des Urteils **100** 708; Vollziehung **100** 936; Vormerkung oder Widerspruch auf Grund einer **20** 885, 899, 1990, 2016; **100** 942

Einstweiliger Rechtsschutz, Streitwertberechnung **115** 53; im Verfahren zur Ahndung unlauterer Handlungen **73** 12 ff.

Eintragung der Abtretung der Hypothek **20** 1154; der Aktiengesellschaft *s. dort;* von Amts wegen vorzunehmende **112** 384; Bekanntgabe an Beteiligte **112** 383; durch Entscheidung des Registergerichts **112** 382; in das Genossenschaftsregister **53** 10 ff.; in Grundbuch **20** 311b, 873, 879 ff., 891 ff., 899; in Güterrechtsregister **20** 1558 ff., Veröffentlichung **20** 1562; der Kapitalerhöhung, Ablehnung **52** 57a; Kosten bei Kauf **20** 448; Löschung unzulässiger **112** 395; einer Marke *s. Markeneintragung;* in öffentliches Buch oder Register **100** 895 f.; einer Partnerschaftsgesellschaft **50b** 5; in Register, Notar **112** 378; eines Schiffs, Gebühren **119** Anl. 1 Nr. 14210; einer Sicherungshypothek aus vollstreckbarem Urteil **100** 868; sonstige, Gebühren **119** Anl. 1 Nr. 14160; der Spaltung **52a** 130, 137; des Treuhänders bei Hypothek für indossable Papiere **20** 1189; der Überbaurente **20** 914; in Vereinsregister **20** 55 ff., 64 ff., Änderung des Vorstands **20** 67 f., Anmeldung **20** 59 f., Entzug der Rechtsfähigkeit **20** 74, nicht wirtschaftlicher Vereine **20** 21, Satzungsänderungen **20** 71, Vereinsauflösung **20** 74; der Verschmelzung **52a** 19; des Verzichts auf Eigentum **20** 928, auf Hypothek **20** 1168; einer Vormerkung **20** 885; des Widerspruchs in Grundbuch **20** 899

Eintragungen nach BZRG im Erziehungsregister **92** 60, Entfernung **92** 63; im Zentralregister **92** 3 ff., ausländische Verurteilungen **92** 54 ff., Entfernung nach Tod **92** 24 ff., Inhalt **92** 5, Tilgung **92** 45 ff., Wirkungen **92** 51 ff.

Eintragungsbewilligung **20** 873 f., 885, 899; Bezugnahme **20** 1115

Einvernehmen, Rechtsanwaltsgebühr **117** Anl. 1 Nr. 2200 f.

Einwendungen nach Abtretung, unwirksamer Verzicht **20** 496; gegen Ansprüche aus Besitz **20** 683, auf wiederkehrende Leistungen **100** 323; gegen Anweisungsempfänger **20** 784, 792; des Ausstellers von Inhaberschuldverschreibungen **20** 796; gegen Beitreibung nach dem JBeitrG **122** 8; gegen Besetzung des Gerichts **90** 222b; des Besitzers **20** 986; des Gesellschafters der OHG **50** 129; gegen neuen Gläubiger **20** 404; gegen Rechtsgeschäfte eines Ehegatten **20** 1412; des Schuldübernehmers **20** 417; bei verbundenen Verträgen **20** 359; aus einem Vertrag zugunsten Dritter **20** 334; gegen vollstreckbaren Anspruch **100** 767 ff., 796 f.; gegen Vollstreckungsbescheid **100** 796; Vorbringen von **100** 282; gegen Zulässigkeit der Vollstreckungsklausel **100** 732, 797a; Zurückwei-

sung im Urkundenprozess **100** 598; gegen Zwangsvollstreckung **100** 766; *s. a. Einreden*
Einwilligung **20** 183; zur Annahme als Kind **20** 1746 ff., Ersetzung **112** 186; eines Dritten zu Rechtsgeschäft **20** 182 f.; des Erben zu Rechtsgeschäften des Testamentsvollstreckers **20** 2206; zur Fortsetzung des Mietverhältnisses **20** 574 ff., 576a; in genetische Untersuchung zur Klärung der Abstammung **20** 1598a; des gesetzlichen Vertreters **20** 107, 111; in Klageänderung **100** 263; in Körperverletzung **85** 228; in medizinische Maßnahme **20** 630d; in Parteivernehmung **100** 447; in Rechtsgeschäfte des Ehegatten **20** 1365 ff., hinsichtlich Gesamtgut **20** 1424 f.; des Schuldners zur Leistung durch einen Dritten **20** 267; zur Verbreitung und Veröffentlichung von Bildern **67** 22; zu Verfügungen eines Nichtberechtigten **20** 185; in Vertragsänderung **20** 593; des Vormundes, Ersetzung **20** 113; zu Zahlungsvorgängen **20** 675j; in Zurücknahme der Berufung **100** 516
Einwilligungsvorbehalt, Anordnung **112** 271; Aufhebung **112** 306, oder Änderung **20** 1908d, oder Einschränkung **112** 294; Beschwerde **112** 303; des Betreuers **20** 1903; Erweiterung **112** 293; Verlängerung **112** 295
Einwirkung auf fremde Grundstücke **20** 906 ff.
Einzelabschluss, Abschlussprüfer **50** 324a
Einzelausgebot bei Zwangsversteigerung **108** 63
Einzelkaufleute, Befreiung von Buchführung und Inventarerstellung **50** 241a; **50a** 76
Einzelkaufmann, Pflichten nach dem PublG **52b** 3 ff.; Umwandlung der Firma **52a** 152 ff.
Einzelpolice **62** 55
Einzelrichterinnen und -richter beim Amtsgericht **95** 22
Einzeltätigkeiten, Terminsgebühr des Rechtsanwalts **117** Anl. 1 vor Nr. 3400; Verfahrensgebühr des Rechtsanwalts **117** Anl. 1 Nr. 3403
Einzelweisungen der Bundesregierung an oberste Landesbehörden **1** 84, 119
Einziehung eigener Aktien **51** 71c; von GmbH-Geschäftsanteilen **52** 34; einer Nießbrauchsforderung **20** 1074, 1083; von Taterträgen nach dem GWB **74** 34; einer verpfändeten Forderung **20** 1282, 1284 f.; von Waren durch Zollbehörde **72** 147; des Wertersatzes, Rechtsanwaltsgebühren **117** Anl. 1 Nr. 4142; nach dem WiStG 1954 **88** 7
Einziehung iSd OWiG **94** 22 ff.; Anordnung **94** 87; Beitreibung **122** 1; von Inhalten iSd StGB **94** 123; von Taterträgen **94** 29a, 133, Vollstreckung **94** 99; Verhältnismäßigkeit der **94** 24; Vollstreckung **94** 90; des Wertersatzes **94** 25; Wirkung **94** 26
Einziehung iSd StGB **85** 73 ff.; **90** 459g; und Abführung des Mehrerlöses **88** 8; Absehen von **90** 421; Abtrennung des Verfahrens über die **90** 422 f.; Ausgleich bei Vermögensvorteil **90** 459l; Ausschluss **85** 73e; Beitreibung **122** 1; Beschlagnahme zur Sicherung der **90** 111b ff.; Beteiligte am Verfahren über die **90** 424 ff., Vertretung **90** 428; bei Dritten **85** 73b; **90** 459g; erweiterte **85** 73a; **90** 459g; bei gemeingefährlichen Straftaten **85** 322; Hauptverhandlung gegen Abwesende **90** 232; Kosten der Nebenbeteiligten **90** 472b; Nebenbetroffene am Strafverfahren **90** 438; bei Organen und Vertretern **85** 74e; von Sachen durch Strafbefehl **90** 407; selbständige **85** 75, 76a; selbständige Anordnung **94** 27; selbständiges Verfahren über die **90** 435 ff.; Sicherungseinziehung **85** 74b; bei staatsgefährdenden Straftaten **85** 101a; strafrechtliche Maßnahme **85** 11; bei Straftaten gegen die Landesverteidigung **85** 109k; bei Straftaten gegen Persönlichkeitsrechte **85** 201; von Tatprodukten, -mitteln, -objekten **85** 74 ff., 92b, 101a, 109k, 184b; Übergangsvorschriften **85a** 316h; bei Umweltstraftaten **85** 330c; bei Urkundenfälschung und -missbrauch **85** 282; Verfahren **90** 421 ff.; Verjährung **85** 76b; von Verkörperungen eines Inhalts **85** 74d; bei Verwarnung mit Strafvorbehalt **85** 59; Vollstreckung nach dem JBeitrG **90** 459g, Rechtsmittel **90** 459o; Vollstreckungsverjährung **85** 79 ff.; des Wertersatzes **85** 73c f.; **90** 459g, nachträgliche **85** 76, von Tatprodukten, -mitteln, -objekten **85** 74c; zeitliche Geltung **85** 2
Einziehungsbeteiligte im Bußgeldverfahren **94** 87; Rechtsanwaltsgebühren **117** Anl. 1 vor Nr. 4100; im Rechtsmittelverfahren **90** 431; im Strafbefehlsverfahren **90** 432, Kosten **90** 472b; im Strafverfahren **90** 424 ff., 429 f., Befugnisse **90** 427, Vertretung **90** 428
Eisenbahnbetrieb, Haftung **21** 105; Zwangsvollstreckung **100** 871
Eisenbahnen **1** 73, 74, 130; Allgemeine Geschäftsbedingungen **20** 305a; Frachtverkehr **20** Anm. zu 1257; Haftung **33** 1;

Notweg zu **21** 123; Umwandlung der Bundeseisenbahn **1** 143a; Unpfändbarkeit der Fahrbetriebsmittel **100** Anm. zu 811
Eisenbahnunternehmen 21 125; Bahneinheit **21** 112
Eisenbahnverkehr, Gefährdung **85** 315 f.
Eisenbahnverkehrsverwaltung 1 87e
Elektrische Anlagen, Haftung für Schaden **33** 2, 10
Elektrische Energie, strafbare Entziehung **85** 248c
Elektrizitätsunternehmen, Zerstörung von Anlagen **85** 305a
Elektrizitätswirtschaft 1 74
Elektro-Fahrzeuge, Bevorrechtigung **35a** 45 f., 52, Verkehrszeichen **35a** 39, 45 Anlage 2 Nr. 25.1, 45 Anlage 2 Nr. 63.5, 45 Anlage 2 Nr. 64.1; Förderung, Datenübermittlung aus dem Fahrzeugregister **35** 35 f.; Parken **35a** 13; Zustimmung des Vermieters zu baulichen Veränderungen zum Laden von **20** 554
Elektrokleinstfahrzeuge, Abstand beim Überholen von **35a** 5
Elektronische Akten 116 4b; **117** 12b; **118** 8; **119** 7; im Arbeitsgerichtsverfahren **83** 46e; Datenschutz in **94** 49d; Datenträgerarchiv **100** 299a; im Mahnverfahren **100** 689; im OWiG-Verfahren **94** 110a ff.; beim Patentgericht **72** 95a; im Strafverfahren **90a** 15; im Verfahren nach dem GKG **115** 5a; im Zivilprozess **100** 298a
Elektronische Akteneinsicht in Markenregister **72** 62; in das Schuldnerverzeichnis **102** 6 ff.
Elektronische Aktenführung nach dem FamFG **112** 14, Akteneinsicht **112** 13; im Grundbuch **114** 140; im Mahnverfahren **100** 696; im Ordnungsgeld-Verfahren nach dem HGB **50** 335a; im OWiG-Verfahren **94** 110a ff., 134, Akteneinsicht **94** 100c, Übertragung von Dokumenten **94** 110c; im Strafverfahren **90** 32 ff., Akteneinsicht **90** 32f, Datenschutz **90** 496 ff., Übertragung von Dokumenten **90** 32e; im Zivilprozess **100** 298a, Akteneinsicht **100** 299, Datenträgerarchiv **100** 299a
Elektronische Ausfertigungen von Urteilen **100** 317
Elektronische Beglaubigungen 23 39a; **100** 169; im Grundbuch **114** 137
Elektronische Datenverarbeitung, Einsatz im Mahnverfahren **100** 689 ff., 703b, 703c
Elektronische Dokumente 116 4b; **117** 12b; **118** 8; **119** 7; Aktenausdruck **100** 298; **114** 139; im Arbeitsgerichtsverfahren **83** 46c f.; Beschwerde **114** 73; als Beweise **100** 371 ff.; Beweiskraft **100** 371a, des Ausdrucks eines öffentlichen **100** 416a, bei Versand via De-Mail **114** 137; Datenträgerarchiv **100** 299a; Erstellung durch Behörden und Gerichte **94** 110c, Beweiskraft **100** 371b; gerichtliche **100** 130b; beim Grundbuchamt **114** 136 f.; im OWiG-Verfahren, Pflicht ab 2022 **94** 110c; mit qualifizierter Signatur, Beglaubigung des Ausdrucks **23** 42; im Strafverfahren, Ausgangsdokumente **90** 32e, Pflicht ab 2022 **90** 32d, als Urkunden **90** 249; Urkunden **23** 56; Urschriften **23** 45; im Verfahren nach dem GKG **115** 5a; in Verfahren nach dem FamFG **112** 14, Pflicht ab 2022 **112** 14b; im Zivilprozess **100** 130 ff., Pflicht ab 2022 **100** 130d; Zustellung **100** 173, 193a, in Markenangelegenheiten **72** 94
Elektronische Form der Einsichtnahme in Handels- und Unternehmensregister **50** 9; von Erklärungen, Abgabe auf dauerhaften Datenträgern **20** 492, im Mahnverfahren **100** 702; und Schriftform **20** 126 f.; von Urkunden **23** 56; Vereinbarung über **20** 127
Elektronische Formulare im Arbeitsgerichtsprozess **83** 46f; Identifikation des Verwenders **83** 46f, *s. dort;* im Mahnverfahren **100** 692; im OWiG-Verfahren **94** 110b; im Strafverfahren **90** 32c; in Verfahren nach dem FamFG **112** 14a; im Zivilprozess **100** 130c
Elektronische Grundakte 114 135
Elektronische Hauptversammlungen während der COVID-19-Pandemie **52d** 1, 7
Elektronische Jahresfinanzberichte 50a 84; **53** 172
Elektronische Schriftsätze beim Arbeitsgericht **83** 46g
Elektronische Signatur, notarielle Beglaubigung **23** 40a, 42
Elektronische Speichermedien, Durchsicht **90** 110; Sicherung durch nächtliche Durchsuchung **90** 104
Elektronische Urkunden 23 45 ff.; Beglaubigung **119** 121
Elektronische Urkundensammlung 23 55 ff.
Elektronische Veröffentlichung einer Markeneintragung **72** 41
Elektronische Zustellung an Staatsanwaltschaft **90** 41
Elektronischer Antrag auf Auskunft aus dem Fahreignungsregister **35** 30; Erteilung eines Führungszeugnisses **92** 30c; Identifikation des Antragstellers **35** 30; **92** 30c

Elektronischer Auftrag zur Zwangsvollstreckung **100** 753; **101** 43
Elektronischer Frachtbrief 50 408
Elektronischer Geschäftsverkehr 20 312i f.; Informationspflichten **21** Art. 246c f.; *s. a. Online-Marktplätze*
Elektronischer Lagerschein 50 475c ff.
Elektronischer Rechtsverkehr zwischen Familiengerichten und Versorgungsträgern **112** 229; des Grundbuchamts **114** 135 ff.; im OWiG-Verfahren, Pflicht ab 2022 **94** 110c; im Strafverfahren **90** 32 ff., Datenschutz **90** 496 ff., Pflicht ab 2022 **90** 32d; in Verfahren nach dem FamFG, Pflicht ab 2022 **112** 14b; im Zivilverfahren, Pflicht ab 2022 **100** 130d
Elektronischer Vollstreckungsantrag, vereinfachter bei Vollstreckungsbescheiden **100** 829a; **101** 43
Elektronischer Vollstreckungsauftrag, vereinfachter bei Vollstreckungsbescheiden **100** 754a; **101** 43
Elektronisches Geld, Verträge über die Nutzung von **20** 675c ff., 675i
Elektronisches Gläubigerinformationssystem 110 5
Elektronisches Handelsregister 50 8a
Elektronisches Mahnverfahren 100 703c
Elektronisches Unternehmensregister 50 8b
Elektronisches Urkundenarchiv 23 55 ff., 75
Elektronisches Verfahren beim Grundbuchamt **114** 135 ff.; im Mahnverfahren **100** 696; in Markenangelegenheiten **72** 95a
Elektronisches Verwahrungsverzeichnis des Notars **23** 59a
Elterliche Sorge 20 1626 ff.; bei Annahme als Kind (Verfassungswidrigkeit) **20** 1754; Aufhebung eines Erbvertrags durch Minderjährigen **20** 2290; Ausübung bei Verhinderung oder Ruhen **20** 1678; Beistandschaft **20** 1716; Beschränkung **20** 1629; Ende durch Tod **20** 1677; Entziehung **20** 1680; Erbverzicht des Minderjährigen **20** 2347; gemeinsames Sorgerecht **20** 1687; bei Getrenntleben der Eltern **20** 1671; Kindschaftssache **112** 151; Meinungsverschiedenheiten **20** 1628; für minderjährige Kinder **20** 1626; Namensgebung bei alleiniger **20** 1617a; nicht miteinander verheirateter Eltern **20** 1626a; des nicht sorgeberechtigten Elternteils **20** 1687a; Recht zur Benennung des Vormunds **20** 1777; Rechtsmittel gegen einstweilige Anordnung **112** 57; Ruhen **20** 1698a, bei Annahme als Kind **20** 1751, Beendigung **20** 1673 ff., 1698, bei rechtlichem Unvermögen **20** 1673, bei tatsächlichem Unvermögen **20** 1674, bei vertraulicher Geburt **20** 1674a; Sorgfaltspflicht **20** 1664; Tod eines Elternteils **20** 1680; bei Todeserklärung **20** 1681; Übergangsvorschriften **21** 224, Art. 229 § 30; unverheirateter Eltern **20** 1626a; Verfahren zur Übertragung der gemeinsamen **112** 155a; Verhinderung der Ausübung **20** 1693; Verwirkung bei fortgesetzter Gütergemeinschaft **20** 1495; Weiterführung nach Beendigung **20** 1698a; Wiedererlangung **20** 1681
Eltern, Auskunftsrecht **20** 1686; Benennung des Vormunds **20** 1776 f.; elterliche Sorge **20** 1626 f., *s. a. dort;* Erziehungsrecht **1** 6; als gesetzliche Vertreter **20** 1629; gesetzliches Erbrecht **20** 1925; Haftung **20** 1664; Hemmung der Verjährung der Ansprüche zwischen Kindern und **20** 207; im Jugendgerichtsverfahren **89** 67; nicht sorgeberechtigter Elternteil **20** 1687; Personensorgerecht **20** 1631 ff.; Pflichtteilsrecht **20** 2303, 2309, 2311; Rechtsverhältnis zu Kindern **20** 1616 ff.; **21** Art. 19 ff., 203, 207; keine Rückgewähr des Unterhalts **20** 685; Umgangsbestimmungsrecht für Kinder **20** 1632; Umgangsrecht mit Kind **20** 1684; Unterhaltspflicht **20** 1602 f.; Wiederaufnahmeantrag in Strafsachen **90** 361; Wohnsitz des Kindes **20** 11
Eltern-Kind-Verhältnis, Aussetzung des Verfahrens wegen Streits über Bestehen eines **100** 154; Feststellung **112** 169; rechtliches Verhältnis **21** Art. 21, im Beitrittsgebiet **21** Art. 234 § 10 ff.
Elternteil, Unterhaltsverpflichtung **20** 1606
Elternzeit für AG-Vorstandsmitglieder **51** 84; Fortsetzung der Lebensversicherung **62** 212; für GmbH-GeschäftsführerInnen **52** 36
Empfangsbedürftige Geschäfte 20 107, 180, 182, 263, 388
Empfangsbedürftige Willenserklärungen 20 130, 132, 145
Empfangsbekenntnis 20 368 ff.
Ende *s. Beendigung*
Endtermin für Wirkung eines Rechtsgeschäfts **20** 163
Endurteil 100 300 ff.; in Ansehung der Rechtsmittel, Urteil über Grund des Anspruchs **100** 304; Arrestverfahren **100** 922, 925, 927; Aussetzung der Verkündung **100** 89; Berufung **100** 511 ff.; bindende Kraft **100** 318; der Rechte beim

Urkundenprozess **100** 599, Revision **100** 542; unter Vorbehalt der Aufrechnung **100** 302; Zwangsvollstreckung **100** 704 ff.
Endvermögen, Auskunftspflicht **20** 1379; eines Ehegatten **20** 1375
Energieanlagen, Haftung für Schäden **33** 2, 10
Energiesparmaßnahmen, Duldungspflicht **20** 536
Energieversorgungsunternehmen, Mitteilungspflichten gegenüber der Markttransparenzstellen **74** 47e
Energiewirtschaft **1** 74; marktbeherrschende Unternehmen in der **74** 29
Energiewirtschaftsgesetz, Kosten **115** 1; Streitwertberechnung im Bewerdeverfahren **115** 50
Entbindungskosten, Erstattung **20** 1615l
Enteignung **1** 14, 15; Entschädigung **21** 52, 109; Gerichtsstand für Entschädigungsklagen **100** 26; eines Grundstücks, landesrechtliche Vorschriften **101** 15; Recht **1** 74; keine Revision gegen Urteile über vorzeitige Besitzeinweisung **100** 542; Vorbehalt für Landesrecht **21** 108
Enterbung **20** 1938, 2333; in guter Absicht **20** 2338
Entfaltung der Persönlichkeit, Grundrecht **1** 2
Entfernen, unerlaubtes vom Unfallort **85** 142
Entfernung der eingebrachten Sachen, Pfandrecht des Vermieters **20** 562b; von Eintragungen im Erziehungsregister **92** 63, im Zentralregister nach Tod **92** 24 ff.
Entführung **85** 234
Entgangener Gewinn **20** 252
Entgelt für Benutzung von Verkehrsflächen **35a** 52; iSd StGB **85** 11
Entgeltforderung, Verzug **20** 286
Entgeltlichkeit der Geschäftsbesorgung **50** 354
Entlassung in Anstalten Untergebrachter **85** 67c; anzeigepflichtige Massenentlassung **84** 17 ff.; des hinterlegenden Schuldners aus dem Rechtsstreit **100** 75; des Insolvenzverwalters **110** 59, in Gruppen-Folgeverfahren **110** 3d; Kündigungsschutzgesetz **84**; von Mitgliedern des Gläubigerausschusses **110** 70; von Richtern **1** 98; wegen Übernahme des Abgeordnetenmandats **1** 48; des Vormundes **20** 1790
Entlassungssperre bei Massenentlassungen **84** 18
Entmündigung, Einfluss auf Geschäftsfähigkeit **20** 104
Entnahmerecht der Gerichtsvollzieher **123** 15
Entnazifizierung **1** 139
Entrichtung der Miete **20** 556b
Entschädigung für Auskunft über die Struktur von Funkzellen **116** Anl. 3 Nr. 401; für Auskünfte über Bestandsdaten **116** Anl. 3 Nr. 200 f.; für Auskünfte über Verkehrsdaten **116** Anl. 3 Nr. 300 ff.; für Bauwerk bei Erlöschen des Erbbaurechts **41** 27 ff.; beim Bergbau **21** 67; für Beschäftigte **34** 15; bei Beschlagnahme iSd StPO **90** 459m; der Bundestagsabgeordneten **1** 48; Dritter **116** 23; ehrenamtliche Richter **95** 107; bei Einziehung iSd OWiG **94** 28; bei Enteignung **1** 14, 15; **21** 52, 109; Festsetzung durch Gericht **116** 4; in Geld **20** 249 ff., bei Heilbehandlung von Tieren **20** 251; bei Nießbrauch **20** 1059c; nach Reisevertragsrecht **20** 652; bei Rücktritt des Reisenden **20** 651h; der Sachverständigen **100** 413; bei Schiffen **21** 53a; der Schöffinnen und Schöffen **95** 55; für seelisches Leid bei besonderem persönlichen Näheverhältnis **20** 844; **27** 7; **28** 12; **33** 5; **35** 10; bei Sicherungseinziehung von Gegenständen **85** 74b; für Standortabfrage eines Mobiltelefons **116** Anl. 3 Nr. 400; für Strafverfolgungsmaßnahmen, kostenfreie Amtshandlungen **120** 3; für Telekommunikationsüberwachung **116** Anl. 3 Nr. 100 ff.; im Urheberrecht **65** 100; für Verfolgungsmaßnahmen **94** 110; für Verletzte iSd StPO **90** 459h; des Verletzten im Strafverfahren **90** 403 ff.; Verurteilung zur Zahlung einer **100** 510b, 888a; Verzinsung **62** 91; für Verzug durch Besteller **20** 642; für Vorenthaltung der Mietsache **20** 546a; für Wettbewerbsverbot **50** 74 ff., Unabdingbarkeit **50** 75d; für Zeitversäumnis **100** 91; der ZeugInnen **100** 401; **116** 19 ff., in Markenangelegenheiten **72** 93a; der ZeugInnen im Strafverfahren **90** 71; *s. a. Ersatz, Schadensersatz*
Entschädigungsfonds für Schäden aus Unfällen mit Kraftfahrzeugen **63** 12 ff.
Entschädigungsverfahren, Gebühren **115** Anl. 1 Nr. 3700
Entscheidung, Abänderung zugunsten des Beschuldigten **90** 301; nach dem FamFG **112** 37; des Gerichts ohne mündliche Verhandlung **100** 128; nach Lage der Akten **100** 251a, 331a; des Prozessgerichts über Handelsregistereintragungen **50** 16; durch Vorsitzenden der Kammer für Handelssachen, Anfechtung **100** 350, Zuständigkeit **100** 349
Entscheidungsgründe nach Ausschluss der Öffentlichkeit **95** 173; Revision wegen

unrichtiger **100** 561; Weglassen oder Verzicht **100** 313a
Entscheidungsrecht bei elterlicher Sorge **20** 1687 f.
Entsorgungsanlage, unerlaubtes Betreiben **85** 327; Zerstörung **85** 305a
Entsorgungsbedingungen 21 Art. 243
Entziehung des Anteils an fortgesetzter Gütergemeinschaft **20** 1513 f.; des Besitzes **20** 858 ff.; der deutschen Staatsangehörigkeit **1** 16; der Fahrerlaubnis **35** 3; der Geschäftsführung **20** 712, 715; der Mietsache **20** 536, 543, 567; des Pflichtteils **20** 2333; der Rechtsfähigkeit bei Vereinen **20** 43 f.; der Sorge für Mündel **20** 1796; der ungerechtfertigten Bereicherung **20** 818; von Wohnungseigentum und Dauerwohnrecht **37** 17
Entziehungsanstalt, Ausschluss der Öffentlichkeit beim Unterbringungsverfahren **95** 171a; Dauer **85** 67d; Gefährdung des Zweckes der Unterbringung **85** 323b; Maßregel der Besserung und Sicherung **89** 7; Unterbringung **85** 61, 67e; **90** 331, von Jugendlichen **89** 5, 93a
Entziehungskur als Bewährungsauflage **85** 56c, 56e; als Weisung nach JGG **89** 10
Erbanteil 20 1927, 2033 ff.; Annahme **20** 1952; Ausschlagung **20** 1952
Erbbaugrundbuch 41 14; Bekanntmachung der Eintragungen **41** 17
Erbbaurecht 20 1012 ff.; **41**; vor 1919 begründetes **41** 38; Abgaben **41** 39; Beendigung **41** 26 f.; Belastung mit Dauerwohnrecht **37** 42; Beleihung **41** 18 ff.; Bestandteile **41** 12; Bewertung **119** 49; Eintragung **114** 6a; Entgelt (Erbbauzins) **41** 9 f.; Erneuerung **41** 31; Feuerversicherung des Gebäudes **41** 23; Grundbuch, Eintragung **41** 14; Heimfall **41** 32 f.; Inhalt, gesetzlicher **41** 1, vertragsmäßiger **41** 2 ff.; Löschung **41** 16; Miet- und Pachtverhältnisse **41** 30; Rangstelle **41** 10; Überbau **20** 916; Untergang des Bauwerks **41** 13; Wohnungserbbaurecht **37** 30; Zustimmung des Grundstückeigentümers bei Belastung **41** 15; Zwangsvollstreckung **41** 8, 24
Erbbiologisches Abstammungsgutachten, Honorar **116** Anl. 2 Nr. 500 ff.
Erbe 20 1922 f.; Anfechtbarkeit der Rechtshandlungen **111** 5; Annahme und Ausschlagung der Erbschaft **20** 1942 ff.; Aufgebotsverfahren von mehreren **112** 460; Auflagen **20** 1940, 2192 ff.; Aufnahme des Rechtsstreits **100** 239; aufschiebende Einreden **20** 2014 ff.; Aufwendungen **20** 1978, 1991; Auseinandersetzungsantrag bei mehreren E. **112** 363; Auskunftspflicht **20** 2003, 2005; des Beauftragten **20** 673; Berichtigung von Nachlassschulden **20** 1966, 1973 f., 1991; Berufung **20** 1953; Beschränkung in guter Absicht **20** 2338; **100** 863; Besitzübergang **20** 857; eines Ehegatten bei Gütergemeinschaft **20** 1472; eidesstattliche Versicherung **20** 2006; eingesetzter **20** 1937; Einholung der Anerkennung einer Stiftung **20** 83; Erbschaftsanspruch **20** 2018 ff.; Erbunwürdigkeit **20** 2339 ff.; Ermittlung **20** 1964; **112** 342; Ersatzerbe **20** 2096 ff.; fortgesetzte Gütergemeinschaft **20** 1483 ff.; Fortsetzung der OHG **50** 139; erwartete Geburt eines **20** 1963; Geltendmachung der Haftungsbeschränkung **100** 780 ff.; gesetzlicher **20** 1924 ff.; Gläubiger des **20** 2214; Haftung, beschränkte **20** 1973 ff., 1989 ff., handelsrechtliche **50** 27, für Nachlassverbindlichkeiten **20** 1967 ff., 2058 ff., unbeschränkte **20** 185, 1994, 2005 f., 2013, 2016, für vorgemerkte Rechte **20** 884; Herausgabe des Nachlasses **20** 1990, 1992; Insolvenz **110** 331; Inventarerrichtung **20** 1993 ff.; Irrtum über Berufungsgrund **20** 1949; kein Wertausgleichsanspruch **48** 31; als Kostenschuldner **119** 24; mehrfache Berufung **20** 1927, 1934, 1948 f., 1951, 2007; des Mieters, Kündigungsrecht **20** 564; und Nachlassinsolvenzverfahren, Ansprüche gegen Erblasser **110** 326, Zurückbehaltungsrechte **110** 323; der Nachlassverbindlichkeiten **20** 1958; pflichtteilsberechtigter **20** 2328; rechtliche Stellung **20** 1942 ff.; Rechtsgeschäfte **20** 1959; Rechtskraftwirkung für und gegen **100** 325; Rechtsverhältnis bei Mehrheit von **20** 2032 ff., zu Nachlassgläubigern **20** 2058 ff.; des Schenkers, Widerruf der Schenkung **20** 530; unbekannter **20** 1960; Unbestimmtheit **20** 2105; Verantwortlichkeit **20** 1966, 1978 ff., 1991; von Verletzten, Befugnisse im Strafverfahren **90** 406l; Vermächtnis **20** 2149; Verwaltung des Nachlasses **20** 1959; Verzicht auf beschränkte Haftung **20** 2012; Vorbehaltsurteil gegen den **100** 305; Vorkaufsrecht **20** 470; eines Vormunds, Anzeigepflicht **20** 1894; Wegfall **20** 1935; Widerruf einer Stiftung **20** 81; Widerspruch gegen Kündigung eines Pachtverhältnisses **20** 594d; Wirksamkeit von Urteilen für und gegen **100** 327, Nacherben **100** 728; Wirkung der Nachlassverwaltung **20** 1984; Zwangsversteigerungsantrag **108** 175; Zwangsvollstreckung gegen **100** 747 f., 778 ff.; *s. a. Erbschaft, Nachlass*

Erbeinsetzung 20 1937, 1941, 2087 ff.; auf Bruchteile **20** 2088 ff.; Erbschein **20** 2355, durch Erbvertrag **20** 1941, 2278 ff.; durch gemeinschaftliches Testament **20** 2269 f.; auf mehrere Erbteile **20** 1951; durch Testament **20** 1937; Verzicht **20** 2352; wechselseitige **20** 2098; Zuwendung des Pflichtteils, keine E. **20** 2304
Erbengemeinschaft 20 1952, 2032 ff.; Auseinandersetzung **20** 2204; Gesamtschuldner **20** 2058; Haftung für Nachlassschulden **20** 2058 ff.
Erbenhaftung *s. Erbe, Haftung*
Erbenmehrheit 20 1952, 2032 ff.; Gesamtschuldner **20** 2058
Erbfähigkeit 20 1923, 2108
Erbfall 20 1922; Erleben durch Vermächtnisnehmer **20** 2160; Pflichtteilsanspruch **20** 2317
Erbfolge 20 1922 ff.; Ausschließung von der gesetzlichen **20** 1938, nachfolgender Ordnungen **20** 1929; Erbfolgeordnung **20** 1922 ff., 2088; Nachweis **114** 35, nach GBO **114** 35; vorweggenommene bei Landpachtverhältnis **20** 593a
Erblasser, Abschluss eines Erbvertrags **20** 2274; Auseinandersetzungsausschluss **20** 2045; Beerdigung **20** 1968; kein Testamentseröffnungsverbot **20** 2263; Nachfolge **20** 1922 ff.; besondere Pflege durch Abkömmlinge **20** 2057a, 2316; Unterschrift **20** 2247; Urteil gegen **100** 750; Widerruf eines Testaments **20** 2253 ff.; Wohnsitz **20** 1944, 1954
Erbpachtrecht 21 63
Erbrecht 20 1922 ff.; **21** Art. 235; im Beitrittsgebiet **21** Art. 235; des Ehegatten **20** 1931 ff.; Erbverzicht **20** 2346 ff.; des Fiskus **20** 1964 ff.; **21** 128; Garantie **1** 14; internationales Privatrecht **21** 25, Art. 229 § 36; des nichtehelichen Kindes **21** 227; des Staates **20** 1936; Übergangsvorschriften **21** 213; Verjährung der Ansprüche **20** 197; einer verpflegten Person **21** 139; der Verwandten **20** 1924 ff.
Erbrechtliche Rechtsgeschäfte, Firmenübergang **50** 22, 27
Erbschaft 20 1922; Anfall **20** 1942; Annahme und Ausschlagung **20** 1942 ff., 2142, 2322, bei Gütergemeinschaft **20** 1432, 1455, für Mündel **20** 1822; Ausschlagungswirkung **20** 1953, keine Schenkung **20** 517; eines Ehegatten bei Gütergemeinschaft **20** 1455, 1461, als Vorbehaltsgut **20** 1418; Einsicht in Ausschlagungserklärung **20** 1953; Einziehung von Forderungen durch Vorerben **20** 2114; Erhaltung **20** 2124; Erwerb vom Erbschaftsbesitzer **20** 2030; Fürsorge des Nachlassgerichts **20** 1960 ff.; Gerichtsstand **100** 27 f.; keine Haftung des Gesamtguts **20** 1439, 1461; Herausgabe **20** 2018 ff., 2103, 2130, 2374; des Kindes **20** 1638 f., 1643, Vermögensverzeichnis **20** 1640; des Mündels **20** 1803, 1822, Pflegschaft **20** 1909; Nießbrauch **20** 1089; **100** 737 f.; Pfändung der Nutzungen bei Nacherbfolge **100** 863; Pfleger für **20** 1909; Teilanahme **20** 1950; Teilausschlagung **20** 1950; Überschuss **20** 1973; Veräußerung **20** 2385; Vererblichkeit der Ausschlagung **20** 1952; Verjährung **20** 197, 1927; Wirkung der Annahme **20** 1957, der Ausschlagung **20** 1957; Zwangsvollstreckung in **100** 778; *s. a. Nachlass*
Erbschaftsanteil 20 1927; Verfügung **20** 2033 ff.
Erbschaftsbesitzer 20 2018 ff.; Auskunftspflicht **20** 2027; Erbschaftserwerb vom **20** 2030; Ersitzung **20** 2026; guter Glaube **20** 2024 f.; Haftung **20** 2024 f., 2029; Herausgabe der Erbschaft **20** 2018 ff.
Erbschaftsgegenstände, Anspruch **20** 2029; Beschädigung **20** 2111; Erlangung **20** 2025; unentgeltliche Verfügung über **20** 2385; Verfügung der Vorerben **20** 2120
Erbschaftskauf 20 2030, 2371 ff., 2385; **110** 330; Anzeigegebühr **119** 23; Aufgebotsverfahren **112** 463
Erbschaftsklage 20 2018
Erbschaftssache, Ersitzung **20** 2026; Verwendung durch Vorerben **20** 2134
Erbschaftsteuer 1 106
Erbschaftsübergang 20 1942
Erbschaftsverwaltung, Entziehung **20** 2129
Erbschein 20 2353 ff.; **112** 342; Angabe des Testamentsvollstreckers **112** 352b; Ausfertigung **112** 357; Einziehung **20** 2361 f.; **112** 353; Erteilung **20** 2359, internationales Privatrecht **21** Art. 229 § 36, Ländereröffnungsklausel **21** Art. 239; gegenständlich beschränkter **20** 2369; gemeinschaftlicher **20** 2357; **112** 352a; Geschäftswert **119** 40; Herausgabe **20** 2362; Kraftloserklärung **20** 2361; **112** 353; öffentlicher Glaube **20** 2366 f.; öffentliches Aufforderungsverfahren **112** 352d; Unrichtigkeit **20** 2361; Verfahren zur Erteilung **112** 352 ff.; Vermutung der Richtigkeit **20** 2365; für den Vorerben **112** 352b; Zwangsvollstreckung **100** 792, 896
Erbscheinsverfahren 112 352 ff.; Gebühren **119** Anl. 1 Nr. 12210 ff.; vor Land-

wirtschaftsgericht, Gebühren **119** Anl. 1 vor Nr. 12100
Erbteil 20 1922; Anwachsung **20** 2007; besonderer **20** 1927, 1934 f., 2095; des Ehegatten und Zugewinnausgleich **20** 1371; Erbschein **20** 2353; Erhöhung **20** 1935; gemeinschaftliches **20** 2093 f., 2098; gesetzliches **20** 2067; mehrere **20** 1951, 2007; Mehrheit von **20** 1934, 1951; Veräußerung **20** 2033; Verhältnis zum Pflichtteil **20** 2303, 2305 f., 2310, 2316; Vertrag zwischen gesetzlichen Erben **20** 311b
Erbteilungsvertrag, Abschluss durch Vormund **20** 1822
Erbunwürdigkeit 20 2310, 2339 ff.; bei Gesamtgutsauseinandersetzung **20** 1506
Erbvertrag 20 1941, 2274 ff.; Anfechtung **20** 2281 ff.; Aufhebung **20** 2290 ff.; Auflage **20** 1941; Bestätigung eines anfechtbaren **20** 2284; Beurkundung **23** 33; einseitige Verfügungen **20** 2299; Eröffnung **112** 349; Errichtung **20** 2276; Geschäftsfähigkeit **20** 2275; bei mehrfacher Berufung **20** 1948, 1951; Mitteilungs- und Ablieferungspflichten **23** 34a; Rückgabe aus notarieller Verwahrung **20** 2300; Rücktritt **20** 2293 ff.; Übergangsvorschriften **20** Anm. zu 2229; Verwahrung **23** 34 f.; **112** 347; Wirkung **20** 2286
Erbverzicht 20 2310, 2316, 2346 ff.; **21** 217; Aufhebung **20** 2351; gerichtliche Genehmigung **20** 2347
Erdboden, Vertiefung **20** 909
Erfinderschutz 1 73
Erfindungsgeheimnisse, Ausschluss der Öffentlichkeit **83** 52
Erfüllung, Angebot **20** 294; Annahme **20** 363; Beweis der **20** 345; bei Gesamtschuldverhältnissen **20** 422; Hinterlegung **20** 372 ff.; Rückforderung **20** 813; der Schuldverhältnisse **20** 362 ff.; von Verbindlichkeiten des Deutschen Reiches u. a. **1** 135a; nach Verjährungseintritt **20** 214; des Vermächtnisses **20** 2181; des Vertrags, Zurückgabe der Draufgabe **20** 337; Zug um Zug **20** 271, 322, 348
Erfüllungsgegenstand 50 360
Erfüllungsgehilfe 20 278, 664
Erfüllungsort 20 269, 447 f.; Gerichtsstand **100** 29
Erfüllungsübernahme 20 329, 415 f.
Erfüllungsverweigerung durch Verletzten **20** 853
Ergänzung der Anführungen **100** 264; des Beschlusses **112** 43; des Inventars **20** 2005 f.; des Pflichtteils **20** 1505; der Sicherheitsleistung **20** 240; einer Urkunde **100** 419
Ergänzungsabgabe zur Einkommensteuer **1** 106
Ergänzungspflegschaft 20 1909, 1916 f.
Ergänzungsurteil 100 302, 321, 518, 599, 716
Ergänzungszuweisungen, Finanzausgleich **1** 107
Erhaltung der geliehenen Sache **20** 601; des gemeinschaftlichen Gegenstandes **20** 744, 748; Kosten **20** 994, bei Gläubigerverzug **20** 304; der Mietsache **20** 535; der Nießbrauchsache **20** 1041
Erhaltungsmaßnahmen, Duldungspflicht **20** 555a
Erhöhung der Miete **20** 557 ff., *s. a. Mieterhöhung*
Erholungsorte, Verkehrsbeschränkungen **35a** 45
Erinnerung gegen Ansatz von Gerichtsvollzieherkosten **123** 5; gegen Art und Weise der Zwangsvollstreckung **100** 766; gegen Beschluss der Geschäftsstelle **112** 46; gegen Beschlüsse des DPMA **72** 64; gegen Entscheidungen des Rechtspflegers **96** 11, 23; gegen Kostenansatz **115** 66; **118** 57; **119** 81; gegen Kostenfestsetzungsbeschlüsse **100** 104, 107; im Verfahren nach JBeitrG **122** 8
Erinnerungsverfahren, Rechtsanwaltsgebühren **117** Anl. 1 Nr. 3513 bis 3518
Erkennungsdienstliche Maßnahmen bei Beschuldigten **90** 81b
Erklärungen vor dem Amtsgericht **100** 510a; der Anfechtung **20** 143; Aufnahme durch Rechtspfleger **96** 24; der Aufrechnung **20** 388; über Bestimmung der Leistung **20** 315, 318; Beurkundung, Geschäftswert **119** 97; über Beweismittel und Tatsachen **100** 138; des Drittschuldners über gepfändete Forderung **100** 840; notarielle Beurkundung **23** 36 ff., Gebühr **119** Anl. 1 Nr. 21200; des Rücktritts **20** 349; des Schuldners bei der Hinterlegung **20** 380; über Urkunden **100** 425, 439; des Willens **20** 116; Wirksamwerden **20** 131 f.; Zurückweisung der Rücktrittserklärung **20** 353
Erklärungsfrist 100 283
Erkrankung des Dienstverpflichteten **20** 617
Erlass der Forderung bei Gesamtschuldverhältnis **20** 423, durch Vertrag **20** 397; der Freiheitsstrafe **85** 56g; der Jugendstrafe **89** 26a
Erlaubnis zur Durchführung von Fahreignungsseminaren **35** 4a; zum Führen eines Kraftfahrzeuges **35** 2 ff., *s. a. Fahrerlaubnis;* zur Untervermietung **20** 540, 553

Erledigung des Arrestgrundes **100** 927; des Auftrags für Gerichtsvollzieher **123** Anl.; der Hauptsache, Kostenbeschluss **100** 91a; Kostenpflicht **112** 83
Erledigungsgebühr 117 Anl. 1 Nr. 1002; auch im selbständigen Beweisverfahren **117** Anl. 1 Nr. 1003; in sozialrechtlichen Angelegenheiten **117** Anl. 1 Nr. 1005; in Verfahren **117** Anl. 1 Nr. 1006
Erlös des Fundes **20** 966, 975; nach Hinterlegung **20** 383; aus dem Pfande **20** 1219, 1247; Teilung **20** 753; Verteilung nach Grundstücksversteigerung **108** 105 ff., im Insolvenzverfahren **110** 170
Erlöschen des Anspruchs auf Besitzeinräumung **20** 864, auf Ersatz von Verwendungen **20** 1002; des Auftrags **20** 672 ff.; der Bürgschaft **20** 418, 776 f.; des Erbbaurechts **41** 13, 27, 30; der Forderung durch Aufrechnung **20** 389; des Gebotes bei Versteigerung **20** 156; **108** 72; des Gläubigerrechts auf den hinterlegten Betrag **20** 382; der Grunddienstbarkeit **20** 1025, 1028; der Hypothek **20** 1178, 1181; **41** 29; des Pfandrechts **20** 418, 1242, 1250, 1252 f., 1255 f., 1276, 1278; der Prokura **50** 52 f.; der Rechte Dritter **20** 936, 945, 949, an Grundstücken **20** 889, 901, durch Zuschlag **108** 52, 91 f.; eines Rentenversprechens **20** 520; des Rücktrittsrechts **20** 350 f.; der Schadensersatzpflicht des Gastwirts **20** 703; von Schuldverhältnissen **20** 362 ff.; einer Stiftung **20** 88; der Überbaurente **20** 914; des Unterhaltsanspruchs **20** 1615; des Urheberrechts **65** 64 ff., 82; des Vermieterpfandrechts **20** 562a; des Vertragsantrags **20** 146; der Verwandtschaftsverhältnisse (Verfassungswidrigkeit) **20** 1755 f.; der Vollmacht **20** 168 f., 173, 175, Anzeige **20** 170
Ermächtigung, allgemeine des Vormundes **20** 1825; der Bundesregierung zum Erlass von Rechtsverordnungen **1** 80; auf Grund fortgeltender Rechtsvorschr. **1** 129; zu Rechtsgeschäften **20** 113; zur Strafverfolgung **85** 77e; zur Vornahme einer vertretbaren Handlung **100** 887
Ermahnung statt Jugendstrafurteil **89** 45
Ermäßigung des Maklerlohns **20** 655; bei der Vertragsstrafe **20** 343
Ermessen, billiges bei der Bestimmung der Leistung **20** 315 ff., eines Vertragschließenden oder Dritten **20** 319; des Gerichts bei einstweiliger Verfügung **100** 938
Ermittler *s. Verdeckte Ermittler*
Ermittlungen in Angelegenheiten der freiwilligen Gerichtsbarkeit **112** 26; des DPMA **72** 59 f.; im Jugendstrafverfahren **89** 43 ff.; verdeckte **90** 110a ff., 161
Ermittlungsgrundsatz im Insolvenzverfahren **110** 5
Ermittlungsmaßnahmen 90 94 ff.; gegen Berufsgeheimnisträger **90** 160a; Kosten bei Entscheidung über Rechtmäßigkeit **90** 473a; verdeckte **90** 101; und Zeugnisverweigerungsrecht **90** 160a
Ermittlungspersonen als Hilfsbeamte der Staatsanwaltschaft **95** 152
Ermittlungsrichterinnen und -richter 90 162; Beschwerde gegen Verfügungen **95** 135; des BGH **90** 169; **95** 130, Beschwerde gegen Verfügungen **90** 304; des OLG **90** 169
Ermittlungsverfahren 90 160 f.; Akteneinsicht durch Verteidiger **90** 147; Aufgaben der Polizei **90** 163 ff.; Einziehungsbeteiligte am **90** 426; Erörterung des Verfahrensstands mit Verfahrensbeteiligten **90** 160b; Schlussvermerk der Staatsanwaltschaft **90** 169a; überlange *s. dort;* Zuständigkeit der Strafkammern gegen Entscheidungen der Staatsanwaltschaft **95** 73
Ernährung, Sicherung **1** 74
Ernährungssicherstellungsgesetz, Zuwiderhandlungen **88** 1
Ernennung und Entlassung von Beamten **1** 60
Erneuerung des Erbbaurechts **41** 31; des Nießbrauchgegenstandes **20** 1041 ff.; von Schuldverschreibungen **20** 798
Erneuerungsschein 20 805; bei Hinterlegung **20** 234, der Wertpapiere des Nachlasses durch Vorerben **20** 2116; bei Nießbrauch an Schuldverschreibungen **20** 1082
Eröffnung des Insolvenzverfahrens **110** 11 ff., über den Nachlass **110** 316; des Nachlassinsolvenzverfahrens **20** 1990; im Privatklageverfahren **90** 383
Eröffnungsantrag im Insolvenzverfahren **110** 317 ff., über den Nachlass **110** 311, der Verbraucher **110** 305
Eröffnungsbeschluss im Insolvenzverfahren **110** 27 ff.; im Strafprozess **90** 207, 209, Zustellung **90** 215
Eröffnungsbilanz 50 242 ff.; Währungsumrechnung **50** 256a
Erörterung des Verfahrensstands mit den Verfahrensbeteiligten **90** 160b, 202a, 212, 243, 257b, Protokollierung **90** 273; im Versorgungsausgleichsverfahren **112** 221
Erörterungstermin bei Insolvenzplan **110** 235 f., 241
Erpresserischer Menschenraub 85 239a
Erpressung 85 253 ff.; Opfer einer, Absehen von der Tatverfolgung **90** 154c
Erregung öffentlichen Ärgernisses 85 183a

Ersatz von Aufwendungen **20** 256 f., beim Auftrag **20** 670, bei Geschäftsführung ohne Auftrag **20** 683; **100** 89, des Gesellschafters einer OHG **50** 110, des Handelsvertreters **50** 87d, für Kinder **20** 1648, des Nießbrauchers **20** 1049, bei Verwahrung **20** 693; von Auslagen des Rechtsanwalts **117** Anl. 1 Nr. 7000 bis 7008; wegen einstweiliger Verfügungen **100** 945; für notarielle Beurkundung **20** 127a; der Nutzungen **20** 302; des Schadens wegen Nichterfüllung einer Verpflichtung **100** 255; wegen ungerechtfertigter Arreste **100** 945; an Verleiher **20** 606; von Verwendungen **20** 459 f., 536a, 539, 548, 850, bei Gütergemeinschaft **20** 1467; wegen Vollstreckung eines Vorbehaltsurteils **100** 600

Ersatzansprüche, Abtretung **20** 255, 285; der GmbH, Verzicht auf **52** 9b; aus dem Mietverhältnis **20** 548; beim Vermächtnis **20** 2164; von Verwandten wegen gewährten Unterhalts **20** 1607; des Vormundes **20** 1835

Ersatzaussonderung im Insolvenzverfahren **110** 48

Ersatzbeschaffung für unpfändbare Sache **100** 811a f.

Ersatzdienst für Kriegsdienstverweigerer **1** 12a, 17a

Ersatzerbe **20** 2096 ff.; Ausgleichspflicht **20** 2051, 2053; Nacherbe **20** 2102

Ersatzfreiheitsstrafe, Abwendung **85a** 293; Mindestmaß **85** 43; Vollstreckung **90** 459e f., mit Freiheitsstrafe **90** 454b

Ersatzgeld bei Privatpfändung **21** 89

Ersatzpflicht des verwaltenden Ehegatten **20** 1445

Ersatzurkunde für Versicherungsschein **62** 3

Erschleichen von Leistungen, Strafbarkeit **85** 265a

Erschütterungen des Nachbargrundstücks **20** 906; Schutz vor **85** 325a

Ersetzung der Einwilligung zur Adoption **20** 1746; des Vormundes **20** 113

Ersetzungsbefugnis **20** 249, 528, 843

Ersitzung **21** 185; beweglicher Sachen **20** 937 ff.; von Erbschaftssachen **20** 2026; von Grundstücken **20** 900; des Nießbrauchs **20** 1033

Erstattung der Auslagen der Rechtshilfe **95** 164; der Kosten vor Erhebung einer neuen Klage **100** 269; der Prozesskosten durch Gegner **100** 91

Erstattungspflicht des Entschädigungsfonds **63** 12c

Ersteher, Übergang von Nutzungen und Lasten **108** 56; Wirkung des Urteils gegen **100** 325

Erster Staatsanwalt bei Landgerichten **95** 144 f.; bei OLG **95** 144 f.

Erstschuldner der Gerichtskosten **119** 33

Ersuchter Richter, kein Anwaltszwang vor dem **100** 78; Befugnisse **100** 229; Beschwerde gegen **90** 304; Beweisaufnahme **100** 362, 365, 370, 372; Entscheidungsbefugnis **100** 400; Erinnerung gegen **100** 573; Verkündung der Verfügungen **100** 329; Zeugnisverweigerung vor dem **100** 389

Erteilung eines Zeugnisses des Grundbuchamts, Gebühr **119** Anl. 1 Nr. 17004

Erträge als Früchte **20** 99; aus Straftaten *s. a. Taterträge,* Einziehung **85** 73 ff.; **90** 459g

Ertragswert eines land- und forstwirtschaftlichen Betriebes bei Zugewinnausgleich **20** 1376; eines Landguts **21** 137

Erweitertes Schöffengericht **95** 29, 196

Erweiterung der Klage **100** 264

Erwerb des Besitzes **20** 854; des Eigentums an beweglichen Sachen **20** 926, 929 ff.; von Erzeugnissen und Bestandteilen einer Sache **20** 953 ff.; des Grundstückseigentums **20** 925 ff.; der Hypothek **20** 1117, 1167; mit Mitteln des Kindes durch Eltern **20** 1646; im Streit befangener Sachen **100** 266

Erwerbs- und Veräußerungsrechte, Wertbestimmung **119** 51

Erwerbsbeschränkungen für ausländische juristische Personen **21** 86

Erwerbsfähigkeit, Aufhebung oder Minderung **20** 842 f.; **33** 6

Erwerbsgeschäft des beschränkt Geschäftsfähigen **20** 112; eines Ehegatten, Gesamtgutsverbindlichkeiten **20** 1442, bei Gütergemeinschaft **20** 1431, 1456, 1464, Haftung des Gesamtguts **20** 1440, Zwangsvollstreckung **100** 741; des Mündels **20** 1822 f., 1825, 1841; im Namen des Kindes **20** 1645

Erwerbstätigkeit, angemessene **20** 1574; der Ehegatten **20** 1356, und Trennungsunterhalt **20** 1361; selbständige, Insolvenzmasse und Vermögen bei **110** 35

Erwerbsunfähigkeit, Unterhaltsanspruch bei Scheidung **20** 1572

Erzeugnisse, Erstreckung der Hypothek auf **20** 1120 ff., des Pfandrechts auf **20** 1212; Erwerb **20** 953 ff.; als Früchte **20** 99; des Grundstücks, wesentliche Bestandteile **20** 94; landwirtschaftliche, als Zubehör **20** 98

Erziehung, gewaltfreie **20** 1631; religiöse **20** 1801; strafunmündiger Jugendlicher **89** 3; als Teil des Unterhalts **20** 1610; vorläufige Anordnung des Richters zur **89** 71

Erziehungsaufgaben, familiengerichtliche des Jugendrichters **89** 34
Erziehungsbeistand, Verkehr mit Jugendlichen in U-Haft **89** 72b
Erziehungsbeistandschaft als Erziehungsmaßregel **89** 8, 12
Erziehungsberechtigte in der Hauptverhandlung **89** 50; im Jugendgerichtsverfahren **89** 43, 67, notwendige Unterrichtung **89** 67a; im Jugendstrafverfahren vor Gerichten für allgemeine Strafsachen **89** 104
Erziehungsberechtigter 1 6, 7
Erziehungsberufe, Berufsverbot, europaweite Unterrichtung durch Gerichte (Vorwarnmechanismus) **90a** 9
Erziehungsheim, einstweilige Unterbringung von Jugendlichen **89** 71 f.
Erziehungskartei, Übernahme von Eintragungen **92** 67
Erziehungskosten, Unterhaltsbestandteil **20** 1610
Erziehungsmaßregeln, Auswahl durch Familienrichter **89** 53; nach JGG **89** 9 ff.; gegen Jugendliche **89** 5, 8; Rechtsmittel **89** 55
Erziehungspflicht, Vernachlässigung eines Kindes **85** 171
Erziehungsrecht der Eltern **20** 1631
Erziehungsregister 92 59 ff.; Auskunft aus dem **92** 61; Eintragungen **92** 60, Entfernung **92** 63; Gesetz über das Zentralregister und das **92**; Offenbarungspflichten des Betroffenen **92** 64; Suchvermerke **92** 62; Übernahme von Daten aus Erziehungskartei **92** 67
Erzwingungshaft 100 802g
E-Scooter *s. Elektrokleinstfahrzeuge*
Etatsrecht 1 110 bis 115
EU-/EWR-Konzernabschlüsse, befreiende Wirkung **50** 291 f.
EURO, Übergangsvorschriften zur Einführung **50a** 42 ff.
Europa, Vereintes E. **1** Präambel
Europäische Amtsträger iSd StGB **85** 11; Straftaten im Amt **85** 331 ff., 335a
Europäische Gemeinschaft, Wahlrecht **1** 28; *s. Europäische Union*
Europäische Gesellschaften (SE), Hauptversammlung, Regelungen während der COVID-19-Pandemie **52d** 1, 7
Europäische Kommission, Beteiligung/Benachrichtigung durch Gerichte in Kartellsachen **74** 90a; Korrekturmechanismus im Vergabeverfahren **74** 183; qualifizierter Einrichtungen iSd UKlaG **73** 8
Europäische Staatsanwaltschaft 95 142b; Anklage durch **90** 16; örtliche Zuständigkeit **95** 143
Europäische Union 1 23; Aufgabenübertragung von der Bundesbank **1** 88; Ausschuss für Angelegenheiten der **1** 45; Beweisaufnahme in der **100** 1072 ff.; justizielle Zusammenarbeit in der **100** 1067 ff., *s. a. dort;* Mitwirkung der Länder **1** 50; PKH **100** 1076 ff.; Unberührtheit von Rechtsakten **112** 97; strafbare Verunglimpfung von Symbolen der **85** 90c
Europäische Vollstreckungstitel 100 1079 ff.; Zwangsvollstreckung aus **100** 794, 1082 ff., Kosten **115** 1, Vollstreckungsabwehrklage **100** 1086
Europäische Wettbewerbsbehörden 74 50 ff.
Europäische Wirtschaftsgemeinschaft *s. Europäische Union*
Europäische Zentralbank 1 88
Europäischer ergänzender Online-Dienst 65 20c
Europäischer Gerichtshof, Rechtsanwaltsgebühren **117** 38a
Europäischer Gerichtshof für Menschenrechte, Rechtsanwaltsgebühren **117** 38a
Europäischer Zahlungsbefehl, Einspruchsverfahren **100** 1090 ff., Einleitung des Streitverfahrens **100** 1091; im Europäischen Mahnverfahren und Hemmung der Verjährung **20** 204; Gebühren **115** Anl. 1 Nr. 1110; Richtervorbehalt **96** 20; Überprüfung in Ausnahmefällen **100** 1092 f.; Vollstreckungsabwehrklagen **100** 1095 f.; Zwangsvollstreckung **100** 794; Zwangsvollstreckung aus einem **100** 1093 ff.
Europäisches Führungszeugnis 92 30b; Auskunft aus dem **92** 42
Europäisches Mahnverfahren 100 1087; nach ArbGG **83** 46b; Kosten **115** 1; Zuständigkeit des Rechtspflegers **96** 20
Europäisches Nachlasszeugnis, Gebühren **119** Anl. 1 Nr. 12210 ff.; als Nachweis der Erbfolge gem. GBO **114** 35; Richtervorbehalt **96** 16; Wertvorschriften **119** 40, 62
Europäisches System der Registervernetzung 50 9b
Europäisches Verfahren für geringfügige Forderungen **100** 1097 ff., gemeinsame Gerichte **100** 1104a, Kosten **115** 1, Ortsungebundenheit **100** 1100, Säumnis **100** 1103 f.
Europäisches Wettbewerbsrecht und GWB **74** 22; RL 2014/24/EU, Vergabe öffentlicher Aufträge über soziale und andere besondere Dienstleistungen **74** 130; Schadensersatzpflicht **74** 33a ff.; Vollzug

durch Bundeskartellamt **74** 50 ff.; Vorteilsabschöpfung **74** 33 ff.; Zuwiderhandlungen **74** 32 ff., einstweilige Maßnahmen **74** 32a

Europakammer 1 52; für Angelegenheiten der EU **1** 52

Europarecht und bürgerliches Recht **21** Art. 3; grenzüberschreitende vorläufige Kontenpfändung **100** 946 ff., Rechtsbehelfe **100** 953 ff., Richtervorbehalt **96** 20, Streitwertberechnung **115** 53, Vollziehung **100** 950 ff.; Internetzugangsdienste iSd **65** 20b, 137p; RL 2009/22/EG, Antragsrecht bei Verstoß gegen **73** 8; RL 2011/77/EU, Schutzdauer des Urheberrechts **65** 137m; RL 2012/28/EU, Urheberrecht und institutionelle Nutzung **65** 137n; RL 2013/34/EU, befreiende EU/EWR-Konzernabschlüsse **50** 291 f.; RL (EU) 2015/2436, Markenrechtsangleichung **72**; RL (EU) Nr. 2019/790, urheberrechtliche Verträge **65** 133; Unterlassungsklage bei innergemeinschaftlichen Verstößen **105** 4e; Urheberrecht **65** 137e ff.; VO (EG) 1346/2000, Insolvenzverfahren **110a** 102; VO (EG) Nr. 1383/2003, Beschlagnahme bei Verletzung von Kennzeichenrechten **72** 146 ff.; VO (EU) 648/2012, Durchführung der VO und Insolvenzverfahren **110a** 102b; VO (EU) 910/2014, Beweiskraft elektronischer Dokumente **100** 371a; VO (EU) 1104/2016, Güterstand der Lebenspartnerschaften **21** Art. 229 § 47; VO (EU) 1259/2010, gleichgeschlechtliche Lebensgemeinschaften **21** Art. 17b; VO (EU) 2015/848, Insolvenzverfahren **110a** 102c; VO (EU) 2015/2302, Insolvenzsicherung im Reiserecht **20** 651s; VO (EU) 2016/679, Akteneinsicht nach der StPO **90** 476; **90a** 17, Auskunftsrechte nach dem BZRG **92** 21a, 42, Berichtigungen im Zentralregister **92** 20, Einsichtnahme in Güterrechtsregister **20** 1563, in Handelsregister **50** 10a, in Register iSd StVG **35** 36 ff., 53 ff., in Vereinsregister **20** 55a, 79a, Übermittlung nach dem BZRG an ausländische Stellen **92** 57; VO (EU) 2016/1103, gleichgeschlechtliche Lebensgemeinschaften, güterrechtliche Regelungen **21** Art. 17b; VO (EU) 2016/1191, öffentliche Urkunden **20** 1309; **100** 1118 ff., Zentralbehörde **100** 1118; VO (EU) 2017/1939, Europäische Staatsanwaltschaft **95** 142b; VO (EU) 2019/816–2019/218, Datenübermittlung nach dem BZRG **92** 58a ff.; VO (EU) 2019/1150, Antragsrecht bei Verstoß gegen **73** 8a; VO (EU) 2020/84, justizielle Zusammenarbeit in der EU **100** 1067 ff., Zustellungen **100** 183; VO (EU) Nr. 608/2013, Beschlagnahme bei Verletzung von Kennzeichenrechten **72** 146 ff., Maßnahmen der Zollbehörden nach dem UrhG **65** 111c, Verfahren **72** 150; VO (EU) Nr. 1151/2012, Schutz von geographischen Angaben oder Ursprungsbezeichnungen **72** 130 ff., 137 ff.; VO (EU)2020/1503, Schwarmfinanzierungsdienstleister für Unternehmen **20** 513

Evaluierung der Auswirkungen des Urheberrechts-Wissensgesellschaftsgesetz **65** 142; von Fahreignungsseminaren **35** 4b; der Markttransparenzstellen **74** 47l; der Nutzung von Fahrzeugen mit autonomer Fahrfunktion **35** 1l; der Nutzung von Fahrzeugen mit hoch- oder vollautomatisierter Fahrfunktion **35** 1c; nach der SchuFV **102** 12a; der Verkürzung des Restschuldbefreiungsverfahrens **110a** 107; der Zusammenschlusskontrolle **74** 43a

Exhibitionismus 85 183

Existenzgründer, Darlehensvermittlungsvertrag **20** 655e; Finanzierungshilfen **20** 513; Schwarmfinanzierungsdienstleister VO (EU)2020/1503 **20** 513; Verbraucherdarlehensverträge **20** 513

Explosion durch Kernenergie **85** 307, 310; durch Sprengstoff **85** 308, 310

Exterritoriale, Deutsche, Gerichtsstand **100** 15; Gerichtsbarkeit über **95** 18 ff.

Exzess, Notwehrexzess **85** 33; **94** 15

Fabrik, Haftpflicht des Unternehmers **33** 3; Niederlassung als besonderer Gerichtsstand **100** 21; Zubehör **20** 98

Fachkammern am Arbeitsgericht, Besetzung **83** 30

Fahrbahn, Arbeiten auf **35a** 35; Gehen auf **35a** 25; Verschmutzung **35a** 32

Fahrbahnwechsel, Ankündigung **35a** 7

Fähre, Gefährdung **85** 318

Fahreignungs-Bewertungssystem 35 4

Fahreignungsregister 35 28 ff.; Auskunft an Betroffenen **35** 30, 39a; Auskünfte aus dem vor Erteilung der Erlaubnis **35** 2; automatisierter Datenabruf **35** 30a ff.; Datenübermittlung **35** 30 ff.; Tilgung von Eintragungen **35** 29; und Verkehrszentralregister **35** 65

Fahreignungsseminare 35 4a; als Auflage im Strafverfahren **90** 153a; Evaluierung **35** 4b

Fahren ohne Fahrerlaubnis 35 21

Fahrerflucht 85 142; Entschädigungsfonds für Schäden durch **63** 12 ff.

Fahrerlaubnis 35 2 ff.; ausländische **35** 2a, Entziehung **85** 69b; Befähigung **35** 2; Beschlagnahme des Führerscheins **90** 463b; Eignung zum Führen von Kfz **35** 2, Begutachtungsstellen **35** 6f; Eintragung bei Jugendlichen **89** 7; Entziehung **35** 3; **85** 51, 61, 69 f.; **90** 305, 407, Eintragung im Zentralregister **92** 52, nach verbotenen Straßenrennen **85** 69, Vollstreckungsverjährung **85** 79 ff., vorläufige **90** 111a; Erteilung **35** 2; und Fahreignungs-Bewertungssystem **35** 4; Fahren in Begleitung **35** 6e; Fahren ohne **35** 21; Sperre für die Erteilung **85** 69a
Fahrerlaubnis auf Probe 35 2a ff.; Alkoholverbot **35** 24c
Fahrerlaubnisbehörde 35 2; Aufgaben **35** 48; Datenübermittlung an Polizei **35** 3; Entzug der Fahrerlaubnis **35** 3; Mitteilungen an **35** 2, durch das Kraftfahrt-Bundesamt **35** 2c
Fahrerlaubnisregister 35 48 ff.; Auskunft an Betroffene **35** 58; Beendigung **35** 65; Datenabgleich zur Fehlerbeseitigung **35** 59; Datenübermittlung durch das **35** 52 ff., an ausländische Stellen **35** 55 f.; Mitteilungen aus dem **35** 2c; zentrales *s. a. dort*
Fahrgestellnummer *s. Fahrzeug-Identifizierungsnummer*
Fahrlässige Unkenntnis der Überschuldung der Erbschaft **20** 1980; des Vertreters **20** 166
Fahrlässigkeit 85 15; **94** 10; des Beamten **20** 839; Begriff **20** 276; des Erben **20** 1980; bei Geschäftsführung ohne Auftrag **20** 680; grobe **20** 277; Körperverletzung **85** 229; des Mieters **20** 536b; bei Schenkung **20** 521, 523 f., 529; des Schuldners **20** 287; bei unerlaubten Handlungen **20** 823; bei Verzug des Gläubigers **20** 300
FahrlehrerInnen 35 2; Durchführung von Aufbauseminaren **35** 2b; Seminarerlaubnis Verkehrspädagogik **35** 4a
Fahrräder, Beleuchtung **35a** 17; mit Hilfsmotoren **35** 1; Personenbeförderung **35a** 21; unbefugter Gebrauch **85** 248b
Fahrradstraßen 35a 45 Anlage 2 Nr. 23, 24
Fahrradzonen 35a 45
Fahrstreifen, abgehende **35a** 7a
Fahrtkostenersatz für Dolmetscher **116** 5; für Dritte **116** 5; für ehrenamtliche Richter **95** 107; **116** 5; des Rechtsanwalts **117** Anl. 1 Nr. 7003 f.; für Sachverständige **116** 5; für Übersetzer **116** 5; für Zeugen **116** 5
Fahrtrichtungsanzeiger bei Kraftfahrzeugen **35a** 7, 9
Fahrverbot 85 51; **90** 111a, 450; Anordnung durch Gericht **90** 407; Beginn **90** 268c; Belehrung durch Richter **90** 268c, 409; Hauptverhandlung gegen Abwesende **90** 232; nach dem JGG **89** 8; mehrere **85** 44; als Nebenstrafe **85** 44; an Sonn- und Feiertagen **35a** 30; nach dem StVG **35** 25
Fahrzeugdaten 35 33 ff.; Übermittlung **35** 35 ff., an ausländische Stellen **35** 37 ff., an EU-Behörden **35** 37b f.
Fahrzeuge, Abschleppen **35a** 15a; Beleuchtung **35a** 17; Datenverarbeitung zu immissionsschutzrechtlichen Zwecken **35** 63c; geschlossene Verbände **35a** 27; mit hoch- oder vollautomatisierter Fahrfunktion **35** 1a ff., Datenverarbeitung bei **35** 63a f., Haftungshöchstbeträge **35** 12; Liegenbleiben auf Fahrbahn **35a** 15; Personenbeförderung **35a** 21; Pflichten des Führers **35a** 23; Straßenbenutzung **35a** 2
Fahrzeugführer, Haftung bei Unfällen mit Anhängern und Gespannen **35** 19a, 65; **62** 78, bei Verschulden **35** 18; Pflichten **35a** 23; Rechte und Pflichten bei Nutzung eines Fahrzeuges mit hoch- oder vollautomatisierter Fahrfunktion **35** 1b; Verbot der Nutzung von Mobiltelefonen **35a** 23
Fahrzeughalter, Daten im Fahrzeugregister **35** 33 ff.
Fahrzeugpapiere, Verschaffen von falschen **85** 276a
Fahrzeugregister 35 31 ff.; anonymisierte Daten **35** 45; Datenabgleich zur Fehlerbeseitigung **35** 42; Datenlöschung **35** 44; Datenübermittlung **35** 43, Beschränkungen **35** 40, zur Durchsetzung von Ansprüchen **35** 39, Sperren **35** 41; Datenübermittlung aus dem **35** 35 ff.; örtliches **35** 31 ff.
Fälligkeit des Anspruchs des Aktionärs auf Bilanzgewinn **51** 58; der Darlehensrückerstattung **20** 488; der Darlehenszinsen **20** 488; Einziehungsrecht, Verkaufsberechtigung des Pfandgläubigers bei **20** 1228, 1282; der Forderung **20** 1078; der Gebühren bei Dauerpflegschaften **118** 10, in Ehesachen und selbständigen Familienstreitsachen **118** 9, bei Vormundschaften **118** 10; der Geldschuld **20** 291; Gerichtsgebühren **115** 6 ff.; der Gerichtsvollzieherkosten **123** 14; bei Insolvenzverfahren **110** 41; des Kapitals der Grundschuld **20** 1193; der Leistung **20** 271 f.; der Miete **20** 556b, 579; des Vermächtnisses **20** 2181; der Versicherungsprämie **62** 33; Zahlung vor Eintritt der **20** 272

Falsche uneidliche Aussage 85 153 ff.; im Ausland **85** 5
Falsche Verdächtigung 85 164
Falscheid, fahrlässiger **85** 161
Falschmeldung über eine Straftat **85** 145d
Fälschung des Protokolls **90** 274; von Zahlungskarten **85** 152a f., mit Garantiefunktion **85** 152b
Familie, Lebensbedarf **20** 1360a; Schutz **1** 6; Straftaten gegen **85** 169 ff.; Trennung des Kindes von Eltern **20** 1666a
Familienangehörige, Anwesenheit bei Vollstreckungshandlungen **100** 759; des Erblassers, Unterhaltsberechtigung **20** 1969
Familienbilder im Nachlass **20** 2373
Familiengericht, Ablehnung der fortgesetzten Gütergemeinschaft **20** 1484; Änderung von Anordnungen **20** 1837, der Bestimmungen über Unterhalt **20** 1612; Änderung und Prüfung von gerichtlichen Entscheidungen/gebilligten Vergleichen **20** 1696; Anordnung zum Abschluss einer Versicherung **20** 1837, der Vormundschaft von Amts wegen **20** 1774; Aufhebung der Adoption **20** 1763; Aufhebung der befreiten Vormundschaft **20** 1857; Aufsicht und Fürsorge bei Vormundschaft **20** 1837 ff.; Auswahl des Vormunds **20** 1779; Befreiung von Eheverbot **20** 1308; Beschluss bei Annahme als Kind **20** 1752; Beschränkung der Vertretungsmacht des Vormundes **20** 1796; Bestellung des Vormunds **20** 1789; einstweilige Maßregeln für Mündel **20** 1846; elektronischer Rechtsverkehr mit Versorgungsträgern **112** 229; Entlassung des Vormunds **20** 1886 ff.; Entscheidung bzgl. Auskunftsrecht **20** 1686, über elterliche Sorge nach Trennung der Eltern **20** 1667, 1671, von Meinungsverschiedenheiten unter Vormündern **20** 1797 f., über Umgangsrecht **20** 1684, bei Verhinderung der Eltern **20** 1693; Erbverzichtsgenehmigung **20** 2347; Erinnerung gegen den Kostenansatz, Beschwerde **118** 57; Ermächtigungsersetzung für Arbeitsverhältnis **20** 113; Ersetzung der elterlichen Einwilligung **20** 1748, von Erklärungen der Eltern **20** 1666, der Genehmigung des Gegenvormundes **20** 1812, der Zustimmung des Ehegatten bei Gütergemeinschaft **20** 1426, 1430; Familienpflege **20** 1688; Gebühren in Kindschaftssachen **118** Anl. 1 Nr. 1310 ff.; gemeinsames Sorgerecht **20** 1687; Genehmigung der Anlegung von Mündelgeld **20** 1809 ff., der Annahme als Kind **20** 1750, der Aufhebung eines Erbvertrags **20** 2290, von Eheverträgen **20** 1411, für Erwerbsgeschäft eines Minderjährigen **20** 112, der Gütergemeinschaftsaufhebung **20** 1492 f., der Handlungen des Vormunds **20** 1819 ff., bei Hinterlegung **20** 1814 ff., der Unterbringung eines Kindes mit Freiheitsentziehung **20** 1631b, eines Verzichts auf Gesamtgutsanteil **20** 1491; Gerichtskosten **118** 1; Jugendamt als Vormund **20** 1791b; im Jugendgerichtsverfahren **89** 67; Kindeswohlprinzip **20** 1697a; Kostenansatz und Nachforderung **118** 18; Mitteilungen an **20** 1999, bei Jugendstrafverfahren **89** 70; Mitteilungs- und Informationspflichten **112** 22a; Mitwirkung bei Ausübung der elterlichen Sorge **20** 1628, bei elterlichen Maßnahmen **20** 1631, bei Kindesvermögensverwaltung **20** 1630, 1666 f.; nachträgliche Genehmigung von Rechtsgeschäften des Vormunds **20** 1829 ff.; Prüfung der Rechnung des Vormunds **20** 1892; Ruhen der elterlichen Sorge **20** 1674; Stundung von Ausgleichsforderung **20** 1382; Übertragung der elterlichen Sorge **20** 1678, 1680, von Gegenständen auf Grund von Ausgleichsforderung **20** 1383; Überweisung durch Richter nach JGG **89** 53; Vereinsvormundschaft **20** 1791a; Verfahren **118** Anl. 1 Nr. 1220 ff.; Verfahrensfähigkeit **112** 125; Versorgungsausgleichsvereinbarungen **48** 6; Vorschuss und Vorauszahlung **118** 12; Wertfestsetzung für die Gerichtsgebühren **118** 55; zuständiges Gericht **95** 72; Zuständigkeit **20** 1382, 2331a; **95** 23b, bei Gefährdung des Kindesvermögens **20** 1667, des OLG **95** 119, bei Personensorge **20** 1632; Zustimmung bei Gesamtgutsverwaltung **20** 1452; Zustimmungsersetzung bei Anordnung einer Pflegschaft **20** 1917, zu Verfügungen von Ehegatten **20** 1365 f., 1369
Familienname 20 1355; **21** Art. 10; des angenommenen Kindes **20** 1757, nach Aufhebung der Adoption **20** 1765; Unterschrift des Erblassers **20** 2247
Familienpapiere im Nachlass **20** 2047, 2373
Familienpflege 20 1630, 1632, 1688; Mitwirkung des Jugendamtes **20** 1630
Familienrecht 20 1297 ff.; im Beitrittsgebiet **21** Art. 234; internationales Privatrecht **21** Art. 13
Familienrechtliche Ansprüche, Verjährung **20** 194
Familienrichterinnen und -richter, Überweisung des Jugendlichen an **89** 53
Familiensachen 112 111; Abgabe an anderes Gericht **112** 4, an Gericht der Ehesa-

che **95** 23b; Akteneinsicht **112** 13; allgemeine Verfahrensvorschriften **112** 1 ff.; Antragsrücknahme und Beendigungserklärung **112** 22; Aufgabenübertragung an Notare **112** 493; Ausnahmen von Vorschuss und Vorauszahlung **118** 15; Ausschließung und Ablehnung von Gerichtspersonen **112** 6; Ausschluss der Öffentlichkeit **95** 170; Begriff und Verfahren **112** 111 ff.; Beiordung von RechtsanwältInnen, Vergütung **117** 48; Beschluss **112** 116; Beschwerde **112** 58 ff.; **117** Anl. 1 vor Nr. 3200; Beteiligtenfähigkeit **112** 8; für denselben Personenkreis **95** 23b; Einbeziehung weiterer Beteiligter und dritte Personen **112** 139; einstweilige Anordnung **112** 49 ff.; elektronische Akte und elektronisches Dokument **118** 8; elektronische Aktenführung **112** 14; Entscheidung durch Beschluss **112** 38; Entscheidungsgrundlage des Gerichts **112** 37; Erlöschen der Zahlungspflicht **118** 25; Gebühren für einstweilige Anordnung **118** Anl. 1 Nr. 1420 ff.; Gerichtsbarkeit **95** 13; Gerichtskosten **118** 1; Haftkosten **118** Anl. 1 Nr. 2008 f.; Höchstwert des Verfahrens **118** 33; Kosten **115** 1; Kostenansatz, Nachforderung und Nichterhebung **118** 18 ff.; Kostenfreiheit **118** 2; Kostenhaftung **118** 21 ff.; örtlich zuständiges Gericht **112** 2; Rechtsanwaltsgebühren **117** 39; Rechtsbeschwerde **112** 70 ff.; Rechtsmittel **112** 489; Rechtsweg **95** 17a; Reformgesetz **112a**; Richtervorbehalt **96** 14; sonstige **112** 266 ff.; Termin **112** 32; Verfahren in **112**, Antrag auf Einleitung **112** 23 ff., mit Auslandsbezug **112** 97 ff.; Verfahrensaussetzung **112** 21; Verfahrensbeteiligte **112** 7; Verfahrensfähigkeit **112** 9; Verfahrenskostenhilfe **112** 76 ff.; Verfahrensleitung **112** 28; Verfahrensverbindung und -trennung **112** 20; Verweisung bei Unzuständigkeit **112** 3; Verweisung, Abgabe, Fortführung einer Folgesache als selbständige **118** 6; Vollstreckung **112** 86 ff.; Vorrang des Völkerrechts und Unberührtheit von Rechtsakten der EG **112** 97; Zuständigkeit des Amtsgerichts **95** 23a, des Rechtspflegers **96** 25

Familiensachengerichtskostengesetz **118**

Familienstreitsachen, Antrag **112** 113; Antragsgegner **112** 113; Antragssteller **112** 113; Anwaltszwang mit Ausnahmen **112** 114; Anwendung von Vorschr. der ZPO **112** 113; Ausnahmen von Vorschuss und Vorauszahlung **118** 15; Begriff **112** 112; Beteiligter **112** 113; Einstweilige Anordnung und Arrest **112** 119; Endentscheidung mit Rechtskraft **112** 116; Fälligkeit der Gebühren in selbständigen **118** 9; Hauptsacheverfahren, Gebühren **118** Anl. 1 Nr. 1210 ff.; Rechtsmittel **112** 117; Verfahren **112** 113; Vollstreckung **112** 120; Wiederaufnahme **112** 118; Zurückweisung von Angriffs- und Verteidigungsmitteln **112** 115; Zustellung nach Gebührenzahlung **118** 14

Faustpfandrecht **20** 1205; **100** 804; Einrede des Schuldners **100** 838

Fehler des Produkts **27** 3; der Sache bei Leihe **20** 600, bei Miete **20** 537 f., bei Schenkung **20** 524

Fehlerhafter Besitz **20** 858 ff., 2025

Fehlerhafter Kostenansatz **123** 6

Fehlgeburt, Ansprüche der Mutter **20** 1615n

Feiertage, Fahrverbot an **35a** 30; Fristende an einem **20** 193; Schutz **1** 140; iSd StVO, Fahrverbot **35a** 46; Termine an **20** 193

Feldfrüchte, Pfändung **100** 813

Feldwege, Vorfahrtsrecht **35a** 8, 19

Fernabsatzverträge **20** 312c ff.; Informationspflichten **20** 312d f.; **21** Art. 229 § 11, Art. 229 § 32, Art. 246a, Art. 246b §§ 1, 2, Anlage 3b zu 246b, Anlagen 1, 2 zu 246a; Klagen nach dem UKlaG **105** 2; Kündigung **20** 312h; schriftliche Bestätigung **20** 312f; und Teilzahlungsvereinbarung **20** 507 f.; Verbraucherdarlehensverträge **21** Art. 247; Widerrufsrecht **20** 312g, 356 ff.

Fernkommunikationsmittel **20** 312c

Fernlicht beim Überholen **35a** 5

Fernmeldegeheimnis **1** 10, 18, 44; strafbare Verletzung **85** 206

Fernmeldewesen **1** 73, 80

Fernsehaufnahmen von Gerichtsverhandlungen **83** 52, 72; **95** 169; **95a** 43

Fernsprecher, Vertragsantrag **20** 147

Fernsprechgebühren der Gerichtsvollzieher **123** Anl.

Fernunterrichtsverträge, Gerichtsstand **100** Anm zu 12; Klagen nach dem UKlaG **105** 2

Fernverkehr, Landstraßen **1** 74, 90

Festgebühren der Gerichtsvollzieher **123** 10 ff.

Festnahme **1** 104; von Abgeordneten **1** 46; Ausschreibung zur **90** 131; des Bundespräsidenten **1** 60; einer Person zur Selbsthilfe **20** 229 ff.; von Störern **90** 164; wegen Straftat während der Sitzung **95** 183; wegen Ungebühr **95** 177; vorläufige **90** 127 ff.

Festsetzung des Geschäftswerts **119** 79; des Streitwerts **115** 61 ff.; der Vergütung des Rechtsanwalts durch den Rechtspfleger **96** 21, 23; von Zwangsgeld **112** 389
Festsetzungsbeschluss in Unterhaltssachen **112** 253
Feststellung des geringsten Gebots bei Zwangsversteigerung **108** 45; des Grundstückswertes bei Zwangsversteigerung **108** 74a; der Insolvenzforderungen **110** 178 ff.; eines im Laufe des Prozesses streitig gewordenen Rechtsverhältnisses **100** 256, 506; eines Rechtsverhältnisses **100** 256; durch Sitzungsprotokoll **100** 389, 510a; des Spannungsfalls **1** 80a; der Vaterschaft, einstweilige **112** 248, bei künstlicher Befruchtung **20** 1600d; **21** Art. 229 § 46, Unterhalt **112** 237; des Verteidigungsfalles **1** 115a
Feststellungsklage **100** 256, 506; Gerichtsstand **100** 29; und Hemmung der Verjährung **20** 204; im Insolvenzverfahren **110** 180 ff.; Musterfeststellungsklage **100** 606 ff., *s. a. dort;* auf Nichtigkeit einer Kündigung **84** 4 ff., 13; Zwischenfeststellungsklage **100** 256
Feuer, Anzünden **85** 306f
Feuerversicherung beim Erbbaurecht **41** 23; des Hypothekengegenstandes **20** 1127 ff.; des Nießbrauchsgegenstandes **20** 1045 f.
Feuerwehr, Sonderrechte im Straßenverkehr **35a** 35; Unfälle **20** Anm. zu 618
Fideikommisse **21** 59
Fiktion von Erklärungen **20** 308; des Fortbestehens der Vollmacht **20** 169; der Rechtshängigkeit **100** 696
Filiale *s. Zweigniederlassung*
Filmaufnahmen von Gerichtsverhandlungen **83** 52, 72; **95** 169; **95a** 43
Filmhersteller, Urheberrechtsschutz **65** 94, 128
Filmschaffende, Streitigkeiten aus Tarifvertrag **83** 101
Filmwerke, Urheberrechtsschutz **65** 2, 88 ff., Dauer **65** 65
Filmwesen **1** 5
Finanzausgleich **1** 107
Finanzbehörden **1** 108
Finanzdienstleistungen, Verträge über, Informationspflichten **21** Anlage 3 zu 246b
Finanzdienstleistungsaufsicht, Bundesanstalt **51** 71; Bundesanstalt für *s. dort*
Finanzdienstleistungsinstitute, Bewertung von Vermögensgegenständen **50** 340e; Handelsbücher **50** 340e ff.; Jahresabschluss, Lagebericht **50** 340 ff., nichtfinanzielle Erklärung **50** 340a; *s. a. Kreditinstitute*
Finanzdienstleistungsverträge **20** 312; Informationspflichten **20** 312d; **21** Art. 229 § 11, Art. 246b §§ 1, 2, Anlage 3 zu 246b, Anlage 3b zu 246b; Widerruf **20** 357a; *s. a. Verbraucherdarlehensvertrag*
Finanzgerichte, Berufung, Beschwerde, Rechtsanwaltsgebühren **117** Anl. 1 vor Nr. 3200; erster Rechtszug, Gebühren **115** Anl. 1 Nr. 6110 f.; Gebühren **115** Anl. 1 Nr. 6110 bis 6122; Kosten **115** 1; Rechtsanwaltsgebühren **117** Anl. 1 vor Nr. 3200; Revision, Gebühren **115** Anl. 1 Nr. 6120 ff.; selbständige Beweisverfahren, Gebühren **115** Anl. 1 Nr. 6300; Streitwertberechnung **115** 52; vorläufiger Rechtschutz, Gebühren **115** Anl. 1 Nr. 6210 bis 6221
Finanzgerichtsbarkeit **1** 108; oberster Gerichtshof des Bundes **1** 95
Finanzhilfen des Bundes für die Länder **1** 104a ff.
Finanzierung von terroristischen Straftaten **85** 89c
Finanzierungshilfen, entgeltliche **20** 506 ff., Informationspflichten **21** Art. 247 § 12; für Existenzgründer **20** 513; unentgeltliche **20** 515; **21** Art. 229 § 40; bei Verbraucherdarlehen, Vermittlung **20** 655a ff.; vorzeitige Rückzahlung **20** 506
Finanzleistungen im Insolvenzverfahren **110** 104
Finanzmarktintegritätsstärkungsgesetz und Aktiengesetz **51a** 26k; und Genossenschaften **53** 173; und GmbHG **52** 26k; **52/1** 9; und HGB **50a** 86
Finanzmonopole **1** 105 f., 108
Finanztermingeschäfte und Insolvenzverfahren **110a** 105
Finanzwesen **1** 104a bis 115
Finanzzuweisungen des Bundes **1** 106
Finder **20** 965 ff.; Ablieferung der Fundsache **20** 967; Eigentumserwerb **20** 973 f.; Haftung **20** 968; Herausgabe der Fundsache **20** 969; Rechte nach Ablieferung der Fundsache **20** 975
Finderlohn **20** 971, 978
Fingerabdrücke bei Durchführung eines Strafverfahrens **90** 81b
Firma **50** 3; Anmeldepflicht **50** 25; Anmeldung der Änderung und des Erlöschens **50** 31, zum Handelsregister **50** 29; bei Ausscheiden bzw. Eintritt eines Gesellschafters **50** 24; notwendige Bezeichnungen **50** 19; Erlöschen **112** 393; bei Erwerb des Handelsgeschäfts **50** 22; Fortführung

51a 26a; der Genossenschaft **53** 3; der juristischen Person **50** 33 ff.; des Kaufmanns **50** 17 f.; der KG **50** 19; der KGaA **51** 279; Namensänderung des Inhabers bzw. des Gesellschafters **50** 21; der OHG **50** 19; Übertragbarkeit **50** 22; Unterscheidbarkeit **50** 30; unzulässiger Gebrauch **50** 37; **112** 392; Veräußerungsverbot **50** 23; bei Verschmelzung **52a** 18; Wahlfreiheit **50** 22; Wahrheit **50** 18
Firmenänderung 50 21, 31 ff.
Firmenanmeldung 50 32; freiwillige **50** 3; notwendige **50** 14, 16, 29, 31, 33
Firmenerwerb 50 22
Firmenrecht, Ausschließlichkeit **50** 30; Schuldübernahme **50** 25
Firmenwert, Tilgung durch Abschreibung **50** 309
Fische, Eigentum **20** 960
Fischerei 1 74; **21** 69
Fiskus, Aneignung aufgegebener Grundstücke **20** 928, von Grundstücken **21** 190; Anfall von Stiftungsvermögen **20** 88, von Vereinsvermögen **20** 45 f.; als Erbe **20** 1964 ff., keine Ausschlagung **20** 1942; Erwerb des Erlöses von Fundsachen **20** 981; Gerichtsstand **100** 18; Haftung für Beamte **20** 89; Hinterlegung **20** 233; keine Inventarfrist **20** 2011; Zwangsvollstreckung gegen **100** 882a
Fixgeschäft, handelsrechtliches **50** 376; im Insolvenzverfahren **110** 104
Flagge des Bundes **1** 22
Flaggen als Schutzhindernisse iSd MarkenG **72** 8; strafbare Verletzung **85** 104; strafbare Verunglimpfung **85** 90a, der europäischen **85** 90c
Flößerei 21 65; privatrechtliche Verhältnisse **20** Anm. zu 1257; Zuständigkeit des Gerichts **95** 23
Flucht, Verfolgung Flüchtiger in anderes deutsches Land **95** 167; nach Verkehrsunfall **63** 12; **85** 142
Flüchtige, Recht der Verfolgung auf Gebiete anderer deutscher Länder **95** 167
Flüchtlinge, Rechtsstellung (Personalstatut) **21** Anm. zu Art. 7
Flüchtlinge und Vertriebene 1 74, 116, 119, 131
Flugzeuge, Erlangung der Herrschaft über **85** 316c; Straftaten in deutschen **85** 4
Flurbereinigung 21 113
Flussbett 21 65
Föderalismusreform, Übergangsvorschriften **1** 125b, 125c
Folgesachen in Scheidungssachen **112** 137; als selbständige Familiensachen, Kosten **118** 6
Fonds für allgemeine Bankrisiken 50 340e
Forderungen, Abtretung von Gehaltsforderungen **20** 411; Anmeldung im Aufgebotsverfahren der Nachlassgläubiger **112** 459; Anmeldung im Insolvenzverfahren **110** 174 ff.; Anschlusspfändung **100** 853 ff.; Aufrechnung **20** 387 ff., bei Beschlagnahme **20** 392, gegen unpfändbare **20** 394; Auswechslung bei Hypothek **20** 1180; beschränkt pfändbare **100** 852; Einziehung einer dem Nießbrauch unterliegenden **20** 1077 ff.; Erbschaftsforderung **20** 2111; Feststellung im Insolvenzverfahren **110** 178 ff.; aus einer Gemeinschaft **20** 756; Gerichtsstand **100** 23; geringfügige, Europäisches Verfahren für **100** 1097 ff., *s. a. dort;* des Mündels **20** 1812; mündelsichere **20** 1807; Nießbrauch **20** 1070, 1074 ff.; Pfändbarkeit **100** 851; Pfandrecht **20** 1279 ff.; Rangordnung im Insolvenzverfahren **110** 39, 327; als Sicherheit **20** 232, 236, 238; Übergang kraft Gesetzes **20** 268, 426; Übertragung **20** 398 ff., 1153 ff.; **21a** 14; unpfändbare *s. dort;* Verjährung **20** 194 ff.; Verkauf **20** 754; Vermächtnis **20** 2173, 2175; Verpfändung **20** 1279 ff.; Wiederaufleben bei Insolvenzplan **110** 255; Zugehörigkeit zum Gesellschaftsvermögen **20** 720; Zwangsvollstreckung in **100** 828 ff.
Forderungsabtretung, Prozesskosten bei unterlassener Mitteilung **100** 94; aus Verbraucherdarlehensvertrag **20** 493
Forderungspfändung, Gerichtsvollzieherkosten **123** Anl.
Forderungsübergang, anzuwendendes Recht **21a** 15; bei Gewährung von Unterhalt **20** 1607; kraft Gesetzes **20** 774, 1143, 1225, 1249, 1251
Forensische Ambulanz 85 68a
Form der Annahme einer Anweisung **20** 784; des Antrages zum Güterrechtsregister **20** 1560; der Aufrechnung **20** 388; der Bilanz **50** 265; gesetzliche **20** 126; letztwilliger Verfügungen bei Ausschließung eines Abkömmlings **20** 1516; Mangel der **20** 125; der Rechtsgeschäfte **20** 125 ff.; der Revision im Strafverfahren **90** 341; des Rücktritts **20** 349; des Schenkungsversprechens **20** 518; des Schiedsvertrags **100** 1031; des Schuldversprechens **20** 518; des Stiftungsgeschäfts **20** 81; des Vertrages **20** 126 ff., über Erwerb oder Veräußerung von Immobilien **20** 311b; der Vollmachterteilung **20** 167; der Zustimmung **20** 182; *s. a. Schriftform*
Formkaufmann 50 6; Aktiengesellschaft **51** 3; Genossenschaft als **53** 17

Formmängel, Heilung **20** 311b, 518; **100** 1031; Nichtigkeit von Rechtsgeschäften **20** 125; beim Verbraucherdarlehensvertrag **20** 494
Formvorschrift, Rüge der Verletzung einer erst in der Berufungsinstanz **100** 534, unzulässig bei Verzicht **100** 295
Forschung, Förderung **1** 74; Freiheit **1** 5; gesetzlich erlaubte Nutzung geschützter Werke **65** 60c f.; Zusammenwirken von Bund und Ländern bei wissenschaftl. **1** 91b
Forstwirtschaftliche Grundstücke, Anerbenrecht **21** 64; Realverbände **21** 164; Zwangsversteigerung **108** 21; Zwangsverwaltung **108** 149
Fortbewegungsmittel, besondere, keine Fahrzeuge iSd StVO **35a** 24
Fortgeltung alten Rechts **1** 140
Fortgesetzte Gütergemeinschaft, Gesamtgutsverbindlichkeiten **20** 1488; Insolvenz **110** 11, 37, 83; im Nachlassinsolvenzverfahren **110** 332; Zwangsvollstreckung **100** 745
Fortgesetzte Handlung 85 52
Fortsetzung des Dienstverhältnisses **20** 625; des Gebrauchs der Mietsache **20** 545; der Gesellschaft **20** 724; von Mietverhältnissen **20** 574 ff., trotz Kündigung **100** 308a; der mündlichen Verhandlung **100** 332, 590; der Zwangsversteigerung, nach einstweiliger Einstellung **108** 31
Frachtbrief, Beweiskraft **50** 409; elektronischer **50** 408
Frachtführer, ausführender **50** 437; Ladescheine der **50** 363; nachfolgender **50** 442
Frachtgeschäft 50 407 ff.; ausführender Frachtführer **50** 437; außervertragliche Ansprüche **50** 434, 436; Beförderungs- und Ablieferungshindernisse **50** 419; Begleitpapiere **50** 413; gefährliches Gut **50** 410; Gerichtsstand **50** 440; Haftung des Absenders **50** 414, für Güter- und Verspätungsschäden **50** 425; Haftung für andere **50** 428; Haftungsausschluss **50** 426 f.; Haftungshöchstbetrag **50** 431, 433; Kündigung des Frachtvertrags **50** 415; Ladeschein im **50** 444 ff., Traditionswirkung **50** 448; Lieferfrist **50** 423; Nachnahme **50** 422; Nichteinhaltung der Ladezeit **50** 417; Pfandrecht **50** 441, 443; Rechte des Empfängers **50** 421; Schadensanzeige **50** 438; Schadensfeststellungskosten **50** 430; Standgeldzahlung **50** 421; Teilbeförderung **50** 416; abweichende Vereinbarungen über Haftung **50** 449; Verjährung **50** 439; Verladen und Entladen **50** 412; Verlustvermutung **50** 424; Verpackung und Kennzeichnung **50** 411; Wegfall der Haftungsbefreiung und -begrenzungen **50** 435; nachträgliche Weisungen **50** 418; Wertersatz **50** 429; Zahlung, Frachtberechnung **50** 420; Zahlungspflicht **50** 421
Frachtvertrag 50 407; mit verschiedenen Beförderungsmitteln **50** 452 ff.; Kündigung **50** 415; Schadensanzeige **50** 452b; Schadensort **50** 452a; abweichende Vereinbarungen **50** 425d; Verjährung **50** 452b
Fragerecht in Hauptverhandlung **90** 240; und -pflicht des Gerichts **100** 139, 396 f.
Frau, Verpflichtung zur Dienstleistung im Verteidigungsfall **1** 12a; kein Waffendienst **1** 12a
Frauen, Abtreibung **85** 218 ff.; Ansprüche wegen außerehelicher Beiwohnung **20** 825, 847; gleichberechtigte Teilhabe an Führungspositionen **50a** 73, in Aktiengesellschaften **51** 96, 250; **51a** 25, in Genossenschaften **53** 9, in der GmbH **52** 52; **52/1** 5, nach Verschmelzung **52a** 76; in der Unternehmensführung von Aktiengesellschaften **50** 111; **51** 76; **51a** 26l, von Genossenschaften **53** 9, 168, 174, von GmbH **52** 36; **52/1** 10, von Kapitalgesellschaften **50** 289f, 341n; **50a** 87; Verstümmelung weiblicher Genitalien **85** 226a
Freie Berufe, Partnerschaftsgesellschaften **50b**
Freie Beweiswürdigung im Strafprozess **90** 261; im Zivilprozess **100** 286 f.
Freie Meinungsäußerung 1 17a, 18
Freies Belieben bei Erfüllung des Vermächtnisses **20** 2181
Freies Ermessen des Nachlassgerichts **20** 1995
Freifahrt der Abgeordneten **1** 48
Freigabe einer Sicherheitsleistung **90** 123
Freigabeverfahren bzgl. Hauptversammlungsbeschluss **51** 246a
Freihändiger Verkauf statt Versteigerung **20** 385
Freiheit, Beschränkung der F. eines Abgeordneten **1** 46; der Meinungsäußerung **1** 5, 17a, 18; der Person **1** 2; Schadensersatz wegen Verletzung der **20** 823, 845 ff.; Straftaten gegen die persönliche **85** 232 ff.
Freiheitsberaubung 85 239; Ausbeutung unter Ausnutzung einer **85** 233a
Freiheitsentziehende Maßregeln 85 63 ff.
Freiheitsentziehende Unterbringung eines Betreuten **112** 312
Freiheitsentziehung, Dauer und Verlängerung **112** 425; gerichtliche Überprüfung der Verwaltungsmaßnahme **112** 428;

gerichtliches Verfahren **112** 415 ff.; zur Identitätsfeststellung **90** 163c; bei Jugendlichen, Information der Erziehungsberechtigten **89** 67a; keine Bekanntgabe der Beschlussgründe **112** 423; für Minderjährige als Kindschaftssache **112** 151; Rechtsgarantien **1** 104; bei Unterbringung eines Kindes **20** 1631b; Verfahren, Rechtsanwaltsgebühren **117** Anl. 1 Nr. 6300 bis 6303; Zwangsarbeit **1** 12

Freiheitsentziehungssachen, keine Rechtsmittel vor OLG **95** 119; Kostenschuldner **119** 23; Landgericht als Beschwerdegericht **95** 72; Rechtsanwaltsgebühren **117** 42, 51; Verfahren **112** 415 ff., Gebühren **119** Anl. 1 Nr. 15212; Zuständigkeit des Amtsgerichts **95** 23a

Freiheitsentzug bei Jugendlichen, Information der Erziehungsberechtigten **89** 67a; Jugendstrafe als **89** 17 f.

Freiheitsstrafe, Androhung von Mindestmaß **85a** 11; Anrechnung des Maßregelvollzugs **85a** 302; Aufschub **90** 455 f.; Aussetzung zur Bewährung **85** 57a, des Strafrestes **85** 57; Aussetzung zur Bewährung **90** 454 ff., Reststrafe **90** 454; Bemessung **85** 39, 52 ff.; Dauer **85** 38; Eintragung im Zentralregister **92** 3 f.; Ersatzfreiheitsstrafe **85** 43; und Freiheitsentzug im Ausland **90** 450a; und Geldstrafe **85** 47; Hauptverhandlung ohne Angeklagten **90** 232; Höchstmaß **85** 38 f.; und Krankenhausaufenthalt **90** 461; kurze **85** 47; Mindestmaß **85a** 298; Strafaussetzung zur zur Bewährung **85** 56; und Untersuchungshaft **90** 450; Verfolgungsverjährung **85** 78; Vollstreckung **90** 454b, durch Rechtshilfe **95** 162 f., Vollzugsuntauglichkeit **90** 455; Vollstreckung und Vollzug, Eintragung im Zentralregister **92** 15; Vollstreckungsverjährung **85** 79 ff.; Vollzug bei Jugendstrafen **89** 89a, 114; Wiederinvollzugsetzung **85** 67h; Zusammentreffen mit Geldstrafe **85** 53 f.

Freispruch, Aufhebung des Haftbefehls **90** 120; ohne Hauptverhandlung **90** 371; Kostenlast **90** 467; im Revisionsrechtszug **90** 354; durch Urteil **90** 267; im Wiederaufnahmeverfahren **90** 371

Freistellungsanspruch, kein Verfügungsrecht **62** 108

Freiwillige Gerichtsbarkeit **95** 13; **112**; Abgabe an anderes Gericht **112** 4; Akteneinsicht **112** 13; allgemeine Verfahrensvorschriften **112** 1 ff.; Antragsrücknahme und Beendigungserklärung **112** 22; Aufgabenübertragung an Notare **112** 493; Ausschließung und Ablehnung von Gerichtspersonen **112** 6; Ausschluss der Öffentlichkeit **95** 170; Beschwerde **112** 58 ff.; Beteiligtenfähigkeit **112** 8; einstweilige Anordnung **112** 49 ff.; elektronische Aktenführung **112** 14; Entscheidung durch Beschluss **112** 38; Entscheidungsgrundlage des Gerichts **112** 37; Fristen **112** 16; Kosten **119**; Rechtsbeschwerde **112** 70 ff.; Rechtsmittel **112** 489; Rechtsweg **95** 17a; Reformgesetz **112a**; Richtervorbehalt **96** 14, 16; Termin **112** 32; Verfahren **112** 410 ff.; Verfahren im ersten Rechtszug **112** 23 ff.; Verfahren in weiteren Angelegenheiten, Gebühren **119** Anl. 1 Nr. 15212; Verfahren mit Auslandsbezug **112** 97 ff.; Verfahrensaussetzung **112** 21; Verfahrensbeteiligte **112** 7; Verfahrensfähigkeit **112** 9; Verfahrenskostenhilfe **112** 76 ff.; Verfahrensleitung **112** 28; Verfahrensverbindung und -trennung **112** 20; Verweisung bei Unzuständigkeit **112** 3; Vollstreckung **112** 86 ff.; Vorrang des Völkerrechts und Unberührtheit von Rechtsakten der EG **112** 97; Wiedereinsetzung **112** 17 ff.; Zuständigkeit **95** 23a

Freiwillige Soldaten, Beschränkung der Wählbarkeit **1** 137

Freiwillige Versteigerung von Grundstücken, Geschäftswert **119** 116, Verfahrensgebühr **119** Anl. 1 Nr. 23600 ff.

Freizeitveranstaltungen, Regelungen aufgrund der COVID-19-Pandemie **21** Art. 240 § 5

Freizügigkeit **1** 11, 17a, 73, 117

Fremdes Recht, Ermittlungen **100** 293

Frieden **1** 26; Wahrung des F. der Welt **1** Präambel

Friedensregelung, Grundgesetzänderung **1** 79

Friedensschluss, Entscheidung durch Bundesgesetz **1** 115l

Frischguttransporte **35a** 30

Frist für Abfassung des Strafurteils **90** 275; für Abgabe von Erklärungen **100** 283; für Anfechtung der Annahme der Erbschaft **20** 1954, der Ausschlagung der Erbschaft **20** 1954, des Erbschaftserwerbs wegen Erbunwürdigkeit **20** 2340, des Erbvertrags **20** 2283, einer letztwilligen Verfügung **20** 2082 f.; zur Anfechtung von Willenserklärungen **20** 121, 124; zur Annahme des Antrags **20** 148, von Schenkungen **20** 516; Anstaltsunterbringung **85** 67a, 67c f.; für Antrag auf Änderung der Kostenfestsetzung **100** 107, auf gerichtliche Entscheidung über Justizverwaltungsakte **95a** 26 f., auf Vollstreckungsbescheid **100** 699;

für Aufbewahrung der Handelsbücher und -briefe **50** 257; für Aufgebot **112** 437, gegenüber Nachlassgläubigern **112** 458; für Aufgebotsverfahren zur Kraftloserklärung von Urkunden **112** 476; Auslegungsvorschriften **20** 186 ff.; Ausschlagung der Erbschaft **20** 1943 f., 2306; zur Ausübung des Vorkaufsrechts **20** 469; Beginn nach dem FamFG **112** 16; für Belehrung durch Jugendamt **20** 1748; für Benutzung von Beweismitteln **100** 356; Berechnung **90** 42 f.; für Berufung **90** 314; **100** 517 f., Begründung **90** 317, 320; für Beschaffung von Urkunden **100** 364, 428, 431; für Beschwerden **90** 311, gegen Ordnungsmittel **95** 181; für Besitzberechtigung bei Grundstücken **21** Art. 233; Bestimmung im Urteil **100** 255; nach dem BGB **20** 186; für Einberufung der Hauptversammlung **51** 123; zur Einlegung und Begründung der Berufung in Arbeitssachen **83** 66, der Beschwerde **83** 89, der Revision in Arbeitssachen **83** 74; für Einreichung der Kostenrechnung **100** 106; für Einsicht von Urkunden **100** 134; für Einspruch **100** 339, gegen Europäischen Zahlungsbefehl **100** 1090, gegen Strafbefehle **90** 409; zur Erfüllung von Auflagen und Weisungen **90** 153a; Erklärungsfrist für Angeschuldigten **90** 201; der Genehmigung des vom Vormund geschlossenen Vertrages **20** 1829; nach GenG bei Anfechtungsklage **53** 111, bei Insolvenz **53** 107; für Gewinnabschöpfung nach dem GWB **74** 34; beim Kauf auf Probe **20** 455; zur Klageerwiderung **100** 275 ff., im Mahnverfahren **100** 697; für Kündigung **20** 573c f., 575a, 576, 626; für Kündigungserklärung nach dem GenG **53** 65; für Kündigungsschutzklage **84** 4 f.; Ladung **90** 217; zur Mängelbeseitigung bei Insolvenzantrag **110** 13; für Mieterhöhungen **20** 558, 559b; Offenlegung des Jahresabschlusses **50** 325 ff., des Lageberichts **50** 325 ff.; für Rechtsbehelfe nach dem RPflG **96** 11; bei Rechtsgeschäften **20** 186 ff.; für Rechtsmittel **100** 233, 548, 551, 569; in Arbeitssachen **83** 9, des Nebenklägers **90** 401; für Revision **90** 341, Begründung **90** 345 f.; des Rücktrittsrechts **20** 350; Rüge gem. § 556g BGB **20** 556g; **21** Art. 229, Art. 229 § 51; für Schuldübernahme **20** 415; Schutzfristen nach dem UrhG **65** 64 ff., 87d, 138; bei Sicherheitsleistung **100** 109, 113; nach StGB **85** 56a, 56g, 67c, 67g, 68c, 78; für Strafantrag **85** 77b; für Tilgung von Eintragungen im Zentralregister **92** 47; Übermittlungsfrist für Urteile **100** 315; Unwirksamkeit der Allgemeinen Geschäftsbedingungen **20** 308; für Urteilsberichtigung **100** 320 f.; für Urteilsverkündung **90** 268; für Verbindlichkeiten nach Firmenübertragung **50** 26; Verlängerung **20** 190; Versäumung, Kosten **100** 95, bei Streitgenossen **100** 62; für Vertragsübertragung bei Pauschalreisen **20** 651e; für vorbereitende Schriftsätze **100** 132; des Vorkaufsrechts **20** 2034; vorzeitiger Ausgleich des Zugewinns **20** 1385; bei wechselseitig begangenen Antragsstraftaten **85** 77c; für Widerrufsrechte **20** 355 ff.; für Wiederaufnahmeklagen **100** 586; für Wiedereinsetzungsantrag **100** 234; für Wiedereinsetzungsgesuch **90** 44, im Berufungsrechtszug **90** 329; zur Wiederherstellung des früheren Zustandes **20** 250; beim Wiederkauf **20** 462; für Zahlung der Geldstrafe **85** 42; nach ZPO **100** 221 f., 523; Zustellung von Urteil mit Vollstreckungsklausel **100** 750; auf Zustimmungserteilung des Mieters **20** 558b

Fristbestimmungsverfahren, Gebühren **119** Anl. 1 Nr. 12411

Fristenabkürzung oder -verlängerung **100** 222, 225

Fristlose Kündigung des Arbeits-/Dienstverhältnisses **20** 626; des Handelsvertreters **50** 89a; von Landpachtverhältnissen **20** 594h; der Mietsache **20** 543, 569

Fristsetzung bei gegenseitigem Vertrag vor Rücktritt **20** 323; bei Leistungsverweigerung des Schuldners **20** 281

Früchte 20 99; Aufwendungen **20** 998; Eigentumserwerb **20** 953 ff., 1039, durch Erbschaftsbesitzer **20** 2020; Entscheidung über F. nur auf Antrag **100** 308; Ersatz des Wertes durch den Verpächter **20** 596a; bei der Gemeinschaft **20** 743; Haftung für Hypothek **20** 1120 ff.; Herausgabe **20** 993; keine Berücksichtigung für Verfahrenswert **118** 37; Kosten der Pfändung **123** Anl., der Ziehung **20** 102, 998; Nachbarrecht **20** 911, 923 f.; als Nebenforderungen **100** 4; beim Nießbrauch **20** 1039; Pfändung der F. auf dem Halm **100** 810; Recht des Vorerben **20** 2133; und Verjährungseintritt **20** 217; der vermachten Sache **20** 2184; Versteigerung **100** 824; Verteilung unter mehreren Berechtigten **20** 101, 2038

Führerschein 35 2 ff.; Verlust **35** 5; *s. a. Fahrerlaubnis*

Fuhrleute, Zuständigkeit des Amtsgerichts wegen Streitigkeiten mit **95** 23

Führungsaufsicht 85 68 ff., 321; **85a** 303; Aufsichtsstelle **85** 68a; Aussetzung der Vollstreckung **85** 67b, 67c; Beendigung **85** 68e; bei Bewährung **85** 68g; Dauer **85** 68c; forensische Ambulanz **85** 68a; bei Geldwäsche und Hehlerei **85** 262; Maßregeln **85** 61; bei Menschenhandel und Ausbeutung **85** 233b; bei Menschenraub und Geiselnahme **85** 239c; Ruhen **85** 68e; unbefristete **85** 68c, keine Vollstreckungsverjährung **85** 79; Verstoß gegen Weisungen **85** 145a; bei vollständiger Strafverbüßung **85** 68f; Vollstreckung durch Aufsichtsstellen **90** 463a; Voraussetzungen **85** 68; Weisungen **85** 68b
Führungszeugnis 92 30 ff.; elektronischer Antrag **92** 30c; erweitertes **92** 30a; Inhalt **92** 32 ff., bei sexualisierter Gewalt gegen Kinder **92** 33 f., 41, 45 f., 69; unbeschränkte Auskunft **92** 41 ff.
Fund 20 965 ff.; Verderb **20** 966, 980
Fundsachen, unanbringbare **20** 983; Verordnungsermächtigungen bzgl. Versteigerungen **20** 979
Funksendungen, Urheberrechtsschutz **65** 22, 87; Vervielfältigung durch Sendeunternehmen **65** 55
Funkzellen, Auskunft über die Struktur, Entschädigung **116** Anl. 3 Nr. 401
Fürsorge, öffentl. **1** 74; Pflegschaft **20** 1909, 1911
Fürsorgeerziehung 89 9, 12; Anordnung **89** 8
Fürsorgemaßregeln, Zuständigkeit des Familiengerichts **112** 152
Fürsorgepflicht gegenüber Handlungsgehilfen **50** 62; gegenüber Kindern, Vernachlässigung **85** 171
Fußgänger, Abstand beim Überholen von **35a** 5; im Straßenverkehr **35a** 25 f.; Verhalten im Verkehr **35a** 18
Fußgängerüberwege 35a 26; Halteverbot **35a** 12
Fußwege, Vorfahrtsrecht bei **35a** 19
Futtermittel, Verkehr mit **1** 74
Fütterungskosten bei Leihe eines Tieres **20** 601

Garantenstellung, Voraussetzung für Unterlassungsdelikte **85** 13
Garantie beim Kauf **20** 443
Garantieerklärung 20 443; beim Verbrauchsgüterkauf **20** 479
Gas, Großhandel mit, Markttransparenzstelle **74** 47a ff.
Gasanlagen, Haftung für Schäden **33** 2, 10
Gase, Immission **20** 906
Gastschulaufenthalte, reisevertragliche Vorschriften **20** 651u; **21** Art. 250 § 9, Anlage 12 zu 250 § 9
Gaststättenverbot für Jugendliche **89** 10
Gastwirt, Haftung **20** 701 ff.; Pfandrecht **20** 704
Gattungsschenkung 20 524
Gattungsschuld 20 243, 300, 524, 2155, 2182 f.
Gattungsware 50 360
Gebäude, Bauen über die Grenze **20** 912 ff.; Schadensersatz bei Einsturz **20** 836 ff.; Sicherung gegen Einsturz **20** 908; Stockwerkseigentum **21** 131, 182; Versicherung **20** 1128; vorübergehende Verbindung einer Sache mit **20** 95; wesentlicher Grundstücksbestandteil **20** 94 f.; Wiederherstellung **21** 110; Wohnungsrecht **20** 1093; Zubehör **20** 98, Grundstücks **20** 95
Gebäudeeigentum ohne dingliches Nutzungsrecht **21** Art. 233
Gebäudefeuerversicherung 62 142 ff.
Gebietskörperschaften, Beteiligung an Aktiengesellschaften **51** 393a ff.; Beteiligung an GmbH **52** 77a; Umwandlung **52a** 168 ff.
Gebietsveränderung der Länder **1** 29; Vermögen bei **1** 135
Gebot bei Versteigerungen **20** 156; in der Zwangsversteigerung **108** 71 ff., 74b, 82, 114a, geringstes **108** 44
Gebrauch der geliehenen Sache **20** 603; des gemeinschaftlichen Gegenstandes **20** 743, 746; der Mietsache **20** 538, 540 f., 553, Verhinderung des Mieters **20** 537, vertragsgemäßer **20** 535 f., 538, 543, vertragswidriger **20** 541; persönlicher und UrhG **65** 53
Gebrauchsdiebstahl 85 248b
Gebrauchsgegenstände eines Ehegatten bei Beendigung der Gütergemeinschaft **20** 1477, Eigentumsvermutung **20** 1362
Gebrechen, Ablehnung der Vormundschaft **20** 1786
Gebühren für Abstammungssachen **118** Anl. 1 Nr. 1320 ff.; für Adoptionssachen bei Volljährigen **118** Anl. 1 Nr. 1320 ff.; für Anordnung von Zwangsmaßnahmen **118** Anl. 1 Nr. 1502; im arbeitsgerichtlichen Verfahren **83** 12; **115** Anl. 1 Nr. 8100 ff.; Aufgebotsverfahren **115** Anl. 1 Nr. 1630; für Aufhebungsentscheidung **119** 57; für Beschwerde gegen Endentscheidung wegen des Hauptgegenstandes **118** Anl. 1 Nr. 1120 ff.; Bußgeldverfahren **115** Anl. 1 Nr. 4110 ff.; für Ehewohnungssachen **118** Anl. 1

Nr. 1320 ff.; einmalige Erhebung **119** 55; für einstweilige Anordnung in Familiensachen **118** Anl. 1 Nr. 1420 ff., in Kindschaftssachen **118** Anl. 1 Nr. 1410 ff.; einstweiliger Rechtsschutz **115** Anl. 1 Nr. 1410 ff., 1410 bis 1425; Einziehung **115** Anl. 1 Nr. 3410 ff.; Einziehung u. ä. **115** Anl. 1 Nr. 4210 ff.; Entschädigungsverfahren **115** Anl. 1 Nr. 3700; für Entscheidungsabänderung **119** 57; Erstattung an Rechtsanwalt **100** 91; Fälligkeit in Ehesachen und selbst. Familienstreitsachen **118** 9; Finanzgerichtsbarkeit **115** Anl. 1 Nr. 6110 ff.; für Genossenschaftsregistereintragungen **119** 58; für gerichtlichen Vergleich **118** Anl. 1 Nr. 1500; Gerichtsstand für **100** 34; der Gerichtsvollzieher **123** 1, 10 ff., Tabelle **123** Anl.; in Gewaltschutzsachen **118** Anl. 1 Nr. 1320 ff.; nach dem GKG **115** 1, Berechnung **115** 34 ff., Erhebung **115** 35, Fälligkeit **115** 6 ff., Kostenansatz **115** 19 ff., Verzögerungsgebühr **115** 38, 69, Wertfestsetzung **115** 48 ff., allgemeine Wertvorschriften **115** 39 ff., besondere Wertvorschriften **115** 48 ff.; in Güterrechtssachen **118** Anl. 1 Nr. 1320 ff.; für Handelsregistereintragungen **119** 58; in Hauptsacheverfahren **118** Anl. 1 Nr. 1310 ff.; Haushaltssachen **118** Anl. 1 Nr. 1320 ff.; Insolvenzverfahren **115** Anl. 1 Nr. 2310 ff.; für internationale Rechtshilfe in Strafsachen **117** Anl. 1 Nr. 6100 f.; in Kindschaftssachen **118** Anl. 1 Nr. 1310 ff.; Klageerzwingungsverfahren **115** Anl. 1 Nr. 3200 ff.; Mahnverfahren **115** Anl. 1 Nr. 1100; Nebenklage **115** Anl. 1 Nr. 3510 ff.; für Notare **119**; Offizialverfahren **115** Anl. 1 Nr. 3110 ff.; für Partnerschaftsregistereintragungen **119** 58; Prozessverfahren **115** Anl. 1 Nr. 1210 ff.; Rechtsanwalt **117** Anl. 1; für Rechtsbeschwerde gegen Endentscheidung in Ehe- oder Folgesachen **118** Anl. 1 Nr. 1130 ff.; der Sachverständigen, Gesetz **100** 413; selbständiges Beweisverfahren **115** Anl. 1 Nr. 1610; Sozialgerichtsbarkeit **115** Anl. 1 Nr. 7110 ff.; Strafsachen **115** Anl. 1 Nr. 3110 ff.; nur für Teile des Verfahrensgegenstandes **119** 56; für Unterhaltssachen **118** Anl. 1 Nr. 1320 ff.; unwahre Anzeige **115** Anl. 1 Nr. 3200 ff.; Verfahren **115** Anl. 1 Nr. 1620 ff., 3810 ff.; für Verfahren nach dem FamG **118**; in Verfahren nach OWiG **115** Anl. 1 Nr. 4110 bis 4401; für Versorgungsausgleichssachen **118** Anl. 1 Nr. 1320 ff.; Verwaltungsgerichtsbarkeit **115** Anl. 1 Nr. 5110 ff.; für Verzögerung des Verfahrens **118** Anl. 1 Nr. 1501; Vollstreckbarerklärung ausländischer Titel **115** Anl. 1 Nr. 1510 ff.; für Vollstreckung in Familiensachen **118** Anl. 1 Nr. 1600 ff.; Zurücknahme des Strafantrags **115** Anl. 1 Nr. 3200 ff.; für Zurückverweisung **119** 57; Zwangsvollstreckung nach ZPO **115** Anl. 1 Nr. 2110 ff.

Gebühren nach dem GNotKG 119

Gebührenerhebung, einmalige **119** 93

Gebührenermäßigung 119 91

Gebührensätze, verschiedene **119** 94

Gebührentabellen 115 Anl. 2 zu § 34 GKG; im RVG **117** Anl. 2 zu § 13 RVG

Gebührenvereinbarungsverbot 119 125; Ausnahme **119** 126

Gebührenvorschuss der Gerichtsvollzieher **123** 4; bei Privatklage **90** 379a

Geburt, Anfall des Vermächtnisses **20** 2178; Beginn der Rechtsfähigkeit **20** 1; Berechnung des Lebensalters vom Tage der **20** 187; zu erwartende eines Erben **20** 1963, 2043, 2101; eines Nacherben **20** 2106, 2141

Geburtenregister, Eintragung einer Eheschließung **20** 1310

Geburtsname 20 1355; bei Kindern **20** 1616 ff.

Gefahr, Abwehr und Rechtswidrigkeit **20** 228 ff.; Abwendung **20** 680, 904; abzuwendende als Strafausschließungsgrund **85** 35; beim Erbschaftskauf **20** 2380; bei Hinterlegung **20** 379; beim Kauf **20** 447, 453; Kennen und Kennenmüssen bei Hinterlegung **20** 694; Übergang bei Annahmeverzug **20** 300; bei unerlaubter Entziehung einer Sache **20** 848; bei Versendung **20** 447; bei Vorlegung von Sachen **20** 811; beim Werkvertrag **20** 644 f.

Gefahr im Verzug, Ausschreibung zur Beobachtung durch Staatsanwaltschaft **90** 163e; Durchsuchungen **90** 105, zur Nachtzeit **90** 104; richterliche Untersuchungshandlungen **90** 165 f.

Gefahränderung, Anzeige **62** 57

Gefährdung des Bahn-, Schiffs- oder Luftverkehrs **85** 315a; des demokratischen Rechtsstaates **85** 84 ff.; durch Gebäude **20** 908; des Gemeinwohls durch Stiftungszweck **20** 87; der Gesundheit in Mieträumen **20** 569; des Kindesvermögens **20** 1667; des Kindeswohls **20** 1666; künftiger Ausgleichsforderungen, vorzeitiger Ausgleichsanspruch **20** 1386; des Nachlassgläubigers **20** 1981; schutzbedürftiger Gebiete, Strafbarkeit **85** 329; des Straßenverkehrs **85** 315c; der Umwelt **85** 330 f.; einer verpfändeten Forderung **20** 1286

Gefahrerhöhung 62 23 ff.
Gefährliche Güter 50 410; **85** 330d; Haftung bei Beförderung **35** 12a f.
Gefahrzeichen 35a Anlage 1; im Straßenverkehr **35a** 40
Gefangene, Befreiung **85** 120; Kontaktsperre **95a** 31 ff., Beiordnung einer Kontaktperson **95a** 34a; Meuterei **85** 121
Gefängnisstrafe *s. Freiheitsstrafe*
Gegenanspruch, Gerichtsstand **100** 33
Gegenbeweis gegen öffentliche Urkunden **100** 418
Gegenerklärung auf Revisionsschrift, Frist **90** 347
Gegenforderung, Geltendmachung, erst im Berufungsrechtszug **100** 533; Rechtskraft der Entscheidung über **100** 322; Trennung der Verhandlung über **100** 145
Gegenleistung, Befreiung von **20** 326; Bestimmung der **20** 316, 326; Bewirkung vor Empfang der hinterlegten Sachen **20** 373; unabhängige Ansprüche **100** 257; Verweigerung **20** 320; Verwertung einer gepfändeten Forderung **100** 844
Gegenseitige Erbeinsetzung unter Ehegatten **20** 2269, 2280
Gegenseitiger Vertrag 20 320 ff.; im Insolvenzverfahren **110** 279; Rücktritt **20** 323; Verzug **20** 322
Gegenstände, Inbegriff **20** 260; körperliche **20** 90; als Tatprodukte, -mittel, Einziehung **85** 74 ff.
Gegenstandswert anwaltlicher Tätigkeit **117** 2; *s. a. Streitwert*
Gegenvormund 20 1792; Aufwendungen **20** 1835; Auskunftspflicht **20** 1839; Ausschließung **20** 1852; Bestellung bei Vereinsvormundschaft **20** 1791a; Entlassung **20** 1895; Familiengericht, Anhörung **20** 1826, Aufsicht **20** 1837, 1839; Haftung **20** 1833; Mitwirkung bei Anlegung von Mündelgeld **20** 1810; nicht bei Pflegschaft **20** 1915; Rechte und Pflichten gegenüber Vormund **20** 1799, 1802, 1809 f., 1812, 1832, 1842, 1854, 1891; Tod **20** 1894; Überlassung von Gegenständen an Mündel **20** 1824; bei Verfügungen über Mündelvermögen **20** 1812 ff.; Vergütung **20** 1836; Zwangsgeld **20** 1837
Gegenzeichnung von Anordnungen und Verfügungen des Bundespräsidenten **1** 58
Gehalt, Abtretung **20** 411; Aufrechnung **21** 81; der Beamten **21** 80; Kürzung bei Kurzarbeit **84** 19; Pfändung **100** 832 f., 850 ff.; Übertragung **21** 81; Zahlung an Handlungsgehilfen **50** 64
Geheimer Vorbehalt 20 116
Geheimhaltungspflicht bei Beratung **95** 193; gegenüber Kapitalgesellschaft **50** 333; Strafvorschriften nach dem PublG **52b** 19; Verletzung **53** 151
Geheimnisverletzung 85 201 ff.
Gehilfe, Haftung beim Auftrag **20** 664, für Erfüllungsgehilfen **20** 278; bei Straftaten **85** 27; bei unerlaubten Handlungen **20** 830 f.; des Versteigerers, Verbot des Mitbietens **20** 450; bei Verwahrung **20** 691
Gehör, rechtliches **1** 103; *s. Rechtliches Gehör*
Gehwege, Benutzung **35a** 25; Parken **35a** 12
Geiselnahme 85 239b
Geisteskrankheit, Aufschub der Strafvollstreckung **90** 455; Schuldausschließungsgrund **85** 20
Geistesschwäche, Schuldunfähigkeit **85** 20; Testamentserrichtung **20** 2229; Unfähigkeit zum Vormund **20** 1780
Geistesstörung, Schadenszufügung **20** 827, 829; und Testamentserrichtung **20** 2229; bei Willenserklärungen **20** 105
Geistliche, Abtretung des Gehalts **20** 411; Ermittlungsmaßnahmen gegen **90** 160a; Schweigerecht bei Kenntnis von Straftaten **85** 139; vermögensrechtliche Ansprüche **21** 80; als Vormund **20** 1784, 1888; Zeugnisverweigerungsrecht **90** 53 ff.
Geld, Anlage durch Vorerben **20** 2119; Anweisung **20** 783; Eigentumsvermutung **20** 1006; früherer Besitzer **20** 1006 f.; gefundenes **20** 981; gutgläubiger Erwerb **20** 935; Haftung des Gastwirts **20** 702 f.; Hinterlegung **20** 372, 1960, zur Abwendung der Untersuchungshaft **90** 116a, von gepfändetem **100** 930; Sicherheitsleistung durch **20** 232 f., 235; Übermittlung **20** 270; Verwahrung durch Notar **23** 57 ff.; Verwendung durch Beauftragten **20** 668, durch Verwahrer **20** 698
Geldbetrag, Darlehen **20** 488
Geldbuße, mit bedrohte Handlungen **94** 1; Beitreibung **122** 1; Festsetzung gegen juristische Person und Personenvereinigungen **90** 88, 444, 472b; **94** 30; Höhe **94** 17; Vollstreckungsverjährung **94** 34; und zeitliche Geltung eines Gesetzes **94** 4
Geldentschädigung 20 249 ff., 843 ff.
Geldfälschung 85 146 ff.; im Ausland **85** 6; Vorbereitungshandlungen **94** 127
Geldforderungen, Abtretung **50** 354a; Arrest wegen **100** 916; Beschleunigung fälliger Zahlungen **21** 229; Einziehung **20** 1288; Klage auf künftige Zahlung **100** 257; Mahnverfahren **100** 688; Nießbrauch **20** 1074 ff.; Pfandrecht **20** 1288;

Pfändung **100** 829 ff., 853; Überweisung **100** 835 ff.; als Verfahrenswert **118** 35; Vermächtnis **20** 2173; Verwertung **100** 844; Verzug **20** 286; Zwangsvollstreckung in **100** 802a ff., 807, 829 ff.

Geldleistung im Versicherungsfall **62** 14

Geldrente, Abänderungsklage **100** 323; bei Erwerbsminderung nach dem StVG **35** 13; für Notweg **20** 917; bei Produkthaftung **27** 9; Schadensersatz durch **20** 843 ff.; Sicherheitsleistung **33** 8, bei Verurteilung zur Zahlung einer **100** 324; Trennungsunterhalt der Ehegatten **20** 1361; für Überbau **20** 912 ff.; Unterhalt durch **20** 1585, 1612; Vollstreckbarkeit des Urteils **100** 708; Vorausleistung **20** 760

Geldschuld in ausländischer Währung **20** 244; in bestimmter Münzsorte **20** 245; Übermittlung **20** 270; Verzinsung **20** 288, 291, 301; Zahlung mit Zahlungskarten **20** 270a; Zahlungsmittel, bargeldlose **20** 270a; Zahlungsort **20** 270

Geldsortenschuld 20 245

Geldstrafe 85 40 ff.; **85a** 299; Beitreibung **90** 459c; **122** 1; Bemessung **85** 40; Ersatzfreiheitsstrafe bei Uneinbringlichkeit **85** 43; Festsetzung **85** 40; und Freiheitsstrafe **85** 47, 49; Gesamtstrafe **85** 54 f., 59c; Hauptverhandlung ohne Angeklagten **90** 232; Stundung, Teilzahlung **85** 42; Tilgung durch freie Arbeit **85a** 293; und Untersuchungshaft **90** 113; Verhängung in Tagessätzen **85** 40; Verrechnung bei Teilbeträgen **90** 459b; Verwarnung mit Strafvorbehalt **85** 59; Vollstreckung **90** 459 ff., Zahlungserleichterungen **90** 459a; Vollstreckungsverjährung **85** 79 ff.; wahlweise Androhung **85a** 12; Zahlungserleichterungen **85** 42; Zusammentreffen mit Freiheitsstrafe **85** 53 f.

Geldwäsche 85 261; **85a** 316k; Online-Durchsuchungen **90** 100b; Telekommunikationsüberwachung **90** 100a

Geldwesen im Bund **1** 73, 111, 115

Gelegenheitsgeschenke *s. Geschenke*

Gemeinde, Anteil an Einkommensteuer, Umsatzsteuer, Grund- und Gewerbesteuer **1** 106; Finanzwesen **1** 106 ff., 134; frühere Verbindlichkeiten **1** 135a; Selbstverwaltung **1** 28; Verfassungsbeschwerde **1** 93

Gemeinden, Anzeigepflicht bei Todesfällen **90** 159; Aufrechnung gegenüber **20** 395; Befreiung von Kfz-Haftpflichtversicherungspflicht **63** 2; Beteiligung an Aktiengesellschaften **51** 393a ff.; Beteiligung an GmbH **52** 77a; im Firmenrecht **50** 30; Fund **20** 976, 979, 981; Gerichtsstand **100** 17, 22; Zuziehung von Gemeindebeamten bei Durchsuchungen **90** 105; Zwangsvollstreckung gegen **100** 882a; **101** 15

Gemeindeverband, Verfassungsbeschwerde **1** 93

Gemeine Gefahr, Grundrechtseinschränkung **1** 13

Gemeineigentum, Überführung von Grund und Boden, Produktionsmitteln usw. in **1** 15, 74

Gemeinnützige Wohnungsunternehmen 53 162; Abschlussprüfung **50a** 25

Gemeinsamer Ausschuss, Feststellung des Verteidigungsfalles **1** 115a; Rang und Geltungsdauer von Gesetzen **1** 115k, 115l; Stellung und Rechte **1** 115e; für Verteidigungsfall **1** 53a; Wahl eines neuen Bundeskanzlers **1** 115h

Gemeinsamer Senat der obersten Gerichtshöfe des Bundes **1** 95

Gemeinsames Sorgerecht *s. Sorgerecht*

Gemeinschaft, Aufhebung **20** 749 ff., 1010, 1066, 1258, durch Zwangsversteigerung **108** 180 ff.; nach Bruchteilen **20** 741 ff.; **21** 173; Forderung aus der **20** 756; Gesamtschuld **20** 755; Gewährleistung wegen Mängeln der Sache **20** 757; im Insolvenzverfahren **110** 84; Rechtsnachfolger **20** 746; Teilung **20** 752 f.; der Wohnungseigentümer **37** 9a ff., *s. a. Wohnungseigentümergemeinschaft*

Gemeinschaft zur gesamten Hand, Geschäftswert **119** 70

Gemeinschaftliche Gesamtgutsverwaltung 20 1450 ff.

Gemeinschaftliche Verpflichtung 20 427

Gemeinschaftliches Eigentum iSd WEG **37** 1, Nutzungen und Kosten **37** 16, Verwaltung **37** 18

Gemeinschaftliches Kind, Annahme als **20** 1741

Gemeinschaftliches Testament 20 2265 ff., 2292; und Ausschließung eines Abkömmlings **20** 1516; Notargebühr **119** Anl. 1 Nr. 21100 f.; Rücknahme **20** 2272

Gemeinschaftliches Vermächtnis 20 2157 ff.

Gemeinschaftliches Vermögen der Ehegatten, Gesamtgut **20** 1416

Gemeinschaftsaufgaben, Bildungsplanung und wissenschaftl. Forschung **1** 91b; Mitwirkung des Bundes **1** 91a

Gemeinschaftsmarken *s. Unionsmarken*

Gemeinschaftsschule 1 7

Gemeinschaftssteuern 1 106

Gemeinschaftsunternehmen, Vergabe öffentlicher Aufträge an **74** 139

Gemeinwohl, Gefährdung durch Stiftung **20** 87

Genehmigung 20 184; der auftragslosen Geschäftsführung **20** 684; zur Aussage als Zeuge **90** 54; des Erbverzichts **20** 2347; des Familiengerichts bei Vormundschaft **20** 1803; des gesetzlichen Vertreters **20** 108 ff.; der Niederschrift des Notars **23** 13 f.; von Rechtsgeschäften **20** 108, 184 f., für das Kind **20** 1643 ff.; des Verkaufs **20** 451; von Verträgen Minderjähriger **20** 108 f.; eines Vertrags mit Ehegatten durch den anderen **20** 1366; der Verwendungen **20** 1001 ff.; von Zahlungsvorgängen **20** 675j

Generalbundesanwalt, Ernennung **95** 149; und Landesstaatsanwaltschaft **95** 142a; Übernahme von Strafsachen **95** 74a, eines Verfahrens **95** 120; Zuständigkeit **95** 142 f.

Generalversammlung der Genossenschaft **53** 43 ff., Befassung mit Prüfungsbericht **53** 59, Beschlüsse während der COVID-19-Pandemie **52d** 3, 7, Einberufung **53** 44 ff., im Bundesanzeiger **53** 95, bei Formwechsel **52a** 260 f., bei Verschmelzung **52a** 82 f., Niederschrift über Beschlüsse **53** 47, Vorlage des Jahresabschlusses **53** 33, Weisungen an Vorstand **53** 27

Genetische Untersuchung zur Klärung der Abstammung, Anspruch auf Einwilligung **20** 1598a

Genfer Flüchtlingskonvention 21 Anm. zu Art. 7

Genmanipulation 1 74

Genossenschaften 53; Abtretung genossenschaftlicher Ansprüche **53** 88a; Anfechtung von Beschlüssen **53** 51; Anmeldung **53** 11 f.; Auflösung **53** 78 ff.; Auflösung oder Erlöschen **53** 77a; Aufsichtsbehörde **53** 63; Aufsichtsrat **53** 9, 36 ff., *s. a. dort;* Auseinandersetzung mit ausgeschiedenem Mitglied **53** 73; Beendigung der Mitgliedschaft **53** 65 ff.; Beitrittserklärung zur **53** 15 ff.; Bilanz **50** 336 ff., 337, Anhang **50** 338, Jahresabschluss/Lagebericht **50** 336; und die DigitalisierungsRL **53** 175; eingetragene **53** 1; Eintragung der Eröffnung des Insolvenzverfahrens **53** 102; Errichtung **53** 1 ff.; Firma der **53** 3; als Formkaufmann **53** 17; Formwechsel **52a** 258 ff.; Fortsetzung nach Auflösung **53** 79a, nach Insolvenzverfahren **53** 117; frühere sächsische **21** 166; Generalversammlung **53** 43 ff., *s. a. dort,* Beschlüsse während der COVID-19-Pandemie **52d** 7; Gerichtsstand **100** 17, 22; Geschäftsanteile **53** 7 ff., 87a f., Auszahlungsverbot **53** 22, Erklärung **53** 15b, Herabsetzung **53** 22, Kündigung **53** 67b, Verjährung des Einzahlungsanspruchs **53** 22, Zerlegung **53** 22b; Geschäftsguthaben **53** 76, Übertragung **53** 76; Geschäftswert von Beschlüssen **119** 108; Gewinn- und Verlustverteilung **53** 19 f.; Gläubiger von, Sicherheitsleistung für **53** 120, Sicherheitsleistungen **53** 22; große **53** 58, Pflichtprüfung **53** 53; Haftsumme **53** 119 ff.; Haftung der Mitglieder **53** 23; Haftungsbeschränkung **53** 2; Insolvenz der, Nachschusspflicht der Mitglieder **53** 22a; Insolvenzverfahren **53** 81a, 98 ff.; Jahresabschluss **50** 336 ff.; **50a** 82; **53** 33, 48; Jahresabschlussprüfung **53** 164; kapitalmarktorientierte *s. dort;* Klage auf Nichtigerklärung **53** 94 ff.; Kleinstgenossenschaften **50** 336 ff.; als Kostenschuldner **119** 23; Kredite **53** 49; Kreditinstitute als **50** 340k; Kündigung bei Fortsetzung nach Insolvenzverfahren **53** 118; Lagebericht **50** 336 ff.; **53** 33, 170; Löschung wegen Nichtigkeit **112** 397; Minderheitsberufungsrecht **53** 45; Mindestkapital **53** 8a; Mitglieder der **53** 18; Mitgliederdarlehen **53** 21b; Mitgliederliste **53** 30 ff., 69; Mitgliederzahl **53** 4; Mitgliedschaft **53** 65 ff., bei Auflösung **53** 75; Nachschüsse **53** 105, 114; Offenlegungspflichten **50** 339; Ordnungsgeldverfahren gegen **50** 339; ordnungswidriger Stimmenkauf **53** 152; Pflichtprüfung **53** 53 ff., vereinfachte **53** 53a; Prüfung und Qualitätssicherung **53** 57a; Prüfungsbericht **53** 58, Bestätigungsvermerk **50** 339; Prüfungsverbände **53** 53 ff., 173, bei Spaltung **52a** 150, bei Verschmelzung **52a** 105 ff.; Qualitätskontrolle bei Prüfungsverbänden **53** 63e ff.; Rechtsfähigkeit **53** 17; Regelungen während der COVID-19-Pandemie **52d** 3, 7; Registereintragung **53** 11 ff.; Registergericht **53** 63d; Satzung **53** 5 ff., Änderung **53** 16, Veröffentlichung **53** 12; Sonderuntersuchungen **53** 63h; Sorgfaltspflicht des Vorstands **53** 34; Strafbarkeit der Geheimhaltungspflichtverletzung **53** 151, von Pflichtverletzungen **53** 148; Strafbestimmungen **53** 147 ff.; Tod eines Mitglieds **53** 77; Unvereinbarkeit von Ämtern **53** 37; Verfassung der **53** 24 ff.; ohne Vermögen, Löschung **112** 394; Vermögensverteilung **53** 91 f.; Veröffentlichungen im Internet **53** 15, 46, 48, 54; Verschmelzung von **52a** 79 ff.; Vertreterversammlung **53** 43a; Verwahrung der Unterlagen **53** 93; Vorstand **53** 9, 24 ff., vorläufige Enthebung **53** 40; Zinsen für Geschäftsguthaben **53** 21 f.; Zweigniederlassung **53** 14

Genossenschaftsbank *s. Deutsche Genossenschaftsbank*

Genossenschaftsgesetz 53; Klagen nach dem **95** 95
Genossenschaftsregister 53 10 ff., 155 ff.; Auflösungeintragung **53** 82; Eintragung bei Fortsetzung der aufgelösten Genossenschaft **53** 79a; Eintragung der Eröffnung des Insolvenzverfahrens **53** 102; elektronisches **50a** 61; Gebühren **119** 58; und Handelsregister **53** 156; Löschung nichtiger Beschlüsse **112** 398; Mitteilung im Insolvenzverfahren **110** 31; negative Publizität **53** 29, 86
Genossenschaftsregistersachen 112 374
Genussmittel, Verkehr mit **1** 74
Geographische Herkunftsangaben, Änderung **72** 132; Ansprüche bei Verletzung **72** 135, 153; Einspruchsverfahren **72** 131; Löschung **72** 132; Rechtsmittel gegen Entscheidungen des DPMA **72** 133; Rechtsverordnungen zum Schutz **72** 137 ff.; Schutz **72** 126 ff., als Kollektivmarken **72** 99, Verfahren beim DPMA **72** 130 ff.; strafbare Benutzung **72** 144; Überwachung **72** 134; Verletzungsverfahren **72** 151
Geräte, Gerätschaften als Zubehör **20** 98
Geräusche vom Nachbargrundstück **20** 906
Gerichte, Anordnung der Beschlagnahme **90** 98; für Arbeitssachen **83** 1, Verfahren **83** 47; Auslagen **115** Anl. 1 Nr. 9000 ff.; **119** Anl. 1 Nr. 31000 ff.; als Behörde **85** 11; besondere für Schifffahrtsangelegenheiten **95** 14; **95a** 3; Bindung an Anträge der Staatsanwaltschaft **90** 206, eigene End- und Zwischenurteile **100** 318, an Entscheidung über Zulässigkeit des Rechtsweges **95** 17; Datenverarbeitung durch **90** 483 ff.; Entscheidung in Wohnungseigentumssachen **37** 43; Ermittlung von Amts wegen **112** 26; für Familiensachen, örtl. Zuständigkeit **112** 2; Fristbestimmung **100** 283; gemeinsame für Europäisches Verfahren für geringfügige Forderungen **100** 1104a; gerichtliche Entscheidung, Verfahren **90** 462; Kosten der freiwilligen Gerichtsbarkeit **115** 1; **119**; Kostenfestsetzung in Strafsachen **90** 464b; Mitteilungen zum Zentralregister **92** 20; ordentliche **95** 12, Zuständigkeit nach Zuständigkeitskonzentrationen **95** 17c; örtliche Zuständigkeit **100** 12 ff.; Präsidium und Geschäftsverteilung **95** 21a ff.; Rechtshilfe **95** 156 f.; sachliche Zuständigkeit **100** 1 ff.; Unabhängigkeit **95** 1; unbeschränkte Auskunft aus Zentralregister **92** 53; Untersuchungshandlungen im Strafverfahren **90** 162; Verständigung mit Verfahrensbeteiligten **90** 257c; Verwarnung neben Schuldspruch **85** 59; Verweisung, Kosten **119** 5; Vorbehalt der Haftfestsetzung **90** 161a; Weisungen **85** 68b; Zuständigkeit nach OWiG **94** 45; Zuweisung durch Landesrecht **95** 13a
Gerichtliche Bestellung von Sonderprüfern, Kosten **51** 146
Gerichtliche Entscheidungen zum Sorge- oder Umgangsrecht **20** 1696; im Strafverfahren **90** 33 ff.; *s. a. Beschluss, Urteil*
Gerichtliche Vergleiche 20 127a; **100** 278; Änderung und Prüfung bzgl. Sorge- oder Umgangsrecht **20** 1696
Gerichtliche Verwaltung eines Grundstücks **108** 94
Gerichtliche Zuweisung eines landwirtschaftlichen Betriebes **108** 185
Gerichts- und Notarkostengesetz, GNotKG **119**; Sonderregelung für Baden-Württemberg **119** 135
Gerichtsakten *s. Akten*
Gerichtsarzt, Verlesung von Gutachten **90** 256
Gerichtsauslagen, Abhängigmachung **119** 14
Gerichtsbarkeit in Arbeitssachen **83** 1; über Exterritoriale **95** 18 ff.; freiwillige *s. dort;* ordentliche **95** 12
Gerichtsbescheid, Gebühren des Verwaltungsgerichts **115** Anl. 1 Nr. 5111
Gerichtsbezirke, Amtshandlungen außerhalb des **95** 166; Änderung der Grenzen **95** 17c
Gerichtsentscheidungen, Abänderung bzgl. Sorge- oder Umgangsrecht **20** 1696
Gerichtsgebühren, Abhängigmachung **119** 13; Fälligkeit **115** 6 ff.; **119** 9; Kostenansatz **115** 19 ff.; Wertfestsetzung **115** 63, Rechtsanwaltsgebühren **117** 32; Wertfestsetzung für die **118** 55
Gerichtshilfe, Geschäftsbereich der Landesjustizverwaltungen **85a** 294, für Vollstreckungsbehörden **90** 463d
Gerichtskasse als Vollstreckungsbehörde **122** 2
Gerichtskosten 119 55 ff.; Ansatz **119** 18; Arbeitsgerichtsbarkeit **83** 7, 12; Befreiung in Familiensachen **118** 2; Beitreibung **100** 125; **122** 1; Erinnerung und Beschwerde bei Verfahren **118** 58; Erlöschen der Zahlungspflicht **119** 28; Erstschuldner **119** 33; Fälligkeit der Gebühren **115** 6 ff.; in Familiensachen, Übergangsvorschr. **118** 63; Haftung für **115** 22 ff., 29 ff.; **119** 22 ff.; Höhe **115** 3 f.; bei Insolvenz **110** 54; Kostenansatz **115** 19 ff.; Kostenfreiheit **119** 2; Nachforderung **119** 20; Nichterhebung

119 21; Rechtsbehelfe gegen Kostenansatz **115** 66 ff.; und Unterhaltspflicht **20** 1360a, Verfahrenswert in Familiensachen **118** Anl. 2; Verjährung, Verzinsung **115** 5; **119** 6; Vorschuss und Vorauszahlung für die Anhängigmachung **115** 10 ff.; Wertfestsetzung **115** 61 ff.

Gerichtskostengesetz **115**; Anwendung für Vollstreckung nach dem JBeitrG **122** 10; in Familiensachen **118**; Gebührenvorschriften **115** 34 ff.; Geltung in Arbeitssachen **83** 12; Höhe der Gerichtskosten **115** 3 f.; Kostenansatz **115** 19 ff.; Kostenfreiheit **115** 2; Kostenverzeichnis **115** Anl. 1 zu § 3 Abs. 2; Rechtsbehelfe gegen Kostenansatz **115** 66 ff.; Übergangsvorschriften **115** 71 ff.; Wertfestsetzung **115** 61 ff.

Gerichtspersonen, Ablehnung im arbeitsgerichtlichen Verfahren **83** 49; Ausschließung und Ablehnung im Strafprozess **90** 22 f., im Zivilprozess **100** 41 ff.

Gerichtspolizei *s. Sitzungspolizei*

Gerichtsreferendare *s. Referendare*

Gerichtssiegel **100** 313b; auf Vollstreckungsklausel **100** 725

Gerichtssprache **95** 184 ff.; deutsch und sorbisch **95** 184

Gerichtsstand **100** 12 ff.; allgemeiner **100** 36; bei Anklage durch Europäische Staatsanwaltschaft **90** 16; im Arrestverfahren **100** 919, 927; des Aufenthaltsorts **100** 20; Ausbildungsverhältnisse **100** 20; ausschließlicher **100** 12, 24, 40, 584, 802, 943, der Musterfeststellungsklage **100** 32c; besonderer **100** 20 ff.; Bestimmung **100** 37; **101** 9; dinglicher **100** 36; für einstweilige Verfügungen **100** 937; der Exterritorialen **100** 15; nach dem FamFG **95** 119; beim Frachtgeschäft **50** 440; im Insolvenzverfahren **110** 3 ff., 315, Gruppen-Gerichtsstand **110** 3a ff., *s. a. dort;* in Kennzeichenstreitsachen **72** 141; in Kindschaftssachen **95** 72; im Mahnverfahren **100** 689; für Nichtigkeits- und Restitutionsklagen **100** 584; der Niederlassung **100** 21; Prorogation **100** 38 ff.; von Schülern **100** 20; für Soldatinnen und Soldaten in besonderer Auslandsverwendung **90** 11a; Strafverfahren **90** 7 ff., Bestimmung **90** 13a f., 19, mehrere **90** 12 f., Prüfung und Einwände **90** 16; Studenten **100** 20; Urheberrechtsstreitsachen **65** 104a; des Vermögens **100** 828; Versicherungsvertrag oder -vermittlung **62** 215; für Wechselklagen **100** 603; für Widerspruchsklagen im Verteilungsverfahren **100** 879; im Zwangsvollstreckungsverfahren **100** 802

Gerichtsverfahren, Barrierefreiheit **95** 191a; Kosten **115**; Rechtsschutz bei überlangen **74** 73; **95** 198 ff., in Markenangelegenheiten **72** 96a; Wertfestsetzung **115** 61 ff.

Gerichtsverfassung **1** 74

Gerichtsverfassungsgesetz **95**; Anwendung im Arbeitsgerichtsverfahren **83** 9, 13, im Jugendstrafprozess **89** 107 ff., im Strafprozess **90** 1; Anwendungsbereich **95a** 2; besondere Strafkammern **90** 6a; Einführungsgesetz zum **95a**; Übergangsvorschriften zum FGG-Reformgesetz **95a** 40, zum 2. KostenrechtsmodG **95a** 42; Verhüllungsverbot **95** 176, und Zeugenschutz **90** 68

Gerichtsverhandlungen, strafbare Mitteilungen über **85** 353d; Öffentlichkeit **83** 52, 72; **95** 169, Ausnahmen **95** 170 ff.; Versagung des Zutritts **95** 175; Verständigung mit hör- oder sprachbehinderten Personen **95** 186

Gerichtsvollzieher in Arbeitssachen **83** 9; Aufschieben einer Vollstreckungsmaßnahme **100** 765a; Auskunftsrechte **100** 802l; Auslagenersatz **123** Anl.; Ausschließung des **95** 155; Austauschpfändung **100** 811b; Bestellung und Zuständigkeit **95** 154; **100** 827; Datenverarbeitung durch **100** 802l; Durchsuchungen **100** 758; Einsicht in Akten der **100** 760; Erinnerung gegen Art und Weise der Zwangsvollstr. **100** 766; Gebühren **123** 10 ff.; Klagen der **100** 34; Kosten **123**, Beitreibung **123** 1; Kostenverzeichnis **123** Anl.; Ladungen durch **90** 38; Mitteilungen an Gläubiger **100** 806a; Protokoll **100** 762 f.; Quittung des **100** 754, 757; in Rechtshilfesachen **95** 161; richterliche Anordnung einer Durchsuchung **100** 758a; Schutz von Leib und Gesundheit **100** 757a; **112** 87, 96; Verhaftung des Schuldners **100** 802g; Versteigerung **20** 383; Zustellung durch, Willenserklärungen **20** 132; Zwangsvollstreckung **100** 753, 808 ff., 831, 847, 854, 883, 892; **101** 43

Geringfügigkeit, Einstellung des Strafverfahrens wegen **90** 153, 383

Geringstes Gebot in der Zwangsversteigerung **108** 44 ff., 59 ff., 83, 174, 179, 182

Gerüche vom Nachbargrundstück **20** 906

Gesammeltes Vermögen, Pflegschaft **20** 1914

Gesamtausgebot bei Zwangsversteigerung **108** 63, 83, 112

Gesamtgeldstrafe **85** 54 f.; Verwarnung **85** 59c

Gesamtgläubiger **20** 428 ff.

Gesamtgrundschuld 20 2168
Gesamtgut 20 1416; Anteil als Nachlass **20** 1482; Aufgebot der Nachlassgläubiger des **112** 462; Auseinandersetzung **20** 1471 ff., 1497 ff.; **114** 36, Geschäftswert **119** 41; Ausschließung des Sonderguts **20** 1417, des Vorbehaltsguts **20** 1418; dingliche Ersetzung bei Beschädigungen **20** 1473; Forderungen und Schulden **20** 1446; fortgesetzte Gütergemeinschaft **20** 1483 ff.; gemeinschaftliches, Verwaltung **20** 1450 ff., 1454; Grundbuchberichtigung **20** 1416; Haftung **20** 1438 f., für Rechtsgeschäfte eines Ehegatten **20** 1437; keine Haftung für Vorbehalts- oder Sondergut **20** 1462; Inventarfrist für Ehegatten **20** 2008; Kosten eines Rechtsstreits **20** 1465; Nachlassinventar **20** 2008; Rechtsgeschäfte betreffend das **20** 1455; Schulden eines Ehegatten **20** 1468; Schuldenregelung bei verfrühter Teilung **20** 1480 ff.; Überschuldung **20** 1447 f.; ungerechtfertigte Bereicherung **20** 1457; Unpfändbarkeit des Anteils eines Ehegatten am **100** 860; Unterhaltspflichten **20** 1604; keine Verfügung über einen Anteil **20** 1419; Verfügungen **20** 1421, 1423 f., 1427 ff.; Verwaltung **20** 1421 ff., bis zur Auseinandersetzung **20** 1472, bei fortgesetzter Gütergemeinschaft **20** 1487; Verwendung zum Unterhalt **20** 1420; Verwendungsersatz **20** 1467; Voraussetzungen für Zwangsvollstreckung **100** 740 ff.; Zugehörigkeit zur Insolvenzmasse **110** 37; Zuwendungen aus **20** 2054, 2331
Gesamtgutsgläubiger, Aufgebot **112** 464
Gesamtgutsverbindlichkeiten 20 1437, 1459 ff.; bei Auseinandersetzung **20** 1499; nach Beendigung der Gütergemeinschaft **20** 1475; der fortgesetzten Gütergemeinschaft **20** 1488; im Innenverhältnis **20** 1441 ff., 1463
Gesamtgutsverwaltung, Geschäftswert **119** 64; Klage auf Beendigung **20** 1447 ff.
Gesamthandsgemeinschaften, Geschäftswert **119** 70
Gesamthandsgläubiger 20 432
Gesamthandsverhältnisse, Erbengemeinschaft **20** 2032; Gesellschaft **20** 718
Gesamthypothek 20 1132, 1143, 1172 ff., 1181 f.; Vermächtnis **20** 2167; Verzicht **20** 1175; im Zwangsversteigerungsverfahren **108** 50, 64, 122 f.
Gesamtkostenverfahren, Aufstellung der Gewinn- und Verlustrechnung **50** 275
Gesamtpreis bei Vorkauf **20** 467
Gesamtprokura *s. Prokura*
Gesamtrechtsnachfolge des Erben **20** 1922
Gesamtrentenschuld 20 2168
Gesamtschuld einer Gemeinschaft **20** 755
Gesamtschuldner 20 421 ff., 431, 840; **50** 356; Erben für Nachlassverbindlichkeiten **20** 2058; Haftung im Insolvenzverfahren **110** 43; bei Haftung nach dem StVG **35** 7, 17 f.; Kostenhaftung **115** 31 ff.; Mitbürgen **20** 769; Rechte im Insolvenzverfahren **110** 44; Vereinsvorstand **20** 42
Gesamtschuldnerische Haftung bei Architekten- und Ingenieurvertrag **20** 650t; der Ehegatten **20** 1459 ff.; der Eltern **20** 1664; bei Gütergemeinschaft **20** 1437; für Kosten des Gerichtsvollziehers **123** 3; der Liquidatoren eines Vereins **20** 53; bei nichtsrechtsfähigen Vereinen **20** 54; mehrerer Verpflichteter aus einer Aktie **51** 69; bei Verstößen gegen das GWB **74** 33d
Gesamtstrafe, Bildung **85** 54 f.; Eintragung ins Zentralregister **92** 6, Hinweis **92** 23; Festsetzungsverfahren **90** 462a; gegen Jugendliche **89** 66; bei mehreren Straftaten **85** 54 f.; nachträgliche Bildung einer **85** 59c; **90** 460; und Strafaussetzung zur **85** 58; bei Verwarnung mit Strafvorbehalt **85** 59b
Gesandte, Beglaubigung **1** 59; Exterritorialität **95** 18 ff.; Gerichtsstand deutscher im Ausland **100** 15
Geschäfte des täglichen Lebens **20** 105a; *s. a. Rechtsgeschäfte*
Geschäftliche Bezeichnung iSd MarkenG, Markenschutz **72** 5
Geschäftliche Entscheidungen iSd UWG **73** 2
Geschäftliche Handlungen iSd UWG 73 2; aggressive **73** 4a; irreführende **73** 5, durch Unterlassen **73** 5a; unzulässige unlautere **73** 3 Anhang, *s. a. dort,* Gewinnabschöpfung **73** 10
Geschäftliche Unterlagen, Prüfung durch Kartellbehörde **74** 59a
Geschäfts- und Betriebsgeheimnisse, Einsicht durch Monopolkommission **74** 46; Verletzung, Strafbarkeit **85** 355
Geschäftsanteile an Genossenschaften **53** 7 ff.; *s. Geschäftsguthaben*
Geschäftsbedingungen und Wettbewerbsbeschränkungen **74** 2
Geschäftsbesorgung durch Ehegatten **20** 1357; für Kinder **20** 1698a f.
Geschäftsbesorgungsvertrag 20 675 ff.; Erlöschen im Insolvenzverfahren **110** 116; Informationspflichten **20** 675a; **21** 228; Zahlungsdienstleistungsvertrag **20** 675c ff., *s. a. dort*
Geschäftsbetrieb, kaufmännischer **50** 2; zustimmungsfreier eines Ehegatten **20** 1456

Geschäftsbriefe, notwendige Angaben bei Aktiengesellschaften **51** 80, bei GmbH **52** 35a, bei Handelsfirma **50** 37a, bei OHG **50** 125a
Geschäftsbücher *s. Buchführung*
Geschäftsfähigkeit 20 104 ff.; **21** Art. 7; beschränkte **20** 106, elterliche Sorge bei **20** 1673; Ehevertrag bei beschränkter **20** 1411; beim Erbvertrag **20** 2275, 2290, 2292; Minderjähriger **20** 112 f.; Prüfung durch Notar **23** 11, 28; bei Vaterschaftsanerkennung **20** 1596; Verfahrensfähigkeit bei beschränkter in Ehesachen **112** 125; des Vertreters **20** 165, 179
Geschäftsführende Gesellschafter der OHG **50** 114 ff.; Vollmacht **20** 169
Geschäftsführer der GmbH **52** 6, *s. a. GmbH-GeschäftsführerInnen*
Geschäftsführung bei AG **51** 82; bei GbR **20** 709 ff.; einer Genossenschaft **53** 24 ff.; bei der OHG **50** 114 ff.; unechte **20** 687; des Vereinsvorstandes **20** 27
Geschäftsführung ohne Auftrag 20 677 ff., 1978; **100** 89; im Ausland **21** 39; **21b** 10 ff.; Irrtum **20** 686
Geschäftsführungsbefugnis, Fortbestehen nach Auflösung der Gesellschaft **20** 729
Geschäftsgebühr für Güteverfahren vor Gütestelle **117** Anl. 1 Nr. 2303; mehrere Personen **117** Anl. 1 Nr. 1008; in sozialrechtlichen Angelegenheiten **117** Anl. 1 Nr. 2302; in Verfahren nach Wehrbeschwerdeordnung **117** Anl. 1 Nr. 2302
Geschäftsgeheimnisse 50 90; Ausschluss der Öffentlichkeit **95** 172; Einsicht durch Monopolkommission **74** 46; G zum Schutz von, Nebenklage bei Straftaten **90** 395, Privatklageweg bei Straftaten **90** 374, Streitwert für Verfahren **115** 51, Zuständigkeit der Wirtschaftsstrafkammern **95** 74c; Offenbarung **85** 203 ff.; Verletzung, Strafbarkeit **85** 355
Geschäftsgrundlage, Störung **20** 313
Geschäftsguthaben einer Genossenschaft, Auseinandersetzung **53** 73, Übertragung **53** 76
Geschäftsherr, Haftung **20** 831; Schadenshaftung **20** 278
Geschäftsinhaber, Fürsorgepflicht **50** 62
Geschäftsjahr, Dauer **50** 240
Geschäftskosten des Rechtsanwalts **117** Anl. 1 vor Nr. 7000
Geschäftsnachfolger 50 25
Geschäftsordnung der Bundesregierung **1** 65; von Bundestag und Bundesrat **1** 40, 42, 52; des Gemeinsamen Ausschusses **1** 53a; des Vermittlungsausschusses **1** 77; des Vorstands der AG **51** 77
Geschäftsreisen *s. Reisekosten*
Geschäftsstelle 95 153; Aktenübersendung **90** 320; Anträge und Erklärungen bei FamFG **112** 25, der Parteien **100** 496; Aufgaben **100** 168; Ausschließung und Ablehnung von Urkundsbeamten **100** 49; Einforderung der Prozessakten **100** 541; Erklärungen zu Protokoll der **100** 381, 386 ff., 406, 496, 569, 571, 920, 924; Ladungen im Zivilprozess, (Parteien) **100** 497, (Zeugen) **100** 377; Mitwirkung des Urkundsbeamten der **90** 271 ff., 275; Niederlegung auf **100** 142; **108** 144; Rechtshilfe **95** 161; Rechtskraftzeugnis, Notfristzeugnis **100** 706; Übermittlung von Protokollen an zuständige **100** 129a, des Urteils an **100** 315; Übermittlung von Unterlagen auf **100** 411; Urkundsbeamter als Dolmetscher **95** 190; Vermittlung der Zustellung durch **100** 829; Verwahrung von Urkunden **100** 443; Zustellung von Gerichtsentscheidungen **90** 36; *s. a. Urkundsbeamter*
Geschäftsübergang mit Firma **50** 22
Geschäftsunfähige, Anfechtung des Erbvertrags **20** 2282; Antrag auf Betreuung **20** 1896; Erblasser **20** 2283; Erbverzicht **20** 2347, 2351 f.; Hemmung der Verjährung **20** 210; Nichtigkeit von Willenserklärungen **20** 105; Strafantrag **85** 77; Verjährung **20** 939; als Vormund **20** 1780; Willenserklärung gegenüber **20** 131; Wohnsitz **20** 8
Geschäftsunfähigkeit 20 104 f.; des Auftraggebers **20** 672; nach Ausgabe der Schuldverschreibungen **20** 794; und Ehemündigkeit **20** 1304; Eintritt vor Annahme eines Antrags **20** 153; bei Geschäftsführung **20** 682; Hemmung der Verjährung **20** 210; des Mündels **20** 1778; Ruhen der elterlichen Sorge **20** 1673; bei Schließung eines Ehevertrages **20** 1411; des Testamentsvollstreckers **20** 2201; Willenserklärung **20** 130
Geschäftsverbindung, Vertragsabschluss bei **20** 151
Geschäftswert kein Abzug von Verbindlichkeiten **119** 38; allgemeiner **119** 36; besondere Vorschriften **119** 40 ff., 63 ff.; Festsetzung **119** 79, Beschwerde **119** 83; bei Gesamtgutauseinandersetzungen **119** 41; als Grundlage für Wertgebühren **119** 34; bei Nachlassauseinandersetzungen **119** 41; Schätzung **119** 80; Tabelle A/B **119** Anlage 2 zu § 34 Abs. 3; Tilgung durch Abschreibung **50** 309
Geschäftszeit 50 358
Geschenke unter Ehegatten, Anrechnung auf Ausgleichsforderung **20** 1380; der

Verlobten, Rückgabe **20** 1301 f.; als Vorbehaltsgut **20** 1418; *s. a. Schenkung*
Geschiedene Ehegatten, Unterhaltspflicht **20** 1609
Geschlecht, Verbot der Benachteiligung **1** 3
Geschlossene Ortschaft, Fahrgeschwindigkeit **35a** 3, 45
Geschlossene Verbände im Straßenverkehr **35a** 27
Geschmacksmuster, Bewerdeverfahren, Rechtsanwaltsgebühren **117** Anl. 1 Nr. 3510
Geschwindigkeit im Straßenverkehr **35a** 3, 18
Geschwindigkeitsbegrenzer in Kfz, Missbrauch **35** 22b
Geschwister, Eheverbot **20** 1307; Einsetzung als Nacherben **20** 2109; Erbrecht **20** 1925; Umgangsrecht **20** 1685; Unterhalt aus Vermögen eines Kindes **20** 1649; Vermächtnis **20** 2163; Vormund für **20** 1775, 1786; Wiederaufnahme von Strafverfahren nach dem Tode durch **90** 361
Gesellschaft des bürgerlichen Rechts **20** 705 ff.; Auflösung **20** 723 ff.; Beendigung **20** 726; Berichtigung der Schulden **20** 733 ff.; Eingehung einer für Mündel **20** 1822; Gerichtsstand **100** 17, 22; im Grundbuch, Übergangsvorschriften **21** Art. 229 § 21; Insolvenz **110** 11, 15, 84, 93, 118; Kündigung **20** 725; Pfändung des Anteils **100** 859; Unübertragbarkeit der Ansprüche **20** 717; Vertretung **20** 714 f.; Zwangsvollstreckung **100** 736
Gesellschaft, -en, Recht zur Bildung **1** 9
Gesellschaft mit beschränkter Haftung, Abänderungen des Gesellschaftsvertrags **52** 53 ff.; Abschlussprüfung **50a** 25; Abstimmung **52** 47; Angaben auf Geschäftsbriefen **50** 125a; Anmeldungen der Auflösung **52** 65, zum Handelsregister **52** 39, 54, 57, 57i, 67, elektronische **52** 7 ff.; Anschaffungskosten **52** 57o; Auflösung oder Nichtigkeit **52** 60 ff.; Auflösung wegen Gesellschaftsvertragsmangels **112** 399; Aufsichtsrat **52** 52; Auskunfts- und Einsichtsrecht **52** 51a; Bekanntmachungen **52** 12; Beteiligung an Spaltung **52a** 138 ff., an Verschmelzung **52a** 46 ff.; mit Beteiligung des Bundes **52** 77a; Beteiligungsveränderung **52** 16; Bilanz **52** 42, 57e, 57f; Bilanzmodernisierung **52/1** 4; und die DigitalisierungsRL **52/1** 11; Eintragung **52** 9c, 10 f.; Ergebnisverwendung **52** 29; Eröffnungsbilanz **52** 71; Erstattung verbotener Rückzahlungen **52** 31; Erwerb eigener Geschäftsanteile **52** 33; Erwerb vom Nichtberechtigten **52** 16; Euroumstellung **52/1** 1; Firma **52** 4; Geschäftsanteile **52** 5, 14 ff.; Geschäftsführung **52** 6, 35 ff.; Gesellschafterversammlung **52** 48 ff., Beschlüsse während der COVID-19-Pandemie **52d** 2, 7; Gesellschafterwechsel **52** 16; Gesellschaftsvertrag **52** 2 f.; Gewinnausschüttung **52** 58d; Gewinnbeteiligung **52** 57n; gleichberechtigte Teilhabe von Frauen und Männern **52** 25, 52; **52/1** 5; Gründerzahl **52** 1; Haftung der Gesellschafter **52** 9a, vor Gründung **52** 11; Handelsgesellschaft **52** 13; Herabsetzung des Stammkapitals **52** 58, 58a; Jahresabschluss **50** 264 ff.; Kapital- und Gewinnrücklagenausweisung **52** 57d; Kapitalerhöhung **52** 57h, aus Gesellschaftsmitteln **52** 57c ff., mit Sacheinlagen **52** 56 f.; Kapitalherabsetzung mit Stammkapitalerhöhung **52** 58f; Kapitalherabsetzungsbeschluss **52** 58e; Kreditgewährung aus Gesellschaftsvermögen **52** 43a; Leistung der Einlagen **52** 19 ff.; Liquidation **52** 66 ff.; Liste der Gesellschafter **52** 8, 40; Löschung wegen Nichtigkeit **112** 397, vermögensloser **112** 394; Mängelheilung **52** 76; Modernisierung und Missbrauchsbekämpfung **50a** 65; **52/1** 3; Musterprotokolle **52** Anl. zu 2; Nachschusspflicht **52** 26 ff.; Nichteintritt angenommener Verluste **52** 58c; Nichtigkeit **52** 75 ff.; Ordnungs-, Straf- und Bußgeldvorschriften **52** 78 ff.; Rechtsverhältnisse der Gesellschaft und Gesellschafter **52** 13 ff.; Rückgewähr von Darlehen **52/1** 3; Rücklagenauflösung und Kapitalherabsetzung **52** 58b; Sacheinlagenüberbewertung **52** 9; Selbstkontrahieren **52** 35; Sitz der **52** 4a; Sperrjahr **52** 73; Stammeinlage **52** 3; Stammkapital **52** 3, 5, 55 ff., Erhöhung des **52** 57l f.; bei steuerbegünstigten Zwecken **52** 4; Teilrechte **52** 57k; Transparenz- und Publizitätsgesetz **52/1** 2; Übergangsvorschriften **50a** 34; Umwandlung **52a** 138 ff.; Umwandlungsmöglichkeiten **52a** 1 f.; Verbot des Erwerbs eigener Geschäftsanteile **52** 33; Verjährung von Ansprüchen **52** 9, 43, des Anspruchs auf Leistung der Einlagen **52** 19; Verteilung des Gesellschaftsvermögens **52** 72, neuer Geschäftsanteile **52** 57j; Vertretung **52** 35 ff.; Verzicht auf Ersatzansprüche **52** 9b; Zwangsgelder **52** 79; Zweigniederlassung im Ausland **50** 13g
Gesellschaften, Antragspflicht nach der InsO **110** 15a f., Regelungen während der COVID-19-Pandemie **110d**; Ausschließung eines Gesellschafters **20** 737, 739;

börsennotierte, Veröffentlichungen **51** 124a; Fortbestehen bei Ausscheiden eines Gesellschafters **20** 736; als Kostenschuldner **119** 23; Kündigung von Organmitgliedern **84** 14; auf Lebenszeit **20** 724; Löschung wegen Nichtigkeit **112** 397; ohne Vermögen, Löschung **112** 394; Verteilung des Verlustes **20** 739

Gesellschafter der GbR, Anteil am Gewinn und Verlust **20** 721 f.; Auseinandersetzung **20** 730 ff., 738 ff.; Ausscheiden **20** 736 ff.; Ausschließung **20** 737 ff.; Geschäftsführung **20** 709 ff.; Geschäftsführungsbefugnis nach Auflösung der Gesellschaft **20** 729; Haftung **20** 708; Insolvenz **110** 93; Nachprüfungsrecht **20** 716; Nachschüsse **20** 707; Rechenschaftspflicht **20** 740; Tod **20** 727, 736; Vollmacht **20** 169

Gesellschafter der GmbH *s. GmbH-Gesellschafter*

Gesellschafter der KGaA **51** 282 f., 288

Gesellschafter der oHG, Haftung **50** 128 ff.; Straf-, Bußgeld-, Ordnungsgeldverfahren gegen **50** 335b

Gesellschafterdarlehen, Anfechtbarkeit **111** 6; Insolvenzanfechtung **110** 135

Gesellschafterliste **52** 40; **52/1** 8

Gesellschafterversammlung, Beratung, Geschäftswert **119** 120

Gesellschaftrechtliche Satzungen, Geschäftswert **119** 107

Gesellschaftsanteile, Pfändung **20** 725; **100** 859; Wertbestimmung **119** 54

Gesellschaftsformen, Umwandlungsmöglichkeiten **52a** 1

Gesellschaftsvermögen **20** 718; der AG, Haftung **51** 1; der GmbH, Haftung **52** 13; Teilung **20** 719; Zwangsvollstr. in **100** 736

Gesellschaftsvertrag, Änderung, Notargebühren **119** Anl. 1 Nr. 21100 f.; Auflösung der Gesellschaft wegen Gesellschaftsvertragsmangels **112** 399; der GmbH **52** 2 f., Änderungen **52** 53 ff., Nichtigkeit **52** 75 f.; der OHG **50** 109

Gesetz, ausländisches **100** 293; iSd BGB **21** Art. 2; Bindung von Verwaltung und Rechtsprechung an **1** 20; iSd StPO **90a** 7; Übergang einer Forderung kraft **20** 268, 408, 412, 1143, 1225, 1249, 1251; Unwirksamkeit eines Versprechens auf Grund **20** 344; iSd ZPO **101** 12; Zustandekommen von Bundesgesetzen **1** 78

Gesetzesinitiative **1** 76

Gesetzeskraft der BVerfG-Entscheidungen **1** 94

Gesetzestexte, kein Urheberrechtsschutz **65** 5

Gesetzesvorlagen **1** 76, 81

Gesetzgebende Versammlung, strafrechtlicher Schutz **85** 36 f.; Vernehmung der Mitglieder **100** 382

Gesetzgebung **1** 74; Bindung an Grundrechte **1** 1, an verfassungsmäßige Ordnung **1** 20; des Bundes **1** 70 bis 82, 115c f., 115k f.; Kompetenz nach Zusammentritt des Bundestages **1** 122; Mitwirkung der Länder **1** 50; im Verteidigungsfall **1** 115d, 115k; *s. Bundesgesetzgebung*

Gesetzgebungsnotstand **1** 81

Gesetzgebungsorgane, Indemnität **85** 36

Gesetzliche Erben, Einsetzung **20** 2066; als Vor- und Nacherben **20** 2104 f.

Gesetzliche Erbfolge **20** 1924 ff.

Gesetzliche Rentenversicherung **48** 2; Sondervorschriften für Anrechte nach dem VersAusglG **48** 43

Gesetzliche Rücklage der AG **51** 150; bei verbundenen Unternehmen **51** 324

Gesetzliche Schriftform **20** 126

Gesetzliche Unfallversicherung, Haftung des Arbeitgebers bei Arbeitsunfall **20** Anm. zu 618

Gesetzliche Vermutung, Beweis des Gegenteils **100** 292

Gesetzliche Vollmacht, Versicherungsvertreter **62** 69

Gesetzlicher Güterstand, Gütertrennung bei Ausschluss **20** 1414; Wirkung von Änderungen **20** 1412

Gesetzlicher Vertreter, Anfechtung des Erbvertrags **20** 2282; Anwesenheit bei Hauptverhandlung in Jugendstrafsachen **89** 50; Einlegung von Rechtsmitteln im Strafverfahren **90** 298, 330; der Genossenschaft **53** 24 ff.; Haftung für **20** 278; Handeln für einen anderen **85** 14; **94** 9; im Jugendgerichtsverfahren **89** 67, vor Gerichten für allgemeine Strafsachen **89** 104, notwendige Unterrichtung **89** 67a; der Kapitalgesellschaften, Vorlagepflichten **50** 320; von Kindern **20** 1626, 1629; Mitwirkung bei Rechtsgeschäften Minderjähriger **20** 107 ff.; des Mündels **20** 1793; Privatklage **90** 374; iSd PublizitätsG **52b** 4; Strafantrag **85** 77; bei Testamentserrichtung **20** 2229; Tod des **100** 241; Vertretungsberechtigung bei Beurkundung **23** 12; Wohnsitzbestimmung **20** 8; Zugang von Willenserklärungen **20** 131

Gesetzliches Güterrecht **20** 1363 ff.

Gesetzliches Pfandrecht *s. Pfandrecht*

Gesetzliches Veräußerungsverbot **20** 135

Gesetzliches Verbot, Vermächtnis entgegen **20** 2171; Zuwiderhandlung **20** 134, 309, 819

Gestaltungsurteil, Erklärung der Erbunwürdigkeit **20** 2342, 2344
Geständnis im Falle der Versäumung oder des Nichtverhandelns **100** 539; Feststellung zum Protokoll **100** 510a; gerichtliches **100** 288 ff.; durch Stillschweigen **100** 138, 439; Verlesung des Protokolls **90** 254; Wiederaufnahme des Verfahrens **90** 362; Wirksamkeit für Berufungsrechtszug **100** 535
Gestohlene Sachen 20 935, 1006 f.
Gesuch, Beschwerde gegen Zurückweisung **100** 567
Gesundheit, Gefährdung durch die gemietete Wohnung **20** 569; Schadensersatz wegen Verletzung **20** 823, 833, 836, 843, 845 ff.
Gesundheitsdaten, Erhebung bei Dritten **62** 213
Gesundheitskarte, Beschlagnahmeverbote **90** 97
Gesundheitswesen 1 74; Bestechlichkeit und Bestechung im **85** 299a ff., als Wirtschaftsstrafsache **95** 74c
Gesundheitszeugnisse, Fälschung **85** 277 ff.
Getrenntleben der Ehegatten **20** 1567, Scheidung vor Ablauf der Jahresfrist **20** 1566, vorzeitiger Zugewinnausgleichsanspruch **20** 1385, Zerrüttungsvermutung **20** 1566 f.
Gewährleistung 100 72; Ausschluss bei Miete **20** 536d, bei öffentlicher Versteigerung **108** 56; bei Erbschaftskauf **20** 2376, 2385; bei Hingabe an Erfüllungs Statt **20** 365; beim Kauf wegen Rechtsmängeln **20** 435, wegen Sachmängeln **20** 434; keine bei Pfandveräußerung **100** 806; bei Leihe **20** 600; bei Miete **20** 536 ff.; bei Schenkung **20** 523 f., 526; bei Vermächtnis **20** 2182 f.; beim Viehkauf **50** 382; beim Werkvertrag **20** 633 ff.; bei Zuteilung eines gemeinschaftlichen Gegenstandes **20** 757
Gewährleistungsansprüche *s. Mängelansprüche*
Gewährleistungsausschluss, Verbot **20** 309
Gewährleistungsmarken 72 106a ff.; Anmeldung **72** 106d ff.; Nichtigkeit **72** 106h; Verfall **72** 106g
Gewährleistungsmarkensatzung 72 106d; Änderung **72** 106f
Gewährzeichen als Schutzhindernisse iSd MarkenG **72** 8
Gewalt, Anwendung durch Gerichtsvollzieher **100** 758; Aufforderung zu Gewaltmaßnahmen **85** 130; höhere bei Gastwirtshaftung **20** 701, Hemmung der Verjährung **20** 206, Verhinderung der Inventarfrist **20** 1996; tatsächliche des Besitzers **20** 854 f.; gegen verbotene Eigenmacht **20** 859 f.; zur Wahlbehinderung **85** 107
Gewaltenteilung 1 20
GewaltschutzG, Vollstreckung in Verfahren nach dem **112** 96
Gewaltschutzsachen, Anhörung des Jugendamtes **112** 213; Durchführung der Endentscheidung **112** 215; einstweilige Anordnung in, Rechtsmittel nach mündlicher Erörterung **112** 57, Vollstreckung vor Zustellung **112** 53; Familiensachen **112** 111; Gebühren **118** Anl. 1 Nr. 1320 ff.; Mitteilungen an Polizeibehörden **112** 216a; Verfahren **112** 210 ff.; Verfahrenswert **118** 49; Vergleich in und Bestätigung durch Gericht **112** 214a; Wirksamkeit, Vollstreckung **112** 216
Gewalttaten, Verherrlichung **85** 131
Gewässer, Begriff **85** 330d; Verunreinigung **85** 324
Gewerbe, Straftaten bei Ausübung eines, Eintragung ins Zentralregister **92** 18
Gewerbebetrieb, Leistungsort **20** 269 f.; Sicherheitsleistung **21** 90; Zahlungsort **20** 270
Gewerbegeheimnis, Zeugnisverweigerung **100** 384
Gewerbeordnung 50 7
Gewerberecht 1 74; **21** 74
Gewerberegister, Gebühren **120** Anl. Nr. 1131 f.
Gewerbesteuer, Verteilung **1** 106
Gewerbeuntersagung 85 61, 70b; Eintragung ins Zentralregister **92** 10
Gewerbezentralregister, kostenfreie Amtshandlungen **120** 3
Gewerbliche Anlagen als Zubehör **20** 98
Gewerbliche Betriebe, Pachtung durch Vormund **20** 1822
Gewerblicher Rechtsschutz 1 73; Bundesgericht **1** 96; Streitwertberechnung **115** 51
Gewerbsmäßigkeit der Beherbergung **20** 701
Gewerkschaften, bergrechtliche, Gerichtsstand **100** 17; Parteifähigkeit im arbeitsgerichtlichen Verfahren **83** 10; Vertreter der als Prozessvertreter **83** 11
Gewicht, vertragsmäßiges **50** 361
Gewinn, Anteil des Gesellschafters bei Ausscheiden **20** 740; entgangener **20** 252; Verteilung an die Gesellschafter **20** 721 f.
Gewinn- und Verlustrechnung 50 275 ff., 284 ff., 305; Anhang, Pflichtangaben **50**

285; **50a** 85; Erläuterungen der **50** 284, 313; jährliche des Kaufmanns **50** 242
Gewinnabführungsverträge, Abfindung von Aktionären **51** 305; Ausgleichszahlung an Aktionäre **51** 304; Ertrag in Bilanz **51** 158; gesetzliche Rücklage **51** 300; Gläubigerschutz bei Beendigung **51** 303; Verlustübernahme **51** 302
Gewinnabschöpfung nach GWB **74** 34 f.; bei unlauteren geschäftlichen Handlungen **73** 10
Gewinnanteil des persönlich haftenden Gesellschafters der KGaA **51** 288; Verteilung unter Bezugsberechtigte **20** 101
Gewinnanteilscheine **20** 804; **21** 174; Ausgabe neuer **51** 75; Hinterlegung **20** 234, durch Vorerben **20** 2116; Kraftloserklärung **20** 799, der Aktien **51** 72; Mündelpapiere **20** 1814, 1818; Nießbrauch **20** 1081, 1083; Pfandrecht **20** 1296; Vorlegungsfrist **20** 801
Gewinnbeteiligung der persönlich haftenden Gesellschafter bei der KGaA **51** 288
Gewinngemeinschaft einer AG und KGaA **51** 292
Gewinnrücklage **50** 272; **51** 58, 152; im Prüfungsbericht **51** 170; Umwandlung in Grundkapital **51** 208
Gewinnschuldverschreibungen, Ausgabe durch Aktiengesellschaft **51** 221
Gewinnspiele, Textform bei Verträgen zu **20** 675
Gewinnsucht, Straftat aus **85** 41
Gewinnzusagen **20** 661a
Gewissen, Bindung der Abgeordneten an ihr **1** 38
Gewissensfreiheit **1** 4
Gewissensgründe gegen Kriegsdienstleistung **1** 4, 12a
Gewohnheitsmäßigkeit, Grund für Maßregeln der Besserung und Sicherung **85** 64
Gewohnheitsrecht, Ermittlung **100** 293
Gift, Beimischung **85** 314; Freisetzen von **85** 330a; Verkehr mit **1** 74
Giro *s. Indossament*
Glaube, Verbot der Benachteiligung **1** 3
Glaubensfreiheit **1** 3, 4
Glaubhaftmachung **100** 294; des Ablehnungsgrundes **100** 406; der Berufungssumme **100** 511; von Entschuldigungsgründen **100** 531 f.; der Forderung **20** 1994; bei Nichtigkeits- und Restitutionsklage **100** 589; in Verfahren nach dem FamFG **112** 31; der Verhinderung an Vorlegung einer Urkunde in Urschrift **100** 435; der Verpflichtung zur Vorlegung einer Urkunde **100** 424, 430; des Zeugnisverweigerungsgrundes **100** 386
Gläubiger, Antrag auf Eröffnung des Insolvenzverfahrens **110** 14; eines Ehegatten bei Gütergemeinschaft **20** 1437; des Erben **20** 2214; eines Gesellschafters, Kündigung der Gesellschaft **20** 725; Grundpfandrechte **62a** 5; Mehrheit **20** 420 ff.; des Nießbrauchbestellers **20** 1086 ff.; Recht der **20** 241; eines Vereins, Sicherung **20** 52; Verpflichtung des Schuldners zur Leistung an **20** 241 ff.; vom zu vertretendes Unmöglichwerden **20** 326; Verzug des **20** 264, 274, 293 ff., 372, 383 f., 424, 429; vorsätzliche Benachteiligung **110** 133; **111** 3, Regelungen während der COVID-19-Pandemie **110d**; Wahl zwischen Leistung oder Schadensersatz **20** 281; *s. a. Insolvenzgläubiger, Nachlassgläubiger*
Gläubigerausschuss, Aufgaben **110** 69; Beschlüsse **110** 72; Einsetzung **110** 67; Entlassung von Mitgliedern **110** 70; Erlöschen des Amtes **110** 259; Haftung der Mitglieder **110** 71; Mitwirkung bei Eigenverwaltung **110** 276 f.; Vergütung der Mitglieder **110** 73, nicht nach RVG **117** 1; vorläufiger **110** 21, 22a, Beteiligung bei Verwalterbestellung **110** 56a; Wahl der Mitglieder **110** 68; Zusammenarbeit in Verfahren über Unternehmensgruppe **110** 269b; **110a** 102c; Zustimmung zu Rechtshandlungen des Insolvenzverwalters **110** 160
Gläubigerschutz bei Eingliederung einer AG **51** 321; bei Kapitalherabsetzung **51** 225, 233; bei Liquidation der AG **51** 272; bei Spaltung **52a** 133 f.; bei Verschmelzung **52a** 22
Gläubigerstreit **100** 75
Gläubigerversammlung, Antrag auf Einberufung **110** 75; Beschlüsse **110** 76, Aufhebung **110** 78; Einberufung **110** 74; Entscheidung über Fortgang des Insolvenzverfahrens **110** 157; Unterrichtung **110** 79
Gläubigerverzeichnis im Insolvenzverfahren **110** 152
Gläubigerverzug *s. Verzug*
Glaubwürdigkeit eines Zeugen **100** 395
Gleichbehandlung im Insolvenzverfahren **110** 226; Klagen wegen Benachteiligung **83** 61b
Gleichbehandlungsgesetz, Allgemeines **34**, *s. a. dort*
Gleichbehandlungsgrundsatz, Angaben in Lageberichten **50** 289c
Gleichberechtigung **1** 3; unter Staaten **1** Präambel; Übergangsregelung **1** 117
Gleichheit vor dem Gesetz **1** 3

Gleichstellung nichtehelicher Kinder **21** 227, Art. 234 § 12; staatsbürgerl. G. aller Deutschen **1** 33
Gliederung des Bundes **1** 29, 36, 118
Glücksspiel 85 284 ff.; Durchsuchungen **90** 104
GmbH *s. Gesellschaft mit beschränkter Haftung*
GmbH-GeschäftsführerInnen 52 6, 35 f.; Angaben auf Geschäftsbriefen **52** 35a; befristeter Widerruf der Bestellung **52** 36; beschränkte Vertretungsbefugnis **52** 37; Haftung **52** 43; Kündigung **84** 14
GmbH-GesellschafterInnen, Anmeldung **52** 8; Aufbringung von Fehlbeträgen **52** 24; Beschlüsse während der COVID-19-Pandemie **52d** 2, 7; Einsichts- und Auskunftsrecht **52** 51a f.; Gewinnrückzahlung **52** 32; Liste der **52** 40; **52/1** 8; Nachschusspflicht **52** 26 ff.; Rechte **52** 45 f.; Rechtsverhältnisse **52** 13 ff.
GmbH-Gesetz 52; Einführungsgesetz **52/1**
Gnadenerweise, Eintragung ins Zentralregister **92** 14
Gnadengesuch 117 Anl. 1 Nr. 4303
Gnadensachen, kostenfreie Amtshandlung **120** 3
Goldsachen als Pfand **20** 1240
Gott, Verantwortung vor **1** Präambel
Gottesdienst in Anstalten **1** 140
Gräben als Grenzvorrichtung **20** 921 f.
Gravieren als Verarbeitung **20** 950
Grenzbäume 20 923
Grenze, Abmarkung **20** 919; Bauen über die **20** 912 ff.; Verwirrung der **20** 920
Grenzmerkmale 20 921 f.
Grenznachbarschaftliche Einrichtungen, Übertragung von Hoheitsrechten **1** 24
Grenzscheidungsklage, Gerichtsstand **100** 24
Grenzschutz 1 73
Grenzverhältnis bei Grundstücken **20** 919 ff.
Grenzverwirrung 20 920
Grenzzeichen 20 919; **85** 274
Grob anstößige Handlungen als OWi **94** 119
Grobe Fahrlässigkeit 20 277; bei Annahmeverzug **20** 300; beim Dienstvertrag **20** 617; bei Leihe **20** 599; *s. a. Fahrlässigkeit*
Grobe Pflichtverletzung des geschäftsführenden Gesellschafters **20** 712, 715; des Vereinsvorstandes **20** 27
Grobe Unbilligkeit, Verweigerung der Ausgleichsforderung **20** 1381
Grober Undank, Widerruf der Schenkung **20** 530
Großbritannien, Austritt aus der EU und Verschmelzungen **52a** 122m
Große Strafkammer, Besetzung **95** 76
Großeltern, Erbrecht **20** 1926, 1931; Ersatz für Unterhalt **20** 685; Umgangsrecht **20** 1685; Unterhalt **20** 1601, 1603
Großer Senat beim BGH **95** 132
Großhandel mit Gas oder Strom, Markttransparenzstelle **74** 47a ff., Mitteilungspflichten **74** 47a ff.; für Kraftstoffe, Markttransparenzstelle **74** 47k
Großrisiken 62 65; keine Versicherungsvertragsfreiheit **62** 210
Grund und Boden, Sozialisierung **1** 15, 74
Grundbuch, Abschrift **114** 12, 131, 133a; Anlegung **21** 186; **114** 3; Ausdrucke **114** 131; und ausländische Insolvenzverfahren **110** 346; Belastungen, Gebühren **119** Anl. 1 Nr. 14120; Berichtigung **20** 894 ff., 1144, 1155, 1157, 1167; **21** 113; **108** 130 f.; **114** 14, 22; Berichtigungsanspruch des Ehegatten bei Gütergemeinschaft **20** 1416; Berichtigungszwang **114** 82 ff.; Berücksichtigung der Grundbucheinträge bei Zwangsversteigerung **108** 34, 114; Datenschutz **114** 126; Einsicht **114** 12, in Orginale **114** 12b; Einsicht des Notars **23** 21; Eintragung **20** 311b, 416; **100** 941 f.; **108** 130 f.; **114** 13 ff., des Dauerwohnrechts **37** 32, der Insolvenzeröffnung **110** 32, des Miteigentums **20** 1010, von Sondereigentum **37** 4, von Zusammenschlüssen alten Rechts **21** Art. 233, des Zwangsversteigerungsvermerks **108** 19, im Zwangsvollstreckungsverfahren **100** 895; elektronische Grundakte **114** 135; Formvorschriften **114** 30 f.; Kosten **20** 448, 897; landesrechtliche Vorbehalte **114** 143, 149; Liegenschaftskataster **114** 2; Löschungen **114** 23 ff., 46, 53, 71, 87; maschinell geführtes **114** 126 ff.; mehrere **114** 145 f.; Nachweis der Erbfolge **114** 35; öffentlicher Glaube **20** 892 f., 1138 ff.; Reihenfolge der Eintragungen **114** 45; Richtigkeitsvermutung **20** 891, 1148; Übergangsvorschriften **21** Art. 229 § 39; **114** 142 ff.; Unrichtigkeit **20** 1140; Vermerk der Beschlagnahme nach StPO **90** 111c; Voreintragung **114** 39 f.; Vormerkung **20** 883 ff.; Wiederherstellung **114** 148
Grundbuchamt, Aufbewahrung geschlossener Grundbücher auf Datenträgern **114** 10a, von Urkunden **114** 10, Vorschriften **114** 12b; Beschwerde gegen Entscheidungen **114** 71 ff.; Eigentümerverzeichnis **114** 12a; Einreichung von notariellen Urkunden **23** 53; elektronischer Rechtsver-

kehr **114** 135 ff.; Erklärungen und Anträge **20** 873, 875 f., 878; Führung des Grundbuchs **114** 1; Haftungsausschluss **114** 12a; Löschung gegenstandsloser Eintragungen **114** 84 ff.; Rangverhältnisse **114** 90 ff.; Zeugniserteilung, Gebühr **119** Anl. 1 Nr. 17004

Grundbuchangelegenheiten, automatisiertes Abrufverfahren, Kosten **120** 1; Datenabruf, Gebühren **120** Anl. Nr. 1150 ff.

Grundbuchbeamte, Ausschließung **114** 11

Grundbuchberichtigung, Eigentümer als Kostenschuldner **119** 23; Gebühren **119** Anl. 1 Nr. 14111; keine Kostensicherung **119** 16

Grundbuchbezirke 114 2

Grundbuchblatt 114 3 f., 28, 85, 90 f.; Anlegung **114** 116 ff.; Nummer im Hypothekenbrief **114** 57

Grundbuchdaten, Übermittlung **114** 134a

Grundbucheinsicht, Notargebühr **119** Anl. 1 Nr. 25209

Grundbucheintragung, Gebühren **119** Anl. 1 Nr. 14110

Grundbuchordnung 114; Datenschutz **114** 12d

Grundbuchregister, Eintragungen, Geschäftswert **119** 69

Grundbuchsachen, Gebühren **119** Anl. 1 Nr. 14110 ff.; Zuständigkeit des Amtsgerichts **95** 23a

Grunddienstbarkeit 20 1018 ff.; Beeinträchtigung **20** 1027 ff., durch Überbau **20** 916; Besitzschutz **21** 191; Streitwert **100** 7; Übergangsvorschriften **21** 187; am Vermächtnisgrundstück **20** 2182; Zusammentreffen mehrerer **20** 1024

Grundgesetz 1 Präambel; Abweichung **1** 143; Änderung **1** 79; keine Änderung **1** 81; Annahme durch Volksvertretungen der Länder, Verkündung, Inkrafttreten, Veröffentlichung **1** 144 f.; Auslegung **1** 93, 100; Außerkrafttreten **1** 146; für die BRD **1**; Entscheidung des BVerfG über Unvereinbarkeit mit Landesrecht **1** 100; und Europäische Union **1** 23; Geltungsdauer **1** 146; Verletzung durch Bundespräsidenten **1** 61; Verstoß eines Bundesrichters gegen das **1** 98

Grundkapital der AG **51** 1, 6 f., 150; **51a** 2; Erhöhung **51** 182 ff., bedingte **51** 192 ff.; Herabsetzung **51** 222 ff., 229 ff., durch Einziehung von Aktien **51** 237 ff.; in Jahresbilanz **51** 152; Rückwirkung bei Herabsetzung **51** 234

Grundpfandrechte in ausländischer Währung **108** 145a; Befriedigung aus nach Verjährungseintritt **20** 216; Geschäftwert bei Mithaft **119** 44; Rechte der Gläubiger **62a** 5; Wertbestimmung über Nennbetrag **119** 53

Grundrechte 1 1 bis 19; Einschränkung durch Gesetz **94** 132; Kernbereich privater Lebensgestaltung **90** 100d; in Landesverfassungen, Inkraftbleiben **1** 142; Schutz durch Wehrbeauftragten **1** 45b; Verletzung durch öffentl. Gewalt **1** 19; Verwirkung **1** 18

Grundschuld 20 1191 ff.; **21** 53, 60, 117, 195; Anlegung von Mündelgeld in **20** 1807; Beseitigung bei Grundstücksverkauf **20** 442; bei Dauerwohnrecht **37** 40; des Eigentümers **20** 1177, 1196 f.; Gerichtsstand für Klagen aus **100** 25; Kündigung des Kapitals **20** 1193; Löschung **20** 1196; Nießbrauch an einer **20** 1080; Rangänderung **20** 880; Sicherheitsleistung **20** 232, 238; Umwandlung **20** 1198, 1203, der Hypothek in **20** 1177; Urkundenprozess wegen **100** 592; Urteil über Ansprüche aus **100** 325; Verfügung des Vorerben über **20** 2114, des Vormunds **20** 1819, 1821; auf dem Vermächtnisgrundstück **20** 2165, 2168; Verpfändung **20** 1291; Verurteilung zur Bestellung einer **100** 897; Zinszahlung durch Nießbraucher **20** 1047; im Zwangsversteigerungsverfahren **108** 50, 53, 64, 67, 83, 126 f., 131, 136, 184; bei Zwangsverwaltung **108** 158 f.

Grundschuldbrief 21 195; **114** 42, 70; Eigentum am **20** 952; Geschäftswert bei nachträglicher Erteilung **119** 71; auf den Inhaber **20** 1195; Vorlegen zur Grundbuchberichtigung **20** 896, bei Notar **23** 21

Grundschuldgläubiger, Aufgebot **112** 447 ff.

Grundstücke, Abschreibung von Teilen an **114** 2, 7; Änderung des Inhalts von Rechten an **20** 877; Aneignung **21** 190, aufgegebener **21** 129; Arrestvollziehung **100** 932; Aufgabe des Besitzes **20** 303; Aufgebot des Eigentümers **112** 442 ff.; Ausbesserung des Nießbrauchgrundstücks **20** 1043 f.; beeinträchtigende Auswirkungen **21** 44; Belastung **20** 873, 1009, 1090, 1123 mit Anm.; **41** 1; Belastungsbeschränkung **21** 117; Belastungsverbote **21** 115; Beschlagnahme zur Sicherung der Einziehung **90** 111c, bei Zwangsversteigerung. **108** 20 ff.; Besitzberechtigungsfrist **21** Art. 233; Besitzschutz **20** 859, 867; Bestandteile **20** 94 ff., 890; Bodenreform **21** Art. 233 §§ 11 ff.; Eigentum **20** 905 ff.; Eigentumserwerb durch Einigung

und Eintragung **20** 873; Eigentumsübertragung **20** 925 ff.; Ersitzung **20** 900; Erwerb, entgeltliche Finanzierungshilfen **20** 506 ff., entgeltlicher Zahlungsaufschub **20** 506 ff., des Zubehörs **20** 926; Formvorschrift des Landes **21** Art. 11; freiwillige Versteigerung, Geschäftswert **119** 116, Verfahrensgebühr **119** Anl. 1 Nr. 23600 ff.; Frist zur Ausübung des Vorkaufsrechts **20** 469; Gefahrübergang bei Zwangsversteigerung **108** 56; Gegenstand des Vorkaufs, Sicherheitsleistung **20** 468; Gemeinheitsteilung **21** 113; Gerichtsstand **100** 24 ff.; Grundbucheintrag **114** 48; ohne Grundbucheintragung **21** 127; **114** 3; Grunddienstbarkeiten **20** 1018 ff.; Grundschuld **20** 1191 ff.; Haftung für Hypothekenzinsen **20** 1118 f., bei öffentlichem Gebrauch **21** 106; herrenlose, Zwangsvollstreckung **100** 787; Höchstbetrag des Wertersatzes bei Erlöschen einer Belastung **20** 882; im internationalen Insolvenzverfahren **110** 336, 349; Kauf **20** 311b, 435; landesrechtliche Vorbehalte **21** 126; Miete **20** 578; Miteigentumsanteile **114** 3; des Mündels **20** 1821; Nießbrauch **20** 1030 f., 1048, 1055 f.; Pacht eines landwirtschaftlichen **20** 585; Rangfolge der Belastungen **21** 118; Rangverhältnisse **20** 879 ff.; Rechte an **20** 873 ff., Erwerb und Verlust **21** 189; Rechtsgeschäft mit Buchberechtigtem **20** 893; Scheinbestandteile **20** 95; Sicherungshypothek des Bauunternehmers **20** 650e; subjektiv-dingliche Rechte **114** 9; Teilung **20** Anm. zu 890, bei Dienstbarkeiten **20** 1025 f.; Teilungsbeschränkung **21** 119; Übereignungsvertrag **20** 925; Veräußerung **20** 311b, während des Rechtsstreits **100** 266, 325, des vermieteten **20** 566 ff.; Veräußerungsbeschränkung **21** 119; Vereinigung **114** 5, oder Teilung **20** 890 mit Anm.; Verfügung bei Gütergemeinschaft **20** 1424; Verfügungsbeschränkung **20** 878; Verjährung **20** 438, der Rechte an **20** 196; Verkauf **20** 435 f., 448; Vermächtnis **20** 2165 ff., 2182; Vermögensarrest zur Sicherung der Wertersatzeinziehung iSd StGB **90** 111e ff.; Verpachtung mit Inventar **20** 582; Vertretung herrenloser im Prozess **100** 58; Verzeichnis **114** 2; Vorerbschaft **20** 2113, 2135; Vorkaufsrecht **20** 1094 ff.; **23** 20; Vormerkung **20** 884 f.; Wiederkaufsfrist **20** 462; Zusammenlegung **21** 113; Zuschreibung **20** 1131; **114** 6; Zwangsversteigerung und Zwangsverwaltung **108** 1 ff., 172 ff.; Zwangsverwaltung gärtnerischer **108** 149; Zwangsvollstreckung **100** 864 ff., in mit Erbbaurecht belastete **41** 25

Grundstückseigentümer, Aufgebot des **112** 442 ff.; als Kostenschuldner **119** 23; Schadensersatzpflicht **100** 799a; keine Vollstreckung wegen Risikobegrenzung **101** 37

Grundstücksgleiche Rechte, Bewertung **119** 49; Zwangsvollstreckung **100** 870

Grundstückslasten bei Dauerwohnrecht **37** 33

Grundstücksschätzer 21 79

Grundstücksverkehr 1 74

Grundstücksversteigerung, besonderer Kostenschuldner **119** 31

Grundstückswert bei Zwangsversteigerung **108** 74a, 114a

Gründungsprüfung nach AktienG, Notargebühr **119** Anl. 1 Nr. 25206 ff.; Geschäftswert **119** 123

Grünpfeil an Ampeln **35a** 37

Gruppenangehörige Schuldner 110 3a; gruppeninterne Sicherheiten **110** 217, *s. a. dort*

Gruppenausgebot bei Zwangsversteigerung **108** 63

Gruppen-Gerichtsstand iSd InsO 110 3a; Antrag zur Begründung des **110** 13a; gruppenangehöriger Schuldner **96** 18; **110** 3a

Gruppenhandlungen, strafbare, Landfriedensbruch **85** 125, Nebenklage **90** 395, sexuelle Belästigung **85** 184j

Gruppeninterne Sicherheiten 110 217; im Insolvenzplan **110** 223a, 230, Stimmrechte **110** 238b, Veröffentlichungen im Internet **110** 235

Gruppenversicherungen für Restschuldversicherungen **62** 7d

Gültigkeit von Gesetzen, Verfahrensvorschriften für Gerichte bei Zweifel über **1** 100

Gutachten, Bedenken und Anträge **100** 411; besondere Aufwendungen **116** 12; in Betreuungssachen **112** 280, Unterbringungsbeschluss **112** 284; durch das DPMA **72** 58; bei Erteilung der Fahrerlaubnis **35** 2; im Jugendgerichtsverfahren **89** 68 ff.; Justizvergütungs- und -entschädigungsgesetz **116** Anl. 1; medizinische in einem Strafverfahren zur Schuldunfähigkeit **92** 11; des Medizinischen Dienstes in Betreuungssachen **112** 282; Niederlegung auf der Geschäftsstelle **100** 411; Rechtsanwaltsgebühr für **117** Anl. 1 Nr. 2103; Sachverständiger, Ablehnung **100** 406; im Strafverfahren **90** 75 ff.; vor Unterbringungsmaßnahme **112** 321; Verweigerung

100 408 f.; Verwertung **100** 411a; *s. a. Sachverständigengutachten*
Gute Sitten, Rechtsgeschäft gegen die **20** 138; Verstoß **20** 817, 819, 826
Güteantrag, Hemmung der Verjährung **20** 204
Güter, Beförderung von, Gerichtsstand **100** 30, an Sonn- und Feiertagen **35a** 30
Gütergemeinschaft **20** 1415 ff.; Antragsrecht gem. InsO **110** 318; Aufgebotsverfahren der Ehegatten **112** 462; Aufhebung, Antrag **20** 1447 ff., 1469 ff., der fortgesetzten **20** 1495; Auseinandersetzung **20** 1497 ff.; **112** 373, 487, des Gesamtguts **20** 1471 ff.; Ausschließung der Fortsetzung **20** 1509 ff.; Beendigung **20** 1470 ff., der fortgesetzten **20** 1492 ff.; **112** 342; Forderungen und Schulden **20** 1446; fortgesetzte **20** 1483, 1485, Ablehnung **20** 1484, Verurteilung unter Vorbehalt beschränkter Haftung **100** 305; gemeinschaftliche Gesamtgutsverwaltung **20** 1450 ff.; Gesamtgut, Grundbuchberichtigung **20** 1416, Nachlassinventar **20** 2008; Gesamtgutsverbindlichkeiten **20** 1459 ff., nach Beendigung der **20** 1475; Geschäftswert bei Fortsetzung **119** 40; Haftung **20** 1438 ff.; Lastenverteilung **20** 1441 ff.; im Nachlassinsolvenzverfahren **110** 332 ff.; nicht mitwirkungsbedürftige Rechtsgeschäfte **20** 1455; Rechte des nichtverwaltenden Ehegatten **20** 1432; Schulden eines Ehegatten zum Gesamtgut **20** 1468; Teilungsanordnungen **20** 1515; Unpfändbarkeit des Anteils eines Ehegatten am Gesamtgut **100** 860; Unterhaltspflicht **20** 1604; Verbindlichkeiten im Innenverhältnis **20** 1463; Widerspruchsklage bei Zwangsvollstreckung **100** 774; Zeugnis **20** 1507; Zuwendungen aus Gesamtgut **20** 2054, 2351; Zwangsvollstreckung **100** 740 ff., 750; zwingende Regelung der fortgesetzten **20** 1518
Güterrecht, eheliches **20** 1363 ff.; **21** 200, im Beitrittsgebiet **21** Art. 234 § 4; einheitliche Entscheidung **112** 265; der Lebenspartnerschaft **21** Art. 229 § 47; Rechtskraft der Entscheidung **112** 264; Übergangsregelung bei Auslandsberührung **21** 220; vertragsmäßiges **20** 1408 ff.; Zahlungspflicht trotz Stundungsantrag **112** 264; *s. a. Güterstand*
Güterrechtliche Angelegenheiten, Geschäftswert **119** 100
Güterrechtsregister **20** 1558 ff.; Einsichtnahme **20** 1563; Eintragung von Eheverträgen, Wirkung gegenüber Dritten **20** 1412, der eingeschränkten Geschäftsbesorgung **20** 1357
Güterrechtsregistersachen **112** 374
Güterrechtssachen, Familiensachen **112** 111; als Folgesache **112** 137; Gebühren **118** Anl. 1 Nr. 1320 ff.; Verfahren **112** 261 ff.; Verfahrenswert **118** 52; Zuständigkeit des Rechtspflegers **96** 25
Güterstand **21** Art. 236 § 3; Einfluss auf Unterhaltsverpflichtung **20** 1583; gesetzlicher **20** 1363 ff., *s. a. Zugewinngemeinschaft;* Nachweis im Grundbuch **114** 33; Regelung durch Ehevertrag **20** 1408 ff.; Verjährung von Herausgabeansprüchen **20** 1390; der Wahl-Zugewinngemeinschaft **20** 1519
Gütertrennung **20** 1414; kraft Urteil **20** 1388; nach richterlicher Aufhebungsentscheidung der Gütergemeinschaft **20** 1449, 1470
Gütestellen, Einigungsversuch vor **101** 15a; Güteantrag und Hemmung der Verjährung **20** 204; landesrechtliche Regelungen **101** 15a; Vergleiche vor, Vollstreckung **100** 797a
Güteverfahren vor dem Amtsgericht **101** 15a; vor dem Arbeitsgericht **83** 80; bei den Gütestellen und Hemmung der Verjährung **20** 204; Kosten **100** 91
Güteverhandlung im arbeitsgerichtlichen Verfahren **83** 54; frühe **100** 272; im Zivilprozess **100** 278
Gutgewicht **50** 380
Gutgläubiger Erwerb **20** 932; **21** 61; bei Abtretung des Herausgabeanspruches **20** 934; bei Besitz **20** 933; bei Ersitzung **20** 937, 945; bei Erwerb durch Eigenbesitzer **20** 955 ff.; bei Fahrniserwerb **20** 926; in der Zwangsvollstreckung **100** 898
Gutgläubigkeit bei Besitzerwerb **20** 990 f., 1007; Dritter bzgl. Kindesvermögen **20** 1698a; des Erbschaftsbesitzers **20** 2024 f.; des Ersatzleistenden **20** 851; bei Forderungserwerb **20** 405; bei Handelsgeschäften **50** 366 f.; bei Nießbrauch **20** 1058; bei Pfandrechtserwerb **20** 1207 f.; bei Pfandveräußerung **20** 1244; des Schuldners **20** 720; bei Veräußerungen und Verpfändungen eines Kaufmanns **50** 366 f.
Gütliche Beilegung des Rechtsstreits, Versuch **100** 278, 495
Gütliche Erledigung von Arbeitsstreitigkeiten **83** 57
Gutscheine, Regelungen aufgrund der COVID-19-Pandemie **21** Art. 240 § 5 f.
Gutsübernahme **20** 330
Gutsvorsteher bei Errichtung eines Nottestaments **20** 2249

Haft, Abgeordnete **1** 46; zur Erzwingung von Geldbußen **94** 96 f.; des Insolvenz-

schuldners **110** 98; Untersuchungshaft **90** 112 ff., *s. a. dort;* Vollziehung des persönlichen Sicherheitsarrestes durch **100** 933; *s. a. Freiheitsstrafe*
Haftbefehl 1 104; **90** 114; Aufhebung **90** 120 ff.; bei Ausbleiben des Angeklagten **90** 230, 236, 329; Aushändigung bei Verhaftung **90** 114a; Aussetzung des Vollzugs **90** 116 f., 122; zur Erzwingung einer Vermögensauskunft **100** 802g; Haftprüfungsverfahren **90** 117 ff., 122; für Hauptverhandlung **90** 127b; zwecks Vollstreckung einer Freiheitsstrafe **90** 457; Zuständigkeit **90** 125 ff., für Aussetzung **90** 126
Haftgründe 90 112 f.
Haftkosten in Familiensachen **118** 64; Gerichtskosten **115** 73
Haftkostenbeitrag 115 Anl. 1 Nr. 9011
Haftpflicht beim Betrieb eines Bergwerks, Steinbruchs, Gräberei, Fabrik **33** 3 ff.; der Eisenbahn **33**; Leistungspflicht **62** 100; Leistungsumfang **62** 101; des Staates oder öffentl.-rechtl. Körperschaften für Amtspflichtverletzungen **1** 34; nach dem StVG **35** 7 ff., Höchstbeträge **35** 12
Haftpflichtgesetz 33; Zuständigkeit für Klagen **33** 14
Haftpflichtige, Mehrheit **33** 13
Haftpflichtversicherung 62 100 ff.; des Kfz-Halters **63**; bei Kraftfahrzeugen **63a**, mit autonomer Fahrfunktion **63** 1; mehrere Geschädigte **62** 109; Obliegenheitsverletzungen **63a** 5 ff.; Prämie als Auslage des Rechtsanwalts **117** Anl. 1 Nr. 7007
Haftprüfungsverfahren 90 117 ff., 122
Haftstrafe *s. Freiheitsstrafe*
Haftsumme, Genossenschaft **53** 119 ff.
Haftung bei Abänderungsklage **100** 323b; bei Ablehnung der Vormundschaft **20** 1787; von Abschlussprüfern von Kapitalgesellschaften **50** 323; des Absenders beim Frachtgeschäft **50** 414; des Arbeitgebers bei Arbeitsunfall **20** Anm. zu 618, bei Betriebsübergang **20** 613a, nach dem UrhG **65** 99; des Arbeitnehmers bei Arbeitsunfall **20** Anm. zu 618, Beweislast **20** 619a; von Aufsichtsratsmitgliedern **51** 116; des auftraglosen Geschäftsführers **20** 677 ff.; Ausfallhaftung nach dem GWB **74** 81e; Ausschluss des Herstellers **27** 1, bei höherer Gewalt **28** 4, bei Nuklearunfall **28** 18, bei Unfällen mit Kraftfahrzeugen **63a** 4 ff.; der Beamten **20** 839, 841; **21** 78; beschränkte des Erben **20** 1973 f., 1989 ff., 2063, 2144, 2206, Kürzung des Vermächtnisses **20** 2188 f., des Erbschaftskäufers **20** 2382 f., des Miterben **20** 2063; des Besitzers gegenüber Eigentümer **20** 987 ff.; beim Betrieb von Kraftfahrzeugen mit Anhängern **35** 19 f., 65; **62** 78; bei Betriebsübergang **20** 613a; für Buchungsfehler im Reiserecht **20** 651x; Deckungsvorsorge gemäß UmweltHG **28** 19; für Dritte **20** 278, 831 ff.; der Ehegatten **20** 1359, 1459 ff., im Nachlassinsolvenzverfahren **110** 334; des Eigentümers bei Reallast **20** 1108; für Einsturz eines Gebäudes **20** 836 ff.; vor Eintragung der AG ins Handelsregister **51** 41; der Eltern für Ausübung der elterlicher Sorge **20** 1664; des Empfängers beim Frachtgeschäft **50** 425; des Erben für Nachlassverbindlichkeiten **20** 1967 ff., 2058 ff., 2206; **50** 27, nach Teilung des Nachlasses **20** 2060, für Unterhaltsverpflichtung **20** 1586b; des Erbschaftsbesitzers **20** 2029, 2032 ff.; des Erbschaftskäufers **20** 2036 f.; des Erbschaftsverkäufers **20** 2376; Erlöschen von Ansprüchen **27** 13; des Erwerbers eines Handelsgeschäfts **50** 25; für Fehler eines Produkts **27** 1, 7; des Finders **20** 968; des Fiskus für Beamte **20** 89; bei fortgesetzter Gütergemeinschaft **20** 1489, 1504; des Frachtführers **50** 425 ff., 431; beim Frachtgeschäft **50** 428, Ausschluss **50** 426; Fristen bei Verschmelzung **52a** 45; des Gastwirts **20** 701 ff.; von Genossenschaften **53** 2, 119; von Genossenschaftsmitgliedern **53** 23, im Insolvenzverfahren **53** 105 ff.; der Genossenschaftsvorstandsmitglieder **53** 34; für Gerichtskosten **115** 22 ff., 29 ff., in Familiensachen **118** 21 ff.; des Gesamtguts **20** 1438 ff., 1459 ff.; für Gesamtgutsverbindlichkeiten **20** 1489, nach Teilung **20** 1480 ff.; der Gesamtschuldner bei Insolvenz **110** 43; des Geschäftsherrn **20** 831; des Geschäftsnachfolgers **50** 25; der Gesellschafter **20** 708, einer GmbH **52** 9a, einer OHG **50** 128 ff.; für GmbH **52** 13, 22, 43, vor der Gründung **52** 11; des Grundstücks für Zinsen und Kosten der Hypothek **20** 1118; der Grundstücksschätzer **21** 79; bei Gründung der AG *s. dort;* aus Handelsgeschäften **50** 347; des Handelsmaklers **50** 98; des Herstellers **27** 1, 7; Höchstbetrag **27** 10; **28** 15; **33** 9, beim Frachtgeschäft **50** 431, 433; bei Insolvenzverschleppung **110** 15a f., Regelungen während der COVID-19-Pandemie **110d**; des Insolvenzverwalters **110** 60, bei Zusicherung iSd VO (EU) 2015/848 **110a** 102c; einer juristischen Person nach Erlöschen **20** 613a, für Organe **21** Art. 231; des Käufers eines Erbteils **20** 2036 f.; der Kommanditisten **50** 176; beim Kreditauftrag **20** 778; beim

Lagergeschäft **50** 475; der Liquidatoren eines Vereins **20** 53; der Minderjährigen **20** 1629a, aus unerlaubten Handlungen **20** 828 f.; **21** Art. 229 § 15; bei missbräuchliche Geltendmachung von Ansprüchen nach dem UWG **73** 8c, 13, 15a; bei missbräuchlicher Nutzung von Zahlungsinstrumenten **20** 675v; der Miterben **20** 2058 ff.; der Mitglieder des Gläubigerausschusses **110** 71; Mitverurteilter **90** 466; NachhaftungsbegrenzungsG **50a** 35 ff.; Nachhaftungsgrenzen bei BGB-Gesellschaft **20** 736; des Nachlassverwalters **20** 1985; eines neueintretenden Gesellschafters **50** 28; bei nichtsrechtsfähigen Vereinen **20** 54; des Nießbrauchers **20** 1088; einer Partnerschaftsgesellschaft **50b** 8, 10; persönlich haftender Gesellschafter bei Verschmelzung **52a** 45; des Pfandes **20** 1210; des Pfandgläubigers **20** 1251; für Prozesskosten **100** 100; für Rechtsmängel **20** 435 f., 523, der Mietsache **20** 536, bei Vermächtnis **20** 2182; für Sachmängel bei Vermächtnis **20** 2183; für Sachschaden, Anspruchskonkurrenz **33** 12; des Sachwalters bei Eigenverwaltung **110** 280; des Schenkers **20** 521; des Schuldners **20** 276 ff., 287, bei Gläubigerverzug **20** 300; Selbstbeteiligung **27** 11; für Sorgfalt wie in eigenen Angelegenheiten **20** 277, 690, 708, 2131; des Spediteurs **50** 461 f.; des Staates für Beamte **1** 34; der Stiftungen, Körperschaften und Anstalten des öffentlichen Rechts für Organe **20** 89; nach dem StVG **35** 7 ff., Höchstbeträge **35** 12, mehrere Verursacher **35** 17, unabwendbare Ereignisse **35** 17; des Tierhalters **20** 833; Übernahme für Kredite usw. durch Bund **1** 115; Umfang bei Tötung oder Körperverletzung **27** 7 ff.; **28** 12 ff.; **33** 10 f.; bei Umwelteinwirkungen **28** 1 f.; unbeschränkte des Erben **20** 1993 ff., 2005 f., 2013, des Miterben **20** 2059, des Nacherben **20** 2144; für unerlaubte Handlungen **20** 823 ff.; bei ungerechtfertigter Bereicherung **20** 818 ff.; für Unterhaltsleistung **20** 1586a; mehrerer Unterhaltspflichtiger **20** 1584; von Unternehmern bei Dienstverträgen **20** Anm. zu 618; der Urkundsbeteiligten **119** 30; für Verbindlichkeiten der AG **51** 1; Verbot des Ausschlusses oder der Beschränkung **27** 14; **33** 7; des Verbrauchers beim Frachtgeschäft **50** 414; bei verbundenen Unternehmen **51** 309 f., 317 f., 323; des Vereins für Organe **20** 31; der Vereinsmitglieder **20** 31b; des Vereinsvorstandes **20** 31a, bei Insolvenz **20** 42; des Verleihers **20** 599; des Verpächters **20** 586; verschärfte in Unterhaltssachen **112** 241; des Vertreters ohne Vertretungsmacht **20** 179; des Verwahrers **20** 690 f.; Verwandter für Unterhalt **20** 1606; Vorbehalt beschränkter H. des Erben bzw. Ehegatten **100** 305; des Vorerben **20** 2131, 2145; des Vormundes **20** 1833; weitergehende bei Umweltschäden **28** 18; des Wiederverkäufers **20** 457; Zahlungsdienstevertrag **20** 675u ff.; zeitliche Begrenzung bei OHG **50** 160; des Zwangsverwalters **108** 154; Zwangsvollstreckung gegen beschränkt haftenden Erben **100** 780 ff.; *s. a. Gesamtschuldnerische Haftung, Unbeschränkte Haftung*

Haftungsbeschränkung **20** 276; bei elterlicher Sorge **20** 1629a; des Reiseveranstalters **20** 651p; seerechtliche **100** 305a

Haftungsklage, Bekanntmachung **51** 149

Haftungsverhältnisse, Angabe in Bilanz **50** 268

Halbes Jahr, halber Monat als Frist, Berechnung **20** 189

Halbleiterschutzgesetz **115** 1; Rechtsanwaltsgebühren **117** Anl. 1 Nr. 3510; Streitwertberechnung **115** 51

Halmtaxe **20** 596a

Haltbarkeitsgarantie **20** 443

Halten von Fahrzeugen im Straßenverkehr **35a** 12

Halter von Kraftfahrzeugen *s. Kraftfahrzeughalter;* von Tieren **20** 834

Halterdaten, Übermittlung **35** 35 ff., an ausländische Stellen **35** 37 ff., an EU-Behörden **35** 37b f.

Haltestellen öffentlicher Verkehrsmittel **35a** 20

Halteverbot **35a** 12, 18

Hamburg, Bestimmung der Stellen iSd GVG **95a** 4a; Rechtspfleger in **96** 36a

Handakten, Anordnung der Übermittlung **100** 143

Handel, Recht des **1** 74

Handeln auf Befehl für einen anderen **94** 9, im Strafrecht **85** 14

Handels- und Schifffahrtsverträge **1** 73

Handels- und Zollgebiet, Einheit **1** 73

Handelsbriefe des Kaufmanns, Aufbewahrung **50** 238, 257

Handelsbücher **50** 238 ff.; Aufbewahrung **50** 257; Vorbehalt landesrechtlicher Vorschriften **50** 263; Vorlegung bei Gericht **50** 258 ff.

Handelsfirma **50** 17 ff.; Anmeldungs- und Eintragungsänderungen **50** 34; Begriff **50** 17; *s. a. Firma*

Handelsflotte **1** 27

Handelsgebrauch **95** 114

Handelsgeschäfte 50 343 ff.; Anwendung des Wechselrechts **50** 365; einseitige **50** 345; Fortführung **50** 22; Gewohnheiten und Gebräuche **50** 346; Haftung aus **50** 347, Erben **50** 27; Leistungszeit **50** 358 f.; Stillschweigen als Annahme **50** 362; Vermutung der Betriebszugehörigkeit von Geschäften **50** 344; vollstreckbare Urteilsausfertigung gegen Übernehmer eines **100** 729; Zinsen **50** 352 f.

Handelsgesellschaften 50 6, 105 ff.; AG **51** 3; GmbH **52** 13; KG **50** 161 ff., auf Aktien **51** 278 ff.; Kontrolle und Transparenz, Übergangsvorschriften **50a** 46; Übergangsvorschriften **50a** 34

Handelsgesetzbuch 50; Einführungsgesetz **50a**; und Finanzmarktintegritätsstärkungsgesetz **50a** 86; gleichberechtigte Teilhabe von Frauen und Männern **50a** 73; und Landesrecht **50a** 15; Ordnungsgeld **50** 340o, 341o, 341y; Ordnungsgelder **50** 335 ff.; Ordnungswidrigkeiten **50** 340n, 341n, 341x; privates Rechnungslegungsgremium **50** 342 f.; Strafvorschriften **50** 340m; Verhältnis zum BGB **50a** 2

Handelsgewerbe, Begriff **50** 1; und eheliches Güterrecht **50a** 4

Handelskauf 50 373 ff.; Annahmeverzug des Käufers **50** 373 f.; Anzeige von Mängeln **50** 377 f.; Aufbewahrung der Ware **50** 379; Berechnung des Kaufpreises **50** 380; Bestimmung des Käufers bezüglich der Ware **50** 375; Taragewicht **50** 380; Untersuchung der Ware **50** 377 f.

Handelsmakler 50 93 ff.; Aufbewahrung von Proben **50** 96; Inkassovollmacht **50** 97; Maklerlohn **50** 99; Schlussnote **50** 94 f.; Tagebuch **50** 100 ff.; Verkauf der geschuldeten Sache **20** 385, des Pfandes **20** 1221; Verkauf durch **20** 450 f.

Handelsplattformen, kriminelle im Internet **85** 127

Handelsregister 50 8 f.; Amtssprache **50** 11; Anmeldungen, Form **50** 12; Beglaubigung übermittelter Daten **50** 9; Bekanntmachung der Eintragungen **50** 10; Bezeichnungsschutz **50** 8; Einreichungen **50** 12; Einsichtnahme **50** 9, nach Europarecht **50** 10a; Eintragung der Auflösung **52** 65, der Liquidatoren **50** 148; Eintragungen **50** 8 ff., 12, 28 ff., 53, 106, 143 f., 157, 174; **51** 37 ff., 81, 184, 188, 195, 201, 223, 227, 238 f., 266, 273, 277, 282, 285, 289, 294, 298, 398; **52** 7, 10 ff., 39, 54, 57, 67; elektronisches **50a** 61; Europäisches System der Registervernetzung **50** 9b; Führung **50** 8; Gebühren **119** 58; Kapitalerhöhungsbeschluss **51** 184; Löschen einer Firma **112** 393; Löschung nichtiger Beschlüsse **112** 398; Löschung unzulässiger Eintragungen **112** 395; Löschung vermögensloser Gesellschaften **112** 394; Mitteilung im Insolvenzverfahren **110** 31; negative Publizität **50** 15

Handelsregisterangelegenheiten, automatisiertes Abrufverfahren, Kosten **120** 1

Handelsregistersachen 112 374; **119** 23

Handelssachen, Kammer für **95** 71 f., Besetzung und Vorsitz der Kammer für **95** 105, bei den Landgerichten **95** 93 ff.

Handelsschiffe, Kündigungsschutz **84** 24

Handelsstand 50 1 ff.

Handelsvertreter 50 84 ff.; als Arbeitnehmer **83** 5; Ausgleichsanspruch **50** 89b; außerhalb der EG **50** 92c; im Nebenberuf **50** 92b; Pflichten des Unternehmers gegenüber **50** 86a; Verträge **50a** 29; Vollmachten **50** 55

Händler von geschützten Werken, Vergütungspflicht **65** 54b

Handlungen, unerlaubte **20** 823 ff., *s. a. Unerlaubte Handlungen,* Gerichtsstand **100** 32; vorsätzliche und fahrlässige **85** 15; **94** 10; Zwangsvollstreckung zur Erwirkung von **100** 887 f.

Handlungsbevollmächtigter 50 54 ff.; einer Genossenschaft **53** 42; Zeichnung des **50** 57

Handlungsgehilfe 50 59 ff.; Konkurrenzverbot **50** 60; Vertragsstrafe **50** 75c; Wettbewerbsverbot **50** 74 f.

Handlungsvollmacht 50 54 ff., *s. a. Handlungsbevollmächtigter*

Handwerk, Recht des **1** 74

Handwerker, Zuständigkeit **95** 23

Handwerksinnungen, Ausschüsse zur Beilegung von Streitigkeiten **83** 111

Handwerkskammer, anspruchsberechtigt nach dem UKlaG **105** 3; Antragsrecht nach UWG **73** 8

Handzeichen, beglaubigte **20** 126, 129; **100** 416, 440; Beglaubigung **119** 121

Härteklausel bei der Ehescheidung **20** 1568

Hass, Aufstachelung zum gegen Teile der Bevölkerung **85** 130

Hasskriminalität, Bekämpfung **90a** 18

Hauptintervention 100 64 f.; Erhebung **100** 265; Vollmacht **100** 82

Hauptniederlassung im Ausland **50** 13d; von Unternehmen **50** 13; Verlegung **50** 13h

Hauptpartei 100 265 f.

Hauptprozess 100 65; Gerichtsstand für Gebührenforderung **100** 34; streitgenössi-

sche Nebenintervention **100** 69; Vollmacht **100** 82

Hauptsache, Erledigung der im Zivilprozess **100** 91a; Gericht der **100** 943; Verhandlung zur **100** 269, 504, 506, 590

Hauptsacheverfahren nach Erlass der einstweiligen Anordnung **112** 52

Haupttermin, Bestimmung durch Vorsitzenden **100** 272; Beweisaufnahme **100** 279; Vorbereitung **100** 275; in Zivilsachen **100** 279; *s. a. Verhandlung*

Hauptverfahren, Ablehnung der Eröffnung **90** 204 f., 211, Rechtsanwaltsgebühren **117** Anl. 1 Nr. 4141; Beweiserhebung vor Eröffnung **90** 202; Entscheidung über Eröffnung **90** 199 ff.; Erörterung des Verfahrensstands *s. dort;* nach Jugendstrafrecht **89** 47 ff.; Mitteilung der Anklageschrift an Angeschuldigten **90** 201; im OWiG **94** 71 ff.; Vorrang des Jugendgerichts **89** 47a

Hauptverhandlung 90 226 ff.; Abgabe von Erklärungen **90** 257; gegen abwesenden Angeklagten **90** 232 ff.; Anberaumung im Verfahren **90** 408; Änderung des rechtlichen Gesichtspunktes **90** 265; gegen mehrere Angeklagte, Entfernung eines Angeklagten aus **90** 231c; durch anwaltliche Mitwirkung entbehrliche, Rechtsanwaltsgebühren **117** Anl. 1 Nr. 4140; Anzahl und Dauer der Unterbrechungen **90** 229; mit ärztlichen Sachverständigen bei Therapieweisung **90** 246a; Aussetzung bei Ausbleiben des Verteidigers **90** 145, wegen verspäteten Beweisantrages **90** 246; Beendigung ohne Angeklagten **90** 231; im beschleunigten Verfahren **90** 418; Besetzung der Strafkammer bzw. Strafsenate **95** 139; Besetzung des Gerichts **90** 222a f., 338; Durchführung ohne Angeklagten **90** 231a; bei Einspruch gegen Strafbefehl **90** 411; Entbindung von Verpflichtung zum Erscheinen **90** 233; Erörterung des Verfahrensstands *s. dort;* Fortsetzung nach Unterbrechung **90** 229; Freispruch ohne weitere **90** 371; Gang der **90** 243 ff.; nach dem JGG **89** 48 ff., Neubeginn **89** 51a; Leitung **90** 238; Niederschrift **90** 271 ff.; im Privatklageverfahren **90** 383; Rechtsanwaltsgebühren für Tätigkeit außerhalb der **117** Anl. 1 Nr. 4142 ff.; im strafrechtlichen Revisionsverfahren **90** 350 f.; Terminsgebühr für Verteidiger **117** Anl. 1 Nr. 4108 f.; Unterbrechung, Höchstdauer **90** 229, Hemmung der Unterbrechungsfristen **90a** 10, wg. technischer Störung **90** 229, durch Verhandlungsunfähigkeit des Angeklagten **90** 231a; ununterbrochene Gegenwart in **90** 226; Urteil **90** 260; Verbot der Entfernung des Angeklagten **90** 231; Verfahren nach Ablehnung eines Richters **90** 29; Verlesung von Schriftstücken **90** 249; Verständigung mit Verfahrensbeteiligten **90** 257c; Vorbereitung **90** 212 ff., Terminsbestimmung **90** 213; Weiterführung nach Entfernung des Angeklagten **90** 231b; Zuständigkeitsänderung **90** 225a

Hauptverhandlungshaft 90 127b

Hauptversammlung der Kommanditgesellschaft auf Aktien **51** 285, Regelungen während der COVID-19-Pandemie **52d** 1, 7

Hauptversammlung der Aktiengesellschaft 51 118 ff.; Aufsichtsratswahlen **51** 101; Beratung, Geschäftswert **119** 120; Beschlüsse, Anfechtung **51** 243 f., 254 f., 257, notarielle Beurkundung **51** 130, Stimmenmehrheit **51** 133 ff.; Bestellung von Prüfern **50** 318; **51** 142 ff.; Einberufung **51** 121 ff., 123 ff., 175, Bekanntmachungen **51** 124, bei Verlust, Überschuldung, Zahlungsunfähigkeit **51** 92; elektronische Stimmabgabe **51** 118; Entlastung von Aufsichtsrat und Vorstand **51** 119 f.; Geschäftsordnung **51** 129; Nichtigkeit von Beschlüssen **51** 241 ff.; ordentliche **51** 175 f.; Rechte **51** 119 ff.; Regelungen während der COVID-19-Pandemie **52d** 1, 7; Satzungsänderung **51** 179 ff.; Stimmrechte **51** 134 ff., Ausschluss von **51** 136, Ausübung durch Dritte **51** 135, Ausübung durch Intermediäre **51** 135; Stimmrechtsnachweis **51** 123; Tagesordnung **51** 124; Unternehmensverträge **51** 293f, 293g; Veröffentlichungen im Internet **51** 124a; Vorschläge zur Beschlussfassung **51** 124; Wahl des Aufsichtsrats **51** 124; Zustimmung zur Eingliederung von Gesellschaften **51** 320, zur Nachgründung **51** 52, zu Unternehmensvertrag **51** 293

Haus- oder Umbau, Abschlagszahlungen **21** Art. 244

Hausdurchsuchung 1 13

Hausfrieden, fristlose Kündigung des Mietverhältnisses bei Störung **20** 569

Hausfriedensbruch 85 123 f.

Hausgewerbetreibende, Lohnpfändung **100** 850 mit Anm.

Haushalt, Aufwendungen der Kinder **20** 1620; Besitz **20** 855

Haushaltsgegenstände, Behandlung bei Scheidung **20** 1568b; im Nachlass **20** 1932 f., 1969; Nutzung **21** Art. 17a; Verfügungen über **20** 1369; Verteilung bei Getrenntleben **20** 1361a

Haushaltsnotlagen, Vermeidung **1** 109a
Haushaltsplan des Bundes **1** 110 f.; Stärke der Streitkräfte **1** 87a
Haushaltssachen, Antragsverfahren **112** 203; besondere Vorschriften **112** 206 f.; Familiensachen **112** 111; als Folgesache **112** 137; Gebühren **118** Anl. 1 Nr. 1320 ff.; Tod eines Ehegatten **112** 208; Verfahren **112** 200 ff.; Verfahrenswert **118** 48
Haushaltswirtschaft von Bund und Ländern **1** 109
Häuslerrecht 21 63
Häusliche Gemeinschaft mit Erblasser, Auskunftspflicht **20** 2028
Hausratssachen, Entscheidung, Durchführung und Wirksamkeit **112** 209
Hausrecht des Präsidenten des Bundestages **1** 40
Hausstand, Zugehörigkeit **20** 1969
Haustiere, Aneignung **20** 959
Haustürgeschäfte *s. Verbraucherverträge*
Havarei, Weigerung des Dispacheurs bei Nichtvorliegen einer **112** 403
Hebegebühr des Gerichtsvollziehers **123** Anl.; bei Rechtsanwaltsgebühr **117** Anl. 1 Nr. 1009
Hecken zwischen Grundstücken **20** 921
Hehlerei 85 259 ff.; mit Daten **85** 202d; gewerbsmäßige **85** 260 f.
Heil- und Pflegeanstalt *s. Psychiatrisches Krankenhaus*
Heilbehandlung als Bewährungsauflage **85** 56c, 56e
Heilberuf, Zulassung **1** 74
Heilberufe, Berufsverbot, europaweite Unterrichtung durch Gerichte (Vorwarnmechanismus) **90a** 9; strafbare Verletzung von Privatgeheimnissen **85** 203
Heilerzieherische Behandlung als Auflage nach JGG **89** 10
Heilgewerbe, Zulassung **1** 74
Heilmittel, Verkehr mit **1** 74
Heilung der Nichtigkeit von Jahresabschlüssen der AG **51a** 21
Heilungskosten, Ersatz nach dem HaftpflichtG **33** 5 f.
Heimarbeiter als Arbeitnehmer **83** 5; Lohnpfändung **100** 850 mit Anm.
Heimfallanspruch bei Dauerwohnrecht **37** 36; des Grundstückseigentümers bei Erbbaurecht **41** 3, 32; Verjährung **41** 4
Heimstättenwesen 1 74
Heiratsvermittler 20 656
Helgoland, Verkehrsverbot auf **35a** 50
Hemmung des Arrestes durch Hinterlegung **100** 923; der Verjährung **20** 203 ff.; **62** 15, bei Einrede der Vorausklage **20** 771, bei Gesamtschuld **20** 425, bei Legitimationspapieren **20** 808, durch Musterfeststellungsklage **20** 204; **74** 33h, von Schadensersatzansprüchen nach Kraftfahrzeugunfall **63** 3, Wirkung **20** 209
Herabsetzung des Maklerlohnes **20** 655; der Vertragsstrafe **20** 343
Heranwachsende 89 1; Anwendung des allgemeinen Strafrechts **89** 106, des GVG **89** 107 ff., des Jugendstrafrechts **89** 105 ff.; Beseitigung des Strafmakels durch Richterspruch **89** 111; Geltung des StGB **85** 10; Strafverfahren **89** 109; Vollstreckung und Vollzug von Strafen **89** 110
Herausgabe von Akten durch Sachverständige **100** 407a; **122** 1; bei Aufhebung von Urteilen der OLG **100** 717; beschlagnahmter Gegenstände **90** 94, 111n f., an Verletzten **90** 459j; beweglicher Sachen **100** 854, 886; entzogener Sachen **20** 848; des Ersatzes oder Ersatzanspruchs **20** 285; fehlender Rechtsgrund **20** 812, 819, 821; der Früchte **20** 102, 2020, 2023; der Fundsache **20** 969; eines Gegenstandes **20** 273; von Geschenken eines Ehegatten **20** 1390; des Grundstücks **20** 303, 998; eines Inbegriffes von Gegenständen **20** 260; des Kaufgegenstandes an Dritte **20** 440; der Kaufsache bei Eigentumsvorbehalt **20** 448; eines Kindes **20** 1632; des Kindes- und Mündelvermögens **20** 1890; Klage auf **100** 254; des Nachlasses **20** 1973, 1990, 1992; der Nutzungen **20** 302, 987 f., 2020, 2023; von Personen, Vollstreckung **112** 88 ff.; des Pfandes **20** 1231 ff., 1251, für überwiesene Forderung **100** 838; nach Rücktritt **20** 346; der Sache **20** 985 ff., 1000, 1007, zur Pfändung **100** 847; der Schenkung **20** 516, 527 ff., 2329; unbeweglicher Sachen **100** 848, 855, 885; bei ungerechtfertigter Bereicherung **20** 812 ff., 1434, 1457; Unmöglichkeit **20** 346; von Urkunden **100** 422; Zwangsvollstreckung zur Erwirkung der von Sachen **100** 883 ff.
Herausgabeanspruch 20 292, 440, 1007; Abtretung des **20** 931; und Besitzrecht **20** 1000; des Eigentümers **20** 985; des Erben **20** 2018; des früheren Besitzers **20** 1007; körperliche Sachen **100** 846 ff.; des Nacherben **20** 2363; des Testamentvollstreckers **20** 2363; des für tot Erklärten **20** 2031; bei ungerechtfertigter Bereicherung **20** 812 ff.; Verjährung **20** 197; nach Verjährung **20** 852; des Vermieters und Selbsthilferecht **20** 562b
Herausgabepflicht 20 273, 292; des Beauftragten **20** 667; bei Beschlagnahme

von Gegenständen **90** 95; von Gegenständen, eidesstattliche Versicherung **112** 410; bei Geschäftsführung ohne Auftrag **20** 682, 684; einer verbleibenden Bereicherung **20** 346; bei Verfügung eines Nichtberechtigten **20** 816; des Vorerben **20** 2130, 2138
Herkunft, Verbot der Bevorzugung oder Benachteiligung **1** 3
Herkunftsangaben, geographische iSd MarkenG **72** 1, *s. a. dort*
Herrenlose Sachen, Aneignung **20** 958 ff.
Hersteller, Begriffsbestimmung **27** 4; von Kfz mit autonomer Fahrfunktion **35** 1f; von Tonträgern, Urheberschutz **65** 85 f.; von Vervielfältigungsgeräten, Vergütungspflicht **65** 54b
Herstellung einer Sache, Werkvertrag **20** 631
Herstellungskosten, Bewertungsmaßstäbe in Bilanz **50** 255
Herstellungsvertrag **50** 381
Hessen, Wiederherstellung von Grundbüchern **114** 148
Hilfe zur Aufklärung schwerer Straftaten **85** 46b; der Kinder im Haushalt **20** 1619; zu Straftaten **85** 27
Hilfeleistung, unterlassene **85** 323c
Hilfsanspruch, Streitwertberechnung **115** 45; Verfahrenswert **118** 39
Hilfskassen, Aufrechnung **20** 394
Hilfsschöffen *s. Schöffen*
Hindernis für Vorlegung einer Urkunde in mündlicher Verhandlung **100** 434
Hinterbliebene von Arbeitnehmern, Rechtsweg bei Streitigkeiten mit Arbeitgebern **83** 2; von Beamten **21** 80; von Kriegsteilnehmern, Versorgung **1** 74; bei Unfällen **20** Anm. zu 618
Hinterbliebenenbezüge für AG-Vorstandsmitglieder **51** 87; als Arbeitseinkommen **100** 850
Hinterbliebenengeld, Übergangsvorschriften **21** Art. 229 § 43
Hinterbliebenenversorgung, Teilhabe **48** 25 f.
Hinterlegung, Abwendung der Zwangsvollstreckung **100** 720, 839, 868; auf Anordnung des Nachlassgerichts **20** 1960; Aufhebung des Arrestes gegen **100** 923, 934; bei Auflösung eines Vereins **20** 52; bei Auslobung **20** 660; als Ausschluss zur Befriedigung des Hypothekengläubigers **20** 1171; zur Befriedigung des Gläubigers **20** 268, des Hypothekengläubigers **20** 1142, des Pfandgläubigers **20** 1224; bei einem Dritten **20** 691; bei Einsetzung eines Nacherben **20** 2114; zur Erfüllung **20** 372 ff.; Erklärung des Schuldners **20** 380; Erlöschen des Gläubigerrechts **20** 382; des Erlöses verkaufter beweglicher Sachen **100** 885, bei Versteigerung **20** 383, der Zwangsvollstreckung **100** 805, 854; Ersatzpflicht des Hinterlegenden **20** 694; Gefahr **20** 379; von Geld und Wertpapieren, Sicherheitsleistung **20** 232 ff.; Gerichtsvollzieherkosten **123** Anl.; durch Gesamtschuldner **20** 422; von Inhaber- oder Orderpapieren **20** 1082; im Insolvenzverfahren **110** 198; bei Käuferverzug **50** 373 f.; Kosten **20** 381; von Nachlasssachen **20** 1960, 2039; beim Nießbrauch **20** 1077, 1082; des Pfanderlöses **20** 1219; des Pfandes **20** 1217; bei Pfandrecht an einer Forderung **20** 1281; Rückgabe bzw. Rücknahme **20** 695 f.; des Schuldbetrags einer überwiesenen Forderung **100** 839, 853; als Sicherheitsleistung **20** 232 ff.; **90** 116a; **100** 108; **108** 69; bei Streit der Gläubiger **20** 660; **100** 75; Unpfändbarkeit des Rücknahmerechts **20** 377; einer unteilbaren Leistung **20** 432; Verfahren bei Ausschluss mittels **112** 451; Verjährungsbeginn **20** 695; bei Vermögensarrest zur Sicherung der Wertersatzeinziehung iSd StGB **90** 111g; bei Vorerbschaft **20** 2114, 2116; eines Vorschusses für Zeugengebühren **100** 379; der Wertpapiere des Mündels **20** 1814, 1818; von Wertpapieren **20** 2116; Wirkung **20** 233, 378 f.; *s. a. Verwahrung*
Hinterlegungsort **20** 374
Hinterlegungsvertrag **20** 688 ff.
Hochschulen, Ausbau und Neubau **1** 91a
Hochschulwesen, Gemeinschaftsaufgaben **1** 91a
Hochschulzulassung, Gesetzgebung **1** 74
Hochseefischerei **1** 74
Hochseekabel, Unpfändbarkeit **100** Anm. zu 811
Hochseeschifffahrt **1** 74
Hochstapelei **85** 132a
Höchstbetrag für Haftung des Gastwirts **20** 702 f.; für Registeranmeldungen **119** 106
Höchstbetragshypothek **20** 1190; **100** 932
Höchstgeschwindigkeit im Straßenverkehr **35a** 3, 18, 45
Höchstmaß der zeitigen Freiheitsstrafe **85** 38 f.
Höchstpersönlicher Lebensbereich, Verletzung durch Bildaufnahmen **85** 201a, Privatklage **90** 374
Höchststimmrechte, Zulässigkeit **51a** 5
Hochverrat **85** 81 ff.; im Ausland **85** 5; gegen den Bund **85** 81

Hochzeitsgeschenke 20 1932 f.
Hoferbe, Hofwahlerklärung, Gebühr **119** 23
Hofwahlerklärung, Notargebühren **119** Anl. 1 vor Nr. 12100
Hoheitsrechte, Beschränkung zugunsten kollektiver Sicherheit **1** 24; Übertragung auf grenznachbarschaftl. oder zwischenstaatl. Einrichtungen **1** 24
Hoheitsrechtliche Befugnisse, Ausübung **1** 33
Höhere Gewalt 33 1; bei Gastwirtshaftung **20** 701; und Haftung nach dem StVG **35** 7 ff.; Hemmung der Verjährung **20** 206; bei Umwelthaftung **28** 4; Verhinderung der Inventarfrist **20** 1996
Holschuld 20 295, 697
Honorar für ärztliche Tätigkeit **116** Anl. 2 Nr. 200 ff.; ärztlicher Befund **116** Anl. 2 Nr. 100 ff.; für Leistungen der Dolmetscher **116** 9 f., Anl. 1, der Sachverständigen **116** 9 f., Anl. 1; für Übersetzer **116** 11
Hör- oder sprachbehinderte Personen, Beurkundung von Willenserklärungen **23** 22 ff.; Verständigung vor Gericht **95** 186
Hunde, Mitführen vom Rad aus **35a** 28
Hupen 35a 5, 16
Hymnen, strafbare Verunglimpfung **85** 90a, 90c
Hypnose, Verbot der eines Beschuldigten **90** 136a
Hypothek 20 1113 ff.; **21** 53, 60, 91, 117, 192; Aufgabe bei Bürgschaft **20** 776; Aufhebung **20** 1183; Auswechslung der Forderung **20** 1180; Befriedigung aus nach Verjährungseintritt **20** 216; Beseitigung bei Grundstücksverkauf **20** 442; Bestellung **20** 1188; bei Dauerwohnrecht **37** 40; und Eigentum **20** 1163, 1168; Eintragung **20** 1115, neuer Gläubiger **100** 837; am Erbbaurecht **41** 18; Erlöschen **20** 1181; Gefährdung **20** 1133 ff.; Grundbuch **114** 43, 50; Höchstbetrags- **20** 1190; Klage auf Löschung **100** 25; Kollision **20** 1176; Kündigung **20** 1141; Löschung **20** 1187; Löschungsanspruch bei eigenem Recht **20** 1179b, bei fremdem Recht **20** 1179a; Löschungsvormerkung **20** 1179; mehrere **20** 1176; Mündelsicherheit **20** 1807; Nebenleistungen **20** 1158 f.; Nießbrauch **20** 1074; Pfändung **100** 830, 837; Rangänderung **20** 880; Sicherheitsleistung durch **20** 232, 238; Sicherungs- **20** 1184 ff.; Tilgung **41** 20; Übergang **20** 401, 1153 ff.; Übernahme **20** 416; Umwandlung **20** 1186, 1198; Urkundenprozess wegen **100** 592; Verfügung über Mündel- **20** 1819, 1821, des Vorerben über Forderung **20** 2114; am Vermächtnisgrundstück **20** 2165 ff.; Versicherung des belasteten Gegenstandes **20** 1127 ff.; Verurteilung zur Bestellung einer **100** 897; Verzicht **20** 418; Wiederherstellung des Gegenstandes **20** 1130; Wirkung des rechtskräftigen Urteils bei Ansprüchen aus **100** 325; im Zwangsversteigerungsverfahren **108** 50, 53, 64, 67, 83, 126 f., 131, 136, 184; bei Zwangsverwaltung **108** 158 f.
Hypotheken im Beitrittsgebiet **21** Art. 233 § 6
Hypothekenbrief 20 1116 f., 1144 f., 1152, 1154, 1160, 1163, 1170, 1185; **21** 192; **114** 56 ff.; Aushändigung **20** 1167 f.; Eigentum **20** 952; Geschäftswert bei nachträglicher Erteilung **119** 71; Kraftloserklärung **20** 1162; Übergabe bei Pfändung **100** 830; Verzicht auf **20** 1116, 1154, 1160; Vorlegen **114** 41, zur Grundbuchberichtigung **20** 896, bei Notar **23** 21
Hypothekenforderung, Teilung unter Miterben **20** 2059 f.
Hypothekengläubiger, Aufgebot **20** 1170 f.; **112** 447 ff.; Ausschluss unbekannter **20** 1170 f.; Befriedigung **20** 1147; Zahlungswirksamkeit **62** 94
Hypothekenzinsen 20 1118 f.; Zahlung durch Nießbraucher **20** 1047

Idealkonkurrenz 85 52
Idealvereine 20 21; Eintragung ins Vereinsregister **20** 55
Identifikation des Antragstellers bei elektronischen Anträgen **35** 30; **92** 30c; bei Registrierung nach der SchuFV **102** 7; bei Teilnahme an öffentlichen Versteigerungen **100** 814; des Verwenders von elektronischen Formularen **83** 46f; **94** 110b; **100** 130c; **112** 14a
Identitätsfeststellung 90 163b f.; nach dem BZRG **92** 20b
Immaterieller Schaden, Ersatz **20** 253, 825, 847; Ersatz nach dem UrhG **65** 97
Immissionen 20 906
Immobiliar-Verbraucherdarlehensvertrag 20 491 ff.; Bedenkzeit **20** 495; Beratungsleistungen **20** 511; Bewertungsgrundlagen **50a** 75; Darlehensvermittler bei **21** Art. 247 § 13; in Fremdwährung, Umwandlungsrecht **20** 503; Gesamtfälligkeit **20** 498; Informationspflichten **21** Art. 247a, vorvertragliche **20** 491a; **21** Art. 247, Art. 247 § 1, Art. 247 § 18, Anlage 6 zu 247 § 1, Widerrufsrecht **21** Anlage 8 zu 247 § 6; Kopplungsgeschäfte **20** 492a f.; Pflicht zur Kreditwürdigkeits-

prüfung **20** 505a ff.; Schriftform, Formmängel **20** 494; Verzug des Darlehensnehmers **20** 497; Vorfälligkeitsentschädigung **20** 502; vorzeitige Rückzahlung **20** 500; Widerrufsrecht **20** 495; **21** Art. 247
Immobilien im internationalen Insolvenzverfahren **110** 336, 349
Immobilienmakler 50 93
Immobilienverzehrkreditverträge 20 491; Übergangsvorschriften **21** Art. 229 § 40
Immunität der Abgeordneten **1** 46; **85** 36; **90** 152a; des Bundespräsidenten **1** 60; *s. a. Indemnität*
Impfausweise, verbote Fälschung **85** 275
Inbegriff von Gegenständen **20** 260; von Sachen **20** 92, Nießbrauch **20** 1035
Indemnität der Abgeordeneten **85** 36; der Abgeordneten **1** 46
Individualabrede, Vorrang vor Allgemeiner Geschäftsbedingung **20** 305b
Indossable Papiere 50 363 ff.; Hypothek **20** 1187 ff.; Pfandrecht **20** 1292, 1294 ff.; Pfändungskosten **123** Anl.
Indossament 50 363 ff.; Eingehung von Verbindlichkeiten durch Vormund **20** 1822; Übertragung der Namensaktie durch **51** 68
Industrie 1 74
Industrie- und Handelskammer, anspruchsberechtigt nach dem UKlaG **105** 3; Antragsrecht nach UWG **73** 8; Vorschlag von ehrenamtlichen Richtern **95** 108
Information des Versicherungsnehmers **62** 7 ff.
Informations- und Kommunikationstechnologien, sexueller Missbrauch von Kindern mit Hilfe der **85** 176
Informationspflichten beim Behandlungsvertrag **20** 630; im elektronischen Geschäftsverkehr **21** Art. 246c f.; bei Fernabsatzverträgen **20** 312d f.; **21** Art. 229 § 11, Art. 246b §§ 1, 2, Anlage 3b zu 246b; bei Geschäftsbesorgungsvertrag **20** 675a; von Reiseveranstaltern **20** 651d; bei Teilzeit-Wohnrechteverträgen **21** Art. 242; bei Verbraucherdarlehensverträgen **21** Art. 247; bei Verbraucherverträgen **21** Art. 246, Anlage 1, Anlage 2, nach dem UWG **73** 5b; nach dem VVG **62** 7 ff.; bei Zahlungsdiensteverträgen **20** 675d; **21** Art. 248
Informationstechnische Systeme, Online-Durchsuchungen **90** 100b
Ingenieurverträge 20 650p ff.; Gesamtschuldnerhaftung **20** 650t; Sonderkündigungsrecht **20** 650r
Inhaber einer geschäftlichen Bezeichnung iSd MarkenG, Auskunftsansprüche **72** 19, Schadensersatzansprüche **72** 15, 153, Sicherung **72** 19b, Unterlassungsansprüche **72** 15, Vorlage- und Besichtigungsansprüche **72** 19a; Leistung an **20** 808; von Marken **72** 7, *s. a. dort*
Inhaberaktien 51a 26h; Nachweis der Stimmberechtigung **51** 123
Inhabergrundschuld 20 1195
Inhaberhypothek 20 1187 ff.
Inhabermarken 20 807
Inhaberpapiere 20 248, 793 ff.; **21** 174; Aufgebotsverfahren **112** 467 ff.; Eigentumsvermutung bei Ehegatten **20** 1362; Erwerb abhanden gekommener **20** 935, 1006 f.; **50** 367; Hinterlegung zur Sicherheitsleistung **20** 234; des Mündels, Sicherung **20** 1814 f., 1820, 1853; des Nachlasses, Sicherstellung für Nacherben **20** 2116 f.; Nießbrauch **20** 1081 ff.; Pfandrecht **20** 1293 ff.; Sicherungshypothek **20** 1187 ff.; Umschreibung auf Namen des Vorerben **20** 2117; Verpfändung **20** 1293, 1296; Wiederinkurssetzung **100** 823; Zahlungssperre **112** 480 ff.
Inhaberzeichen 20 807
Inhaftierte, Beschränkungen in der Untersuchungshaft **90** 119
Inhalt der Schuldverhältnisse **20** 241 ff.
Inhalte iSd StGB 85 11; öffentliche Aufforderung zu Ordnungswidrigkeiten **94** 116, zu Straftaten durch **85** 111; Bedrohung durch **85** 187; und Bekanntgabe von Verurteilungen **85** 165, 200; Beleidigungen durch **85** 185; und Beschimpfung von Bekenntnissen, Religionsgesellschaften, Weltanschauungsvereinigungen **85** 166; Beschlagnahme **90** 111q; Einziehung gem. OWiG **94** 123; und sexueller Missbrauch von Kindern **85** 176; strafbare Verbreitung mit Anleitung zu Straftaten **85** 130a; Üble Nachrede durch **85** 186; Verbreitung zur Störung des öffentlichen Friedens **85** 130a; zur Verherrlichung von Gewalttaten **85** 131; Verleumdung durch **85** 187
Inkassodienstleistungen, Prozessvertretung **100** 79; Rechtsanwaltsgebühren **117** 13; Vollmachtsnachweis **100** 753a
Inkassovollmacht des Handelsmaklers **50** 97
Inkompatibilität des Bundespräsidenten **1** 55; der Mitglieder des BVerfG **1** 94
Inland, Firmenrecht bei Sitzverlegung **50** 13h; Straftaten **85** 3
Inline-Skaten auf Straßen und Wegen **35a** 31

Innenverhältnis bei Gütergemeinschaft **20** 1441 ff., 1463 ff.; bei mehreren Haftpflichtigen **33** 13
Inseln 21 65
Insolvenz eines Genossenschaftsmitglieds, Kündigung **53** 66a, Ausschluss **53** 67c; Recht auf Rücknahme der hinterlegten Sache **20** 377; des Übernehmers **20** 418; Verkauf aus Insolvenzmasse **20** 450; Versicherungsnehmer **62** 110; Vorkaufsrecht **20** 471
Insolvenzanfechtung 110 129 ff., 280; Ausschluss bei Maßnahmen nach der VO (EU) 648/2012 **110a** 102b; bei Bargeschäften **110** 142; bei Eigenverwaltung **110** 280; bei inkongruenter Deckung **110** 131; im internationalen Insolvenzverfahren **110** 336; bei kongruenter Deckung **110** 130; maßgeblicher Zeitpunkt **110** 140; bei Nachlassinsolvenz **110** 322; nahe stehende Personen **110** 138; Rechtsfolgen **110** 143 f.; gegen Rechtsnachfolger **110** 145; Rückgewähr **110** 143; stille Gesellschaft **110** 136; Überleitungsvorschrift **110a** 103j; **111** 20; unentgeltliche Leistung **110** 134; unmittelbar nachteilige Rechtshandlungen **110** 132; nach Verfahrenseröffnung **110** 147; Verjährung **110** 146; vorsätzliche Gläubigerbenachteiligung **110** 133; **111** 3; bei Wechsel- und Scheckzahlungen **110** 137
Insolvenzantrag 110 13 ff.; Ablehnung mangels Masse **110** 26; Antragspflicht während der COVID-19-Pandemie **110d**, für Gesellschaften **110** 5, nicht für Stiftungen **110** 5, nicht für Vereine und Stiftungen **110** 5; auf Eröffnung des Nachlassinsolvenzverfahrens **110** 317 ff.; auf Eröffnung des Verbraucherinsolvenzverfahrens **110** 305; durch Gläubiger **110** 14, Regelungen während der COVID-19-Pandemie **110d** 3; durch gruppenangehörige Schuldner **110** 13a
Insolvenzeröffnungsverfahren, Auskunfts- und Mitwirkungspflichten **110** 20; Gebühren **115** Anl. 1 Nr. 2310 bis 2364; Hinweis auf Restschuldbefreiung **110** 20; Kostenhaftung **115** 23; Streitwertberechnung **115** 58; vorläufige Maßnahmen **110** 21, Bekanntmachung **110** 23
Insolvenzforderungen, Anmeldung **110** 174 ff.; Feststellung **110** 178 ff.
Insolvenzgericht, Anordnung der Eigenverwaltung **110** 270 ff., *s. a. dort,* der Nachtragsverteilung **110** 203, der Zustimmungsbedürftigkeit **110** 277; Aufhebung der Überwachung des Insolvenzverfahrens **110** 258 f., der Planerfüllung **110** 268; Aufsicht über Insolvenzverwalter **110** 58; Bestätigung der Annahme des Insolvenzplans **110** 248 ff.; Einsetzung des Gläubigerausschusses **110** 67; Entscheidung über Restschuldbefreiung **110** 303; Festsetzung der Vergütung des Insolvenzverwalters **110** 64; in Verfahren über Unternehmensgruppe **96** 18; **110** 269b, Koordinationsgericht **110** 269d ff., und VO (EU) 2015/848 **110a** 102c, und VO (EU) 2015/848 **110a** 102c; Zurückweisung des Insolvenzplans **110** 231; Zusammenarbeit **110** 248, 348; Zuständigkeit **110** 2 ff., im ausländischen Insolvenzverfahren **110** 348, bei gruppenangehörigen Schuldnern **96** 18; **110** 3a
Insolvenzgläubiger, Antrag auf Nachtragsverteilung **110** 203; Befriedigung **110** 187 ff.; Begriff **110** 38; Forderungen **110** 87; Gleichbehandlung bei Restschuldbefreiung **110** 294; Rangordnung **110** 39, 265 f., 327; Rechte bei Insolvenzplan **110** 224 ff., Stimmrecht **110** 237 ff., nach Verfahrensaufhebung **110** 201; Unterrichtung bei Eigenverwaltung **110** 281
Insolvenzmasse, Begriff **110** 35; Eigenverwaltung *s. a. dort;* Gesamtgut **110** 37; gesicherte Darlehen **110** 44a; Sicherung durch Insolvenzverwalter **110** 148 ff.; unpfändbare Gegenstände **110** 36; Verteilung **110** 187 ff.; Verwaltung und Verwertung **110** 148 ff.
Insolvenzordnung 110; Anwendung **20** 1984; Einführungsgesetz zur **110a**; GmbH-Modernisierung und Missbrauchsbekämpfung **110a** 103d
Insolvenzplan 110 217 ff.; Abstimmungstermin **110** 235 f.; Annahme und Bestätigung **110** 235 ff., Abstimmung **110** 242; Anteilsinhaberrechte **110** 225a; Aussetzung **110** 233; bedingter **110** 249; darstellender Teil **110** 220; bei Eigenverwaltung **110** 284; einer Genossenschaft **53** 116; gestaltender Teil **110** 221, 263 f.; Gleichbehandlung der Beteiligten **110** 226; Gruppenbildung **110** 222, während der COVID-19-Pandemie **110d** 7; gruppeninterne Sicherheiten **110** 217, *s. a. dort;* Inhalt **110** 219 ff.; im Insolvenzverfahren nach der VO (EG) 1346/2000 **110a** 102, nach der VO (EU) 2015/848 **110a** 102c; Kreditrahmen **110** 264; bei Masseunzulänglichkeit **110** 210a; Niederlegung **110** 234; Obstruktionsverbot bei Abstimmung **110** 245; Rechtsanwaltsgebühren **117** Anl. 1 Nr. 3318 f.; Rechtsfolgen **110** 254 ff.; Rechtsmittel gegen Bestätigungsbeschluss **110** 253; Überwachung der Er-

füllung **110** 260 ff.; Vollstreckung **110** 257; Vorlage **110** 218; Zurückweisung durch Insolvenzgericht **110** 231
Insolvenzrecht, internationales **110** 335 ff.
Insolvenzstatistik 95a 39
Insolvenzstraftaten 85 283 ff.
Insolvenzverfahren, Abweisung des Antrags mangels Masse **110** 26; der Aktiengesellschaft, Ablehnung **51** 262; Anfechtung **110** 129 ff.; **111** 16 ff., anfechtbare Rechtshandlung **110** 135; Antrag auf Eröffnung des Insolvenzverfahrens, Regelungen während der COVID-19-Pandemie **110a** 103k f., 107; **110d** 3, Übergangsvorschriften **110a** 103m f.; Antrag auf Eröffnung **110** 13 ff., durch gruppenangehörige Schuldner **110** 13a; Aufhebung **110** 258 f.; Auflage zur einstweil. Einstellung der Zwangsverst. **108** 30e; Aufrechnung (Liquidationsnetting) **110** 104; ausländisches **110** 343 ff.; Aussonderung **110** 47 f.; Befriedigung der Insolvenzgläubiger **110** 174 ff.; und Durchführung der VO (EU) 648/2012 **110a** 102b; Eigenverwaltung bei Genossenschaft **53** 115e, durch Schuldner *s. a. dort;* Einstellung der Zwangsversteigerung **108** 30d; Einstellung mangels Masse **110** 207 ff., 289; Eintragung des ins Handelsregister **50** 32; Erfüllung der Rechtsgeschäfte **110** 103 ff.; Ermittlungsgrundsatz **110** 5; Eröffnungsbeschluss **110** 27 ff.; Eröffnungsgrund **110** 16 ff.; Eröffnungsvoraussetzungen **110** 11 ff.; Feststellung als Beginn der Verjährung **20** 201; Finanzleistungen **110** 104; und Finanztermingeschäfte **110a** 105; Fixgeschäfte **110** 104; Gegenstandswert für Rechtsanwaltsgebühren **117** 28; der Genossenschaft **53** 98 ff.; Grundbucheintragungen nach Vormerkung **20** 883; Gruppen-Folgeverfahren **96** 18; **110** 3c; Hemmung der Verjährung **20** 204; Insolvenzplan **110** 217 ff., *s. a. dort;* internationale **110** 335 ff., *s. a. dort,* Richtervorbehalt **96** 19a; Kosten **110** 54; **115** 1; Kostenhaftung **115** 23, für ausländische **115** 24; Kostenstundung **110** 4a ff., 63; Marken im **72** 29; über den Nachlass **110** 315 ff., *s. Nachlassinsolvenzverfahren;* von natürlichen Personen **110** 245a, 251, 253; öffentliche Bekanntmachung **110** 9; Partikularverfahren über Inlandsvermögen **110** 354 ff.; Rechtsanwaltsgebühren **117** Anl. 1 Nr. 3313 ff.; Restschuldbefreiung **110** 286 ff., *s. a. dort;* Richtervorbehalt **96** 18; Ruhen des **110** 306; Sanierung und Schutzschirm **110** 270d; schriftliches **110** 5; Statistik **95a** 39; einer Stiftung oder Körperschaft **20** 89; Straftaten **110** 15a f., Regelungen während der COVID-19-Pandemie **110d**; Straftaten im **110** 297; Streitwertberechnung **115** 58; Überleitungsvorschriften **110a** 103 ff.; Unionsmarken im **72** 125; Unterbrechung eines Rechtsstreits **100** 240; über Unternehmensgruppe **96** 18; **110** 3a ff., 269a ff., Koordinationsplan **110** 269h f., Koordinationsverfahren **110** 269d ff., Kosten **115** 23, Verfahrenskoordinator **110** 269e ff., und VO (EU) 2015/848 **110a** Art. 102c, *s. a. dort;* der Verbraucher **110** 304 ff., *s. a. Verbraucherinsolvenz;* bei Vereinen **20** 42, 75; Vereinfachung des **110a** 103c; Verjährung von Ansprüchen aus **20** 197; über Vermögen des Gesellschafters **20** 728, 736; **50** 131, des Hauptschuldners **20** 773; Vermögensarrest im **90** 111i, 459m; des Versicherers **62** 16; des Versicherungsnehmers **62** 17; Verwaltung und Verwertung der Insolvenzmasse **110** 148 ff.; Verweisung an Gericht des Gruppen-Gerichtsstandes **110** 3d; Vorzugsrecht im **20** 401; Wirkungen der Eröffnung **110** 80 ff.; Ziele **110** 1; Zusicherung iSd VO (EU) 2015/848 **110a** 102c; Zwangsverst. **108** 172 ff.
Insolvenzverfahren nach der VO (EG) 1346/2000, Aussetzung der Verwertung **110a** 102; Bekanntmachungen **110a** 102; Eintragung in öffentliche Bücher und Register **110a** 102; Eröffnungsbeschluss **110a** 102; Insolvenzplan **110a** 102; Rechtsmittel **110a** 102; Unterrichtung der Gläubiger **110a** 102; Vermeidung von Kompetenzkonflikten **110a** 102; Vollstreckung **110a** 102; Zuständigkeit **110a** 102
Insolvenzverfahren nach der VO (EU) 2015/848 110a Art. 102c ff.; Aussetzung der Verwertung **110a** Art. 102c § 16; Bekanntmachungen **110a** Art. 102c § 7, § 12; Eintragung in öffentliche Bücher und Register **110a** Art. 102c § 8; Eröffnungsantrag **110a** Art. 102c § 5; Insolvenzplan **110a** Art. 102c § 15; Rechtsmittel **110a** Art. 102c; Sekundärinsolvenzverfahren **110a** Art. 102c; Unterrichtung der Gläubiger **110a** Art. 102c; Vermeidung von Kompetenzkonflikten **110a** Art. 102c § 2; Vollstreckung **110a** Art. 102c § 10; Zuständigkeit **110a** Art. 102c § 1, § 6
Insolvenzverschleppung 110 15a f.; Aussetzung der Insolvenzantragspflicht während der COVID-19-Pandemie **110d**
Insolvenzverwalter, Abwahl **110** 57; Aktivlegitimation **110** 85; Antrag auf einstweilige Einstellung der Zwangsversteigerung **108** 153b, auf Nachtragsverteilung

110 203, auf Zwangsversteigerung **108** 172 ff.; Anzeige der Masseunzulänglichkeit **110** 208; Anzeigepflicht **110** 262; Aufsicht des Insolvenzgerichts **110** 58; Bestellung **110** 56 ff., bei gruppenangehörigen Schuldnern **110** 56b; elektronisches Gläubigerinformationssystem **110** 5; Entlassung **110** 59, in Gruppen-Folgeverfahren **110** 3d; Erlöschen des Amtes **110** 259; Gerichtsstand **100** 19a; Haftung **110** 60 f., bei Zusicherung iSd VO (EU) 2015/848 **110a** Art. 102c § 22 ff.; aus Mitgliedstaaten der EU **110a** 102a; Passivlegitimation **110** 86; Rechnungslegung **110** 66; Sicherung der Insolvenzmasse **110** 148 ff.; Überwachung der Planerfüllung **110** 260 ff.; in Verfahren über Unternehmensgruppe **110** 269a, und VO (EU) 2015/848 **110a** 102c; Verfolgung von Anfechtungsansprüchen **111** 16; Verfügungen **20** 161, 184, über Gegenstand des Wiederkaufs **20** 458; Vergütung **110** 63, nicht nach RVG **117** 1; Vorkaufsrecht **20** 1098; vorläufiger **110** 21 f., als Sachverständiger **116** 9, Vergütung **110** 26a; Wahlrecht **110** 103; Zwangsmittel **110** 98

Instandsetzungsarbeiten, Unpfändbarkeit der zur benötigten Mittel **100** 851b

Institutionelle Anleger iSd AktG **51** 134a ff., Offenlegungspflichten **51** 134c

Intelligenzminderung und Verantwortlichkeit iSd OWiG **94** 12

Interesse, berechtigtes bei Vertragsstrafe **20** 343; an der Geschäftsführung **20** 679; negatives **20** 122; rechtliches **20** 810, 2010, 2081, 2146, 2228, 2384; an Wirksamkeit des Vertrags **20** 179

Intermediäre iSd AktG **51** 67a; **51a** 26j, Datenverarbeitung durch **51** 67e, Informationspflichten **51** 67a ff., Stimmrechtsausübung durch **51** 135, Übermittlung von Informationen an **51** 67a, Übermittlung von Informationen durch **51** 67b f.

International geschützte Rechtsgüter, Auslandstaten gegen **85** 6

Internationale Erbrechtsverfahren, Gerichtskosten **115** 1; **119** 18; Zuständigkeit der Rechtspfleger **96** 3, 20

Internationale Insolvenzverfahren **110** 335 ff., 343 ff.; **110a** 102 ff.; Bekanntmachungen **110** 345; Gläubigerrechte **110** 341; Richtervorbehalt **96** 19a

Internationale Organisationen, Kennzeichnungen von als Schutzhindernisse iSd MarkenG **72** 8

Internationale Rechtshilfe, Rechtsanwaltsgebühren in Strafsachen **117** Anl. 1 Nr. 6100 f.

Internationale Verfahren in Arbeitssachen **83** 13a

Internationaler Erbschein **21** 36

Internationaler Strafgerichtshof, Ersuchen **95** 21; Rechtsanwaltsgebühren **117** Anl. 1 Nr. 6101 f.

Internationales Familienrechtsverfahrensgesetz **118** 13

Internationales Gericht, falsche Angaben vor einem **85** 162

Internationales Insolvenzrecht **110** 335 ff.

Internationales Privatrecht **21** Art. 3; **21a**; **21b**; im Beitrittsgebiet **21** Art. 236; ordre public **21** Art. 6; Personalstatut **21** Art. 5; Schiedsgerichtsbarkeit, Beitritt zu Vereinbarungen **1** 24; Übergangsvorschriften **21** 220; Verbrechensbekämpfung **1** 73; Verträge des Bundes und der Länder **1** 32; Verweisung auf Recht eines anderen Staates **21** Art. 4; wesentlich engere Verbindung **21** 46

Internet, ergänzende Online-Dienste der Sendeunternehmen **65** 20c; kriminelle Handelsplattformen **85** 127; Straftaten im *s. Inhalte iSd StGB;* Unternehmensregister im **50** 8b; Veröffentlichungen im von Aktiengesellschaften **50** 289f; **51** 124a, im Insolvenzverfahren **110** 235, Genossenschaftssatzung **53** 15, Jahresabschluss und Lagebericht **53** 48, Tagesordnung zur Generalversammlung nach dem GenG **53** 46, Unterlagen der Genossenschaft vor Verschmelzung **52a** 82; Vertriebstätigkeit von Versicherern **62** 1a; Zugangsdienste iSd UrhG **65** 20b, 137p; Zulassungsverfahren bei Kraftfahrzeugen **35** 6g

Intervention, Beteiligung Dritter am Rechtsstreit **100** 64 ff.

Invalidität, Anpassung des Versorgungsausgleichs **48** 35 f.

Inventar, amtliche Aufnahme durch Notar **20** 2003; Befreiung bei Einzelkaufleuten **50** 241a; **50a** 76; Bezugnahme auf **20** 2004; Einsicht **20** 2010; eines Erbschaftsgrundstückes **20** 2111; Errichtung **20** 1993 ff., durch Ehegatten **20** 2008, durch Erben **20** 2014, durch Erbschaftskäufer oder -verkäufer **20** 2383, durch Miterben **20** 2063, durch Vorerben **20** 2144; Erstellung **50** 240; eines gepachteten Grundstücks **20** 582, 582a; Inhalt **20** 2001; Mitwirkung des Testamentsvollstreckers **20** 2215; des Nießbrauchgutes **20** 1048; Übernahme zum Schätzwert **20** 582a; Verfügungsbeschränkung **20** 583a; Wirkung der Errichtung **20** 2009

Inventarfrist **20** 1994 ff.; **119** Anl. 1 Nr. 12411; Bestimmung **112** 360; gegen-

über Fiskus **20** 2011; Hemmung **20** 1997; gegenüber Nachlasspfleger **20** 2012; Verlängerung **20** 1995; Versäumung **20** 1996
Inventarverfehlungen 20 2005 f.
Inventurvereinfachungsverfahren 50 241 f.
Inzident(zwischen)feststellungsklage und -widerklage **95** 99; **100** 256, 506
Ionisierende Strahlen, Missbrauch **85** 309 ff.
Irrtum, Anfechtung wegen **20** 119, 2078, 2080; bei Ansatz von Gerichtsvollzieherkosten **123** 6; über Berufungsgrund der Erbschaft **20** 1949; bei Bestimmung der Leistung durch Dritte **20** 318; bei Erbschaftsannahme **20** 1949; bei Geschäftsführung ohne Auftrag **20** 686; bei letztwilliger Verfügung **20** 2078, 2080; bei Selbsthilfe **20** 231; beim Testament **20** 2078, 2080; unvermeidbarer bei entschuldigendem Notstand **85** 17, 35; beim Vergleich **20** 779; vermeidbarer, bei fehlender Einsicht **94** 11; über wesentliche Tatumstände **85** 16; **94** 11; Widerruf des Geständnisses **100** 290; bei Willenserklärungen **20** 119 f.
Istkaufmann 50 1

Jagdwesen, Gesetzgebung **1** 74
Jahresabschluss 50a 75, 80 f., 83 f.; **52** 46; **53** 48; der AG **51** 170; Anfechtung **51** 257; Ansatzvorschriften **50** 246 ff.; Auskunftsrecht der Aktionäre **51** 131; Bewertungsgrundsätze **50** 252; Feststellung **51** 172 f.; Formblätter **50** 330; formelle Erfordernisse **50** 244; der Genossenschaft **50** 336; Gliederung **50** 265; der Konzerne **50** 264; und Lagebericht **51** 150 ff.; Nichtigkeit **51** 253, 256 f.; Offenlegung **50** 325 ff.; **51** 236, bei Genossenschaften **50** 339; der Pensionsfonds **50** 341 ff.; Pflicht zur Aufstellung **50** 264; Prüfung **50** 316 ff., 340k; **51** 171, 258 ff., Bestätigungsvermerk **50** 322, Ordnungsgelder **50** 340o, Straf- und Bußgeldvorschriften **50** 340m f.; Prüfungsbericht **50** 321; nach dem PublG **52b** 5, Feststellung **52b** 8, Offenlegung **52b** 9, Prüfung durch Aufsichtsrat **52b** 7; Stichtag **50** 299; Vormundschaftsrechnung **20** 1841; Wahl des Abschlussprüfers **50** 318; Währungsumrechnung **50** 256a; Zugangs- und Folgebewertung **50** 253
Jahresende, Beginn der Verjährung **20** 199
Jahresfrist, Berechnung **20** 188 f., 191
Jahresgebühren, Fälligkeit **119** 8
Jugend- und Auszubildendenvertretung, Kündigung von Mitgliedern **84** 15
Jugendamt, Anhörung in Abstammungssachen **112** 176, in Adoptionsverfahren **112** 194, in Ehewohnungssachen **112** 205, des Vormunds **20** 1779; Aufgaben bei Annahme als Kind **20** 1748; Ausübung der Jugendgerichtshilfe **89** 38; Beistand auf Antrag **20** 1712; Bestellung zum Vormund **20** 1791b; als Beteiligter in Gewaltschutzsachen **112** 212; Entlassung des Vormunds **20** 1887, 1889; Gegenvormundschaft **20** 1792, 1805, 1835; gesetzliche Amtsvormundschaft **20** 1791c, keine Vergütung für Vormundschaft **20** 1836, zulässige Befreiung **20** 1857a; Mitteilungspflicht **20** 1851; Mitwirkung in Adoptionsverfahren **20** 1751, 1760, 1763 f.; Mitwirkung in Kindschaftssachen **112** 162; Mitwirkungspflicht **20** 1678, 1680 ff., 1851; Übertragung der Beistandschaft **21** 144; Vertretung eines Kindes **112** 173; Vormundschaftsbescheinigung **112** 190
Jugendarrest 89 8, 11, 13, 16, 86 ff.; Anrechnung und Fürsorgeerziehung **89** 8, von Untersuchungshaft **89** 52; neben Jugendstrafe **89** 16a; Vollstreckung **89** 85; Vollzug **89** 90; als Zuchtmittel **89** 13
Jugendgerichte 89 33; besondere funktionelle Zuständigkeit **90** 209a; Vorrang **89** 47a; Zuständigkeit **89** 39 ff.
Jugendgerichtsgesetz 89; Anwendungsbereich **89** 1, 116, vor Gerichten für allgemeine Strafsachen **89** 104
Jugendgerichtshilfe 89 38; Berichterstattung und Anklage **89** 46a; in der Hauptverhandlung **89** 50; im Jugendgerichtsverfahren, U-Haft **89** 72a f.; Mitteilungen an **89** 70; im OWiG **94** 46
Jugendgerichtsverfahren, Beseitigung des Strafmakels durch Richterspruch **89** 97; Pflichtverteidiger **89** 68a ff.; Vollstreckung **89** 82 ff.
Jugendgruppen im Straßenverkehr **35a** 27
Jugendhilfe, öffentliche, Gerichtsvollzieherkosten **123** 2; *s. Jugendamt*
Jugendkammer 89 33; Besetzung **89** 33b; Zuständigkeit **89** 41, 108; **95** 74b
Jugendliche 89 1; Auferlegung besonderer Pflichten **89** 13, 15; Beeidigung **100** 393; Belehrung im Jugendstrafverfahren **89** 70a f.; Beseitigung des Strafmakels durch Richterspruch **89** 97; vor Erwachsenengerichten **89** 102 ff.; Erziehungsmaßregeln **89** 9; Freiheitsentziehung bei, Information der Erziehungsberechtigten **89** 67a; Geltung des StGB **85** 10; in der Hauptverhandlung **89** 50; sexueller Missbrauch **85** 180, 182; Sicherungsverwah-

rung **89** 81a; strafrechtliche Verantwortlichkeit **89** 3; Unterbringung zur Beobachtung **89** 73; Untersuchungshaft **89** 72 ff.; Vernehmung im Jugendstrafverfahren **89** 44, 70c; Vollstreckung der U-Haft **89** 89c; Zuchtmittel **89** 13; Zutritt zu Gerichtsverhandlungen **95** 175
Jugendpornographische Schriften, Verbreitung, Erwerb und Besitz **85** 184c
Jugendrichterinnen und -richter 89 34, 37; Berufung gegen Urteile **89** 41; als Vollstreckungsleiter **89** 82 ff.; Zuständigkeit **89** 42, 108
Jugendschöffen 89 35
Jugendschöffengericht 89 33 f.; Zuständigkeit **89** 40, 108
Jugendschutz 1 5, 11, 13
Jugendschutzsachen, Zuständigkeit des Gerichts **95** 26, 74b
Jugendstaatsanwalt 89 36 f.
Jugendstrafanstalt 89 114
Jugendstrafe 89 17 f.; Anfechtung der Aussetzung **89** 59; Anrechnung von Untersuchungshaft **89** 52a; Aussetzung zur Bewährung **89** 21 ff., 57 ff., 88, Vorbehalt **89** 89, der Verhängung **89** 27 ff., 62 ff.; Dauer **89** 18; Eintragung ins Zentralregister **92** 4, 6; Erlass **89** 26a; und Freiheitsstrafe **89** 89a; bei Heranwachsenden **89** 105 ff.; nachträgliche Entscheidungen, Eintragung ins Zentralregister **92** 13; Rechtsbehelfe im Vollzug **89** 92; Verhängung **89** 5, trotz Bewährungszeit **89** 30; Vollstreckung **89** 85; Vollzug **89** 90; Widerruf der Strafaussetzung **89** 26
Jugendstrafrecht 89; Anwendung auf Heranwachsende **89** 105 ff.; Sondervorschriften für Soldaten der Bundeswehr **89** 112a ff.; Ziel **89** 2
Jugendstrafsachen 89 39 ff.; Verbindung mit allg. Strafsachen **89** 103 ff., 112
Jugendstraftat, Folgen **89** 5; Nebenfolgen **89** 6
Jugendstrafverfahren, kein Adhäsionsverfahren **89** 81; Beistand **89** 69; Belehrungen **89** 70a f.; Bestellung eines Pflegers **89** 67; Beteiligte, Anwesenheit **89** 50, Ausschließung **89** 51; Hauptverfahren **89** 47 ff.; Hauptverhandlung **89** 48 ff., Neubeginn **89** 51a; Jugendgerichtshilfe im **89** 50; Kosten **115** 1; Mitteilung über Einleitung **89** 70; notwendige Verteidigung **89** 51a, 68 ff.; Pflichtverteidiger **89** 68a f.; Überweisung an Familiengericht **89** 53; Verbot des beschleunigten Verfahrens **89** 79, des Strafbefehls **89** 79; vereinfachtes **89** 76 ff.; Vollstreckung **96** 31, 33a; Vorverfahren **89** 43 ff.
Jugendstrafvollzug 89 90 ff.; Ausnahme **89** 89b; Zuständigkeit **89** 93
Jugendwohlfahrtsausschuss, Vorschlagsliste für Jugendschöffen **89** 35
Jugendwohlfahrtsgesetz, Anwendung der Vorschriften **89** 12
Juristische Person, -en, Geltung der Grundrechte **1** 19; Religionsgesellschaften **1** 140
Juristische Personen, Aktiengesellschaften **51**, *s. a. dort;* Antragspflicht nach der InsO **110** 15a f., Regelungen während der COVID-19-Pandemie **110d**; Auflösung oder Erlöschen **53** 77a; Ausfallhaftung nach dem GWB **74** 81e; ausländische, Aufhebung von Erwerbsbeschränkungen **21** 86; beschränkte persönliche Dienstbarkeit **20** 1092; eingetragene Genossenschaften **53** 17; Eintragung ins Handelsregister **50** 33 ff.; Erbrecht **20** 2101, 2105 f.; Festsetzung einer Geldbuße **90** 472b; **94** 30, 88; Festsetzung von Geldbußen **90** 444; Gerichtsstand **100** 17, 38; Geschäftswert von Beschlüssen **119** 108; GmbH **52** 13; Haftung für Organe **21** Art. 231; Insolvenzverfahren **110** 15 ff.; Kündigung durch gesetzlichen Vertreter **84** 14; als Miterben **20** 2044; Mitglieder, keine Arbeitnehmer **83** 5; als Nacherben **20** 2109; Nießbrauch **20** 1059a ff., 1061; öffentliche Zustellung **50** 15a; PKH **100** 116; Stiftungen **20** 80 ff.; Übergangsvorschriften **21** 163; Vereine **20** 21 ff.; als Vermächtnisnehmer **20** 2163; Vorkaufsrecht **20** 1098; Zwangsvollstreckung gegen **100** 882a
Juristische Personen des öffentlichen Rechts 20 89; **101** 15; **110** 12; Beteiligung an Aktiengesellschaften **51** 393a ff.; Beteiligung an GmbH **52** 77a; Erklärungen von **23** 72; Mietverträge mit **20** 578; Zwangsvollstreckung gegen **100** 882a
Justizbehörden, Auskünfte und Akteneinsicht **90** 474; Kostenerhebung **120** 1
Justizbeitreibungsgesetz 122; Kosten der Mahnung **120** 17; Vollstreckung **122** 6, Beginn **122** 5, von Geldstrafen **90** 459g, von Nebenfolgen **90** 459g; Vollstreckungsschuldner **122** 4; Zustellungen **122** 3
Justizielle Zusammenarbeit in der EU, RL 2003/8/EG – PKH **100** 1076 ff.; VO (EG) Nr. 805/2004, europäische Vollstreckungstitel **100** 1079 ff., 1082 ff.; VO (EG) Nr. 861/2007, geringfügige Forderungen, Verfahren **100** 1097 ff.; VO (EG) Nr. 1896/2006, europäisches Mahnverfahren **100** 1087 ff., Überprüfung des Europäischen Zahlungsbefehls in Ausnahme-

fällen **100** 1092 ff.; VO (EU) 2020/1783, Beweisaufnahmen **100** 1072 ff.; VO (EU) Nr. 1215/2012, Anerkennung und Vollstreckung von Entscheidungen in Zivil- und Handelssachen **100** 1110 ff.

Justizvergütungs- und -entschädigungsgesetz 116

Justizverwaltungsabgaben, Beitreibung **122** 1

Justizverwaltungsakte, Rechtsweg **95a** 23 ff.

Justizverwaltungsangelegenheiten mit Auslandsbezug, Gebühren **120** Anl. Nr. 1310 f.

Justizverwaltungskostengesetz 120; Fälligkeit der Kosten **120** 6 ff.; Kosten gerichtlicher Verfahren **120** 22; Kostenerhebung **120** 10 ff.; Kostenfreiheit **120** 2; Kostenhaftung **120** 14 ff.; mehrere Kostenschuldner **120** 19

Kabelunternehmen, Urheberrechtsschutz **65** 87

Kabelweitersendung, Urheberrecht **65** 20b, 137p

Kaduzierung bei der GmbH **52** 21

Kalender, Bestimmung für die Leistung **20** 286

Kammern des Arbeitsgerichts, Verhandlung vor **83** 57; für Handelssachen **95** 71 f., 93 ff., Besetzung **95** 105, Vorsitz **95** 105; **100** 349; spezialisierte an den Landgerichten **95** 72a; **95a** 40a, an den Oberlandesgerichten **95** 119a; **95a** 40a

Kampagnebetriebe, Kündigungen **84** 22

Kannkaufmann 50 2 f.

Kapital, eingefordertes **50** 272; statt Geldrente **20** 843; genehmigtes **51** 202 ff.; gezeichnetes **50** 272

Kapitaladäquanzrichtlinie, Umsetzung **50a** 69

Kapitalanlagebetrug 85 264a

Kapitalanleger-Musterverfahren 95 118; Kosten **115** 1, Haftung für **115** 22; Musterentscheid **100** 325a; Streitwertberechnung **115** 51a; Übergangsvorschriften **101** 31

Kapitalbeschaffung, Maßnahmen zur **51** 182 ff.

Kapitalerhaltung von Leistungen der GmbH-Gesellschafter **52** 30

Kapitalerhöhung, Anmeldungsbeschluss, Handelsregister **51** 184; bedingte **51** 192 ff., mit Sacheinlagen **51** 194; aus Gesellschaftsmitteln **51** 207 ff.; **51a** 3; mit Sacheinlagen **51** 183, ohne Prüfung **51** 183a; Wirksamwerden **51** 189; *s. a. Grundkapital*

Kapitalersetzende Darlehen im Insolvenzverfahren **110** 30, 264

Kapitalgesellschaften, Bekanntmachung des Jahresabschlusses **50** 325 ff.; Bilanzerleichterung für Anhangsangaben nach Größenklassen **50** 276, 288, bei Gewinn- und Verlustrechnung **50** 276, für kleine **50** 274a; Formwechsel **52a** 226 ff., und Größenklasse **50** 267; Geheimhaltungspflichtverletzung **50** 333; Gerichtsstand bei falschen, irreführenden oder unterlassenen Kapitalmarktinformationen **100** 32b; Geschäftswert von Beschlüssen **119** 108; große **50** 267, Bilanz **50** 266; größenabhängige Erleichterung bei Offenlegung **50** 326 f.; Größenklassen **50** 267; Jahresabschluss **50** 264 ff., Offenlegung **50** 325 ff.; kapitalmarktorientierte **50** 264d, *s. a. dort;* kleine **50** 267, Bilanzerleichterungen **50** 266, 274a, 276, 288, Jahresabschluss **50** 264, Offenlegungsvorschriften **50** 326; Konzernabschluss *s. dort;* Konzernlagebericht *s. dort;* Lagebericht **50** 289 ff., *s. dort;* mittelgroße **50** 267, Bilanzerleichterungen **50** 266, 276, 288; Prüfung **50** 316 ff.; Prüfungsausschuss **50** 324; Straf- und Bußgeldvorschriften **50** 331 ff.; Teilnahme am organisierten Markt **50** 267; Unternehmen des Rohstoffsektors iSd HGB **50** 341q f., *s. a. dort;* Verschmelzung von, grenzüberschreitende **52a** 122a ff., durch Vermögensaufnahme **52a** 120 ff.; Zweigniederlassung im Ausland **50** 13e

Kapitalherabsetzung bei AG **51** 222 ff.

Kapitalkonsolidierung 50 301 f.; **50a** 27

Kapitalmarktorientierte Genossenschaften 50 336; Aufsichtsrat **53** 36 ff., Prüfungsausschuss **53** 170; Pflichtprüfung **53** 53 ff., und Qualitätssicherung **53** 57a; Prüfungsbericht **53** 58; Prüfungsverbände **53** 53 ff.

Kapitalmarktorientierte Kapitalgesellschaft 50 264d, 327a; Aufsichtsrat **51** 100; **51a** 12, Empfehlung zum Abschlussprüfer **51** 124; Offenlegungsvorschriften **50** 327a, Frist **50** 341w; Ordnungsgeld gegen **50** 335 ff.; Pflichten nach dem PublG **52b** 1, 5 ff., 9; Prüfung des Jahresabschlusses **50** 317; Prüfungsausschuss **50** 324

Kapitalrücklage 50 270, 272; der AG **51** 150, 152, 231; Umwandlung in Grundkapital **51** 208

Kapitalverkehrsteuer 1 106

Kapitalzahlungen, Ausgleichsanspruch **48** 22

Kappungsgrenze bei Miete **20** 558

Karenz, bezahlte **50** 74
Kartellbehörden **74** 48 ff.; Anerkennung von Wettbewerbsregeln **74** 24 ff.; Auskunftsverlangen **74** 59 ff.; Befugnisse gegenüber der Wasserwirtschaft **74** 31b, bei Zuwiderhandlungen **74** 32 ff.; Beschlagnahme **74** 58; Beteiligung/Benachrichtigung durch Gerichte **74** 90 f.; Bindungswirkung der Entscheidungen **74** 33b; Durchsuchungen **74** 59b; einstweilige Anordnungen **74** 60; einstweilige Maßnahmen **74** 32a; Ermittlungen im europäischen Netzwerk der **74** 50a; Gruppenfreistellungen, Entzug bei Verstößen **74** 32d; Rechtsbehelfsverfahren **74** 63 ff., Beschwerden **74** 73 ff., Nichtzulassungsbeschwerden **74** 78 ff., Rechtsbeschwerden **74** 77 ff.; Untersuchungen **74** 32e; Verfahren vor den **74** 54 ff., Abschluss **74** 61; Vollstreckungsmaßnahmen **74** 86a; Vorteilsabschöpfung **74** 34; Zusammenarbeit mit anderen Behörden **74** 50f; Zuständigkeit im Bußgeldverfahren **74** 82 f.
Kartelle, Mittelstandskartelle **74** 3; Verbote **74** 1
Kartellgesetz **74**; bürgerliche Rechtsstreitigkeiten **74** 87 ff.; Ordnungswidrigkeiten **74** 81 ff.; Zuwiderhandlungen und Sanktionen **74** 32 ff.
Kartellrecht, Gesetzgebung **1** 74
Kartellsenat beim BGH **74** 94; bei den Oberlandesgerichten **74** 91
Kartellverträge, Verbot **74** 1 f.
Karten, Inhaberkarten **20** 807; **21** 102
Katastrophen, Einschränkung der Freizügigkeit **1** 11
Katastrophenhilfe **1** 35
Katastrophenschutz, Sonderrechte im Straßenverkehr **35a** 35
Kauf **20** 433 ff.; einer Erbschaft **20** 2371 ff.; Ersatz vergeblicher Aufwendungen **20** 437; Folgen bei Mängeln **20** 437; Handelskauf **50** 373 ff.; und Mietvertrag **20** 566 ff.; Minderung des Kaufpreises **20** 437, 441; Nacherfüllung **20** 437, 439; auf Probe **20** 454 f.; nach Probe **50** 96; von Rechten **20** 453; Rückgriff des Verkäufers **20** 445a f., 478; Rücktritt **20** 437, 440; Schadensersatz **20** 437, 440; von Schiffen **20** 452; vom Unternehmer **20** 474; Verkehrswert einer Sache **119** 47; Vorkauf **20** 463 ff.; Vorkaufsrecht **20** 1094 ff.; Wechsel des Vertragspartners **20** 309; Wiederkauf **20** 456 ff.; von Wohneigentum, Maklerverträge über **20** 656a ff.; **21** Art. 230 § 53
KäuferInnen, Ansprüche und Rechte bei Mängeln **20** 437; ausgeschlossene K. **20** 450 f.; eines Grundstücks, Kosten der Übertragung **20** 448; Kenntnis des Mangels **20** 442; Pflichten **20** 433; Rechte **20** 437 ff., bei digitalen Produkten **20** 327i ff., beim Vorkaufsrecht **20** 1100; eines Schiffes, Kosten der Übertragung **20** 452; Verzug **50** 373 ff.
Kauffahrteischiffe **1** 27
Kaufleute **50** 1 ff.
Kaufmann **50** 1 ff.; Aufbewahrung von Unterlagen **50** 257 ff.; Ehegatten als, Güterrechtsregister **20** Anm. zu 1558; Firma **50** 17 ff.; Führung von Handelsbüchern **50** 238 ff.; Gerichtsstandsvereinbarung **100** 38; Geschäftsbriefe **50** 37a; im Insolvenzverfahren, Eintragung ins Handelsregister **50** 32; Inventarerstellung **50** 240; als Kostenschuldner **119** 23
Kaufmännische Anweisungen **50** 363
Kaufmännische Begutachtung durch Kammer für Handelssachen **95** 114
Kaufmännische Verpflichtungsscheine **50** 363
Kaufmännischer Geschäftsbetrieb **50** 2
Kaufpreis, Stundung **20** 449
Kaufrecht und Werkvertrag **20** 650
Kaution zur Entlassung aus Untersuchungshaft **90** 116a; bei Miete **20** 551, 566a; Verfall **90** 124
Kennen und Kennenmüssen **20** 122; der Anfechtbarkeit **20** 142; bei arglistiger Täuschung **20** 123; Beginn der Verjährung **20** 199; der Gefahr bei Hinterlegung **20** 694, eines hohen Schadens **20** 254; der Unmöglichkeit der Leistung **20** 311a; betr. Vereinsvorstand **20** 68, 70; bei Vertretung **20** 166, 169, 173, 178 f.
Kenntnis vom Mangel der Kaufsache **20** 442
Kennzeichen für Kraftfahrzeuge **35** 6b ff.; **35a** 23, automatische Erfassung **90** 163g, Missbrauch **35** 22 f., Verlust **35** 5; sonstige iSd MarkenG **72** 1; verfassungswidriger Organisationen **85** 86a
Kennzeichenrechte, Beschlagnahme bei Verletzung durch Zollbehörden **72** 146 ff.
Kennzeichenstreitsachen **72** 140 ff.
Kennzeichnungspflicht im Urheberrecht **65** 95d
Kernbrennstoffe, Umgang **85** 328
Kernenergie, Gesetzgebung **1** 87c; Nutzung zu friedlichen Zwecken, Gesetzgebung **1** 73; Umgang **85** 328; unerlaubtes Betreiben einer Anlage **85** 327
Kernenergieexplosion **85** 307, 310
Kernenergieverbrechen im Ausland **85** 6
Kerntechnische Anlagen, Begriff **85** 330d; Herstellung fehlerhafter **85** 312
Kies, Gewinnung **20** 1037

Kilometerzähler in Kfz, Missbrauch **35** 22b
Kind, -er, gleiche Bedingungen für nichtehel. **1** 6
Kinder, Abstammung **21** Art. 19 ff., Anfechtung **21** Art. 20; Annahme als Kind **20** 1741 ff., *s. a. dort,* durch nichtehelichen Partner **20** 1766a; Ansprüche zwischen Eltern und, Verjährung **20** 207; Ausbildung **20** 1631a, bei Tod eines Ehegatten **20** 1371; Ausstattungskosten bei Gütergemeinschaft **20** 1444, 1466; Berücksichtigung von Kindesinteressen bei Adoption **20** 1769; Beschränkung des Anteils an fortgesetzter Gütergemeinschaft **20** 1511 ff.; Bestellung eines Pflegers **20** 1630; Betreuung **20** 1688; eheliche **21** 203; Einstellung der Zwangsversteigerung zur Abwendung von Gefährdung der **108** 180; Einwilligung bei Annahme **20** 1746; elterliche Sorge *s. dort;* Erörterung des Gerichts zum Kindeswohl **112** 157; Erziehung **20** 1631; Familienpflege **20** 1688; fortgesetzte Gütergemeinschaft **20** 1483 ff.; Geburtsname **20** 1616 ff., 1758; Gefährdung von **20** 1666; Haftungsbeschränkung **20** 1629a; Herausgabe des **20** 1632, an den anderen Elternteil, Rechtsmittel nach mündlicher Erörterung **112** 57, als Kindschaftssache **112** 151; internationales Privatrecht **21** Art. 19 ff.; JGG **89**; Jugendamt als Beistand in Unterhaltssachen **112** 234; Kindeswohlprinzip **20** 1697a; Mitnahme auf Fahrrädern **35a** 21; Mitteilungspflicht des Nachlassgerichts bei Vermögenserwerb von Todes wegen **112** 356; Namen von **20** 1616 ff., Einbenennung **20** 1618, Übergangsvorschriften **21** 224; nicht miteinander verheirateter Eltern, Amtsvormundschaft des Jugendamts **20** 1791c, Unterhalt **20** 1615a ff.; nichteheliche **21** 208; aus nichtigen Ehen **21** 207; in der Personenbeförderung **35a** 21; persönliche Anhörung gem. FamFG **112** 68, 159; Pflichtdienste **20** 1619; Pflichtteilsrecht **20** 2303; als Radfahrer im Straßenverkehr **35a** 2; rechtliches Verhältnis zu Eltern **20** 1616 ff.; **21** Art. 21; Schuldunfähigkeit **85** 19; sexualisierte Gewalt gegen **85** 176 ff.; **85a** 316l; Sorgeerklärungen **20** 1626a; Strafbarkeit von **89** 1; Testament **20** 2068; Trennung von Eltern **20** 1666a; Umgangsrecht **20** 1684 f.; unter 7 Jahren **20** 104, 828 f.; unter 18 Jahren **20** 828 f.; Unterbringung mit Freiheitsentzug **20** 1631b; **112** 167, Verfahren **112** 151; Unterhaltsanspruch **20** 1601 ff., Mindestunterhalt **20** 1612a, Rangfolge **20** 1609, Regelunterhalt **20** 1610; Unterhaltspflicht gegenüber Eltern und Voreltern **20** 1606; mit Varianten der Geschlechtsentwicklung **20** 1631e; **21** Art. 229 § 55, Genehmigungsverfahren **112** 167b; Verbleib bei Pflege- oder Bezugsperson, Rechtmittel nach mündlicher Erörterung **112** 57; Verbleibensanordnung zugunsten Bezugsperson **20** 1682; Verbot der Vernehmung in Kindschaftssachen **112** 163a; Verfahrensbeistand **112** 158 f.; Vernachlässigung der Fürsorgepflichten **85** 171; Vertragserfüllung **20** 1644; vertraulich geborene **20** 1674a; Vertretung durch Jugendamt **112** 173; Vormund **20** 1773 ff.; Wohnsitz **20** 11; Zustimmung zur Vaterschaftsanerkennung **20** 1595 ff.
Kinder- und Jugendhilfe, Betreuung **20** 1688; *s. Jugendhilfe*
Kinderbetreuung, Verträge über **20** 312
Kinderehen, Bekämpfung von **21** Art. 229 § 44
Kindererziehung, Recht der Eltern **1** 6
Kinderfahrräder, keine Fahrzeuge iSd StVO **35a** 24
Kindergeld, Anrechnung auf Unterhalt **20** 1612b; Barbedarfsdeckung **20** 1612b
Kindergruppen im Straßenverkehr **35a** 27
Kinderhandel **85** 236
Kinderpornographische Schriften, Verbreitung, Erwerb und Besitz **85** 184b
Kinderwagen, keine Fahrzeuge iSd StVO **35a** 24
Kindesalter **20** 104
Kindesentziehung **85** 5, 235
Kindesherausgabe, Kindschaftssache **112** 151
Kindesname **20** 1616 ff.; Einbenennung **20** 1618
Kindesvermögen, Ausstattung **20** 1625; Bestreiten der Haushaltskosten **20** 1620; Herausgabe, Nutzungen **20** 1698; Sorge **20** 1626; Unterhalt bei **20** 1603; Verwendung für Unterhalt **20** 1649
Kindeswohlprinzip **20** 1697a
Kindschaftsrechtsreform, Übergangsvorschriften **21** 224
Kindschaftssachen, Abänderung und Überprüfung von gerichtliche Entscheidungen und Vergleichen **112** 166; Anerkenntnis ausländischer Urteile **100** 328; Anhörung von Eltern und Kind **112** 159 f.; deutsche Zuständigkeit **112** 99; einstweilige Anordnung bei Kindeswohlgefährdung **112** 157; Einvernehmlichkeit als Ziel **112** 156; Entscheidungsbekanntmachung **112** 164; Familiensachen **112** 111; als Folgesa-

che **112** 137; keine Gebühren **118** Anl. 1 Nr. 1310 ff.; Gebühren für einstweilige Anordnung **118** Anl. 1 Nr. 1410 ff.; Gutachten **112** 163; Mitwirkung an gerichtlichem Vergleich, Rechtsanwaltsgebühren **117** Anl. 1 Nr. 1003; Mitwirkung der Pflegeperson **112** 161; örtlich zuständiges Gericht **112** 152 ff.; Richtervorbehalt **96** 14; Unterbringung **112** 167; Verbot der Vernehmung des Kindes **112** 163a; Verfahren **112** 151 ff.; Verfahrenswert **118** 45 f.; Vorrang- und Beschleunigungsgebot **112** 155
Kirche und Staat **1** 140
Kirchen **21** 133; Sammlungen für den religiösen Gebrauch und Urheberrecht **65** 46
Kirchenbaulast **21** 132
Kirchensteuern **1** 140
Kirchliche Verpflichtungen in Ansehung der Ehe **20** 1588
Klage auf Abgabe einer eidesstattlichen Versicherung **100** 254; vor dem Amtsgericht **100** 496, 498; beim Arbeitsgericht wegen Kündigung **84** 4 ff.; wegen Benachteiligung **83** 61b; eines Dritten gegen Zwangsvollstreckung **100** 771 ff.; wegen Einwendungen gegen vollstreckbaren Anspruch **100** 767; auf Erbunwürdigkeitserklärung **20** 2342; auf Erlass eines Vollstreckungsurteils **115** Anl. 1 Nr. 1510; auf Erteilung der Vollstreckungsklausel **100** 731; auf Feststellung aus gegenseitigem Vertrag **20** 322, eines Rechtsverhältnisses **100** 506; gegen Hauptversammlungsbeschlüsse *s. Anfechtungsklage;* auf Hinterlegung oder Herausgabe **100** 856; auf künftige Zahlung oder Räumung **100** 257 ff.; auf Leistung des Interesses **100** 893; auf Rechnungslegung **100** 254; Rücknahme der *s. Klagerücknahme;* Unterbrechung der Verjährung durch **20** 204; auf Unterlassung von Besitzstörungen **20** 862, 1004, von Einwirkungen auf Hypothekengegenstand **20** 1134; Unzulässigkeit bei Schiedsabrede **100** 1032; wegen Unzulässigkeit der Vollstreckungsklausel **100** 768; im Urkundenprozess **100** 593; Verhandlung über Zulässigkeit der **100** 280; gegen Verschmelzungsbeschluss **52a** 14; auf Vorlegung einer Urkunde **100** 429 f., eines Vermögensverzeichnisses **100** 254; auf vorzeitigen Zugewinnausgleich **20** 1385 f.; auf vorzugsweise Befriedigung aus Erlös **100** 805; im Wechselprozess **100** 604; Wertberechnung im Zeitpunkt der Erhebung **100** 4; zur Wiederaufnahme des Verfahrens **100** 587 f.; auf Zustimmung des Mieters zur Mieterhöhung **20** 558b
Klageänderung **100** 263
Klageantrag **100** 253; bestimmter **111** 13; Erweiterung oder Beschränkung **100** 264
Klageerhebung, Absehen von der **90** 153 ff.; als Eröffnung der gerichtlichen Untersuchung **90** 151; Hemmung der Verjährung **20** 204; als Mahnung **20** 286; bei Privatklage **90** 381; Zuständigkeit **90** 152
Klageerwiderung **100** 277, 496; Frist für schriftliche **100** 276
Klageerzwingungsverfahren **90** 172 ff.; **117** Anl. 1 Nr. 4301; Gebühren **115** Anl. 1 Nr. 3200; Kosten **90** 177; Rechtsanwaltsgebühren **117** 53; Sicherheitsleistung **90** 176
Klagefrist für Musterfeststellungsklagen **100** 606; nach selbständigen Beweisverfahren **100** 494a; gegen Verschmelzungsbeschluss **52a** 14
Klagegrund **100** 253; Änderung **100** 264
Klagehäufung, objektive **100** 260; subjektive **100** 59 f.
Kläger, formlose Ladung **100** 497; Verzicht auf Anspruch **100** 306
Klageregister für Musterfeststellungsverfahren **100** 609
Klagerücknahme **90** 156; im arbeitsgerichtlichen Verfahren **83** 55; Gebühren im ersten Rechtszug, Verwaltungsgericht **115** Anl. 1 Nr. 5111; im Zivilprozess **100** 269, wegen mangelnder Sicherheitsleistung **100** 113
Klageschrift **100** 253; Ladung **100** 214; Zustellung **100** 253, 271, 498, des Protokolls statt **100** 498
Klageverzicht im arbeitsgerichtlichen Verfahren **83** 55; unwirksame AGB-Klausel **20** 309
Klagezulassungsverfahren für Aktionäre **51** 148, Streitwertberechnung **115** 53
Kleider der Ehegatten **20** 1362
Kleinanlegerschutzgesetz, Übergangsvorschriften zum **50a** 74
Kleinbetragsinstrumente, Informationspflichten **21** Art. 248 § 11; als Zahlungsinstrumente **20** 675i
Kleinbetriebe, Kündigungsschutz **84** 23
Kleinstgenossenschaften, Bilanz **50** 337
Kleinstkapitalgesellschaften **50** 264, 266, 267a, 326; **51** 160; **51a** 26f; Bewertungsvorschriften **50** 253; Bilanzierungsvorschriften **51** 152; Jahresabschluss **50** 264; Offenlegungsvorschriften **50** 326; Übergangsvorschriften **50a** 69
Kleinstunternehmen iSd Empfehlung 2003/361/EG, Moratorium aufgrund der COVID-19-Pandemie **21** Art. 240 § 1

Kliniken, Ausbau und Neubau von Hochschulkliniken **1** 91a
Knappschaftskassen, Aufrechnung **20** 394
Koalitionsfreiheit 1 9
Kollektives Sicherheitssystem 1 24
Kollektivmarken 72 97 ff.; Anmeldung **72** 102 ff.; Nichtigkeit **72** 106; Verfall **72** 105
Kollektivmarkensatzung 72 102; Änderung **72** 104
Kolonnen von Kraftfahrzeugen **35a** 27
Kommanditaktionäre 51 278, 280, 285; Aufsichtsrat **51** 287; Konkurs **51** 289
Kommanditgesellschaft 50 161 ff.; Angaben auf Geschäftsbriefen **50** 177a; Anmeldung **50** 162; Einlagen **50** 167, 171 f., 175; Firma **50** 19; Geschäftsführung **50** 164; Gewinn und Verlust **50** 167 ff.; Haftung vor Eintragung **50** 176, bei Eintritt **50** 173, der Kommanditisten **50** 161, 171 f., der Komplementäre **50** 161; Herabsetzung der Einlage **50** 174; Insolvenz **110** 11, 15, 84, 93, 118; Jahresabschluss **50** 264a ff.; **50a** 48 f.; Rechtsverhältnisse der Gesellschafter untereinander **50** 163 ff.; Straf-, Bußgeld- oder Ordnungsgeldverfahren gegen **50** 335b; Vertretung **50** 170
Kommanditgesellschaft auf Aktien 51 278 ff.; **51a** 26; Abwicklung **51** 290; Auflösung **51** 289, wegen Satzungsmangels **112** 399, durch Urteil **51** 396 ff.; Aufsichtsrat **51** 287; Beteiligung an Spaltung **52a** 141 ff., an Verschmelzung **52a** 78; Entnahmen der persönlich haftenden Gesellschafter **51** 288; Errichtung **51** 280; Firma **51** 279; Gewinn- und Verlustrechnung **51** 286; Gewinnabführungsvertrag **51** 291; Gewinngemeinschaft **51** 292; Gründung **51** 280; Hauptversammlung **51** 285, Regelungen während der COVID-19-Pandemie **52d** 1, 7; Insolvenz **110** 15, 93, 118; Insolvenzverfahren **51** 289; Jahresabschluss **50** 264 ff.; **51** 286; Konzernlagebericht **50** 315a, *s. a. dort;* Kündigung durch Kommanditaktionäre **51** 289; Lageberichte **50** 289a; **51** 286, nichtfinanzielle Erklärungen **50** 289c ff.; **51** 26i, 283, Prüfung **50** 316 ff.; Löschung wegen Nichtigkeit **112** 397, vermögensloser **112** 394; Satzung **51** 280 f.; Stimmrecht **51** 285; Strafbarkeit der persönlich haftenden Gesellschafter **51** 408; Übergangsvorschriften **50a** 34; Umwandlung **52a** 78; Unternehmensverträge **51** 291 ff.; Verbindung mit anderen Unternehmen **51** 291 ff.; wechselseitige Beteiligungen an anderen Unternehmen **51** 328; Wettbewerbsverbot der persönlich haftenden Gesellschafter **51** 284
Kommanditisten 50 161; Ausscheiden eines **50** 162; Eintritt eines **50** 162; Haftung **50** 161, 171 f.; Kontrollrecht des **50** 166; Tod eines **50** 177
Kommandogewalt über Streitkräfte **1** 115b
Kommissarische Vernehmung im Zivilprozess **100** 375
Kommissionär 50 384 f.; Haftung **50** 390, 394; Pfandrecht **50** 366, 397; Pflichten **50** 387, 401 f.; Provision **50** 394, 396; Rechte **50** 389, 393, 396, 399, 403; Wechselankauf durch **50** 395
Kommissionsgeschäft 50 383 ff., 406; Delkredereprovision **50** 394; Einkaufskommission **50** 391; Forderungsabtretung **50** 392; Haftung des Kommissionärs **50** 390, 394; Kreditgewährung **50** 393 f.; limitiertes **50** 386 f.; Provision **50** 394, 396; Schadensersatz **50** 385, 388; Selbsteintrittsrecht **50** 400 ff.; Sorgfaltspflicht **50** 390, 401; Stundung des Kaufpreises **50** 393; Verkauf unter festgesetztem Preis **50** 386; Versicherung **50** 390; nicht vertretbare Sachen **50** 406; Vorschussgewährung **50** 393; Widerruf **50** 405
Kommunalbank, Anlegung von Mündelgeld **20** 1814; Hinterlegung von Wertpapieren **20** 1082, 2116
Kommunalverbände, Aufrechnung **20** 395; Grundstücksübertragungen **21** 126; Zwangsvollstreckung gegen **101** 15
Kommunen, Beteiligung an Aktiengesellschaften **51** 393a ff.; Beteiligung an GmbH **52** 77a; Falschbezeichnung von in der ehemaligen DDR **21** Art. 231
Kompetenzkonflikte 101 9, 15; bei Bestimmung des Gerichtsstands **100** 36
Komponist, Urheberrechtsschutz **65** 2
Konditionenkartelle 74 2
Konfession, Berücksichtigung bei Bestellung des Vormunds **20** 1779, 1801
Konfessionsschulen 1 7
Konjunkturausgleichsrücklagen 1 109
Konkurrenzen 85 52 ff.; **94** 21; von Jugend- und allgemeinem Strafrecht **89** 32
Konkurrenzklausel *s. Wettbewerbsverbot*
Konkurrierende Gesetzgebung 1 72, 74, 105, 115c, 125
Konkurrierendes Verschulden 20 846
Konnossement 50 363; gutgläubiger Erwerb **50** 397
Konsolidation, Ausschluss bei dinglichen Rechten **20** 889; beim Pfandrecht **20** 1256
Konsolidierung im Konzernabschluss **50** 300 ff., anteilmäßige **50** 310
Konsolidierungskreis, Einbeziehung **50** 294 ff.

Konsul, Gerichtsstand **100** 15
Konsularbeamte, Beweisaufnahme durch **100** 363
Kontaktperson, Beiordnung eines Rechtsanwalts als **95a** 34a, Gebühren **117** Anl. 1 Nr. 4304
Kontaktsperre für Gefangene **95a** 31 ff., Zuständigkeit **95a** 37; Maßregelvollzug **95a** 38; Unterbringungsbefehl **95a** 38; Verdacht der Bildung einer kriminellen Vereinigung **95a** 38a
Kontaktverbot 20 1666
Kontenpfändung, Datenschutz bei der **100** 947; grenzüberschreitende vorläufige **100** 946 ff., Kosten **115** 1; **119** 1, Rechtsbehelfe **100** 953 ff., Richtervorbehalt **96** 20, Schadensersatz **100** 958, Streitwertberechnung **115** 53, Vollziehung **100** 950 ff.; Pfändungsumfang **100** 833a
Kontoguthaben auf Pfändungsschutzkonto **100** 850k f.; Pfändungsumfang **100** 833a
Kontokorrent 50 355 f.
Kontoverträge 21 Art. 232
Kontrahierungszwang bei Kfz-Haftpflichtversicherung **63** 5
Kontrollen, Schuldnerverzeichnislöschungen **102a** 15; auf Straßen **90** 111
Kontrollgremium, nachrichtendienstliche Tätigkeit des Bundes **1** 45d
Konventionalstrafe *s. Vertragsstrafe*
Konversion *s. Umdeutung*
Konzernabschluss 50 290 ff.; **50a** 75, 83 f., 85; aus Abschlüsse aus Drittländern **50** 292; Abschlussprüfer **50** 318 ff.; anteilmäßige Konsolidierung **50** 310; assoziierte Unternehmen **50** 311 f.; befreiender **50** 271; Behandlung von Zwischenergebnissen **50** 304; Beteiligungen **50** 313; Bewertungsvorschriften **50** 308 ff.; Eigenkapital, „nicht beherrschende Anteile" **50** 307; Erläuterungen **50** 313 f.; Erleichterungen **50** 298; und EU-/EWR-Konzernabschlüsse **50** 291 f.; Form und Inhalt **50** 297 ff.; größenabhängige Befreiungen **50** 293; Inhalt **50** 297 ff.; nach internationalen Rechnungslegungsstandards **50** 315e; Konsolidierungsgrundsätze **50** 300 ff., 310; Konsolidierungskreis **50** 294 f.; Konzernanhang **50** 313 f.; Konzernlagebericht **50** 315, *s. a. dort;* der Kreditinstitute **50** 340i f., nichtfinanzielle Erklärung **50** 340i; Offenlegung **50** 325 ff., 328; Pflichtangaben **50** 314; Prüfung **50a** 25; nach dem PublG **52b** 13, Offenlegung **52b** 15, Prüfung **52b** 14; Stichtag **50** 299; der Versicherungsunternehmen **50** 341i f.; Verzicht auf Einbeziehung **50** 296; Vollständigkeitsgebot **50** 300
Konzernanhang 50 313 ff.; Pflichtangaben **50** 314
Konzernbilanz, Erläuterungen **50** 313 f.; latente Steuern **50** 306
Konzerne 51 18, 291 ff.; Aufwands- und Ertragskonsolidierung **50** 305; gesetzliche Rücklage **51** 300; Gläubigerschutz bei Beendigung des Unternehmensvertrages **51** 303; Jahresabschluss **50** 264, *s. a. Konzernabschluss;* Konzernbericht **51** 312 ff.; Mutter-/Tochterunternehmen **50** 290; Rechnungslegung nach dem PublG **52b** 11 ff.; Sicherung der Aktionäre **51** 304; Unternehmensgruppe iSd InsO **110** 3a ff., *s. a. dort;* Verlustübernahme **51** 302; Verschmelzung von **52a** 62, 321; Zustimmung der Hauptversammlung zu Konzernvertrag **51** 293; Zweckgesellschaften **50** 290
Konzernlagebericht 50 315 ff.; **50a** 75, 83 f.; befreiende EU/EWR-Lageberichte **50** 291 ff.; der börsennotierten Aktiengesellschaft **50** 315a, Prüfung **50** 316 ff.; Erklärung zur Unternehmensführung **50** 315d; der Kommanditgesellschaft auf Aktien **50** 315a, Prüfung **50** 316 ff.; der Kreditinstitute **50** 340i f., nichtfinanzielle Erklärung **50** 340i; nichtfinanzielle Erklärung **50** 315b f.; **50a** 80 f.; **51** 26i, 170 f., Prüfung **50** 316 ff., Vorlagepflicht **50** 320; Offenlegung **50** 328; nach dem PublG **52b** 13; der Versicherungsunternehmen **50** 341i f.
Konzernzahlungsberichte 50 341s ff.
Konzessionen 74 105; über soziale und andere besondere Dienstleistungen **74** 153; mit unterschiedlichen rechtlichen Regelungen **74** 111; Vergabeverfahren **74** 97 ff., *s. a. dort;* für verschiedene Leistungen **74** 110; für verschiedene Tätigkeiten **74** 112
Kopien, Aufwendungsersatz **116** 7; beglaubigte, Gebühr **119** Anl. 1 Nr. 17001; unbeglaubigte aus Grundbuch oder Register, Gebühr **119** Anl. 1 Nr. 1700
Körperliche Sachen, Anschlusspfändung **100** 826; Versteigerung **100** 814 ff.; Verwertung **100** 825; Zwangsvollstreckung **100** 808 ff.
Körperliche Unversehrtheit 85 223 ff.
Körperschaft, Durchführung von Gesetzen durch **1** 86 f.; als Erbe **21** 128; Geltung von Grundrechten **1** 19; Zwangsvollstreckung gegen **100** 882a; **101** 15
Körperschaft des öffentlichen Rechts, bundesunmittelbare **1** 73; Formwechsel **52a** 301 ff.; Haftung für Organe **1** 34; **20** 89; Pflichten nach dem PublG **52b** 3 ff.;

Vorschlagsrecht für Zwangsverwalter **108** 150a

Körperschaftsteuer 1 106 bis 108

Körperverletzung 85 223 ff.; im Amt **85** 340; durch Beschädigung von Anlagen **85** 318; durch Einsturz eines Gebäudes **20** 836 ff.; gefährliche **85** 224; Schadensersatz **20** 249, 823, 826, 842 ff., 847; **33**, nach dem StVG **35** 11, Umfang **33** 6; Straftaten im Ausland **85** 5; mit Todesfolge **85** 227; Umfang der Haftung **33** 12; durch Verstümmelung weiblicher Genitalien **85** 226a

Korporationen, Gerichtsstand **100** 17, 22

Korrespondentreeder, Zustellung des Pfändungsbeschlusses **100** 858

Korruption, Angaben zur Bekämpfung in Lageberichten **50** 289c

Kostbarkeiten, Haftung des Gastwirts **20** 702 f.; Hinterlegung **20** 372; Schätzung **100** 813; Sicherstellung der des Mündels **20** 1818 f.

Kosten der Abmarkung **20** 919; der Abtretungsurkunde **20** 403; der amtlichen Verkehrszeichen **35** 5b; Anfechtung der Entscheidung über im Zivilprozess **100** 99; in Angelegenheiten der freiwilligen Gerichtsbarkeit **112** 80 ff.; Anrechnung einer Leistung **20** 367; in arbeitsgerichtlichen Verfahren **83** 12a; der Aufforderung zur Anmeldung von Ansprüchen an Nachlass **20** 2061; der Auflassung und Eintragung **20** 448; Aufrechnung **20** 396; des Ausbleibens der Sachverständigen **100** 409; der Beerdigung **20** 1615; Beitreibung **119** 89; im Bereich der Justizverwaltung **120**; der Berichtigung des Grundbuchs **20** 897; Beschwerde **123** 5, gegen Entscheidungen über **100** 567; des Beschwerdeverfahrens **119** 1; in Betreuungssachen **112** 307; der Beurkundung **20** 448; bei Dauerpflegschaft **118** 22; des Gerichtsvollziehers **123**; Entscheidung über Justizverwaltungsakte **95a** 30; für erfolglose Rechtsmittel **112** 84; der Erhaltung der geliehenen Sache **20** 601; Erinnerung **123** 5; bei Erledigung der Hauptsache **100** 91a; Erlöschen der Zahlungspflicht **115** 30; der Erneuerung von Schuldverschreibungen **20** 798; der Erziehung und Vorbildung **20** 1610; Fälligkeit bei Jahresgebühren **119** 8; in Familiensachen **112** 80 ff., Haftung **118** 21 ff., Verjährung **118** 7; Festsetzung durch Beschluss **100** 103 ff., durch Rechtspfleger **96** 21, 23, auf Urteil **100** 105; des freihändigen Verkaufs oder der Versteigerung **20** 386; der freiwilligen Gerichtsbarkeit für Gerichte und Notare **119**; der Fruchtziehung **20** 102; Gebühren und Auslagen nach GNotGK **119** 1; der Geldleistung **20** 270; bei Gemeinschaft **20** 748; der Genossenschaftsprüfung **53** 61; Gerichtskosten *s. dort;* der Gerichtsvollzieher **123**, Erinnerung **100** 766; Haftung des Bürgen **20** 767, des Pfandes **20** 1210; Haftung für **115** 22 ff., 29 ff.; der Hinterlegung **20** 381; **100** 75; Höhe in Familiensachen **118** 3; der Hypothek, Haftung des Grundstückes **20** 1118; im Insolvenzverfahren **110** 54, 171, 269, 310; im Jugendstrafverfahren **89** 74; keine Berücksichtigung für Verfahrenswert **118** 37; der Kindesvermögensverwaltung **20** 1667; der Klagerücknahme **100** 269; des Koordinationsverfahren nach der InsO **115** 23; der Kraftloserklärung von Schuldverschreibungen **20** 800; des Mahnverfahrens **100** 696; bei Maßnahmen gegen Gefährdung des Kindesvermögens **20** 1667; der Nachlassverwaltung **20** 1988; des Nachprüfungsverfahrens vor Vergabekammern **74** 182; als Nebenforderungen **100** 4; Nichterhebung bei unrichtiger Sachbehandlung **123** 7; für Pachtkreditsachen **119** 1; der Prozessführung, PKH **100** 114 ff.; bei Räumungsklagen **100** 93b; für Rechtshilfe **95** 164; eines Rechtskauf **20** 453; der Rechtsmittel **100** 97; des Rechtsstreits **100** 91; für Registerangelegenheiten bei Luftfahrzeugpfandrechten **119** 1; Rückerstattung **21** 104; der Rücknahme des Rechtsmittels **100** 516, 565; Rückzahlung zuviel gezahlter **119** 90; Rügeverfahren nach dem EnergiewirtschaftsG **115** 53; in Scheidungs- und Folgesachen **112** 150; Sicherstellung **119** 11 ff.; des Sühneversuchs **100** 91; Teilung bei teilweisem Obsiegen **100** 92; der Übergabe, Abnahme und Versendung des Kaufobjektes **20** 448; Überprüfung **123** 5; in Unterbringungssachen **112** 337; in Unterhaltssachen **112** 243; der Vaterschaftsanfechtung **112** 183; Verfahren vor dem Bundespatentgericht **72** 71; in Verfahren vor dem DPMA **72** 63, 64a, nach OWiG **94** 105 ff.; eines Verfahrens nach AktG **119** 1; Verjährung des Anspruchs auf Nebenleistungen **20** 217, der Gerichtsvollzieherkosten **123** 8, des Rückerstattungsanspruchs **118** 7; des Versäumnisurteils **100** 344; der Versäumung **100** 95; der Versicherung der Nießbrauchsache **20** 1045; der Versteigerung des Fundgegenstandes **20** 981; des Verteilungsverfahrens **100** 874; **119** 1; bei Verweisung des Rechtsstreits **115** 4, wegen Unzuständig-

keit **100** 281, 506; des Verzeichnisses und Wirtschaftsplans beim Nießbrauch **20** 1035, 1038; keine Verzinsung **118** 7; Vollmacht zum Empfang der **100** 81; der Vollstreckung nach dem JBeitrG **122** 10; der Vorlegung von Sachen **20** 811; bei Vormundschaft **118** 22; des Widerspruchsverfahrens gegen Löschungsverfügung **112** 393; der Wiedereinsetzung **100** 238; der Wohnungseigentümergemeinschaft **37** 16; der Zeugen **100** 380; der Zeugnisverweigerung **100** 390; im Zivilprozess **100** 91 ff.; des Zwangsgeldverfahrens **112** 389; der Zwangsverwaltung **108** 155; der Zwangsvollstreckung **100** 788, 803, 811a

Kosten im Strafverfahren, Beschwerdewert **90** 304; bei Entscheidung über Rechtmäßigkeit von Ermittlungsmaßnahme **90** 473a; falsche Anzeigen **90** 469; bei Freispruch **90** 467; Nebenklage **90** 472; Privatklage **90** 471; der Rechtsmittel **90** 473; bei Rücknahme des Strafantrags **90** 470; Verfahrenskosten **90** 464 ff.; einer vom Verteidiger verschuldeten Aussetzung der Hauptverhandlung **90** 145

Kosten- oder Gebührenfreiheit 119 2

Kostenansatz, Erinnerung **119** 81; in Familiensachen **118** 18 ff.; Nichterhebung wegen unrichtiger Sachbehandlung **118** 20; Rechtsbehelfe gegen **115** 66 ff.

Kostenanschlag, keine Vergütung für **20** 632; beim Werkvertrag **20** 649

Kostenanspruch, Verzinsung **119** 88

Kostenberechnung für Feststellungsbeschluss **100** 105

Kostenentscheidung ohne Antrag **100** 308; Vollstreckbarkeit **100** 708

Kostenerhebung 119 18 ff.; Notar **119** 88 ff.

Kostenerstattung trotz PKH **100** 123

Kostenfestsetzung 112 85; Erinnerung **115** 66 ff.; in Strafsachen **90** 464b; Zuständigkeit **96** 21

Kostenfestsetzungsbeschluss 100 103 ff.; Gebühren der Erinnerung **115** Anl. 1 Nr. 4304; Rechtsanwaltsgebühren bei Erinnerung oder Beschwerde **117** Anl. 1 vor Nr. 5100; als Vollstreckungstitel **100** 795a

Kostenfestsetzungsverfahren in Strafsachen, Rechtsanwaltsgebühren **117** Anl. 1 vor Nr. 4100

Kostenfreiheit nach FamGKG **118** 2; bei Gerichtskosten **119** 2; Gerichtsvollzieherkosten **123** 2

Kostenhaftung der Erben **119** 24; für Gerichtskosten **119** 22 ff.; Gesamtschuldner **115** 31 ff.; in weiteren Fällen **119** 27

Kostenhöhe gemäß Wert des Verfahrensgegenstandes oder Geschäftswert **119** 3

Kostenrechliches Verfahren 119 7

Kostenrechnung mit Rechtsbehelfsbelehrung **119** 7a

Kostenrecht, Anwendung für Straf- und Bußgeldsachen **85a** 319

Kostenregelung 35a 51

Kostenschuldner in Antragsverfahren **119** 22; besonderer **119** 31; in bestimmten gerichtlichen Verfahren **119** 23; in Familiensachen **118** 21 ff.; mehrere als Gesamtschuldner **119** 32; im Rechtsmittelverfahren **119** 25; für Tätigkeit des Gerichtsvollziehers **123** 3

Kostenübernahmeerklärung eines Notars **119** 16

Kostenvorauszahlung 115 10 ff.; Ausnahmen **115** 14; Beschwerde gegen Anordnung **115** 67

Kostenvorschuss 115 10 ff.; **120** 8; Ausnahmen **115** 14, arbeitsgerichtliche Verfahren **83** 12; Fortdauer der Vorschusspflicht **115** 18; im Nebenklageverfahren **115** 16; im Privatklageverfahren **115** 16; im Zwangsversteigerungs- und Zwangsverwaltungsverfahren **115** 15

Kraftfahrstraße, Benutzung **35a** 18

Kraftfahrt-Bundesamt, automatisiertes Anfrage- und Auskunftsverfahren **35** 30b, 36a, 54, an EU-Behörden **35** 37b f.; Datenübermittlung, Information der Halter **35** 63d, durch Meldebehörden **35** 64; Fahreignungsregister beim **35** 28 ff.; Mitteilungen an die Fahrerlaubnisbehörden **35** 2c; Zentrales Fahrerlaubnisregister **35** 48 ff., *s. a. dort;* Zentrales Fahrzeugregister beim **35** 31 ff., *s. a. dort*

Kraftfahrwesen, Gesetzgebung **1** 74

Kraftfahrzeugbrief, Verlust **35** 5

Kraftfahrzeuge, Anschnallpflicht **35a** 21a; mit autonomer Fahrfunktion **35** 1d ff., in Betriebsbereichen **35** 1d, Erprobung im öffentlichen Bereich **35** 1i, Haftpflichtversicherung für Technische Aufsicht **63** 1, nachträgliche Aktivierung **35** 1h; Begriff **35** 1; Carsharingfahrzeuge *s. dort;* Datenverarbeitung zu immissionsschutzrechtlichen Zwecken **35** 63c; Diebstahlsicherung **35a** 14; Einziehung nach verbotenen Straßenrennen **85** 315f; Fahrerlaubnis **35** 2 ff., *s. a. dort;* Fahrverbot **85** 44, 51; Führer, Haftung **35** 18, Pflichten **35a** 23; Haftpflicht des Halters **35** 7 ff.; Haftpflichtversicherung **63**; **63a**; Haftung bei Unfällen mit Anhängern und Gespannen **35** 19 f., 65; **62** 78; mit hoch- oder vollautomatisierter Fahrfunktion **35** 1a ff.,

Datenverarbeitung bei **35** 63a f., Haftungshöchstbeträge **35** 12; Höchstgeschwindigkeit **35a** 45; Ladung **35a** 22; Liegenbleiben **35a** 15; Parken **35a** 13; Personenbeförderung **35a** 21; Promille-Grenze beim Führen von **35** 24a; Straßenbenutzung **35a** 2; unbefugter Gebrauch **85** 248b; Warnanstrich von Straßenbaufahrzeugen **35a** 35; Winterausrüstung **35a** 2; Zerstörung militärischer **85** 305a; Zulassung **35** 1, internetbasiertes Verfahren **35** 6g

Kraftfahrzeug-Haftpflichtversicherung **63a**; Kündigungsfiktion **63** 3b; Übernahme von Verträgen durch Versicherer **63** 15

Kraftfahrzeughalter, Haftpflichtversicherung **63**; Haftung **35** 7 ff., bei Unfällen mit Anhängern und Gespannen **35** 19 f., 65; **62** 78; von Kfz mit autonomer Fahrfunktion **35** 1f ff.; Kostentragungspflicht **35** 25a

Kraftfahrzeugkennzeichen **35** 6b ff.

Kraftfahrzeugregister, zentrales **35** 31 ff., *s. dort; s. Fahrzeugregister*

Kraftfahrzeugrennen, verbotene **85** 315d, Einziehung der Kfz **85** 315f, Entziehung der Fahrerlaubnis **85** 69

Kraftfahrzeugschein, Verlust **35** 5

Kraftfahrzeugsteuer **1** 106; Ausgleichsbetrag für **1** 106b

Kraftfahrzeugunfälle, Entschädigungsfonds für Schäden **63** 12 ff.

Kraftfahrzeugverkehr *s. Straßenverkehr*

Kraftloserklärung von Aktien **51** 72 f., 226; von Grundpfandbriefen **108** 136; von Hypothekenbriefen **20** 1162; von Inhaberpapieren **20** 799 f.; **21** 174

Kraftomnibusse, Linienverkehr **35a** 20

Krafträder, Abschleppverbot **35a** 15a; Helmpflicht **35a** 21a; Personenbeförderung **35a** 21; Verbot des Anhängens an Fahrzeuge **35a** 22

Kraftstoffe **74** 47k; Großhandel mit, Markttransparenzstelle **74** 47k

Krankenfürsorgepflicht des Dienstherrn **20** 617

Krankenhäuser, Gesetzgebung zur wirtschaftl. Sicherung **1** 74; Verkehrsbeschränkungen in der Nähe von **35a** 45

Krankenhauspflegesätze, Gesetzgebung zur Regelung **1** 74

Krankenkasse, Aufrechnung gegenüber **20** 394

Krankenversicherung **62** 192 ff.; **62a** 2; Auskunftspflicht **62** 202; Beitragsschulden **62** 193; **62a** 7; Leistungen für schwangere Frauen und Mütter **62** 192; Tarifwechsel **62** 204; Versicherungspflicht **62** 193; Wartezeiten **62** 197

Krankheit, Ablehnung der Vormundschaft wegen **20** 1786; bei Beurkundung **23** 11; des Dienstverpflichteten **20** 617; Gesetzgebung zum Schutz gegen **1** 74; Grundrechtseinschränkung **1** 13; des verwaltenden Ehegatten **20** 1429; von Zeugen oder Sachverständigen **90** 223

Kredit, Aufnahme für Mündel **20** 1822; Beschaffung durch Bund **1** 111, 115

Kreditanstalten, Hypotheken **20** 1115; landschaftliche **21** 167; Mündelsicherheit von Wertpapieren **20** 1807; Pfandbriefe und verwandte Schuldverschreibungen **20** Anm. zu 1807; Zinseszinsen **20** 248

Kreditauftrag **20** 778; handelsrechtlicher **50** 349

Kreditbetrug **85** 265b

Kreditgefährdung **20** 824

Kreditgewährung aus Gesellschaftsvermögen **52** 43a; an Komplementär der KGaA **51** 288

Kreditinstitute, allgemeine Bankenrisiken **50** 340e ff.; Aufsichtsrat **51** 100; **51a** 12, Empfehlung zum Abschlussprüfer **51** 124; Ausübung des Stimmrechts für Aktien **51** 135; Bewertung von Vermögensgegenständen **50** 340e; Datenabruf durch das Bundeszentralamt für Steuern in Beitreibungssachen **122** 6; Handelsbücher **50** 340e ff.; Jahresabschluss, Lagebericht **50** 340 ff., nichtfinanzielle Erklärung **50** 340a; Konzernabschluss **50** 340i f., nichtfinanzielle Erklärung **50** 340i; Konzernlagebericht **50** 340i f., nichtfinanzielle Erklärung **50** 340i; Offenlegungspflichten **50** 340l; Prüfung von Jahresabschluss und Lagebericht **50** 340k; Sanierungs- und Reorganisationsverfahren, Gebühren **115** 53a, Anl. 1 Nr. 1650 ff., Kosten **115** 23a; Sonderprüfung **51** 258; Übergang von volkseigenen Forderungen u. a. **21** Art. 231; Übergangsvorschriften **50a** 30 f., nach Restrukturierungsgesetz **51a** 24; vorübergehende Eintragung **51** 66

Kreditkartenfälschung **85** 152a

Kreditkartenmissbrauch **85** 266b

Kreditrahmen im Insolvenzplan **110** 264

Kreditverträge **21** Art. 232; Verbraucherdarlehensvertrag **20** 491 ff., *s. a. dort*

Kreditwürdigkeit, Pflicht zur Prüfung, Grundlagen **20** 505b, bei Immobiliar-Verbraucherdarlehensvertrag **20** 505a ff., Bewertungsgrundlage **20** 505c, bei Verbraucherdarlehensvertrag **20** 505a ff., Pflichtverletzung **20** 505d

Kreise, Volksvertretung **1** 28

Kreuzungen, Freihalten **35a** 11; Vorfahrtsrecht im Straßenverkehr **35a** 8, 18

Kreuzverhör im Strafverfahren **90** 239
Krieg, Stillstand des Verfahrens **100** 245
Kriegführung 1 26
Kriegsdienst, Verweigerung **1** 12a; kein Zwang **1** 4
Kriegsfolgelasten 1 120
Kriegsgräber, Sorge **1** 74
Kriegsschiffe, Wehrstrafgerichte **1** 96
Kriegswaffen, Herstellung **1** 26
Kriminalpolizei 1 73, 87
Kriminelle Vereinigungen 85 129; Aufnahme von Beziehungen **85** 89b; im Ausland **85** 129b; Kontaktsperre bei Verdacht der Bildung einer **95a** 38a
Krisenintervention 85 67h
Kronzeugen iSd GWB, Straffreiheit **74** 33e
Kronzeugenregelung im GWB **74** 81h ff., europarechtliche **74** 81n, Marker **74** 81m
Kulturerbe-Einrichtungen, Nutzungsrechte gem. UrhG **65** 61d
Kulturveranstaltungen, Regelungen aufgrund der COVID-19-Pandemie **21** Art. 240 § 5
Kündigung, Abfindung bei betriebsbedingter **84** 1a; bei Abtretung einer Forderung **20** 410; zur Änderung des Arbeitsverhältnisses **84** 2, 4, 8; von Angestellten in leitender Stellung **84** 14; Anrufung des Arbeitsgerichts **84** 4 ff.; des Arbeitsverhältnisses **20** 622, 626, außerordentliche **84** 13, besondere Prozessförderung **83** 61a, wegen Betriebsübergangs **20** 613a, sittenwidrige **84** 13; des Auftrags **20** 671; durch Darlehensnehmer **20** 489; von Dauerschuldverhältnissen **20** 314; des Dienstverhältnisses **20** 620 ff., im Insolvenzverfahren **110** 113; von Dienstwohnungen **20** 576 ff.; Einspruch des Arbeitnehmers **84** 3; fristlose des Dienstverhältnisses **20** 626 f.; der Gemeinschaft **20** 749; bei Gesamtschuldverhältnissen **20** 425; der Geschäftsführung **20** 712; der Gesellschaft des bürgerlichen Rechts **20** 723 ff.; der Grundschuld **108** 54; des Handelsvertreters **50** 89, 91; der Hypothek **20** 1141, 1156, 1160, 2114; **108** 54, Kosten **20** 1118; im Insolvenzverfahren eines Genossenschaftsmitglieds **53** 66a, Ausschluss **53** 67c; des Kapitals der Grundschuld **20** 1193; Kosten der, Haftung des Bürgen **20** 767, des Pfandes **20** 1210; des Landpachtverhältnisses **20** 593a, 594a ff.; bei Leihe **20** 605; Massenentlassungen **84** 17 f.; des Mietverhältnisses **20** 543 f., 561, 564, 568 ff., Härtefälle **20** 574, 576a, im Insolvenzverfahren **110** 112, bei Nießbrauch **20** 1056, Rückerstattung verlorener Baukostenzuschüsse **20** Anm. zu 546, bei Zwangsversteigerung des Grundstücks **108** 183; unter Miterben **20** 2044; der Mitgliedschaft in Genossenschaft **53** 65 ff., Hinweis in Beitrittserklärung **53** 15a, nach Insolvenzverfahren **53** 118; der Nießbrauchforderung **20** 1074, 1077 f.; der OHG durch Gesellschafter **50** 132, durch Privatgläubiger **50** 135; des Pachtverhältnisses **20** 584 f., 594a ff., im Insolvenzverfahren **110** 112, bei Nießbrauch **20** 1056; des Pauschalreisevertrages **20** 651l; der Prozessvollmacht **100** 87; der Rentenschuld **20** 1202; **108** 54; des Sachdarlehensvertrags **20** 608; Schriftformerfordernis **20** 623, 650h; während seeräuberischer Gefangenschaft **84** 24; Sonderkündigungsrecht beim Architekten- und Ingenieurvertrag **20** 650r; soziale Rechtfertigung **84** 1; Teilkündigung **62** 29; Übergangsvorschriften **21** 222; bei Übernahme eines Abgeordnetenmandats **1** 48; bei Unterpacht **20** 584a; Unwirksamkeit **84** 1; einer verpfändeten Forderung **20** 1283, 1286; des Verschmelzungsvertrages **52a** 7; durch Versicherer **62** 24, nach Versicherungsfall **62** 92, 111; Verzug **20** 296; vorzeitige von Landpachtverträgen **20** 595a; beim Werkvertrag **20** 643, 648 f., aus wichtigem Grund **20** 648a; aus wichtigem Grund, Arbeitsverhältnis **20** 626 f., Dienstverhältnis **20** 626 f., Werkvertrag **20** 648a; Wirksamwerden **84** 7; Zeitpunkt der K., Festsetzung durch Arbeitsgericht **84** 9
Kündigungsausschluss bei Wohnungsgenossenschaften **53** 67c
Kündigungsfristen bei Arbeitsverhältnissen **20** 622; beim Darlehensvertrag **20** 488; beim Dienstverhältnis **20** 627; bei Miete über Wohnraum **20** 573c f., 575a, 576; bei Mitgliedschaft in Genossenschaft **53** 65
Kündigungsrecht bei Verbraucherdarlehensvertrag **20** 499 f.
Kündigungsschutzgesetz 84
Künftige Leistungen, Klagen auf **100** 257 f.
Kunst, Freiheit **1** 5; Urheberrecht an Werken der bildenden **67**; Urheberrechtsschutz **65** 1, 120
Kunstfehler, Berufsverbot **85** 70
Kunstgeheimnis, Zeugnisverweigerung **100** 384
Künstler, ausübende in Filmwerken **65** 92 f., gemeinsame Darbietung **65** 80, Nutzungsrechte **65** 77 ff., Urheberrechtsschutz **65** 73 ff., 125, Dauer **65** 76, 137c, Vergütungsanspruch **65** 79a f.; Urheberrechtsschutz **65** 82

Künstliche Befruchtung 1 74; genetische Untersuchung zur Klärung der Abstammung, Anspruch auf Einwilligung **20** 1598a; keine gerichtliche Feststellung der Vaterschaft **20** 1600d; **21** Art. 229 § 46
Kunstwerke, Urheberrechtsschutz **65** 2
Kurorte, Verkehrsbeschränkungen **35a** 45
Kurswert von Wertpapieren bei Sicherheitsleistung **20** 234, 236
Kurzarbeit, Zulässigkeit **84** 19
Küstenschutz, Mitwirkung des Bundes bei Verbesserung **1** 91a

Ladeschein beim Frachtgeschäft **50** 444 ff.; gutgläubiger Erwerb **50** 397; Übertragung durch Indossament **50** 363
Ladung von Amts wegen **100** 214, 389; durch Angeklagten **90** 220; zur Aufnahme des Rechtsstreits **100** 239; des Beschuldigten **90** 145a, zur Vernehmung **90** 133; im Beweisverfahren **100** 377, 389, 491; durch das Bundespatentgericht **72** 75; zur Hauptverhandlung **90** 214 ff.; eines Kraftfahrzeuges **35a** 22; zur mündlichen Verhandlung **100** 321; der Parteien **100** 274, wegen Einigung **100** 492; zum persönlichen Erscheinen **100** 141; im Privatklageverfahren **90** 385 f.; Rechtshilfe **95** 160; in Teilungssachen **112** 365; unmittelbare im Strafverfahren **90** 38; im Verfahren **100** 497 f.; zur Verhandlung über Berichtigung des Tatbestandes **100** 320; zur Vernehmung **100** 450; des Verteidigers **90** 218; von Zeugen und Sachverständigen **83** 56; **100** 377, 379, im Strafverfahren **90** 48, 323; im Zivilprozess **100** 214 ff.
Ladungsfrist, Abkürzung **100** 226; im Privatklageverfahren **90** 385; im Strafprozess **90** 217, 228; im Wechselprozess **100** 604; im Zivilprozess **100** 217, 239
Lagebericht 50a 75, 83 f.; der börsennotierten Aktiengesellschaft **50** 289a, Erklärung zur Unternehmensführung **50** 289f, Prüfung **50** 316 ff.; der Genossenschaft **50** 336; **53** 33, 170; der GmbH, Vorlage **52** 42a; der Kapitalgesellschaft **50** 289 ff., nichtfinanzielle Erklärung **50** 289b ff.; **50a** 80 f., Prüfung **50** 316 ff., Vorlagepflicht **50** 320, Prüfung **50** 316 ff.; der Kommanditgesellschaft auf Aktien **50** 289a, Prüfung **50** 316 ff.; Offenlegung **50** 325 ff., bei Genossenschaften **50** 339; Prüfung **50** 316 ff., Bestätigungsvermerk **50** 322; nach dem PublG **52b** 5, Offenlegung **52b** 9, Prüfung durch Aufsichtsrat **52b** 7; der Versicherungsunternehmen **50** 341a ff.
Lagergeld 50 354
Lagergeschäft 50 467 ff.; Aufwendungsersatz **50** 474; Begleitpapiere **50** 468; Dauer **50** 473; Haftung **50** 475; Lagerschein **50** 475c; Orderlagerschein **50** 475g; Pfandrecht **50** 475b; Sammellagerung **50** 469; abweichende Vereinbarungen **50** 475h; Verjährung **50** 475a; Versicherung **50** 472
Lagerschein 50 475c ff.; gutgläubiger Erwerb **50** 397; Übertragung durch Indossament **50** 363; Wirkung **50** 475d
Lagervertrag 50 467
Land- und Forstwirtschaft, Betriebswert bei Zugewinnausgleich **20** 1376; Kannkaufmann **50** 3; Pfändungsschutz **100** 851a
Land- und forstwirtschaftliches Vermögen, Bewertung **119** 48
Länder, Anerkennung von Stiftungen **20** 80; Aufrechnung gegen Forderungen der **20** 395; Ausführung der Bundesgesetze **1** 83; Ausübung der staatlichen Befugnisse **1** 30; Befreiung von Kfz-Haftpflichtversicherungspflicht **63** 2; Begnadigungsrecht **90** 452; Behördeneinrichtung **1** 85; und Bund **1** 20 bis 37; Bundesbeamte **1** 36; Bundesrat **1** 50 bis 53; Bundesstraßenverwaltung **1** 90; Bundeszwang **1** 37; Finanzausgleich **1** 107; Finanzhilfen des Bundes **1** 104a; Finanzverwaltung **1** 108; frühere Verbindlichkeiten **1** 135a; Gebietsveränderungen **1** 29, 118; Gerichte **1** 92; Gesetzgebung **1** 70 ff., 115c; als gesetzlicher Erbe **20** 1936; Haushalt **1** 109; Hochverrat gegen ein Land **85** 82 ff.; Kostenfreiheit nach dem GvKostG **123** 2; länderübergreifendes staatsanwaltliches Verfahrensregister **90** 492 ff.; Mitwirkung in Angelegenheiten der EU **1** 50, bei Gesetzgebung des Bundes **1** 50; Polizeihilfe bei Gefahr **1** 91; Rechtsstellung der Richter **1** 98; Steueraufkommen **1** 106 f.; Steuergesetzgebung **1** 105; Verfassung **1** 28; Verleihung der Rechtsfähigkeit an Verein **20** 22; Vermögen, nicht mehr bestehender **1** 135; Verteilung der Flüchtlinge **1** 119; Verträge mit Ausland **1** 32; Vertretung im Gemeinsamen Ausschuss **1** 53a; Zwangsvollstreckung gegen **100** 882a
Landesarbeitsgerichte 83 1; Errichtung und Organisation **83** 33 ff.; Zuständigkeit **83** 8
Landesausgleichsämter 1 120a
Landesbehörden, Auflösung einer Genossenschaft **53** 81; Kartellbehörden **74** 48 f.
Landesdatenschutzbeauftragte, Zusammenarbeit mit anderen Behörden nach dem GWB **74** 50f

Landesexekutive 1 83
Landesgesetze 21 Art. 1; Abmarkung von Grundstücken **20** 919; Änderungsbefugnis **21** 218; Eisenbahnen **100** 871; Nachbarrecht **20** 907; prozessrechtliche Vorschriften **101** 14 f.; Verhältnis zum BGB **21** 55
Landeshoheit 1 30, 83
Landeshymnen, strafbare Verunglimpfung des Staates und seiner Symbole **85** 90a
Landesjugendamt, Anhörung in Adoptionsverfahren **112** 195; *s. Jugendamt*
Landesjustizverwaltung, auswärtige Strafkammern **95** 78; Dienstaufsicht **95** 22; Einrichtung einer Geschäftsstelle **95** 153; Vertretung der Gerichtsmitglieder **95** 70
Landeskultur, Bedürfnisse **1** 89
Landesrecht, Anpassung der Strafvorschriften **85a** 288 ff.; Fortgeltung (BeurkG) **23** 66, von Ermächtigungen **1** 129; Geltung des OWiG **94** 2; Grundbuchrecht **114** 143; und GWB **74** 170; und Strafprozessordnung **90a** 6; Strafrecht **85a** 2 ff.; Vorrang des Bundesrechts **1** 31; Zuweisungen nach dem GVG **95** 13a, 60; **95a** 4a
Landesrechtliche Schuldtitel, Vollstreckung **100** Anm. zu 801
Landesregierungen, Befugnisse im Verteidigungsfall **1** 115i; Erlass von Rechts-VOen **1** 80; Mitglieder, Vernehmung **90** 50, 54; **100** 376, 382, Verweigerung der Vernehmung **100** 408; Zuständigkeit bei Kontaktsperre **95a** 32 f.
Landessozialgericht, Nichtzulassungsbeschwerde, Rechtsanwaltsgebühren **117** Anl. 1 Nr. 3504 ff.
Landesstaatsanwaltschaft und Generalbundesanwalt **95** 142a
Landesverfassungen, Grundsätze **1** 28; Weitergeltung **1** 142
Landesverrat und Gefährdung der äußeren Sicherheit **85** 93 ff.; Straftaten im Ausland **85** 5
Landesverteidigung, Straftaten gegen **85** 109 ff.
Landesverweisung, Absehen von Strafvollstreckung bei **90** 456a
Landeszugehörigkeit, Änderung **1** 135
Landfriedensbruch 85 125
Landgericht 95 12, 59 ff.; Anwaltszwang **100** 78; Auflösungsklage gegen Genossenschaft **53** 81; Beschwerdegericht in Betreuungssachen **95** 72, in Freiheitsentziehungssachen **95** 72; Kammern für Handelssachen **95** 93 ff.; spezialisierte Spruchkörper **95** 72a; **95a** 40a; Staatsanwaltschaft **95** 142; Staatsschutzkammern beim, Zuständigkeit **95** 74a; Strafvollstreckungskammern beim **95** 78a; Unionsmarkengerichte beim **72** 122; Urheberrechtsstreitsachen **65** 105; Verfahren **100** 253 ff.; Verweisung **100** 281, vom Amtsgericht an **100** 506; Zuständigkeit **90** 209; **95** 71 ff., ausschließliche **95** 71, durch Zuweisung bei Wirtschaftsstrafsachen **95** 74c
Landgut, Auseinandersetzung bei fortgesetzter Gütergemeinschaft **20** 1515; Erbfolge **20** 2049; Ertragswert **20** 2049; **21** 137; Nießbrauch **20** 1055; Pflichtteil **20** 2312; Verpachtung für Mündel **20** 1822; bei Vorerbschaft **20** 2130; Zubehör **20** 98
Landpacht 20 585 ff.; Anzeigepflicht **20** Anm. zu 581; Gesetzgebung **1** 74
Landpachtverträge, Änderung **20** 593; Schriftform **20** 585a; vorzeitige Kündigung **20** 595a
Landschaftspflege, Gesetzgebung **1** 74
Landtag, Mitglieder, Immunität **85** 36; **90** 152a, Vernehmung **90** 50; **100** 382; Petitionsrecht **1** 17; Wahlperioden im Verteidigungsfall **1** 115h
Landwirtschaft, Pfändung **100** 813; und Wettbewerbsrecht **74** 28
Landwirtschaftliche Erzeugnisse 20 94, 593; Forderungen aus Verkauf, bedingte Pfändbarkeit **100** 851a; als Zubehör **20** 98
Landwirtschaftliche Grundstücke 21 164; Anerbenrecht **21** 64; Herausgabe **20** 998; Nießbrauch **20** 1055; Pacht **20** 585 f.; bei Vorerbschaft **20** 2130; Zwangsversteigerung **108** 21; Zwangsverwaltung **108** 149
Landwirtschaftsgericht, bestimmte Verfahren, Geschäftswert **119** 76; Mehrwertbestimmung **20** 591; Verfahren, Gebühren **119** Anl. 1 Nr. 15110
Landwirtschaftssachen, Beschwerden, Rechtsanwaltsgebühren **117** Anl. 1 vor Nr. 3200; Gebühren **119** Anl. 1 Nr. 15110 f.; Zuständigkeit des Amtsgerichts **95** 23a
Lärm vom Nachbargrundstück **20** 906; Ordnungswidrigkeit **94** 117; unnötiger im Straßenverkehr **35a** 30
Lärmbekämpfung 1 74
Lärmbelästigung 85 325a
Lasten der Erbschaft **20** 2022, 2126; des gemeinschaftlichen Gegenstandes **20** 748; Haftung für beim Erbschaftskauf **20** 2379; bei Herausgabe an Eigentümer **20** 995; beim Kauf **20** 436, 446; auf Mietsache **20** 535; beim Nießbrauch **20** 1047; Übergang bei Zwangsversteigerung **108** 56; des Vermächtnisgegenstandes **20** 2185; Verteilung unter mehrere Verpflichtete **20** 103

Lastenausgleich 1 120a
Lastkraftwagen, Linksfahrverbot **35a** 18; Personenbeförderung **35a** 21
Laufbilder, Schutz **65** 128; Urheberrechtsschutz **65** 95
Lautsprecher, Betrieb auf Straßen **35a** 33
Leben, Recht auf L. als Grundrecht **1** 2; Schadensersatz wegen Verletzung **20** 823; Verbrechen und Vergehen gegen das **85** 211 ff.
Lebensalter, Berechnung **20** 187
Lebensbedarf, Maß des Unterhalts **20** 1578; Unterhaltspflicht **20** 1610
Lebensgefahr, Grundrechtseinschränkung **1** 13
Lebensgemeinschaft, eheliche *s. dort*
Lebensgemeinschaften, gefestigte, Annahme von Kindern des nichtehelichen Partners **20** 1766a
Lebensmittel, Verkehr mit **1** 74
Lebenspartner als Angehörige **85** 11; Aufgebot bei Nachlass eines Gesamtguts der Gütergemeinschaft **112** 462; Beteiligte in Adoptionsverfahren **112** 188; Eintrittsrecht in Mietvertrag **20** 563; Enterbung **20** 1938; Erbvertragsaufhebung durch gemeinschafticles Testament **20** 2292; Erlöschen des Unterhaltsanspruchs **20** 1586; Hemmung der Verjährung von Ansprüchen zwischen **20** 207; Rechtsstellung bei Zwangsvollstreckung gegen den anderen **100** 739 ff.; Umgangsrecht mit Kind **20** 1685; Vorrang der Haftung **20** 1608; Zuhälterei gegenüber **85** 181a
Lebenspartnerschaft, Auseinandersetzung der Gütergemeinschaft **112** 373; Beendigung einer Gütergemeinschaft **112** 342; und bestehende Ehe **20** 1306; deutsche Zuständigkeit **112** 103; eingetragene, Güterrecht **21** Art. 229 § 47, und internationales Privatrecht **21** Art. 17b, Versorgungsausgleich **21** Art. 17b; Ende der fortgesetzten Gütergemeinschaft **20** 1493; Hemmung der Verjährung während der **20** 207; Strafbarkeit der doppelten **85** 172
Lebenspartnerschaftssachen, Familiensachen **112** 111; Kosten **115** 1; **118** 5; Richtervorbehalt **96** 14; Verfahren **112** 269 f.; Zuständigkeit des Rechtspflegers **96** 25
Lebenspartnerschaftsverträge, Geschäftswert **119** 100
Lebensunterhalt *s. Unterhalt*
Lebensversicherungen 62 1 ff., 150 ff.; **62a** 4; und betriebliche Altersversorgung **62** 150; Bezugsberechtigung **62** 159 f.; fondsgebundene **50** 341d; Fortsetzung nach Elternzeit **62** 212; Kündigung durch Versicherer **62** 166, durch Versicherungsnehmer **62** 168; Rückkaufswert **62** 169; Selbsttötung **62** 161; Standmitteilung **62** 155; Überschussbeteiligung **62** 153; Umwandlung **62** 173; Widerruf des Versicherungsnehmers **62** 152
Lebenszeit, Dienstverhältnis auf **20** 624; Gesellschaft auf **50** 134; Mietvertrag auf **20** 544
Legislaturperiode 1 39
Legitimation nichtehelicher Kinder **21** 209, Art. 234 § 12
Legitimationspapiere 20 808; **21** 102, 177
Lehm, Gewinnung **20** 1037
Lehre, gesetzlich erlaubte Nutzung geschützter Werke in der **65** 60a f.; Zusammenwirken von Bund und Ländern **1** 91b
Lehrer, Abtretung des Gehalts **20** 411; Religionsunterrichterteilung **1** 7; vermögensrechtliche Ansprüche **21** 80
Lehrfreiheit, Schutz **1** 5; Verwirkung **1** 18
Lehrstelle, Annahme auf Weisung des Jugendrichters **89** 10
Leibesfrucht 20 844; als Erbe **20** 1923, 1963, 2101, 2105 f.; als Nacherbe **20** 2108, 2141; Pflegschaft **20** 1912, 1918; als Vermächtnisnehmer **20** 2178; Vertreterbestellung als Kindschaftssache **112** 151
Leibgedingsvertrag 21 96
Leibrente 20 759 ff.; Nießbrauch **20** 1073; zugunsten Dritter **20** 330
Leibzuchtsvertrag 21 96
Leiche, Leichenschau und -öffnung **90** 87 ff.; eines Neugeborenen **90** 90
Leichenfund 90 159
Leichenschau, Honorar **116** Anl. 2 Nr. 100 ff.
Leichenzüge im Straßenverkehr **35a** 27
Leihe 20 598 ff.
Leistung 20 241; Abhängigkeit von Gegenleistung **20** 298; des Angewiesenen **20** 787 f.; Annahme **20** 363 f.; gegen Aushändigung der Schuldverschreibung **20** 797; Befreiung von Gegenleistung bei Unmöglichkeit **20** 326; Bestimmung durch Dritte **20** 317 ff., durch eine Partei **20** 315; Bewirken der **20** 362, 407; durch Dritte **20** 267 f.; an eingetragene Berechtigte **20** 893; an Erbscheinsberechtigten **20** 2367; an Erfüllung Statt **20** 364 f., 422; erfüllungshalber **20** 364; Forderung durch Versprechensempfänger **20** 335; bei Gesamtschuldverhältnissen **20** 421 ff.; an Miterben **20** 2039; an Mündel, Annahme **20** 1813; Pfandrecht am Anspruch auf **20** 1275; an Quittungsüberbringer **20** 370; an Samstag, Sonn- oder Feiertag **20** 193; Schadensersatz bei nichterbrachter **20**

280 ff.; an Schuldner bei Insolvenz **110** 82; des Schuldners an Nießbraucher **20** 1075; Teilbarkeit **20** 420, 427; Teilleistung **20** 266; nach Treu und Glauben **20** 242; unmittelbare iSd InsO **110** 142; Unmöglichkeit der **20** 265, 275, 283, 308 f., 311a; Vermächtnis **20** 2169; Verpflichtung des Schuldners zur **20** 241 ff.; Versprechen an Dritten **20** 328 ff.; Verzögerung der **20** 280; Zeit der **20** 271 f., 299; Zug um Zug **20** 274, 322; Zwangsvollstreckung in Ansprüche auf **100** 846, körperliche Sachen **100** 883 ff.

Leistungsausschluss durch Geltendmachung von Schadensersatz **20** 281

Leistungsbeschreibung bei öffentlichen Aufträgen **74** 121

Leistungsbestimmungsrecht, einseitiges **20** 321 ff.

Leistungsfreiheit wegen Gefahrerhöhung **62** 26; teilweise **62** 29; des Versicherers **63** 3

Leistungsfrist 20 283

Leistungsgegenstand 50 360

Leistungshindernis bei Vertragsschluss **20** 311a

Leistungsklage 100 253, 257 ff.

Leistungsort 20 269, 697, 700, 811; bei Aufrechnung **20** 391; für Grundschuld **20** 1194; Hinterlegung **20** 374; Versicherungsprämie **62** 36; Versteigerung **20** 383

Leistungspflicht, Ausschluss **20** 275

Leistungsverweigerung, Schadensersatzpflicht **20** 281

Leistungsverweigerungsrecht 20 309, 321; eines Beschäftigten **34** 14; aufgrund der COVID-19-Pandemie **21** Art. 240 § 1; Hemmung der Verjährung **20** 205; bei Verbraucherdarlehensvertrag **20** 499; nach Verjährungseintritt **20** 214

Leistungszeit 20 271 f., 299

Leitende Angestellte, Kündigung **84** 14

Leitungen zum Nachbargrundstück **20** 906

Leseunkundige *s. Handzeichen*

Letztes Wort des Angeklagten **90** 258, im Berufungsverfahren **90** 326, im Revisionsverfahren **90** 351

Letztwillige Verfügungen 20 332; Anfechtung **20** 2078 ff.; Anfechtungsberechtigte **20** 2080; Anfechtungsfrist **20** 2082; Aufhebung durch Erbvertrag **20** 2289; Ausführung durch Testamentsvollstrecker **20** 2203 ff.; Auslegung **20** 2084; Bedenken des Ehegatten **20** 2077, 2268, 2279; Begriff **20** 1937; Entziehung des Pflichtteils **20** 2336; im Erbvertrag **20** 2278; Ergänzung **20** 2086; Form der Anfechtung **20** 2081; Testament **20** 2064 ff.; Unwirksamkeit **20** 2085; über Vormundschaft **20** 1777, 1782, 1856; Widerruf **20** 2253 ff.

Letztwillige Zuwendung 20 1939 f.

Leuchtzeichen beim Überholen **35a** 5, 16

Leumundszeugnis, Unzulässigkeit der Verlesung **90** 256

Lichtbildaufnahmen zur Aufklärung von Straftaten **90** 100h

Lichtbilder, Schutz **65** 124; Urheberrechtsschutz **65** 72

Lichtbildwerke, Urheberrechtsschutz **65** 2, 137a

Lichthupe beim Überholen **35a** 5, 16

Lichtzeichen zur Verkehrsregelung **35a** 37, 43 f.

Lieferbedingungen und Wettbewerbsbeschränkungen **74** 2

Lieferfrist beim Frachtgeschäft **50** 423

Liefersperren, Verbot von **74** 21

Lieferung unbestellter Sachen 20 241a

Lieferverträge 20 312, *s. a. Werklieferungsvertrag*

Liegenbleiben von Fahrzeugen **35a** 15

Liegenschaftskataster 114 2

Linksabbiegen im Straßenverkehr **35a** 9

Liquidation der AG **51** 262 ff.; einer Genossenschaft **53** 83 ff.; einer Partnerschaftsgesellschaft **50b** 10; eines Vereins **20** 47 ff.

Liquidationsgesellschaft 50 156

Liquidationsnetting im Insolvenzverfahren **110** 104

Liquidatoren, Angabe auf Geschäftsbriefen **52** 71; Anmeldepflicht **50** 34; einer Genossenschaft, Strafbarkeit **53** 147 f.; der GmbH **52** 66 ff.; der OHG **50** 146 ff.; des Vereins **20** 53, Zwangsgeld **20** 78

Literatur, Schutz **65** 120; Urheberrechtsschutz **65** 1

Lizenzen nach MarkenG **72** 30, 155; Zwangslizenz zur Herstellung von Tonträgern **65** 42a

Lohn des Maklers **20** 653

Lohn- und Arbeitsbedingungen, Koalitionsfreiheit **1** 9

Lohnkürzung bei Kurzarbeit **84** 19

Lohnpfändung bei Heimarbeitern und Hausgewerbetreibenden **100** 850 mit Anm.; Pfändungsschutz **100** 850 ff.

Lohnpfändungstabelle 100 850c, Anlage

Lohnschiebungsverträge 100 850h

Lokaltermin 90 86; **100** 219, 375, *s. a. Augenschein*

Los, Entscheidung bei Aufhebung einer Gemeinschaft **20** 752, bei Auslobung **20** 659; Verteilung bei Nachlassteilung **112** 369; *s. a. Lotterie*

Löschung von Belastungen, Gebühren **119** Anl. 1 Nr. 14140 ff.; von Daten zur Erteilung der Fahrerlaubnis **35** 2; Eigentümergrundschuld **20** 1196; einer Eintragung im Aktienbuch **51** 67; der Eintragung eines Schiffsbauwerks, Gebühren **119** Anl. 1 Nr. 14212; des Erbbaurechts **41** 16; einer Firma **50** 31; im Grundbuch **20** 875 f., 891, 901; von Grundpfandrechten nach Befriedigung bei Zwangsverwaltung **108** 158; der Hypothek **20** 1144 f., 1179 ff., 1187; einer Markeneintragung **72** 9 ff., 48 ff., 156 f., durch das DPMA **72** 53 f., Verfahren **72** 55; eines Pfandrechts **21** 194; einer Schiffseintragung, Gebühren **119** Anl. 1 Nr. 14211; aus Schuldnerverzeichnis **102a** 14; des Versteigerungsvermerks **108** 34

Löschungs- und Auflösungsverfahren **112** 393 ff.

Löschungsanspruch des Hypothekengläubigers **20** 1179a f.

Löschungsvormerkung bei Hypothek **20** 1179

Lösegeld, Menschenraub zur Erlangung von **85** 239a

Lotterie, unbefugte Veranstaltung **85** 287

Lotterievertrag **20** 763

Luft, strafbare Verunreinigung **85** 325

Luft- und Seeverkehr, Angriffe auf **85** 6

Luftfahrt-Bundesamt, Sitz des, maßgebend für Zwangsversteigerung von Luftfahrzeugen **108** 171b

Luftfahrzeuge, Angelegenheiten des Registers für Pfandrechte, Gebühren **119** Anl. 1 Nr. 14310 ff.; im Ausland **21** 45; Bewachung und Verwahrung, Kosten **123** Anl.; Pfandrechtsregister, Datenabruf, Gebühren **120** Anl. Nr. 1150 ff.; Straftaten in deutschen **85** 4; Zwangsversteigerung **108** 181

Luftreinhaltung **1** 74

Luftschutz, Gesetzgebung **1** 73

Luftverkehr **1** 73; Gefährdung **85** 315, 315a; Kündigungsschutz **84** 24

Luftverkehrsverwaltung **1** 87d

Luftverunreinigung, Verkehrsverbot **35a** 41

Madrider Markenabkommen **72** 107 ff.; internationale Registrierungen, Schutzentziehung **72** 115, Umwandlung **72** 118, Widerspruch gegen **72** 114, 116, Wirkung **72** 112

Mahnantrag, Inhalt **100** 690; Zurückweisung **100** 691

Mahnbescheid **20** 286; **100** 688, 690, 692 ff.; Abschriften **100** 695; im Arbeitsgerichtsverfahren **83** 46a; Gebühren **115** Anl. 1 Nr. 1100; Gebührenvorschuss **115** 12, 14; Inhalt **100** 692; Kraftloswerden **100** 701; Rechtsanwaltsgebühren **117** Anl. 1 Nr. 3305 ff.; Scheck- **100** 703a; Urkunden- **100** 703a; Verweisung **100** 696; Wechsel- **100** 703a; Widerspruch **100** 694; Zustellung **100** 693, und Hemmung der Verjährung **20** 204

Mahnung **20** 309; durch den Abtretungsempfänger **20** 410; bei Forderungseinziehung, Kostenhaftung **120** 17; Gebühr **120** Anl. Nr. 1403; des Hypothekenschuldners bei Briefhypothek **20** 1160 f.; Kosten **120** 1; als Voraussetzung des Verzugs **20** 286

Mahnverfahren **20** 286; **83** 46a; **100** 688 ff.; Arbeitsgericht, Gebühren **115** Anl. 1 Nr. 8100; Begründung des Anspruchs **100** 697; elektronische Akten im **100** 689; elektronisches Verfahren **100** 696; europäisches nach der VO (EG) Nr. 1896/2006 **100** 1087 ff.; nach FamFG, Kosten **115** 1; **118** 1; Formulare **100** 703c; Gebühren **115** Anl. 1 Nr. 1100; Gebührenvorschuss **115** 12, 14; Kosten **100** 699; **115** 1; Rechtsanwaltsgebühren **117** 17, Anl. 1 Nr. 3305 ff.; Verfahren nach Widerspruch **100** 696; Verfahrensablaufplan bei Anwendung der EDV **100** 703b; Verfahrensvorschriften **100** 702; Vollstreckungsbescheid **100** 699; Zuständigkeit bei Antragsgegner ohne allgemeinen inländischen Gerichtsstand **100** 703d, des Rechtspflegers **96** 20

Makler **20** 652 ff.; Handelsmakler **50** 93 ff.; Lohnanspruch **20** 652 ff., 656c f.; **21** Art. 230 § 53

Maklervertrag **20** 652; betreffend Wohneigentum **20** 656a ff.; **21** Art. 230 § 53

Malen als Verarbeitung **20** 950 f.

Mandatsträger, Bestechlichkeit und Bestechung von **85** 108e; **95** 120b, im Ausland **85** 5; Mitteilungen in Strafsachen gegen **90a** 8

Mangel der Ausstattungssache **20** 1624; beim Erbschaftskauf **20** 2376; Kenntnis des Käufers **20** 442; der Mietsache **20** 536 ff.; der Pachtsache, Haftung **20** 586; im Recht **20** 442, 523, 526, 536, 2367, 2385, an Ausstattungssachen **20** 1624; der Sache **20** 524, 526, bei Leihe **20** 600; einer Urkunde **100** 419; der Vertretungsmacht **50** 75h; des Werkes, Abnahme **20** 640

Mängelansprüche, Beschränkung auf Nacherfüllung durch AGB **20** 309; beim Kauf **20** 437 ff., digitaler Produkte **20** 327j ff., Rückgriff des Verkäufers **20** 445a f., 478, Verjährung **20** 327j, 438; aus

Pauschalreisevertrag **20** 651i ff., Abhilferecht **20** 651k, Kündigung **20** 651l, Minderung **20** 651m, Schadensersatz **20** 651n, Verjährung **20** 651j; beim Verbrauchsgüterkauf, Beweislastumkehr **20** 477; beim Werkvertrag **20** 634, Verjährung **20** 634a
Mängelanzeige **50** 377 f.; des Mieters **20** 536c; bei Pauschalreisevertrag **20** 651o
Mängelgewähr beim Erbschaftskauf **20** 2385; bei der Hingabe an Erfüllungs Statt **20** 365; beim Kauf **20** 442; bei Leihe **20** 600; bei Miete **20** 536 ff.; bei Schenkung **20** 523 f., 526; bei Zuteilung einer Sache **20** 757
Mängelhaftung des Verkäufers **20** 437 ff.
Mängelobliegenheit beim Handelskauf **50** 377 f.
Mängelrüge gegenüber Handelsvertreter **50** 91
Manipulation von Sportwettkämpfen **85** 265d f., als strafbare Auslandstat **85** 5, Überwachung der Telekommunikation **90** 100a
Männer, gleichberechtigte Teilhabe an Führungspositionen **50a** 73, in Aktiengesellschaften **51** 76, 96, 250; **51a** 25, 26l, in der Genossenschaft **53** 9, 168, in der GmbH **52** 36, 52; **52/1** 5, 10, nach Verschmelzung **52a** 76
Marken, Ansprüche wegen Verletzung **72** 128; Benutzung **72** 25 f., mangelnde **72** 25; Bewerdeverfahren, Rechtsanwaltsgebühren **117** Anl. 1 Nr. 3510; Eintragung *s. Markeneintragung;* geschützte **72** 1, in Nachschlagewerken/Datenbanken **72** 16; Gewährleistungsmarken **72** 106a ff., *s. a. dort;* Inhaber von **72** 7, *s. Markeninhaber;* Inhabermarken **20** 807; **21** 102; im Insolvenzverfahren **72** 29; internationale Registrierung **72** 107 ff., Schutzentziehung **72** 115, Umwandlung **72** 118, Widerspruch gegen **72** 114, 116, Wirkung **72** 112; Kollektivmarken **72** 97 ff., *s. a. dort;* Löschung wegen absoluter Schutzhindernisse **72** 157; nachträgliche Schutzentziehung **72** 115; notorisch bekannte **72** 10; Nutzung für Waren **72** 24; Schutz *s. Markenschutz;* schutzfähige Zeichen **72** 3; Schutzhindernisse, absolute **72** 8, 50, 54, 106, 106h, 156, relative **72** 9; Unionsmarken **72** 119 ff., *s. a. dort;* Urteilsbekanntmachung **72** 19c; als Vermögen **72** 27 ff.; Vorlage- und Besichtigungsansprüche **72** 19a; Zeitrang **72** 6, 12 f., 22; Zwangsvollstreckung in **72** 29, 154
Markenangelegenheiten, elektronisches Verfahren **72** 95a; Inlandsvertreter **72** 96; Kosten **72** 64a, im Verfahren vor dem Patentamt **72** 63; Verfahren **72** 91 ff., vor dem Bundesgerichtshof **72** 83 ff., vor dem Bundespatentgericht **72** 66 ff.; Verfahrenskostenhilfe **72** 81a; Wahrheitspflicht **72** 92
Markeneintragung, Akteneinsicht **72** 62 f.; Anmeldung der **72** 32 ff., *s. a. dort;* Klage auf Bewilligung der **72** 44; Löschung **72** 9 ff.; Nichtigkeit wegen älterer Rechte **72** 51, wegen Schutzhindernissen, Verfahren **72** 50, 54; Teilung **72** 27, 46, der Anmeldung **72** 40; Verfall **72** 49, Verfahren **72** 53, Wirkung **72** 52; Veröffentlichung **72** 41; Verzicht auf **72** 48; als Voraussetzung für Markenschutz **72** 4; Weiterbehandlung nach Fristablauf **72** 91a; Widerspruch gegen **72** 42
Markengesetz **72**; **115** 1; Bußgeldvorschriften **72** 145; Strafvorschriften **72** 143 ff.; Streitwertberechnung **115** 51; Übergangsvorschriften **72** 152 ff., 158
Markeninhaber **72** 7; Ansprüche gegen Lizenzinhaber **72** 30; Auskunftsanspruch **72** 19; Gewährleistungsmarken **72** 98; von Kollektivmarken **72** 98; Schadensersatzansprüche **72** 14, 153, Sicherung **72** 19b; Unterlassungsansprüche **72** 14; Vermutung der Rechtsinhaberschaft **72** 28; Vernichtungs- und Rückrufansprüche **72** 18; Vorlage- und Besichtigungsansprüche **72** 19a
Markenregister beim Deutschen Patent- und Markenamt **72** 32 ff., Einsichtnahme **72** 62 f., Datenschutz **72** 62a, Eintragungen **72** 41
Markenschutz, Dauer **72** 47, 159; Entstehung **72** 4; Inhalt **72** 14 ff.; nach dem Madrider Markenabkommen **72** 107 ff.; Schranken des **72** 20 ff., bei Kollektivmarken **72** 100; Schutzhindernisse **72** 8 ff., Prüfung bei Anmeldung **72** 37; Verjährung **72** 20; Verlängerung **72** 47; Verwirkung von Ansprüche **72** 21; und weiterer Schutz **72** 19d
Marktbeherrschende Unternehmen, Gleichbehandlungspflicht aller **74** 21; verbotenes Verhalten **74** 18
Marktbeherrschung iSd GWB **74** 18; Missbrauch der **74** 19
Marktmacht, relative **74** 20; überlegene **74** 20
Marktpreis der geschuldeten Sachen **20** 385; beim Pfandverkauf **20** 1221, 1235, 1295
Marktteilnehmer iSd UWG **73** 2
Markttransparenzstelle, Evaluierung **74** 47l; für Großhandel mit Strom und Gas **74** 47a ff., Befugnisse **74** 47d, Bericht-

spflichten **74** 47h, Datenverarbeitung **74** 47b ff., Vertraulichkeit **74** 47j, Zusammenarbeit mit anderen Stellen **74** 47i; für Kraftstoffe **74** 47k
Marschierende Abteilungen im Straßenverkehr **35a** 27
Maschinelle Bearbeitung im Mahnverfahren **100** 703c; im vereinfachten Verfahren nach dem FamFG **112** 258
Maschinen als Zubehör **20** 98
Maße und Gewichte **1** 73; vertragsmäßige **50** 361
Massegläubiger, Ausschluss von Befriedigung **110** 206; Befriedigung **110** 53, 209; Schadensersatzanspruch **110** 61
Massenentlassungen, Anzeigepflicht des Arbeitgebers **84** 17 f.
Masseschulden, Anzeige bei Unzulänglichkeit **110** 208
Masseunzulänglichkeit, Insolvenzplan **110** 210a
Masseverbindlichkeiten 110 53, 55; beim Nachlassinsolvenzverfahren **110** 324; Nichterfüllung **110** 61; Vollstreckungsverbot **110** 89
Maßnahmen iSd StGB **85** 11, bei mehreren Straftaten **85** 52
Maßregeln der Besserung und Sicherung 85 61 ff.; Anordnung **85a** 306, bei Undurchführbarkeit des Strafverfahrens **85** 71; Führungsaufsicht **85** 61; als Maßnahme iSd StGB **85** 2, 11; Strafverfolgungsverjährung **85** 78a; Verbindung von **85** 72; Verhältnismäßigkeit der Anordnung **85** 62; Vollstreckung **90** 463; Vollstreckungsverjährung **85** 79 ff.; Wechsel beim Vollzug **85** 67a
Maßregelungsverbot des Arbeitgebers **20** 612a; gegenüber Beschäftigten **34** 16
Maßregelvollzug, Anrechnung auf Freiheitsstrafe **85a** 302
Mauern zwischen Grundstücken **20** 921 f.
Mediation, Arbeitsgerichtsgesetz **83** 54a; Begriff **106** 1; FamFG **112** 36a; Mediationsverfahren **117** 34; Rechtsanwaltsgebühren **117** 34; in Urheberrechtsstreitigkeiten **65** 32f, 35a; nach dem UrhG **65** 32f; Verfahren **106** 2; Zivilprozess **100** 278a
Mediationsgesetz 106; Übergangsbestimmungen **106** 9
Mediator, Aufgaben **106** 2; Aus- und Fortbildung **106** 5; Begriff **106** 1; Verschwiegenheitspflicht **106** 4; zertifizierter **106** 5
Medizinische Gutachen in einem Strafverfahren zur Schuldunfähigkeit **92** 11
Medizinischer Dienst, Gutachten in Betreuungssachen **112** 282
Mehraufwendungen bei Annahmeverzug **20** 304
Mehrerlös, Anordnung der Abführung **88** 10; aus Wirtschaftsvergehen **88** 8 f.
Mehrfachversicherung, Beseitigung **62** 79; Haftung **62** 78
Mehrheit bei Abstimmungen und Beschlüssen **20** 712; **95** 196, der Gemeinschaft **20** 745; von Ansprüchen **100** 260; Auseinandersetzung **20** 2204; von Bedachten **20** 2151; von Besitzern **20** 866; in Bundesrat, -tag und -versammlung, Begriff **1** 52, 121; von Erben **20** 2032 ff., 2088 ff., 2148, 2319 ff., 2355; von Forderungen, Aufrechnung **20** 396; von Gerichtsständen **100** 35; von Gläubigern und Schuldnern **20** 420 ff.; von Grundstücken als Einheit **20** 890; von Haftpflichtigen **33** 13; von Pfandrechten an einer Forderung **20** 1290; von Prozessbevollmächtigten **100** 84; qualifizierte **1** 42, 61, 77, 79; von Tätern **85** 25; **94** 14, bei unerlaubten Handlungen **20** 840; von Testamentsvollstreckern **20** 2199; von Verbindlichkeiten, Anrechnung **20** 366; von Vermächtnisnehmern **20** 2148, 2151, 2157 ff.; beim Volksentscheid **1** 29; von Vorkaufsberechtigten **20** 472; von Wiederkaufsberechtigten **20** 461; von Wohnsitzen **20** 7
Mehrheitsbeteiligung 51 16
Mehrstimmrechte von Aktien, Unzulässigkeit **51a** 5
Mehrwertsteuer 1 106 bis 108; und Provision des Handelsvertreters **50** 87b
Meineid 85 154; **90** 359, 362; **100** 452; im Ausland begangener **85** 5
Meinungsäußerung, freie **1** 5, 17a
Meinungsverschiedenheiten zwischen Arbeitsbehörde und Justizverwaltung **83** 117; zwischen Bundesministern **1** 65; über Fortgelten von Recht als Bundesrecht **1** 126; über Grundgesetzwidrigkeiten von Bundes- oder Landesrecht **1** 93; unter Vormündern **20** 1797 f.
Meistgebot im Zwangsversteigerungsverfahren **108** 49, 73 f., 81, 85, 114a
Melde- und Ausweiswesen, Gesetzgebung **1** 73
Meldebehörden, Datenübermittlung an das Kraftfahrt-Bundesamt **35** 64
Meldepflicht als Bewährungsauflage **85** 56c, 56e; nach dem UrhG **65** 54e; für Verträge der Wasserwirtschaft **74** 31a
Menschenhandel 85 6, 232
Menschenmenge, öffentliche Zusammenrottung **85** 124
Menschenraub 85 234; als Erpressungsmittel **85** 239a

Menschenrechte 1 1 bis 5; Angaben in Lageberichten **50** 289c; Kernbereich privater Lebensgestaltung **90** 100d
Menschenrechtskonvention, Recht auf Leben **85** Anm. zu 32
Menschenwürde, Schutz **1** 1
Mergel, Gewinnung **20** 1037
Mess- und Marktsachen, Ladungsfrist **100** 217
Meuterei von Gefangenen **85** 121
Miete 20 535 ff.; **21** Art. 232; Aufrechnungs- und Zurückbehaltungsrecht **20** 556b; digitaler Produkte **20** 548a, 578b, 580a; Fälligkeit **20** 556b; von Grundstücken des Mündels **20** 1822; bei Insolvenzverfahren **110** 108 ff.; Mietminderung **20** 536; bei Nießbrauch **20** 1056, 1059d; Räumungsfrist **21** 93; **100** 721; Vereinbarung über Betriebskosten **20** 556; Vermieterpfandrecht **20** 562 ff.; bei Vorerbschaft **20** 2135; Werkwohnungen **20** 576, 576a; und Zwangsversteigerung des Grundstücks **108** 57 ff.; *s. a. Mietverhältnis*
Mieterhöhung 20 557 ff.; Form und Begründung der Erhöhung **20** 558a; Indexmiete **20** 557b; Kappungsgrenze **20** 558; Mietdatenbank **20** 558e; Mietspiegel **20** 558c; nach Modernisierungsmaßnahmen **20** 559 ff., vereinfachtes Verfahren **20** 559c; **21** Art. 229 § 49; ortsübliche Vergleichsmiete **20** 558; **21** Art. 229 § 50; qualifizierter Mietspiegel **20** 558d; Staffelmiete **20** 557a, für Wohnungen in Gebieten mit angespannten Wohnungsmärkten **20** 557a; Zustimmung zur Erhöhung **20** 558b
Mieterinnen und Mieter, Anzeige von Mängeln **20** 536c; als Besitzer **20** 868 f.; Duldungspflichten **20** 555a, 555d; Feststellung durch Gerichtsvollzieher **123** Anl.; Rückerstattung verlorener Baukostenzuschüsse **20** Anm. zu 546; Rückgabe der Mietsache **20** 546; Schadens- und Aufwendungsersatzanspruch **20** 536a; Sonderkündigungsrecht **20** 555e; Tod des **20** 563; Verhinderung an Gebrauchsüberlassung **20** 537; Verjährung von Ansprüchen **20** 548; Vorkaufsrecht **20** 577; Wegnahmerecht von Einrichtungen **20** 539; Widerspruch gegen Kündigung **20** 574; Zurückbehaltungsrecht **20** 556b; Zustimmung zur Mieterhöhung **20** 558b
Miethöhe für Wohnungen in Gebieten mit angespannten Wohnungsmärkten **20** 556e
Mietminderung, Dreimonatsausschluß **20** 536
Mietpreisüberhöhung, Ordnungswidrigkeit **88** 5
Mietrecht, dingliches **21** 188; Übergangsvorschriften **21** Art. 229 § 29, Art. 229 § 35
Mietsache, Abnutzung **20** 538; Barrierefreiheit **20** 554; bauliche Veränderungen für behindertengerechte Nutzung **20** 554, in missbräuchlicher Weise als Ordnungswidrigkeit **88** 6; Erhaltung **20** 535; Fehler **20** 536; Gebrauchsüberlassung an Dritte **20** 540, 553; Lasten **20** 535; Rückgabe **20** 546; Veräußerung im Insolvenzverfahren **110** 111; Veräußerung nach Überlassung an Mieter **20** 566; vor Überlassung an Mieter **20** 567a
Mietsicherheiten 20 566a; Begrenzung und Anlage **20** 551
Mietspiegel 20 558c; qualifizierter **20** 558d
Mietstreitigkeiten, Gerichtsstand **100** 29a; Schiedsvertrag **100** 1030; Vollstreckbarkeit des Urteils in **100** 708, 721; Zuständigkeit **95** 23
Mietverhältnisse, Beendigung durch Betreuer **20** 1907; Ende **20** 542, 568 ff.; Erbbaurecht **41** 30; Kündigung **20** 543 f., 561, 564, 568 ff., Beschränkungen aufgrund der COVID-19-Pandemie **21** Art. 240 § 2, Art. 240 § 4, bei Zwangsversteigerung des Grundstücks **108** 183; Räumungsfrist **21** 93; über andere Sachen **20** 578 ff.; stillschweigende Verlängerung **20** 545; Störung der Geschäftsgrundlage aufgrund der COVID-19-Pandemie **21** Art. 240 § 7; Streitwert **100** 8; Streitwertberechnung **115** 41; Tod des Mieters **20** 563 ff.; Übergangsvorschriften **21** 171; unzulässige Vereinbarung über Kündigung **20** 569; Unzumutbarkeit **20** 543; Vollstreckungsschutz **100** 721; Vorrang – und Beschleunigungsgebot während COVID-19-Pandemie **101** 44; Wechsel der Vertragsparteien **20** 563 ff.; nach Widerspruch **20** 574a, 574c; über Wohnraum **20** 549 ff., in Gebieten mit angespannten Wohnungsmärkten **20** 556d ff.; **21** 35, Auskunftspflichten **20** 556g; **21** Art. 229 § 51, Indexmiete **20** 557b, Staffelmiete **20** 557a
Mietverträge 20 312; Änderung durch Gericht **100** 308a; Form **20** 550; Geschäftswert **119** 99; Hauptpflichten **20** 535; Unwirksamkeit einer Vertragsstrafe **20** 555; Vereinbarungen über Erhaltungs- oder Modernisierungsmaßnahmen **20** 555f; Zeitmietvertrag **20** 575
Mietzins, Haftung für Hypothek **20** 1123 ff.; Pfändung wegen öffentlicher Lasten **20** Anm. zu 1123; Pfändungsschutz **100** 851b; Verteilung unter mehrere Berechtigte **20** 101

Migrationsprogramm 114 134a
Milderung der Strafe **85** 49 ff.
Militär, Straftaten gegen Landesverteidigung **85** 109
Militäranlagen, Betreten **94** 114, als Ordnungswidrigkeit **94** 114, 131
Militärdienst, Anwerben zu ausländischem **85** 109h
Militarismus, Befreiung von M. und Nationalsozialismus **1** 139
Minderheitenschutz beim Insolvenzplan **110** 251
Minderjährige 20 2; Annahme als Kind **20** 1741, 1743; Arbeitsverhältnis **20** 113; beschränkte Geschäftsfähigkeit **20** 106 ff.; Beschwerderecht **112** 60; Ehe mit, Aufhebung **20** 1314 ff.; Eheverbot **20** 1303 ff.; **21** Art. 13, Art. 229 § 44; Ehevertrag **20** 1411; als Eltern, elterliche Sorge **20** 1673; Errichtung eines eigenhändigen Testaments **20** 2247; Erwerbsgeschäfte **20** 112 f.; Förderung sexueller Handlungen von **85** 180; Haftung aus unerlaubten Handlungen **20** 828 f.; **21** Art. 229 § 15; Haftungsbeschränkung **20** 1629a; JGG **89**; Kindesentziehung **85** 235; Pflegschaft **20** 1909; Schadenszufügung **20** 832; Testamentserrichtung **20** 2233; Testierunfähigkeit **20** 2229; Untauglichkeit zum Vormund **20** 1781 f.; Unterbringung mit Freiheitsentzug **112** 167, Verfahren **112** 151; Unterhaltsanspruch **20** 1602, Mindestunterhalt **20** 1612a; vereinfachtes Unterhaltsverfahren **112** 249 ff.; Verfahrensbeistand **112** 158 f., in Abstammungssachen **112** 174, in Adoptionsverfahren **112** 191; Vernehmung als Partei **100** 455, als Zeugen **100** 393; Vertragsschluss **20** 110; Vertragswiderruf **20** 109; Vertreterbestellung als Kindschaftssache **112** 151; Vormundschaft über **20** 1773 ff.; Vorsorgemaßnahmen **20** 1908a; Willenserklärungen **20** 107; keine Zeugen bei Beurkundung **23** 26; Zulassung von Beiständen im Strafverfahren **90** 149
Minderkaufmann 50 351
Minderung der Erwerbsfähigkeit, Schadensersatz **20** 842 f.; beim Kauf **20** 437, 441; bei Miete **20** 536; im Reiserecht **20** 651m; des Schadensersatzes **20** 285; der Strafe **85** 50; beim Werkvertrag **20** 634, 638; beim Wiederkauf **20** 457
Minderungsanspruch bei gegenseitigem Vertrag **20** 326
Mindestgebot 100 817a; bei Versteigerung gepfändeter Sachen **108** 44, 85
Mindestkapital einer Genossenschaft **53** 8a
Mindestnennbetrag der Aktien **51** 8
Mindestunterhalt für Kinder **20** 1612a
Mineralien, Gewinnung **21** 68
Minister, Vernehmung **90** 50; **100** 376, 382
Ministererlaubnis zum Zusammenschluss von Unternehmen **74** 42
Missbrauch von amtlichen Kennzeichen **35** 22 f.; des Berufs **85** 70; der elterlichen Sorge **20** 1666 f.; einer Firma **50** 37; der Forderung nach ehelicher Gemeinschaft **20** 1353; der Gesamtgutsverwaltung **20** 1447; von Grundrechten **1** 18; von Notrufen, Notzeichen **85** 145; wirtschaftl. Machtstellung **1** 74
Misshandlung Festgehaltener **1** 104; von Schutzbefohlenen **85** 225
Misstrauensvotum gegen Bundeskanzler **1** 67, 115h
Mitarbeit im Haushalt, Beruf oder Geschäft des Erblassers **20** 2057a, 2316
Mitbenutzungsrechte 21 Art. 233
Mitbesitz 20 866, 1081; Einräumung beim Pfandrecht **20** 1206
Mitbestimmung in Unternehmen durch Arbeitnehmer **51** 96 s. Anm., 98 s. Anm.
Mitbewerber iSd UWG **73** 2, Schutz vor unlauteren geschäftlichen Handlungen **73** 1, 4
Mitbieten bei Versteigerung **20** 1239
Mitbürge, Aufgabe des Rechts **20** 776; Haftung **20** 744, 769
Miteigentum 20 1008 ff.; **21** 131; Auseinandersetzung **110** 84; Hypotheken an **20** 1114; Nießbrauch **20** 1066; Pfandrecht **20** 1258; Reallast **20** 1106; durch Verbindung usw. **20** 947 f.; Vermächtnis **20** 2172; Vorkaufsrecht **20** 1095
Miterbe 20 2032 ff.; Anteil an Erbschaft **20** 1922; Anwachsung **20** 2094 f.; Auseinandersetzung **20** 2204; Ausgleichungspflicht für Zuwendungen an Abkömmlinge **20** 2050 ff.; Auskunft **20** 2057; Ausschließung durch Ersatzerben **20** 2096 ff.; eidesstattliche Versicherung **20** 2057; Einsetzung **20** 2091 ff.; Erbschein **20** 2357; Inventarerrichtung **20** 2063; als Kostenschuldner nach öffentlicher Aufforderung an Nachlassgläubiger **119** 23; Rechtsverhältnis **20** 2033 f., bzgl. des Pflichtteils **20** 2319 ff., zu den Gläubigern **20** 2060; Rückgabepflicht **20** 2056; Verfügungsrecht **20** 2033 ff., 2039 ff.; Verwaltungsrecht **20** 2038 f.; Vorkaufsrecht **20** 2034 ff.; Zuweisung eines landwirtschaftlichen Betriebes **108** 185; Zwangsvollstreckung in den Anteil **100** 859
Mitglieder des Bundesrates **1** 51; von Genossenschaften **53** 18, Auflösung der Genossenschaft **53** 75, Auseinandersetzung

nach Ausscheiden **53** 73, Ausschluss **53** 68, Darlehenshingabe **53** 21b, Erlöschen einer juristischen Person **53** 77a, Haftung **53** 23, investierende **53** 8, im Aufsichtsrat **53** 36, Kündigung der Mitgliedschaft **53** 65 ff., außerordentliche **53** 67a, Liste der **53** 30 ff., 69, Nachschusspflicht **53** 22a, Tod **53** 77, Übertragung des Geschäftsguthabens **53** 76, Unternehmer als **53** 21b, 43, 65, Zahlungspflichten **53** 7

Mitgliederliste der Genossenschaft **53** 30 ff., Datenschutz bei Einsichtnahme **53** 31

Mitgliederversammlung bei Vereinen **20** 27, 32 ff., Berufung **20** 36 f.

Mitgliedschaft im Bundestag **1** 41; in Vereinen **20** 38 f.

Mithaft, Entlassung aus der, Gebühren **119** Anl. 1 Nr. 14142, 14242; eines Grundpfandrechts, Geschäftswert **119** 44

Mittäter **85** 25; Verantwortlichkeit **20** 830, 840

Mitteilung von Amts wegen und Datenschutz **95a** 12, 21a; bei Archivierungen mittels Bild- und Datenträger **94** 49d; von Betreuungsentscheidungen an Behörden und öffentliche Stellen **112** 308 ff.; der Bevollmächtigung **20** 171 f.; in Bußgeldsachen **94** 49a; von Entscheidungen bzgl. Freiheitsentziehung **112** 431; auf Ersuchen **94** 49b; von Unterbringungsentscheidungen **112** 338; an Vorkaufsberechtigten vom Kaufabschluss **20** 469

Mitteilungspflichten der Behörden in Registersachen **112** 379; bei Beteiligungen **51** 20, der AG **51** 328; bei Eintragung eines Vereins **112** 400; der Gerichte und Behörden für Bundeszentralregister **92** 20; der Gesellschaft **51** 21; des Jugendamts **20** 1851; bei Kenntnis von Verbrechen **85** 138 f.; gegenüber der Markttransparenzstelle **74** 47e; des Nachlassgerichts **112** 356, nach der GBO **114** 83; der Standesämter nach dem FamFG **112** 168a

Mittel der politischen Parteien, Herkunft **1** 21

Mittelbarer Besitz **20** 868 f., 871; Anspruch des Eigentümers gegen **20** 986, 991; Einräumung **20** 930, 933, 936, 1205; Streitverkündung an **100** 76; Vermutung bei **20** 1006

Mittelbarer Eigenbesitz **20** 941

Mittelbares Arbeitseinkommen, Pfändung **100** 850h

Mittelstandskartelle **74** 3

Miturheber **65** 8; Dauer des Urheberrechts **65** 65

Mitverschulden des Geschädigten **20** 254, 846; **27** 6; **28** 11; **33** 4, nach dem StVG **35** 9

Mitvormund, Bestellung bei Vereinsvormundschaft **20** 1791a; Genehmigung der Anlegung von Mündelgeld **20** 1810; Haftung **20** 1833; Meinungsverschiedenheiten **20** 1797 f.; Tod **20** 1894

Mitwirkung des Besteller eines Werkes **20** 642; der Beteiligten bei Wertermittlung **119** 95; der Ehegatten bei Verwaltungshandlungen **20** 1455; Verbot der als Notar **23** 26

Mitwirkungspflicht im Insolvenzeröffnungsverfahren **110** 20

Mobilfunkendgeräte, Entschädigung für Standortabfrage **116** Anl. 3 Nr. 400; Ermittlungsmaßnahmen **90** 100i; Standortermittlung **90** 101i; Verbot der Nutzung im Straßenverkehr **35a** 23, Sonderrechte **35a** 35

Modernisierungsankündigung, Ankündigungsfrist **20** 555c; **21** Art. 229 § 49; Pflichtverletzungen bei der **20** 559d

Modernisierungsmaßnahmen **20** 555b; Ankündigungsfrist **20** 555c; Duldungspflicht, Ausschlussfrist **20** 555d; Mieterhöhung **20** 559 ff., vereinfachtes Verfahren **20** 559c; **21** Art. 229 § 49; in Wohnungen in Gebieten mit angespannten Wohnungsmärkten **20** 556e

Molekulargenetische Untersuchungen im Strafverfahren **90** 81e f.

Monat, Anfang **20** 192; Ende **20** 192; Fristberechnung **20** 188, 191; halber **20** 189; Mitte **20** 192

Monitoring im Vergabeverfahren für öffentliche Aufträge **74** 114

Monopole **1** 105 f., 108

Monopolkommission **74** 44 ff.

Moratorium aufgrund der COVID-19-Pandemie **21** Art. 240 § 1

Mord **85** 211; Unverjährbarkeit **85** 78

Motorräder *s. Krafträder*

Mühlen **21** 164; Zubehör **20** 98

Mühlenrecht **21** 65

Müllabfuhr, Sonderrechte im Straßenverkehr **35a** 35

Mündel, Beschluss über Zahlungen des **112** 168; Einsatz des Einkommens und Vermögens **20** 1836c; gesetzlicher Forderungsübergang auf die Staatskasse **20** 1836e; Hemmung der Verjährung während der Vormundschaft **20** 207; Mittellosigkeit **20** 1836d; religiöse Erziehung **20** 1801; Sorge für die Person **20** 1800; Widerspruch gegen Vormundbestellung **20** 1778

Mündelgeld 21 99; Anlegung **20** 1805 ff.; Auslegung **20** 1852; Verzinsung **20** 1834
Mündelhypothek 41 18 ff.
Mündelsicherheit bei Geldanlegung **20** 1807, 2119; der Pfandbriefe usw. **20** Anm. zu 1807; von Wertpapieren **21** 212
Mündliche Verhandlung, Aussetzung **100** 148 ff.; vor dem Bundespatentgericht in Markenangelegenheiten **72** 69; Entscheidungen ohne **100** 926; vor erkennendem Gericht **100** 128 ff.; Fortsetzung nach Beweisaufnahme **100** 370; Inhalt der Ladung **100** 215; im Nachprüfungsverfahren nach GWB **74** 166; vor ordentlichen Gerichten **100** 136 ff., Einlassungsfristen **100** 274; bei Urteilsergänzung **100** 321; Vorbereitung *s. dort*
Mündliche Verhandlung im Strafverfahren über Haftbefehl **90** 118 ff.; Übertragung **90** 118a; Unmittelbarkeitsprinzip **90** 244, 250
Münzsorten bei Geldschuld **20** 245
Münzverbrechen im Ausland **85** 6
Münzwesen 1 73
Museen, gesetzlich erlaubte Nutzung geschützter Werke **65** 60f
Musikkomposition mit Text, Urheberrechtsschutz **65** 65
Musikveranstaltungen, Regelungen aufgrund der COVID-19-Pandemie **21** Art. 240 § 5
Musikwerke, Urheberrechtsschutz **65** 2
Muster, Widerrufsbelehrung **21** Anl.
Musterentscheid, Feststellungswirkung **100** 325a
Musterfeststellungsklage 100 606 ff.; Aussetzung von Verfahren wegen **100** 148; Bekanntmachung **100** 607; Erhebung einer und Hemmung der Verjährung **20** 204; **74** 33h; Gerichtsstand **100** 32c; mehrere **100** 610; Rechtshängigkeit **100** 610; Streitwert **115** 48; Zuständigkeit **95** 119
Musterfeststellungsurteil, Bekanntmachung **100** 612; Rechtskraft und Bindungswirkung **100** 613; Rechtsmittel **100** 614
Musterfeststellungsverfahren 100 606 ff.; Anmeldung von Ansprüchen **100** 608; Bekanntmachung der Klage **100** 607, des Musterfeststellungsurteils **100** 612; Bindung des Urteils **100** 613; Klageregister **100** 609; Rechtsmittel **100** 614; Vergleich im **100** 611
Musterverfahren nach KapMuG, Rechtsanwaltsgebühren **117** 23b, 41a, Zuständigkeit der OLG **95** 118; Rechtsanwaltsgebühren **117** Anl. 1 Nr. 3338; Vergütung **116** 13; Zustellung der Anmeldung, Hemmung der Verjährung **20** 204
Mutter 20 1591; Benennung des Vormundes **20** 1776, 1855; elterliche Sorge der **20** 1626a; Erbrecht **20** 1925; Unterhaltsanspruch **20** 1963, 2141; Verdienstausfall während Schutzfristen, Krankentagegeldanspruch **62** 192; Zustimmung zur Vaterschaftsanerkennung **20** 1595 ff.
Mutterunternehmen 50 271, 290; Erklärung zur Unternehmensführung **50** 315d; Konzernabschluss **50** 290 ff., nach internationalen Rechnungslegungsstandards **50** 315e; nichtfinanzielle Erklärung im Konzernlagebericht **50** 315b f.; **50a** 80 f.; **51** 26i, 170 f., Prüfung **50** 316 ff., Vorlagepflicht **50** 320; Rechnungslegung nach dem PublG **52b** 11 ff.

Nachbarrecht 20 906 ff.; **21** 124, 183; Einigungsversuch vor Gütestelle **101** 15a
Nachbesserung als Nacherfüllung **20** 439
Nacherbe 20 2100 ff.; Angabe im Erbschein **20** 2363; Anzeigegebühr wegen Eintritt der Nacherbfolge **119** 23; Beeinträchtigung **20** 2113; Begriff **20** 2103; Beschränkung der Haftung **20** 2144, der Pfändung wegen Einsetzung eines **100** 863; Drittwiderspruchsklage gegen Zwangsvollstreckung in Vorerbschaft **100** 773; Einsetzung **20** 2306, 2338; Eintritt in den Prozess **100** 242; Einwilligung zu Verfügungen des Vorerben **20** 2120; Erbschaftskauf **20** 2373; Erbunwürdigkeit **20** 2340; als Ersatzerbe **20** 2102; Grundbuch **114** 51; Insolvenz **110** 329; Pflegschaft **20** 1913; für Überrest **20** 2137; Umfang **20** 2110; Vertretung durch Testamentsvollstrecker **20** 2222; vollstreckbare Ausfertigung für und gegen **100** 728; Wirksamkeit des Urteils für und gegen **100** 326
Nacherbfolge, Anzeigegebühr **119** 23; Aufgebotsverfahren der Nacherben **112** 461; Eintritt **20** 2106; Vererblichkeit **20** 2108
Nacherbschaft, Anfall **20** 2139; Ausschlagung **20** 2142; Zerstörung **20** 2111
Nacherfüllung, AGB-Regelungen zur **20** 309, Kosten der **20** 309; Frist bei gegenseitigem Vertrag vor Rücktritt **20** 323; beim Kauf **20** 437, 439, digitaler Produkte **20** 327l, Rückgriff des Verkäufers **20** 445a f., 478, und Rücktritt **20** 218; einer Leistungspflicht **20** 281; bei verbundenen Verträgen **20** 359; beim Werkvertrag **20** 635, und Rücktritt **20** 218
Nachfolger des Testamentsvollstreckers **20** 2199; Wahl eines N. des Bundeskanzlers **1** 67

Nachforderung von Gerichtsvollzieherkosten **123** 6

Nachfrist 20 281, 309; bei Aktieneinzahlungen **51** 64

Nachgründung einer AG **51** 52 f.

NachhaftungsbegrenzungsG, Übergangsvorschriften **50a** 35 ff.

Nachlass, Auseinandersetzung **20** 2032, 2042 ff.; **112** 487; **114** 36, Antrag auf **112** 363; Berechnung für Pflichtteil **20** 2310 ff.; Beschränkung der Haftung auf den **20** 1975; Betreuungsgericht **20** 1999; Dürftigkeit **20** 1982; eines Ehegatten bei fortgesetzter Gütergemeinschaft **20** 1483 f., bei Gütergemeinschaft **20** 1482; Ersitzung **20** 944; Fürsorge für **20** 1960; Haftung nach Teilung **20** 2060; Handelsgeschäft im **50** 27; Insolvenzverfahren **112** 457; Inventarerrichtung **20** 2215; Pfändung des Anteils eines Miterben **100** 859; Sicherung **112** 342; Sicherungsmaßregeln **21** 140; Streit bei Verteilung, Aussetzung **112** 370; Teilungsvereinbarung **112** 366; Überschuldung **20** 1980, 1990 ff.; Verteilung durch Los **112** 369; Vertrag über den eines noch lebenden Dritten **20** 311b; Verzeichnis der Nachlassgläubiger **112** 456; Vollstreckung einer Teilungsvereinbarung **112** 371; Vollstreckung in **20** 1984, 1990; Wirksamkeit der Auseinandersetzung durch Bestätigungsbeschluss **112** 371; Zuständigkeit eines Notars **112** 344; Zwangsversteigerung zur Auseinandersetzung **108** 175 ff.; Zwangsvollstreckung in **100** 747 f., 778 ff.

Nachlass- und Teilungssachen, Verfahren **112** 342 ff.; Zuständigkeit, örtliche **112** 343 f.

Nachlassauseinandersetzung, Geschäftswert **119** 41; Verfahrensgebühr **119** Anl. 1 Nr. 23900 ff.

Nachlassforderungen, Einziehung **20** 2039 f.

Nachlassgegenstände, Herausgabe **20** 1973, 1990, Hinterlegung **20** 1960; Überlassung an Erben bei Testamentsvollstreckung **20** 2217; Verfügung über **20** 1959, 2040; Wert **20** 1973, 2001

Nachlassgericht, Ablieferung von Testamenten **20** 2259; amtliche Aufnahme des Inventars **20** 2003; Änderung von Anordnungen **20** 2216; Anmeldung von Nachlassforderungen **20** 2061; Anordnung der Nachlassverwaltung **20** 1981; Anzeige des Eintritts des Erbschaftskaufs **20** 2384, der Nacherbfolge **20** 2146; Ausstellung des Zeugnisses für Testamentsvollstrecker **20** 2368; Bestimmung der Inventarfrist **20** 1994; Einholung der Genehmigung einer Stiftung **20** 83; Einziehung des Erbscheins **20** 2361; Entlassung des Testamentsvollstreckers **20** 2227; Entscheidung zwischen Testamentsvollstreckern **20** 2224; Erklärungen gegenüber **20** 1945, 1955 f., 2081, 2198, 2202, 2226; **112** 342; Erlass von Sicherungsmaßregeln **21** 140; Ernennung des Testamentsvollstreckers **20** 2200; Erteilung des Erbscheins **20** 2353 ff.; **112** 352e; Feststellung des Erbrechts des Fiskus **20** 1964 ff.; Fürsorge für Nachlass **20** 1960 ff.; Geschäftswert von Anträgen und Erklärungen **119** 103; Inventarfrist **20** 1996; Inventarfristmitteilung **20** 1999; Mitteilung der Anfechtung **20** 1957, der Ausschlagung **20** 1953; Mitteilungspflichten nach der GBO **114** 83; Stundung des Pflichtteilsanspruchs **20** 2331a; Übertragung von Aufgaben **21** 147; Zeugnis über Fortsetzung der Gütergemeinschaft **20** 1507; Zuständigkeit für Nachlasspflegschaft **20** 1962

Nachlassgläubiger, Anmeldung der Ansprüche gegen Erben **20** 1958, 1961; Antrag auf Nachlassverwaltung **20** 1981; Antragsberechtigte gem. InsO **110** 317, Frist **110** 319; Aufgebot **20** 1970 ff., 1980; **112** 454 ff.; Aufgebotsverfahren **20** 2015 f.; Aufrechnung **20** 1977; Ausschließung **20** 1973 f.; Befriedigung **20** 1990; **108** 175, 179; Geltendmachung der Forderung **20** 1966, 1974, 1979; Gerichtsstand für Klagen der **100** 27; Inhalt des Aufgebots **112** 458; im Insolvenzverfahren **110** 331; Rechtsverhältnis zu den Erben **20** 2058 ff.

Nachlassinsolvenz 20 1975

Nachlassinsolvenzverfahren 20 1976 f., 1988 ff., 2000, 2060; **100** 782, 784; **110** 315 ff.; Anfechtung **110** 322; keine Anordnung der Zwangsversteigerung zur Nachlassauseinandersetzung **108** 178; Ansprüche der Erben **110** 326; Aufnahme eines Verfahrens **100** 243; Erbschaftskauf **110** 330; Eröffnung **110** 316, 320, Antrag **110** 317 ff.; gleichzeitige Insolvenz des Erben **110** 331; bei Gütergemeinschaft **110** 332 ff.; Masseverbindlichkeiten **110** 324; Nacherbfolge **110** 329; Nachlassverbindlichkeiten **110** 325; Verbindlichkeiten **110** 327; Zurückbehaltungsrecht der Erben **110** 323

Nachlassinventar 20 1960, 1993 ff., 2314; Antrag, Gebühren **119** Anl. 1 Nr. 12412; Gebühr **119** 23

Nachlasspfleger 20 1960 ff., 2017; Auskunftspflicht **20** 2012; Befugnisse **20**

2012; Inventarfrist **20** 2012; bei Unterbrechung des Verfahren **100** 243; Zwangsvollstreckung **100** 779 f.
Nachlasspflegschaft 20 1975; **112** 342; Gebühren **119** Anl. 1 Nr. 12310 ff.; Geschäftswert **119** 64; Nachlassgericht **20** 1962
Nachlasssachen, Begriff **112** 342; Gebühren **119** Anl. 1 vor Nr. 12100; Hemmung der Verjährung **20** 211; des Rechtspflegers **96** 16; Richtervorbehalt **96** 16; Verfahren **112** 345 ff.; Zuständigkeit des Amtsgerichts **95** 23a, eines Notars **112** 492
Nachlasssicherung, Gebühren **119** Anl. 1 Nr. 12310 ff.
Nachlassteilungssachen 112 363 ff.
Nachlassverbindlichkeiten, Aufnahme in Inventar **20** 2001, 2005; Begriff und Umfang **20** 1967 ff.; Berichtigung, Erfüllung **20** 1980, 2014, 2046, 2378; des Erbschaftskäufers **20** 2036; Geltendmachung **20** 1958, 1961, 1973 f.; Haftung der Erben **20** 1975, 1994, 2000, 2005 ff.; im Nachlassinsolvenzverfahren **110** 325; Unterhaltspflicht als **20** 1586b
Nachlassverwalter, Pflichten **20** 1985 f.; Vergütung **20** 1987, nicht nach RVG **117** 1
Nachlassverwaltung 20 1975 ff., 1984 ff., 1990, 2000, 2012 f., 2062; **112** 342, 358; Ablehnung **20** 1982; Anordnung während eines Rechtsstreits **100** 241, 784; Ende **20** 1988; Gebühren **119** Anl. 1 Nr. 12310 ff.; durch Testamentsvollstrecker **20** 2205
Nachlassverzeichnis 21 140; Kosten **20** 2121, 2123, 2215
Nachlasszeugnis, Europäisches *s. Europäisches Nachlasszeugnis*
Nachprüfungsrecht des BGB-Gesellschafters **20** 716
Nachrede, üble **20** 824
Nachrichten iSd UWG **73** 2, als unzumutbare Belästigungen iSd UWG **73** 7
Nachschussberechnung im Insolvenzverfahren der Genossenschaft **53** 114
Nachschüsse, Einziehung und Erstattung im Insolvenzverfahren **53** 115d; der Gesellschafter **20** 707
Nachschusspflicht von ausgeschiedenen Genossenschaftsmitgliedern **53** 115b
Nachstellung (Stalking) **85** 238
Nachträgliche Entscheidungen im Strafrecht, Eintragung ins Zentralregister **92** 12 f., Gesamtstrafenbildung **90** 460, 462a, nach JGG **89** 65 f.
Nachträgliche Erteilung einer Belastung, Gebühren **119** Anl. 1 Nr. 14124; eines Grundschuldbriefs, Geschäftswert **119** 71; eines Hypothekenbriefs, Geschäftswert **119** 71; eines Rentenschuldbriefs, Geschäftswert **119** 71
Nachträgliche Sicherungsverwahrung bei Verurteilung nach Jugendstrafrecht **89** 7
Nachträgliche Vernehmung von Zeugen **100** 398
Nachtragsanklage 90 266
Nachtragsverteilung im Genossenschaftsinsolvenzverfahren **53** 115; im Insolvenzverfahren **110** 203 ff.
Nachtzeit, Zwangsvollstreckung zur **100** 758a
Nachverfahren wegen der Einziehung von Gegenständen **90** 433 ff., Kosten **90** 473 ff.
Nachvermächtnis der Abkömmlinge des Pflichtteilsberechtigten **20** 2338
Nahrungsmittel, Verkehr mit **1** 74
Name, Angleichung **21** 47; der Ehegatten **20** 1355; Falschangabe **94** 111; des Kindes **20** 1616 ff.; **21** 224, Einbenennung **20** 1618; nichtehelicher Kinder **21** 208; Schuldverschreibungen auf **20** 806, 808
Namensaktien, Eintragung in Aktienregister **51** 67; *s. Aktien*
Namensänderung, Mitteilungspflicht **92** 20a; Versicherungsvertrag **62** 13
Namenserteilung, Zustimmung **21** 23
Namenspapiere mit Inhaberklausel, Aufgebotsverfahren **112** 483; Umschreibung **100** 822
Namensrecht 20 12; bei Eheschließung **20** 1355; internationales Privatrecht **21** Art. 10; bei Kindern nach Annahme als Kind **20** 1757, 1765
Namensunterschrift 20 126; Erklärung über Echtheit **100** 439; *s. a. Unterschrift, Zeichnung*
Namenswahl, EU **21** 47
Nationale Einheit 1 Präambel
Nationalhymne, strafbare Verunglimpfung des Staates und seiner Symbole **85** 90a
Nationalsozialismus, Befreiung vom N. und Militarismus **1** 139
Nationalsozialistische Straftaten, strafbares Leugnen **85** 130
Natura 2000-Gebiete, Straftaten gegen **85** 329
Naturalherstellung, Schadensersatz durch **20** 249
Naturalleistungen als Arbeitseinkommen **100** 850e
Naturkatastrophe, Einsatz der Streitkräfte **1** 35; Einschränkung der Freizügigkeit **1** 11; Polizeieinsatz **1** 35
Naturschätze, Sozialisierung **1** 15, 74

Naturschutz, Gefährung schutzbedürftiger Gebiete, Strafbarkeit **85** 329; Gesetzgebung **1** 74
ne bis in idem 1 103
Nebel, Beleuchtung von Fahrzeugen **35a** 17; im Straßenverkehr **35a** 3
Nebelscheinwerfer von Fahrzeugen, Benutzung **35a** 17
Nebenansprüche, Verjährung **20** 213
Nebenberuf, Handelsvertreter **50** 92b
Nebenbeteiligte, Rechtsanwaltsgebühren **117** Anl. 1 vor Nr. 4100
Nebeneinanderfahren von Fahrzeugen **35a** 7
Nebenfolgen, Vollstreckung **90** 459g
Nebenforderungen 100 4; Entscheidung nur auf Antrag **100** 308; Erweiterung oder Beschränkung des Klageantrags **100** 264; Streitwertberechnung **115** 43; im Urteil übergegangene **100** 321; im Wechselprozess **100** 605
Nebenintervenient, Beitritt **100** 70; persönliches Erscheinen **100** 67
Nebenintervention 100 66 ff., 265; Kosten **100** 101; als Wirkung der Streitverkündung **100** 74; Zulassung **100** 71; Zurückweisung **100** 71
Nebenklage 90 395 ff.; berechtigter Verletzter, Rechtsanwaltsgebühr **117** 53; Gebühren **115** Anl. 1 Nr. 3510 bis 3531; Kosten **90** 472; Kostenvorschuss **115** 16; Opferschutzvorschriften **90a** 10; Rechtsanwaltsgebühren **117** 53; Rechtsmittelbefugnis **90** 400; Rechtsmittelfrist **90** 401; Unzulässigkeit gegen Jugendliche **89** 80
Nebenkläger, Beistand **90** 397a, gemeinschaftliche Vertretung **90** 397b; **117** 53a; Kosten des **90** 467a; Mitteilung der Anklageschrift **90** 201; PKH **90** 397a; Rechtsanwaltsgebühren **117** Anl. 1 vor Nr. 4100; Tod des **90** 402
Nebenleistungen bei Hypothek **20** 1158 f.; nach Verjährungseintritt **20** 217; beim Vorkaufsrecht **20** 466
Nebensache 20 97
Nebenstrafen, Fahrverbot **85** 44; bei gemeingefährlichen Straftaten **85** 321 f.; nach JGG **89** 8, 39; bei Landesverrat **85** 101; bei mehreren Gesetzesverletzungen **85** 52 f.; bei Vergehen gegen Landesverteidigung **85** 109i
Negative Feststellungsklage 100 256
Negative Publizität des Genossenschaftsregisters **53** 29, 86; des Handelsregisters **50** 15; des Vereinsregisters **20** 68
Negatives Vertragsinteresse 20 122, 179
Nettogewicht 50 380
Netzwerk als Grund für Ausschluss des Abschlussprüfers **50** 319b
Netzwerk der europäischen Wettbewerbsbehörden 74 50a ff.
Neubeginn der Verjährung **20** 212 f.
Neue Bundesländer, Sonderregelung in der GBO **114** 1
Neue Tatsachen und Beweismittel im Berufungsrechtszug **90** 323; im Beschwerdeverfahren **100** 571; Wiederaufnahme des Strafverfahren **90** 359
Neugliederung des Bundesgebietes **1** 29, 118
Neugründung eines Rechtsträgers als Verschmelzung **52a** 36 ff.; durch Spaltung **52a** 135 ff.
Neuwahl des Bundeskanzlers **1** 67, 115h; des Bundestages **1** 39
Nichtanzeige geplanter Straftaten **85** 138 f.
Nichtberechtigter, Verfügung **20** 135 f., 161, 185, 816, 892 f., 932
Nichteheliche Kinder 1 6; Anspruch auf Ausbildung **20** 1371; Gleichstellung **21** 227
Nichterfüllung, Fristbestimmung für Schadensersatz **100** 255; jugendrichterliche Auflagen **89** 15; nichtgehörige Erfüllung, Vertragsstrafe **20** 340 f.; Schadensersatz **20** 338, 340; der wirtschaftlichen Verpflichtungen des Ehegatten **20** 1381, vorzeitiger Zugewinnausgleich **20** 1386
Nichterscheinen des Sachverständigen **100** 409; im Verhandlungstermin **100** 330 ff.
Nichtigerklärung der Aktiengesellschaft **51** 275 ff.
Nichtigkeit von Anordnungen des Erblassers **20** 2263; des Ausschlusses der Mängelgewähr **20** 639; des Eigentumvorbehalts **20** 449; des Erbvertrags **20** 2298; der Genossenschaft **53** 94 ff.; der GmbH **52** 60 ff.; des Jahresabschlusses **51** 256; Konversion (Umdeutung) bei Rechtsgeschäft **20** 140; einer Kündigung, Geltendmachung **84** 4 ff., 13; einer Markeneintragung **72** 50 ff., bei Gewährleistungsmarken **72** 106g, bei Kollektivmarken **72** 106, Verfahren **72** 54; von Rechtsgeschäften **20** 125, 134, 138 ff.; **51** 71a, teilweise **20** 139; von Veräußerungsverboten **20** 1136; von Vereinbarungen bei Gemeinschaft **20** 749, bei Gesellschaft **20** 723; des Verfallvertrages bei Verpfändung **20** 1229; von Verfügungen von Todes wegen **20** 2270; der Verträge **20** 311a, 311b; der Wahl von Aufsichtsratsmitgliedern **51** 250 ff.; beim Werkvertrag **20** 639; von Willenserklärungen **20** 105, 116 ff., 122; von Zwischenscheinen **51** 10; *s. a. Unwirksamkeit*

18; außerhalb der Wohnung **90** 100f, 100h
Obstbäume 21 122
Obstruktionsverbot bei Abstimmung über Insolvenzplan **110** 245
Offenbarungseid *s. Eidesstattliche Versicherung*
Offenbarungspflicht von Verurteilungen **92** 53, 64; *s. a. Offenlegungspflichten*
Offenbarungsverbot nach dem Transsexuellengesetz und Mitteilungen der Meldebehörde **92** 20a
Offene Handelsgesellschaft 50 105 ff., 120; Anmeldung durch alle Gesellschafter **50** 108; Anmeldungspflicht **50** 106, 143, 157; Auflösungsgründe **50** 131; Ausschließung eines Gesellschafters **50** 140; Beschlussfassung **50** 119; Bilanz **50** 154; Errichtung **50** 105 ff.; Firma **50** 19, 107; Form der Anmeldung **50** 107; Fortsetzung **50** 139, trotz Insolvenzverfahrens **50** 144; Geschäftsbeginn vor Eintragung **50** 123; Geschäftsführung **50** 114 ff.; Gesellschaftsvertrag **50** 109; Gewinnanteil der Gesellschafter **50** 120 ff.; Haftung der Gesellschafter **50** 128 ff.; Insolvenz **110** 11, 15, 84, 93, 118; Insolvenzverfahren eines Gesellschafters **50** 131; Jahresabschluss **50** 264a ff.; **50a** 48 f.; Kapitalanteil der Gesellschafter **50** 120 ff.; Kündigung **50** 131 f., durch Privatgläubiger **50** 135; Liquidation **50** 145 ff.; Pflichten der Gesellschafter **50** 111 ff.; Prokura **50** 116; Rechte der Gesellschafter **50** 114 ff.; Rechts- und Parteifähigkeit **50** 124; Rechtsverhältnis der Gesellschafter untereinander **50** 109 ff., der Gesellschafter zu Dritten **50** 123 ff.; Straf-, Bußgeld- oder Ordnungsgeldverfahren gegen **50** 335b; Tod eines Gesellschafters **50** 131; Verteilung des Gesellschaftsvermögens **50** 155; Vertretung **50** 125 ff.; Wettbewerbsverbot **50** 112 f.; Zwangsvollstreckung **50** 124, gegen Gesellschafter **50** 129
Offenkundige Tatsachen im Prozess **100** 291
Offenlegung des Prüfungsberichts **50** 321a
Offenlegungspflichten der Aktiengesellschaften **50** 285 f.; der Genossenschaften **50** 339, Straf- und Bußgeldvorschriften **50** 331 ff.; der Kapitalgesellschaften **50** 325 ff., 341w; **51** 236, Straf- und Bußgeldvorschriften **50** 331 ff.; der Konzerne **50** 325 ff., 328, 341w, nach dem PublG **52b** 15, Straf- und Bußgeldvorschriften **50** 331 ff.; nach dem PublG **52b** 9; der Unternehmen des Rohstoffsektors **50** 341w
Öffentlich bestellte Sachverständige 100 404, 407, 410
Öffentliche Abgaben *s. Abgaben*
Öffentliche Ämter, Unfähigkeit zur Bekleidung **85** 45 ff., 101
Öffentliche Aufforderung der Erben **20** 1965, 2358; zu Straftaten **85** 111
Öffentliche Aufträge, Anzeigepflicht bei Ablehnung **20** 663; Auftragsänderungen **74** 132; Ausführung **74** 128 ff.; bergrechtliche **74** 143; Kündigungen **74** 133; Leistungsbeschreibung **74** 121; über Personenverkehrsleistungen im Eisenbahnverkehr **74** 131; über soziale und andere besondere Dienstleistungen **74** 130; mit unterschiedlichen rechtlichen Regelungen **74** 111; Unwirksamkeit **74** 135; Vergabeverfahren **74** 97 ff., *s. a. dort;* für verschiedene Leistungen **74** 110; für verschiedene Tätigkeiten **74** 112; verteidigungs- und sicherheitsspezifische **74** 117, 144 ff., 150, 173, 176
Öffentliche Auftraggeber iSd GWB **74** 98 ff.; Informationspflichten **74** 134; Sektorenauftraggeber *s. a. dort;* Vergabe öffentlicher Aufträge durch **74** 115 ff., *s. a. dort*
Öffentliche Beglaubigung 20 129, *s. a. Beglaubigung*
Öffentliche Bekanntmachung von Aufgebotssachen **112** 435 f.; im ausländischen Insolvenzverfahren **110** 345; der Nachlassverwaltung **20** 1983; von Strafurteilen **90** 463c; von Urteilen nach dem UWG **73** 12; *s. a. Bekanntmachung*
Öffentliche Beurkundung, Gesellschaftsvertrag der GmbH **52** 2; durch Notar **23** 1; *s. a. Beurkundung*
Öffentliche Blätter, Bekanntmachung der Beschlagnahme **90** 291 f.; *s. a. Bundesanzeiger*
Öffentliche Gewalt, ordentl. Rechtsweg bei Verletzung durch **1** 19
Öffentliche Kassen, Aufrechnung gegen eine Forderung einer **20** 395
Öffentliche Klage 90 151 ff.; bei Privatklagedelikten **90** 376; Vorbereitung **90** 158 ff.
Öffentliche Lasten 20 436; keine Eintragung beim Nießbrauch **20** 1047; Grundbuch **114** 54; *s. a. Lasten*
Öffentliche Ordnung, Straftaten gegen **85** 123 ff.; Verstöße gegen als OWi **94** 116 ff.
Öffentliche Sicherheit, Gefährdung durch Taten im Zustand verminderter Schuldfähigkeit **85** 69; und Urheberrechte **65** 45
Öffentliche Urkunden, Beweiskraft **100** 415, 417 f., 437 f.; Echtheit **100** 437 f.; zur Erteilung des Erbscheins **20** 2356; Ge-

genbeweis **100** 415, 418; in der Zwangsvollstreckung **100** 726, 751; *s. a. Urkunden*
Öffentliche Verhandlung der Untersuchungsausschüsse **1** 44
Öffentliche Verhandlungen vor den Gerichten **83** 52, 72; **95** 169, nicht in Familiensachen **95** 170, nicht in Jugendstrafverfahren **89** 48; *s. a. Verhandlung*
Öffentliche Verkehrsmittel, Haltestellen **35a** 20
Öffentliche Versteigerung von Fundgegenständen **20** 966, 979 ff.; einer gemeinschaftlichen Sache **20** 753; gepfändeter Sachen **100** 814; der geschuldeten Sache **20** 383 ff.; gestohlener Sachen, Eigentumsübergang **20** 935; Haftungsbegrenzung **20** 445; beim Handelskauf **50** 373, 376; Kosten **20** 386; von Pfändern **20** 1219 ff., 1235 ff.; Verbot des Bietens **20** 450
Öffentliche Wiedergabe einer Darbietung, Recht des Künstlers **65** 78; von geschützten Werken **65** 52, bei Direkteinspeisung **65** 20d, in Geschäftsbetrieben **65** 56
Öffentliche Zugänglichmachung geschützter Werke **65** 19a, 22
Öffentliche Zustellung des Ausschließungsbeschlusses **112** 441; bei Forderungspfändung **100** 829; bei juristischer Person **50** 15a; von Willenserklärungen **20** 132; *s. a. Zustellung*
Öffentlicher Dienst **1** 33, 73, 137; Aussagegenehmigung für Angehörige des **90** 54; Gesetzgebung **1** 73; Personenbegriff **85** 11; Rechtsverhältnisse von früher im ö. D. stehenden Personen **1** 131
Öffentlicher Friede, Störung und Gefährdung **85** 130
Öffentlicher Glaube des Erbscheins **20** 2366 f.; des Grundbuchs **20** 892 ff., 1138 ff.; der Todeserklärung **20** 2370
Öffentliches Interesse bei Privatklagedelikten **90** 376; Prüfung bei Massenentlassung von Arbeitnehmern **84** 20; an Strafvollstreckung **85** 56
Öffentliches Recht **50** 7; Zwangsvollstreckung gegen juristische Personen **101** 15
Öffentlichkeit, Ausschluss der **95** 172 ff.; Bundestag, Bundesrat **1** 42, 52; nicht bei Familiensachen **95** 170; von Gerichtsverhandlungen **83** 52, 72; **95** 169, Ausnahmen **95** 170 ff.; des Grundbuchs **20** 892 ff.; des Handelsregisters **50** 9 f.; nicht bei Jugendgerichtsverhandlungen **89** 48; im Strafverfahren, Übertragung von Vernehmungen **90** 58b; der Urteilsverkündung **83** 52, 72; **95** 169
Öffentlich-rechtliche Gerichtsbarkeit, Rechtsanwaltsgebühren **117** Anl. 1 Nr. 3100 bis 3518
Öffentlich-rechtliche Körperschaften *s. Körperschaft des öffentlichen Rechts*
Öffentlich-rechtliche Sondervermögen, Gerichtsstandsvereinbarung **100** 38
Öffentlich-rechtlicher Vertrag, Kosten **120** 20; über Notarbezahlung **119** 126
Öffentlich-rechtliches Dienstverhältnis, allgemeines Gleichbehandlungsgesetz **34** 24; Sondervorschriften für Anrechte nach dem VersAusglG **48** 44, 47a
Offizialverfahren, Gebühren **115** Anl. 1 Nr. 3110 ff.
Offiziere, Entlassung **1** 60; Ernennung **1** 60; *s. Soldaten*
Omnibusse, Allgemeine Geschäftsbedingungen **20** 305a; Linienverkehr **35a** 20
Online-Durchsuchungen iSd StPO **90** 100b
Online-Marktplätze **20** 312i ff.; allgemeine Informationspflichten **20** 312k; **21** Art. 246d; iSd UWG **73** 2
Opfer einer Erpressung **90** 154c; einer Nötigung **90** 154c; Täter-Opfer-Ausgleich **90** 155a f.; Vergleich über Entschädigung **90** 405
Opferrechtsreformgesetz und Nebenklage **90a** 10
Opferschutz **85** 46; **90** 247, 395 ff., 403 ff., 406d ff.; **95** 171b, 172; und Nebenklage **90a** 10
Orchesteraufführungen, Urheberrechtsschutz **65** 80
Ordentliche Gerichte **95** 12 ff.; Zuständigkeit **95** 13, 17c
Ordentliche Gerichtsbarkeit **95** 12; Kosten **115**, *s. a. Gerichtskostengesetz;* oberster Gerichtshof des Bundes **1** 95
Orderlagerschein **50** 475g
Orderpapiere, Eigentumsvermutung bei Ehegatten **20** 1362; der Erbschaft **20** 2116; Hinterlegung zur Sicherheitsleistung **20** 234; kaufmännische **50** 363; des Mündels **20** 1814, Sicherstellung **20** 1853; Nießbrauch **20** 1081 ff.; als Sicherheit **108** 69
Ordnung, Ausschluss der Öffentlichkeit wegen Gefährdung der **95** 172; Straftaten gegen öffentliche **85** 123 ff.; verfassungsmäßige **1** 9, 18, 20 f., 28, 98
Ordnungsgeld gegen ausgebliebene Zeugen **100** 380; Beitreibung **122** 1; gegen ehrenamtliche Richter **83** 28; bei Nichtbefolgen der Anordnung des persönlichen Erscheinens **100** 141; gegen Sachverständige **100** 407a, 409, 411; Umwandlung in Ordnungshaft **85a** 8; wegen unbefugten

Firmengebrauchs **50** 37; **112** 392; bei Verletzung der Offenlegungspflicht iSd PublG **52b** 21; gegen Zeugen **100** 390
Ordnungsgelder, Festsetzung nach HGB **50** 340o, 341y; gegen Kapitalgesellschaften und deren Organe **50** 335 ff.
Ordnungsgeldverfahren, Gebühren **120** Anl. Nr. 1210 f.; nach dem HGB **50** 335 ff., 335b f.
Ordnungshaft für Angeklagten in Hauptverhandlung **90** 231b; gegen ausgebliebene Zeugen **100** 380; Kosten **118** Anl. 1 Nr. 2009, in Familiensachen **118** Anl. 1 Nr. 2009; Umwandlung in Ordnungsgeld **85a** 8; wegen Ungebühr in Gerichtssitzungen **95** 177; gegen Zeugen **100** 390
Ordnungsmittel **100** 890; Aufhebung gegen ausgebliebene Zeugen **100** 381; gegen Beschuldigte, Parteien, Sachverständige, Zeugen **95** 178 ff.; Beschwerde **90** 305, gegen Verhängung **95** 181; gegen Sachverständige und Zeugen **90** 51; **100** 380, 390; Vollstreckung durch Rechtspfleger **96** 31; Vorschriften **85a** 5 ff.; bei Zuwiderhandlung gegen Vollstreckungstitel **112** 89
Ordnungswidrigkeiten **94**; Anwesenheit des Betroffenen in der Hauptverhandlung **94** 73 f.; Bußgeldverfahren **94** 35 ff., 46 ff., *s. a. dort;* und Fahreignung **35** 4; Gebühren in Verfahren **115** Anl. 1 Nr. 4110 bis 4401; nach GWB **74** 81 ff.; des Handelsmaklers **50** 103; bei Jahres- oder Konzernabschluss **50** 334; Kosten nach Gesetz über **115** 1; räumliche Geltung **94** 5; Rechtsanwaltsgebühren **117** 42; nach dem StVG **35** 24 ff., und Fahrverbot **35** 25; nach StVO **35a** 49; Überleitung des Verfahrens **85a** 317; Umwandlung von Übertretungen und leichten Vergehen in **85a** 13; Verfolgung von **94** 47; Verstöße gegen Preisregelung im WirtschaftsstrafG **88** 3, gegen Sicherstellungsvorschriften im WirtschaftsstrafG **88** 2; Versuch **94** 13; Zeit der Handlung **94** 6; Zeugnisverweigerungsrecht **100** 384; Zusammentreffen mit Straftaten **94** 21
Ordnungswidrigkeitengesetz **94**; Einschränkung der Grundrechte **94** 132
ordre public **21** Art. 6
Organ einer juristischen Person, Haftung bei Insolvenzverschleppung **110** 15a f., Regelungen während der COVID-19-Pandemie **110d**; eines rechtsfähigen Vereins **20** 26; der Staatsgewalt **1** 20; einer Stiftung **20** 86; Zurechnung einer Handlung für Vertretenen **85** 14; **94** 9, und Einziehung **85** 74e; **94** 29
Organ- und Gewebehandel, Strafbarkeit **85** 5
Organisation der Streitkräfte **1** 87a
Organisierte Märkte iSd Wertpapierhandelsgesetzes und internationale Insolvenzverfahren **110** 340, Teilnahme von Kapitalgesellschaften **50** 267
Originärer Einzelrichter **100** 348
Ort, Angabe bei Testamentsniederschriften **20** 2247, 2267; der Erfüllung **50** 361; im Firmenrecht **50** 30; Gesetz des **21** Art. 11; der Hinterlegung **20** 374; der Leistung **20** 269, 374, 383, bei Aufrechnung **20** 391; der Pfandversteigerung **20** 1236; der Rückgabe **20** 697, 700; einer Straftat, Begriff **94** 7; der Termine **100** 219; der Zahlung der Grundschuld **20** 1194
Örtliche Zuständigkeit *s. Gerichtsstand*
Ortschaft, Fahrgeschwindigkeit innerhalb geschlossener **35a** 3, 45
Ortsgebrauch **50** 59, 94
Ortsüblichkeit bei Abmarkung **20** 919; von Einwirkungen vom Nachbargrundstück **20** 906

Pacht **20** 581 ff.; **21** Art. 232; Beschreibung der Pachtsache **20** 585b; Erhöhung **20** 558; Fortsetzung **20** 595; eines Handelsgeschäfts **50** 22; im Insolvenzverfahren **110** 108 ff.; Kündigungsfrist **20** 584; bei Nießbrauch **20** 1056, 1059d; Rückgabe **20** 596; Rücklassungspflicht **20** 596b; Unterpacht **20** 584a; versicherte Sache **62** 99; bei Vorerbschaft **20** 2135; durch Vormund **20** 1822; Zwangsversteigerung des Grundstücks **108** 57 ff., 183; *s. a. Landpacht*
Pächter, Änderung der landwirtschaftlichen Bestimmung **20** 590; Besitzer **20** 868; Feststellung durch Gerichtsvollzieher **123** Anl.; Fortsetzung des Pachtverhältnisses **20** 595; Inventarübernahme **20** 582a; Tod **20** 594d; vertragswidriger Gebrauch durch **20** 590a; Wegnahme von Einrichtungen **20** 591a; eines Wirtschaftsgutes, Gerichtsstand **100** 21
Pachtjahr **20** 584
Pachtkreditsachen, Gebühren **119** Anl. 1 Nr. 15112
Pachtrecht, dingliches **21** 188
Pachtsache, Änderung der landwirtschaftlichen Bestimmung **20** 590; Erhaltung **20** 588; Mängelhaftung **20** 586; Nutzungsüberlassung **20** 589; Veräußerung im Insolvenzverfahren **110** 111; Verbesserung **20** 588
Pachtstreitigkeiten, Gerichtsstand **100** 29a

Pachtverhältnisse, Erbbaurecht **41** 30; Kündigung, Beschränkungen aufgrund der COVID-19-Pandemie **21** Art. 240 § 2, Art. 240 § 4; Störung der Geschäftsgrundlage aufgrund der COVID-19-Pandemie **21** Art. 240 § 7; Streitwert **100** 8; Streitwertberechnung **115** 41; Übergangsvorschriften **21** 171, 219; Vorrang – und Beschleunigungsgebot während COVID-19-Pandemie **101** 44
Pachtzins, Erstreckung der Hypothek **20** 1123 ff.; Pfändung **20** Anm. zu 1123; Pfändungsschutz **100** 851b
Pantomimische Werke, Urheberrechtsschutz **65** 2
Parkausweise 35a 42
Parken von Fahrzeugen **35a** 12 f., 33
Parkleuchten von Fahrzeugen **35a** 17
Parkplätze 35a 12
Parkscheiben 35a 13
Parkscheinautomaten 35a 43
Parkuhren 35a 13; Verkehrseinrichtungen **35a** 43
Parkzeit 35a 13
Parlament, Schutz des **85** 36 f., 106b f.
Parlamentarische Kontrolle, nachrichtendienstliche Tätigkeit des Bundes **1** 45d; durch Wehrbeauftragten **1** 45b
Parlamentsmitglieder *s. Abgeordnete*
Partei kraft Amtes, PKH **100** 116; Angriffs- und Verteidigungsmittel **100** 282; Anhörung in Güteverhandlung **100** 278; Anordnung des persönlichen Erscheinens **83** 51; **100** 278; Bestimmung der Leistung **20** 315 f.; Beweisaufnahme durch Ersuchen einer ausländischen Behörde **100** 364; Einigung über Sachverständige **100** 404; Erklärungen der, Feststellung im Protokoll **100** 510a; Erklärungsfrist **100** 283; formlose Mitteilung von Beschlüssen und Verfügungen **100** 329; Fragen der **100** 397; Insolvenzverfahren **100** 240; Ladung **100** 274; Ordnungsmittel **95** 178; Rechte neben Bevollmächtigtem oder Beistand **100** 90; Rüge der Klageunzulässigkeit **100** 532; Sitzungspolizei, Maßnahmen gegen **95** 177; Tod **100** 239, 243; Vereinbarung über Gerichtsstand **100** 38 ff.; Verlust der Prozessfähigkeit **100** 241; Verzicht auf Tatbestand und Entscheidungsgründe **100** 313a; Wiedereinsetzung bei Fristversäumung **100** 233
Partei, -en 1 21; Ausschluss von staatlicher Finanzierung **1** 21
Parteien, Regelungen während der COVID-19-Pandemie **52d** 5
Parteifähige Vereinigung, PKH **100** 116
Parteifähigkeit 100 50; im arbeitsgerichtlichen Verfahren **83** 10; der Genossenschaft **53** 17; Mangel **100** 56; der OHG **50** 124
Parteiprozess 100 79; Ladungsfrist **100** 217
Parteivernehmung, Beweis durch **100** 359, 445 ff., 510a, 536, 581, 595, 605
Parteivorbringen 100 137 ff.; Beurteilung des Revisionsgerichts **100** 559; Beweis **100** 314
Partnerschaftsgesellschaften 50b; Angehöriger Freier Berufe **50b** 1; Anmeldung **50b** 4; Auflösung **50b** 9; Ausscheiden eines Partners **50b** 9; Außenwirkung **50b** 7; Eintragung **50b** 5; Formwechsel **52a** 225a ff.; Geschäftswert von Beschlüssen **119** 108; Haftung **50b** 8, 10; Insolvenz **110** 11; als Kostenschuldner **119** 23; Liquidation **50b** 10; Name **50b** 2, Löschung eines Namens **112** 393, Verfahren bei unbefugtem Gebrauch **112** 392; Vergütung nach dem RVG **117** 1; Verschmelzung von unter Beteiligung von **52a** 45a ff.; Vertrag über **50b** 3, 6
Partnerschaftsregister, automatisiertes Abrufverfahren, Kosten **120** 1; Gebühren **119** 58; Mitteilung im Insolvenzverfahren **110** 31
Partnerschaftsregistersachen 112 374
Pass, Entziehung oder Versagung, Eintragung ins Zentralregister **92** 10
Passivenübergang 50 25
Passivlegitimation des Erben **20** 1958, 1966; Insolvenzverwalter **110** 86; der OHG **50** 124; bei Testamentsvollstreckung **20** 2213
Passwesen 1 73
Passwortdiebstahl 85 152c
Patent, Bewerdeverfahren, Rechtsanwaltsgebühren **117** Anl. 1 Nr. 3510
Patentamt *s. Deutsches Patent- und Markenamt (DPMA)*
Patentanwalt, Beitreibung von Ansprüchen gegen **122** 1; strafbare Verletzung von Privatgeheimnissen **85** 203
Patentgericht, Bewerdeverfahren, Rechtsanwaltsgebühren **117** Anl. 1 Nr. 3510; Errichtung **1** 96; Streitwertbestimmung **115** 51; Zuständigkeit des Rechtspflegers **96** 23; *s. a. Bundespatentgericht*
Patentsachen, Zuständigkeit des Rechtspflegers **96** 23
Patient, Behandlungsvertrag **20** 630a
Patientenakte, Einsichtnahme **20** 630g
Patientenverfügung betreuter Menschen **20** 1901a
Patientenwille, Feststellung **20** 1901b

Pauschalreisen 20 651a; Europarecht **21** 46c
Pauschalreiseverträge, Änderungsvorbehalte **20** 651f; Beistandspflicht des Reiseveranstalters **20** 651q; Haftungsbeschränkung **20** 651p; Informationspflichten **21** Art. 250, Anlage 11 zu 250; Insolvenzsicherung **20** 651r f.; **21** Art. 229 § 56; Klagen nach dem UKlaG **105** 2; Mängelansprüche **20** 651i, Abhilferecht **20** 651k, Kündigung **20** 651l, Minderung **20** 651m, Schadensersatz **20** 651n, Verjährung **20** 651j; Mängelanzeige **20** 651o; Online-Buchungsverfahren **20** 651c, Haftung für Buchungsfehler **20** 651x, Informationspflichten **21** Art. 250 § 4, Art. 250 § 8, Anlage 13 zu 250 § 8; Recht zur Vertragsübertragung **20** 651e; Regelungen aufgrund der COVID-19-Pandemie **21** Art. 240 § 6; Reiseunterlagen **21** Art. 250 § 7; Rücktrittsrecht des Reisenden **20** 651h; unabdingbare gesetzliche Regelungen **20** 651y; erhebliche Vertragsänderungen **20** 651g; **21** Art. 250 § 10; Vorauszahlungen **20** 651t
Pension *s. Ruhegehalt*
Pensionsfonds, Berichtspflicht **50** 341 ff.; Jahresabschluss **50** 341 ff.; Straf-, Bußgeld-, Ordnungsgeldvorschriften **50** 341p
Pensionsgeschäfte 50 340b; und internationale Insolvenzverfahren **110** 340
Pensionskassen 62 211
Pensionsrückstellungen 50 249; **50a** 28
Personal der Bundesbehörden **1** 36
Personalratsmitglieder, strafbare Verletzung von Privatgeheimnissen **85** 203
Personalstatut von Flüchtlingen **21** Anm. zu Art. 7
Personalwesen der Bundeswehr **1** 87b
Personen, Festnahme zur Selbsthilfe **20** 229 ff.; juristische **20** 21 ff., *s. a. dort;* natürliche **20** 1 ff.; des politischen Lebens **85** 188; Schadensersatz wegen Verletzung **20** 249; Vollstreckung der Herausgabe **112** 88 ff.; der Zeitgeschichte, kein Recht am eigenen Bild **67** 23
Personenbeförderung, entgeltliche und Haftung nach dem StVG **35** 8a; im Straßenverkehr **35a** 21 f.
Personenbeförderungsverträge, Allgemeine Geschäftsbedingungen **20** 305a; allgemeine Geschäftsbedingungen **20** 312a
Personenbezogene Daten, Dateiregelungen nach dem OWiG **94** 49c; im Grundbuch **114** 126; im Insolvenzverfahren **110** 27; missbräuchlicher Gebrauch **85** 238; Schutz in elektronischen Akten **94** 49d; Speicherung nach dem OWiG **94** 49c; Übermittlung durch Gerichte und Staatsanwaltschaft **95a** 13 ff., nach dem OWiG **94** 49a f., in Strafsachen **95a** 14, in Zivilsachen **95a** 15; Übermittlung zu Forschungszwecken **90** 476; unbefugte Offenbarung und Verwertung **85** 355; Verarbeitung nach Europarecht **92** 58a ff.; Verarbeitung nach der StPO **90** 483 ff., in elektronischen Akten **90** 496 ff.; gefährdendes Verbreiten **85** 126a; Verwendung für polizeiliche Zwecke **90** 481 f.
Personengesellschaften, Auflösung oder Erlöschen **53** 77a; Formwechsel **52a** 214 ff.; rechtsfähige **20** 1059a; Verschmelzung von **52a** 39 ff.; Vorkaufsrecht rechtsfähiger **20** 1098; *s. a. Juristische Personen*
Personenhandelsgesellschaften, Formwechsel **52a** 214 ff.; Geschäftswert von Beschlüssen **119** 108; Jahresabschluss nach dem HGB **50** 264a ff.; Pflichten nach dem PublG **52b** 3 ff., Jahresabschluss/Lagebericht **52b** 5, Offenlegung **52b** 9; Verschmelzung von **52a** 39 ff.; Verschmelzungvon, grenzüberschreitende **52a** 122a ff.
Personennahverkehr, Ausgleichsbetrag für öffentl. **1** 106a
Personensorge 20 1630; Aufwendungsersatz **20** 1648; der Eltern für Kinder **20** 1626, 1631, mit Varianten der Geschlechtsentwicklung **20** 1631e; **21** Art. 229 § 55; **112** 167b; Entziehung **20** 1666a; Umgangsbestimmungsrecht **20** 1632; des Vormundes **20** 1800
Personenstand, Fälschungen **85** 169
Personenstandswesen 1 74
Personenvereinigungen, Festsetzung einer Geldbuße **90** 472b; **94** 30, 88; Festsetzung von Geldbußen **90** 444
Persönlich haftender Gesellschafter der KG **50** 161, Straf-, Bußgeld-, Ordnungsgeldverfahren gegen **50** 335b; der KGaA **51** 278 ff., Entnahmen und Kredit **51** 288 f.; der OHG, Straf-, Bußgeld-, Ordnungsgeldverfahren gegen **50** 335b
Persönliche Anhörung, Pflicht nach dem FamFG **112** 34
Persönliche Dienstbarkeiten 20 1090 ff.; am Vermächtnisgrundstück **20** 2182
Persönliche Verpflichtung beim Dienstvertrag **20** 613
Persönlicher Abschluss eines Erbvertrags **20** 2274
Persönlicher Arrest 100 918, 933
Persönlicher Schuldner bei Hypothek **20** 1142 f., 1161, 1164 ff., 1174

Persönliches Erscheinen, Anordnung gegenüber Sachverständigen **100** 411; der Partei **83** 51; **100** 278; in Verfahren nach dem FamFG **112** 33
Persönlichkeitsrechte der ausübenden Künstler **65** 74 ff.
Petitionsausschuss, Bundestag **1** 45c
Petitionsrecht 1 17 f.
Pfand 20 1210, 1212 ff.; Aktien als **51** 71; eigene Aktien als **51** 71e; Herausgabe zum Zwecke des Verkaufs **20** 1231; Rückgabe **20** 1223, 1253, Verkauf **20** 1233; mehrere Sachen **20** 1222, 1230; Verkauf **20** 1221
Pfändbarkeit eines Nießbrauchs **20** 1059b
Pfandbriefe, Anlegung von Mündelgeld **20** 1807 mit Anm.
Pfandgeld 21 89
Pfandgläubiger 20 1205, 1208, 1210 f.; Absonderungsrecht bei Insolvenz **110** 50; Befreiung von Anmeldung zum Nachlass **20** 1971; Besitzer **20** 868; Rechtsverletzung **20** 1217; vollstreckbarer Titel **20** 1233
Pfandkehr 85 289
Pfandleihanstalten 21 94
Pfandleiher, unbefugter Gebrauch von Pfandsachen **85** 290
Pfandlokal, Wegschaffung von Sachen durch den Gerichtsvollzieher **100** 885
Pfandrecht, Befriedigung aus nach Verjährungseintritt **20** 216; Bestellung **20** 1205 f.; an beweglichen Sachen **20** 1204 ff.; Dritter **100** 805; Erlöschen **20** 418, 1250, 1252 f., 1255 f., 1276, 1278; an Forderungen **20** 1279 ff.; beim Frachtgeschäft **50** 441, 443; des Gastwirts **20** 704; an Gegenständen der Insolvenzmasse **110** 50; gesetzliches **20** 1257; **21** 188; an Grund- und Rentenschulden **20** 1291; an Grundstücken **21** 192; gutgläubiger Erwerb **20** 1207; **50** 366; an hinterlegtem Geld und Wertpapieren **20** 233; an Inhaberpapieren, Wechseln **20** 1292 ff.; des Kommissionärs **50** 397, 404; des Lagerhalters **50** 475b; an Miteigentumsanteilen **20** 1258; des Pächters **20** 583; Pfändungspfandrecht **100** 804, 832; an Rechten **20** 1273 ff.; an Schiffen *s. Schiffshypothek;* Schutz **20** 1227; des Spediteurs **50** 464; Streitwert **100** 6; Übergang auf Erwerber der Forderung **20** 401, 1250; Vereinigung mit Eigentum **20** 1256; Verhältnis zur Bürgschaft **20** 772, 776; des Vermieters **20** 562 ff.; des Verpächters **20** 592; an Versicherungsforderung **62** 34; Verwertung des gewerblichen **20** 1259; Vollstreckungspfandrecht **20** 1990; Vorbehalt **20** 1253; des Werkunternehmers **20** 647; bei Zwangsvollstreckung in übriges Vermögen des Schuldners **100** 777
Pfandsiegelmarke, Anbringung zur Pfändung **100** 808
Pfändung, Änderung des Betrages **100** 850 f.; Anschlusspfändung **100** 826 f.; eines Anspruchs **50** 357; **100** 803 ff., ein Schiff betreffend **100** 847a; von Anteilen bei einer Gemeinschaft **20** 751; des Arbeitseinkommens **100** 850 ff., Freigrenzen **101** 20; eines Bankguthabens **100** 835; Beiseiteschaffen gepfändeter Sachen **85** 136; Beschlagnahme durch **90** 111c; von beweglichem Vermögen **100** 720a; einer Forderung **100** 829 ff., 930; Gerichtsvollzieherkosten **123** Anl.; eines Gesellschaftsanteils **20** 725; **50** 135; grenzüberschreitende vorläufige eines Kontos **100** 946 ff., Kosten **115** 53, Rechtsbehelfe **100** 953 ff., Richtervorbehalt **96** 20, Schadensersatz **100** 958, Vollziehung **100** 950 ff.; von Marken **72** 29; für mehrere Gläubiger **100** 853 ff.; einer noch nicht pfändbaren Sache **100** 811c; Privatpfändung **21** 89; des Rücknahmerechts **20** 377; Schätzung des Verkaufswertes **100** 813; in Schifffahrtssachen, Zuständigkeit des Rechtspflegers **96** 20; einer Schiffshypothekenforderung **100** 830a; Umfang bei Kontoguthaben **100** 833a; unzulässige **20** 394, 400; **100** 811; Vermögensarrest durch **90** 111f; von Vermögensrechten **100** 857; Vollziehung des Arrestes durch **100** 930; Vorpfändung **100** 845; von Wechseln und indossablen Papieren **100** 831
Pfändungs- und Überweisungsbeschluss, Formular **100** 829; Vollstreckung nach dem JBeitrG **122** 6
Pfändungsbeschluss, Änderung **100** 850g
Pfändungsfreigrenzen 100 850c, Anlage
Pfändungspfandrecht 100 804, 832, 930; an eingebrachten Sachen des Mieters **20** 562d
Pfändungsschutz 100 811 ff.; bei Altersrenten **100** 851c; für Arbeitseinkommen **100** 850 ff.; Ausnahmefälle **100** 851; für Bankguthaben **100** 850k f.; bei steuerlich geförderten Altersvorsorgevermögen **100** 851d
Pfändungsschutzkonto 100 835, 850k f., 899 ff.; unpfändbare Erhöhungsbeträge **100** 902 ff.
Pfändungsversuch, Vermögensauskunft **100** 807
Pfandverkauf 20 450, 1003, 1228 ff., 1238 ff.; **50** 368; **112** 410; Vereinbarung über Art des **20** 1245 f.; in der Zwangsvollstreckung **100** 814 ff.
Pferde, Führen auf Straßen **35a** 28

Pflanzen, wesentliche Grundstücksbestandteile **20** 94
Pflege, Ausgleichspflicht **20** 2057a
Pflegeberufe, Berufsverbot, europaweite Unterrichtung durch Gerichte (Vorwarnmechanismus) **90a** 9
Pflegeberufegesetz, Streitwertberechnung **115** 52
Pflegekinder, Angehörige **85** 11
Pfleger für Angelegenheiten eines Kindes **20** 1630; Benennung **20** 1917; Bestellung für Jugendstrafverfahren **89** 67; keine Vergütung nach RVG **117** 1; eines Kindes, Mitwirkung in Kindschaftssache **112** 161; Übertragung der elterlichen Sorge **20** 1688; Vernehmung der vertretenen Partei **100** 455
Pflegesätze der Krankenhäuser, Gesetzgebung zur Regelung **1** 74
Pflegeverträge 20 312
Pflegezeit für AG-Vorstandsmitglieder **51** 84; für GmbH-GeschäftsführerInnen **52** 36
Pflegschaft 20 1909 ff.; über Abwesende **90** 292; anzuwendendes Recht **21** Art. 24; Aufhebung **20** 1919, 1921; für Ausländer **21** 24; Beistandschaft **20** 1716; im Beitrittsgebiet **21** Art. 234 § 15; Bestellung für Bevormundeten **20** 1794; Betreuungsgericht **20** 1915; betreuungsgerichtliche Zuweisungssache **112** 340; Ende **20** 1918; keine Ernennung zum Testamentsvollstrecker **20** 2201; für Erwachsene, deutsche Zuständigkeit **112** 104; für gesammeltes Vermögen **119** 23; Hemmung der Verjährung während der **20** 207; über Kinder unverheirateter Eltern **20** 1791c; für Leibesfrucht **20** 1912, 1918; für Minderjährige oder Vertreterbestellung als Kindschaftssache **112** 151; Nachlasspflegschaft **20** 1960 ff.; für einzelne Rechtshandlungen, Gebühren **119** Anl. 1 Nr. 11105; Richtervorbehalt **96** 14; unbekannte Beteiligte **20** 1913; wegen Verhinderung der Eltern **20** 1909, des Vormundes **20** 1909; *s. a. Betreuung*
Pflegschaftsverfahren keine Gebühren **118** Anl. 1 Nr. 1310 f.
Pflichtangaben im Anhang von Bilanzen **50** 285; **50a** 85, der Gewinn- und Verlustrechnung **50** 285; **50a** 85; im Konzernanhang **50** 314
Pflichteilsanspruch, Stundung, Gebühren **119** Anl. 1 Nr. 12520
Pflichten des Gegenvormundes **20** 1799; Recht zu verschaffen **20** 453; zur Vorlegung einer Urkunde **20** 810; **100** 432
Pflichtschenkungen 20 534
Pflichtteil 20 2303 ff.; Anfechtung gem. InsO **110** 322; Anrechnung auf **20** 2315 f.; Berechnung **20** 2310 ff.; Beschränkung **20** 2338; des Ehegatten und Zugewinnausgleich **20** 1371; Entziehung **20** 2294, 2297, 2333; Ergänzung **20** 2325 f., 2328, nach fortgesetzter Gütergemeinschaft **20** 1505; aus Gesamtgut **20** 1511; Vertrag über **20** 311b; Vervollständigung **20** 2316; Verzeihung **20** 2337; Verzicht bei Gütergemeinschaft **20** 1432, 1455, auf des Kindes **20** 1643, auf des Mündels **20** 1822
Pflichtteilsanspruch 20 2317; Berichtigung **20** 1991; Geltendmachung **20** 2213; Gerichtsstand **100** 27; Inhalt **20** 2304; Kürzung des Vermächtnisses **20** 2188 f.; Nachlassverbindlichkeit **20** 1967; Pfändung **100** 852; Stundung **20** 2331a; **112** 362; Verjährung **20** 2332; Verzicht **20** 2346; Zwangsvollstreckung wegen eines **100** 748
Pflichtteilsberechtigte 20 2303; Nichtberücksichtigung **20** 2281, Anfechtung des Testaments **20** 2079; Unwürdigkeit **20** 2345; Zuwendung an in gemeinschaftlichem Testament **20** 2271
Pflichtteilslast 20 2320 f.
Pflichtteilsrechte, keine Anmeldung **20** 1972
Pflichtverletzungen von GmbH-Gesellschaftern **52** 38; bei Kindesvermögensverwaltung **20** 1666 f.; Rücktrittsrecht **20** 324; im Schuldverhältnis **20** 280, 282, bei Modernisierungsmaßnahmen **20** 559d; bei Vormundschaft **20** 1833; *s. a. Pflichtwidrigkeit*
Pflichtversicherung 62 113 ff.; Unfallversicherung **62a** 6
Pflichtversicherungsgesetz 63
Pflichtversicherungsverträge, Europarecht **21** 46d
PflichtversicherungsVO für Kraftfahrzeuge **63a**
Pflichtverteidiger, Anwesenheit bei Zeugenvernehmung und Gegenüberstellung **90** 58; Ausbleiben **90** 145; Bestellung **90** 141 ff., im Strafbefehlverfahren **90** 408b; im Jugendstrafverfahren **89** 68a ff.; Verteidigerwechsel **90** 143a; zusätzliche **90** 144
Pflichtwidrigkeit der Gesellschafter **20** 712, 715; **50** 133; des Vormundes **20** 1799, 1886; *s. a. Pflichtverletzung*
Pfründenrecht 21 80
Photographien, Urheberrecht an **67**; Urheberrechtsschutz **65** 2
Photokopien *s. a. Ablichtung*

Plädoyer des Staatsanwalts **90** 258, im Berufungsverfahren **90** 326, im Revisionsverfahren **90** 351; des Verteidigers **90** 258, im Berufungsverfahren **90** 326, im Revisionsverfahren **90** 351
Planke als Grenzeinrichtung **20** 921 f.
Plomben, Beschädigung amtlicher **85** 136
Plünderung, schwerer Landfriedensbruch **85** 125a
Politik, Bestimmung **1** 65
Politisch Verfolgte 1 16a, 18, 116
Polizei, Aufgaben im Ermittlungsverfahren **90** 163 ff.; Aufgaben nach OWiG **94** 53; Ausschreibung zur Beobachtung **90** 163e; Dienstfahrerlaubnis **35** 2; Einsatz zur Hilfe bei Unglücksfall **1** 35; Festnahme durch **1** 104; Hilfe bei Zwangsvollstreckung **100** 758 f.; Sonderrechte im Straßenverkehr **35a** 35; Unterstützung durch Streitkräfte **1** 87a
Polizeiaufsicht 85a 304; Wegfall **85a** 14
PolizeibeamtInnen, Anhalten von Verkehrsteilnehmern **35a** 36; Beschlagnahme **90** 98; Durchsuchung **90** 98; als Hilfsbeamte der Staatsanwaltschaft **90** 161; **95** 152; tätlicher Angriff auf **85** 115; Verkehrsregelung **35a** 36, 44; Vernehmung des Beschuldigten **90** 163a; Widerstand gegen **85** 115
Polizeibehörde, Strafantrag bei **90** 158
Polizeigewalt des Bundestagspräsidenten **1** 40
Polizeikräfte der Länder, Unterstellung unter Bundesregierung **1** 91
Polizeiliches Nachrichtenwesen 1 87
Pornographische Darbietungen, Besuch **85** 184e; Veranstaltung **85** 184e
Pornographische Schriften, Verbreitung **85** 184 ff., im Ausland **85** 6; Verbreitung gewalt- oder tier- **85** 184a
Positive Forderungsverletzung 20 276, 280, 287, 325
Post, Allgemeine Geschäftsbedingungen **20** 305a; Aufgabe der hinterlegten Sachen zur **20** 375; Beschlagnahme iSd StPO **90** 99 f.; Störung des Betriebs **85** 316b; Übersendung von Vollstreckungsmitteilungen **100** 763; Zustellung durch Aufgabe zur **100** 829
Post- und Fernmeldewesen 1 73, 80, 130
Post- und Telekommunikation, Dienstleistungen **1** 87f
Post- und Telekommunikationsdienstleistungsentgelte des Gerichtsvollziehers **123** Anl.; des Rechtsanwalts, Ersatz **117** Anl. 1 Nr. 7001 f.
Postdienst 1 143b
Postgeheimnis 1 10, 18, 44; strafbare Verletzung **85** 206
Postsendungen *s. Post*
Postspareinlagen, Pfändung **100** Anm. zu 831; Pfändungskosten **123** Anl.
Postsperre im Insolvenzverfahren **110** 21, 99
Postunternehmen, Sonderrechte im Straßenverkehr **35a** 35
Prämie bei Einlösung von Wertpapieren **20** 1083; Erhöhung wegen Gefahrerhöhung **62** 25, als Kündigungsgrund **62** 40; Herabsetzung **62** 41; Versicherung **62** 33 ff.
Präsentation des Wechsels zur Zahlung **100** 605
Präsident des Bundesrates **1** 52, Wahrnehmung der Funktionen des Bundespräsidenten **1** 57; des Bundestages **1** 39 f., unter Weiterleitung von Gesetzesbeschlüssen **1** 77
PräsidentInnen des Amtsgerichts **95** 22a; Aufsicht, Dienstaufsicht über Amtsgerichte **95** 22; des BGH **95** 124; des Landgerichts **95** 59; des OLG **95** 115
Prätendentenstreit 100 75
Preisausschreiben 20 661
Preisbindung bei Presseerzeugnissen **74** 30
Preiskartell *s. Kartell*
Preisüberhöhung, Ordnungswidrigkeit **88** 4
Preisvergehen, Mehrerlös **88** 8
Pressefreiheit 1 5, 18; und Beschlagnahme iSd StPO **90** 97; Ermittlungsmaßnahmen und **90** 160a; und Zeugnisverweigerungsrecht **90** 53 ff.
Presse-Grossisten, Vereinbarungen und GWB **74** 30
Presseverlage, Preisbindungsvereinbarungen **74** 30
Presseverleger, Urheberrechtsschutz **65** 87f ff., 137r
Presseveröffentlichungen iSd UrhG **65** 87f
Preußen, Rechtsnachfolge **1** 135; Verbindlichkeiten **1** 135a
Priester, Ermittlungsmaßnahmen gegen **90** 160a; Zeugnisverweigerungsrecht **90** 53 ff.
Privatgeheimnis, Verletzung durch Amtsträger **85a** 311; strafbare Verletzung **85** 203
Privatgewässer, Fische **20** 960
Privatklage 90 374 ff.; Antrag auf Einziehung, Gebühren **115** Anl. 1 Nr. 3410, auf richterliche Entscheidung **90** 172; Einigung **117** Anl. 1 Nr. 4100; Gebühren **115** Anl. 1 Nr. 3310 bis 3341; Gebührenvorschuss **90** 379a; Klageerhebung **90** 381;

Kosten **90** 471; Kostenvorschuss **115** 16; mehrere Berechtigte **90** 375; PKH **90** 379; Rechtsanwaltsgebühren **117** 53, Anl. 1 vor Nr. 4100; Rechtsmittel **90** 390; Rücknahme **90** 391f.; Stellung des Privatklägers **90** 385; erfolgloser Sühneversuch **90** 380; Unzulässigkeit gegen Jugendlichen **89** 80; Widerklage **90** 388
Privatkläger, Anschluss als Nebenkläger **90** 395; Rechtsanwaltsgebühren **117** Anl. 1 vor Nr. 4100
Privatrecht, internationales **21** Art. 3, *s. a. Internationales Privatrecht*
Privatschulen 1 7
Privatsphäre, Ausschluss der Öffentlichkeit zum Schutz der **95** 171b; Verletzung durch Bildaufnahmen **85** 201a, Privatklage **90** 374; Verletzung der als Privatklagedelikt **90** 374
Privaturkunden, Beglaubigung des Vorlegens **23** 43; Beweiskraft **100** 416; Echtheit **100** 439 f.
Privatversicherungen, Sondervorschriften für Anrechte nach dem VersAusglG **48** 46
Probe, Kauf auf **20** 454 f.; von Waren **50** 96
Probezeit vor Annahme als Kind **20** 1744; bei Fahrerlaubnis **35** 2a f., Alkoholverbot **35** 24c
Produkt, Begriffsbestimmung **27** 2
Produkthaftung, Erlöschen des Anspruchs **27** 13
Produkthaftungsgesetz 27
Produktionsmittel, Sozialisierung **1** 15, 74
Prokura 50 48 ff.; Erteilung für Mündel **20** 1822; bei Genossenschaft **53** 42
Prokurist der AG, Annahme von Krediten **51** 89; als Vertreter der AG **51** 78; Zeichnung des **50** 51
Promille-Grenze 35 24a
Propaganda auf Straßen **35a** 33
Propagandamittel, den demokratischen Rechtsstaat gefährdende **85** 86
Prospektpflicht bei Teilzeit-Wohnrechteverträgen **20** 482
Prostituierte, strafbare Ausbeutung von **85** 180a
Prostitution, jugendgefährdende **85** 184g; Verbot durch Landesregierung **85a** 297; verbotene Ausübung als Ordnungswidrigkeit **94** 120, als Straftat **85** 184f
Protest, Gerichtsvollziehergebühr **123** Anl.; *s. a. Wechselprotest*
Protokoll, Abgabe der eidesstattlichen Versicherung **100** 883; der Belehrung vor Vernehmung **90** 168b; Beurkundung der Hauptverhandlung **90** 273, eines Vergleichs **20** 127a; Feststellungen von Parteierklärungen **100** 510a; der Hauptverhandlung **90** 271 ff.; Klage zur Geschäftsstelle, Zustellung **100** 496, 498; Notwendigkeit **95** 182 f., 185; über richterliche Untersuchungshandlungen **90** 168 f.; über Untersuchungen der Ermittlungsbehörden **90** 168b; Urkundenbeweis durch Verlesung von **90** 251; Verlesung **90** 249 ff., 255; Vermerk über Augenscheinsbeweis **90** 86; im Zivilprozess **100** 159 ff.; über Zwangsversteigerung **108** 78, 80, 127; über Zwangsvollstreckung **100** 762 f., 826; *s. a. Niederschrift*
Protokollführer, Ausschließung und Ablehnung im Strafprozess **90** 31; Verbot des Mitbietens **20** 450
Provision, Abrechnung **50** 87c; bei Handelsgeschäften **50** 65, 87, 354, 396; bei Wechselansprüchen **100** 4
Prozess- oder Verfahrenskostenhilfe gemäß JVEG **115** 13 f.
Prozessakten, Archivierung **100** 299a; Einforderung **100** 541, 565; Rücksendung **100** 541, 565
Prozessbevollmächtigte 100 78 ff.; Ablehnung der Zulassung **83** 51; vor den Arbeitsgerichten **83** 11; Klagen **100** 34
Prozessfähigkeit 100 51 ff., 79; Mangel **100** 56; Nichtigkeitsklage wegen mangelnder **100** 586; Parteivernehmung des gesetzl. Vertreters **100** 455; Verlust während Prozess **100** 241
Prozessführung vor Annahme der Erbschaft **20** 1958; Beanstandung **100** 140; der Ehegatten **20** 1455; bei Gütergemeinschaft **20** 1454
Prozessgericht, Beweisaufnahme **100** 355, 370, vor Mitglied des **100** 370; und Handelsregister **50** 16; Streitigkeiten über Beweisaufnahme **100** 366; Tätigkeit **100** 376, 398, 887 ff., 893; Urkundsbeamter der Geschäftsstelle **100** 362; Zuständigkeit **100** 260, für Wiedereinsetzung **100** 237
Prozesshandlungen, Befugnis der Prozessbevollmächtigten **100** 81 ff.; Versäumung von **100** 230 f.
Prozesshindernde Rüge vor Amtsgericht **100** 504
Prozessionen im Straßenverkehr **35a** 27
Prozesskosten 100 91 ff.; der Anfechtungsklage gegen Hauptversammlungsbeschlüsse der AG **51** 247; Beitreibung **122** 1; Beschwerde gegen Entscheidungen über **100** 99; des Ehegatten **20** 1443; Entscheidung über ohne Antrag **100** 308; Festsetzung der zu erstattenden **100** 103 ff.; als Gesamtgutsverbindlichkeiten **20** 1441, 1443; bei Gütergemeinschaft **20** 1465, im

Innenverhältnis **20** 1463; Haftung des Gesamtguts **20** 1438, 1460, mehrerer für Erstattung **100** 100; Pflicht zur Erstattung **100** 91 ff., zur Tragung **100** 91 ff.; Sicherheitsleistung **100** 110 ff.

Prozesskostenhilfe (PKH) 100 114 ff.; **118** 26; für Adhäsionsverfahren **90** 404; Antrag auf und Hemmung der Verjährung **20** 204; im arbeitsgerichtlichen Verfahren **83** 11a; Bewilligung **100** 119 ff.; Einsatz von Vermögen und Einkommen **100** 115; Entscheidungen **100** 127; innerhalb der Europäischen Union **100** 1076 ff.; Festsetzung von Ratenzahlungen **100** 120; im Klageerzwingungsverfahren **90** 172; bei Mutwilligkeit der Rechtsverfolgung **100** 114; für Nebenkläger **90** 397a; im Privatklageverfahren **90** 379; Rechtsanwaltsgebühren **117** Anl. 1 Nr. 3335 f., Gegenstandswert **117** 23a; und Rechtsanwaltsgebühren **117** 12 f., 50 f.; für Rechtsbeschwerde **95a** 29; Übergangsbestimmung **101** 37a, 40; Verwendung des Erlöses aus Zwangsvollstreckung **123** 15; Wirkung **100** 122; Zuständigkeit des Rechtspflegers **96** 20

Prozesskostenvorschuss in Ehesachen durch Ehegatten **20** 1360a

Prozessleitung durch Gericht **100** 139 ff.; durch Vorsitzenden **100** 136

Prozessleitungsanordnung, Entfernung vom Verhandlungsort **100** 158

Prozessordnung in der Sitzung **100** 158

Prozesspfleger, Bestellung **100** 57; bei herrenlosem Grundstück oder Schiff **100** 58; Rechtsanwaltsgebühren **117** 41; Rechtsanwaltsvergütung **117** 1

Prozessrechtliche Vorschriften 1 74; der Landesgesetze **101** 14 f.

Prozessstandschaft des Ehegatten **20** 1368; bei Versicherermehrheit **62** 216

Prozessteilnehmer, Entfernungsanordnung **100** 158

Prozessunfähigkeit 100 53, 455

Prozessverfahren im ersten Rechtszug, Gebühren **115** Anl. 1 Nr. 1210 f.

Prozessverschleppung 100 530 ff.; Ablehnung von Beweisanträgen **90** 244 f.

Prozessvollmacht 100 78 ff.; im arbeitsgerichtlichen Verfahren **83** 11; Aufhebung **100** 86 f.; Einreichung **100** 80; Mangel der **100** 88 f.; Umfang **100** 81 ff.; Vertretung ohne **100** 89

Prozessvorschrift, Rüge der Verletzung einer **100** 295; Verletzung im Berufungsrechtszug **100** 534

Prozesszinsen 20 291

Prüfer, Abschlussprüfer der Kapitalgesellschaften **50** 318 f.; für AG **51** 49, bei Kapitalerhöhung und Aktienausgabe **51** 194, 205, Sonderprüfer **51** 142 ff.; einer Genossenschaft, Strafbarkeit **53** 150 f.

Prüfung, Fahrerlaubnis **35** 2; der Genossenschaft **53** 53 ff., 173, vereinfachte **53** 53a, 171; bei Kapitalerhöhung einer AG **51** 194; des Verschmelzungsvertrages **52a** 9

Prüfungsausschuss des Aufsichtsrats **51** 107; **51a** 12, Empfehlung zum Abschlussprüfer **51** 124; bei Kapitalgesellschaften **50** 324, Ordnungswidrigkeit durch Mitglied **50** 334, 340m, 341n, Meldung an Aufsichtsstelle **50** 335c

Prüfungsbericht, Genossenschaft **53** 58 ff.; Kapitalgesellschaft **50** 321 f.

Prüfungsgebühren, Beitreibung **122** 1

Prüfungsorgane, Aufgaben, Rechte, Pflichten **53** 62

Prüfungstermin, besonderer, Gebühren **115** Anl. 1 Nr. 2430; im Insolvenzverfahren **110** 176 ff.

Prüfungsverbände der Genossenschaften **53** 54 ff., 173, Einberufungsrecht **53** 60, Entziehung des Prüfungsrechts **53** 64a, gerichtliche Bestellung **53** 64b, Prüfungsrecht **53** 63 f., Qualitätskontrolle **53** 63e ff., Rechtsform **53** 63b, Satzung **53** 63c, Teilnahmebescheinigung **53** 166, Umwandlung **52a** 105 ff., 150, Vergütung **53** 61, Verschmelzung **52a** 105 ff.

Prüfungsverfahren, Genossenschaft **53** 57

Prüfzeichen als Schutzhindernisse iSd MarkenG **72** 8

Psychiatrisches Krankenhaus, Ausschluss der Öffentlichkeit beim Unterbringungsverfahren **95** 171a; Maßregeln der Besserung und Sicherung **89** 7; Unterbringung Jugendlicher **89** 5; Unterbringung in einem **90** 331

Psychologe, strafbare Verletzung von Privatgeheimnissen **85** 203

Psychologische PsychotherapeutInnen, Berufsverbot, europaweite Unterrichtung durch Gerichte (Vorwarnmechanismus) **90a** 9

Psychosozialer Prozessbeistand für Verletzten im Strafverfahren **90** 406g, Kosten **90** 465, 472

PsychotherapeutInnen, Berufsverbot, europaweite Unterrichtung durch Gerichte (Vorwarnmechanismus) **90a** 9; Schweigerecht bei Kenntnis von Straftaten **85** 139; Zeugnisverweigerungsrecht **90** 53 ff.

Publizität des Handelsregisters **50** 15; des Vereinsregisters **20** 68

Publizitätsgesetz 52b; Anwendungsbeginn **52b** 22; Bußgeldvorschriften **52b**

20; Geltungsbereich **52b** 3 ff.; Strafvorschriften **52b** 17 ff.
Punktesystem im Straßenverkehr *s. a. Fahreignungs-Bewertungssystem*

Qualifizierte Einrichtungen, Antragsrecht nach UWG **73** 8; im Musterfeststellungsverfahren **100** 606; iSd UKlaG **105** 4 ff., Aufhebung der Eintragung **105** 4c, Berichts- und Mitteilungspflichten **105** 4b, Überprüfung **105** 4a
Qualifizierte Wirtschaftsverbände iSd UWG **73** 8b, anspruchsberechtigt nach dem UKlaG **105** 3
Quellenangabe bei Nutzung geschützter Werke iSd UrhG **65** 63
Quittung 20 368 ff.; des Schuldners **100** 757
Quoten der Prozesskosten **100** 106

Radarwarngeräte, Verbot der Nutzung **35a** 23
Radfahrer, Abbiegen **35a** 9; Abstand beim Überholen von **35a** 5; an Ampeln **35a** 37; in geschlossenen Verbänden **35a** 27; Grünpfeil für **35a** 37; Kinder als **35a** 2; Mitführen von Hunden **35a** 28; Mitnahme von Kindern **35a** 21; Neben- und Hintereinanderfahren **35a** 2; Radverkehrsführungsmarkierungen **35a** 39; Verbot des Anhängens an Fahrzeuge **35a** 23, der Nutzung elektronischer Geräte **35a** 23
Radierungen in Urkunde **100** 419
Radioaktive Stoffe, Gesetzgebung **1** 74, 87c; unerlaubter Umgang **85** 328
Radverkehrsführungsmarkierungen 35a 39
Radwege und Bahnübergänge **35a** 19; Nutzungspflicht **35a** 2; Parkverbot **35a** 12
Rahmengebühren 119 92
Rahmenplanung bei Gemeinschaftsaufgaben **1** 91a
Rahmenvorschriften des Bundes **1** 98
Rahmenwerke für nichtfinanzielle Erklärungen von Kapitalgesellschaften **50** 289d
Rain zwischen Grundstücken **20** 921 f.
Rangänderung, Einigung **20** 880
Rangbescheinigung, Geschäftswert **119** 122; Notargebühr **119** Anl. 1 Nr. 25201
Rangeinräumung 20 1180
Rangordnung eingetragener Grundstücksrechte **20** 879 ff.; im Insolvenzverfahren **110** 39, 209, 327; bei Vormerkung **20** 883; bei Zwangsversteigerung und Zwangsverwaltung **108** 10 ff., 110
Rangverhältnis des Erbbaurechts **41** 10; Geschäftswert **119** 45; Nießbrauch **20** 1060; für Pfändbarkeit von Unterhaltsansprüchen **100** 850; der Pfandrechte **20** 1208 f., 1232; von Rechten am Grundstück **21** Art. 233; von Teilhypotheken **20** 1151; der Überbaurente **20** 914; der Unterhaltsberechtigten **20** 1582, 1609; der Unterhaltsverpflichteten **20** 1584, 1606
Rangvorbehalt 20 881
Rasse, Gleichberechtigung **1** 3, 116
Rassisch Verfolgte, Wiedereinbürgerung **1** 116
Rassismus, Berücksichtigung bei der Strafbemessung **85** 46
Rasterfahndung 90 98a ff.
Rat, Haftung **20** 675
Ratenlieferungsverträge 20 488, 510; Klagen nach dem UKlaG **105** 2; Widerrufsrecht **20** 356c
Ratenzahlung von Geldstrafen **85** 42
Ratifizierung des GG **1** 144
Raub 85 249 ff., 256
Räuberischer Angriff auf Kraftfahrer **85** 316a
Rauch vom Nachbargrundstück **20** 906
Räume, Besitzschutz **20** 865; Miete von **20** 549 ff.; Stellplätze als iSd WEG **37** 3
Raumnot, Freizügigkeitsbeschränkung **1** 117; Grundrechtsbeschränkung **1** 13
Raumordnung, Gesetzgebung **1** 74
Räumung bewohnter Schiffe **100** 885; unbeweglicher Sachen **100** 885; Vollstreckbarkeit eines Urteils auf **100** 708; von Wohnraum **100** 940a, durch einstweilige Verfügung **100** 940a; Zuständigkeit des Amtsgerichts für Klagen **95** 23
Räumungsfrist 21 93; Bestimmung im Urteil **100** 721; Rechtsanwaltsgebühren **117** Anl. 1 Nr. 3334; Verlängerung **100** 721
Räumungsklage 100 257; Kosten **100** 93b; Sicherungsanordnung **100** 283a
Räumungssachen, vorrangig und beschleunigt **100** 272
Rausch *s. Vollrausch*
Rauschgift *s. Betäubungsmittel*
Rauschgiftsucht, Unfähigkeit zur Vormundschaft **20** 1780
Realangebot 20 294
Realgemeinden 21 164
Realgewerbeberechtigungen 21 74
Realkonkurrenz 85 53; **89** 31 f., 66
Reallasten 20 1105 ff.; **21** 121; Aufgebot des Berechtigten **20** 1112; **112** 453; bei Dauerwohnrecht **37** 40; dingliche **20** 1110; Gerichtsstand für Klagen **100** 24 f.; landesrechtliche Vorbehalte **21** 113; persönliche **20** 1111; Urteile über Ansprüche aus **100** 325; am vermachten Grundstück

20 2182; Wertersatz bei Zwangsversteigerung **108** 92, 121
Realsteuern, Aufkommen **1** 106
Rechenschaftspflicht **20** 259; des Beauftragten **20** 666; der Erben **20** 1978; des Geschäftsführers ohne Auftrag **20** 681; des Gesellschafters **20** 713, 740; des Insolvenzverwalters **110** 66, 155; des Pfandgläubigers **20** 1214; wegen Verwaltung, eidesstattliche Vers. **112** 410; des Vormundes **20** 1840 ff., 1890, Befreiung **20** 1854; *s. a. Rechnungslegung*
Rechnung, laufende **50** 355 ff.; Verzug **20** 286
Rechnungsabschluss **50** 355; bei der Gesellschaft **20** 721
Rechnungsfehler im Urteil, Berichtigung **100** 319
Rechnungshof des Bundes **1** 114
Rechnungsjahr des Bundes **1** 110
Rechnungslegung durch Bundesminister der Finanzen **1** 114; im Insolvenzverfahren **110** 155; über Kindesvermögen **20** 1698; des Vormundes **20** 1840 ff., 1854, 1890 ff.; des WEG-Verwalters **37** 28; des Zwangsverwalters **108** 154; *s. a. Rechenschaftspflicht*
Rechnungslegung nach dem PublG, Beginn **52b** 2; Dauer **52b** 2; Geltungsbereich **52b** 3 ff.; Konzerne **52b** 11 ff.; Strafvorschriften **52b** 17; verpflichtete Unternehmen **52b** 1
Rechnungslegungsgremium, privates **50** 342 f.
Recht auf Leben nach der Menschenrechtskonvention **85** Anm. zu 32
Recht, -e, Bindung von Verwaltung und Rechtsprechung an das **1** 20; Dritter, Eingriffe der Bundeswehrverwaltung **1** 87b; Fortgeltung **1** 124 ff.; Verletzung durch öffentl. Gewalt **1** 19
Rechte, unzulässige Ausübung (Schikaneverbot) **20** 226; beschränkte an Sachen und Rechten **21** 184; am eigenen Bild **67** 22 ff.; Eintragung eines sonstigen **119** Anl. 1 Nr. 14120; Erlöschen nicht eingetragener **20** 901, durch Zuschlag **108** 91 f.; Erwerb von mit Mitteln des Kindes **20** 1646; Früchte **20** 99, als Nutzungen **20** 100; an Grundstücken, Änderung **20** 877; als Grundstücksbestandteil **20** 96; Kauf eines zum Besitz einer Sache **20** 453; des Käufers bei Mängeln **20** 437; des Markeninhabers **72** 14 ff., 153 ff.; Nachlassbestandteil **20** 2041, 2111, 2113; Nießbrauch **20** 1068 ff.; Pfandrecht an **20** 1273 ff.; an einer Sache **21** 43; der Sonderprüfer **51** 145; Übertragung **20** 413; Verfügung über des Mündels **20** 1821; Verteilung der Lasten **20** 103; Wiederaufleben von **20** 2175; Zurückweisung durch Dritten **20** 333
Rechteeintragung von anderem Schiff, Gebühren **119** Anl. 1 Nr. 14222
Rechtfertigungsgründe **85** 32 ff.; **94** 15 f.
Rechtliches Gehör, Abhilfe bei Verletzung des Anspruchs auf **83** 78a; **100** 321a; **112** 44; **115** 69a; **116** 4a; **117** 12a; **118** 61; **119** 84, 131; des Angeklagten **90** 257; Anspruch **1** 103; bei Auswahl von Sachverständigen **100** 404; für Betroffenen in Unterbringungssachen **112** 319; in Markenangelegenheiten **72** 83, Abhilfe bei Verletzung **72** 89a; Rüge **117** 19; im Strafverfahren **90** 33 ff.; Verletzung des Anspruchs im Revisionsverfahren **90** 356a, Wiedereinsetzung bei Verletzung **90** 33a; zur Wiedereintragung ins Zentralregister **92** 26, 50
Rechtsabbiegen im Straßenverkehr **35a** 9
Rechtsanwältinnen und -anwälte, Akteneinsicht **90** 147, im Privatklageverfahren **90** 385; Aufforderung zur Bestellung **100** 215; Auslagenpauschalen **117** Anl. 1 Nr. 7000; Auswahl bei Beiordnung **100** 78c; Beiordnung **100** 78b, 121, in Arbeitsgerichtsverfahren **83** 11a; Beitreibung von Ansprüchen gegen **122** 1; Bestellung **100** 271; elektronische Schriftsätze im arbeitsgerichtlichen Verfahren **83** 46g; Ermittlungsmaßnahmen gegen **90** 160a; Fragen des im Zivilprozess **100** 397; Geschäftsreise **117** Anl. 1 vor Nr. 7000; als Kontaktperson **95a** 34a; Kontaktsperre **95a** 31 ff.; mehrere Auftraggeber, Gebühren und Auslagen **117** 7; Mitteilung von Urkunden zwischen **100** 135; Nichtanzeige von Straftaten **85** 139; Parteiverrat **85** 356; Prozesskosten **100** 91; als Prozesspfleger **117** 41; RVG **117**; Tod während eines Prozesses **100** 244; Umsatzsteuer **117** Anl. 1 Nr. 7008; Vergütung **117**, *s. a. Rechtsanwaltsvergütung,* für beigeordnete oder gerichtlich bestellte **117** 44 ff., 59a, Anspruch gegen Mandanten **117** 52 ff., Berechnung **117** 10, Festsetzung **117** 11, und PKH **117** 11, 50; Vergütungsvereinbarung **117** 3a ff., 34, Erfolgshonorar **117** 4a, fehlerhafte **117** 4b; strafbare Verletzung von Privatgeheimnissen **85** 203; als Verteidiger **90** 138; Vertretung des Privatklägers **90** 378; Vollmacht für Rechtsreferendar **100** 157; Vollstreckbarerklärung durch **100** 796a; Vorschuss **117** 9, 47; Zeugnisverweigerungsrecht **90** 53 ff.
Rechtsanwaltschaft, Gesetzgebung **1** 74

Rechtsanwaltsgebühren, Abgeltungsbereich **117** 15; allgemeine Gebühren **117** Anl. 1 Nr. 1000 bis 1009; Anrechnung **117** 15a, von Vorschüssen, Zahlungen **117** 58; Anspruch gegen Beschuldigten oder Betroffenen **117** 52 ff.; und Auslagen und Aufwendungen **117** 46; außergerichtliche Beratung und Vertretung **117** 34 ff., Anl. 1 Nr. 2100 bis 2608; für beigeordnete oder gerichtlich bestellte RechtsanwältInnen **117** 39, 44 ff., 59a, Anspruch gegen Mandanten **117** 52 ff.; Berufungsverfahren **117** Anl. 1 Nr. 3200; Beschwerden/Rechtsbeschwerden **117** Anl. 1 Nr. 3206 ff.; besondere Angelegenheiten **117** 18; für besondere Verfahren **117** Anl. 1 Nr. 3300 ff.; in dieselber Angelegenheit **117** 16; für Einzeltätigkeiten **117** Anl. 1 Nr. 3400 ff., ohne Verteidiger oder Vertreter zu sein **117** Anl. 1 vor Nr. 4300; Erster Rechtszug **117** Anl. 1 Nr. 3100 ff.; Festsetzung **117** 11, durch Rechtspfleger **96** 21, der aus der Staatskasse **117** 55 f.; Gegenstandswert **117** 22 ff., bei Vollstreckung und Vollziehung **117** 25; für gemeinsamen Vertreter iSd VwGO **117** 40; gemeinschaftliche Nebenklagevertretung **117** 53a; Hilfeleistung in Steuersachen **117** 35; bei Inkassodienstleistungen **117** 13; kein Anspruch bei Verschulden **117** 54; Kostenerstattungsanspruch **117** 43; Mediationsverfahren **117** 34 ff.; mehrere Auftraggeber, Gebühren und Auslagen **117** 7; mehrere RechtsanwältInnen **117** 6; für Prozesspfleger **117** 41; Rahmengebühren **117** 14; Rechtszug **117** 19, bei Familiensachen **117** 21, bei Verweisung **117** 20, bei Zurückverweisung **117** 21; Revision **117** Anl. 1 Nr. 3206; schiedsrichterliche Verfahren **117** 36; in sozialrechtlichen Angelegenheiten **117** 3; im Straf- und Bußgeldverfahren, Feststellung durch den Rechtspfleger **96** 22; in Straf- und Bußgeldverfahren **117** 42, Pauschgebühren **117** 42, 51; Übergang von Ansprüchen auf die Staatskasse **117** 59; Verfahren vor den europäischen Gerichten **117** 38 f., vor den Verfassungsgerichten **117** 37; Vergütungsverzeichnis **117** Anl. 1; in verschiedenen Angelegenheiten **117** 17; für Vertreter **117** 5; Vertretung in Verwaltungsverfahren **117** Anl. 1 Nr. 2100 bis 2608; vorzeitige Beendigung des Auftrags oder eingeschränkte Tätigkeit **117** Anl. 1 Nr. 3207 ff.; Wertfestsetzung in gerichtlichen Verfahren **117** 32 f.; Wertgebühren **117** 13, aus der Staatskasse **117** 49; zusammenhängende Tätigkeiten **117** 19; *s. a. Rechtsanwaltsvergütung*

Rechtsanwaltskammer, Vergütung **117** 1

Rechtsanwaltsvergütung, Berechnung **117** 10; Fälligkeit **117** 8; Festsetzung **117** 11; Mediationsverfahren **117** 34 ff.; und PKH **117** 11, 50; Verjährung **117** 8; Vorschuss **117** 9, 47; *s. a. Rechtsanwaltsgebühren*

RechtsanwaltsvergütungsG **117**; Geltungsbereich **117** 1; Höhe der Anwaltsgebühren **117** 2, *s. a. Rechtsanwaltsgebühren;* Neufassungsbekanntmachungen **117** 59b; Übergangsvorschriften **117** 60 f.; Vergütungsverzeichnis **117** 2

Rechtsbehelfe gegen Ansatz von Gerichtsvollzieherkosten **123** 5; gegen Entscheidungen des Rechtspflegers **96** 11, 31; gegen Entscheidungen der Kartellbehörden **74** 63 ff.; grenzüberschreitende vorläufige Kontenpfändung **100** 953 ff.; nach JBeitrG **122** 8; nach JGG **89** 73, 92; gegen Kostenansatz **120** 22, gem. GKG **115** 66 ff.; gegen Kostenentscheidung **100** 91a, 99; bei Kündigung **84** 3; im Mahnverfahren **100** 694 ff.; im Zivilprozess, Berufung **100** 511 ff., Beschwerde **100** 567 ff., Revision **100** 542 ff.

Rechtsbehelfsbelehrung **100** 232; **116** 4c; **118** 8a; **123** 3a; bei Beschluss **112** 39; im Einstellungsbescheid der Staatsanwaltschaft **90** 171; bei Haftbefehl **90** 115 f.; bei Kostenentscheidung nach GKG **115** 5b; bei Kostenrechnungen **119** 7a; im PKH-Verfahren **117** 12c

Rechtsbeistand, Parteiverrat **85** 356

Rechtsberater, Gleichstellung **100** 25

Rechtsberatung **1** 74

Rechtsbeschwerde **100** 574 ff.; in Arbeitssachen **83** 8; Aufnahme durch Rechtspfleger **96** 24; gegen Beschluss des OLG **95a** 29; gegen Beschluss über Zulässigkeit der Berufung **100** 522; gegen Beschlüsse der Landesarbeitsgerichte **83** 92 ff.; am BGH, Rechtsanwaltsgebühren **117** Anl. 1 Nr. 3502; im Bußgeldverfahren, Rechtsanwaltsgebühren **117** Anl. 1 Nr. 5113 f.; in Ehe- oder Folgesachen **118** Anl. 1 Nr. 1130 ff.; Einlegung **83** 94; gegen Endentscheidung, Gebühren **119** Anl. 1 Nr. 11300 ff.; Entscheidung in Arbeitssachen **83** 96; gegen Entscheidung in Notarkostensachen **119** 129 ff.; nach dem FamFG **112** 70 ff.; in Familiensachen **112** 70 ff., Gebühren **118** Anl. 1 Nr. 1325 ff.; Gebühren **115** Anl. 1 Nr. 1820 ff.; Gründe **83** 93; nach KapMuG, Gebühren **115** Anl. 1 Nr. 1821; in Kartellsachen **74** 77 ff.,

Bußgeldverfahren **74** 84; in Kindschaftssachen, Gebühren **118** Anl. 1 Nr. 1316 f.; in Markenangelegenheiten **72** 83 ff.; nach OWiG **94** 79 ff.; in Patentsachen, Rechtsanwaltsgebühren **117** Anl. 1 Nr. 3510; Rechtsanwaltsgebühren **117** Anl. 1 Nr. 3206 ff.; bei Schiedsverfahren **100** 1065; sonstige, Gebühren **119** Anl. 1 Nr. 19120 ff.; Verfahren **118** Anl. 1 Nr. 1920 ff.; Verfahrensbeendigung durch Zurücknahme, Gebühren **119** Anl. 1 Nr. 19127; Verwerfung oder Zurückweisung, Gebühren **119** Anl. 1 Nr. 19126; vorzeitige Beendigung, Rechtsanwaltsgebühren **117** Anl. 1 Nr. 3503; Zurücknahme **83** 94; *s. a. Beschwerde*

Rechtsbeschwerdeverfahren, Arbeitsgerichtsbarkeit, Gebühren **115** Anl. 1 Nr. 8620 f.; Beendigung, Gebühr **115** Anl. 1 Nr. 8624; nach OWiG, Gebühren **115** Anl. 1 Nr. 4120 f.

Rechtsbeugung 20 839; **85** 339

Rechtsbruch als unlautere geschäftliche Handlung **73** 3a

Rechtseinheit, Wahrung **1** 72

Rechtsfähige Personengesellschaft, Nießbrauch **20** 1059a

Rechtsfähigkeit von Genossenschaften **53** 17; natürlicher Personen **21** Art. 7, Beginn **20** 1; der OHG **50** 124; von Vereinen **20** 21 f.; **21** 82, bei Insolvenz **20** 42 ff., und Mindestmitgliederzahl **20** 73; der Wohnungseigentümergemeinschaft **37** 9a

Rechtsfahrgebot im Straßenverkehr **35a** 2

Rechtsform, Wechsel **52a** 190 ff.

Rechtsgeschäfte 20 104 ff., 305, 311; Allgemeine Geschäftsbedingungen **20** 305 ff.; Anfechtbarkeit **20** 119 ff., 142 ff.; Aufforderung zur Genehmigung **20** 108; Befristung **20** 163; Bestätigung anfechtbarer **20** 141, 144, nichtiger **20** 141, 144; der Ehegatten **20** 1364 ff.; einseitige **20** 111, 143, 174, 180, durch Bevollmächtigten **20** 174, von Ehegatten **20** 1367; des Erben vor Ausschlagung **20** 1959; Ersetzung einer Erklärung, Wertberechnung **119** 60; Form **20** 125 ff., gemäß internationalem Privatrecht **21** Art. 11; Genehmigung, Wertberechnung **119** 60; gesetzwidrige **20** 134; bei Gütergemeinschaft, Haftung des Gesamtguts **20** 1460; hinsichtlich Gesamtgut **20** 1454; des Insolvenzschuldners **110** 103 ff., Anfechtung **110** 129 ff.; nicht mitwirkungsbedürftige bei Gütergemeinschaft **20** 1455; Nichtigkeit **20** 125, 134, 138 ff., teilweise **20** 139; Regelung der Verjährung **20** 202; sittenwidrige **20** 138; Umdeutung bei Nichtigkeit **20** 140; des Vereins mit Mitgliedern **20** 34; des Vertreters mit sich selbst **20** 181; des Vormundes mit Mündel **20** 1795; Wirksamkeit trotz ungerechtfertigtem Beschluss **112** 47; Zustimmung Dritter **20** 182 ff.

Rechtsgeschäftliches Veräußerungsverbot 20 137

Rechtsgeschäftsähnliche Schuldverhältnisse 20 311

Rechtsgrundlage zum Erlass von VOen **1** 80

Rechtshandlungen, Anfechtung außerhalb des Insolvenzverfahrens **111**

Rechtshängigkeit 20 818; in Ehesachen **112** 124; Einrede der **100** 261; Eintritt **100** 261; im Mahnverfahren **100** 696 f.; des Scheidungsantrags, Zugewinnberechnung **20** 1384; nach Verweisung **95** 17b; Wirkungen **20** 286, 291 f., 407, 987 ff., 996, 1002, 1613, 2023; **21** 152, prozessuale **100** 261 f., 506

Rechtshilfe 95 156 ff.; Ablehnung **95** 158; der Arbeitsgerichte **83** 13; in Arbeitssachen **83** 53; unter Behörden verschiedener deutscher Länder **95** 164; der Bundes- und Länderbehörden **1** 35; internationale in Strafsachen, Rechtsanwaltsgebühren **117** Anl. 1 Nr. 6100 f.; in Markenangelegenheiten **72** 95; in zivilrechtlichen Angelegenheiten, Gebühren **120** Anl. Nr. 1320 ff.

Rechtshilfeersuchen 95 158; des Schiedsgerichts in Arbeitssachen **83** 106

Rechtsinhaberschaft oder Urheberschaft **65** 10

Rechtskauf 20 453

Rechtskraft ausländischer Urteile **100** 328; Eintritt nach StPO **90** 34a, Hemmung durch Berufung **90** 316, durch Revision **90** 343; der Entscheidung, Verjährung **20** 201; formelle **100** 705, Begriff **101** 19, des Beschlusses **112** 45; materielle **100** 322; objektiver Umfang **100** 322; subjektiver Umfang **100** 325 ff.; Wirkung im Insolvenzverfahren **110** 183; Zeugnis **100** 706

Rechtskräftige Entscheidung zum Vollzug einer Auflage **20** 2193

Rechtskräftiges Urteil 20 425; Ausschluss des Rücknahmerechts bei Hinterlegung **20** 376; Wirkung gegen den neuen Gläubiger bei Forderungsabtretung **20** 407; *s. a. Urteil*

Rechtskraftzeugnis des Beschlusses **112** 46

Rechtsmängel beim Kauf **20** 433 ff., digitaler Produkte **20** 327g; der Mietsache **20**

536; bei Schenkung **20** 523, 526; des Vermächtnisgegenstandes **20** 2182; des Werkes **20** 633

Rechtsmittel bei Ablehnung eines Richters **90** 28; im Adhäsionsverfahren **90** 406a; in Arbeitssachen **83** 8 f.; Befristung nach Scheidung **112** 145; Berechnung des Streitwerts **100** 4; Berufung **90** 312 ff.; **100** 511 ff., *s. a. dort;* gegen Beschlüsse des DPMA **72** 66 ff., nach FamFG **112** 57 ff., über Verhandlung ohne Angeklagten **90** 231a; Beschwerde *s. dort;* in Ehe- und Familienstreitsachen **112** 117; gegen einstweilige Anordnung nach mündlicher Erörterung **112** 57; gegen Entscheidung des Einzelrichters **100** 350, im Insolvenzverfahren nach der VO (EG) 1346/2000 **110a** 102 § 7, nach der VO (EU) 2015/848 **110a** 102c § 9, § 21, über PKH **100** 127, des Schiedsgerichts **100** 1065, des Vorsitzenden für Handelssachen **100** 350; Erweiterung **112** 145; falsche Bezeichnung **90** 300; nach dem FamFG **112** 489; Frist **90** 299; Gebühren **119** Anl. 1 Nr. 14510 ff.; Hemmung der Rechtskraft **100** 705; im Insolvenzverfahren **110** 6 f., 34, 75, 78, 184, 204, 216, 253; **110a** 102c § 6, 102c § 9, 102c § 20, 102c § 26; in Jugendstrafsachen **89** 55 f.; Kosten **90** 473; **100** 97; gegen Musterfeststellungsurteil **100** 614; des Nebenklägers **90** 400 f.; im Privatklageverfahren **90** 390; Rechtsanwaltsgebühr, Prüfung der Erfolgsaussicht **117** Anl. 1 Nr. 2200 ff.; Revision **90** 333 ff.; **95** 121; **100** 542 ff., *s. a. dort;* im Strafprozess **90** 296 ff.; in Teilungssachen **112** 372; im Übrigen, Gebühren **119** Anl. 1 Nr. 19110 ff.; Verfahren **118** Anl. 1 Nr. 1910 ff.; in Verfahren vor dem DPMA **72** 133; Verfahren der einstweiligen Anordnung in Familiensachen **112** 57; Verwerfung wegen mangelnder Sicherheitsleistung **100** 113; Verzicht im Strafverfahren **90** 267; Verzicht auf Anschluss- nach Scheidung **112** 144; gegen vollstreckungsrechtliche Entscheidungen nach Einziehung iSd StGB **90** 459o; wechselseitige, Streitwertberechnung **115** 45, Verfahrenswert **118** 39; Wertfestsetzung zur Bestimmung der Zulässigkeit **115** 62; im Zivilprozess **100** 511 ff.; Zurücknahme, Verzicht **90** 302 f.; Zwischenurteil als Endurteil **100** 280

Rechtsmittelbelehrung in Arbeitssachen **83** 9; in Einstellungsbescheid der Staatsanwaltschaft **90** 171; in Strafsachen **90** 35a, 115 f.; im Verfahren vor dem DPMA **72** 61

Rechtsmittelverfahren vor dem BGH nach dem GebrauchsmusterG, Kosten **115** 1, nach dem GeschmacksmusterG, Kosten **115** 1; Geschäftswertberechnung **119** 61; Kosten beim BGH **115** 1; Kostenschuldner **119** 25; Rechtsanwaltsgebühren **117** 17, 19; in Strafsachen, Gebühren des Verteidigers **117** Anl. 1 Nr. 4124 ff.; Streitwertberechnung **115** 47; in unternehmensrechtlichen Verfahren, Gebühren **119** Anl. 1 Nr. 13610 ff.; in Vereins- und Stiftungssachen, Gebühren **119** Anl. 1 Nr. 13610 ff.; in Vereinssachen, Gebühren **119** Anl. 1 Nr. 13610 ff.; in Verfahren vor Registergericht, Gebühren **119** Anl. 1 Nr. 13610 ff.; Verfahrenswert **118** 40

Rechtsnachfolge, Anrechnung der Verjährungszeit **20** 198; im Rechtsstreit **100** 265 f., 325, 799 f., Vollstreckungsklausel **100** 727 ff.; Verjährung **20** 198; von Todes wegen und internationales Privatrecht **21** 25; bei Weitervermietung **20** 565

Rechtsnachfolger, Anfechtung nach AnfG **111** 15; Aufnahme des Rechtsstreits **100** 239; in die Gemeinschaft **20** 746, 751; bei Nießbrauch **20** 1059a ff.; Verwendungsansprüche **20** 999; Wirkung eines rechtskräftigen Urteils **100** 325

Rechtsnormen 101 12; Beweis im Prozess **100** 293; Revision wegen Verletzung **100** 545 f., 560, 563

Rechtspflege, Übergangsvorschriften zur Entlastung **101** 32; und Urheberrechte **65** 45

Rechtspfleger 96; Ablehnung **96** 10; Amtshilfe **96** 24b; in Arbeitssachen **83** 46; Aufnahme von Erklärungen **96** 24; Ausschließung **96** 10; in Baden-Württemberg **96** 33, 35a; Beratungshilfe **96** 24a; Bezeichnung **96** 12; übertragene Geschäfte **96** 3 f.; in Hamburg **96** 36a; Kostenfestsetzung **100** 104 ff.; Pflichten **96** 27 f.; Rechtsbehelfe gegen Entscheidungen des **96** 11, 23, 31; Stellung der **96**, Aufhebung von Richtervorbehalten **96** 19; und Urkundsbeamte **96** 26 f., 36b; Verfahrenskostenhilfe **96** 25a; Vorbereitungsdienst **96** 2, 33; Vorlage an Richter **96** 4, nach Erinnerung **96** 11, bei übertragenen Geschäfte **96** 5 ff.; Wahrnehmung der Geschäfte bei Arbeitsgerichten **83** 9; Weisungsfreiheit **96** 9; Zuständigkeit, Aufhebung von Richtervorbehalten **96** 19, in Betreuungssachen **96** 15, in bürgerlichen Rechtsstreitigkeiten **96** 20, in Bußgeldverfahren **96** 31, in EU-Gewaltschutzverfahren **96** 25, in Familiensachen **96** 25, 29, in Insolvenzverfahren **96** 18, 19a, nach dem Internationalen Erb-

rechtsverfahrensG **96** 3, 20, im internationalen Rechtsverkehr **96** 29, in Jugendstrafverfahren **96** 33a, in Kindschafts- und Adopitionssachen **96** 14, in Mahnverfahren **96** 20, in Nachlass- und Teilungssachen **96** 16, in Patentsachen **96** 23, in Registersachen **96** 17, in schifffahrtsrechtlichen Verteilungsverfahren **96** 19b, und Staatsanwaltschaft **96** 31, in Straf- und Bußgeldverfahren **96** 22, in Strafverfahren **96** 31, in Unterhaltssachen **96** 20 f., 25, nach dem AuslandsunterhaltG **96** 29, in unternehmensrechtlichen Verfahren **96** 17, in Verfahrenskostenhilfeverfahren **96** 25a, in Vollstreckung in Straf- und Bußgeldsachen **96** 31

Rechtsprechende Gewalt, Ausübung **1** 92

Rechtsprechung 1 92 bis 104; Bindung an Grundrechte **1** 1, an Recht und Gesetz **1** 20; Wahrung der Einheitlichkeit **1** 95

Rechtsreferendare, Anwesenheit bei Beratung des Gerichts **95** 193; als bevollmächtigter Vertreter **100** 157; als Rechtspfleger **96** 2; Übertragung von Aufgaben eines Richters **95** 10, des Staatsanwalts **95** 142; als Verteidiger **90** 139

Rechtsschutz gegen Benachteiligung **34** 22; Haftpflicht **62** 101; in Kartellsachen **74** 63 ff., 73 ff., 77 ff.; bei überlangen Gerichtsverfahren **74** 73; **83** 9, in Markenangelegenheiten **72** 96a, in strafrechtlichen Ermittlungsverfahren **95** 198 ff.; vorläufiger im Schiedsverfahren **100** 1041

Rechtsschutzversicherung 62 125 ff.

Rechtsstaat, Gefährdung des demokratischen **85** 84 ff.; Länderverfassungen **1** 28

Rechtsstreit, Abgabe von Amts wegen **100** 700; Aufnahme über Erbrecht **20** 2354; Aussetzung wegen eines Musterfeststellungsverfahrens **100** 613; Fortsetzung bei Eintritt der Gütergemeinschaft **20** 1433; Führung bei Gütergemeinschaft **20** 1422, 1454; Güteverhandlung **100** 278; Haftung des Gesamtguts für Kosten **20** 1438, 1441, 1443; Kosten und Unterhaltspflicht **20** 1360a; Kostentragung bei Gütergemeinschaft **20** 1465; zwischen Mündel und Vormund **20** 1795; Übernahme durch Urheber und mittelbaren Besitzer **100** 76; Übertragung auf Einzelrichter durch Kammer **100** 348a; Unterbrechung **100** 239 ff., durch Insolvenzverfahren **100** 240; **110** 352

Rechtsträger, Formwechsel **52a** 190 ff.; spaltungsfähige **52a** 124; iSd UmwG **52a** 3; Verschmelzung von **52a** 2 ff.

Rechtsverfolgung, Hemmung der Verjährung **20** 204; Mutwilligkeit der **100** 114

Rechtsverhältnis zwischen Eltern und Kind **20** 1616 ff.; der Erben untereinander **20** 2032 ff.; Klage auf Feststellung **100** 506; nach Zivilgesetzbuch der DDR **21** Art. 233

Rechtsverletzung, Revision **100** 545 f., 560, 563; Schadensersatz **20** 823 ff.; im Urheberrecht **65** 97 ff., betr. Computerprogramme **65** 69f

Rechtsverlust, Vergütung **20** 951; Vorbehalt **20** 354

Rechtsverordnungen, Ermächtigung zum Erlass **1** 80, 119, 129; Verkündung **1** 82; im Verteidigungsfall **1** 115k

Rechtsverwirkung, Vorbehalt des Verlustes der Rechte **20** 354

Rechtsvorgänger der GmbH, Haftung für **52** 22

Rechtsvorschriften, Anwendung im Spannungsfall **1** 80a

Rechtswahl im IPR **21** 42; bzgl. Rechtsnachfolge von Todes wegen, Geschäftswert **119** 104; in sonstigen Fällen, Geschäftswert **119** 104; bei Stellvertretung **21** Art. 8; Vertrag **21a** 3

Rechtswahlvereinbarung der Ehegatten, Geschäftswert **119** 104, notarielle Beurkundung **21** 46e

Rechtsweg zur Anfechtung von Justizverwaltungsakten **95a** 23 ff.; kein Ausschluss **101** 4; bei Beschränkung des Postgeheimnisses **1** 10; Beschwerde gegen Beschluss bezüglich **95** 17a; Bindung an Beschluss bezüglich **95** 17a; bei Enteignungsentschädigung **1** 15; Kosten der Verweisung **95** 17b; ordentl., wegen Amtspflichtverletzungen **1** 34, bei Enteignungsentschädigung **1** 14; keine Überprüfung der Zulässigkeit bei Rechtsmittel **95** 17a; Urheberrechtsstreitsachen **65** 104; bei Verletzungen durch öffentl. Gewalt **1** 19; Verweisung **95** 17b, bei Unzulässigkeit **95** 17a; Wahl **95** 17a; Zulässigkeit **95** 17, Bindung an Entscheidung über **95** 17

Rechtswidrige Handlungen, Ordnungswidrigkeiten **94** 1

Rechtswidrige Taten 85 11; bei Geldwäsche und Verschleierung **85** 261

Rechtswidrigkeit, Ausschluss bei Notwehr **85** 32; **94** 15 f., bei Rechtfertigung **85** 34

Reden, Urheberrechtsschutz **65** 2, 48

Regalien 21 73

Regen, Beleuchtung von Fahrzeugen bei **35a** 17; Straßenverkehr und **35a** 3

Regierungsbildung 1 63 f.

Regionale Wirtschaftsstruktur, Mitwirkung des Bundes bei Verbesserung **1** 91a

Register, anonymer und pseudonymer Werke iSd UrhG **65** 138 f.; Datenabruf, Gebuhren **120** Anl. Nr. 1140 f.; Einsicht **112** 385; Eintragung auf Grund eines Urteils **100** 896; iSd GenG **53** 155; Güterrechtsregister **20** 1558 ff.; Handelsregister *s. dort;* Klageregister im Musterfeststellungsverfahren **100** 609; landesrechtliche Ermächtigung zur Einsicht und Ausdruckerteilung **112** 387; Markenregister beim DPMA **72** 62 f., *s. a. dort;* Nachweis von Eintragungen **114** 32; für Pfandrechte an Luftfahrzeugen, automatisiertes Abrufverfahren **120** 1, Datenabruf **120** Anl. Nr. 1150 ff., im Zwangsversteigerungsverfahren **108** 171b; über staatsanwaltliche Verfahren **90** 492 ff.; vorsätzliche Vernichtung **85** 133
Registeranmeldung, Geschäftswert **119** 105; Höchstbetrag **119** 106
Registerbehörde, Hinweispflicht über Mitteilungen **92** 22
Registerbescheinigung, Erteilung, Gebühr **119** Anl. 1 Nr. 17004
Registereinsicht, Notargebühr **119** Anl. 1 Nr. 25209
Registergericht **50** 16; Androhung von Zwangsgeld **112** 388; Anfechtung von Beschlüssen **53** 51; Aufgaben nach dem HGB **50** 8, 13e; Auflösung der Genossenschaft **53** 80; Auflösung einer Gesellschaft wegen Satzungsmangels **112** 399; Bescheinigungen **112** 386; Beschluss gegen Eintragungsantrag **112** 382; Einreichen notarieller Urkunden **23** 53; Eintragung **112** 382; Löschung unzulässiger Eintragungen **112** 395; Mitteilung bei Ausscheiden aus Prüfungsverband **53** 54a; Mitteilungspflicht von Finanzbehörden **112** 379; Prüfungspflicht nach dem GenG **53** 11a; Verfahren **112** 381, Gebühren **119** Anl. 1 Nr. 13500 ff.
Registerinformationen, internationaler Austausch **92** 53a ff., mit Mitgliedstaaten der EU **92** 57a
Registerpfandrechte, Änderungen, Eintragungsgebühr **119** Anl. 1 Nr. 14320; Eintragung der Entlassung aus der Mithaft, Gebühren **119** Anl. 1 Nr. 14331; Löschungsgebühr **119** Anl. 1 Nr. 14330; an Luftfahrzeugen, Eintragungsgebühr **119** Anl. 1 Nr. 14310 f.
Registersachen **95** 23a; Beschluss **112** 38; Gebühren **119** Anl. 1 vor Nr. 13100; Richtervorbehalt **96** 17; Verfahren **112** 374 ff.; Verordnungsermächtigung **119** 58; Zwangsgeldverfahren **112** 388
Registerverfahren in Markenangelegenheiten **72** 32 ff.
Registrierung nach Rechtsdienstleistungsgesetz, Kosten **120** 1
Regress bei Amtspflichtverletzungen **1** 34; *s. Rückgriff*
Rehabilitierungsverfahren, Rechtsanwaltsgebühren **117** Anl. 1 vor Nr. 4100
Reichsautobahnen als Bundeseigentum **1** 90
Reichsgesetze, Verhältnis zum BGB **21** 50
Reichshaftpflichtgesetz *s. Haftpflichtgesetz*
Reichsrecht, Fortgeltung **1** 123
Reichsvermögen, Übergang **1** 134
Reichsversicherungsordnung **20** Anm. zu 618
Reichswasserstraßen, Bundeseigentum **1** 89
Reisekosten, Abgeordneter **1** 48; der Gegenpartei **100** 91; des Rechtsanwalts **100** 91; **117** Anl. 1 vor Nr. 7000
Reiseleistungen **20** 651a; Regelungen aufgrund der COVID-19-Pandemie **21** Art. 240 § 6; verbundene **20** 651w; **21** Art. 229 § 56, und Europarecht **21** 46c, Informationspflichten **21** Art. 251, Anlagen 14 ff. zu 251; Vermittlungen von **20** 651b, 651v f., Klagen nach dem UKlaG **105** 2
Reisende, Anspruch auf Preissenkung **20** 651f; Beistandspflicht des Reiseveranstalters **20** 651q; Mängelansprüche **20** 651i ff., Abhilferecht **20** 651k, Kündigung **20** 651l, Minderung **20** 651m, Schadensersatz **20** 651n, Verjährung **20** 651j; Mängelanzeige **20** 651o; Rechte und Pflichten **20** 651a; Sicherungsschein **20** 651r; **21** Art. 229 § 56, Art. 252, Anlage 18 zu 252; Vorauszahlungen **20** 651t
Reiseveranstalter, Haftungsbeschränkung **20** 651p; Informationspflichten **20** 651d; Insolvenzsicherungspflicht **20** 651r f.; **21** Art. 229 § 56; Pflichten **20** 651a ff., Beistandspflicht **20** 651q, bei Gastschulaufenthalten **20** 651u, Insolvenzsicherung **20** 651r f.; **21** Art. 229 § 56; Regelungen aufgrund der COVID-19-Pandemie **21** Art. 240 § 6; Sicherungsschein **21** Art. 252, Anlage 18 zu 252; Vorauszahlungen **20** 651t
Reisevermittler **20** 651b, 651v f.; Klagen nach dem UKlaG **105** 2
Reisevertrag **20** 312; Gastschulaufenthalte **20** 651u; **21** Art. 250 § 9, Anlage 12 zu 250 § 9; Klagen nach dem UKlaG **105** 2; Pauschalreiseverträge **20** 651a ff., *s. a. dort;* Regelungen aufgrund der COVID-19-Pandemie **21** Art. 240 § 6; unabdingbare gesetzliche Regelungen **20** 651y; zentrale Kontaktstelle gem. Art. 18 RL (EU)

2015/2302 – Reisevertragsrecht **21** Art. 253
Reißverschlussverfahren, Einordnung von Fahrzeugen **35a** 7
Reiten auf Straßen **35a** 28
Religion, unterschiedliche Behandlung **34** 9
Religionsdiener als Vormünder **20** 1784, 1888
Religionsfreiheit 1 3 f., 140
Religionsgesellschaften 1 140; Beschimpfung von **85** 166 ff.
Religionsunterricht 1 7, 141
Religiöse Eidesformel 1 56, 140
Religiöse Erziehung des Mündels **20** 1801
Religiöses Bekenntnis, kein Einfluss auf Rechte und Pflichten **1** 33; des Mündels **20** 1779
Rente, Anspruchspfändung wegen Unterhaltsrente **100** 850d; bei Haftpflichtversicherung **63a** 8; Leibrente **20** 759 ff.; Pfändungsschutz **100** 850; als Schadensersatz **20** 843; Unterhaltsrente **20** 1612
Rentenanspruch, Haftpflicht **62** 107
Rentengüter 21 62
Rentenscheine 20 804; **21** 174; Amortisation **20** 799; Hinterlegung von Mündelpapieren **20** 1814, mit Wertpapieren **20** 234; Nießbrauch **20** 1081; Pfandrecht **20** 1296; Vorlegungsfrist **20** 801
Rentenschenkung, Erlöschen **20** 520
Rentenschuld 20 1199 ff.; **21** 53, 117; Anlegung von Mündelgeld **20** 1807; Kündigung **20** 1202; Nießbrauch **20** 1047, 1080; Pfandrecht **20** 1291; Rangänderung **20** 880; Recht zur Ablösung **20** 1201; Sicherheitsleistung durch **20** 232, 238; Umwandlung in Grundschuld **20** 1203; Urkundenprozess **100** 592; Urteil über Ansprüche aus **100** 325; Verfügung des Vorerben **20** 2114, des Vormundes **20** 1819, 1821; am Vermächtnisgrundstück **20** 2165 ff.; Verurteilung zur Bestellung einer **100** 897; im Zwangsversteigerungsverfahren **108** 50, 53, 64, 67, 83, 126 f., 131, 136, 184; bei Zwangsverwaltung **108** 158, 158a
Rentenschuldbrief 114 42, 70; Eigentum **20** 952; Geschäftswert bei nachträglicher Erteilung **119** 71; Vorlegung zur Grundbuchberichtigung **20** 896, bei Notar **23** 21
Rentenschuldgläubiger, Aufgebot **112** 447 ff.
Rentenversicherung, gesetzliche *s. dort*
Reorganisationsverfahren für Kreditinstitute, Gebühren **115** Anl. 1 Nr. 1652
Republik, Deutschland als **1** 20, 28
Restitutionsklage 100 1059; nach Nichtigkeitsklage **100** 578; Verfahren **100** 585 ff.; Zulässigkeit **100** 580 ff.
Restschuldbefreiung 110 286 ff.; Antrag **110** 287; ausgenommene Forderungen **110** 302; und Berufsverbot **110** 301; Eintragungen in Schuldnerverzeichnis **110** 303a; Entscheidung des Insolvenzgerichts **110** 287a ff., 303; Entscheidung über **110** 300; Gleichbehandlung der Gläubiger **110** 294; Hinweis auf Möglichkeit der **110** 20; Pflichten des Schuldners **110** 295 ff.; Rechtsanwaltsgebühren für Widerruf **117** Anl. 1 Nr. 3321; Treuhänder **110** 288, 292 f.; Verkürzung **110a** 103h, Evaluierung **110a** 107; Verkürzung des Verfahrens **110a** 103k f.; Vermögenserwerb und **110** 300a; Versagung **110** 290, 296 ff., 303a, wg. Insolvenzstraftaten **110** 297; Widerruf **110** 303
Retentionsrecht, Verletzung **85** 289; *s. a. Zurückbehaltungsrecht*
RettungsassistentInnen, Berufsverbot, europaweite Unterrichtung durch Gerichte (Vorwarnmechanismus) **90a** 9
Rettungsgasse bei stockendem Verkehr **35a** 11
Rettungsgeräte, Unbrauchbarmachung **85** 145
Reue 85 314a, 320, *s. a. Tätige Reue*
Reugeld 20 336; bei Rücktritt **20** 353
Revision 100 542 ff.; **117** Anl. 1 Nr. 4300; Anschlussrevision **100** 554; Anträge **100** 551; im arbeitsgerichtlichen Verfahren **83** 8, 72 ff., Nichtzulassungsbeschwerde **83** 72a; Begründung **100** 545, 551; keine Begründung bei Rügen von Verfahrensmängeln **100** 564; Berechnung des Streitwerts **100** 4; Beschluss über Verwerfung **100** 552; Einlegung **100** 549; Einstellung der Vollstreckung nach Einlegung **100** 719; Gebühren, Verwaltungsgericht **115** Anl. 1 Nr. 5130 ff.; im Jugendstrafverfahren **89** 55; Kosten **100** 97; materielle Voraussetzungen **100** 545 ff.; gegen Musterfeststellungsurteil **100** 614; Nichtzulassungsbeschwerde, Rechtsanwaltsgebühren **117** Anl. 1 Nr. 3506; beim OLG **95** 121; **101** 7; Prüfung von Parteianträgen **100** 557; Rechtsanwaltsgebühren **117** Anl. 1 Nr. 3206 ff., 4141; Sozialgericht, Gebühren **115** Anl. 1 Nr. 7130 ff.; Sprungrevision **100** 566; in Strafverfahren **85a** 312; **95** 135, Gebühren **115** Anl. 1 Nr. 3130 f., Zuständigkeit des BGH **85a** 312; Unzulässigkeit gegen vorzeitige Besitzeinweisung **100** 542; Urteil **83** 75; Verfahren nach ZPO **100** 555 ff.; Verwerfung **83** 74,

wegen Unzulässigkeit **100** 552; Zulässigkeit **100** 542, 552; Zulassung, Bindung des Revisionsgerichtes **100** 543; Zurückweisungsbeschluss **100** 552a; Zuständigkeit des BGH **95** 133, 135
Revision in Strafverfahren 90 333 ff.; Begründung **90** 344 f.; Frist **90** 341 f.; Hauptverhandlung **90** 350 f.; und Hemmung der Rechtskraft **90** 343; Privatklageverfahren **90** 390; Sprungrevision **90** 335; Umfang der Urteilsprüfung **90** 352; Verwerfung **90** 346, 349
Revisionsbegründungsfrist 100 551; Wiedereinsetzung **100** 233
Revisionsbeschwerde in Arbeitssachen **83** 77
Revisionsfrist im arbeitsgerichtlichen Verfahren **83** 74; im Strafverfahren **90** 341 f.; im Zivilprozess **100** 548
Revisionsgericht, Bindung an Zulassung der Revision **100** 543; Umfang der Nachprüfung **100** 557; Zuständigkeit in Jugendstrafsachen **89** 59
Revisionsgründe 83 73; **90** 337 ff.; **100** 545 ff., 551; absolute **90** 338
Revisionsschrift 90 347; **100** 549 ff.; Zustellung **100** 550
Revisionssumme 83 72
Revisionsverfahren nach § 35 KSpG, Gebühren **115** Anl. 1 Nr. 1230; nach § 74 GWB, § 86 EnWG, § 24 VschDG, Gebühren **115** Anl. 1 Nr. 1230 ff.; einstweilige Unterbringung **90** 126a; Gebühren des Verteidigers **117** Anl. 1 Nr. 4130 bis 4135; Rechtsanwaltsgebühren **117** Anl. 1 Nr. 1004; Verletzung des rechtlichen Gehörs im strafrechtlichen **90** 356a
Rheinland-Pfalz 1 127
Richter 1 97 f.; Ausnahmegerichte unzulässig **1** 101; BVerfG **1** 115h; Haftbefehl durch **1** 104; der obersten Gerichtshöfe des Bundes **1** 95; rechtsprechende Gewalt **1** 92; Vorführung Festgenommener **1** 104; Wählbarkeit **1** 137
Richter auf Probe bei Arbeitsgerichten **83** 18; Beiordnung **95** 70
Richter kraft Auftrags bei Arbeitsgerichten **83** 18; Beiordnung **95** 70
Richtergesetz 1 98
Richterinnen und Richter 34 24; **85** 11; Ablehnung nach StPO **90** 24 ff., nach ZPO **100** 42 ff.; am Amtsgericht als Einzelrichter **95** 22, Gültigkeit der Handlungen **95** 22d, als Vorsitzender der Kammer für Handelssachen **95** 106; Amtshandlungen außerhalb der Sitzung **95** 180; Amtspflichtverletzung **20** 839; Anwesenheit des erkennenden während der Verhandlung **100** 309; Ausschließung im Strafverfahren **90** 22 f., im Zivilprozess **100** 41 ff.; beauftragte *s. dort;* Bereitschaftsdienst **95** 22c; Bestechlichkeit und Bestechung **85** 335a; Dienstaufsicht über **95** 151; ehrenamtliche *s. dort;* Ermittlungsrichter **90** 162; am Familiengericht **95** 23b; Genehmigung zur Aussage als Zeuge **90** 54; vom Rechtspfleger vorgelegte Geschäfte **96** 4 ff.; als Sachverständige **100** 408; Unabhängigkeit **95** 1; unaufschiebbare Amtshandlungen des abgelehnten **100** 47; Unterschrift auf Urteil **100** 315; Untersuchungshandlungen im Strafverfahren **90** 165 f.; Vernehmung als Zeuge **100** 376; Vertretung **95** 22b, 70, 117; Vorteilsannahme **85** 331 ff., 335a; im Vorverfahren, Beschwerde gegen Verfügungen des **90** 304; Wiederaufnahme wegen Mängel in der Person **90** 359; Zuständigkeit nach dem RPflG **96** 28
Richterliche Entscheidung zur Aufhebung der Ehe **20** 1313, der fortgesetzten Gütergemeinschaft **20** 1495
Richterliche Fristen 100 224
Richterliche Geschäfte, Übertragung an Staatsanwälte **95** 151
Richterlicher Durchsuchungsbeschluss für Wohnung **112** 91
Richterwahlausschuss 1 95; **95** 125
Richtlinien der Politik **1** 65
Richtzeichen im Straßenverkehr **35a** 42, Anlage 3
Risikobegrenzung, Übergangsvorschriften **50a** 64
Rodelschlitten, keine Fahrzeuge iSd StVO **35a** 24
Roller, keine Fahrzeuge iSd StVO **35a** 24
Rollschuhfahren auf Straßen und Wegen **35a** 31
Rollstühle, keine Fahrzeuge iSd StVO **35a** 24; Rückhaltesysteme in Kfz **35a** 21a
Rom I, Verordnung (EG) **21a**, Anwendungsbereich **21a** 1
Rom II, Verordnung (EG) **21b**, Anwendungsbereich **21b** 1
Rom III, Verordnung (EG) **21c**, Anwendungsbereich **21c** 1
Rückerstattung von Abgaben oder Kosten **21** 104; eines Darlehens **20** 488; von Leistungen auf Grund Auflagen nach JGG **89** 26; des Mehrerlöses aus Wirtschaftsvergehen **88** 9 f.; des Mietzinses **20** 547; verlorener Baukostenzuschüsse **20** Anm. zu 546
Rückfall, Führungsaufsicht **85** 68 ff.
Rückforderung der geliehenen Sache **20** 604; einer Leistung nach Eintritt der Ver-

jährung **20** 214; bei Schadensersatz **20** 281; der Schenkung **20** 516, 527 ff.
Rückgabe der geliehenen Sache, Verjährungsbeginn **20** 604; der hinterlegten Sache **20** 695; der Mietsache **20** 546, 546a; der Nießbrauchsache **20** 1055; der Pachtsache **20** 596 f.; des Pfandes **20** 1223, 1253 f., 1278; des Schuldscheins **20** 371; der Vollmachtsurkunde **20** 175
Rückgewähr, keine von Einlagen bei der AG **51** 57
Rückgriff des Bürgen **20** 774; eines Mitverpflichteten **20** 426; des persönlichen Schuldners bei Hypotheken **20** 1174; *s. a. Regress*
Rückgriffsanspruch des Unternehmers **20** 445a f., beim Verbrauchsgüterkauf **20** 478
Rücklagen, gesetzliche bei den Aktiengesellschaften **51** 150
Rücknahme des Antrags auf Einleitung des Beschlussverfahrens **83** 81; der hinterlegten Sache **20** 376, 378, 696; der Klage **100** 269; Kostenpflicht **112** 83; des Strafantrags **85** 77d; des Versteigerungsantrags **108** 30
Rücknahmerecht, Unpfändbarkeit **20** 377
Rückruf von Marken o. ä. **72** 18; von Vervielfältigungsstücken **65** 98
Rückstellungen in der Bilanz **50** 253, Erläuterung im Anhang **50** 285, versicherungstechnische **50** 341e
Rücktritt, Aufrechnung nach **20** 352; Ausschluss der Wertersatzpflicht **20** 346; vom Erbvertrag, Notargebühr **119** Anl. 1 Nr. 21201; Form **20** 349; bei gegenseitigen Verträgen **20** 323 f.; beim Kauf **20** 437, 440; vom Pauschalreisevertrag **20** 651h; Reugeld **20** 353; Teilrücktritt **62** 29; bei teilweiser Unmöglichkeit **20** 280; bei Teilzahlungsgeschäften **20** 508; Unteilbarkeit des Rücktrittsrechts **20** 351; Unwirksamkeit bei Verjährungseintritt **20** 218; vom Versuch **85** 24; vom Vertrag **20** 346 ff.; beim Vorkauf **20** 465; beim Werkvertrag **20** 636; Wertersatz bei Umbildung oder Verarbeitung **20** 346; Wertersatzpflicht **20** 346 f.
Rücktrittsrecht, Frist **20** 350; gesetzliches **20** 346; bei Mietverhältnis **20** 572; des Versicherers **62** 19; vertragliches **20** 346
Rückübertragung eines Rechts nach Verjährungseintritt **20** 216
Rückversicherung **62** 209
Rückwärtsfahren im Straßenverkehr **35a** 9, 18
Rückwärtsversicherung **62** 2
Rückwirkung der Anerkennung des Stiftungsgeschäfts **20** 84; der Aufrechnung **20** 389; der Bedingung **20** 159; der Genehmigung **20** 184; der Hinterlegung **20** 375; keine R. von Strafgesetzen **1** 103; des Versicherungsvertrags **62** 2
Rüge des Mieters wg. Verstoßes gegen Auskunftspflichten **20** 556g; **21** Art. 229 § 51; nachträgliches Vorbringen **100** 532; im Revisionsrechtszug **100** 565; der Verletzung einer Prozessvorschrift **100** 295, 534, 556; wegen der Verletzung des Anspruchs auf rechtliches Gehör **100** 321a; **112** 48; verspätetes Vorbringen **100** 296
Ruhegehalt **21** 81; Pfändung **100** 850; für Vorstandsmitglieder der AG **51** 87
Ruhen der elterlichen Sorge **20** 1673 f., 1678; des Prozessverfahrens **100** 251 f.; der Verjährung der Strafverfolgung **85** 78b
Rundfunk, Aufnahme von Gerichtsverhandlungen **83** 52, 72; **95** 169; **95a** 43; freie Berichterstattung **1** 5, 18; Gefährdung des Betriebes **85** 317; Verbreitung von beleidigenden Inhalten **85** 194, von Schriften mit Anleitung zu Straftaten **85** 130a, volksverhetzender Inhalte **85** 130
Rundfunkanstalten, Nutzung verwaister Werke durch **65** 61c; Urheberrechtsschutz für Rundfunksendungen **65** 87
Rundfunkkommentare, Urheberrechtsschutz **65** 49
Rundfunksendungen, Urheberrechtsschutz **65** 22, 87; Vervielfältigung durch Sendeunternehmen **65** 55
Ruß vom Nachbargrundstück **20** 906
Rüstungsproduktion **1** 26

Saatgut, Gesetzgebung **1** 74
Sach- und Rechtsmangel, Beweislast **20** 363; Folgen **20** 437 ff.; beim Werkvertrag **20** 633
Sachbeschädigung **85** 303 ff.; Ersatzpflicht **33** 1 ff.; gemeinschädliche **85** 304; Schadensersatz **20** 249
Sachdarlehen **20** 607
Sacheinlagen der Aktionäre **51** 27; als Geschäftsanteile an Genossenschaften **53** 7a; bei GmbH **52** 56; Kapitalerhöhung **51** 183; Leistung **51** 36a
Sachen **20** 90 ff.; **21** Art. 231; Bestandteile **20** 93 ff.; Einbau oder Anbringung von und Nacherfüllung **20** 439; Einbringung bei Gastwirten **20** 701 ff.; Erwerb von Erzeugnissen und sonstigen Bestandteilen **20** 953 ff.; der Gattung nach bestimmte **20** 243; Nießbrauch **20** 1030 ff.; Scheinbestandteile **20** 95; unpfändbare bewegliche **100** 811; Veräußerung von versicherten **62** 95; verbrauchbare **20** 92; Versteigerung gebrauchter **20** 474; Vertei-

lung der Lasten **20** 103; vertretbare **20** 91; Vorlegung von **20** 809 ff.; als Zubehör **20** 97
Sachenrecht 20 854 ff.; im Ausland **21** 43; Übergangsrecht im Beitrittsgebiet **21** Art. 233
Sachliche Zuständigkeit der Amtsgerichte **95** 23; der Gerichte **100** 1 ff.; in Strafsachen **90** 1 ff., Prüfung von Amts wegen **90** 6; nach dem UWG **73** 14; *s. a. Gerichtsstand*
Sachmangel bei Ausstattung **20** 1624; beim Kauf **20** 433 f.; bei der Schenkung **20** 524; Verbot der Vorenthaltung von Mängelbeseitigung **20** 309; beim Verbrauchsgüterkauf, Beweislastumkehr **20** 477, über digitale Produkte **20** 475b f.; des Vermächtnisgegenstandes **20** 2183; des Werkes **20** 633
Sachschaden, mitwirkendes Verschulden **33** 4
Sächsisches Gesetz von 1868 21 166
Sachübernahmen durch AG **51** 27, 41
Sachversicherung 62 88 ff.
Sachverständige, Ablehnung **100** 406; Anordnung der Begutachtung durch **100** 3, 144, 287; in Arbeitssachen **83** 9; Auswahl **100** 404 ff.; Beeidigung **100** 410; Beitreibung von Ansprüchen gegen **122** 1; Benennung im Beweisbeschluss **100** 359 f.; im Beschlussverfahren (Arbeitssachen) **83** 83; Beschreibung einer Pachtsache **20** 585b; besondere Leistungen **116** Anl. 2; Beweis durch **100** 402 ff.; im Beweissicherungsverfahren **100** 485; Ernennung, Beeidigung, Vernehmung bzgl. Zustand und Wert einer Sache **112** 410; Feststellung des Werts oder Zustands einer Sache **20** 1034, 1067, 2122; Gebühren **100** 413; Herausgabe der Akten **100** 407a; **122** 1; Honorar **116** 9 f., Anl. 1; im Jugendstrafverfahren **89** 43; Justizvergütungs- und -entschädigungsgesetz **116**; Leitung der Tätigkeit **100** 404a; Maßnahmen wegen Ungehorsams **95** 177 f.; öffentlich bestellte **100** 407; Pflichten **100** 407a; Schadensersatz **20** 839a; Schätzung des Verfahrenswerts **118** 56; vor Schiedsgericht **83** 106; schriftliches Gutachten **100** 411; **101** 41; Schriftvergleichung **100** 442; für Seeschadensberechnung und -verteilung, Auftragsverweigerung **112** 403; Unanfechtbarkeit der Entscheidung **112** 414; Vereidigung im Verfahren **83** 58, Verzicht **100** 402 mit 391; Vergütung **94** 59; **100** 413; **116** 1, 8 ff., in Markenverfahren **72** 93a; Vernehmung, Notargebühr **119** Anl. 1 Nr. 23302; Verurteilung zu Ordnungsstrafen **100** 411; Verweigerung des Gutachtens **100** 407 ff.; Verwertung von gerichtlichen Gutachten **100** 411a; vorläufiger Insolvenzverwalter **116** 9; Zuziehung beim Augenschein **100** 372
Sachverständige im Strafverfahren 90 72 ff.; Ablehnung **90** 74; Anhörung bei Sicherungsverwahrung oder Unterbringung **90** 246a; Anwesenheit bei richterlichem Augenschein **90** 168d; Beschwerde des **90** 304; Entlassung der **90** 248; bei Geld- oder Wertzeichenfälschung **90** 92; erneutes Gutachten **90** 83; Gutachtenerstattung bei Staatsanwaltschaft **90** 161a; Kreuzverhör **90** 239; Ladung **90** 219 ff.; Namhaftmachung durch Gericht und Staatsanwaltschaft **90** 222; notwendige Zuziehung **90** 87, 93; Pflichten **90** 75; Vereidigung **90** 79; Vergütung **90** 84; Vernehmung an anderem Ort **90** 247a; Verweigerungsrecht **90** 76 f., unberechtigte Verweigerung **90** 77
Sachverständige Zeugen 100 414
Sachverständigenbeweis 100 402 ff.
Sachverständigengutachten vor Genehmigung des Gerichts über ärztliche Maßnahmen **112** 298; in Kindschaftssachen **112** 163; im Strafverfahren **90** 75, 80 ff., erneutes Gutachten **90** 83, medizinische **92** 11, Vorverfahren **90** 82
Sachverständigenverfahren, Versicherung **62** 84
Sachwalter im Insolvenzverfahren **110** 274 f.; keine Vergütung nach RVG **117** 1
Sachzusammenhang, Gerichtsstand **100** 25
Saisonbetriebe, Kündigungen **84** 22
Saldoanerkennung 20 812
Samen als wesentlicher Grundstücksbestandteil **20** 94
Sammelvermögen, Pflegschaft **20** 1914
Sammelwerke, Urheberrechtsschutz **65** 4
Sammlungen für den religiösen Gebrauch und Urheberrecht **65** 46
Samstag, Fristende an einem **20** 193
Sand, Gewinnung **20** 1037
Sanierungsverfahren für Kreditinstitute, Gebühren **115** Anl. 1 Nr. 1650
Satellitensendung, Urheberrecht **65** 20a, 137h
Satzung der Aktiengesellschaft **51** 2, 23, Änderung **51** 179; Änderung, Notargebühr **119** Anl. 1 Nr. 21100 f.; Ermittlung im Prozess **100** 293; der Genossenschaft **53** 5 ff., Änderung **53** 16, Eintragung **53** 10, im Internet abrufbar **53** 15, Mindestinhalt **53** 6, Schriftform **53** 5, Veröffentlichung **53** 12; einer Gesell-

schaft, Auflösung wegen Mangels der **112** 399; des Vereins *s. Vereinssatzung*

Schaden bei Ausübung der elterlichen Sorge **20** 1664; Ermittlung **100** 287; Ersatz des immateriellen **20** 253, 847

Schadenminderungspflicht 20 254

Schadensabwendungspflicht 62 82

Schadensanzeige beim Frachtgeschäft **50** 438

Schadensermittlungskosten, Ersatz **62** 85

Schadensersatz bei Amtspflichtverletzung **1** 34; bei Anlagen *s. dort;* für Beschäftigte **34** 15; bei Fehler eines Produkts **27** 1; wegen Firmenverletzung **50** 37; Forderungsübergang **20** Anm. zu 823; beim Frachtgeschäft **50** 425; bei gegenseitigen Verträgen **20** 325; eines gerichtlichen Sachverständigen **20** 839a; grenzüberschreitende vorläufige Kontenpfändung **100** 958 f.; bei zu hoher Kostenzahlung **119** 90; beim Kauf **20** 437, 440, digitaler Produkte **20** 327m, 327o; statt Leistung **20** 280 ff.; bei Leistungsausschluss **20** 281, 283; bei Markenschutzverletzung **72** 14 ff.; Minderung **20** 285; bei Missbrauch geographischer Herkunftsangaben **72** 128; bei Mitverschulden **33** 4; wegen Nichterfüllung **20** 338, 340; **100** 255; bei Rechtsmissbrauch iSd GWB **74** 180; bei Rücktritt vom Verlöbnis **20** 1298 f.; trotz Rücktritts **20** 325; bei sittenwidriger Schädigung **20** 826; beim Speditionsgeschäft **50** 455; bei Umwelteinwirkungen **28** 1 f.; bei Urheberrechtsverletzungen **65** 97 ff.; Verjährung **20** 852, 902; beim Versendungskauf **20** 447; Versicherungsvermittler **62** 63; bei Verstoß gegen Vergabevorschriften **74** 179, 181; bei Verstößen gegen UmweltHG **28** 1 f.; bei Vertragsstrafe **20** 340 ff.; beim Werkvertrag **20** 636; Wertersatz beim Frachtgeschäft **50** 429; wegen Zwangsvollstreckung oder Arrest **90** 111g

Schadensersatzansprüche bei ungerechtfertigter Beschlagnahme **72** 149; bei missbräuchlicher Geltendmachung nach UKlaG **105** 2b; aus Pauschalreisevertrag **20** 651n; Sicherung im Urheberrecht **65** 101b; Sicherung nach MarkenG **72** 19b; bei Unfällen mit Kraftfahrzeugen **35** 7 ff., mit Anhängern **35** 19 f., 65; **62** 78, Geldrente **35** 13, Haftung des Fahrers **35** 18, mehrere Verursacher **35** 17, unabwendbare Ereignisse **35** 17; Verjährung **20** 197 ff.; bei Verschmelzung **52a** 26; bei Wettbewerbsbeschränkungen, Bindungswirkung der Entscheidungen der Kartellbehörden **74** 33b, Kronzeugenregelungen **74** 33e, Vergleich **74** 33f, Verjährung **74** 33h

Schadensersatzpflicht bei Amtspflichtverletzung **20** 839, 841; des Anlageninhabers **28** 1 f.; bei Aufruhr u. ä. **21** 108; beim Auftrag **20** 671; bei bedingten Rechten **20** 160; bei Benutzung öffentlicher Grundstücke **21** 106; berechtigtes Interesse des Gläubigers **20** 281; Direktanspruch gegen Versicherer **63** 3; des Gastwirts **20** 701 ff.; bei gefährlichen Betrieben **21** 105; bei Geschäftsführung ohne Auftrag **20** 678; bei der Gesellschaft **20** 723; der gesetzlichen Vertreter herrschender Unternehmen **51** 309; des Gläubigers bei Arrest **100** 945, bei einstweiliger Verfügung **100** 945; bei Grundstücksschäden **21** 107; des Hinterlegers **20** 374, 694; Inhalt und Umfang **20** 249 ff.; des Insolvenzverwalters **110** 61; bei Körperverletzungen **20** 842 f.; **33** 6; bei Leihe **20** 601; wegen Leistung am unrichtigen Orte **20** 391; wegen Mangels **20** 524; bei Miete **20** 536a; wegen Nichterfüllung **20** 280 f.; wegen Nichtigkeit der Erklärung **20** 122; bei Notstand **20** 904; bei Notstandshandlung **20** 228; beim Pfandverkauf **20** 1243; bei Pflichtverletzung **20** 280, bei Modernisierungsmaßnahmen **20** 559d; bei Produkthaftung **27** 1, 5; bei Schenkung **20** 523 f.; bei Selbsthilfe **20** 231; des Staates wegen Amtspflichtverletzungen **20** 839; bei Tötung **20** 844; **33** 5; bei unerlaubten Handlungen **20** 823 ff.; bei Unfällen mit Kraftfahrzeugen **35** 7 ff.; **63a** 2 ff., mit Anhängern **35** 19 f., 65; **62** 78, Höchstbeträge **35** 12 ff., mehrere Verursacher **35** 17, Mitverschulden **35** 9, unabwendbare Ereignisse **35** 17; bei unlauteren geschäftlichen Handlungen **73** 9; bei Unmöglichkeit der Leistung **20** 311a; beim Unterhaltsanspruch **20** 1613, 1615; der Unternehmer **20** Anm. zu 618; bei Urheberrechtsverletzungen **65** 97 ff.; der Vereine für Organe **20** 31, und des Vereinsvorstands **20** 42; des Verletzten einer Straftat **90** 111g; wegen Verschlechterung usw. **20** 292, 347, 457, 548, 606, 848; bei Verschmelzung **52a** 25, 27; des Vertreters **20** 179; bei Verzug **20** 280, 286, 288 f., Ausnahme **20** 281; bei Vollstreckung aus Urkunden durch andere Gläubiger **100** 799a; für Vollstreckung von Urteilen **100** 717; des Vorerben **20** 2138; des Vormundes **20** 1833; bei Wettbewerbsbeschränkungen **74** 33, Kronzeugenregelungen **74** 33e, bei Schadensabwälzung **74** 33c, Vergleich **74** 33f

Schadensminderungspflicht 62 82
Schadensversicherung 62 1 ff., 74 ff.; keine nachteiligen Vereinbarungen **62** 87
Schädigung des anderen Ehegatten, vorzeitiger Zugewinnausgleichsanspruch **20** 1386
Schädlinge, Schutz von Pflanzen **1** 74
Schallzeichen beim Überholen **35a** 5
Schatz, Eigentumserwerb **20** 984; im Nießbrauchsgegenstand **20** 1040
Schatzfund 20 984
Schätzung durch Gerichtsvollzieher, Gebühr **123** Anl.; des Geschäftswerts **119** 80; des Gesellschaftsvermögens **20** 738; des Inventars **20** 1048, bei Wiederkauf **20** 460; des Schadens, Parteivernehmung **100** 287; des Verkaufswerts gepfändeter Sachen **100** 813; im Zwangsversteigerungsverfahren **108** 74a
Scheck, Insolvenzanfechtung **110** 137
Scheckkartenmissbrauch 85 266b
Scheckprotest, Gerichtsvollziehergebühren **123** Anl.
Scheckprozess 100 605a
Scheidung 20 1564 ff.; **21** 201; **112** 121; Abfindung **48** 23 f.; Anschlussrechtsmittelverzicht **112** 144; Antrag **20** 1564; Antragsschrift **112** 133; Ausgleichsansprüche nach der **48** 20 ff.; außergerichtliche Streitbeilegung über Folgesachen **112** 135; deutsche Zuständigkeit **112** 98; Ehewohnung **20** 1568a; einheitliche Endentscheidung oder Abweisung **112** 142; Einspruch gegen Versäumnisentscheidung **112** 143; der Eltern, elterliche Sorge **20** 1671; Erbrecht bei Recht auf **20** 1933, 2077, 2268, 2279; erweiterte Aufhebung **112** 147; externe Teilung beim Wertausgleich **48** 14 ff.; Fortdauer der Schwägerschaft **20** 1590; bei Gütergemeinschaft **20** 1478; Härteklausel **20** 1568; Haushaltsgegenstände **20** 1568b; internationales Privatrecht **21** Art. 17; interne Teilung beim Wertausgleich **48** 10 ff.; letztwillige Verfügung **20** 2077, 2268, 2279; anzuwendendes Recht **21c**; Rücknahme des Antrags **112** 141; Unterhalt **20** 1569 ff.; Verfahrensaussetzung **112** 136; Versorgungsausgleich **20** 1587; Wertausgleich bei **48** 9 ff.; **112** 225, Durchführung **112** 226; Widerruf der Zustimmung **112** 134; Zerrüttungsprinzip **20** 1565; Zugewinnberechnung **20** 1384, und Höhe der Ausgleichsforderung **20** 1384; Zurückverweisung **112** 146; Zustimmung oder Rücknahmezustimmung **112** 134
Scheidungssachen 112 133 ff.; Abtrennung von Folgesachen **112** 140; Beiordnung eines Rechtsanwalts **112** 138; Folgekosten **115** 1; und Folgesachen als Verbund für Verfahrenswert **118** 44; Kosten **112** 150; Rechtskraft **112** 148; Verbund **112** 137; Verfahrenskostenhilfe **112** 149
Scheingeschäft 20 405; Nichtigkeit **20** 117
Scheinwerfer, Standlicht **35a** 19
Schenker, Verarmung **20** 528 f.; Verzug **20** 522
Schenkung 20 516 ff.; nach Abschluss eines Erbvertrags **20** 2287; Anrechnung auf Pflichtteil **20** 2325; unter einer Auflage **20** 330, 525 ff.; Ausstattung als **20** 1624; Berücksichtigung bei Zugewinnausgleich **20** 1374 f.; an Ehegatten, Vorbehaltsgut **20** 1418; eines Ehegatten an Dritten **20** 1390, vorzeitiger Zugewinnausgleichsanspruch **20** 1386; einer Erbschaft **20** 2385; bei Feststellung des Nachlasses **20** 2327, 2330; aus Gesamtgut **20** 1425; Herausgabe bei Verlöbnis **20** 1301; an Minderjährige, Pflegschaft **20** 1909; an Mündel **20** 1803; aus Mündelvermögen **20** 1804; zum Nachteil des Vermächtnisnehmers **20** 2288; Rückforderung **20** 527 ff.; des Testamentsvollstreckers **20** 2205, 2207; von Todes wegen **20** 2301; Verbrauchervertrag über bei digitalen Produkten **20** 516a; Vermutung bei Bestreitung von Haushaltskosten **20** 1620; in Vertretung des Kindes **20** 1641; des Vorerben **20** 2113; Widerruf **20** 530 ff.
Schenkungsversprechen bei Gütergemeinschaft **20** 1425; von Todes wegen **20** 2301; Verweigerung der Erfüllung **20** 519; wiederkehrende Leistungen **20** 520
Schickschuld 20 270
Schiedsgericht in Arbeitsstreitigkeiten **83** 101 ff.; außervertragliches **100** 1066; Bildung **100** 1034 ff.; Verfahren **83** 104 ff.; Zuständigkeit **100** 1040
Schiedsgerichtsbarkeit, internationale **1** 24
Schiedsrichter, Ablehnung **100** 1036 f.; Bestechung und Bestechlichkeit **85** 331 ff., 335a; Bestellung **100** 1035; Ende des Amts als bei Untätigkeit oder Unmöglichkeit der Tätigkeit **100** 1038; Ersatzschiedsrichter **100** 1039; keine Vergütung nach RVG **117** 1
Schiedsrichterliches Verfahren 100 1025 ff.; Beendigung **100** 1052, 1056; Beginn und Hemmung der Verjährung **20** 204; Beweisaufnahme **100** 1050; Durchführung **100** 1042 ff.; Gleichbehandlung der Parteien **100** 1042; Klage und Klagebeantwortung **100** 1046; Kosten **100** 1057; mündliche Verhandlung **100** 1047; Ort **100** 1043; rechtliches Gehör **100**

1042; Rechtsanwaltsgebühren **117** 36; Rechtsmittel **100** 1065; Sachverständige **100** 1049; Säumnis **100** 1048; Übergangsvorschriften **101** 33; Verfahren **100** 1047; Vergleich **100** 1053; Widerklage **100** 1046

Schiedsspruch 83 108; **100** 1051, 1056; Aufhebungsantrag **100** 1059; Aufhebungsklage **83** 110; Form und Inhalt **100** 1054, 1058; Rechtsbehelf gegen **100** 1059; durch Stimmenmehrheit **100** 1052; Vergleich **100** 1053; Vollstreckbarerklärung **100** 1060 f.; Vollstreckbarkeit **100** 1064; Vollstreckung **83** 109

Schiedsvereinbarung 100 1029

Schiedsvertrag 100 1029 ff.; Abschluss durch Vormund **20** 1822; in Arbeitsstreitigkeiten **83** 101 ff.; prozesshindernde Einrede **83** 102; **100** 1032

Schienenfahrzeuge im Ausland **21** 45; besondere Lichtzeichen **35a** 37; Überholen **35a** 5; Vorrang **35a** 2, 9, 19

Schiffbauregister, automatisiertes Abrufverfahren, Gebühren **120** Anl. Nr. 1150 ff., Kosten **120** 1; Eintragung, Geschäftswert **119** 69, der Insolvenzeröffnung **110** 33

Schiffbauregisterangelegenheiten, Gebühren **119** Anl. 1 Nr. 14210 ff.

Schiffbauwerkeigentümer, Aufgebotsverfahren **112** 446

Schiffe, Anspruch auf **100** 855a; Aufgabe des Besitzes **20** 303; Entschädigung **21** 53a; Erlangung der Herrschaft über **85** 316c; Gebühren für Bewachung und Verwahrung **123** Anl.; Gegenstand der Veräußerung **20** 932a, des Vorkaufs, Sicherheitsleistung **20** 468; herrenlose, Rechte an **100** 58, Zwangsvollstreckung **100** 787; Miete **20** 578a, 2135; Pacht **20** 2135; Pfändung **100** 931; Rechtsstreit über **100** 266; Schiffsbauwerke **20** 452, Zwangsversteigerung **108** 181; Selbsthilfeverkauf **20** 383; Sicherungshypothek für Werft **20** 647a; Straftaten auf deutschen **85** 4, Gerichtsstand **90** 10; Übertragung des Eigentums **20** 1287; Verfügung im Insolvenzverfahren **110** 81, des Mündels **20** 1821, des Vorerben über **20** 2113; Verkauf **20** 452; Vermächtnis **20** 2168a; Vollziehung des Arrestes in **100** 931; zuständiges Vollstreckungsgericht **108** 163; Zwangsversteigerung **108** 162 ff., 181; Zwangsvollstreckung **100** 847a, 864, 870a, 885

Schiffer, Zuständigkeit des Amtsgerichts **95** 23

Schifffahrt 1 73 f., 87, 89; Gefährdung des Verkehrs **85** 315 f.; Kündigungsschutz **84** 24

Schifffahrtsrechtliches Verteilungsverfahren, Gegenstandswert für Rechtsanwaltsgebühren **117** 29; Hemmung der Verjährung **20** 204; Kosten **115** 1, Vorschuss und Vorauszahlung **115** 13 f.; Kostenhaftung **115** 25; Rechtsanwaltsgebühren **117** Anl. 1 Nr. 3313 ff.; Richtervorbehalt **96** 19b; Streitwertberechnung **115** 59

Schifffahrtsvertreter 50 92c

Schiffsbauwerke, Aufgabe des Besitzes **20** 303; Schiffshypothek an **20** 647a; Zwangsvollstreckung **100** 800a, 864, 870a

Schiffsbesatzung, Streitigkeiten aus Tarifvertrag **83** 101

Schiffseigentümer, Aufgebotsverfahren **112** 446

Schiffsgefährdung durch Bannware **85** 297

Schiffsgläubiger, Aufgebotsverfahren zur Ausschließung **112** 465

Schiffshypothek 20 1287; Anspruch im Urkundenprozess **100** 592; Aufgabe **20** 776; für Bauforderung **20** 647a; Befriedigung aus nach Verjährungseintritt **20** 216; Bestellung zum Zwecke der Sicherheitsleistung **20** 232; Eintragung **100** 720a, 870a, Gebühren **119** Anl. 1 Nr. 14220; Forderung **20** 418; Forderungsübergang **20** 401; Löschung, Gebühren **119** Anl. 1 Nr. 14240; Pfändung **100** 830a; Überweisung einer Forderung bei bestehender **100** 837a; mit Unterwerfungsklausel **100** 800a; Wirkung des Urteils gegen Erwerber des Schiffs **100** 325; Zwangsvollstreckung **100** 864

Schiffshypothekenforderung, Vorerbschaft **20** 2114

Schiffshypothekengläubiger, Aufgebot **112** 452

Schiffskauf 20 452

Schiffspart, Zwangsvollstreckung **100** 858

Schiffsregister, automatisiertes Abrufverfahren, Kosten **120** 1; Berichtigung bei Gütergemeinschaft **20** 1416; Datenabruf, Gebühren **120** Anl. Nr. 1150 ff.; Eintragungen ins **20** 452; **100** 895, 941 f.; **110** 33, Geschäftswert **119** 69; Übergangsvorschriften **21** Art. 229 § 39; Zuständigkeit des Amtsgerichts **95** 23a; Zwangsversteigerungsverfahren **108** 163

Schiffswerft, Sicherungshypothek für Inhaber der **20** 647a

Schikaneverbot 20 226

Schlägerei 85 231

Schleppnetzfahndung 90 163d

Schleusen, Beschädigung **85** 318

Schlichtungsstelle nach dem UrhG **65** 36a; *s. a. Gütestelle*

Schlichtungsstelle für Versicherungsstreitigkeiten **62** 214
Schlichtungsverfahren nach § 57a LuftVG, Gebühr **120** Anl. Nr. 1220, Kosten **120** 14, 16a; Rechtsanwaltsgebühren **117** 17; nach dem UKlaG **105** 14
Schlitten, keine Fahrzeuge iSd StVO **35a** 24
Schlussnote der Handelsmakler **50** 94 f.
Schlussverteilung im Insolvenzverfahren **110** 197 ff.
Schlussvorträge in der Berufung **90** 326; in der Hauptverhandlung **90** 258; in der Revision **90** 351
Schmiede, Zubehör **20** 98
Schneefall, Beleuchtung von Fahrzeugen bei **35a** 17; Geschwindigkeit bei **35a** 3
Schneeketten 35a 3
Schöffengerichte 95 28 ff.; Abstimmung **95** 197; Berufung gegen Urteile des **90** 312; erweitertes **95** 196; Zuständigkeit **95** 28
Schöffinnen und Schöffen 95 30 ff.; Ausschuss für Wahl in Berlin **95a** 4a; Beratung und Abstimmung **95** 192; Entschädigung nach dem JVEG **95** 55; Ergänzungsschöffen **95** 48, 192; ErsatzschöffInnen **95** 42, 49; Jugendschöffen **89** 33, 35; Reihenfolge der Stimmabgabe **95** 197; an den Strafkammern **95** 77; im Strafverfahren, Ausschließung und Ablehnung **90** 31, Fragerecht **90** 240 f., Protokollierung der Namen **90** 272, Wiederaufnahmeverfahren wegen fehlerhafter Mitwirkung eines **90** 359, 362; keine Verweigerung der Abstimmung **95** 195
Schranken an Bahnübergängen **35a** 19; Verkehrseinrichtungen **35a** 43
Schreibauslagen *s. Dokumentenpauschale*
Schreiben einfacher Art, Rechtsanwaltsgebühren **117** Anl. 1 Nr. 3404; als Verarbeitung **20** 950 f.
Schreibfehler, Berichtigung im Urteil **100** 319
Schreibunfähige, Beurkundung von Willenserklärungen **23** 25
Schriften, freie Meinungsäußerung **1** 5, 17a, 18
Schriften iSd StGB 85 11; Einziehung **85** 74d; *s. a. Inhalte*
Schriftform für Abtretung der Hypothek **20** 1154; Bestätigung von Fernabsatzverträgen **20** 312f; des Darlehensvermittlungsvertrags **20** 655b; der Einwilligung des gesetzlichen Vertreters **20** 111; bei Hypothekenübernahme **20** 416; für Kündigung **20** 623, 650h; von Rechtsgeschäften, gesetzliches Erfordernis **20** 126, gewillkürte **20** 127; für Stiftungsgeschäft **20** 81; bei Teilzeit-Wohnrechteverträgen **20** 484; Verbraucherdarlehensvertrag **20** 492, Formmängel **20** 494
Schriftführer des Bundestages **1** 40
Schriftliches Verfahren 100 128; im Insolvenzverfahren **110** 5
Schriftliches Vorverfahren 100 276; Einlassungsfrist **100** 276
Schriftsatz, Berufungs- und Revisionsbegründung durch Einreichung eines **100** 519, 551; Einlegung eines Rechtsmittels durch Einreichung eines **100** 516; Verlesung der Anträge und Bezugnahme auf einen **100** 297; vorbereitender **100** 129 f., 519, Abschriften **100** 133, Urkunden **100** 131; für Wiederaufnahmeverfahren **100** 588; Zustellung **100** 270
Schriftstücke, Begutachtung der Echtheit **90** 93; Bezugnahme in mündlicher Verhandlung, Verlesung **100** 137; unbefugtes Öffnen **85** 202; Verlesung **90** 249
Schriftvergleich, Echtheitsbeweis **90** 93; **100** 441 f.
Schriftwerke, Urheberrechtsschutz **65** 2
Schulbaulast 21 132
Schulbus 35a 20
Schuld, Grundlage für Zumessung der Strafe **85** 46; Strafbarkeit nach **85** 29; Voraussetzung bei Strafschärfungsgründen **85** 18
Schuldanerkenntnis 20 781 f.; für Ehemaklerlohn **20** 656; handelsrechtliches **50** 350; schenkweise erteiltes **20** 518, 2301; für Spiel- und Wettschulden **20** 762
Schuldausschließungsgründe 85 19 f., 33
Schulden, Berichtigung nach Beendigung der Gütergemeinschaft **20** 1475; des Deutschen Reiches **1** 135a; eines Ehegatten zum Gesamtgut **20** 1468, bei Gütergemeinschaft **20** 1437; der Gesellschaft, Berichtigung **20** 733 ff.
Schuldenbereinigungsplan 110 305; Annahme durch Gläubiger **110** 308; Ersetzen der Zustimmung **110** 309; Rechtsanwaltsgebühren **117** Anl. 1 Nr. 3315 f.; Scheitern **110** 305a; im Verbraucherinsolvenzverfahren **110** 305; Zustellung an Gläubiger **110** 307
Schuldenkonsolidierung 50 303
Schulderlass 20 397; bei Gesamtschuldverhältnis **20** 423
Schuldfähigkeit, verminderte **85** 21; und Vollrausch **85** 323a
Schuldfrage, Entscheidung über **90** 263; **95** 196
Schuldner, Abwendung der Zwangsvollstreckung durch Sicherheitsleistung **100** 711, 720a; Aufenthaltsortsermittlung **100**

755; Erklärung bei Hinterlegung **20** 380; bei Geldinstitut gepfändetes Guthaben **100** 835; gruppenangehöriger iSd InsO **110** 3a, *s. a. dort;* Haftung **20** 276; im Insolvenzverfahren **110** 10, 227, Eigenverwaltung **110** 270 ff., *s. a. dort,* Restschuldbefreiung **110** 286 ff., *s. a. dort;* Leistung an Nießbraucher **20** 1075; Leistungsverweigerungsrecht **20** 275; Mehrheit **20** 420 ff.; Pfändungsfreigrenze **100** 850c; Schutz des guten Glaubens **20** 720; Teilleistungen **20** 266; Unterhalt im Insolvenzverfahren **110** 100; Vermögensauskunft **100** 802c ff.; Verpflichtung zur Leistung **20** 241 ff.; vorsätzliche Gläubigerbenachteiligung **110** 133; **111** 3; Wahlrecht bei Wahlschuld **20** 262 ff.; als Zwangsverwalter **108** 150b, 150d

Schuldnerverzeichnis 100 882b ff.; **102**; **102a**; Abdrucke **100** 882g, Bewilligung **102a** 1 ff., und Listen **102a** 8 ff.; Auskunftsrechte **100** 882h; automatisiertes Abrufverfahren **102a** 16 f.; Datenschutz **100** 882f ff.; **102** 9; **102a** 6, für den Antragsteller **102a** 4; Einsicht in das **100** 882f; **102** 5 ff., Ausschluss **102** 10; **102a** 18, elektronische **102** 6 ff.; Einsichtsberechtigte **102** 11; Eintragung, Löschung **100** 882e, bei Restschuldbefreiung **110** 303a; Eintragungsanordnung **100** 882c f.; Form und Übermittlung von Anordnungen und Entscheidungen **102** 2 ff.; Inhalt **102** 1; Löschungen **102** 4; **102a** 14; Registrierung zur Einsichtnahme **102** 7

Schuldrechliche Verpflichtung, Wertbestimmung **119** 50

Schuldrecht, internationales Privatrecht **21** 38; **21a**; **21b**

Schuldschein, Eigentum **20** 952; kaufmännischer **50** 344; Rückgabe **20** 371

Schuldspruch in Jugendsachen **89** 27; bei Strafaussetzung zur **89** 27; Tilgung **89** 63, nach JGG **89** 30

Schuldtitel, vollstreckbarer **100** 795, 801

Schuldübernahme 20 414 ff.; Ausgleichungsanspruch **20** 426; bei Zwangsversteigerung **108** 53

Schuldunfähigkeit 85 17 f., 20 f.; Anordnung von Maßregeln ohne Strafverfahren **85** 71; Anstaltsunterbringung **85** 63; **90** 126a; Eintragung ins Zentralregister **92** 3, 11; des Kindes **85** 19; des Täters, Sicherungsverfahren **90** 413; bei unerlaubter Handlung **20** 827 ff.; Vollrausch **85** 323a

Schuldverhältnisse 20 241 ff.; im Beitrittsgebiet **21** Art. 232; Erlöschen durch Leistung **20** 362 ff.; Inhalt **20** 241 ff.; Schadensersatz bei Pflichtverletzungen **20** 280, 282, bei Modernisierungsmaßnahmen **20** 559d; Übergangsvorschriften **21** 170; Verbraucherverträge **20** 312 ff.

Schuldverschreibungen, Aufgebotsverfahren zwecks Kraftloserklärung **112** 483; Ausgabe **51** 221; Ausstellung durch Vormund **20** 1822; Hypothek für Forderungen aus **20** 1187 ff.; auf Inhaber **20** 248, 793 ff.; **21** 100, Umschreibung auf Namen **20** 806; Kraftloserklärung **20** 799 f.; mündelsichere **20** 1807; auf Namen **21** 101; öffentlich-rechtlicher Körperschaften **21** 100, Kreditanstalten **20** Anm. zu 1807; auf Sicht **20** 799; Übergangsregelung im Insolvenzrecht **110a** 109; unverzinsliche auf Sicht **20** 799

Schuldversprechen 20 780, 782; handelsrechtliche **50** 350; schenkungsweise erteiltes **20** 518, 2301; für Spiel- und Wettschuld **20** 762

Schule, Anhörung der Lehrer im Jugendstrafverfahren **89** 43; gesetzlich erlaubte Nutzung geschützter Werke **65** 60a f.; Mitteilung des Jugendgerichtsverfahrens an **89** 70

Schulfunksendungen, Urheberrechtsschutz **65** 47

Schulpflicht 20 1666

Schulwesen 1 7

Schutz von ausübenden Künstlern im Urheberrecht **65** 137c; des Pfandrechts **20** 1227; der Zivilbevölkerung, Gesetzgebung **1** 73

Schutzbefohlene, Misshandlung **85** 225

Schutzdauer nach MarkenG **72** 47, 153

Schutzgesetz, Verstoß gegen als unerlaubte Handlung **20** 823

Schutzhelme 35a 21a

Schutzschirmverfahren gem. § 270b InsO **110** 270d, während der COVID-19-Pandemie **110d** 6

Schutzschriftenregister, Gebühren **120** 15a

Schutzvorrichtungen, Unbrauchbarmachung **85** 145

Schutzwehre, Beschädigung **85** 318

Schwägerschaft 20 1590; **21** 51

Schwangere Frauen, Aussetzung der Erbteilung **20** 2043; Unterhaltsanspruch **20** 1963, 2141; Verdienstausfall während Schutzfristen, Krankentagegeldanspruch **62** 192

Schwangerschaftsabbruch 85 218 ff.; im Ausland **85** 5; Verbot der Werbung für, Aufhebung von Urteilen **85a** 316n

Schwarmfinanzierungsdienstleister für Unternehmen gem. VO (EU) 2020/1503 **20** 513

Schwarzarbeit, Haftung des Unternehmers bei **20** Anm. zu 618; Zuständigkeit der Wirtschaftsstrafkammer **95** 74c
Schwebebahn, Gefährdung des Verkehrs **85** 315 f.; Haftung **33** 1
Schwebezeit bei Bedingung **20** 160 f.
Schweigen als Annahme **50** 362; nach Annahme des Vertragsantrags **20** 151
Schweigepflicht über gerichtliche Verhandlung **95** 174; und Nichtanzeige von Straftaten **85** 139
Schwerbehindertenvertretung, arbeitsgerichtliches Verfahren **83** 83; Rechtsweg bei Streitigkeiten **83** 2a
Schwertransporte auf Straßen **35a** 29
Schwurgerichte, Besetzung **95** 76; bestellte oder beigeordnete Rechtsanwälte, Gebühren **117** Anl. 1 Nr. 4122 f.; gemeinsames mehrerer Landgerichte **95** 74b; Privatklage vor **90** 384; Revision gegen Urteil des **90** 333; Terminsgebühren im ersten Rechtszug **117** Anl. 1 Nr. 4120 f.; Verfahrensgebühren im ersten Rechtszug **117** Anl. 1 Nr. 4118 f.; keine Zuständigkeit bei Jugendlichen **89** 41
Seebetriebsrat, Kündigung von Mitgliedern **84** 15
Seefrachtrecht 50 450
Seelische Störungen und Verantwortlichkeit iSd OWiG **94** 12
Seelisches Leid bei Tötung eines Menschen, Entschädigung **20** 844; **27** 7; **28** 12; **33** 5; **35** 10
Seelsorge in öffentl. Anstalten **1** 140
Seemannsamt, Zuständigkeit bei Kündigungen **84** 24, für vorläufige Entscheidungen in Arbeitssachen **83** 111
Seerechtliche Haftungsbeschränkung 100 786a; Urteil unter Vorbehalt **100** 305a
Seereise, Testamentserrichtung **20** 2251
Seeschaden, Berechnung und Verteilung, Einsichtsrecht **112** 404; Weigerung des Dispacheurs **112** 403
Seeschiffe, Eigentumsübertragung **20** 929a
Seeschifffahrt 1 89; Haftungsbeschränkung bei Zwangsvollstreckung **100** 786a; Kündigungsschutz **84** 24; Versicherung **62** 209
Seetestament 20 2251
Seeversicherung 62 209
Seewasserstraßen 1 74
Sehbehinderte Menschen, Barrierefreiheit des Gerichtsverfahrens **95** 191a; Beurkundung von Willenserklärungen **23** 22; Testamentserrichtung **20** 2233; Vervielfältigungsrechte nach dem UrhG **65** 45b
Seitenlinie, Erbverzicht **20** 2349; Seitenverwandtschaft **20** 1589
Seitenstreifen von Fahrbahnen **35a** 2, Benutzung **35a** 41
Sektorenauftraggeber, Vergabe öffentlicher Aufträge durch **74** 136 ff., Arten **74** 141, bergrechtliche **74** 143
Sekundärinsolvenzverfahren, Rechtsanwaltsgebühren **117** Anl. 1 vor Nr. 3313
Selbständige Angriffs- oder Verteidigungsmittel 100 146
Selbständige Erwerbstätigkeit, Insolvenzmasse und Vermögen bei **110** 35; Zustimmung des Ehegatten **20** 1456
Selbständiges Beweisverfahren 100 485 ff.; Arbeitsgericht, Gebühren **115** Anl. 1 Nr. 8400; in Familiensachen, Gerichtskosten **118** Anl. 1 Nr. 1503; Gebühren **115** Anl. 1 Nr. 1610, Finanzgericht **115** Anl. 1 Nr. 6300; und Hemmung der Verjährung **20** 204; Klagefrist **100** 494a; Rechtsanwaltsgebühren **117** Anl. 1 vor Nr. 3100; verwaltungsgerichtliche Gebühren **115** Anl. 1 Nr. 5300
Selbstbestimmung, freie S. des deutschen Volkes **1** Präambel
Selbsthilfe 20 229 ff.; gegen verbotene Eigenmacht **20** 859 f.; des Vermieters **20** 562b
Selbsthilfekauf 50 373
Selbsthilfeverkauf 20 383, 450 f.; **50** 379, 388 f.
Selbstkontrahieren 20 181; **52** 35
Selbstschuldnerische Bürgschaft 20 773
Selbsttötung und Lebensversicherung **62** 161; Strafbarkeit der geschäftsmäßigen Förderung (Verfassungswidrigkeit) **85** 217
Selbstverwaltung der Gemeinden **1** 28
Selbstvornahme beim Werkvertrag **20** 637
Seminarerlaubnis Verkehrspädagogik 35 4a
Seminarerlaubnis Verkehrspsychologie 35 4a
Senate beim BGH **95** 130, Besetzung **95** 139; an den Oberlandesgerichten **95** 122, spezialisierte **95** 119a; **95a** 40a; Vertretung der Mitglieder **95** 117
Senderechte, Direkteinspeisung **65** 20d; iSd UrhG **65** 20 ff.
Sendeunternehmen, Direkteinspeisung und öffentliche Wiedergabe **65** 20d; ergänzende Online-Dienste **65** 20c; Urheberrechtsschutz **65** 87
SEPA-Überweisung, entgeltfreie **20** 270a
Sequester, Herausgabe unbewegl. Sachen an einen **100** 848, 855
Sequestration, Anordnung **100** 938
Seuchen, Gesetzgebung **1** 74
Seuchengefahr, Grundrechtsbeschränkung **1** 11, 13

Sexualisierte Gewalt gegen Kinder, Eintragungen im Führungszeugnis **92** 33 f., 41, 45 f., 69; Sicherungsverwahrung **85a** 316l
Sexuelle Belästigung, Nebenklage **90** 395; Strafbarkeit **85** 184i
Sexuelle Handlungen, Begriff **85** 184h; Bildaufnahmen des Intimbereichs **85** 184k; aus einer Gruppe **85** 184j, Nebenklage **90** 395, Opferbeistand **90** 397a; Schadensersatz bei Bestimmung zu **20** 825; verbotene Sexpuppen mit kindlichem Erscheinungsbild **85** 184l
Sexuelle Nötigung **85** 177 f.; strafbare Androhung **85** 126
Sexuelle Selbstbestimmung, Straftaten gegen die **85** 174 ff.; **85a** 316g, und Ehewohnung **20** 1361b, Hemmung der Verjährung **20** 208
Sexueller Missbrauch **85** 174 ff.; von Jugendlichen **85** 180, 182; von Kindern **85** 176 ff.; **85a** 316l, ohne körperlichen Kontakt **85** 176a, schwerer **85** 176c, mit Todesfolge **85** 176d, strafbare Vorbereitung **85** 176b; Schutzbefohlener **85** 174; Verjährung **85** 78b; Verjährungsfrist **21** 31, Art. 229 § 31
Sexueller Übergriff, Strafbarkeit **85** 177 f., der Androhung **85** 126
Sicheres Geleit **90** 295
Sicherheit, Gefährdung der äußeren durch Taten im Ausland **85** 5; System kollektiver **1** 24
Sicherheiten, Wertbestimmung über Nennbetrag **119** 53
Sicherheitsarrest, dinglicher **100** 917; persönlicher **100** 918, 933; bei Selbsthilfe **20** 230
Sicherheitsgurte, Ausnahmen von der Anschnallpflicht **35a** 21a; in der Personenbeförderung **35a** 21
Sicherheitsleistung, Abwendung der Vollstreckung **100** 720, 868; wegen Amts- oder Gewerbebetriebs **21** 90; Arrest gegen **100** 921 f., 925; Art und Weise **20** 232 ff.; **100** 108; Aufhebung des Arrestes gegen **100** 923, 927, 934; für Ausgleichsforderung **20** 1382; bei Aussetzung des Vollzugs des Haftbefehls **90** 116a, 123; Befreiung bei PKH **100** 122; statt Befreiung von Verbindlichkeit **20** 257; vor Beginn der Zwangsvollstreckung **100** 751; des Bundes **1** 115; für Bürgen **20** 775; Einstellung der Vollstreckung gegen **100** 732, 769; bei einstweiliger Verfügung **100** 939; des Erben **20** 2217; für Erbschaftsgläubiger **20** 1986; Ergänzung **20** 240; Forderung in laufende Rechnung **50** 356; bei Gefährdung des Kindesvermögens **20** 1667; für Geldrente **20** 843; **33** 8; für Gläubiger von Genossenschaften **53** 22, 120; Klage auf **100** 324; im Klageerzwingungsverfahren **90** 176; für künftig entstehenden Schaden **100** 890; bei Miete **20** 551, 562c, 566a; und Neubeginn der Verjährung **20** 212; des Nießbrauchers **20** 1039, 1051 f., 1067; bei Nutzungsänderung **20** 590; bei Pächterpfandrecht **20** 583; des Privatklägers **90** 379; wegen Prozesskosten **100** 110, Rückgabe **100** 715; bei Strafaufschub **90** 456; bei Teilbetrag **100** 752; eines Unterhaltsverpflichteten **20** 1585a; bei verderblichem Pfand **20** 1218; Verfall **90** 124; für verjährten Anspruch **20** 214; bei Vermögensverschlechterung **20** 321; bei Verurteilung zur Zahlung einer Geldrente **35** 13; **100** 324; des Vorerben **20** 2128; beim Vorkauf **20** 468; vorläufige Vollstreckbarkeit von Urteilen **100** 709; bei Wegnahme von Einrichtungen **20** 258; im Zivilprozess **100** 108 ff., Rückgabe **96** 20; Zurückbehaltungsrecht, Abwendung durch **20** 273; bei Zwangsversteigerung von Grundstücken **108** 67 ff., 184; bei Zwangsvollstreckung aus Versäumnisurteil **100** 719
Sicherheitsmaßregeln für Nachlass **20** 1960
Sicherstellung der Kosten **119** 11 ff.; Wert bei Streit über **100** 6; nach WirtschaftsstrafG **88** 1
Sicherung des Beweises *s. Beweissicherung;* des Nachlasses **20** 1960; Übertragung eines Rechtes zur **20** 216; des Verurteilten, vorläufige Maßnahmen **90** 453c
Sicherungsanordnung bei Räumungsklage **100** 283a
Sicherungsanordnungsantrag, Gebühren **115** Anl. 1 Nr. 1110, 1222, 1223, 1232
Sicherungseinziehung von Gegenständen **85** 74b
Sicherungsgrundschuld **20** 1192
Sicherungsgut, Verwertung im Insolvenzverfahren **110** 282
Sicherungshypothek **20** 1184 ff.; **21** 192; des Bauunternehmers **20** 650e; Eintragung **100** 720a; Entstehung **100** 848; Erwerb **20** 1287; des Fiskus **21** 91; Gläubiger und Ersteher als Kostenschuldner **119** 23; des Pfandgläubigers **20** 1287; Pfändung **100** 830; als Sicherungsmittel **20** 238; am Vermächtnisgrundstück **20** 2166; im Zwangsversteigerungsverfahren **108** 128 f.; Zwangsvollstreckung durch Eintragung einer **100** 866 f.
Sicherungsmaßnahmen im Insolvenzverfahren **110** 21 ff., 344, Aufhebung **110** 25;

im Zwangsversteigerungsverfahren **108** 25
Sicherungsrechte, Übergang **20** 401
Sicherungsschein des Reiseveranstalters **21** Art. 252, Anlage 18 zu 252
Sicherungsübereignung 20 216, 930
Sicherungsverfahren statt Strafverfahren **90** 413 ff.
Sicherungsverwahrung 85 61, 66 ff.; **85a** 316l; Anhörung eines Sachverständigen vor **90** 246a; Ausgestaltung der Unterbringung **85** 66c; Dauer **85** 67d; Gebühren des Verteidigers **117** Anl. 1 vor Nr. 4100, Anl. 1 Nr. 4200 ff.; bei Heranwachsenden **89** 106; bei Jugendlichen **89** 81a; nachträgliche **89** 7; nachträgliche Anordnung **85** 66b; **85a** 316i; späterer Beginn **85** 67c; Übergangsvorschrift **85a** 316e f.; Verfahren **115** Anl. 1 vor Nr. 3110; keine Vollstreckungsverjährung **85** 79; Vorbehalt der, Belehrung **90** 268d, als Urteilsbestandteil **90** 260, Verfahren über Entscheidung **90** 275a; Vorbehalt der Unterbringung **85** 66a; **85a** 316i; Zuständigkeit bei vorbehaltener Anordnung **95** 74f, 120a; keine Zuständigkeit des Amtsgerichts **95** 24
Sichtweite im Straßenverkehr **35a** 3
Siedlungsunternehmen, Vorschlagsrecht für Zwangsverwalter **108** 150a
Siedlungswesen 1 74
Siegel, Anlegung von **100** 808; Beschädigung **85** 136; als Schutzhindernisse iSd MarkenG **72** 8
Siegelung, Gerichtsvollziehergebühren **123** Anl.; der Insolvenzmasse **110** 150; des Nachlasses **20** 1960; **21** 140
Sielrecht 21 66
Signal, Missbrauch von Notsignalen **85** 145
Silbersachen als Pfand **20** 1240
Sitten, Verstoß gegen die guten durch Kündigung **84** 13, durch eine Leistung **20** 819
Sittenwidrige Rechtsgeschäfte 20 138
Sittliche Pflicht, Erfüllung **20** 814; Schenkung zur Erfüllung einer **20** 1804, 2113
Sittliches Verschulden des Unterhaltsberechtigten **20** 1611
Sittlichkeit, Ausschluss der Öffentlichkeit wegen Gefährdung der **95** 172; Schadensersatz bei Verletzung der **20** 847
Sitz der Stiftung **20** 80; des Vereins **20** 24, 57
Sitzungen des Bundestages **1** 39, 42 f.
Sitzungsberichte 1 42
Sitzungspolizei 95 176 ff.
Sitzungsprotokoll 90 271 ff.; **100** 159 ff.; Ausschluss der Öffentlichkeit **95** 174; Feststellungen zum **100** 297, 389, 510a; Gegenbeweis gegen den Tatbestand **100** 314; bei Verhängung von Ordnungsmitteln **95** 182
Smog *s. Umwelt*
Sofortige Beschwerde 100 567 ff.; Ablehnung des Sachverständigen **100** 406; in Arbeitssachen **83** 72b, 77, 92b; **84** 5; gegen Aufhebung des Arrestes **100** 934; gegen Aussetzung der Jugendstrafe **89** 59, des Verfahrens **100** 252; Berichtigung des Urteils **100** 319; gegen Einspruch **94** 70; gegen einstweilige Einstellung der Zwangsversteigerung **108** 30b; im Insolvenzverfahren **110** 6, 34, 75, 78, 204, 216, 253; **110a** 102c § 6, 102c § 9, 102c § 20, 102c § 26, nach der VO (EG) 1346/2000 **110a** 102, nach der VO (EU) 2015/848 **110a** 102c; bei Klagerücknahme **100** 269; gegen Kostenentscheidungen **100** 91a, 99; gegen Kostenfestsetzung **100** 104; im Nachprüfungsverfahren **74** 171 ff.; bei PKH **100** 127; Räumung von Wohnraum **100** 721; gegen Rückgabe einer Sicherheitsleistung **100** 109; bei Teilvollstreckung einer Einheitsstrafe gegen Jugendliche **89** 56; gegen Unterbringung zur Beobachtung **89** 73; gegen verhängte Ordnungsmittel **100** 380, 390, 409; nach ZPO **100** 569; gegen Zurückweisung des Antrags auf Versäumnisurteil **100** 336, eines Mahnantrags **100** 691; im Zwangsvollstreckungsverfahren **100** 793; gegen Zwischenurteile **100** 71, 135, 387
Sofortige Beschwerde nach StPO 90 46, 124, 210, 270, 311, 322; bei Ablehnung eines Richters **90** 28; gegen gerichtliche Entscheidungen **90** 462; gegen Kostenentscheidungen **90** 464; gegen Kostenfestsetzung **90** 464b; im Wiederaufnahmeverfahren **90** 372
Sofortige weitere Beschwerde im Zwangsvollstreckungsverfahren **100** 793
Software 65 137d; Urheberrechtsschutz **65** 2, 69a ff., 137d, bei Dekompilierung **65** 69e; Vervielfältigung **65** 53
Soldaten, Beschränkung der Wählbarkeit **1** 137; Beschwerden, Disziplinarverfahren **1** 96; Bestechung von **85** 333 f.; Grundrechtseinschränkung **1** 17a; Jugendstrafvorschriften **89** 112a ff.; Straftaten durch **85** 5; tätlicher Angriff auf **85** 114; Widerstand gegen **85** 113; Wohnsitz **20** 9
Sonderbedarf, Unterhalt für die Vergangenheit **20** 1585b, 1613
Sondereigentum, Inhalt **37** 5; Rechte aus dem **37** 13; Unselbständigkeit **37** 6; und Veräußerungsbeschränkung **37** 12; vertragliche Einräumung **37** 3 f.; an einer

Wohnung, Eintragung **119** Anl. 1 Nr. 14112
Sondergerichte 1 101
Sondergut eines Ehegatten bei Gütergemeinschaft **20** 1417, 1442, 1464; Erbschaft als **20** 1461; bei fortgesetzter Gütergemeinschaft **20** 1486; keine Haftung des Gesamtguts **20** 1440; Verwendungsersatz **20** 1467
Sonderkündigungsrecht des Mieters nach Mieterhöhung **20** 561, bei Modernisierungsmaßnahmen **20** 555e
Sonderprüfer, Bestellung und Kosten **51** 146; Bundesanstalt für Finanzdienstleistungsaufsicht **51** 261a; gerichtliche Entscheidung über abschließende Feststellungen, Geschäftswert **119** 72
Sonderprüfung bei Konzernen **51** 315
Sonderrechte im Straßenverkehr **35a** 35
Sondervorteile von Aktionären **51** 26
Sonnabend, Fristende an einem **20** 193
Sonntag, Fahrverbot an **35a** 30, 46; Fristende an einem **20** 193; Schutz **1** 140
Sorge, elterliche **20** 1626 ff., *s. a. dort;* für Kindesvermögen **20** 1626, 1638 ff.; für Vermögen des Mündels **20** 1795
Sorgeerklärungen 20 1626a ff.
Sorgerecht, Abänderung gerichtlicher Entscheidungen und gebilligter Vergleiche **20** 1696; elterliches **21** 30, *s. a. dort;* gemeinsames **20** 1687
Sorgerechtsübertragung 20 1671
Sorgfaltspflicht der Ehegatten **20** 1359; wie in eigenen Angelegenheiten **20** 277; des Entleihers **20** 605; der Gesellschafter **20** 708; des Mieters **20** 543; eines ordentlichen Kaufmanns **50** 347; im Verkehr erforderliche **20** 276; bei Verwahrung **20** 690; bei Wertersatzpflicht **20** 347
Sorten und Markenschutz **72** 8
Sortenschutz, Bewerdeverfahren, Rechtsanwaltsgebühren **117** Anl. 1 Nr. 3510
Sortenschutzgesetz 115 1; Streitwertberechnung **115** 51
Souveränität, Beschränkung **1** 24
Sozialarbeiter, strafbare Verletzung von Privatgeheimnissen **85** 203
Sozialer Bundesstaat 1 20
Sozialer Rechtsstaat, Länderverfassungen **1** 28
Sozialgericht, Berufung, Gebühren **115** Anl. 1 Nr. 7120 ff.; Beschwerde und Erinnerung, Rechtsanwaltsgebühren **117** Anl. 1 Nr. 3501; Beweissicherungsverfahren, Gebühren **115** Anl. 1 Nr. 7300; Bewerdeverfahren, Gebühren **115** Anl. 1 Nr. 7500 ff.; erster Rechtszug, Gebühren **115** Anl. 1 Nr. 7110 f.; Gebühren **115** Anl. 1 Nr. 7110 bis 7601; Revision, Gebühren **115** Anl. 1 Nr. 7130 ff.; Streitwertberechnung **115** 52; Verfahrensgebühr **117** Anl. 1 Nr. 3406; Vergleich, Gebühren **115** Anl. 1 Nr. 7600; Verzögerung des Rechtsstreits, Gebühren **115** Anl. 1 Nr. 7601; vorläufiger Rechtsschutz, Gebühren **115** Anl. 1 Nr. 7210 ff.
Sozialgerichtsbarkeit, oberster Gerichtshof des Bundes **1** 95
Sozialgerichtsgesetz, Kosten **115** 1
Sozialhilfe, Gerichtsvollzieherkosten **123** 2; Gesetzgebung **1** 74
Sozialisierung 1 15, 74
Sozialleistungen auf Grund Körper- oder Gesundheitsschadens **20** 1610a
Sozialpädagogen, strafbare Privatgeheimnisverletzung **85** 203
Sozialplan im Insolvenzverfahren **110** 123 f.
Sozialrechtliche Angelegenheiten, Einigung oder Erledigung **117** Anl. 1 Nr. 1005; Rechtsanwaltsgebühren **117** 3
Sozialversicherung 1 74, 87; Fälschung des Wahlausweises **85** 107b; Zuschüsse des Bundes **1** 120
Sozialversicherungsbeiträge, Vorenthaltung als schwere Straftat **85** 266a, Telekommmunikationsüberwachung **90** 100a
Sozialversicherungsgesetze, Zuwiderhandlungen **85a** 318
Sozialwahl, Fälschung der Unterlagen **85** 107b
Spaltung zur Aufnahme **52a** 126 ff.; zur Neugründung **52a** 135 ff.; eines Rechtsträgers **52a** 123 ff.
Spaltungsvertrag 52a 126
Spam-Mails als unzumutbare Belästigungen iSd UWG **73** 7
Spannungsfall, Aufgaben der Streitkräfte **1** 87a; Feststellung **1** 80a; Sonderrechte im Straßenverkehr bei Einsätzen **35a** 35
Sparkassen, Anlegung von Mündelgeld **20** 1807; öffentliche **21** 99; Prüfung von Jahresabschluss und Lagebericht **50** 340k; Zinseszinsen **20** 248
Sparkassenbücher 20 808
Sparkontoverträge 21 Art. 232
Spediteur, Pfandrecht **50** 366
Speditionsgeschäft 50 453 ff.; Begleitpapiere **50** 455; Haftung **50** 461 f., abweichende Vereinbarungen **50** 466; nachfolgender Spediteur **50** 465; Pfandrecht **50** 464; Sammelladung **50** 460; Schadensersatz **50** 455; Selbsteintritt **50** 458; Vergütung **50** 456, 459; Verjährung **50** 463; Versendung **50** 454
Speditionsvertrag 50 453

Sperre für Erteilung der Fahrerlaubnis **85** 69a
Sperrjahr nach Liquidation einer Aktiengesellschaft **51** 272, einer Genossenschaft **53** 90, eines Vereins **20** 51
Sperrung des Mündelvermögens **20** 1809, 1816
Sperrvermerk für Buchforderungen **20** 2118; bei Eintragung ins Zentralregister **92** 20
Spezialitäten, traditionelle und Markenschutz **72** 8
Speziesschuld 20 292
Spezifikation einer Sache **20** 950
Spezifikationskauf 50 375
Spiel 20 762 ff.; auf Straßen und Wegen **35a** 31
Spielbanken, Abgaben **1** 106
Spionage 85 93
Sport und Spiel auf Straßen und Wegen **35a** 31
Sportveranstaltungen, Regelungen aufgrund der COVID-19-Pandemie **21** Art. 240 § 5; Straftaten **85** 265c ff.
Sportwettbetrug 85 265c ff.; als strafbare Auslandstat **85** 5; Telekommmunikationsüberwachung **90** 100a
Sportwettbewerbe, Straftaten **85** 265c ff.
Sprache bei Beurkundung **23** 5, 16, 26, 32, 50; in Teilzeit-Wohnrechteverträgen **20** 483; *s. a. Gerichtssprache*
Sprachwerke, Urheberrechtsschutz **65** 2
Sprengstoffexplosion 85 308, 310
Sprengstoffverbrechen im Ausland **85** 6
Spruchverfahren, Gegenstandswert für Rechtsanwaltsgebühren **117** 31; gerichtliche Nachprüfung einer Abfindung **52a** 34; Geschäftswert **119** 74; Kostenschuldner **119** 23
Sprungrechtsbeschwerde 83 96a; **112** 75
Sprungrevision 83 76; **90** 335; **100** 566
Staat, Aufrechnung gegen **20** 395; als gesetzlicher Erbe **20** 1936; Grundstücksübertragungen **21** 126; Haftung für Beamte **1** 34; **20** 839; **21** 77; Hochverrat **85** 81 ff.; und Kirche **1** 140; Sicherungshypothek **21** 91; Straftaten gegen ausländische **85** 102 ff.; strafbare Verunglimpfung des und seiner Symbole **85** 90a; Voraussetzungen des gesetzlichen Erbrechts **20** 1936
Staatenlose 1 16; Rechtsstellung **21** Anm. zu Art. 7; Urheberrechtsschutz **65** 122
Staatenlosigkeit 1 16
Staatliche Anerkennung der Stiftung **20** 80, 82 f.
Staatsangehörigkeit 1 16, 73, 116; Urheberrecht **65** 120 ff.
Staatsanwältinnen und -anwälte, Absehen von Verfolgung bei Jugendstrafverfahren **89** 45; Antrag auf vereinfachtes Jugendverfahren **89** 76; Dienstaufsicht **95** 147; Erhebung der Anklage vor Amtsgericht **95** 24 ff., 74, vor Strafkammer **95** 24 ff., 74; in Jugendstrafsachen **89** 36; Übertragung von Aufgaben auf Referendar **95** 142; Weisungsgebundenheit **95** 146; Zustimmung zur Einstellung des Jugendstrafverfahrens **89** 47
Staatsanwaltschaft 95 141 ff.; Abgabe von Erklärungen **90** 257; Absehen von Klageerhebung **90** 153b; Anfechtung des Beschlusses über Arrest und Zwangsvollstreckung **90** 111g; Anhörung vor Entscheidungen **90** 309; Anordnung der Beschlagnahme **90** 98, der Durchsuchung **90** 105; Antrag auf Erlass von Strafbefehlen **90** 407 f., auf gerichtliche Untersuchungshandlung **90** 162; Anzeige bei der **90** 158; Ausführung der Zustellung und Vollstreckung von Entscheidungen **90** 36; Ausschreibung zur Beobachtung **90** 163e; beigeordneter Zeugenbeistand, Rechtsanwaltsgebühren **117** 59a; Durchsicht, beschlagnahmter Papiere **90** 110; Einreichung der Anklageschrift **90** 199; Einrichtung einer Geschäftsstelle **95** 153; Einstellung des Verfahrens durch die **90** 170 f., 467a; Entscheidung über Anklageerhebung **90** 171; Erhebung der öffentlichen Klage **90** 152 ff.; Ermittlungen der **90** 160 f., Befugnisse **90** 161 f.; Ermittlungspersonen **95** 152; Erörterung des Verfahrensstands mit Verfahrensbeteiligten **90** 160b, *s. a. dort;* Europäische *s. dort;* Fragerecht **90** 240 ff.; in der Hauptverhandlung **90** 226, mehrere Staatsanwälte **90** 227; Kosten nach JGG, OWiG, StPO **115** 1; Ladung **90** 214; Mitteilungen an das Kraftfahrt-Bundesamt **35** 28; bei Nebenklagen **90** 396, 401; Nichtverfolgung von Auslandstaten **90** 153c; im Privatklageverfahren **90** 376 f.; Protokoll der Untersuchungshandlungen **90** 168b; Rechtsmittel **90** 296; und Rechtspfleger **96** 31; sachliche Zuständigkeit **95** 142; Schlussvortrag (Plädoyer) **90** 258, 326, im Revisionsverfahren **90** 351; Strafvollstreckung **90** 451; Unabhängigkeit **95** 150 f.; Verfahren **94** 63 f.; Vermerk über Ermittlungsabschluss **90** 169a; Vernehmung des Beschuldigten **90** 163a; Zurücknahme der Rechtsmittel **90** 302; Zuständigkeit, örtliche **95** 143; Zuständigkeit nach OWiG **94** 40 ff.; Zustellungen an **90** 41

Staatsanwaltschaftliches Verfahrensregister, länderübergreifendes **90** 492 ff.
Staatsaufsicht über Prüfungsverbände **53** 64; über Schulen **1** 7
Staatsbeamte *s. Beamte*
Staatsbürgerliche Rechte und Pflichten **1** 1 bis 19, 33
Staatsform der BRD **1** 20
Staatsgebiet, Unternehmen gegen **85** 81 ff.
Staatsgefährdende Gewalttat, Anleitung zur Begehung einer schweren **85** 91; Aufnahme von Beziehungen zur Begehung einer **85** 89b; Vorbereitung einer schweren **85** 89a
Staatsgeheimnisse, Verrat **85** 93
Staatsgerichtshof, Rechtsanwaltsgebühren **117** 37
Staatshaftung 1 34, 74; **20** 839
Staatskasse, Beschwerderecht des Vertreters in Betreuungssachen **112** 304; Erinnerung gegen Ansatz von Gerichtsvollzieherkosten **123** 5; Kostentragung **90** 467 f., 473
Staatskirche 1 140
Staatsleistungen an Religionsgesellschaften **1** 140
Staatsschuldbuch 21 97, 100; Anlegung von Mündelgeld **20** 1807; Verpfändung von Forderungen **20** 232
Staatsschulden, Rückzahlung **21** 98; Umwandlung **21** 98
Staatsschutzdelikte, Absehen von Strafverfolgung **90** 153d f.
Staatsschutzkammer, bestellte oder beigeordnete Rechtsanwälte, Gebühren **117** Anl. 1 Nr. 4122 f.; am Landgericht, Zuständigkeit **95** 74a; Terminsgebühren im ersten Rechtszug **117** Anl. 1 Nr. 4120 f.; Verfahrensgebühren im ersten Rechtszug **117** Anl. 1 Nr. 4118 f.
Staatsschutz-Strafsachen, Gerichtsbarkeit **1** 96
Staatssicherheit, Ausschluss der Öffentlichkeit **95** 172
Staatsverträge 1 32, 59, 79; Fortgeltung alter **1** 123; der Länder **21** 56
Staffelmiete 20 557a; **21** 35
Stalking als Straftat **85** 238
Stämme, Erbfolge nach **20** 1924, 1927
Stammgüter 21 59
Standesamt, Mitteilungspflichten **112** 168a
Standesbeamte, Zuständigkeit und Pflichten bei Eheschließung **20** 1310 ff.
Standlicht von Fahrzeugen **35a** 17
Standort, Wohnsitz des Soldaten **20** 9
Standortabfrage eines Mobiltelefons, Entschädigung **116** Anl. 3 Nr. 400
Standortdaten, Datenerhebung **90a** 12
Statut, Ermittlung **100** 293; Personalstatut von Ausländern **21** Art. 7
Steckbrief 90 131; für Strafvollstreckung **90** 457
Steinbruch, Haftpflicht des Unternehmers **33** 3
Steine, Gewinnung **20** 1037
Stellenbesetzung bei Bundesbehörden **1** 36
Stellvertreter des Bundeskanzlers **1** 69; von GmbH-Geschäftsführern **52** 44
Stellvertretung, anzuwendendes Recht **21** Art. 8; im Besitz **20** 855, 860; direkte und indirekte **20** 164 ff.; Wirkung **20** 164
Sterbekasse, Aufrechnung mit Ansprüchen aus **20** 394
Sterilisation bei Betreuten **20** 1900, 1905; **112** 297; Einwilligung **20** 1631c, durch besonderen Betreuer **20** 1899; erlaubte als Dienstverhinderung **20** 617
Steueraufkommen 1 105 bis 108
Steuerberater, strafbare Verletzung von Privatgeheimnissen **85** 203
Steuerbevollmächtigte, strafbare Verletzung von Privatgeheimnissen **85** 203
Steuergeheimnis, Verletzung **85** 355
Steuern in der Bilanz **50** 274; Gesetzgebung **1** 105; in Gewinn- und Verlustrechnung **50** 278; latente **50** 274, 306; als Masseverbindlichkeit **110** 55
Stiefeltern, Umgangsrecht **20** 1685
Stieffamilie, Schutz **20** 1682
Stiefkinder, Ausbildung **20** 1371; Ausstattungskosten bei Gütergemeinschaft **20** 1444, 1466
Stifter, Verpflichtung **20** 82
Stiftungen 20 80 ff.; **21** Art. 231; keine Antragspflicht gem. InsO **110** 5; Auseinandersetzung des Nachlasses **20** 2043; als Erben **21** 138; Gerichtsstand **100** 17; Haftung **20** 89; kirchliche **1** 140; Rückwirkung der Anerkennung **20** 84; Umwandlungen **52a** 161 ff.
Stiftungen des öffentlichen Rechts, Pflichten nach dem PublG **52b** 3 ff.; Zwangsvollstreckung gegen **100** 882a
Stiftungsgeschäft, Form **20** 81; von Todes wegen **20** 83
Stiftungsorgane, Geschäftswert von Beschlüssen **119** 108
Stiftungssachen vor dem Amtsgericht, Geschäftswert **119** 67
Stille Gesellschaft 50 230 ff.; Auflösung **50** 234 f.; Auseinandersetzung **50** 235; Einsicht in Geschäftsbücher **50** 233; Gewinnanteil **50** 231; Gewinnauszahlung **50** 232; Insolvenzverfahren **50** 236; Kündigung **50** 234; Tod des stillen Gesellschafters **50** 234

Stilllegung des Betriebes, Kündigung **84** 15
Stillschweigen als Annahme **50** 362; als Genehmigung der Ware **50** 377
Stillschweigende Vereinbarung einer Vergütung für Dienste **20** 612
Stillschweigende Verlängerung des Dienstvertrags **20** 625
Stillstand der Rechtspflege **100** 245
Stimmen der Länder im Bundesrat **1** 51
Stimmengleichheit **95** 196
Stimmenkauf bei der Genossenschaft **53** 152
Stimmenmehrheit der Gemeinschaftsteilhaber **20** 745; der Gesellschafter **20** 712; der Richter **95** 196; *s. a. Mehrheit*
Stimmrecht der Genossenschaftsmitglieder **53** 43; bei Inhaberaktien, Berechtigungsnachweis **51** 123; im Insolvenzverfahren **110** 77, 237 ff.; bei Mehrheitsbeteiligung **51** 16; Ruhen **52a** 35; der Vereinsmitglieder **20** 34; Verlust durch Strafurteil **85** 45 ff., 101, 108c, 109i
Stimmrechtsberater iSd AktG **51** 134a ff., Offenlegungspflichten **51** 134d
Stimmrechtsmissbrauch **51** 405; **51a** 26k
Stockwerkseigentum **21** 131, 182
Stoff, Lieferung bei Werkvertrag **20** 644 f.
Störung des Eigentums **20** 1004; der Geistestätigkeit **20** 105; des Hausfriedens, fristlose Kündigung **20** 569; der öffentlichen Sicherheit und Ordnung, Sonderrechte im Straßenverkehr bei Einsätzen **35a** 35
Strafandrohung **100** 890; gegen Sachverständige **100** 411
Strafantrag **85a** 308; **90** 158; durch Dienstvorgesetzten **85** 77a; Erfordernis zur Verfolgung von Straftaten **85** 77b, 104a, 123, 194, 205; Gebühren bei Zurücknahme des St. **115** Anl. 1 Nr. 3200; Haftbefehl vor Stellung des **90** 130; Rücknahme **85** 77e; **85a** 16, 291, Kosten **90** 470; für Straftaten in DDR **85a** 315b
Strafanzeige, Kosten unbegründeter **90** 469; zuständige Behörden **90** 158
Strafaufschub bei Wiederaufnahmeantrag **90** 360
Strafausschließungsgründe, höchstpersönliche Wirkung **85** 28; bei Nichtanzeige von Verbrechen **85** 139
Strafaussetzung zur Bewährung **85** 56 ff.; **89** 21 ff.; **90** 268a, 453; Beschwerde **90** 305a; nach dem JGG **89** 57 ff., Bewährungsplan **89** 60, Vorbehalt der nachträglichen Entscheidung **89** 61 ff.; bei lebenslanger Freiheitsstrafe **85** 57a; **90** 454
Strafbare Handlungen *s. Straftaten*
Strafbarkeit, Bestimmung der vor Begehung der Tat **94** 3; Voraussetzungen **1** 103
Strafbefehl nach Eröffnung des Hauptverfahrens **90** 408a; Gebühren **115** Anl. 1 Nr. 3118; in Jugendstrafverfahren, Verbot **89** 79; Kostenentscheidung **90** 464; Mitteilung an gesetzlichen Vertreter **90** 409; Rechtskraft **90** 410; Rücknahme des Einspruchs, Rechtsanwaltsgebühren **117** Anl. 1 Nr. 4141; Verfahren **90** 407 ff.; Wiederaufnahme des Verfahren **90** 373a
Strafbemessung **85** 46 ff.
Strafdrohungen, Änderung der bisherigen **85** 2
Strafe, Absehen von **85** 60; Anpassung **85a** 315c; Bestimmtheit vor Tat **94** 3; Eintragung ins Zentralregister **92** 4; Festsetzung gegen Sachverständige **100** 411; Geltung zur Tatzeit **85** 2; Reihenfolge der Vollstreckung **85** 67; Strafbemessung bei mehreren Gesetzesverletzungen **85** 52 ff.; Umwandlung von **85** 43; Verurteilung zu vorbehaltener **85** 59b; *s. a. Nebenstrafen, Strafschärfung*
Straferlass nach Bewährungszeit **85** 56g; **90** 453; nichtvollstreckter Strafen **85a** 313; Unanfechtbarkeit **89** 59
Straffreiheit bei Beleidigung **85** 199; für Kronzeugen nach dem GWB **74** 33e
Straffreiheitserklärung, Kosten **90** 468
Strafgerichte für Streitkräfte **1** 96
Strafgerichtliche Entscheidungen, Mitteilungen von gegen Mandatsträger **90a** 8; Übermittlung von Berufsverboten **90a** 9
Strafgerichtliche Verfolgung, Zeugnisverweigerung **100** 384
Strafgesetzbuch **85**; Änderungen und Einstellung von Strafverfahren **90** 206b; Einführungsgesetz **85a**
Strafkammern **95** 60; Besetzung **95** 76 f.; besondere **90** 6a; bestellte oder beigeordnete Verteidiger, Gebühren **117** Anl. 1 Nr. 4117; als gemeinsames Schwurgericht **95** 74d; als Jugendkammer **89** 33; in Jugendschutzsachen **95** 74b; Revision gegen Urteile der **90** 333; **95** 135; als Schwurgericht **95** 74; Terminsgebühren des Verteidigers **117** Anl. 1 Nr. 4114 f.; Verfahrensgebühren des Verteidiger **117** Anl. 1 Nr. 4112; Vorrang bei Zuständigkeitsüberschneidungen **95** 74e; in Wirtschaftsstrafsachen **95** 74c; Zuständigkeit, besondere funktionelle **90** 209, beim Landgericht **95** 73 f.
Strafmakel, Beseitigung durch Richterspruch bei Heranwachsenden **89** 111, bei Jugendlichen **89** 97 ff.

Strafmaß bei versuchten Verbrechen **85** 23, Vergehen **85** 23
Strafmilderung 85 49; höchstpersönliche Wirkung **85** 12, 28; bei verminderter Schuldfähigkeit **85** 21
Strafprozess 1 74; besondere funktionelle Zuständigkeit **90** 209a; Beurlaubung des Angeklagten **90** 231c; Kosten **115** 1; Ladungen **90** 38; Zuständigkeitsänderung vor Hauptverhandlung **90** 225a; Zustellung wie im Zivilprozess **90** 37
Strafprozessordnung 90; Anwendungsbereich **90a** 3; und BDSG **90** 500; Einführungsgesetz **90a**; und Landesrecht **90a** 6
Strafrahmen, Verständigung im Strafverfahren **90** 257c
Strafrecht 1 101 bis 104; im Ausland **85a** 1b; Geltungsbereich **85** 1 ff.; Gesetzgebung **1** 74; internationales **85** 3 ff., 9; Landesrecht **85a** 2 f.; *s. a. Strafgesetzbuch*
Strafrechtsänderungsgesetz, Übergangsvorschriften **85a** 316 ff.
Strafregister der DDR 92 64a f.
Strafrichterinnen und -richter, Berufung gegen Urteile **90** 312; im Berufungsverfahren **100** 526 f.; Entscheidung durch **100** 348, Anfechtung **100** 350; Erlass eines Strafbefehls **90** 407; in Handelssachen **95** 105; obligatorischer **100** 348a; originärer **100** 348; nicht im Revisionsverfahren **100** 555; Rückübertragung **100** 348a; Übertragung der Sache auf **100** 253; Verfahren vor **100** 348 ff.; Zuständigkeit **95** 25
Strafsachen, Ausschließung der Gerichtsvollzieher **95** 155; Berufung **95** 74; Beschwerde **95** 73, 121; Datenübermittlung durch Gerichte und Staatsanwaltschaft **95a** 14; Gebühren **115** Anl. 1 Nr. 3110 ff., des Verteidigers im Berufungsverfahren **117** Anl. 1 Nr. 4124 bis 4129, im Revisionsverfahren **117** Anl. 1 Nr. 4130 bis 4135, im Wiederaufnahmeverfahren **117** Anl. 1 Nr. 4136 bis 4140, zusätzliche **117** Anl. 1 Nr. 4121 ff.; gemeinsames Amtsgericht **95** 58; Gerichtsbarkeit **95** 13; **95a** 3; internationale Rechtshilfe, Rechtsanwaltsgebühren **117** Anl. 1 Nr. 6100 f.; Kosten, Fälligkeit der Gebühren **115** 8, des Verfahrens **90** 464 ff.; Kostenansatz durch Staatsanwaltschaft **115** 19; Kostenrecht **85a** 319; Rechtsanwaltsgebühren **117** 42, Anl. 1 Nr. 4100 bis 4304, Pauschgebühren **117** 51; Rechtshilfe **95** 156 f.; Revision **95** 121, 135; Trennung/Verbindung **90** 2, 4 f., 237; zusammenhängende **90** 3; Zuständigkeit der Amtsgerichte **95** 24 ff., des BGH **95** 135, der OLG **95** 120 f., des Schöffengerichts **95** 28, der Strafkammern **95** 73 f., für Wiederaufnahmeverfahren **95** 140a
Strafschärfung, höchstpersönliche Wirkung **85** 12, 18, 28
Strafsenate beim BGH **95** 130; beim OLG **95** 116
Straftaten im Amt **85** 5; Anleitung zu **85** 130a; Anstiftung zu **85** 26; öffentliche Aufforderung zu **85** 111; im Ausland *s. Auslandstaten;* gegen ausländische Staaten, Absehen von Strafverfolgung **90** 153c; Begehen durch Unterlassen **85** 13; Besitzerwerb **20** 2025; gegen Bestand des demokratischen Rechtsstaats im Ausland **85** 5; Billigung und Belohnung **85** 140; in DDR **85a** 315; gegen Deutsche, Geltung deutschen Strafrechts **85** 6; eines deutschen Amtsträgers im Ausland **85** 5; Einziehung von Gegenständen **85** 101a, 109k, 201; Einziehung von Taterträgen **85** 73 ff.; **90** 459g; Erbunwürdigkeit **20** 2339; Erkennung auf Maßnahmen **85** 52 f.; und Fahreignung **35** 4; während Gerichtssitzung **95** 183; Haftung des deliktischen Besitzers **20** 992; Hilfe zur Aufklärung oder Verhinderung schwerer **85** 46b; Insolvenzverschleppung **110** 15a f.; **110d**; eines Jugendlichen **89** 4; gegen die körperliche Unversehrtheit *s. Körperverletzung;* nach Landesrecht **85a** 2 ff.; gegen das Leben **85** 211 ff., im Ausland **85** 5; mehrere **90** 3, nach JGG **89** 31 f., 66, Strafbemessung **85** 52 ff.; Nichtanzeige drohender **85** 138 f.; Nichtverfolgung **90** 153 ff.; und Ordnungswidrigkeit **94** 21; gegen die persönliche Freiheit **85** 232 ff., im Ausland **85** 5; aus rechtfertigendem Notstand **85** 34; gegen die sexuelle Selbstbestimmung **85** 174 ff.; **85a** 316g, im Ausland **85** 5; Strafbarkeit von versuchten **85** 23; Strafbemessung bei mehreren **85** 53; nach dem StVG **35** 21 ff.; mehrere Täter **90** 3; Telekommunikationsüberwachung bei schweren **90** 100a; gegen die Umwelt **85** 5, 324 ff.; gegen Verfassungsorgane **85** 105 ff.; Vergleich im Strafprozess **90** 405; Verkehrsdatenerhebung bei besonders schweren **90** 100g; Versuch **85** 22; Vortäuschen von **85** 145d; bei Wahlen und Abstimmungen **85** 105 ff.; Wohnraumüberwachung bei besonders schweren **90** 100c ff.; Zweiteilung **85** 12
Straftäter, Einziehung von Taterträgen **85** 73 ff.; mehrere **85** 25, 29; **94** 14; Strafzumessung **85** 46 f.
Strafurteile, Auslegung bei Zweifeln **90** 458; Restitutionsklage bei Aufhebung des

dem Zivilurteil zugrundeliegenden **100** 580; Verlesung **90** 249; Vollstreckung **90** 449 ff., *s. a. Strafvollstreckung; s. a. Urteil*
Strafverbüßung *s. Strafvollstreckung, Strafvollzug*
Strafvereitelung 85 258; im Amt **85** 258a
Strafverfahren 90; Abtrennung des Verfahrens über die Einziehung iSd StGB **90** 422 f.; gegen Abwesende **90** 276 ff.; Akteneinsicht des Verteidigers **90** 147; Anhörung der Beteiligten **90** 33 ff.; Auskunftsrechte des Verletzten **90** 406d f.; Aussetzung des Rechtsstreits bis zur Erledigung des **100** 149; Berufung, Gebühren **115** Anl. 1 Nr. 3120 f.; beschleunigtes Verfahren **90** 417 ff.; Beteiligung Verletzter am **90** 373a ff.; Datenübermittlung über, Vorwarnmechanismus **90a** 9; Datenverarbeitung im **90** 474 ff., 483 ff.; und Disziplinarverfahren **90** 154e; Einziehungsbeteiligte am **90** 424 ff.; elektronische Aktenführung **90** 32 ff., Datenschutz **90** 496 ff.; elektronischer Rechtsverkehr **90** 32 ff.; Erörterung des Verfahrensstands mit den Verfahrensbeteiligten **90** 257b; Gebühren **115** Anl. 1 Nr. 3110 ff.; Gerichtsstand **90** 7 ff.; Jugendstrafverfahren, keine Verfolgung **89** 45; Klageerzwingungsverfahren **90** 172 ff.; Kosten **115** 1; Ladungen **90** 38; Nebenbetroffene bei Einziehung **90** 438; psychozialer Prozessbeistand für Verletzten **90** 406g, Kosten **90** 465, 472; Rechtsanwaltsgebühr bei Geltendmachung vermögensrechtlicher Ansprüche **117** Anl. 1 Nr. 4143 f.; Rechtskraft, Eintritt **90** 34a; Rechtsmittel gegen Entscheidungen **90** 296; Revision, Gebühren **115** Anl. 1 Nr. 3130 f.; Sicherungsverfahren statt **90** 413 ff.; Strafbefehl **90** 407 ff.; Täter-Opfer-Ausgleich **90** 155a f.; Untersuchungsgrundsatz im **90** 155, 244; Verständigung mit Verfahrensbeteiligten **90** 257c; verwaltungsrechtliche Vorfragen **90** 154d; Verweisung an Gericht höherer Ordnung **90** 225a; Wiederaufnahmeverfahren, Gebühren **115** Anl. 1 Nr. 3140 f.; bei Wirtschaftsvergehen, Abführung des Mehrerlöses **88** 11; zivilrechtliche Vorfragen **90** 154d; Zuständigkeit des Rechtspflegers **96** 22; *s. a. Strafprozess*
Strafverfolgung von Abgeordneten **1** 46; Beschränkung **90** 154a; Maßnahmen zur Sicherstellung **90** 132; Mitteilungen während Betreuungsverfahren zur **112** 311; von Straftaten gegen ausländische Staaten bei Gegenseitigkeit **85** 104a; Verjährung **85** 78 ff., Ruhen **85** 78b
Strafverlangen 85 77e; **85a** 308; ausländischer Regierungen **85** 104a
Strafverteidigung, Kosten und Unterhaltspflicht **20** 1360a
Strafvollstreckung 90 449 ff.; Aufschub oder Unterbrechung **90** 455a; Aussetzung zur Bewährung **85** 56 ff., des Strafrestes **85** 57, 57b; **90** 454; Eintragung ins Zentralregister **92** 15, 17; keine Hemmung bei Wiederaufnahmeantrag **90** 360, durch Wiedereinsetzung **90** 47; in Jugendstrafsachen **89** 82 ff.; Maßnahmen zur Sicherstellung **90** 132; mündliche Anhörung **90** 463e; durch Rechtshilfe **95** 162 f.; Reihenfolge **85** 67; **90** 454b; Überleitung **85a** 314; Unterbrechung **90** 454b; Verjährung **85** 79 ff.; Wechsel von Maßregeln **85** 67a; Zuständigkeit **90** 451, 462a
Strafvollstreckungskammer 90 451; Zuständigkeit **90** 462a; **95** 78a f.
Strafvorschriften nach HGB **50** 340m; nach MarkenG **72** 143 ff.; nach dem PublG **52b** 17 ff.; nach dem StVG **35** 21 ff.
Strafzumessung 85 46 f.; **90** 267
Strahlungsverbrechen 85 307 ff.; im Ausland **85** 6
Straßen, Benutzung durch Fahrzeuge **35a** 2; Erhebung und Verteilung von Benutzungsgebühren **1** 74; Kontrollstellen an **90** 111; übermäßige Benutzung **35a** 29; Veranstaltungen auf **35a** 29; Verwaltung **1** 74, 90
Straßenbahnen, Allgemeine Geschäftsbedingungen **20** 305a; Gefährdung des Verkehrs **85** 315 f.; Haftung für Sachschaden **33** 1
Straßenbaubehörden, Verkehrsbeschränkungen **35a** 45
Straßenbaufahrzeuge, Sonderrechte im Straßenverkehr **35a** 35
Straßengüterverkehrsteuer 1 106
Straßenreinigungsfahrzeuge, Sonderrechte im Straßenverkehr **35a** 35
Straßensperrungen, Umleitung des Verkehrs **35a** 42
Straßenunterhaltungsfahrzeuge, Sonderrechte im Straßenverkehr **35a** 35
Straßenverkehr 1 74; amtliche Verkehrszeichen **35** 5b; Autobahnen und Kraftfahrstraßen **35a** 18; Beleuchtung der Fahrzeuge **35a** 17; besondere Verkehrslagen **35a** 11; Ein- und Ausfahren aus Grundstücken **35a** 10; Fahrerlaubnis **35** 2 ff., zum Fahren in Begleitung **35** 6e; Gassenbildung **35a** 18; Geschwindigkeit **35a** 3; Grundregeln **35a** 1; Halten **35a** 12;

Markierungen **35a** 39; Parken **35a** 12 f.; Sonderrechte im **35a** 35; strafbare Gefährdung des **85** 315b f.; Überholen **35a** 5; Verkehrszeichen **35a** 39; Vorfahrt **35a** 8; Warnzeichen **35a** 16
Straßenverkehrsbehörde, Ausnahmegenehmigungen **35a** 46 f.; Zuständigkeit **35a** 44 f.
Straßenverkehrsgesetz 35; Ausführungsvorschriften **35** 6; berauschende Mittel **35** 24a, 24a Anlage; Bußgeldkatalog **35** 26a; Datenlöschung **35** 61; Datenverarbeitung **35** 43, 60, bei Fahrzeugen mit hoch- oder vollautomatisierter Fahrfunktion **35** 63a f., zu immissionsschutzrechtlichen Zwecken **35** 63c, Information der Halter **35** 63d, für das Verkehrsmanagement **35** 63e; Fahreignungsregister **35** 28 ff.; Gebühren **35** 6a; Kosten **35** 25a; Ordnungswidrigkeiten **35** 24 ff., Informationsschreiben **35** 27; Promille-Grenze **35** 24a; Rechtsweg bei Schadensersatzansprüchen **35** 20; Seminarerlaubnis Verkehrspsychologie **35** 4a; Straf- und Bußgeldvorschriften **35** 21 ff., Zuständigkeit **35** 26; Verkehrsvorschriften **35** 1 ff.
Straßenverkehrsordnung 35a; Ausnahmegenehmigungen **35a** 46 f.
Sträucher 20 907, 910 f.; **21** 124, 183
Streichung *s. Löschung, Tilgung*
Streik, Kündigungen wegen **84** 25
Streitbefangenheit der Sache **100** 265, 325
Streitbeilegung, außergerichtliche *s. dort*
Streitgegenstand, Wert **100** 2 ff., 107, 253, in Arbeitssachen **83** 61, 76; *s. Gegenstandswert, Streitwert*
Streitgenossen 100 59 ff., 856; bei Drittwiderspruchsklage **100** 771; Gerichtsstand **100** 36; Haftung für Prozesskosten **100** 100; Haftung als Gesamtschuldner **118** 27; bei Klage auf vorzugsweise Befriedigung **100** 805; Kostenhaftung **115** 32; notwendige **100** 62; Vernehmung **100** 449
Streitiges Verfahren nach Mahnverfahren **100** 696; über Unterhalt für Minderjährige **112** 255
Streitigkeiten, öffentl.-rechtl. **1** 93, 99 f.; zwischenstaatl. **1** 24
Streitkräfte, Befehls- und Kommandogewalt **1** 65a, 115b; des Bundes **1** 17a, 87a f., 96; Einsatz bei Unglücksfällen **1** 35; Sonderrechte im Straßenverkehr **35a** 35
Streitverkündung 100 72 ff., 841; Hemmung der Verjährung **20** 204
Streitwert 115 34 ff., 34 Anl. 2; Änderung, Kostenfestsetzung **100** 107; der Anfechtungsklage gegen Beschlüsse der Aktiengesellschaft **51** 247; in Arbeitssachen **83** 12, 61, 64; Berechnung **100** 2 ff.; Festsetzung **100** 3; Höhe des für Zuständigkeit der Amtsgerichte **95** 23; im Insolvenzverfahren **110** 182; in Kennzeichenstreitsachen **72** 142; der Musterfeststellungsklage **115** 48; Sprungrevision in Arbeitssachen **83** 76; der Unterlassungsklage nach dem UKlaG **115** 48; Wertfestsetzung **115** 61 ff.; allgemeine Wertvorschriften **115** 39 ff.; besondere Wertvorschriften **115** 48 ff.; *s. a. Gegenstandswert*
Streitwertberechnung ohne Früchte, Nutzungen, Zinsen und Kosten **118** 37; im gewerblichen Rechtsschutz **115** 51; im Verfahren vor den Finanzgerichten **115** 52, vor den Sozialgerichten **115** 52, vor den Verwaltungsgerichten **115** 52; Wertfestsetzung **115** 61 ff.; Zeitpunkt **100** 4; **118** 34; **119** 59, der Fälligkeit der Gebühr **119** 96; im Zivilprozess **100** 4
Streitwertfestsetzung, Beschwerde gegen **115** 68
Streitwerttabelle 115 Anl. 2 zu § 34 GKG
Strom, Entziehung von elektrischem **85** 248c; Großhandel mit, Markttransparenzstelle **74** 47a ff.
Studenten, Gerichtsstand **100** 20
Stufenklage 100 254; Streitwertberechnung **115** 44
Stumme Personen, Beurkundung von Willenserklärungen **23** 22, 24; Testamentserrichtung **20** 2233
Stundung von Ausgleichszahlungen nach ehelicher Gemeinschaft **20** 1382; der Forderung nach dem JBeitrG im Verfahren **122** 9; im Güterrechtsverfahren **112** 264; und Hemmung der Verjährung **20** 205; des Kaufpreises **20** 449, 468; eines Pflichtteilanspruchs **112** 362; bei Verbraucherdarlehensverträgen aufgrund der COVID-19-Pandemie **21** Art. 240 § 3 f.
Subjektiv dingliche Rechte 20 1030 ff.
Subventionsbetrug 85 264
Suchscheinwerfer für Kraftfahrzeuge **35a** 17
Suchvermerke im Erziehungsregister **92** 62; im Zentralregister **92** 27 ff.
Sühneversuch als Voraussetzung für Privatklage **90** 380
Summen, Abstimmung über **95** 196
Summenverwahrung 20 700
Surrogation *s. Unmittelbare Ersetzung*
Suspensiveffekt *s. a. Rechtsmittel*
SyndikusrechtsanwältInnen, keine Anwendbarkeit des RVG **117** 1; Zeugnisverweigerungsrecht **90** 53

Tabelle der Gebühren für Gerichtsvollzieher **123** Anl.; für Lohnpfändung **100** Anl. zu 850c
Tabularersitzung 20 900
Tage, Frist nach **20** 188
Tagebuch des Maklers **50** 100 ff.
Tages- und Abwesenheitsgeld des Rechtsanwalts **117** Anl. 1 Nr. 7005
Tagesreisen 20 651a
Tagessatz 85 40
Tankstellen, Pflichten der Betreiber nach dem GWB **74** 47k
Tanzkunst, Urheberrechtsschutz **65** 2
Tarife bei Eisenbahn, Post und Telekommunikation **1** 80
Tariffähigkeit einer Vereinigung **83** 97
Tarifverträge, Allgemeinverbindlichkeit, Prüfung durch ArbG **83** 2a, 98; Anwendbarkeit, Beweisaufnahme **83** 58, Entscheidung des ArbG **83** 2a, 99; Festlegung der Zuständigkeit im Arbeitsgerichtsverfahren **83** 48; Schiedsvertrag für Streitigkeiten aus **83** 101
Tarifvertragsparteien, soziale Verantwortung **34** 17
Tarifzuständigkeit, Beschluss über **83** 97
Taschengeld des Minderjährigen **20** 110
Tatbestand, Irrtum über Umstände des gesetzlichen **85** 16; **94** 11; des Strafgesetzes, rechtswidrige Tat **85** 11; der Unterlassung, Garantenpflicht **85** 13; des Urteils **100** 314, 559, Berichtigung **100** 320, Weglassen oder Verzicht **100** 313a
Tateinheit, Festsetzung der Geldbuße **94** 19; Strafbemessung **85** 52
Täter, Einziehung von Taterträgen **85** 73 ff.; mehrere **85** 25, 29; **94** 14, Haftung **20** 830; Strafzumessung **85** 46 f.
Täter-Opfer-Ausgleich 85 46a; **90** 155a f.; bei Einstellung des Verfahrens **90** 153a; Gebühren für Verteidiger **117** Anl. 1 vor Nr. 4100
Taterträge, Einziehung **85** 73 ff.; **90** 459g; **94** 29a, 99, 133, nach dem GWB **74** 34, Übergangsvorschriften **85a** 316h, Verjährung **85** 73 ff.
Tätige Reue 85 314a, 320, 330b; bei Staatsschutzdelikten **90** 153e; beim Versuch **85** 24
Tatmehrheit, Festsetzung der Geldbuße **94** 20; Strafbemessung **85** 53
Tatmittel, Einziehung **85** 74 ff., 92b, 101a, 109k, Übergangsvorschriften **85a** 316h
Tatobjekte, Einziehung **85** 74 ff., 92b, 101a, 109k, 184b, Übergangsvorschriften **85a** 316h
Tatort 85 9; Gerichtsstand nach der StPO **90** 7
Tatprodukte, Einziehung **85** 74 ff., 92b, 101a, 109k, selbständige **85** 76a, Übergangsvorschriften **85a** 316h
Tatsachen, nachträgliches Vorbringen **100** 531; Parteivernehmung **100** 445
Tatsächliche Feststellungen, Bindung des Revisionsgerichts **100** 559
Tatverdacht, dringender und Untersuchungshaft **90** 112
Tatzeit 85 8
Tauben, Aneignung fremder **21** 130
Tausch 20 480
Tauschsystemverträge 20 312, 481b ff.; Informationspflichten **21** Art. 242; Klagen nach dem UKlaG **105** 2; Widerrufsrecht **20** 356a, 357b
Täuschung, arglistige **20** 318; bei Testamentserrichtung **20** 2339; als unlautere geschäftliche Handlung **73** 5; Verbot der eines Beschuldigten **90** 136a; bei Willenserklärungen **20** 123 f.
Taxe 62 77; beim Dienstvertrag **20** 612; beim Maklervertrag **20** 653; beim Werkvertrag **20** 632
Technik, Verletzung von Regeln der beim Bau **85** 319
Technische Aufzeichnungen, Fälschung **85** 268; Unterdrückung **85** 274
Teiche, Fische in **20** 960
Teilbare Leistungen *s. Teilleistungen*
Teilbeförderungsanspruch bei Frachtgeschäft **50** 416
Teilbesitz, Schutz **20** 865
Teile eines Grundstücks, Dienstbarkeit **20** 1023; einer Sache, Besitzschutz **20** 865
Teileigentum 37 1
Teileigentumsgrundbuch 37 7
Teilerbbaugrundbuch 37 30
Teilerbbaurecht 37 30, *s. a. Erbbaurecht*
Teilgewinnabführungsvertrag von Aktiengesellschaft und KGaA **51** 292
Teilhaber einer Gemeinschaft, Forderung gegen anderen **20** 756
Teilhypotheken 20 1145, 1151 f.
Teilhypothekenbrief 20 1152
Teilleistungen 20 266, 281, 311a, 320, 323, 326, 420, 427, 1145; Anrechnung beim Verbraucherdarlehensvertrag **20** 497; Aufrechnung **20** 389, an Gerichtsvollzieher **100** 757; im Insolvenzverfahren **110** 105
Teilnahme an Straftaten **85** 25 ff., Ort der Tat **85** 9, Strafmaß **85** 28
Teilnehmer an Straftaten, Beschlagnahme der Korrespondenz **90** 97, Einziehung von Taterträgen **85** 73 ff.
Teilnichtigkeit 20 139
Teilprodukt *s. Produkt*

Teilung, Anordnungen des Erblassers **20** 2048 f., 2306, 2376; außergerichtliche Vereinbarung bzgl. Nachlass **112** 366; der gemeinschaftlichen Sachen **20** 752 f., 1010; des Gesamtguts bei Auseinandersetzung **20** 1503; Schuldenhaftung **20** 1480 ff.; von Grundstücken **20** Anm. zu 890, Begründung von Wohnungseigentum **37** 2, 8, *s. a. dort,* bei Dienstbarkeiten **20** 1025 f., bei Reallasten **20** 1108 f.; der Hypothekenforderung **20** 1151, unter Miterben **20** 2052; durch Los bei Nachlass **112** 369; einer Markenanmeldung **72** 40; einer Markeneintragung **72** 27, 46; der Prozesskosten **100** 92, 106; des Überschusses nach Beendigung der Gütergemeinschaft **20** 1476 ff.; Wiedereinsetzung in den vorigen Stand **112** 367

Teilungsanordnungen für fortgesetzte Gütergemeinschaft **20** 1515

Teilungsklage, Gerichtsstand **100** 24

Teilungsmasse im Zwangsversteigerungsverfahren **108** 106, 113 ff., 137 ff.; im Zwangsverwaltungsverfahren **108** 157 ff.

Teilungsplan **108** 106, 113 ff., 137, 156 ff.; in der Zwangsvollstreckung **100** 874 ff., 878 f.

Teilungssachen **112** 363 ff.; Begriff **112** 342; Geschäftswert **119** 118a; Richtervorbehalt **96** 16; Verfahrensgebühr **119** Anl. 1 Nr. 23900 ff.; Zuständigkeit des Amtsgerichts **95** 23a, des Notars **112** 363 ff., 492

Teilungsvereinbarung, Wirksamkeit durch Bestätigungsbeschluss **112** 371

Teilungsverfahren, neue Notarkosten bei Verweisung **119** 5

Teilurteil **100** 301; Übertragung auf Einzelrichter **100** 348a; Zurückverweisung in ersten Rechtszug **100** 538

Teilverhandeln, kein Versäumnisurteil **100** 334

Teilvollstreckung einer Einheitsstrafe bei Jugendlichen **89** 56

Teilweise Unmöglichkeit der Leistung **20** 280, 311a, 326

Teilzahlung von Geldstrafen **85** 42; *s. a. Abschlagszahlung*

Teilzahlungsdarlehen **20** 498

Teilzahlungsgeschäfte **20** 506 ff.; Rücktritt **20** 508

Teilzeit-Wohnrechtevertrag **20** 481 ff.; Begriff **20** 312, 481; Europarecht **21** 46b; Informationspflichten **21** Art. 242; Klagen nach dem UKlaG **105** 2; Übergangsvorschriften **21** Art. 229 § 25; Verbraucherschutz **20** 487; Widerrufsrecht **20** 356a, 357b, 485

Telefon, Gefährdung des Betriebs **85** 317; Vertragsantrag **20** 147

Telefondienstleistungen der Gerichtsvollzieher **123** Anl.

Telefonwerbung als unzumutbare Belästigung iSd UWG **73** 7 f., Bußgeld **73** 20

Telegraphengeheimnis **1** 18

Telekom **1** 143b

Telekommunikation, Allgemeine Geschäftsbedingungen **20** 305a; Entschädigung für Überwachung **116** Anl. 3 Nr. 100 ff.; Überwachung **90** 100a ff., *s. a. dort; s. a. Fernkommunikationsmittel*

Telekommunikationdaten, Erhebung und Speicherung **90a** 12

Telekommunikationsanlagen, strafbare Störung **85** 317

Telekommunikationsdienstleistungen, Verträge im Zusammenhang mit **20** 312

Telekommunikationsnetz, Erschleichen von Leistungen **85** 265a

Telekommunikationsüberwachung **90** 100a ff.; Benachrichtigungspflichten **90** 101a; Bestandsdatenauskunft **90** 100j; **94** 46; Erhebung von Verkehrsdaten **90** 100g, 101a; Mobilfunkendgeräte **90** 100i; von Mobilfunkendgeräten **90** 100i; Nutzungsdaten **90** 100k; Online-Durchsuchungen **90** 100b; Verfahren **90** 100e; Verfahrensregelungen **90** 101

Telemedien, strafbare Verbreitung von beleidigenden Inhalten **85** 194, volksverhetzender Inhalte **85** 130

Termine, Abhaltung **100** 219; Aufhebung **100** 227; Auslegungsvorschriften **20** 186 ff.; vor beauftragtem und ersuchtem Richter **100** 229; im Berufungsrechtszug **100** 523; Bestimmung *s. Terminsbestimmung;* zur Beweisaufnahme **100** 219; nach Einspruch gegen Versäumnisurteil **100** 341a; bei Entscheidung nach Lage der Akten **100** 251a; bei Erbeinsetzung **20** 2103 ff.; bei Rechtsgeschäften **20** 186, 193; im Revisionsrechtszug **100** 553; im Verfahren **100** 497; zur Verkündung einer Entscheidung **100** 251a; Verlegung **100** 227; Versäumung **100** 220; im Verteilungsverfahren **100** 875 ff.

Terminsbestimmung von Amts wegen **100** 216, 366, 368, 370, 523, 553, 924; Gerichtsvollziehergebühr **123** Anl.; im Mahnverfahren **100** 697; für Revisionsverhandlung im arbeitsgerichtlichen Verfahren **83** 74; im Verfahren **100** 497; im Zwangsversteigerungsverfahren **108** 36 ff.

Terminsgebühr für Rechtsanwälte **117** Anl. 1 Nr. 3104 ff.; Berufung **117** Anl. 1 Nr. 3202 f.; Beschwerdeverfahren **117**

Anl. 1 Nr. 3513 bis 3518; Erinnerungsverfahren **117** Anl. 1 Nr. 3513 bis 3518; Gebühren **117** Anl. 1 Nr. 3400; Revision **117** Anl. 1 Nr. 3210; in Strafsachen **117** Anl. 1 vor Nr. 4100; Umfang **117** Anl. 1 vor Nr. 3100; in Verfahren **117** Anl. 1 Nr. 3330 ff.

Terminvorbereitung 100 273

Territorialitätsprinzip, Geltung deutschen Strafrechts **85** 3 ff.

Terrorismus, internationaler, Gesetzgebung **1** 73

Terrorismusfinanzierung, Geldwäsche zur **85** 261; als Straftat **85** 89c

Terroristische Vereinigungen, Aufnahme von Beziehungen zu **85** 89b; im Ausland **85** 129b; Ausschluss des Verteidigers **90** 138a; Bildung **85** 129a; Durchsuchung **90** 105, von Wohnungen **90** 103; Finanzierung als Straftat **85** 89c; Kontaktsperre **95a** 30 ff.; Verteidigerverkehr **90** 148 f.

Testament 20 2064 ff.; Ablieferungspflicht **20** 2259; amtliche Verwahrung des eigenhändigen **20** 2248; Anfechtungsberechtigter **20** 2080; Anfechtungsgebühr **119** 23; Anordnung befreiter Vormundschaft **20** 1856; Anteilsbeschränkung bei fortgesetzter Gütergemeinschaft **20** 1512 ff.; Aufhebung **20** 2229 ff., durch Minderjährige **20** 2247; Auflage **20** 1940; Auslegung **20** 2066 ff., 2084; Ausschließung der fortgesetzter Gütergemeinschaft **20** 1509 ff.; Bedingung **20** 2074; Benennung eines Vormunds **20** 1777; Beurkundung durch Notar **23** 27 ff.; eigenhändiges **20** 2231, 2247, 2267, amtliche Verwahrung **20** 2248; Erbeinsetzung **20** 1937; Errichtung **20** 2229 ff., durch Minderjährige **20** 2247, und Widerruf **21** 26; Form der Anfechtung **20** 2081; gemeinschaftliches **20** 2265 ff., Eröffnung **112** 349; Mitteilungs- und Ablieferungspflichten **23** 34a; Nottestament **20** 2249 ff.; öffentliches **20** 2232 f.; Pflegerbenennung **20** 1917; Rückgabe **20** 2256; Rücknahme aus amtlicher Verwahrung **20** 2256, des gemeinschaftlichen **20** 2272; Rücktritt vom Erbvertrag durch **20** 2297; Sprachunkundiger **23** 32; Teilungsanordnungen **20** 1515; Übergangsvorschrift **20** Anm. zu 2229; keine Übertragung in elektronische Form **23** 34 f.; Unwirksamkeit **20** 2085; Veränderung **20** 2255; Vermächtnis **20** 1939, 2147 ff.; Vernichtung **20** 2255; Verwahrung, Zuständigkeit **112** 343; Verwahrung, Verschließung **23** 34 f.; Vorbehalt der Ergänzung **20** 2086; Widerruf **20** 2253 ff., 2271, durch späteres **20** 2258; Zuständigkeit für besondere amtliche Verwahrung **112** 344; Zwang zur Ablieferung **112** 358

Testamentsformen, ordentliche **20** 2231

Testamentsregister, zentrales **112** 347

Testamentsvollstrecker 20 2197 ff.; Angabe im Erbschein **20** 2364; **112** 352b; Anspruch auf Beschlussausfertigung bzgl. Ernennung oder Entlassung **112** 357; Aufgaben **20** 2203 ff.; kein Auseinandersetzungsantrag **112** 363; befreiter **20** 2220; Beschränkung der Rechte **20** 2208 ff.; Beschwerung des Pflichtteilsberechtigten **20** 2306; als Beteiligter in Nachlasssachen **112** 345; Einholung der Genehmigung einer Stiftung **20** 83; Einsetzung zur Pflichtteilsbeschränkung **20** 2338; Entlassung **20** 2227; Erbschaftskauf **20** 2376; Ernennung und Entlassung, Geschäftswert **119** 65; Grundbuchvermerk **114** 52; Haftung **20** 2219; Kündigung **20** 2226; Mehrheit von **20** 2219, 2224; Rechenschaftspflicht **20** 2218; bei Unterbrechung des Verfahrens **100** 243; Vergütung **20** 2221; Vergütung, keine nach RVG **117** 1; Wirkung des Urteils **100** 327; Zeugnis über Ernennung **20** 2368; **112** 342; bei Zwangsvollstreckung in Nachlass **100** 728, 748 f., 779 f.

Testamentsvollstreckeramt, Ablehnung **20** 2202; Annahme **20** 2202

Testamentsvollstreckerzeugnis, Geschäftswert **119** 40

Testamentsvollstreckung 112 342, 355; Gebühren **119** Anl. 1 Nr. 12420

Testierfähigkeit 21 26, 215; Unbeschränkbarkeit **20** 2302

Testierunfähigkeit 20 2229

Text und Data Mining 65 44b; gesetzlich erlaubte Nutzung geschützter Werke **65** 60a f., 60d; Nutzung von Computerprogrammen **65** 69d

Textform 20 126b; für Anzeige eines Schadensereignisses **63** 3; für Betriebskostenvereinbarung **20** 556a, 560; bei Indexmiete **20** 557b; für Mieterhöhung **20** 559b; für Schadensanzeige bei Frachtgeschäft **50** 438; für Unterrichtung der Arbeitnehmer über Betriebsübergang **20** 613a; der Verbraucherbauverträge **20** 650i; für Vollmachten bei Beschlussfassung durch Gesellschafter **52** 47

Therapieunterbringungsgesetz, Rechtsanwaltsgebühren **117** 62

Therapieweisung 85 68b; ärztlicher Sachverständiger für die Hauptverhandlung **90** 246a

TierärztInnen, Berufsverbot, europaweite Unterrichtung durch Gerichte (Vorwarn-

mechanismus) **90a** 9; strafbare Verletzung von Privatgeheimnissen **85** 203
Tieraufseher, Haftung **20** 834
Tiere 20 90a; Aneignung **20** 960 f.; Haftung für Schaden **20** 833 f.; Halten gefährlicher **94** 121; im Straßenverkehr **35a** 28; Umgangsverbot **90** 407; Vollstreckungsschutz **100** 765a; wilde, gezähmte und herrenlose **20** 960
Tiergarten, Eigentum an wilden Tieren **20** 960
Tierhalter, Haftung **20** 833
Tierschutz 1 20a; Gesetzgebung **1** 74
Tilgung von Eintragungen im Zentralregister **92** 45 ff., Rechtswirkungen **92** 51 f.; des Schuldspruchs bei Jugendlichen **89** 62
Titel, Bestätigung durch Rechtspfleger **96** 20; Kostenschuldner **115** 22; *s. Ausfertigung*
Titelmissbrauch 85 132a
Tochterunternehmen 50 271; im Konzernabschluss und -lagebericht **50** 290 ff., 296
Tod nach Abgabe der Willenserklärung **20** 130; des Abkömmlings bei fortgesetzter Gütergemeinschaft **20** 1490; vor Ablauf der Inventarfrist **20** 1998; des Abwesenden bei bestehender Pflegschaft **20** 1921; Annahme als Kind nach des Annehmenden **20** 1753; des Auftraggebers **20** 672; des Ausstellers von Inhaberschuldverschreibungen **20** 794; des Beauftragten **20** 673; des Beschenkten **20** 532; eines Ehegatten bei Gütergemeinschaft **20** 1472, 1482, Zugewinnausgleich **20** 1371; Eintritt der Erbfolge **20** 1922, der Nacherbfolge **20** 2106; eines Elternteils **20** 1677, 1680; des Entleihers **20** 605; des beim Erbvertrag Beteiligten **20** 2290, 2297; des Gemeinschaftsteilhabers **20** 750; des Gesellschafters **20** 727, 736; des gesetzlichen Vertreters **100** 241; des Hauptschuldners **20** 768; des Kindes **20** 1698b; des Mieters **20** 563 ff.; des Mündels **20** 1884; der Mutter, Beerdigungskosten **20** 1615m; des Nebenklägers **90** 402; des Nießbrauchers **20** 1061; des Pächters **20** 594d; der Partei **100** 86, 239, 243; des Privatklägers **90** 393 f.; des Rechtsanwalts **100** 244; des Schenkers, Widerruf der Schenkung **20** 530; des Schuldners nach Beginn der Vollstreckung **100** 779; des Testamentsvollstreckers **20** 2225; des Überlebenden bei fortgesetzter Gütergemeinschaft **20** 1494; des Unterhaltsberechtigten **20** 1615; des Unterhaltsverpflichteten **20** 1586b; des Vaters, Unterhaltsansprüche **20** 1615n; eines Verlobten **20** 1301; des Versprechensempfängers **20** 331; vor Vertragsannahme **20** 153; des Verurteilten und Wiederaufnahmeverfahren **90** 361, 371; des Vorerben **20** 2106; des Vormundes **20** 1799, 1894
Todeserklärung 20 2031; **21** Art. 9; des abwesenden Pfleglings **20** 1921; elterliche Sorge bei **20** 1681; eines Elternteils **20** 1677, 1681; des Erblassers **20** 1974; des Mündels **20** 1884; unrichtige **20** 2031, 2370; Wiederverheiratung nach **20** 1319 f.
Todesgefahr für einen Ehegatten, gemeinschaftliches Nottestament **20** 2266; Nottestament **20** 2249 f.
Todesstrafe 1 102
Ton, Gewinnung **20** 1037
Tonaufnahme von Gerichtsverhandlungen **83** 52, 72; **95** 169; **95a** 43; **110** 4
Tonkunst *s. Musikwerke*
Tonträger 85 11; Einziehung und Unbrauchbarmachung **85** 74d; als Inhalte iSd StGB **85** 11, *s. a. dort;* Schutz des Herstellers **65** 85 f., 126; Zwangslizenz zur Herstellung **65** 42a
Torf, Gewinnung **20** 1037
Tote, Verunglimpfung des Andenkens **85** 189
Totenruhe, Störung **85** 168
Totgeburt, Ansprüche der Mutter **20** 1615n
Totschlag 85 212 f.
Tötung durch Beschädigung von Anlagen **85** 318; des Erblassers, Erbunwürdigkeit **20** 2339; fahrlässige **85** 222; eines Menschen, Entschädigung nach dem StVG **35** 10, Ersatzpflicht **20** 823, 833, 836 ff., 844 ff.; **33** 5, Haftung nach dem StVG **35** 7 ff.; des Schenkers, Widerruf der Schenkung **20** 530; Selbsttötung *s. dort;* Totschlag **85** 212 f.; Umfang der Haftung **33** 12, des Schadensersatzes **33** 5; durch Vergiftung **85** 314; auf Verlangen **85** 216
Träger der Wohlfahrtspflege, Mietverträge mit **20** 578
Transparenz- und Publizitätsgesetz bzgl. GmbH **52/1** 2; Übergangsvorschriften **50a** 54
Transparenzrichtlinie-Umsetzungsgesetz 50a 62, 77
Transplantationen 1 74
Transportgefahr beim Kauf **20** 447; beim Werkvertrag **20** 644
Transportgefährdung 85 315a
Transportmittel 21 45
Transportversicherung 62 130 ff.
Transportversicherungspolicen 50 363
Transsexuelle Menschen, Offenbarungsverbot nach dem Transsexuellengesetz **92** 20a

Trauung 20 1312; kirchl. Verpflichtungen in Ansehung der Ehe **20** 1588
Trennung der Ehegatten **20** 1361 ff., Haushaltsgegenständeverteilung **20** 1361a, von Tisch und Bett **21** 202, vorzeitiger Zugewinnausgleichsanspruch **20** 1385, Zerrüttungsvermutung **20** 1566; der Eltern, elterliche Sorge **20** 1671; von Justiz und Verwaltung **95** 13; der Verhandlung über Gegenansprüche **100** 145
Treu und Glauben bei Auslegung von Verträgen **20** 157; bei Bedingungen **20** 162; bei Leistungen **20** 242; bei teilweiser Leistung **20** 320; Verhinderung des Erfolges wider **20** 815
Treueverhältnis, öffentl.-rechtl. **1** 33
Treuhandanstalt und Aktiengesetz **51a** 28a
Treuhänder, Herausgabe eines Schiffes an **100** 855a; im Insolvenzverfahren **110** 288, 292 f., 298 f.; keine Vergütung nach RVG **117** 1
Treuhandgebühr, Geschäftswert **119** 113
Trunkenheit, Gefährdung des Verkehrs **85** 315a, 316; Straftaten im Zustand der Volltrunkenheit **85** 323a; Testamentserrichtung bei **20** 2229; bei unerlaubten Handlungen **20** 827, 829
Trunksüchtige als Vormund **20** 1780

Überbau 20 912 ff.; **21** 116; Eigentumsübertragung **20** 915
Überbaurente 20 912 ff.
Überfahrtsgelder, Streitigkeiten mit Reisenden, Zuständigkeit des Gerichts **95** 23
Überfall auf Kraftfahrer **85** 316a
Überführung von Verwaltungsorganen **1** 130
Übergabe bei Bestellung des Nießbrauchs **20** 1032, des Pfandrechts **20** 1205; beweglicher Sachen **20** 929, 931; der Kaufsache **20** 433, 447 ff.
Übergang der Forderung bei Ablösungsrecht **20** 268; der Forderung kraft Gesetzes **20** 408, 412; der Gefahr beim Kauf **20** 446 f., 2380, beim Werkvertrag **20** 644; der Hypothek **20** 1164; des Nießbrauchs **20** 1059c; von Schadensersatzansprüchen auf Sozialversicherungsträger **20** Anm. zu 823
Übergangsrecht für Gebiet der ehem. DDR **1** 143
Übergebot im Zwangsversteigerungstermin **108** 72
Überholen im Straßenverkehr **35a** 5, 7, 26
Überlange Gerichtsverfahren, Gebühren **115** Anl. 1 Nr. 8223 f.; **117** Anl. 1 Nr. 3300; kein Kostenvorschuss für Verfahren wegen **115** 12a
Überlange strafrechtliche Ermittlungsverfahren, Gebühren **117** Anl. 1 Nr. 3300; kein Kostenvorschuss für Verfahren wegen **115** 12a; Rechtsschutz **95** 198 ff.
Überlassung des Gebrauchs der Mietsache **20** 540, 553; von Gegenständen an Mündel **20** 1824; eines Grundstücks **21** Art. 232; im Urheberrecht **65** 17; von Vermögensgegenständen an Kind **20** 1644; von Vervielfältigungsstücken **65** 98
Übermittlung von Daten *s. Datenübermittlung;* von Geld **20** 270; Mitteilungen in Strafsachen gegen Mandatsträger **90a** 8; unrichtige von Willenserklärungen **20** 120
Übernahme der Befriedigung des Gläubigers eines Dritten **20** 329; beweglicher Sachen, Gerichtsvollzieherkosten **123** Anl.; der Geschäftsführung, Anzeige **20** 681; eines Handelsgeschäfts **50** 22; einer Hypothek in Anrechnung auf den Kaufpreis **20** 416; des Rechtsstreits durch Rechtsnachfolger **100** 265 f.; einer Schuld **20** 414 ff., durch Vormund **20** 1822; eines Vermögens **20** 330
Übernahmerecht bei Gesamtgutsauseinandersetzung **20** 1502
Übernahmerichtlinie-Umsetzungsgesetz 50a 60
Überprüfung der Betreuerauswahl **112** 291; der Unterbringungsdauer **85** 67e
Überqueren von Kraftfahrstraßen **35a** 18
Überschuldung, Begriff iSd InsO **110** 19, während der COVID-19-Pandemie **110d** 4; Enterbung des Abkömmlings **20** 2338; des Gesamtguts **20** 1447 f.; einer Körperschaft des öffentlichen Rechts **20** 89; des Nachlasses **20** 1980, 1990 ff.; einer Stiftung **20** 86; eines Vereins **20** 42; als Voraussetzung für Nachlassinsolvenzverfahren **110** 320; Zahlungen trotz **110** 15b
Überschuss bei Auseinandersetzung der Erbschaft **20** 1973, 2047; nach Beendigung der Gütergemeinschaft **20** 1476; der Gesellschaft, Verteilung **20** 734
Überschussbeteiligung bei Lebensversicherungen **62** 153
Überschwemmung, Verursachung **85** 313
Übersetzer, Honorar **116** 11; Vergütung **94** 59; Vergütung nach dem JVEG **116** 1, 8 ff.
Übersetzung, Gerichtsverhandlung **95** 185; der notariellen Niederschrift **23** 16; Urheberrechtsschutz **65** 3, 130
Übertragbarkeit der Rechte aus dem Gesellschaftsverhältnis **20** 717
Übertragung des Auftrags **20** 664; des Eigentums an beweglichen Sachen **20**

929 ff., an Grundstücken **20** 873, Verpflichtung zur **20** 311b, an Schiffen **20** 932a; eines Erbanteils **20** 2035, 2037; der Forderung **20** 398 ff., durch Gesamtgläubiger **20** 429; des Grundstückseigentums **20** 925; von Hypothekenforderungen **20** 1153 ff.; des mittelbaren Besitzes **20** 870; des Nießbrauchs **20** 1059; des Pfandrechts **20** 1250; von Rechten **20** 413; des Vermögens **20** 311b; von Vermögensgegenständen **20** 1383; **112** 264; des Vorkaufsrechts **20** 473

Übertretungen, Anwendung des bisherigen Rechts **85a** 300; Umwandlung in Ordnungswidrigkeiten **85a** 13

Überversicherung 62 75

Überwachung von Beschuldigten **90** 148a; während der Bewährungszeit **90** 453b; bei geographischen Herkunftsangaben **72** 134; der Telekommunikation **90** 100a ff., *s. a. Telekommunikationsüberwachung;* einer Wohnung, akustische *s. Akustische Wohnraumüberwachung*

Überwachungssystem der Aktiengesellschaft **51** 91

Überweisung der abgetretenen Forderung **20** 408; des Anspruchs auf Herausgabe körperlicher Sachen **100** 886; einer Forderung bei bestehender Schiffshypothek **100** 837a; von Geldforderungen **100** 835 ff., 853; SEPA-Überweisung, entgeltfreie **20** 270a; Verzicht auf Rechte aus **100** 843

Überweisungsbeschluss 100 836 f.

Überweisungsgesetz, Übergangsvorschriften **21** 228

Üble Nachrede 85 186; gegen Personen des politischen Lebens **85** 188

Umbildung einer Sache, Eigentumserwerb **20** 950, Nießbrauch **20** 1037, Vermächtnis **20** 2172, Wertersatz **20** 346

Umdeutung, Konversion nichtiger Rechtsgeschäfte **20** 140

Umgangspflegschaft für Kinder **20** 1684 f.; Kosten **118** 4

Umgangsrecht, Abänderung gerichtlicher Entscheidungen und gebilligter Vergleiche **20** 1696; des Kindes **20** 1684, mit anderen Bezugsperonen **20** 1685; Kindschaftssache **112** 151; des leiblichen Vaters, Verfahren zur Klärung **112** 167a; Vollstreckung **112** 88 ff.

Umgehungsgeschäfte einer AG **51** 71a

Umherfahren auf Straßen zu Werbezwecken **35a** 33

Umlaufvermögen, Wertansatz **50** 253

Umlegungsverfahren, keine Revision **100** 542

Umleitung, Kennzeichnung **35a** 42; des Straßenverkehrs, Anordnung **35a** 45

Umsatzkostenverfahren, Aufstellung der Gewinn- und Verlustrechnung **50** 275

Umsatzsteuer 1 106 bis 108; als Masseverbindlichkeit **110** 55; und Provision des Handelsvertreters **50** 87b; der Rechtsanwälte **117** Anl. 1 Nr. 7008

Umschreibung von Inhaberpapieren auf Namen des Mündels **20** 1815, 1820

Umtauschrecht auf Aktien **51** 221

Umwandlung durch Formwechsel **52a** 190 ff.; eines nichtigen Rechtsgeschäfts *s. Umdeutung;* von Ordnungsgeld in Ordnungshaft **85a** 8; Strafvorschriften und Zwangsgelder **52a** 313 ff.; Verfahren, Gebühren **115** Anl. 1 Nr. 1640 f.

Umwandlungsgesetz 52a; Verfahren nach UmwG, Gebühren **115** Anl. 1 Nr. 1640

Umwandlungssachen, Umstellung auf Euro **52a** 318

Umwelt, Straftaten gegen die **85** 5, 324 ff.; Verkehrsverbotszone **35a** 41

Umweltgefährdung 85 330

Umwelthaftungsgesetz 28; Bußgeld **28** 22; Strafvorschriften **28** 21

Umwelthaftungssachen, Gerichtsstand **100** 32a

Umweltschädigungen, Europarecht **21** 46a

Umweltschutz 1 20a; Angaben in Lageberichten **50** 289c; im Straßenverkehr **35a** 30

Umzugsgut, Beförderung von **50** 451 ff.

Umzugsvertrag 50 451 ff., 452c; Frist für Schadensanzeige **50** 451f; Haftung **50** 451c f.; Haftungsausschlussgründe **50** 451d; Haftungshöchstbetrag **50** 451e; Umfang **50** 451; abweichende Vereinbarungen **50** 451h; Wegfall der Haftungsbefreiungen und -begrenzungen **50** 451g

Unabdingbare gesetzliche Regelungen 20 619, 650o; im Reiserecht **20** 651y; im Urheberrecht **65** 60g; im Versicherungsrecht **62** 67, 171; beim Zahlungsdienstleistungsvertrag **20** 675e

Unabdingbarkeit der allgemeinen Gleichbehandlung **34** 31; der Ersatzpflicht **33** 7

Unabhängigkeit der Abgeordneten **1** 48; der Mitglieder des Bundesrechnungshofes **1** 114; des Richters **1** 97

Unabwendbare Ereignisse iSd StVG **35** 17

Unausführbarkeit des Werkes **20** 645

Unbare Zahlungsinstrumente, Fälschung **85** 152a, Passwortdiebstahl **85** 152c

Unbedenklichkeitsbescheinigung beim Grunderwerb **23** 19

Unbefugtes Wählen als Wahlfälschung **85** 107a
Unbeschränkte Haftung des Erben **20** 185, 2000, 2016; *s. a. Haftung*
Unbestimmtheit des Erben des Vermächtnisnehmers **20** 2162, 2178
Unbewegliche Sache, Absonderung im Insolvenzverfahren **110** 49; Arrest in **100** 923; Gerichtsstand **100** 24; im internationalen Insolvenzverfahren **110** 336, 349; Zwangsvollstreckung **100** 810, 864 ff., Herausgabeansprüche **100** 848, 855, 885
Unbrauchbarmachung, Beitreibung **122** 1; Beteiligung Betroffener im Strafverfahren **90** 439; als Maßnahme iSd StGB **85** 2, Beschlagnahme zur Sicherung **90** 111b, bei Verwarnung mit Strafvorbehalt **85** 59, Vollstreckung nach dem JBeitrG **90** 459g; von Schriften iSd StGB, Vollstreckungsverjährung **85** 79 ff.; von Verkörperungen eines Inhalts **85** 74d
Undank, Widerruf der Schenkung **20** 530
Unentgeltliche Leistung, Anfechtbarkeit **111** 4; Insolvenzanfechtung **110** 134
Unentgeltliche Verfügung des Erbschaftsverkäufers **20** 2375
Unentgeltliche Zuwendung *s. Schenkung*
Unerfahrenheit, Ausbeutung **20** 138
Unerlaubte Handlungen **20** 823 ff.; **21** Art. 232; im Ausland **21** 40; **21b** 4 ff.; Ausschluss der Aufrechnung gegen Forderung wegen **20** 393; Besitzerwerb **20** 992; Erlangung einer Erbschaftssache **20** 2025; Gerichtsstand **100** 32; Gesamtgutsverbindlichkeiten **20** 1441; Haftung bei Gütergemeinschaft **20** 1463; Nachteile für Verletzten **20** 273; Schadensersatz bei Verarbeitung **20** 951; Zuständigkeit der Arbeitsgerichte **83** 2
Unfähigkeit zur Bekleidung öffentlicher Ämter **85** 45 ff., 101; zum Vormund **20** 1780
Unfall, strafbare Behinderung der Rettungskräfte nach einem **85** 115; mündliche Testamentserklärung vor drei Zeugen **20** 2250; Verhalten nach **35a** 34
Unfallflucht **85** 142; Entschädigungsfonds für Schäden **63** 12 ff.
Unfallversicherung **62** 1 ff., 178 ff.; Anrechnung der Bezüge **20** 616 f., Anm. zu 618; Haftung des Arbeitgebers bei Arbeitsunfall **20** Anm. zu 618; seitens des Nießbrauchers **20** 1045 f.; Pflichtversicherung **62a** 6
Ungebühr in der Sitzung **95** 177
Ungerechtfertigte Bereicherung **20** 812 ff., 977; im Ausland **21** 38; **21b** 10 ff.; eheliches Güterrecht **20** 1390; des Gesamtguts **20** 1434, 1457
Ungewisser Erfolg, Herausgabepflicht bei Nichteintritt **20** 820
Ungewissheit des Gläubigers, Hinterlegung **20** 372; der Person des Bedachten **20** 2073; von Rechten bei Berechnung des Pflichtteils **20** 2313
Ungleiche Behandlung, grundgesetzwidrig **1** 3
Unglücksfälle, Einsatz von Polizei und Streitkräften **1** 35; Sonderrechte bei Einsätzen nach **35a** 35
Unionsmarken, Anwendung des MarkenG **72** 119 ff.; Feststellung der Ungültigkeit **72** 120; im Insolvenzverfahren **72** 125; Streitigkeiten **72** 122; Umwandlung **72** 121; strafbare Verletzung **72** 143a; Zwangvollstreckung **72** 125a
Unionsmarkengerichte **72** 122
Unionsmarkenstreitigkeiten **72** 122 ff.
Unkenntnis der Abtretung **20** 407; über Erklärungsgegner **20** 132; fahrlässige **20** 122, 1980; der Nacherbfolge, Verfügungen **20** 2140; von Tatumständen **85** 16; **94** 10; des Vertreters **20** 166; *s. a. Kennen und Kennenmüssen*
Unlautere geschäftliche Handlungen iSd UWG **73** 3 Anhang; Abmahnungen **73** 13 f., 15a; durch aggressive Handlungen **73** 4a; Begriff **73** 3; Beseitigungs- und Unterlassungsansprüche, Antragsrecht **73** 8, Verfahren **73** 12 ff.; Gewinnabschöpfung **73** 10; durch Irreführung **73** 5 f.; missbräuchliche Geltendmachung von Ansprüchen **73** 8c; gegen Mitbewerber **73** 4; Rechtsbruch als **73** 3a; Rechtsfolgen **73** 8 ff., Verjährung **73** 11; Schadensersatzpflicht **73** 9; strafbare Werbung **73** 16; durch Unterlassen **73** 5a; Unzulässigkeit **73** 3; durch unzumutbare Belästigungen **73** 7; durch vergleichende Werbung **73** 6; Verjährung der Ansprüche nach UWG **73** 11
Unlauterer Wettbewerb, G gegen den **73**, *s. a. UWG*
Unmittelbare Ersetzung bei Erbschaft **20** 2041; beim Erbschaftskauf **20** 2374; bei Gesamtgut **20** 1473; bei Herausgabe wegen ungerechtfertigter Bereicherung **20** 818; beim Pfandverkauf **20** 1247; bei Schadensersatz **20** 285; beim Vermächtnis **20** 2164, 2288; bei Verwendung von Kindesvermögen **20** 1646; bei Vorerbschaft **20** 2111
Unmittelbarkeitsprinzip im Strafprozess **90** 244, 250
Unmöglichkeit des beabsichtigten Erfolges **20** 820; der Herausgabe **20** 292, 346 f.,

457, 460, 815, 848, 2021, 2023; der Leistung **20** 265, 275, 280 ff., 286 f., 308, 311a, 326, Draufgabe **20** 338, bei Gesamtschuldverhältnissen **20** 425, und Rücktritt **20** 218, bei einem Vermächtnis **20** 2171 f., beim Vorkauf **20** 466; des Vollzugs einer Auflage **20** 2196; vorübergehende **20** 308; des Zwecks einer Stiftung **20** 87
Unpfändbare Bezüge 100 850a
Unpfändbare Forderungen 20 398 ff., 1274; **100** 850a, 851 f., 859 ff.; keine Aufrechnung **20** 394
Unpfändbare Sachen, Insolvenzmasse **110** 36; Pfändung **100** 811 mit Anm., 811a ff.
Unpfändbarkeit des Nießbrauchs **20** 1059b; des Rücknahmerechts **20** 377
Unrichtige Sachbehandlung, Nichterhebung von Kosten **123** 7
Unrichtige Übermittlung von Willenserklärungen **20** 120
Unrichtigkeit des Grundbuchs **20** 894; offenbare im Urteil **100** 319 f.
Unschädlichkeitszeugnis 21 120
Unsicherheitseinrede 20 321
Unsittliches Verhalten, Schädigung **20** 826
Untauglichkeit zum Vormund **20** 1781
Unteilbarkeit der Leistungen **20** 420, 431 f.
Unterbrechung des Fristenlaufs **100** 249, Hemmung aufgrund der COVID-19-Pandemie **90a** 10; der Hauptverhandlung **90** 228 f., wegen Ausbleibens des Pflichtverteidigers **90** 145, Hemmung der Unterbrechungsfristen aufgrund der COVID-19-Pandemie **90a** 10; des Prozessverfahrens **100** 239 ff., 249 f.; der Strafvollstreckung **90** 360, 455a; der Verjährung **63** 3; **94** 33, *s. Neubeginn,* durch richterliche Handlungen **85** 78c
Unterbringung, Anordnung bei Schuldunfähigkeit **85** 71; Anrechnung auf Strafe **85** 51; Ausschluss der Öffentlichkeit **95** 171a; Bekanntgabe des Beschlusses **112** 325; Beschluss für Begutachtung in Betreuungssachen **112** 284; des Beschuldigten für Gutachten **90** 81; Beschwerde des Untergebrachten **112** 305; eines Betreuten **20** 1906; in Entziehungsanstalt **90** 246a; mit freiheitsentziehenden Maßnahmen für Betreute **112** 312; von Jugendlichen zur Beobachtung **89** 73; keine Bekanntgabe der Gründe an Betroffenen **112** 325; von Kindern mit Freiheitsentzug **20** 1631b, Verfahren **112** 151, 167; von Minderjährigen mit Freiheitsentzug **20** 1631b, Verfahren **112** 151, 167; Mitteilungen während einer an Behörden und öffentliche Stellen **112** 310; in psychiatrischem Krankenhaus **85** 61, Anhörung eines Sachverständigen vor **90** 246a, Unzuständigkeit des Amtsgerichts **95** 24, Vollstreckung und Vollzug **90** 463; **90a** 13; keine Tilgung der Eintragung im Zentralregister **92** 45; nach Widerruf der Aussetzung **85** 67g; Wirksamwerden des Beschlusses **112** 324; Zuführung zur **112** 326; *s. a. Unterbringungsmaßnahmen, Unterbringungssachen*
Unterbringungsbefehl 90 275a; in Strafsachen **90** 126a
Unterbringungsbeschluss, Inhalt **112** 323
Unterbringungsmaßnahmen 112 312 ff.; Aufhebung **112** 330; Benachrichtigung der Angehörigen **112** 339; Dauer **112** 329; einstweilige Anordnung **112** 331 ff.; einstweilige Maßregeln **112** 334; Gutachten vor **112** 321; Verlängerung **112** 329; Vollzug **112** 327 ff.; Zuständigkeit **112** 313
Unterbringungssachen 112 312 ff.; Beschwerde **112** 335; deutsche Zuständigkeit **112** 104; Entscheidungsmitteilungen **112** 338; Gebühren des Verteidigers **117** Anl. 1 Nr. 4200 ff.; Kosten **112** 337; Rechtsanwaltsgebühren **117** 42, Anl. 1 Nr. 4300; Unterbringungsmaßnahmen *s. a. dort;* Verfahrensfähigkeit des Betroffenen **112** 316; Vollzug **112** 327 ff.; Vorführung zur Untersuchung **112** 322; Zulässigkeit einer Vertrauensperson **95** 170; Zuständigkeit **95** 23d, des Amtsgerichts **95** 23a
Unterdrückung von technischen Aufzeichnungen und Urkunden **85** 274
Untergang des Gebäudes bei Erbbaurecht **41** 13; der Sache **20** 292, 346, 446, 457, 460, 644 f., 848, 989, 2023, 2375
Unterhalt wegen Alters bei Scheidung **20** 1571; angemessener **20** 1360a, 1603, 1608, 1610, Rückforderung **20** 1360b; Anpassung des Versorgungsausgleichs **48** 33 f.; Anrechnung von Kindergeld **20** 1612b, anderer Leistungen **20** 1612c; Art der Gewährung **20** 1585 ff.; nach AUG **115** Anl. 1 Nr. 2119; Berechnung der Höhe bei Empfang von Sozialleistungen **20** 1610a; Beschränkung **20** 1611; aus Billigkeit **20** 1576; der Ehegatten im Beitrittsgebiet **21** Art. 234 § 5; Eigenverantwortung **20** 1569; einstweilige Anordnung vor Geburt **112** 247, bei Vaterschaft **112** 248; Einwendungen gegen Beschluss **112** 254; kein Ersatzanspruch der Eltern **20** 685; wegen Erwerbsunfähigkeit **20** 1572; bei Feststellung der Vaterschaft **112** 237; Gefährdung **20** 1666; der geschiede-

nen Ehegatten **20** 1581 ff.; Gewährung **20** 1612, durch Betreuung **20** 1612; aus Insolvenzmasse **110** 100; kein Einwand der Volljährigkeit **112** 244; für Kinder nicht verheirateter Eltern **20** 1615a ff.; aus Kindesvermögen **20** 1649; für Minderjährige, Festsetzungsbeschluss **112** 253; Mindestunterhalt für Minderjährige **20** 1612a; für Pflege der Kinder **20** 1586a; Regelung des Schenkers **20** 519, 528; nach Scheidung **20** 1569 ff.; Sonderbedarf **20** 1613; bei Tod des Vaters **20** 1615n; bei Tot- oder Fehlgeburt **20** 1615n; Umfang **20** 1578; für Vergangenheit **20** 1585b, 1613; Verwendung des Gesamtguts **20** 1420; Wegfall **20** 1611; Zukunft **20** 1614

Unterhaltsanspruch 20 1712; beschränkter Pfändungsschutz **100** 850d; Beschränkung **20** 1579; der Ehegatten bei Getrenntleben **20** 1361; Ende **20** 1586 f.; trotz Erwerbstätigkeit **20** 1573; von Familienangehörigen des Erblassers („Dreißigster") **20** 1969; der Frau **20** 2141; Geltendmachung durch Elternteil **20** 1629; Geltendmachung im Insolvenzeröffnungsverfahren **110** 40; Herabsetzung und zeitliche Begrenzung **20** 1578b; bei Körper- oder Gesundheitsschaden i. H. v. Sozialleistungen **20** 1578a; Minderjähriger, Hemmung der Verjährung **20** 204; der Mutter des Nacherben **20** 2141; Pfändbarkeit des Arbeitseinkommens **100** 850d; Rangverhältnis für Pfändbarkeit **100** 850; der schwangeren Witwe **20** 1963; bei Sozialleistungen **20** 1610a; Verhältnis zu Verwandten bei Annahme als Kind (Verfassungswidrigkeit) **20** 1755; Versagung **20** 1579; Vollstreckbarkeit **100** 708; Wiederaufleben **20** 1586a; zeitliche Begrenzung **20** 1573, 1578; Zusammentreffen mehrerer nach der Scheidung **20** 1582

Unterhaltsbeiträge, Verjährung **20** 197

Unterhaltsberechtigte 20 1602; Anrechnung eigener Einkünfte **20** 1577; Rangfolge **20** 1609; Verfehlungen gegen Verpflichteten **20** 1611; Wiederverheiratung **20** 1586

Unterhaltspflicht 20 1601 ff.; **112** 231; bei Annahme als Kind **20** 1751; Befreiung **20** 1603; Beschränkung **20** 1611; der Ehegatten **20** 1360 ff.; Einfluss des Güterstandes auf **20** 1604; Erbvertrag **20** 2295; Erfüllung als Bewährungsauflage **85** 56c, 56e, durch Geschäftsführer **20** 679; erweiterter Pfändungsschutz **100** 850c; Gefährdung durch Schenkungen **20** 519, 528; des Getöteten **20** 844, 846; **33** 5; haftbare Verletzung **85** 170; und Haftung nach dem StVG **35** 10; und Leistungsfähigkeit **20** 1603; als Nachlassverbindlichkeit **20** 1586b; Rangfolge **20** 1582, 1584, 1606, 1609; Reihenfolge **20** 1606; Sicherheitsleistung **20** 1585a; besonders umfangreiche gesetzliche, Pfändungsschutz **100** 850f; Verletzung **20** 333 f.; Vollstreckbarkeit von Urteilen **100** 708; Wegfall **20** 1611

Unterhaltsrecht, Überleitungsvorschrift **101** 36

Unterhaltssachen 112 231; Abänderungsantrag **112** 238, 240; mit Abstammungssachen **112** 179; nach AuslandsunterhaltsG **115** 1; einstweilige Anordnung **112** 246; als Familiensachen **112** 111; als Folgesache **112** 137; Gebühren **118** Anl. 1 Nr. 1320 ff.; Kostenentscheidung **112** 243; streitiges Verfahren **112** 255; vereinfachtes Verfahren über den Unterhalt Minderjähriger **112** 249 ff.; Verfahren **112** 231 ff.; Verfahrenswert **118** 51; Zuständigkeit des Rechtspflegers **96** 20 f., 25, 29

Unterhaltstitel, Abänderung, Zuständigkeit **96** 20; bei Zwangsvollstreckung im Ausland **112** 245

Unterhaltsverträge 20 1585c

Unterhaltung eines Gebäudes **20** 836, 838; von Grenzanlagen **20** 922; der Nießbrauchsache **20** 1041

Unterlassen von Angaben im Bilanzanhang **50** 286

Unterlassung als Anspruchsgegenstand **20** 590a, 862, 1004, 1134; Begehen einer Straftat durch **85** 13; Beweislast bei Rücktritt, Vertragsstrafe **20** 339, 343; des Gebrauchs geographischer Herkunftsangaben **72** 128; als Gegenstand eines Schuldverhältnisses **20** 241; der Hilfeleistung **85** 323c; als irreführende geschäftliche Handlung **73** 5a; Ordnungswidrigkeiten durch **94** 8; Ort der Tat **85** 9; Tatzeit bei Unterlassungsdelikten **85** 8; Zwangsvollstreckung zur Erwirkung von **100** 890 ff.

Unterlassungsansprüche nach GWB **74** 33; des Inhabers einer geschäftlichen Bezeichnung **72** 15; des Markeninhabers **72** 14 ff.; im Urheberrecht **65** 36b ff., 97 ff.; nach dem UWG **73** 8, 15a, Verfahren **73** 12 ff.

Unterlassungsansprüche nach dem UKlaG, keine Anwendung im Arbeitsrecht **105** 15; innergemeinschaftliche Verstöße **105** 4e; missbräuchliche Geltendmachung **105** 2b; Schlichtungsverfahren **105** 14; im Urheberrecht **105** 2a, anspruchsberechtigte Verbände **105** 3a; bei

verbraucherschutzgesetzwidrigen Praktiken **105** 1 ff.
Unterlassungsklage gegen Firmenverletzung **50** 37; gegen Namensführung **20** 12; bei Nießbrauch **20** 1053; bei unlauteren geschäftlichen Handlungen **73** 8, 15a, Verfahren **73** 12 ff.; Urheberbenennung **100** 77; bei vertragswidrigem Gebrauch der Mietsache **20** 541
Unterlassungsklage nach UKlaG 105; anspruchsberechtigte Stellen **105** 3; keine Anwendung im Arbeitsrecht **105** 15; Einigungsstelle **105** 12; bei innergemeinschaftlichen Verstößen **105** 4e; Schlichtungsverfahren **105** 14; Streitwert **115** 48; Verfahren **105** 5 ff., für Klagen nach § 1 UKlaG **105** 8 ff., für Klagen nach § 2 UKlaG **105** 12 f.; Veröffentlichungsbefugnis **105** 7
Unterlassungsklagengesetz (UKlaG) 105; und das G zur Stärkung des fairen Wettbewerbs **105** 17; Ordnungswidrigkeiten **105** 16
Untermiete 20 540, 543, 546, 549, 553
Unternehmen, assoziierte im Konzernabschluss **50** 311 f.; Beendigung der Eingliederung **51** 327; Beteiligungen an **50** 271; börsennotierte, Erklärung zum Corporate Governance Kodex **51** 161, Stimmrecht **51** 328; Boykottverbot **74** 21; Bußgeldvorschriften nach dem GWB **74** 81a f., Ausfallhaftung **74** 81e, nach dem PublG **52b** 20; Entflechtung **74** 41; Gemeinschaftsunternehmen, Vergabe öffentlicher Aufträge an **74** 139; gewerbliche **50** 2; Haftung des Inhabers nach dem UrhG **65** 99; kapitalmarktorientierte, Pflichten nach dem PublG **52b** 5; als Kostenschuldner bei Registersachen **119** 23; marktbeherrschende **74** 18, *s. a. dort;* Mitbestimmung der Arbeitnehmer **51** 98 s. Anm.; Mitteilungspflichten gegenüber der Markttransparenzstellen **74** 47e; Offenlegungsvorschriften **50** 327a; Ordnungsgelder nach dem PublG **52b** 21; Rechnungslegungspflicht nach dem PublG **52b**; mit relativer Marktmacht **74** 20; Selbstreinigung **74** 125; Sicherungshypothek für Bauhandwerker **20** 650e; Teilnahme am organisierten Markt **50** 267; Übergangsvorschriften **50a** 46; mit überlegener Marktmacht **74** 20; mit überragender marktübergreifender Bedeutung **74** 19a; Unternehmensgruppe iSd InsO **110** 3e; verbundene **50** 271, *s. a. dort;* Verhaltenskodex iSd UWG **73** 2; Zusammenschluss **74** 37, Kontrolle **74** 35 ff., 186 ff., Verfahren **74** 40 ff., Meldepflichten **74** 39 f., 186, Ministererlaubnis **74** 42, Untersagung **74** 40, 186, Verbot des Vollzugs **74** 41; Zweigniederlassungen **50** 13
Unternehmen der öffentlichen Hand und GWB **74** 185
Unternehmen des Rohstoffsektors 50 341q f.; Konzernzahlungsberichte **50** 341v; Offenlegungspflichten **50** 341w, Straf- und Bußgeldvorschriften **50** 341x f.; Zahlungsbericht **50** 341s ff.
Unternehmen von öffentlichem Interesse, Abschlussprüfung **50** 316a, 341k; **51** 124, 209; Bilanz **52** 57f; Genossenschaften **53** 36, 38, 53, 55, 57 f., 63e; Pflichten nach dem PublG **52b** 6 f.; Prüfung von Jahresabschluss und Lagebericht **50** 340k; Prüfungsausschuss **50** 324
Unternehmensentwicklung, Nachhaltigkeit **51** 87
Unternehmensgruppe iSd InsO **110** 3e, Eigenverwaltung **110** 270g, Koordinationsverfahren **110** 269d ff., Kosten **115** 23, und VO (EU) 2015/848 **110a** 102c, Verfahren **96** 18; **110** 3a ff., 269a ff., und VO (EU) 2015/848 **110a** 102c
Unternehmenskennzeichen, Markenschutz **72** 5
Unternehmensrechtliche Verfahren 112 402 ff.; besondere Zuständigkeit **112** 376 f.; bestimmte, Geschäftswert **119** 67; einzelne Arten **112** 375; Gebühren **119** Anl. 1 vor Nr. 13100, Anl. 1 Nr. 13500 ff.; vor dem Landgericht, Gebühren **119** Anl. 1 vor Nr. 13100; Richtervorbehalt **96** 17; Zuständigkeit des Amtsgerichts **95** 23a
Unternehmensregister 50 8b ff.; Beglaubigung übermittelter Daten **50** 9; Einsichtnahme **50** 9; elektronisches **50** 8b; **50a** 61; Führung **50** 9a; Gebühren **120** Anl. Nr. 1120 ff.; im Internet **50** 8b; Kostenhaftung **120** 16; Offenlegung von Jahresabschlüssen **50** 325 ff.; Prüfungs- und Unterrichtungspflichten **50** 329
Unternehmenssanierung, Gegenstandswert für Rechtsanwaltsgebühren **117** 24; und Insolvenzverfahren **110a** 103g
Unternehmensstabilisierungs- und -restrukturierungsG, Auflassung im Restrukturierungsplan **20** 925; Gruppenbildung im Insolvenzverfahren **110** 222, während der COVID-19-Pandemie **110d** 7; Insolvenzverfahren **110** 14, Gruppen-Gerichtsstand iSd InsO **110** 3a, Zuständigkeit **110** 3; Übergangsvorschriften für Kreditinstitute **51a** 24; Verfahren nach dem **115** 1, 6, 13a, 25a, Rechtsanwaltsgebühren **117** 29a, Zuständigkeit **95** 71;

und Verjährung **20** 204; Vollzug der Vollstreckungssperre gem. ZVG **108** 30g
Unternehmensverträge 51 291 ff.; Abschluss **51** 293; Änderung **51** 295; Anmeldung **51** 294; Arten **51** 292; Aufhebung **51** 296; Beendigung **51** 296 ff., 307; Beherrschungsvertrag **51** 18; Betriebspachtvertrag **51** 292; Betriebsüberlassungsvertrag **51** 292; Eintragung **51** 294; Gewinnabführungsvertrag **51** 291, 304 f., 324; Gewinngemeinschaftsvertrag **51** 292; vor Inkrafttreten des AktG **51a** 22; Kündigung **51** 297; Sicherung der freien Aktionäre **51** 304 ff.; Teilgewinnabführungsvertrag **51** 292; Verlustübernahme **51** 302; Weisungen auf Grund **51** 299; Zustimmung der Hauptversammlung zu **51** 293
Unternehmer 20 14; fachliche Eignung iSd GWB **74** 122; Genossenschaftsmitglieder **53** 43, 65, Darlehen von **53** 21b; Haftung bei Dienstverträgen **20** Anm. zu 618, bei Schwarzarbeit **20** Anm. zu 618, gegenüber Sozialversicherungsträgern **20** Anm. zu 618, bei Unfällen **20** Anm. zu 618; Moratorium aufgrund der COVID-19-Pandemie **21** Art. 240 § 1; Pfandrecht beim Werkvertrag **20** 647; Pflichten gegenüber Handelsvertreter **50** 86a; Rückgriffsansprüche **20** 445a f., 478; iSd UWG **73** 2
Unternehmergesellschaft 52 5a
Unternehmerische Sorgfalt iSd UWG **73** 2
Unternehmerpfandrecht 20 647
Unteroffiziere, Entlassung **1** 60; Ernennung **1** 60
Unterricht, gesetzlich erlaubte Nutzung geschützter Werke im **65** 60a f.
Unterrichts- und Lehrmedien, gesetzlich erlaubte Nutzung geschützter Werke in **65** 60b
Unterrichtungspflichten nach GWB **74** 184
Untersagung der Berufsausübung **85** 61, 70
Unterschlagung 85 246 f.
Unterschrift, Beglaubigung **23** 40 f.; **119** 121; des Erblassers **20** 2247, 2267; Gebührenhöhe für Beglaubigung **123** Anl.; des Rechtspflegers **96** 12; Zeichnung einer **52** 39; Zeichnung von **52** 67
Unterstützung, Schenkung **20** 520
Untersuchung zur Abstammungsfeststellung **100** 372a; **112** 178; Duldung zum Zwecke der Blutgruppenuntersuchung **100** 372a; Honorar **116** Anl. 2 Nr. 200 ff.; körperliche von Minderjährigen **90** 81c, nach dem OWiG **94** 46, im Strafverfahren **90** 81a, 81c f.; molekulargenetische **90** 81e f.
Untersuchungsausschuss des Bundestages, Rechte **1** 44
Untersuchungsausschüsse, falsche Angaben **85** 162
Untersuchungsgrundsatz im Nachprüfungsverfahren nach GWB **74** 163; im Strafverfahren **90** 155, 244
Untersuchungshaft 90 112 ff.; Anrechnung **85** 51; **90** 450, nach dem JGG **89** 52 f.; Beschränkungen beim Vollzug **90** 119; Beschwerde **90** 305; Dauer **90** 121 ff.; Entscheidung über Fortdauer **90** 268b; Haftprüfungsverfahren **90** 117 ff., 122 f.; für Jugendliche **89** 72 ff.; Kosten **90** 466; sicheres Geleit **90** 295; Vollstreckung bei Jugendlichen **89** 89c; Vollzug, gerichtliche Überprüfung **90** 119a; Vorrang der Vollstreckung **90** 116b; Zuständigkeit für gerichtliche Entscheidungen **90** 126
Untersuchungshandlungen des Gerichts im Strafverfahren **90** 165 f., Protokollierung **90** 168 f.; der Staatsanwaltschaft, Protokollierung **90** 168b
Unterversicherung 62 76
Untervertretung in der Verhandlung, Referendar **100** 157
Unterwerfung unter sofortige Zwangsvollstreckung **100** 799 f.
Unterwerfungsklausel in Urkunden **100** 799 ff.
Unterzeichnung des Testaments **20** 2247, 2267; von Urkunden über Rechtsgeschäfte **20** 126 f., 129; *s. a. Unterschrift*
Untreue 85 266
Unübertragbarkeit der beschränkten persönlichen Dienstbarkeit **20** 1092; *s. a. Übertragung*
Unvermögen des Schuldners kein Gläubigerverzug **20** 297, zur Leistung **20** 275; *s. a. Unmöglichkeit*
Unversehrtheit, Recht auf körperliche **1** 2, 104
Unverzüglich 20 121; Ablehnungsgesuch **100** 44; Anfechtung **20** 121
Unwahre Anzeige 115 Anl. 1 Nr. 3200
Unwahre Tatsachen, Verbreitung **20** 824
Unwirksamkeit der Auflage **20** 2195; der Aufrechnungserklärung **20** 388; der Bestimmung der Leistung durch Dritte **20** 319; der Beurkundung von Willenserklärungen **23** 6 f.; des Erbvertrags **20** 2298; der Ernennung eines Testamentsvollstreckers **20** 2201; von Fristbestimmungen **20** 308; eines gemeinschaftlichen Testaments **20** 2268; von Kündigungen **84** 2 f.; eines Leistungsversprechens **20** 344; öffent-

licher Aufträge **74** 135; von Rechtsgeschäften eines Ehegatten **20** 1365 ff., des Vormunds **20** 1829, 1831; relative **20** 135 f., 883; **110** 80 ff.; des Rücktritts bei Verjährungseintritt **20** 218; von Vereinbarungen gegen Vorkaufsrecht **20** 465; einer späteren Verfügung gegenüber Erbvertrag **20** 2289; von Verfügungen **20** 135 f., eines gemeinschaftlichen Testaments **20** 2270; eines Vermächtnisses **20** 2160; des Versprechens einer Vertragsstrafe bei Wohnraummiete **20** 555; von Vertragsbestandteilen, Rechtsfolgen **20** 306; *s. Nichtigkeit*

Unwürdigkeit eines Erben *s. Erbunwürdigkeit*

Unzucht *s. Sexueller Missbrauch*

Unzulässigkeit von Bedingungen bei Annahme der Erbschaft **20** 1947, bei Ausschlagung der Erbschaft **20** 1947, bei Vermächtnissen **20** 2180; der Berufung im Strafverfahren **90** 319, 322, im Zivilverfahren **100** 522, und Nichtzulassungsbeschwerde **100** 544; der Beschwerde **100** 572; von Gerichtsstandvereinbarungen **100** 40; der Rechtsausübung (Schikaneverbot) **20** 226; der Revision im Strafverfahren **90** 346, im Zivilverfahren **100** 552; des Schiedsverfahrens, Aufhebungsklage **83** 110; von Vereinbarungen über Kündigung eines Mietverhältnisses **20** 569

Unzumutbare Härte bei Maßnahme der Zwangsvollstreckung **100** 765a

Unzumutbarkeit der Fortsetzung des Arbeitsverhältnisses **84** 9, des Mietverhältnisses **20** 543

Unzurechnungsfähigkeit *s. Schuldunfähigkeit*

Unzuständigkeit in Berufungsinstanz **100** 513; Einrede der **100** 39; Erklärung der durch Gericht **100** 11, 36, 506; Erklärung des Gerichts **90** 269 f., 348; Verweisung wegen **100** 281, 506

Urgroßeltern, Erbrecht **20** 1928

Urheber **65** 7 ff.; Auskunftsanspruch **65** 32d f., und Unterlassungsansprüche **65** 36d; Bezeichnungspflicht **65** 10; Folgerechte **65** 26; eines geschützten Werkes, Vergütungsanspruch **65** 54; Kontrollbesuche **65** 54g; Maßnahmen gegen Entstellung des Werkes **65** 14; Nutzungsrechte **65** 31 ff., 137, Widerruf **65** 31a; Rückrufsrechte **65** 41 f.; Schutz **65** 1, 134, *s. Urheberschutz;* technische Maßnahmen zum Schutz **65** 95a ff.; unpfändbare geschützte Werke **100** 811; verbundener Werke **65** 9; Vergütung **65** 32 ff., gesetzliche Ansprüche **65** 63a, 137q, für später bekannte Nutzungsarten **65** 32c; Vermietung von Vervielfältigungsstücken **65** 27; Vermutung **65** 10; Veröffentlichungsrecht **65** 12; Vertrag über unbekannte Nutzungsarten **65** 31a; Vertretung durch Vereinigungen **65** 32g ff.; Verwertungsrecht **65** 15 ff., nach 10 Jahren **65** 40a; Zugang zu Werkstücken **65** 25; Zwangslizenz **65** 42a

Urheberbenennung bei mittelbarem Besitz **100** 76

Urheberpersönlichkeitsrecht **65** 12 ff.

Urheberrecht **1** 73; **65**; **65** 11 ff.; Abmahnung **65** 97a; Anspruch auf Vernichtung, Rückruf und Überlassung **65** 98, auf Vorlage und Besichtigung **65** 101a; außergerichtliche Konfliktbeilegung **65** 32f; Bildung von Verwertungsgesellschaften **117** Anl. 1 Nr. 3300 ff.; Dauer **65** 64 ff., 82, 87d, 129, 137m; Dokumentationspflichten **65** 61a; und Europarecht **65** 137e ff., 137m f.; Gerichtsstand **65** 104a; und gesetzlich erlaubte Nutzungen **65** 44a ff., 55 ff.; Haftung des Unternehmers **65** 99; an Lichtbildwerken **65** 137a; Maßnahmen der Zollbehörde **65** 111b; Mediation und außergerichtliche Konfliktbeilegung **65** 32f, 35a; neue Nutzungsarten **65** 137l; Nutzungsrechte **65** 31 ff., 137, Widerruf **65** 31a; öffentliches Zugänglichmachen **65** 19a; Rechtsgeschäfte über **65** 29; Rechtsnachfolge **65** 28 ff.; Rechtsverletzungen **65** 97 ff.; Rechtsweg **65** 104; Schlichtungsstelle **65** 36a; Schutz des ausübenden Künstlers **65** 73 ff., nach EU-Recht **65** 137e ff.; Straf- und Bußgeldvorschriften **65** 106 ff.; technische Maßnahmen **65** 95a ff.; Text und Data Mining **65** 44b, *s. a. dort;* Übertragbarkeit **65** 29; Unterlassungsklage **105** 2a, anspruchsberechtigte Verbände **105** 3a, bei innergemeinschaftlichen Verstößen **105** 4e; und Urheberrechts-Wissensgesellschaftsgesetz **65** 137o; Vererblichkeit **65** 28; Vergütung **65** Anlage, gemeinsame Vergütungsregeln **65** 36 ff., bei Vervielfältigungen **65** 54 ff.; Verjährung der Ansprüche **65** 102 f.; Vervielfältigungen **65** 53, verwaiste Werke **65** 61 ff., Anlage; Verwertungsgesellschaften **65** 26 f., 54h; Verwertungsverbot **65** 96; aufgehobene Vorschriften **65** 141; an Werken der bildenden Kunst und Photographie **67**; Zitate **65** 51, zum Zwecke der Karikatur, Parodie, Pastiche **65** 51a, 62; Zwangsvollstreckung **65** 112 ff.

Urheberrechtsschutz, amtliche Werke **65** 5; für ausübende Künstler **65** 73 ff.; bestimmter Werkausgaben **65** 137b; für

Computerprogramme **65** 69a ff., 137d, bei Dekompilierung **65** 69e; Datenbanken **65** 87a ff.; Dauer **65** 137m; Filme **65** 88 ff.; geschützte Werke **65** 2 ff.; Kontrollbesuche des Urhebers **65** 54g; Lichtbilder **65** 72; nachgelassene Werke **65** 71; Presseverleger **65** 87f ff., 137r; Schutzfrist **65** 135a; technische Maßnahmen **65** 95a ff.; vertonte Sprachwerke **65** 131; wissenschaftliche Ausgaben **65** 70

Urheberrechts-Wissensgesellschaftsgesetz **65** 60a ff., 137o; Evaluierung **65** 142

Urheberrolle *s. Register anonymer und pseudonymer Werke*

Urheberschaft, Anerkennung **65** 13; oder Rechtsinhaberschaft **65** 10

Urkunden, Abänderungen in Unterhaltssachen **112** 239; Änderungen in **23** 44a; Anmeldung der Rechte des Inhabers **112** 477; Anordnung der Vorlegung **100** 142; Aufgebotsverfahren zur Kraftloserklärung **112** 466 ff.; Ausfertigungen **23** 47 ff.; Aushändigung **20** 1150; Auslieferung bei Abtretung der Forderung **20** 402 f., 410; Beglaubigung einer Abschrift **23** 42; Behandlung **23** 44 ff.; Beibringung einer über Beweisaufnahme **100** 364; bereits errichtete **23** 73; Bestallung des Vormunds **20** 1791; über Bestellung zum Betreuer **112** 290; Beweis durch **100** 415 ff.; Echtheit **100** 437 ff.; Eigentum **20** 952; Einsicht **20** 810; Elektronisches Urkundenarchiv **23** 55, 75; Erklärung über **100** 510; Errichtung **20** 126 ff.; Fälschung **20** 2339; **85** 133; **90** 359, 362; **100** 444; gemeinschaftliche **20** 810; Herausgabe der über überwiesene Forderungen **100** 836; Hinterlegung **20** 372; über Kaufvertrag eines Grundstücks **20** 925a; zur Klage im Wechselprozess **100** 593, auf Wiederaufnahme **100** 588; Klage auf Abänderung **100** 323a; Kraftloserklärung **21** 102; **112** 478 f.; über Leistungen an Inhaber **20** 807; Nachtragsbeurkundung **23** 44b; Niederlegung auf Geschäftsstelle **100** 134, 364, 411; offensichtliche Unrichtigkeiten **23** 44a; öffentliche **100** 415, iSd VO (EU) 2016/1191 **20** 1309; **100** 1118 ff.; Recht auf Ausfertigungen, Abschriften, Einsicht **23** 51; über Schiedsvertrag **100** 1031; Übermittlung von Anwalt zu Anwalt **100** 135; Übersetzungen **23** 50; Übertragung in die elektronische Form **23** 56; Unterdrückung **85** 133, 274; **100** 444; Urschrift **23** 45, Aushändigung **23** 45a, elektronische Fassung **23** 49, Ersetzung **23** 46; Verbindung mit Schnur und Prägesiegel **23** 44; Verjährung aus vollstreckbaren **20** 197; Verlesung **90** 249, im Berufungsverfahren **90** 325; Vernichtung **85** 133, 274; **100** 444; Verwahrung **23** 55 ff., auf Geschäftsstelle **100** 443; vollstreckbare **100** 797; zu vorbereitenden Schriftsätzen **100** 131; Vorlagepflicht der Partei oder Dritter **100** 142; Vorlegen von Privaturkunden **23** 43; Vorlegung **100** 420 ff.

Urkundenbeweis **90** 251; **100** 415 ff.

Urkundenfälschung **85** 267 ff.; Vorbereitungshandlungen **94** 127

Urkundenmahnbescheid **100** 703a

Urkundenprozess **100** 592 ff.; Abstandnahme **100** 596; Beweismittel **100** 592, 595; Klageabweisung **100** 597; Mahnverfahren **100** 703a; Verfahren **100** 593 ff.; Vollstreckbarkeit der Urteile **100** 708; Vorbehalt der Ausführung der Rechte des Unterliegenden **100** 599; Zulässigkeit **100** 592; Zurückverweisung in ersten Rechtszug **100** 538

Urkundsbeamte **95** 153; Abgabe von Anträgen und Erklärungen **100** 129a; Ablehnung oder Ausschließung **100** 49; kein Anwaltszwang vor **100** 78; Anwesenheit bei Hauptverhandlung **90** 226; Ausschließung und Ablehnung im Strafprozess **90** 31; als Dolmetscher **95** 190; Entscheidung in Grundbuchsachen **114** 12c; Erinnerung gegen Entscheidungen des **100** 573; Erteilung der Vollstreckungsklausel **100** 724 f.; Protokollführung **100** 159; und Rechtspfleger **96** 26, 36b; Verkündungsvermerk **100** 315; *s. a. Rechtspfleger*

Urkundsbeteiligte als Kostenschuldner **119** 30

Urkundsperson, Aufnahme von Urkunden **100** 415, 418

Urlaub zur Wahlvorbereitung **1** 48

Urlaubsprodukt, Vertrag über langfristiges **20** 312, 481a ff., 486a, Widerrufsrecht **20** 356a, 357b

Urlaubsproduktverträge, Informationspflichten **21** Art. 242; Klagen nach dem UKlaG **105** 2

Ursprungsbezeichnungen und Markenschutz **72** 8; Schutz **72** 130 ff.

Urteil, Abfassung **100** 315; abgekürzte Form **100** 313b, im Mahnverfahren **100** 697; des Amtsgerichts **100** 495a; Angabe der Tagessätze **85** 40; im Arbeitsgerichtsverfahren **83** 60 ff., Zustellung **83** 50; Aufhebung durch Revisionsgericht **100** 562; auf Auflösung eines Arbeitsverhältnisses **84** 9; Ausfertigungen, Auszüge **100** 317; Ausschluss des Rücknahmerechts bei Hinterlegung **20** 376; bei Beleidigung **85**

200; Berichtigung **100** 319 f.; Bestimmung der Leistung durch **20** 319; im bürgerlichen Rechtsstreit **100** 300 ff.; im Bußgeldverfahren **94** 77b; Entwürfe **100** 299; Ergänzung **100** 321, 716; erkennende Richter **100** 309; Feststellung der Schuld gegen Jugendlichen **89** 27; gegen Gesamtschuldner **20** 425; Gründe **100** 313; Inhalt **100** 313; in Jugendsachen **89** 62; Klage auf Abänderung **100** 323; im Markenrechtsverfahren **72** 19c; über Notweg **20** 917; Rechtskraft **100** 322, 705; im Revisionsverfahren **83** 75; in Tarifvertragssachen, Übersendung an Bundesminister für Arbeit und Sozialordnung **83** 63; Tatbestand **100** 313 f.; über Teilungsplan **100** 880; Unterschriften der Richter **100** 315; im Urheberrechtsstreit **65** 103; Verfahren **100** 253 ff.; Verkündung **89** 48; **95** 173; **100** 310 ff., öffentliche **83** 52, 72; **95** 169; Vollstreckungsabwendung durch Sicherheitsleistung **100** 711 f.; unter Vorbehalt der seerechtlichen Haftungsbeschränkung **100** 305a; vorläufige Vollstreckbarkeit ohne Sicherheitsleistung **100** 710; Wirkung auf Anfechtungsklage gegen Hauptversammlungsbeschlüsse der AG **51** 248, auf Nichtigkeitsklage gegen Wahl von Aufsichtsratsmitgliedern **51** 252, nach dem UKlaG **105** 11; Zustellung **100** 317

Urteil im Strafprozess, keine Abänderung zum Nachteil des Angeklagten **90** 331, 358, 373; Aufhebung im Revisionsverfahren **90** 353; Ausfertigungen, Auszüge **90** 275; Berufungsverfahren **90** 322; Entscheidung über Untersuchungshaft **90** 268b; Gegenstand des Strafurteils **90** 264; Gründe **90** 267; Inhalt **90** 260; Revisionsverfahren **90** 349; Verkündung **90** 268, 356; Vorbehalt über Sicherungsverwahrung **90** 260; Zustellung **90** 273

Urteilsergänzung **100** 518

Urteilsgründe im Bußgeldverfahren **94** 77b; im Jugendstrafverfahren **89** 54; Revision wegen unrichtiger **100** 561; im Strafverfahren **90** 267

Urteilsverfahren beim Arbeitsgericht **83** 8, 46 ff.

UWG, Antragsberechtigung **73** 8, 15a; Begriffe **73** 2 ff.; Einigungsstellen **73** 15; Gewinnabschöpfung **73** 10; Ordnungswidrigkeiten **73** 32; Ranking **73** 2; Schadensersatzpflicht bei Verstößen **73** 9; Strafvorschriften **73** 16 ff.; unzulässige unlautere Geschäftshandlungen gegenüber Mitbewerbern **73** 4; unzumutbare Belästigungen **73** 7; Verbraucherverträge **73** 5b ff., ff.; Verfahren zur Ahndung unlauterer Handlungen **73** 12 ff.; vergleichende Werbung, unlautere **73** 6; Verjährung von Ansprüchen **73** 11

Vater **20** 1592; Benennung eines Vormundes **20** 1776 f., 1852; Erbrecht **20** 1925; Rechte des leiblichen **20** 1686a

Vaterschaft **20** 1592; Anerkennung **20** 1594 ff.; **112** 169, Geschäftsfähigkeit **20** 1596, missbräuchliche **20** 1597a, öffentliche Beurkundung **20** 1597, Unwirksamkeit **20** 1598, Widerruf **20** 1597, 1598, Zustimmung oder Widerruf **112** 180, Zustimmungsbedürftigkeit **20** 1595; Anfechtung **20** 1600 ff.; **112** 169, der Anerkennung **100** 153, Frist **20** 1600b, Übergangsvorschriften **21** Art. 229 § 10; Beweisaufnahme **112** 177; eingeschränkte Amtsermittlung bei Anfechtung **112** 177; Feststellung durch Beschluss **112** 182; gerichtliche Feststellung bei künstlicher Befruchtung **20** 1600d; **21** Art. 229 § 46; Nichtbestehen einer **20** 1599; bei Tod des Vaters **20** 1593; Verfahren zur Klärung der leiblichen **112** 167a; Vermutung der **20** 1600c; bei Wiederheirat **20** 1593

Vaterschaftsfeststellung **20** 1712

Ver- und Entsorgungsbedingungen **21** Art. 243

Verabredung zu Straftaten **85** 30

Veränderung der Kaufsache bei Wiederkauf **20** 457; der Mietsache, Haftung **20** 538, 548; bei Nacherbschaft **20** 2132; bei Nießbrauch **20** 1037, 1050, 1057; des Pfandes **20** 1226; einer Sache, Werkvertrag **20** 631; des Streitgegenstandes **100** 264, 268

Veranstalter von Künstlerdarbietungen, Schutz **65** 81

Veranstaltungen auf Straßen **35a** 29 f., 44

Verantwortlichkeit im OWiG **94** 12; des Schuldners **20** 276; strafrechtliche von Jugendlichen **89** 3

Verarbeitung, Rücktritt, Vermächtnis **20** 2172; von Sachen **20** 950 f.; Wertersatz **20** 346

Verarmung des Schenkers **20** 528 f.

Veräußerung, Anzeigepflicht **62** 97; einer belasteten Sache **20** 936; des Dauerwohnrechts **37** 33, 35, 38; beim Erbschaftskauf **20** 2375; des gepachteten Grundstücks **20** 593b; einer gepfändeten Sache, Gewährleistung **100** 806; eines Grundstücks während des Rechtsstreits **100** 266; einer mit Hypothek belasteten Sache **20** 1136; des Miet- und Pachtobjektes im Insolvenzverfahren **110** 111; der Mietsache vor Über-

lassung **20** 567a; durch Nichtberechtigte **20** 932 ff.; **50** 368; rechtswidrige beim Pfandverkauf **20** 1243; eines Schiffes **20** 932a; des Streitgegenstandes **100** 265, 325; des Vermächtnisgegenstandes **20** 2288; des vermieteten Wohnraums **20** 566, bei Verschmelzung **52a** 33; von Wohnungseigentum, Beschränkung **37** 12, ohne Zustimmung **37** 46; des Zubehörs **20** 311c; *s. a. Verkauf*

Veräußerungsverbot **20** 135 ff., 888, 1136; durch Beschlagnahme **90** 111d; Drittwiderspruchsklage bei Zwangsvollstreckung trotz **100** 772; bei einstweiliger Verfügung **100** 938; durch Einziehung iSd OWiG **94** 26; durch Einziehung iSd StGB **85** 75; im Insolvenzverfahren **110** 21 ff., 80 ff.; in Zwangsversteigerungsverfahren **108** 23, 26

Verband, anspruchsberechtigt nach dem UKlaG **105** 3a; geschlossene im Straßenverkehr **35a** 27; Klagebefugnis in Musterfeststellungsverfahren **100** 606

Verbindlichkeiten, Befriedigung aus Gesamtgut **20** 1437, 1459; Bodenreform **21** Art. 233; Eingehung ohne Rechtsgrund **20** 821, durch Testamentsvollstrecker **20** 2206 f.; Übergang auf Eigentümer nach Bodenreform **21** Art. 233 § 13; Übernahme erfüllungshalber **20** 364; im Zusammenhang mit der Deutschen Einheit **1** 135a

Verbindung, jugendgerichtliche Maßnahmen **89** 8; mehrerer Ansprüche in einem Prozess **100** 60, 260, Berufungen **100** 518, Prozesse **100** 147; von Sachen **20** 946 f., 949, 951, 997, Vermächtnis **20** 2172; wesentlich engere im IPR **21** 41

Verbot der Annahme als Kind **20** 1769; gesetzliches **20** 134; der Mitwirkung des Notars **23** 3; der Rechtsausübung (Schikaneverbot) **20** 226; Rechtsgeschäfte und gesetzliches **20** 134, 309, 817, 819; der Testamentseröffnung **20** 2263; der Tierhaltung **90** 407; Vermächtnis, entgegen gesetzliches **20** 2171

Verbotsirrtum **85** 17; **94** 11

Verbrauchbare Sachen **20** 92; als Beitrag der Gesellschafter **20** 706; Inhaber- und Orderpapiere **20** 1084; als Nießbrauchsgegenstand **20** 1067, 1075, 1085, 1087; Schenkung als Pflichtteilsverletzung **20** 2325; Verwahrung **20** 700

Verbraucherbauverträge **20** 650i ff.; Abnahme **20** 640; Abschlagszahlungen **20** 650m; **21** Art. 244; Baubeschreibung **20** 650j; **21** Art. 249 § 2; Bauhandwerkersicherung **20** 650m; Grundsätze bei **20** 312; Informationspflichten **20** 650j; **21** Art. 249; Inhalt von **20** 650k; Textformerfordernis **20** 650i, unabdingbare gesetzliche Regelungen **20** 650o; Unterlagen **20** 650n; Widerruf **20** 356e, 357d; **21** Art. 249 § 3, Anlage 10 zu 249 § 3; Widerrufsrecht **20** 650l

Verbraucherdarlehensvertrag **20** 491 ff.; Abtretungen bei **20** 493, Einwendungen **20** 495; Anrechnung von Teilleistungen **20** 497; Bedenkzeit **20** 495; Beratungsleistungen **20** 511; Darlehensvermittler bei **21** Art. 247 § 13; mit Existenzgründer **20** 513; Immobiliar- *s. dort;* Informationspflichten **20** 493; **21** Anlagen 4, 5, vorvertragliche **20** 491a; **21** Art. 247; Inhalt **20** 492; Klagen nach dem UKlaG **105** 2; Kündigungsrechte **20** 499 f.; Merkblatt **21** Anlage 6; Musterwiderrufsinformation **21** Anlage 7; Pflicht zur Kreditwürdigkeitsprüfung **20** 505a ff., Pflichtverletzung **20** 505d; Regelungen aufgrund der COVID-19-Pandemie **21** Art. 240 § 3 f.; Schriftform **20** 492, Formmängel **20** 494; Sollzins-Angaben **21** Art. 247; Sollzinsbindung **20** 493; Teilzahlungsdarlehen **20** 498; Tilgungsplan **21** Art. 247 § 14, repräsentatives Beispiel *s. dort;* Übergangsvorschriften **21** Art. 229 § 38; Überziehungsmöglichkeit **20** 504 ff.; **21** Art. 247 § 10, Art. 247 §§ 16 f., Art. 247a § 2, Anlage 5 zu 247 §§ 16 f., Beratungspflicht **20** 504a; unentgeltlicher **20** 356d, 514, Widerrufsbelehrung **21** Art. 248, Anlage 9 zu 248; Verjährung des Rückzahlungsanspruchs **20** 497; Vertragsinhalt **21** Art. 247 §§ 6 f.; Verzugszinsen **20** 497; Vorfälligkeitsentschädigung **20** 502; vorzeitige Rückzahlung **20** 500; Wechsel- und Scheckverbot **20** 496; Widerrufsrecht **20** 355 ff., 495; **21** Art. 247; Zinsanpassungen **21** Art. 247 § 15; mit Zusatzleistungen **21** Art. 247 § 8

VerbraucherInnen **20** 13; iSd HGB **50** 414; Kauf vom Unternehmer **20** 474; Maklerverträge betreffend Wohneigentum **20** 656b; **21** Art. 53; im Musterfeststellungsverfahren **100** 608; Schutz *s. Verbraucherschutz,* und verbotene Verletzung ihrer Interessen **21** Art. 246e, *s. Verbraucherschutz;* Schutz vor unlauteren geschäftlichen Handlungen **73**; Widerrufsrecht bei Darlehensverträgen **20** 495; **21** Art. 247

Verbraucherinsolvenzverfahren **110** 304 ff.; Antrag des Schuldners **110** 305; außergerichtliche Schuldenbereinigung **110** 305 ff.; keine Eigenverwaltung im **110** 270; Formulare **110** 305; Ruhen **110** 306

Verbraucherschutz, Abweichungsverbote **20** 512; für besondere Gebiete, EG-Recht **21** 46b; Bußgeldvorschriften **21** Art. 246e § 2; beim Darlehensvermittlungsvertrag **20** 655e; Unterlassungsklagen bei Verstößen **105**, *s. a. dort;* bei verbundenen Verträgen **20** 358
Verbraucherschutzdurchsetzungsgesetz der EG, Kosten **115** 1
Verbraucherschutzverband, Musterfeststellungsklage eines **100** 606; Verzeichnis bei der Europäischen Kommission **73** 8
Verbraucherverträge 20 312 ff.; Abschluss außerhalb von Geschäftsräumen **20** 312b, 312d ff., Gerichtsstand **100** 29c, Informationspflichten **20** 312d; **21** Art. 246a, Art. 246b §§ 1, 2, Anlage 3b zu 246b, Anlagen 1, 2 zu 246a, Kündigung **20** 312h, Widerrufsrecht **20** 312g, 356 ff., am Telefon **20** 312a; **21** Art. 246; Abweichungsverbot **20** 312l; Allgemeine Geschäftsbedingungen **20** 310; **21** Art. 229 § 60; über digitale Produkte **20** 327 ff.; **21** Art. 229 §§ 57 ff., *s. a. dort,* und Ansprüche nach dem UKlaG **105** 2, Paketverträge **20** 327a; elektronischer Geschäftsverkehr **20** 312j; Informationspflichten **21** Art. 246, Anlage 1, Anlage 2; Maklerverträge betreffend Wohneigentum **20** 656b; **21** Art. 53; Moratorium aufgrund der COVID-19-Pandemie **21** Art. 240 § 1; Prüfungs- und Belehrungspflichten des Notars **23** 17; Ratenlieferungsverträge **20** 510; Rechtswahl **21a** 6; Teilzahlungsgeschäfte **20** 506 ff.; und UWG **73** 5b ff., Anhang; Widerrufs- und Rückgaberecht **20** 356 ff., bei verbundenen Verträgen **20** 358 f., und zusammenhängende Verträge **20** 360; Widerrufs- und Rückgaberechte **20** 355 ff.
Verbraucherzentrale, Musterfeststellungsklage einer **100** 606
Verbrauchsgüterkauf 20 474 ff.; Beweislastumkehr **20** 477; über digitale Produkte **20** 475a ff.; Garantieerklärungen **20** 479; Klagen nach dem UKlaG **105** 2; bei Mängelmitteilung **20** 475; Rückgriff des Unternehmers **20** 478
Verbrauchssteuern 1 106, 108
Verbrauchsstiftung 20 80 f.
Verbrechen 85 12; Aufforderung zum **85** 30; notwendige Verteidigung **90** 140; unterlassene Anzeige **85** 138 f.; Untersuchungshaft **90** 112; Verfolgungsverjährung **85** 78; Verlust der Fähigkeit zur Bekleidung öffentlicher Ämter **85** 45 ff.; Vollstreckungsverjährung **85** 79; Zuständigkeit des Amtsgerichts **95** 24 f., des Landgerichts **95** 74
Verbrechen der Aggression iSd Völkerstrafgesetzbuch **85** 80a
Verbrechensbekämpfung, internationale **1** 73
Verbreitung beleidigender Tatsachen **85** 186 ff.
Verbreitungsrecht nach dem UrhG **65** 17, 136
Verbundene Unternehmen 51 15 ff., 291 ff., 295 ff., 304 ff., 308 f., 323 f.; durch Eingliederung **51** 18, 319 f., 320a; Konzernunternehmen **51** 18; Schranken des Einflusses **51** 311; Sicherung der Gesellschaft und Gläubiger **51** 300 ff.; Unternehmensverträge **51** 291 f.; Vergabe öffentlicher Aufträge an **74** 138; wechselseitig beteiligte Unternehmen **51** 328
Verbundene Verträge 20 358 f.; Informationspflichten **21** Art. 247 § 12
Verdächtigung, falsche **85** 164; politische **85** 241a
Verdeckte Ermittler 90 110a ff.; gerichtliche Zustimmung **90** 110d
Verderb der hinterlegten Sache **20** 383 f.; der Pfandsache **20** 1218; Zurückweisung der Hinterlegung einer dem ausgesetzten Sache **20** 237
Vereidigter Buchprüfer als Abschlussprüfer, Ausschlussgründe **50** 319 ff.
Vereidigung von Dolmetschern **23** 16; von Sachverständigen **100** 391; von Zeugen im Strafverfahren **90** 59 ff., durch beauftragten oder ersuchten Richter **90** 63, bei Behinderungen **90** 66, eidesgleiche Bekräftigung **90** 65, unberechtigte Verweigerung **90** 70; von Zeugen im vorbereitenden Verfahren **90** 62
Verein 20 21 ff.; **21** Art. 231; Auflösung **20** 41, Anfall und Entziehung des Vermögens **20** 45 ff., durch Insolvenzverfahren **20** 42; Auflösungsverfahren, Gebühren **119** Anl. 1 Nr. 13400; Austritt aus **20** 39; bayerische **21** 165; als Beistände **21** 144; besonderer Vertreter **20** 30; Bestellung zum Vormund **20** 1791a; Beteiligung an Spaltung **52a** 149, an Verschmelzung **52a** 99 ff.; Betreuungsvereine *s. dort;* eingetragene **20** 55 ff.; Eintragung bei Auflösung **20** 74, bei Insolvenz **20** 75, bei Liquidation **20** 76; Entziehung der Rechtsfähigkeit, Gebühren **119** Anl. 1 Nr. 13400; Ersatz von Aufwendungen bei Vormundschaft **20** 1835 f.; Formwechsel **52a** 272 ff.; Geldbuße **94** 30; Gerichtsstand **100** 17, 22; Haftung der Mitglieder **20** 31b, für Organe **20** 31 f.; Inhalt der Eintragung des **20** 64; Insolvenz **20** 42; Insolvenzverfahren, keine Antragspflicht **110**

5; Kaufmannseigenschaft **50** 6, 33; als Kostenschuldner **119** 23; Liquidation **20** 47 ff.; bei Löschungsverfahren, Gebühren **119** Anl. 1 Nr. 13400; Mindestmitgliederzahl **20** 56, Bescheinigung **20** 72, und Rechtsfähigkeit **20** 73; Mitgliederversammlung *s. dort;* Mitgliedschaft in **20** 38; Name **20** 57, Zusatz e. V. **20** 65; nicht rechtsfähige **20** 54, Zwangsvollstreckung **100** 735; nicht wirtschaftliche **20** 21; Parteifähigkeit **100** 50; Pflichten nach dem PublG **52b** 3 ff.; Rechtsfähigkeit **20** 21 f.; **21** 82, Verlust **20** 42 f.; Regelungen während der COVID-19-Pandemie **52d** 5, 7; sächsische **21** 166; Satzung *s. Vereinssatzung;* Sitz **20** 24; Umwandlung **52a** 99 ff., 149; Verfassung **20** 25, *s. a. Vereinssatzung;* Vermögen nach Auflösung **21** 85; Vorstand **20** 26 ff., *s. a. Vereinsvorstand;* Widerspruchsverfahren, Gebühren **119** Anl. 1 Nr. 13400; Wirksamkeit der Entziehung der Rechtsfähigkeit **112** 401; wirtschaftliche **20** 22

Vereinbarkeit mit Grundgesetz, Prüfung **1** 100

Vereinfachte Inventarerstellung 50 241

Vereinfachtes Jugendverfahren 89 76 ff.

Vereinfachtes Verfahren, Übergangsvorschriften **101** 34; über den Unterhalt Minderjähriger **112** 249 ff., Beschwerde **112** 256, Gebühren **118** Anl. 1 Nr. 1210, Maßnahmen des Gerichts **112** 251, Rechtsanwaltsgebühren **117** 17, Verfahrensvorschriften **112** 257 ff.

Vereinigte Große Senate beim BGH **95** 132

Vereinigtes Königreich *s. Großbritannien*

Vereinigtes Wirtschaftsgebiet 1 127, 133

Vereinigung von Hypothek und Eigentum **20** 1177 ff.; mehrerer Grundstücke **20** 890 mit Anm.; zur Pflege einer Weltanschauung **1** 140; von Recht und Belastung **20** 1976, 1991, bei Nacherbfolge **20** 2143; von Recht und Verbindlichkeit beim Erbschaftskauf **20** 2377, beim Vermächtnis **20** 2175; von Schuld und Forderung **20** 1164, 1174

Vereinigungen, Bildung krimineller **85** 129; soziale Verantwortung **34** 18; Tariffähigkeit **83** 97; terroristische **85** 129a; von Unternehmen und Wettbewerbsbeschränkungen **74** 1 ff.

Vereinigungsfreiheit 1 9, 18

Vereinsbetreuer 20 1897

Vereinsfreiheit 1 9, 74

Vereinsmitglieder, Austritt **20** 39, 58; Haftung **20** 31b; Sonderrechte **20** 35; Stimmrechtsausschluss **20** 34

Vereinsorgane 20 26; Geschäftwert von Beschlüssen **119** 108

Vereinsrecht, Gesetzgebung **1** 74

Vereinsregister 20 55 ff.; **112** 400 f.; Anmeldung zum **20** 59 f.; Anwendung der VO (EU) 2016/679 **20** 79a; Einsicht **20** 79; Eintragung der Änderung des Vorstands **20** 67 ff., der Auflösung **20** 74 ff., der Entziehung der Rechtsfähigkeit **20** 74 ff., Form **20** 77, Inhalt **20** 64 ff., bei Insolvenzverfahren **20** 75 ff., von Satzungsänderungen **20** 71 ff.; elektronische Anmeldung **21** Art. 229 § 24; elektronisches **20** 55a; Mitteilung im Insolvenzverfahren **110** 31; Vertrauensschutz durch **20** 68 ff.

Vereinsregisterangelegenheiten, automatisiertes Abrufverfahren, Kosten **120** 1

Vereinsregistersachen 112 374; Gebühren **119** Anl. 1 Nr. 13100 f.

Vereinssachen vor dem Amtsgericht, Gebühren **119** Anl. 1 Nr. 13500 ff.; Geschäftswert **119** 67

Vereinssatzung 20 25; Änderung **20** 33, Eintragung **20** 71; besonderer Vertreter des Vereins **20** 30; Mindestanforderungen **20** 57 f.

Vereinsvermögen, Anfall und Entziehung **20** 45 ff.

Vereinsvormundschaft 20 1791a, 1851; Entlassung **20** 1887; zulässige Befreiung **20** 1857a

Vereinsvorstand 20 26 ff., 42; Eintragung der Änderung **20** 67 ff.; Haftung **20** 31a; Liquidation des Vereins **20** 48 ff.; Notbestellung **20** 29; Regelungen während der COVID-19-Pandemie **52d** 5, 7; Zwangsgeld **20** 78

Vererblichkeit des Besitzes **20** 857; des Dauerwohnrechts **37** 33; von Geschäftsanteilen der GmbH **52** 15; des Vorkaufsrechts **20** 473

Verfahren bei Abfindung **52a** 30 ff.; bei Abnahme von Eiden **100** 478 ff.; in Abstammungssachen **112** 169 ff.; in Adoptionssachen **112** 186 ff.; vor Amtsgericht **100** 495 ff.; in den Angelegenheiten der freiwilligen Gerichtsbarkeit **112**; Anregung nach FamFG **112** 24; vor Arbeitsgericht **83** 8; in Aufgebotssachen **112** 433 ff.; Aufnahme des unterbrochenen oder ruhenden **100** 250 f.; bzgl. Auskunftsrecht über leibliche Vaterschaft **112** 167a; mit Auslandsbezug, Gebühren **118** Anl. 1 Nr. 1710 ff.; bei Ausschluss des Verteidigers **90** 138d; Aussetzung **100** 246 ff.; vor Berufungsgericht **100** 525 ff.; im Beschlussverfahren (Arbeitssachen) **83**

83; vor Beschwerdegericht **100** 572; in Betreuungssachen **112** 271 ff.; der Bewilligung von PKH **100** 118; vor dem DPMA **72** 56 ff., Kosten **72** 63, 64a; in Ehesachen **112** 121 ff.; in Ehewohnungs- und Haushaltssachen **112** 200 ff.; bei Einspruch gegen Zwangsgeldbeschluss **112** 390; nach ErbbauRG, Gebühren **119** Anl. 1 Nr. 15212; im ersten Rechtszug **100** 253 ff.; in Familiensachen **112**; **112** 111 ff.; in Freiheitsentziehungssachen **112** 415 ff.; in Gewaltschutzsachen **112** 210 ff.; vor Großen Senaten beim BGH **95** 138; in Güterrechtssachen **112** 261 ff.; bei Insolvenz **110** 11 ff.; mit Jahresgebühren, Fälligkeit **119** 8; vor den Kartellbehörden **74** 54 ff.; in Kindschaftssachen **112** 151 ff.; zur Kraftloserklärung von Urkunden, landesrechtl. Vorbehalt **112** 491; vor landesgesetzlich zugelassenen Behörden nach FamFG **112** 488; vor dem Landessozialgericht, Gebühren **115** Anl. 1 Nr. 7112 f.; in Lebenspartnerschaftssachen **112** 269 f.; zur Löschung einer Markeneintragung **72** 53 ff.; in Nachlass- und Teilungssachen **112** 342 ff.; nach Personenstandsgesetz, Gebühren **119** Anl. 1 Nr. 15212; über PKH, Zuständigkeit des Rechtspflegers **96** 20; im Rechtsbeschwerdeverfahren (Arbeitssachen) **83** 95; vor Registergericht, Gebühren **119** Anl. 1 Nr. 13500; in Registersachen **112** 374 ff.; vor Revisionsgericht **100** 555 ff.; Ruhen **100** 251, 251a; in Scheidungs- und Folgesachen **112** 133 ff.; in sonstigen Familiensachen **112** 266 ff.; in Strafsachen im ersten Rechtszug **90** 151 ff.; wegen überlangen Gerichtsverfahren, Gebühren **115** Anl. 1 Nr. 8233 f.; zur Übertragung der gemeinsamen elterlichen Sorge **112** 155a; zum Umgangsrecht mit Kind **112** 167a; bei unbefugtem Firmengebrauch **112** 392; Unterbrechung **100** 239 ff., 249 f.; in Unterbringungssachen **112** 312 ff.; in Unterhaltssachen **112** 231 ff.; im Urkunden- und Wechselprozess **100** 602 ff.; Verletzung einer Vorschrift **100** 534, 562 f.; in Versorgungsausgleichssachen **112** 217 ff.; in weiteren Angelegenheiten der freiwilligen Gerichtsbarkeit **112** 410 ff.; nach Widerspruch gegen Mahnbescheid **100** 696; Wiederaufnahme **90** 359 ff.; **100** 578 ff., *s. a. dort*

Verfahrensbeistand für Kinder **112** 158 ff., 174, 191

Verfahrensgebühren, Fälligkeit nach FamGKG **118** 9 ff.; vor Finanzgerichten **117** Anl. 1 Nr. 3200; mehrere Personen **117** Anl. 1 Nr. 1008; vor Sozialgerichten **117** Anl. 1 Nr. 3406; in Strafsachen **117** Anl. 1 vor Nr. 4100

Verfahrensgegenstand, Wertangabe **119** 77

Verfahrenskosten nach AktG **119** 1; bei der Anfechtung von Justizverwaltungsakten **119** 1; Beitreibung **122** 1; für Beschwerden **119** 1; über Bewilligung der Kraftloserklärung von Vollmachten **119** 1; über Bewilligung der öffentlichen Zustellung **119** 1; Entscheidung ohne mündliche Verhandlung **100** 128; nach Erbbaurechtgesetz **119** 1; nach GmbHG **119** 1; für Höfesachen **119** 1; nach Mitbestimmungsgesetz der Arbeitnehmer in Bergbauunternehmen und Eisen und Stahl erzeugender Industrie **119** 1; für Ordnungsgeldfestsetzung nach HGB **119** 1; nach Personenstandsgesetz **119** 1; nach SE-Ausführungsgesetz **119** 1; nach Spruchverfahrensgesetz **119** 1; nach Transsexuellengesetz **119** 1; nach Umwandlungsgesetz **119** 1; nach Urheberrechtsgesetz **119** 1; über Verkehrsdatenverwendungszulässigkeitsanordnung **119** 1; nach Verschollenheitsgesetz **119** 1; nach Versicherungsvertragsgesetz **119** 1; nach Wertpapiererwerbs- und Übernahmegesetz über Ausschluss von Aktionären **119** 1

Verfahrenskostenhilfe **118** 23; **119** 16; Antrag auf Gewährung und Hemmung der Verjährung **20** 204; nach dem FamFG **112** 76 ff.; für Scheidungs- und Folgesachen **112** 149; im Verfahren vor dem Patentgericht **72** 81a; Zuständigkeit des Rechtspflegers **96** 25a

Verfahrenspfleger, Aufwendungsersatz und Vergütung **112** 318; in Betreuungssachen **112** 276; in Freiheitsentziehungssachen **112** 419; keine Vergütung nach RVG **117** 1; in Unterbringungssachen **112** 317; bei Verfahren an Betreuten **112** 298; Vergütung und Aufwendungsersatz **112** 277

Verfahrensverzögerung in Familiensachen, Gebühren **118** Anl. 1 Nr. 1501

Verfahrenswert, Beschwerde gegen Festsetzung **118** 59; Ermessen **118** 42; nach FamGKG **118** Anl. 2; in Familiensachen **118** 3; Festsetzung **118** 53; Gebühren in Familiensachen **118** 28

Verfall einer Marke **72** 52, Kollektivmarken **72** 105; einer Markeneintragung **72** 49, bei Gewährleistungsmarken **72** 106g, bei Kollektivmarken **72** 105, Verfahren **72** 53 ff.; der Sicherheitsleistung zur Abwendung der Untersuchungshaft **90** 124

Verfallklausel bei Nichterfüllung **20** 354

Verfallvertrag beim Pfandrecht **20** 1229
Verfälschung *s. Fälschung*
Verfasser wissenschaftlicher Ausgaben, Urheberschutz **65** 70
Verfassung der BRD **1**; der Länder **1** 28, 142; einer Stiftung **20** 85, 87; Übernahme von Bestimmungen der Weimarer **1** 140; zukünftige, des deutschen Volkes **1** 146
Verfassungsbeschwerde, Zulässigkeit **1** 93 f.
Verfassungsgebende Gewalt 1 Präambel
Verfassungsgerichte eines Landes **1** 100; *s. Bundesverfassungsgericht*
Verfassungsgrundsätze iSd StGB **85** 92
Verfassungsmäßige Ordnung, Angriff auf **85** 81 f.
Verfassungsorgane, Nötigung **85** 105 f.; strafbare verfassungsfeindliche Verunglimpfung **85** 90b
Verfassungsschutz 1 73, 87
Verfassungsstreitigkeiten 1 99 f.
Verfassungstreue 1 5, 33
Verfassungswidrige Gesetze 1 100
Verfassungswidrige Organisationen, Kennzeichen von **85** 86a
Verfassungswidrige Parteien 1 21
Verfehlung gegen den Schenker **20** 530; Unterhaltsberechtigter **20** 1611
Verfolgte, Asylrecht **1** 16a, 18; des Nationalsozialismus **1** 116
Verfolgung, gerichtl., von Abgeordneten **1** 46, des Bundespräsidenten **1** 60
Verfolgungsbehörde iSd OWiG, Befugnisse **94** 46
Verfolgungsrecht des Eigentümers **20** 962, 1005
Verfolgungsverjährung 85 78 ff.; **85a** 309; **94** 31 ff.; bei Ordnungswidrigkeiten **94** 31 ff.; Unterbrechung **85** 78c
Verfrachter, Konnossemente der **50** 363
Verfügung über einen Anteil am gemeinschaftlichen Vermögen **20** 747; im arbeitsgerichtlichen Verfahren **83** 53; unter einer Bedingung **20** 161; einseitige im Erbvertrag **20** 2299; nach Eintragung einer Vormerkung **20** 883; über gemeinsam verwaltetes Gesamtgut **20** 1450; über Gesamtgut **20** 1422, 1427 ff., als Ganzes **20** 1423; über Gesellschaftsvermögen **20** 719; der Kartellbehörde **74** 61 f.; über Miet- und Pachtzins **20** 1124; über Nachlass **20** 2033; Nichtberechtigter **20** 185, 816; relativ unwirksame *s. Unwirksamkeit;* des Schuldners bei Insolvenz **110** 81; Unkenntnis der Nacherbfolge **20** 2140; über veräußerliches Recht **20** 137; Verkündung der **100** 329; des Wiederverkäufers **20** 458
Verfügungen von Todes wegen 20 332, 1937, 2229, 2231; **21** 214; amtliche Verwahrung **112** 342; im Beitrittsgebiet **21** Art. 235, Beurkundung durch Notar **23** 27 ff.; Einsichtsrecht **112** 357; Eröffnung **112** 342, 348 ff., Gebühr **119** Anl. 1 Nr. 12101; Mitteilungs- und Ablieferungspflichten **23** 34a; Sprachunkundiger **23** 32; keine Übetragung in elektronische Form **23** 34; Verwahrung **23** 34 f.; **112** 346 ff.; Verwahrung und Eröffnung, Gebühr **119** Anl. 1 Nr. 12100
Verfügungsbeschränkungen 20 135 ff.; **21** 168; durch Beschlagnahme **90** 111d; bzgl. eingetragener Rechte **20** 892 ff., 899; durch Einziehung iSd OWiG **94** 26; des Erben **20** 1984, 2211 ff.; gesetzliche **20** 135; bei Grundstücken **20** 878; bei Insolvenz **110** 21 ff.; durch Vermögensarrest **90** 111h; Wertbestimmung **119** 51
Verfügungsrecht des Erben **20** 1984; des Erblassers bei Bestehen eines Erbvertrags **20** 2286; des Insolvenzschuldners **110** 80; des Testamentsvollstreckers **20** 2205, 2208
Vergabekammern zur Nachprüfung der Vergabe öffentlicher Aufträge **74** 155 ff., beim Bundeskartellamt **74** 158, Entscheidung **74** 168, Kosten **74** 182, Rechtsmittel **74** 171 ff., Verfahren **74** 160 ff., Beschleunigung **74** 167, Kosten **115** 50, Zuständigkeit **74** 159
Vergabeverfahren für Konzessionen **74** 148 ff., *s. a. dort;* für öffentliche Aufträge und Konzessionen **74** 97 ff., bei Auftragsänderungen **74** 132, Ausnahmen **74** 107 ff., 116 ff., 137 ff., 145, Ausschlussgründe **74** 123 ff., Aussetzung **74** 169, gerichtliche Entscheidung **74** 177 f., Informationspflichten **74** 134, Innovationspartnerschaft **74** 119, und internationale Verfahrensregeln **74** 109, Korrektur durch EU-Kommission **74** 183, Methoden und Instrumente **74** 120, Nachprüfungsverfahren **74** 155 ff., 160 ff., mündliche Verhandlung **74** 166, nicht offene **74** 119, 141, 146, offene **74** 119, 141, durch öffentliche Auftraggeber **74** 115 ff., 119 ff., und öffentlich-öffentliche Zusammenarbeit **74** 108, über Personenverkehrsleistungen im Eisenbahnverkehr **74** 131, Schadensersatzansprüche **74** 179 ff., durch Sektorenauftraggeber **74** 136 ff., Selbstreinigung des Unternehmens **74** 125, über soziale und andere besondere Dienstleistungen **74** 130, Unterrichtungspflichten **74** 184, Verhandlungsverfahren **74** 119, 141, 146, mit verschiedenen Leistungen **74** 110 ff., Vorabentscheidung **74** 176,

Wartepflicht **74** 134, wettbewerblicher Dialog **74** 119, 141, Zuschlag **74** 127 ff.
Vergabeverfahren für Konzessionen 74 97 ff.; Ausnahmen **74** 107 ff.; Schwellenwerte **74** 106; bei Vergabe durch Konzessionsgeber **74** 148 ff., 151 ff., Ausnahmen **74** 149 f., Leistungsbeschreibungen **74** 152, soziale und andere besondere Dienstleistungen **74** 153, in verteidigungs- und sicherheitsspezifischen Bereichen **74** 150, Zuschlag **74** 152; bei verschiedenen Leistungen **74** 110; bei verschiedenen Tätigkeiten **74** 112
Vergabeverfahren für öffentliche Aufträge durch öffentliche Auftraggeber **74** 115 ff., verteidigungs- und sicherheitsspezifische Aufträge **74** 117; in verteidigungs- oder sicherheitsspezifischen Bereichen **74** 144 ff.
Vergehen 85 12; Einstellung des Verfahrens **90** 153a; Strafbefehl **90** 407; Umwandlung in Ordnungswidrigkeiten **85a** 13; Verfolgungsverjährung **85** 78 f.; Zuständigkeit des Amtsgerichts **95** 24 f., des Landgerichts **95** 74
Vergewaltigung 85 177 f.
Vergiftung 85 314; gemeingefährliche **85** 314; Leichenuntersuchung **90** 91
Vergleich 20 779; Abänderungen in Unterhaltssachen **112** 239; über Ansprüche aus einer Straftat **90** 405; im arbeitsgerichtlichen Verfahren **83** 54, in Beschlussverfahren **83** 83a; Eingehung für Mündel **20** 1822; Ersatz für notarielle Beurkundung **20** 127a; über Ersatzansprüche bei Gründung einer AG **51** 50; nach dem FamFG **112** 36; im Genossenschaftsinsolvenzverfahren **53** 112a; gerichtlicher, Gebührenschuldner **119** 22, Kostenschuldner **118** 21, bzgl. Sorge- oder Umgangsrecht **20** 1696, Vollstreckbarerklärung **100** 795b; vor Gütestellen **101** 15a, Zwangsvollstreckung **100** 797a; Klage auf Abänderung **100** 323a; Kosten **100** 98; Kostenpflicht **112** 83; im Musterfeststellungsverfahren **100** 611; vor Schiedsgericht **83** 107; Schuldanerkenntnis, Versprechen durch **20** 782; Verjährung von Ansprüchen aus vollstreckbarem **20** 197; Vollmacht **100** 81, 141; Zwangsvollstreckung **83** 111
Vergleichsverhandlungen, Hemmung der Verjährung **20** 203; Ruhen des Verfahrens **100** 251
Vergütung für ausübende Künstler **65** 79a f.; des Darlehensvermittlungsvertrags **20** 655c; des Dienstleistenden/Arbeitnehmers **20** 611 f., Verzugspauschale **20** 288; Dolmetscher **116** 8, Anl. 1; gerichtliche Festsetzung **116** 4; des Handlungsgehilfen **50** 64; im Insolvenzverfahren **110** 64 f., 72, Treuhänder bei Restschuldbefreiung **110** 293; nach JVEG **116** 2, 8, Verjährung **116** 2; im Musterverfahren nach KapMuG **116** 13; des Nachlassverwalters **20** 1987; Prozesskosten- oder Verfahrenskostenhilfe **116** 13; RechtsanwältInnen **117**, *s. a. Rechtsanwaltsvergütung;* für Rechtsverlust **20** 951; Sachverständige **90** 84; **116** 8 ff., Anl. 1, in Markenverfahren **72** 93a; Übersetzer **116** 8 ff.; für unentgeltliche Leistungen eines Schuldners, Pfändung **100** 850h; der Urheber, angemessene **65** 32 ff., für Vermietung/Verleihen **65** 27, bei Vervielfältigung **65** 54 ff.; Vereinbarung **116** 13, der obersten Landesbehörde **116** 14; des Verfahrenspflegers **112** 277, 318; bei Verwahrung **20** 689, 699; Vorauszahlung **116** 13; Vorschuss **116** 3; beim Werkvertrag **20** 631 f., 641; des Zwangsverwalters **108** 150a, 150e, 153
Vergütungsanspruch nach dem JVEG, Wegfall oder Beschränkung **116** 8a
Vergütungspflicht nach dem UrhG **65** 54 ff.
Vergütungsvereinbarung über Rechtsanwaltsgebühren **117** 3a ff., für außergerichtliche Beratung und Vertretung **117** 34, Erfolgshonorar **117** 4a, fehlerhafte **117** 4b
Vergütungsverzeichnis 117 Anl. 1
Verhaftung 1 2, 104; **90** 112 ff.; von Abgeordneten **1** 46; in einem anderen Bundesland **95** 167; des Beschuldigten, Aushändigung des Haftbefehls **90** 114a, Belehrung **90** 114b, Benachrichtigung der Angehörigen **90** 114c; Beschwerde **90** 305, 310; Gerichtsvollzieherkosten **123** Anl.; Haftbefehl **90** 125; Vorführung nach **1** 104; **90** 115 f., 128 f.
Verhaltenskodex iSd UWG **73** 2
Verhältnismäßigkeit bei Beschlagnahme von Inhalten iSd StGB **90** 111q; bei der Einziehung iSd OWiG **94** 24; bei der Einziehung iSd StGB **85** 74f; bei rechtfertigendem Notstand **85** 34
Verhandlung mittels Bild- und Tonübertragung **100** 128a; vor dem Bundespatentgericht **72** 76 ff.; mündliche, Haupttermin **100** 272; Öffentlichkeit **83** 52, 72; **95** 169; des Rechtsstreits vor Berufungsgericht **100** 529; *s. a. Hauptverhandlung*
Verhandlungen und Hemmung der Verjährung **20** 203
Verhandlungstermin *s. Termine*
Verhandlungsunfähigkeit des Täters, Sicherungsverfahren **90** 413

Verheiratung s. *Eheschließung*
Verhinderung des Bundespräsidenten **1** 57; der Errichtung einer Verfügung von Todes wegen **20** 2339; von schweren Straftaten **85** 46b; von Verbrechen **85** 31; an Vermögensverwaltung, Pflegschaft **20** 1911; des Verpflichteten beim Dienstvertrag **20** 617; des verwaltenden Ehegatten **20** 1429; des Vormunds **20** 1778; der Zeugen am Erscheinen **100** 375
Verhüllungsverbot nach dem GVG **95** 176, und Zeugenschutz **90** 68
Verjährung **21** 169, Art. 231; von Ansprüchen **20** 194 ff.; **21** Art. 229 § 63, aus Anlagenhaftung **28** 17, aus der Bodenreform **21** Art. 233 § 14, aus eingetragenen Rechten **20** 902, Einlage bei GmbH **52** 19, hinsichtlich Gerichtsvollzieherkosten **123** 8, bei Gesamtschuldverhältnissen **20** 425, gegen früheren Geschäftsinhaber **50** 26, gegen Gesellschafter einer OHG **50** 159 f., des Handlungsgehilfen **50** 62, nach dem MarkenG **72** 136, aus Mietvertrag **20** 548, der OHG gegen Gesellschafter **50** 113, aus Pflichtverletzung des Abschlussprüfers **50** 323, des Prinzipals gegen Handlungsgehilfen **50** 61, aus Produkthaftung **27** 12, des Urhebers **65** 26, nach dem UWG **73** 11, auf wiederkehrende Leistungen **20** 902; des Aufhebungsanspruchs bzgl. Gemeinschaft **20** 758; und Aufrechnung **20** 215; Ausschluss **20** 202, 898, 902, 924, 2042; Beginn **20** 199 ff.; Bodenreform **21** Art. 233; Einrede der **20** 214; des Einzahlungsanspruchs einer Genossenschaft **53** 22; der Einziehung von Taterträgen **85** 76b; des Erbschaftsanspruchs **20** 2026; von Ersatzansprüchen **20** 591a, gegen Aktionäre **51** 62, bei Gründung der AG **51** 51, bei Leihe **20** 606, beim Nießbrauch **20** 1057, aus unerlaubten Handlungen **20** 852; beim Frachtgeschäft **50** 439; beim Frachtvertrag **50** 452b; nach GenG **53** 34; von Gerichtskosten **115** 5; **119** 6; bei GmbH **52** 9; bei Grunddienstbarkeiten **20** 1028; von Haftpflichtansprüchen **27** 12; **33** 11; **63** 3, 12, nach dem StVG **35** 14; des Heimfallanspruchs **41** 4; Hemmung **20** 203 ff., 808, 852, Ablaufhemmung **20** 210 f., bei Geschäftsunfähigkeit **20** 210, in Nachlassfällen **20** 211, nach VVG **62** 15, Wirkung **20** 209; von Herausgabeansprüchen gegen Beschenkte **20** 1390; Höchstfristen **20** 199; bei Inhaberpapieren **20** 801 f., 804; im Insolvenzverfahren **110** 62, 146; bei Jugendarrest **89** 87; von Kosten **118** 7; **120** 5; beim Lagergeschäft **50** 475a; der Mängelansprüche bei Kauf **20** 438, digitaler Produkte **20** 327j, aus Pauschalreisevertrag **20** 651j, beim Werkvertrag **20** 634a; beim Markenschutz **72** 20; von Nebenansprüchen **20** 213; Neubeginn **20** 212 f.; von Ordnungsmitteln **85a** 9; von Ordnungswidrigkeiten **94** 31 ff., nach dem StVG **35** 26; des Pflichtteilsanspruchs **20** 2332; bei Rechten am Grundstück **20** 196; der Rechtsanwaltsvergütung **117** 8; Rechtsnachfolge **20** 198; Regelung durch Rechtsgeschäft **20** 202; von Rückgriffansprüchen des Verkäufers **20** 445b, 478; und Rückübertragung eines Sicherungsrechts **20** 216; des Rückzahlungsanspruchs der GmbH **52** 31; Ruhen **90** 153a, 154e; von Schadensersatzansprüchen der GmbH **52** 43; von Schadensersatzansprüchen nach dem GWB **74** 33h; beim Schutz geographischer Herkunftsangaben **72** 129; beim Speditionsgeschäft **50** 463; von Straftaten **90** 263, in DDR **85a** 315a, Jugendlicher **89** 4; von Strafverfolgung und -vollstreckung **85** 78 ff.; **85a** 309; Unterbrechung **85** 78c, der Anspruchsverjährung **100** 167; nicht der unterliegende Ansprüche **20** 758; unzulässige Vereinbarungen **20** 202; von Urheberrechtsverletzungen **65** 102; der Verbraucherdarlehensrückerstattung **20** 497; beim Verbrauchsgüterkauf **20** 475, über digitale Produkte **20** 475e; zur Verlängerung **20** 202; von Verlöbnisansprüchen **20** 1302; bei Verpfändung **20** 1226; Versicherung **62a** 3; der Vertragsstrafe **41** 4; der Vollstreckung bei Maßregeln der Besserung und Sicherung **85** 79 ff.; Wirkung **20** 214 ff., bei gesicherten Ansprüchen **20** 216, auf Nebenleistungen **20** 217, bei wiederkehrenden Leistungen **20** 216; und Zurückbehaltungsrecht **20** 215
Verjährungsfrist **20** 194 ff.; **85** 78 f.; Abkürzung **20** 202; Beginn **20** 199 ff., bei Anspruch auf Unterlassen **20** 199, nach Güterstandsbeendigung **20** 1390, bei Schadensersatzansprüchen **20** 199; von festgestellten Ansprüchen **20** 201; bei Insolvenzgläubiger **110** 259b; Übergangsvorschriften **21** Art. 229 § 6, Art. 229 § 23
Verkauf beanstandeter Ware **50** 379; zum Börsen- und Marktpreis **20** 385; freihändiger statt Versteigerung **20** 385; von Gegenständen des Kindesvermögens **20** 1643 f.; als Geldanlage, Verbot **20** 482; einer gemeinschaftlichen Forderung **20** 754; durch Gerichtsvollzieher, Kosten **123** Anl.; gestohlener Sachen, Hehlerei **85** 259; für Rechnung eines anderen **20**

450; im Wege der Zwangsvollstreckung **20** 450 f.
Verkäufer, Rückgriff bei Nacherfüllung **20** 445a f., 478, beim Verbrauchsgüterkauf **20** 478
Verkehrsampeln 35a 37
Verkehrsanstalten, Fund in **20** 978 ff.
Verkehrsbeeinträchtigungen 35a 33
Verkehrsbeschränkungen, Anordnung **35a** 45
Verkehrsdaten, Entschädigung für Auskünfte **116** Anl. 3 Nr. 300 ff.; Erhebung **90** 100g, Benachrichtigungspflichten **90** 101a, statistische Erfassung **90** 101b; **90a** 12, 18
Verkehrsdatenverwendung, Verfahren über zulässige, Gebühren **119** Anl. 1 Nr. 15213, nach dem MarkenG **72** 19
Verkehrseinrichtungen 35a 43, Anlage 4
Verkehrsflächen, Entgelt für Benutzung **35a** 52
Verkehrshindernisse 35a 32
Verkehrshypothek 20 1113 ff.
Verkehrskontrolle, Anhalten von Verkehrsteilnehmern **35a** 36
Verkehrsmanagement nach dem StVG **35** 63e
Verkehrsmittel, Erschleichen der Beförderung **85** 265a; freie Benutzung durch Abgeordnete **1** 48; Haltestellen **35a** 20; Störung des Betriebs **85** 316b
Verkehrsopferhilfe 63 13a
Verkehrsordnungswidrigkeiten 35 24 ff.
Verkehrspsychologische Maßnahmen in Fahreignungsseminaren **35** 4a
Verkehrsregeln 35a 1 ff.
Verkehrsregelung durch Lichtzeichen **35a** 37; durch Polizeibeamte **35a** 36, 44; durch Streitkräfte **1** 87a
Verkehrssicherheit beim Betrieb von Kfz **35a** 23
Verkehrssicherstellungsgesetz, Zuwiderhandlungen **88** 1
Verkehrssicherungspflicht nach Unfall **35a** 34
Verkehrssitte 20 151, 157, 242
Verkehrssünderkartei *s. Fahreignungsregister*
Verkehrsteilnehmer, Verhalten **35a** 1
Verkehrsteuern 1 106
Verkehrsunfall, Verhalten der Beteiligten nach **35a** 34
Verkehrsunfallforschung nach dem StVG **35** 63f
Verkehrsunternehmen 21 125
Verkehrsunterricht für Jugendliche bei Verletzung von Verkehrsvorschriften **89** 10, 45; Verpflichtung zur Teilnahme **35a** 48
Verkehrsverbotszone, Umwelt **35a** 41
Verkehrsvorschriften 35 1 ff.; für Kraftfahrzeuge **35a**
Verkehrswert eines Grundstücks, Schätzung im Zwangsversteigerungsverfahren **108** 74a
Verkehrswesen 1 73 f.
Verkehrszeichen 35a 39; Sinnbilder auf **35a** 39; Unterhaltung **35** 5b; Verbot der Verwendung bei Verwechslungsgefahr **35a** 33; und Verkehrseinrichtungen **35a** 36 ff., 45
Verkehrszeichenkatalog 35a 39
Verkehrszentralregister und Fahreignungsregister **35** 65, *s. a. dort*
Verkörperungen eines Inhalts iSd StGB **85** 74d
Verkündung der Bundesgesetze **1** 115d; von Entscheidungen **100** 136, 329; letztwilliger Verfügungen **20** 1944; Termin zur **100** 251a, 331a; von Terminen **100** 218; des Urteils **90** 356, Öffentlichkeit **83** 52, 72; **95** 169; des Verteidigungsfalles **1** 115a; des Zuschlags bei Zwangsversteigerung **108** 89
Verkündungstermin 100 310
Verkündungsvermerk 100 315
Verlagsrecht 1 73; **21** 76
Verlängerung der Anrufungsfrist beim Arbeitsgericht **84** 6; befristeter Mietverhältnisse **20** 575; der Fristen zur Revisionsbegründung **100** 551; von Fristen **20** 190; von Landpachtverhältnissen **20** 594; des Mietvertrags **20** 545; der Vollstreckungsverjährungfrist **85** 79b
Verlassen des Fahrzeugs **35a** 14
Verlegung der Ausübung einer Dienstbarkeit **20** 1023; einer Handelsniederlassung **50** 31
Verleihung der Rechtsfähigkeit an Vereine **20** 22
Verletzte iSd StPO, Ausgleich bei Vermögensvorteil **90** 459l; Befugnisse der Angehörigen und Erben **90** 406l, im Strafverfahren **90** 406d ff., Hinweispflicht **90** 406i ff.; Beistand im Strafverfahren **90** 406f ff., psychosoziale Prozessbegleitung **90** 406g; Beteiligung am Verfahren **90** 373a ff.; Entschädigung nach Einziehung **90** 459h, im Strafverfahren **90** 403 ff.; Herausgabe des Verwertungserlöses **90** 459k; Mitteilungen über Einziehung **90** 459i; als Nebenkläger **90** 395; Privatklage des **90** 374 ff.; psychoszialer Prozessbeistand **90** 406g, Kosten **90** 465, 472; Rückgabe beschlagnahmter Gegenstände **90** 111n f., 459j; Vorrang bei Sicherungshypothek **90** 111i, 459m

Verletzter, Haftung von Angestellten **20** Anm. zu 618, von Unternehmern **20** Anm. zu 618; Mitverschulden **20** 254, 846; 35 9; Strafantrag **85** 77
Verletzung von Amtspflichten **1** 34, 98; der Aufsichtspflicht **20** 832; der Eidespflicht **100** 452; einer Person **20** 249, Privatklage **90** 374; des persönlichen Lebens- und Geheimbereichs **85** 201 ff.; einer Prozessvorschrift **100** 534, 538, 556, 562; der Rechte des Nacherben **20** 2128, des Verpfänders 20 1217; eines Rechts, Begriff **100** 546; der Unterhaltspflicht des Ehegatten **20** 1447; *s. a. Körperverletzung*
Verleumdung 20 824; **85** 187; gegen Personen des politischen Lebens **85** 188
Verlöbnis 20 1297 ff.; **21** Art. 234; Rücktritt vom und Schenkungen **20** 1301
Verlobte, Erbvertrag **20** 2279, in Verbindung mit Ehevertrag **20** 2276; Zuwendung an **20** 2077
Verlorene Sachen, Eigentumsübertragung **20** 935; Schutz des früheren Besitzers **20** 1006 f.; Verpflichtung des Ausstellers der Schuldverschreibung **20** 794
Verlorener Baukostenzuschuss, Rückerstattung **20** Anm. zu 546
Verlosung, Verfahrensgebühr **119** Anl. 1 Nr. 23200 f.
Verlust des Besitzes **20** 856; der deutschen Staatsangehörigkeit **1** 16; des Eigentums **20** 925; Verteilung bei der Gesellschaft **20** 721 f., 735, 739 f.
Vermächtnis 20 1939, 2147 ff., 2280; Ablehnung bei Insolvenz **110** 83; alternatives **20** 2152; Anfall **20** 2176 ff.; Anfechtung gem. InsO **110** 322; keine Anmeldung **20** 1972; Annahme **20** 2180; Annahmeerklärung bei Gütergemeinschaft **20** 1432, 1455; Anwachsung **20** 2158 f.; aufgeschobenes **20** 2162; Ausschlagung **20** 1822, 2176, 2180, keine Schenkung **20** 517; Berichtigung **20** 1991; Beschwerung des Pflichtteilsberechtigten mit **20** 2306; zugunsten eines Ehegatten bei Gütergemeinschaft **20** 1461; im Erbvertrag **20** 1941, 2269, 2278, 2280, 2288, 2291; Ersatzvermächtnis **20** 2190; Gattungsvermächtnis **20** 2155, 2182 f.; im gemeinschaftlichen Testament **20** 2269, 2280; Gerichtsstand für Klagen aus **100** 27; aus Gesamtgut **20** 1514; Haftung **20** 2182 f.; keine Haftung des Gesamtguts **20** 1439; Kürzung **20** 2188, wegen Pflichtteilsanspruch **20** 2188 f., 2318, 2322; Nachlassverbindlichkeit **20** 1967; Nachvermächtnis **20** 2191; notarielle Beurkundung **20** 311b; an Pflichtteilsberechtigten **20** 2307; Überschuldung des Nachlasses durch **20** 1992; unmögliche Leistung **20** 2171 f.; Untervermächtnis **20** 2186; unvollständige Anordnung **20** 2151 ff.; Unwirksamkeit **20** 2169, 2171; Verschaffungsvermächtnis **20** 2169 f.; Verteilung des vermachten Gegenstandes **20** 2153; Verweigerung der Erfüllung **20** 2323; Verzicht **20** 2352; Vorausvermächtnis **20** 2150; Wahlvermächtnis **20** 2154; Wegfall **20** 2372
Vermächtnisanspruch 20 2174
Vermächtnisnehmer, Unwürdigkeit **20** 2345
Vermengung von Sachen **20** 948 f., 951; und Vermächtnis **20** 2172
Vermessungsbehörde, Beurkundungs- und Beglaubigungsbefugnis der **20** Anm. zu 890
Vermieter, Abwendung des Wegnahmerechts des Mieters **20** 552; Auskunft über Kündigungsgründe **20** 569, 573; Auskunftspflichten **20** 556g; **21** Art. 229 § 51; Eigenbedarf **20** 573; Eigentumsübertragung, Anzeige **20** 566e; Entschädigung bei verspäteter Rückgabe **20** 546a, 571; Erstattungspflicht von im Voraus entrichteter Miete **20** 547; Gestattung der Gebrauchsüberlassung an Dritte **20** 553; als Insolvenzschuldner **110** 110; Kündigung **20** 543, 573; Pfandrecht **20** 562 ff.; Rechte und Pflichten **20** 535 ff.; Rückzahlungspflichten **20** 556g; **21** Art. 229, Art. 229 § 51; Selbsthilferecht **20** 562b; Unterlassungsklage bei vertragswidrigem Gebrauch **20** 541; Verjährung von Ansprüchen **20** 548; Zustimmung zu baulichen Veränderungen für behindertengerechte Nutzung für behindertengerechte Nutzung **20** 554, zum Laden von Elektro-Kfz **20** 554
Vermieterpfandrecht 20 562 ff.
Vermietung bei Dauerwohnrecht **37** 37; von Eigentumswohnungen **37** 13; im Urheberrecht **65** 17; Vergütung für Urheber bei **65** 27
Verminderte Zurechnungsfähigkeit *s. Schuldfähigkeit, Schuldunfähigkeit*
Vermischung *s. Vermengung*
Vermittler *s. Makler*
Vermittlung von Verbraucherdarlehensverträgen **20** 655a ff.
Vermittlungsagent 50 91a
Vermittlungsausschuss 1 77
Vermittlungsgehilfe 50 75g
Vermittlungsverfahren in Kindschaftssachen **112** 165
Vermittlungsverträge 20 312, 481b ff.; Informationspflichten **21** Art. 242; Klagen

nach dem UKlaG **105** 2; Widerrufsrecht **20** 356a, 357b
Vermögen, Anlegung von Kindesvermögen **20** 1642; Auskunftspflicht **20** 1605; Beschlagnahme bei abwesendem Beschuldigten **90** 290; der Ehegatten, Gesamtgut **20** 1416, gesetzlicher Güterstand **20** 1363; Einsatz bei PKH **100** 115; früheres V. des Reiches, der Länder, der Gemeinden **1** 134 f.; Gerichtsstand **100** 23; Marken als **72** 27 ff.; Nießbrauch **20** 1085 ff.; der Parteien, Verwendung **1** 21; Pfleger für aus Sammlung **20** 1914; Übernahme **20** 330; **100** 729; Übertragung **20** 330; **100** 729, als Umwandlung **52a** 174 ff.; Vereinsvermögen **20** 45 ff.; Verfügungen über Mündelvermögen **20** 1821 f.; Vertrag über gegenwärtiges **20** 311b, über künftiges **20** 311b; vollstreckbare Ausfertigung für und gegen Rechtsnachfolger **100** 729; Zwangsvollstreckung in unbewegl. **100** 864 ff.
Vermögensabgabe, einmalige **1** 106, 108
Vermögensabschöpfung iSd StGB **85a** 316h; **90a** 14
Vermögensanlagengesetz, Klagen nach dem **95** 95
Vermögensarrest und Insolvenzverfahren **90** 111i, 459m; zur Sicherung der Wertersatzeinziehung iSd StGB **90** 111e ff., Mitteilungen an Verletzten **90** 111l, Verfahren **90** 111j ff.
Vermögensauskunft, Gerichtsvollzieherkosten **123** 3, Anl.; nach Pfändungsversuch **100** 807; des Schuldners **100** 802c ff., erneute **100** 802d, in Haft **100** 802i, Verfahren **100** 802f; Verfahrenskostenhilfe fü **112** 77
Vermögensbeschlagnahme 90 443
Vermögenserwerb, Unterlassung **20** 517
Vermögenslage, ungünstige des Erben **20** 1981, des Vertragspartners **20** 321, des Vorerben **20** 2128
Vermögensmasse, Gerichtsstand **100** 17
Vermögensrechte, Zwangsvollstreckung in **100** 857 ff.
Vermögensrechtliche Ansprüche im Strafverfahren, Rechtsanwaltsgebühren **117** Anl. 1 Nr. 4143 f.; im Zivilprozess **100** 20, 23, 511, 708
Vermögensschaden 20 253
Vermögenssorge 20 1626; Aufwendungsersatz **20** 1648; Beschränkung **20** 1638 f.; Entziehung **20** 1666 f.; Gefährdung des Kindesvermögens **20** 1667; Haftungsbeschränkung bei Ausübung **20** 1629a; Ruhen, Beendigung **20** 1698
Vermögensstrafe 85 52 f.
Vermögensteuer 1 106
Vermögensübergang auf Stiftung **20** 82
Vermögensübernahme nach § 419 BGB, Übergangsvorschrift **21** 223a
Vermögensübersicht 110 229; im Insolvenzverfahren **110** 153
Vermögensübertragung, Einigungsvertrag **21** Art. 232; Heilung unwirksamer **21** Art. 231
Vermögensverfall des Hauptschuldners, Bürgschaft **20** 775
Vermögensverfügung über Gesamtgutsanteile **20** 1419
Vermögensverhältnisse, Auskunftspflicht **20** 1580
Vermögensverschlechterung bei Beteiligten des Darlehensvertrages **20** 490; Einfluss auf Erfüllung von Verträgen **20** 321
Vermögensverwalter iSd AktG **51** 134a ff., Offenlegungspflichten **51** 134c, Pflichten **51** 134b
Vermögensverwaltung der Ehegatten **20** 1364 ff., 1413, Beschränkungen **20** 1365 ff.; Gerichtsstand **100** 31; für Kinder **20** 1626; des Vormundes **20** 1802 ff., 1840 ff., 1852 ff.
Vermögensverzeichnis 102b 3 ff.; Abrufen nach dem JBeitrG **122** 7; Anfertigung durch Eltern **20** 1640; Aufnahme, Siegelung, Entsiegelung, Geschäftswert **119** 115; Gerichtsvollziehergebühren **123** Anl.; über Kindesvermögen **20** 1667; Register **102b** 2; und Siegelung, Notargebühr **119** Anl. 1 Nr. 23500 ff.; Übermittlung **123** Anl.; bei Vormundschaft **20** 1802; zentrale Verwaltung der **100** 802k
VermögensverzeichnisVO 102b
Vermögensvorteil der Echtheit **100** 437, 440; des Eigenbesitzes **20** 938; der Eigentumsvermutung in der Ehe **20** 1362; der Einwilligung in Klageänderung **100** 267; für Erbrecht des Fiskus **20** 1964; für Erlöschen des Pfandrechts **20** 1253; rechtlicher **100** 440; der Richtigkeit des Erbscheins **20** 2365; einer Tatsache **100** 292; Vermutung zugunsten des Besitzers **20** 1006; des Verzichts auf Wiedereinsetzung **90** 315, 342
Vermögenswerte, Verschleierung unrechtmäßig erlangter **85** 261
Vermutung einer zerrütteten Ehe **20** 1565
Vernachlässigung des Kindes **20** 1666; der Sorgfalt des Mieters **20** 543
Vernehmung des Angeklagten im Berufungsverfahren **90** 324; des Beschuldigten **90** 133 ff., 163a, Aufzeichnung **90** 133 ff., 136, Ausschluss **90** 168c, Belehrung über Aussageverweigerungsrecht **90** 163a, vor Bestellung eines Pflichtverteidigers **90**

141a, Beweisanträge **90** 166, durch das Gericht **90** 168, Anwesenheitsrecht **90** 168c, nach dem JGG **89** 44, 70c, Protokollierung **90** 168b, durch die Staatsanwaltschaft **90** 168b, verbotene Methoden **90** 136; des gesetzlichen Vertreters **100** 455; eines Jugendlichen, Ausschluss der Öffentlichkeit **95** 172; keine des Kindes in Kindschaftssachen **112** 163a; der Partei im Zivilprozess **100** 445 ff.; des Verhafteten durch Richter **90** 115 f.; eines vorläufig Festgenommenen **90** 128; wiederholte **100** 398; von Zeugen und Sachverständigen **100** 394 ff.; von Zeugen im Strafverfahren **90** 58 ff., 68 ff., an anderem Ort **90** 247a, und Anwesenheitsrechte **90** 168e, Aufzeichnung **90** 58a, Verwertung **90** 255a, durch beauftragten oder ersuchten Richter **90** 223 f., Grundsatz der persönlichen **90** 250, durch Staatsanwaltschaft **90** 161a, Übertragung **90** 58b, durch Vorführung der Aufzeichnung einer Vernehmung **90** 255a; *s. a. Aussagen*

Vernichtung von Formen, Platten usw. **67** 37; von Hypothekenbriefen **20** 1162; von Marken o. ä. **72** 18; von Schuldverschreibungen, Aufgebotsverfahren **20** 799; von Vervielfältigungsstücken **65** 98

Veröffentlichung der Anmeldung einer Marke **72** 33; von Bildern **67** 22 ff.; des Jahresabschlusses **50** 328; der Markeneintragung **72** 41; eines schutzfähigen Werkes **65** 6; von Urteilen nach dem UKlaG **105** 7, nach dem UWG **73** 12; von Wettbewerbsregeln **74** 27

Veröffentlichungsrecht des Urhebers **65** 12

Verordnung, kein Urheberrechtsschutz **65** 5

Verordnungsermächtigung für Registersachen **119** 58

Verpächter, Ersatz verbessernder Verwendungen **20** 591; Pflichten **20** 586a; als Schuldner im Insolvenzverfahren **110** 110; Verjährung von Ersatzansprüchen **20** 591b

Verpfändung, Eigentumsvermutung bei **20** 1248; fremder Sachen **20** 1207; mehrfache **20** 1232; Vertrag über, Gebühr **119** Anl. 1 Nr. 17004; zum Zwecke der Sicherheitsleistung **20** 232

Verpflegungsansprüche des Dienstverpflichteten **20** 617

Verpflichtung zum Erwerb von Grundeigentum, Form **20** 311b; des Stifters **20** 82; zur Streitverkündung **100** 841; zur Übertragung von Grundeigentum, Form **20** 311b; des Vormunds **20** 1789

Verpflichtungsscheine, kaufmännische **50** 363

Verrat *s. Hochverrat, Landesverrat*

Verrechnungsstelle, Privatgeheimnisverletzung **85** 203

Verrichtungsgehilfe **20** 831

Versagung des Zuschlags bei Zwangsversteigerung **108** 74a f., 83, 85 ff.

Versammlungsfreiheit **1** 8, 17a, 18

Versäumnis im Verfahren **83** 55

Versäumnisentscheidung gegen Antragsteller bei Ehesachen **112** 130

Versäumniskosten im Zivilprozess **100** 344

Versäumnisurteil **100** 330 ff., 539; abgekürzte Form **100** 313b; im arbeitsgerichtlichen Verfahren **83** 59; Aufhebung **100** 343; Aufrechterhaltung **100** 343; gegen Beklagten **100** 331; Berufung **100** 514; Einspruch **100** 338 ff.; Gerichtsstandsvereinbarungen **100** 331; gegen Kläger **100** 330; im Mahnverfahren **100** 697; Rechtsanwaltsgebühren **117** Anl. 1 Nr. 3203; Rechtsmittel **100** 336; Revision **100** 565; im Urkundenprozess **100** 600; Verkündung **100** 311; Vertagung **100** 337; Vollstreckbarkeit **100** 708; bei Widerspruch gegen Teilungsplan **100** 881; Wiedereinsetzung bei Versäumung der Einspruchsfrist **100** 233; Zurückverweisung in ersten Rechtszug **100** 538; Zurückweisung des Antrags **100** 335; Zustellung **100** 339, statt Verkündung **100** 310; im Zwischenstreit **100** 347

Versäumnisverfahren vor Arbeitsgerichten **83** 59; im Berufungsrechtszug **100** 539; im ersten Rechtszug **100** 330 ff.; im Revisionsrechtszug **100** 555

Versäumniszwischenurteil **100** 347

Versäumung der Ausschlagungsfrist **20** 1956; Folgen **100** 230 f.; der Frist zur schriftlichen Begutachtung durch Sachverständige **100** 411; des Termins im Zivilprozess **100** 330 ff.; unverschuldete **90** 44

Verschlechterung des Gegenstandes **20** 346 f.; Haftung wegen **20** 292, 446, 457, 460, 644 f., 848, 2132, der Mietsache **20** 538, 548, des Pfandes **20** 1226; der Nießbrauchsache **20** 1050, 1057; Schutz des Hypothekengläubigers gegen **20** 1133 ff.

Verschlechterungsverbot im Berufungsverfahren **90** 331; bei erneuter Verhandlung **90** 373; bei Wiederaufnahme des Verfahrens **90** 358

Verschleppung von Deutschen im Ausland **85** 5; von Menschen **85** 234a

Verschmelzung, Abfindung **52a** 29 ff.; von Aktiengesellschaften durch Aufnahme **52a**

60 ff.; Aktionärsrechterichtlinie **52a** 321; Eintragung und Bekanntmachung **52a** 19; von Genossenschaften *s. dort;* und gleichberechtigte Teilhabe von Frauen und Männern **52a** 76; grenzüberschreitende **52a** 122a ff., und der Brexit **52a** 122m, Eintragung **52a** 122l, Verschmelzungsplan **52a** 122c f.; von Konzernen **52a** 62, 321; durch Neugründung **52a** 73 ff.; von Prüfungsverbände der Genossenschaften **52a** 105 ff.; von Rechtsträgern **52a** 2 ff.; Übergangsvorschriften **51a** 26d; Verschmelzungsprüfer **52a** 10 f.; Wirkungen **52a** 20 f.
Verschmelzungsbericht 52a 7; bei grenzüberschreitender Verschmelzung **52a** 122e
Verschmelzungsplan bei grenzüberschreitender Verschmelzung **52a** 122c f., Abfindung im **52a** 321
Verschmelzungsprüfer 52a 11
Verschmelzungsvertrag 52a 4 ff.
Verschmutzung der Fahrbahn **35a** 32
Verschollenheit des eingetragenen Eigentümers **20** 927; eines Elternteils **20** 1677, 1681; des Mündels **20** 1884; Pflegschaft **20** 1911; des Überlebenden bei fortgesetzter Gütergemeinschaft **20** 1494
Verschollenheitssachen, Zuständigkeit des Rechtspflegers **96** 3
Verschulden bei Auswahl des Verrichtungsgehilfen **20** 831; Dritter, Haftung **20** 278, 540, 664, 691; eigenes des Getöteten oder Verletzten **33** 1; bei Gesamtschuldverhältnissen **20** 425; Haftung bei grobem **20** 309; mitwirkendes **20** 254; beim Pfandverkauf **20** 1243; des Schuldners **20** 276; sittliches des Unterhaltsberechtigten **20** 1611
Verschwägerte 20 1590; Anhörung durch Familiengericht **20** 1847; Bestellung zum Vormund **20** 1779
Verschwender, Ausschluss von Bestellung zum Vormund **20** 1780; Enterbung aus guter Absicht **20** 2338
Verschwiegenheitspflicht 51 49
Versendung des bestellten Werkes **20** 644; der Kaufsache **20** 447 f., Kosten **20** 448
Versendungskauf 20 447
Versetzung von Richtern **1** 97 f.
Versicherer, Anfechtung **62** 22; Angestellte **62** 72; Anmeldung einer Hypothek durch Gläubiger **20** 1128; Anzeige des Schadens an Hypothekengläubiger **20** 1128; Aufrechnung **62** 35; Aufwendungsersatz **62** 83; Auskunftspflicht **62** 6a; Befreiung von Verpflichtung zur Leistung **20** 1128, 1130; Beratungspflicht **62** 6 f.; Berichtspflichten **62** 7c; Direktanspruch des Geschädigten gegen **63** 3; Erhebung personenbezogener Gesundheitsdaten **62** 213; Geldleistung **62** 14; Haftpflichtleistung **62** 100; Informationspflichten **62** 7 ff.; Insolvenz **62** 16; Kontrahierungszwang bei Kfz-Haftpflichtversicherung **63** 5; Kündigung **62** 24, 92, wegen Veräußerung **62** 96; Leistungsfreiheit **62** 26, 81; mehrere **62** 77; Pflichten **62** 1; Prämienerhöhung **62** 25; Querverkäufe **62** 7a; Rechte **62** 21, 29; Rücktrittsrecht **62** 19; Schadensermittlungskostenersatz **62** 85; Vertriebstätigkeit **62** 1a; Vertriebstätigkeit des **62** 1a; Wiederherstellung **62** 93; Zahlung des auf Versicherungsforderung **20** 1128
Versicherte, Rechte **62** 44; und Versicherungsnehmer **62** 46
Versicherte Person bei Krankenversicherungen **62** 193; bei Lebensversicherungen **62** 150
Versicherung, Anmeldepflicht **62** 54 f.; Anzeigepflicht bei Veräußerung einer Sache **62** 97; Beginn und Ende **62** 10; des belasteten Grundstücks **20** 1127 ff.; unter Berufung auf Dienstеid **100** 386, auf geleisteten Eid **100** 398; zugunsten Dritter **20** 330; an Eides Statt zur Glaubhaftmachung **100** 294; Eigentumsübergang **62** 99; Einzelpolice **62** 55; Entschädigungsverzinsung **62** 91; Erstreckung der Hypothek auf Versicherungsforderung **20** 1127 ff.; falsche eidesstattliche im Ausland **85** 5; für fremde Rechnung **62** 43 ff.; Hypothekengläubiger **62** 94; der Kfz-Halter **63**; mit kleineren Beiträgen **62** 211; Kündigung **62** 11; laufende **62** 53 ff., 210; der Nießbrauchsache **20** 1045 f.; Sachverständigenverfahren **62** 84; Schutz des Erwerbers **62** 98; Übergangsvorschriften **50a** 32; Verlängerung **62** 11; strafbare Verletzung von Privatgeheimnissen **85** 203; vorläufige Deckung **62** 49 ff.; „wen es angeht" **62** 48; der Zeugen *s. Eidesstattliche Versicherung*
Versicherungsanlageprodukte 62 7b f.; Beurteilung von **62** 7c
Versicherungsberater 62 59, 68
Versicherungsbestätigung 63 5
Versicherungsfall, Anzeige **62** 30; Beweislast beim VN **63a** 6; Fälligkeit der Geldleistung **62** 14; Haftpflicht **62** 103; Herbeiführung **62** 81; Kündigung **62** 92, 111
Versicherungsforderung 20 1127 ff.
Versicherungsgesellschaften, Täuschung **85** 277 ff.
Versicherungsleistung, Fälligkeit **62** 106
Versicherungsmakler 50 104; **62** 59

Versicherungsmissbrauch 85 265
Versicherungsnehmer, Abtretungsverbot im Insolvenzverfahren **62** 17; Abwendung und Minderung des Schadens **62** 82; Anzeige des Schadens an Hypothekengläubiger **20** 1128; Anzeigepflicht **62** 19, 30, bei Haftpflichtfall **62** 104; Anzeigepflichtverletzung **62** 56; Auskunftspflicht **62** 31; Beratung **62** 6; Ersatzansprüche **62** 86; erweiterter Aufwendungsersatz **62** 90; fehlendes versichertes Interesse **62** 80; Freistellungsanspruch **62** 108; Gefahränderungsanzeige **62** 57; Gefahrerhöhung **62** 23, unerhebliche **62** 27; von Gruppenversicherungen für Restschuldversicherungen **62** 7d; Information **62** 7 ff.; Insolvenz **62** 110; Kündigung **62** 40, 92; keine nachteiligen Vereinbarungen **62** 87; Namens- und Anschriftsänderung **62** 13; Obliegenheitsverletzung **62** 28, 58; Pflichten **62** 1; Rechte **62** 45; Schadensermittlungskostenersatz **62** 85; Schutz **62** 18, 32, 42, 112; unwirksames Anerkenntnis **62** 105; Veräußerung der versicherten Sache **62** 95; und Versicherter **62** 46; Vertreter **62** 20; Widerrufsrecht **62** 8; Wiederherstellung **62** 93; Zahlungsverzug **62** 37 f.
Versicherungsperiode, Begriff **62** 12
Versicherungsprämie 62 33 ff.
Versicherungsprodukte, Querverkäufe **62** 7a
Versicherungsschein 62 3 ff.; **63** 5; abweichender **62** 5
Versicherungsschutz, Prämienzahlung **62** 51
Versicherungssteuer 1 106
Versicherungssumme bei Kfz-Haftpflichtversicherung **63** 4
Versicherungsträger als bundesunmittelbare Körperschaften **1** 87
Versicherungsunternehmen iSd HGB 50 341; Aufsichtsrat **51** 100; **51a** 12, Empfehlung zum Abschlussprüfer **51** 124; Bewertungsvorschriften **50** 341b ff.; Jahresabschluss **50** 341 ff.; Konzernabschluss **50** 341i f.; Konzernlagebericht **50** 341i f.; Lagebericht **50** 341a ff.; nichtfinanzielle Erklärungen **50** 341j; Offenlegungspflichten **50** 341l; Rückstellungen **50** 341e; Straf- und Bußgeldvorschriften **50** 341m f.
Versicherungsvereine, kleinere **62** 211; Verschmelzung von **52a** 118 f., durch Aufnahme **52a** 110 ff., durch Neugründung **52a** 114 ff.
Versicherungsvereine auf Gegenseitigkeit, Formwechsel **52a** 291 ff.; Geschäftswert von Beschlüssen **119** 108; Hauptversammlung, Regelungen während der COVID-19-Pandemie **52d** 1, 7; Umwandlung **52a** 109 ff., 151
Versicherungsvermittler 62 59 ff.; Beratungsgrundlage **62** 60; Beratungspflichten **62** 61; Dokumentationspflichten **62** 61; in Nebentätigkeit **62** 66
Versicherungsverträge, Beginn und Ende **20** 309; **62** 51 f.; Gerichtsstand **62** 215; Gleichbehandlung **34** 33; Großrisiken **62** 65, 210; kein Hauptvertrag **62** 50; Kündigung **62** 96; Rechtswahl **21a** 7; Rückwirkung **62** 2; Schlichtungsstelle **62** 214; unabdingbare gesetzliche Regelungen **62** 67, 171; Verjährung **62** 15; **62a** 3; vorzeitige Beendigung **62** 39; Wiederherstellungsklausel **62** 93; Wirkung gegen Versichermehrheit **62** 216
Versicherungsvertragsgesetz 62; Einführungsgesetz zum **62a**
Versicherungsvertragsrecht, Reform **50a** 63
Versicherungsvertreter 50 92; **62** 59; Vollmacht **62a** 2
Versicherungswert 62 77; Definition **62** 88 f.
Versicherungswesen 1 74
Versorgung der Kriegsbeschädigten und Hinterbliebenen **1** 74; Störung der öffentlichen **85** 316b
Versorgungsansprüche, Abtretung **48** 21; Anwartschaften auf **48** 2
Versorgungsausgleich, Abänderung des Wertausgleichs bei Scheidung **112** 225; Abänderungen **48** 51 f.; **112** 227; Anpassung nach Rechtskraft **48** 32 ff.; Antragserfordernis **112** 223; Auskunftspflicht **48** 4; Ausnahmen **48** 18 f.; Ausschluss **20** 1414; im Beitrittsgebiet **21** Art. 234 § 6; Berechnung des korrespondierenden Kapitalwerts **48** 47; Beschränkung oder Wegfall **48** 27; deutsche Zuständigkeit **112** 102; Durchführung der externen Teilung **112** 222; elektronisches Übermittlungsverfahren **112** 229; Entscheidung **112** 224; Halbteilung der Anrechte **48** 1; internationales Privatrecht **21** Art. 17; interne Teilung **48** 10 ff., Erstattungsansprüche der Versorgungsträger **48** 47a; bei Lebenspartnerschaften **21** Art. 17b; Privatvorsorge wegen Invalidität **48** 28; Richtervorbehalt **96** 14; bei Scheidung **20** 1587; Tod der ausgleichsberechtigten Person **48** 37 f.; Übergangsvorschriften **48** 48 ff.; Vereinbarungen der Ehegatten **48** 6 ff., 8; **112** 227, notarielle Beurkundung **48** 7; Verfahren **112** 217 ff., 221; verfah-

rensrechtliche Auskunftspflicht **112** 220; Wahlrecht bei externer Teilung **48** 15; Wertermittlung **48** 39 ff.
Versorgungsausgleichsgesetz 48
Versorgungsausgleichssachen als Familiensachen **112** 111; als Folgesache **112** 137; Gebühren **118** Anl. 1 Nr. 1320 ff.; Verfahrenswert **118** 50
Versorgungsberechtigte 1 131
Versorgungsbezüge, Pfändung **100** 850
Versorgungsträger, Anrechnung der Teilungskosten **48** 13; elektronischer Rechtsverkehr mit Familiengerichten **112** 229; Leistungsverbot **48** 29; Schutz **48** 30; Vorschlag an Familiengericht **48** 5
Versorgungsunternehmen, Missbrauch der marktbeherrschenden Stellung **74** 29
Versorgungsverträge, Allgemeine Geschäftsbedingungen **20** 310
Verspätete Annahme des Antrags **20** 150
Verspätete Klage eines Arbeitnehmers **84** 5
Versprechen der Leistung an einen Dritten **20** 328 ff., einer fremden Sache **20** 523; Tod des Empfängers **20** 331; Unwirksamkeit **20** 344
Verständigung im Strafverfahren **90** 257c, Protokollierung **90** 273
Versteigerung mit Arrest belegter Sachen **100** 930; Beurkundung **23** 15; von beweglichen Sachen, Geschäftswert **119** 117, Verfahrensgebühr **119** Anl. 1 Nr. 23700 f., Zuständigkeit des Rechtspflegers **96** 20; der Früchte auf dem Halm **100** 824; gepfändeter Sachen **100** 814 ff.; Gerichtsvollzieherkosten **123** Anl.; des Geschäftsanteils eines GmbH-Gesellschafters **52** 23; der geschuldeten Sache **20** 383 ff.; von Grundstücken, Verfahren **108** 66 ff.; Haftungsbegrenzung **20** 445; von Rechten, Geschäftswert **119** 117, Verfahrensgebühr **119** Anl. 1 Nr. 23700 f.; Vertragsabschluss **20** 156; *s. a. Öffentliche Versteigerung*
Versteigerungsantrag, Rücknahme **108** 29 f., 76
Versteigerungsbedingungen, Zwangsversteigerung **108** 44 ff.
Versteigerungserlös, Verteilung **108** 105 ff.
Versteigerungsort bei Pfandversteigerung **20** 1236
Versteigerungstermin im Zwangsversteigerungsverfahren **108** 30, 35 ff., 85
Versteigerungsvermerk, Eintragung in Grundbuch **108** 19; Löschung **108** 34
Verstoß gegen die guten Sitten, Nichtigkeit eines Hauptversammlungsbeschlusses **51** 241, ungerechtfertigte Bereicherung **20** 817
Verstrickungsbruch 85 136
Versuch der Beteiligung **85** 30, Rücktritt **85** 31; einer Ordnungswidrigkeit **94** 13; eines Verbrechens oder Vergehens **85** 22 ff., Rücktritt **85** 24, untauglicher **85** 23
Vertagung beim Ausbleiben beider Parteien **100** 251a; des Bundestages **1** 39; aus erheblichen Gründen **100** 227
Verteidiger, Abgabe von Erklärungen **90** 257; Akteneinsicht **90** 147; allgemeine Gebühren **117** Anl. 1 Nr. 4100 ff.; Anwesenheit bei Zeugenvernehmung und Gegenüberstellung **90** 58; Ausbleiben **90** 145; Ausschluss **90** 138a ff., Zuständigkeit **90** 138c f.; Befugnisse bei Abwesenheit des Angeklagten **90** 234a; im Berufungsverfahren **90** 329; Bestellung **90** 231a, 350, im Bußgeldverfahren **94** 60, im Strafbefehlverfahren **90** 408b, für Wiederaufnahmeverfahren **90** 364a, 364b; Gebühren im Berufungsverfahren **117** Anl. 1 Nr. 4124 bis 4129, im Revisionsverfahren **117** Anl. 1 Nr. 4130 bis 4135, für vorbereitendes Verfahren **117** Anl. 1 Nr. 4104 f., im Wiederaufnahmeverfahren **117** Anl. 1 Nr. 4136 bis 4140; in Jugendstrafsachen, notwendige **89** 51a, 68 ff.; Kontaktsperre **95a** 31 ff.; Ladung **90** 218; mehrere **90** 227; Offenbaren von Geheimnissen **85** 203; Pflichtverteidiger *s. dort;* Rechtsanwälte und Rechtslehrer als **90** 138; Rechtsmitteleinlegung **90** 297, 302; Rechtsreferendar als **90** 139; im Revisionsverfahren **90** 350; Schlussvortrag **90** 258, im Berufungsverfahren **90** 326, im Revisionsverfahren **90** 351; Schweigerecht bei Kenntnis von Straftaten **85** 139; Verbot der Mehrfachverteidigung **90** 146; Verkehr mit Jugendlichen in U-Haft **89** 72b; Verkehr mit Verhaftetem **90** 148, Überwachungsmaßnahmen **90** 148a; Vertretung des abwesenden Angeklagten **90** 234; Wahl des durch Angehörige **90** 286; Wahlverteidiger *s. dort;* Wechsel des **90** 143a; Zustellungen an **90** 145a
Verteidigung, Anwendung von Rechtsvorschriften im Spannungsfall **1** 80a; Bundestagsausschuss **1** 45a; Gesetzgebung **1** 73, 87b; Grundrechtseinschränkung **1** 17a; gegen rechtswidrigen Angriff **85** 32; Streitkräfte **1** 87a; völkerrechtl. Verträge **1** 24, 79
Verteidigung in Strafsachen 90 137 ff.; notwendige **90** 140; Rechtsanwaltsgebühren **117** 19; Verbot der Mehrfachverteidigung **90** 146; Vorbereitung für Hauptverhandlung **100** 282

Verteidigungsfall 1 115a bis 115l; Beendigung 1 115l; Befehls- und Kommandogewalt über Streitkräfte 1 115b; Befugnisse der Landesregierungen 1 115i; Begriff 1 115a; Bundesverfassungsgericht 1 115g; Erweiterung der Gesetzgebungskompetenz des Bundes 1 115c; Feststellung 1 115a; gemeinsamer Ausschuss 1 53a; Planungen der Bundesregierung 1 53a; Sonderrechte und Spannungsfall 1 80a, im Straßenverkehr bei Einsätzen **35a** 35; Stellung und Rechte des Gemeinsamen Ausschusses 1 115e; vereinfachtes Gesetzgebungsverf. 1 115d; Verpflichtung zur Dienstleistung 1 12a; Wahlperioden und Amtszeiten 1 115h
Verteidigungsmittel, Kosten erfolgloser **100** 96; verspätetes Vorbringen **100** 296, 530; Zulassung neuer in der Berufung **100** 531
Verteidigungsnotstand 20 228
Verteilung, Aussetzung bei Gefährdung des Insolvenzplans **110** 233; der Insolvenzmasse **110** 187 ff.; der Steuern **1** 106 f.; des Versteigerungserlöses, außergerichtliche **108** 143 ff.; der Verwertungkosten durch Gerichtsvollzieher **123** 16; des Verwertungserlöses **110** 170
Verteilungsstreitigkeiten in der Zwangsvollstreckung **100** 879, 882
Verteilungstermin in der Zwangsversteigerung **108** 105, 107, 109
Verteilungsverfahren, Gebühren **119** Anl. 1 Nr. 15212, in der Zwangsvollstreckung **115** Anl. 1 Nr. 2117; Hinterlegung des Erlöses **100** 930; bei Insolvenz **110** 187 ff.; Rechtsanwaltsgebühren **117** Anl. 1 Nr. 3311, 3333; in der Zwangsvollstreckung **100** 872 ff.; **108** 105 ff.
Verteilungsverzeichnis, Änderung **110** 193; Aufstellung **110** 188 ff.; Einwendungen **110** 194
Vertiefung auf Nachbargrundstück **20** 909
Verträge 20 145 ff.; Abrede der Beurkundung **20** 154; Abschluss **20** 151, durch Briefwechsel **20** 127; Allgemeine Geschäftsbedingungen **20** 305 ff.; Änderung des Landpacht- **20** 593; Anfechtungsgegner **20** 143; Annahme des Antrags **20** 147 ff.; Anpassung oder Beendigung **20** 313 f.; mit Auslandsberührung **21** Art. 11; Auslegung **20** 157, 311c; zur Belastung des Vermögens **20** 311b; Beurkundung, Geschäftswert **119** 97 ff.; Beurkundungen, Notargebühren **119** Anl. 1 Nr. 21100 f.; Draufgabe **20** 336 ff.; zugunsten Dritter **20** 328 ff.; im elektronischen Geschäftsverkehr **20** 312i f.; Form **20** 126 ff.; **21a** 11; gegenseitige **20** 320 ff., Unmöglichkeit **20** 326; gemeinsame **20** 427; genehmigungsbedürftige eines Ehegatten **20** 1365 ff.; gesetzwidrige **20** 309; getrennte Beurkundung von Antrag und Annahme **20** 128; des Handelsvertreters **50** 85; Inhalt **20** 311a; im Insolvenzverfahren **110** 103; über den Nachlass eines Dritten **20** 311b; Nichtigkeit **20** 311a, 311b; notarielle Beurkundung **20** 128, 152; Pauschalreiseverträge **20** 651a ff., *s. a. dort;* Pflichten aus Pachtverträgen **20** 581; Rechtswahl **21a** 3; Reiseverträge **20** 312; Rücktritt **20** 346 ff.; schiedsfähige **100** 1030; Schuldverhältnisse aus **20** 305 ff.; zur Übertragung des Vermögens **20** 311b; auf unmögliche Leistung gerichtet **20** 311a; verbundene **20** 358 f.; zur Verschmelzung **52a** 4 ff.; des Vertreters ohne Vertretungsmacht **20** 177 ff.; besondere Vertriebsformen **20** 312b ff.; völkerrechtl. **1** 32, 59; Wirksamkeit **21a** 10; zusammenhängende **20** 360; *s. a. Verbraucherverträge*
Vertragsabschluss ohne Vollmacht **20** 177
Vertragsänderungen, erhebliche bei Pauschalreiseverträgen **20** 651g
Vertragsantrag 20 145 ff.; verspätete Annahme und Änderung **20** 150
Vertragserbe 20 1941
Vertragsmäßige Verfügungen im Erbvertrag **20** 2278 f., 2290 f., 2294 f., 2298
Vertragssprache bei Teilzeit-Wohnrechteverträgen **20** 483
Vertragsstrafe 20 309, 339 ff.; **50** 75c, 348; **51** 63; Anspruch auf **41** 4; nicht in Geld **20** 342; Haftung des Pfandes für **20** 1210; Herabsetzung **20** 343; nach dem UWG **73** 13a, 15a; nicht bei Verlöbnis **20** 1297; keine bei Wohnraummiete **20** 555
Vertragsübertragung im Reiserecht **20** 651e
Vertrauensbruch im auswärtigen Dienst **85** 353a
Vertrauensperson, Beitreibung von Ansprüchen gegen **122** 1
Vertrauensvotum für Bundeskanzler **1** 68
Vertraulichkeit des Wortes, Verletzung durch Tonaufnahmen **85** 201
Vertretbare Handlungen, Zwangsvollstreckung **100** 887
Vertretbare Sachen 20 91; Anspruch auf Leistung **100** 592, 884; als Beitrag eines Gesellschafters **20** 706; als Gegenstand der Anweisung **20** 783, des Verwahrungsvertrags **20** 700
Vertreter bei Abschluss eines Versicherungsvertrages **62** 2; des abwesenden An-

geklagten in der Hauptverhandlung **90** 234; Anfechtung des Erbvertrags **20** 2282; der Arbeitnehmer der AG **51** 96 s. Anm.; beschränkt geschäftsfähiger **20** 165; besonderer eines Vereins **20** 30, Haftung **20** 31a; Bestellung für Minderjährige oder Leibesfrucht **112** 151; Bestellung eines besonderen für herrenloses Grundstück **100** 58, für nicht prozessfähige Partei **100** 57; im Beweissicherungsverfahren **100** 494; des Einziehungsbeteiligte im Strafverfahren **90** 428; des flüchtigen Angeklagten **90** 286; gerichtlich bestellter für Volljährige **112** 340; gesetzlicher *s. dort;* Haftung für **20** 278; für Hypothekengläubiger **20** 1189; Inlandsvertreter in Markenangelegenheiten **72** 96; einer juristischen Person, Einziehung iSd OWiG **94** 29, Einziehung iSd StGB **85** 74e; der Länder **1** 50 f., 144; Rechtsanwaltsgebühren in Strafsachen **117** Anl. 1 vor Nr. 4100; Rechtsgeschäfte mit sich selbst **20** 181; Schadensersatzpflicht **20** 179; einer Stiftung **20** 86; Tod **100** 241; des Versicherungsnehmers **62** 20; mit Vertretungsmacht **20** 164 ff.; ohne Vertretungsmacht **20** 177 ff.; Willensmängel und Kenntnis des **20** 166; Zustimmung des gesetzlichen Vertreters zur Testamentserrichtung **20** 2229

Vertretung, keine bei Abschluss des Erbvertrages **20** 2296; bei Adoption **20** 1750; Ausschluss der in Erbsachen **20** 2282, 2351 f.; von Bundeskanzler und Bundespräsident **1** 57, 69; der Ehegatten **20** 1357, bei Gütergemeinschaft **20** 1436; bei Erbverzicht **20** 2347; der Gesellschaft **20** 715; gesetzliche des Kindes **20** 1626, Beschränkung **20** 1643 ff., bei Schenkung **20** 1641; im Insolvenzverfahren, Rechtsanwaltsgebühren **117** Anl. 1 Nr. 3313 f.; mangelnde, Verfahren **100** 586; des Mündels **20** 1793 ff.; der Parteien durch Rechtsanwalt **100** 78 ff.; in einem Termin, Rechtsanwaltsgebühren **117** Anl. 1 Nr. 3401 f.; des Vereins **20** 26 ff.; im Verfahren vor dem Bundespatentgericht **72** 81; mit Vertretungsmacht **20** 164 ff.; ohne Vertretungsmacht **20** 177 ff.

Vertretungsbefugnis bei Genossenschaften **53** 25 ff., 39; für Personenzusammenschlüsse alten Rechts **21** Art. 233

Vertretungsberechtigung, Nachweis der Registereintragungen **114** 32

Vertretungsmacht **20** 164 ff., 171 ff.; Bescheinigung **114** 34; Fehlen der bei einseitigen Rechtsgeschäften **20** 180; Mangel der bei Handelsvertretern **50** 91a, bei Handlungsgehilfen **50** 75h; Prüfung durch Notar **23** 12; des Versicherungsvertreters **62** 69 ff.; des Vormunds **20** 1793, 1795 f.

Vertriebene und Flüchtlinge **1** 74, 116, 119, 131

Vertriebsstellen für Reiseleistungen **20** 651b

Vertriebstätigkeit von Versicherern **62** 1a

Verunglimpfung des Bundespräsidenten **85** 90; des Staates und staatlicher Symbole **85** 90a; von Symbolen der EU **85** 90c; verfassungsfeindliche von Verfassungsorganen **85** 90b

Verunreinigung der Straßen **35a** 32

Verurteilte, Bezeichnung als unbestraft **92** 53, 64; Dolmetscher oder Übersetzer für **95** 187

Verurteilung, ausländische, Eintragung ins Zentralregister **92** 54; Bekanntgabe **85a** 310; Eintragung ins Zentralregister **92** 3 ff.; Gesamtstrafe bei mehreren **85** 55; in Verfahrenskosten **90** 464; **100** 91 ff.; Vorbehalt durch Verwarnung **85** 59; zu vorbehaltener Strafe **85** 59b

Vervielfältigung des Jahresabschlusses **50** 328

Vervielfältigungen zum privaten oder eigenen Gebrauch **65** 53; Überlassung von und Urheberschutz **65** 98; vorübergehende **65** 44a

Vervielfältigungsgeräte, Vergütungspflichten nach UrhG **65** 54b ff.

Vervielfältigungsrecht iSd UrhG **65** 16, 27, 44a ff., 53, 136; in Geschäftsbetrieben **65** 56; verwaiste Werke **65** 61 ff., Anlage

Vervollständigung des Pflichtteils **20** 2316

Verwahrer, Bestellung und Vergütungs- und Aufwendungsfestsetzung **112** 410; Eigentumsübergang **20** 700

Verwahrerbestellung, Gebühren **119** Anl. 1 Nr. 15212

Verwahrlosung von Kindern **1** 6, 11, 13

Verwahrung **20** 688 ff.; von Bargeld durch Notar **23** 57 ff.; Ersatz der Aufwendungen **20** 693; der Fundsache **20** 966, 970; von Geldbeträgen, Notargebühr **119** Anl. 1 Nr. 25300; Geschäftswert **119** 124; von Kostbarkeiten, Notargebühr **119** Anl. 1 Nr. 25301; mittelbarer Besitz **20** 868; von Nachlasssachen **20** 2039; des Pfandes **20** 1215, 1217; Rücknahme **20** 695 f., 2300; der Sache bei Forderungsverpfändung **20** 1281, bei unteilbarer Leistung **20** 432; von Schiffen, Gerichtsvollzieherkosten **123** Anl.; Summenverwahrung **20** 700; von Testamenten **20** 2272, amtliche **20** 2248, bei außergerichtlichen Behörden **20** 2259, besondere örtliche Zuständigkeit

112 344, Zuständigkeit **112** 344; unregelmäßige **20** 700; von Urkunden **23** 55 f., auf Geschäftsstelle **100** 443; Vergütung **20** 689, 699; von Wertpapieren **23** 62, Notargebühr **119** Anl. 1 Nr. 25301
Verwahrungsbruch **85** 133
Verwalter iSd WEG, Aufgaben **37** 27, Befugnisse **37** 27, Bestellung und Abberufung **37** 26, Einberufung der Wohnungseigentümerversammlung **37** 24, Regelungen während der COVID-19-Pandemie **52d** 6, Vertreter der Wohnungseigentümergemeinschaft **37** 9b, zertifizierte **37** 26a; *s. a. Insolvenzverwalter, Nachlassverwalter, Vergleichsverwalter*
Verwaltung, Anordnung einer **100** 255; Bindung an Grundrechte **1** 1, 20; bundeseigene **1** 36, 86 bis 90, 108; der Erbschaft durch Vorerben **20** 2130; der Gemeinschaft **20** 744 ff.; des gemeinschaftlichen Eigentums nach dem WEG, Regelungen während der COVID-19-Pandemie **52d** 6; Gerichtsstand der geführten **100** 31, des Sitzes der **100** 17; des Gesamtguts **20** 1421 ff., bis zur Auseinandersetzung **20** 1472, durch Betreuer bei Gütergemeinschaft **20** 1447, Ersatzpflichten **20** 1445, gemeinschaftliche **20** 1451, Sorgfaltspflicht **20** 1435; des Kindesvermögens **20** 1638, 1640; der Länder **1** 83 bis 85, 108; des Mündelvermögens **20** 1802 ff.; des Nachlasses **20** 1960, 1978 f., 1984 ff., 1988, 2038 f., durch Testamentsvollstrecker **20** 2205, 2206 f., 2216; bei Nießbrauch **20** 1052, 1054, 1070; Rechnungslegung **20** 259; des Sonderguts **20** 1417; von Stiftungen **20** 86; Trennung von und Justiz **95** 13; des Vorbehaltsguts **20** 1418
Verwaltungsabkommen des Bundes **1** 59
Verwaltungsakte, Entscheidungen der Vergabekammern **74** 168; Ermächtigung **1** 129; im Bereich von Kostenvorschriften **95a** 30a, Anfechtbarkeit **95a** 30a; Rechtsweg gegen Justizverwaltungsakte **95a** 23 ff.
Verwaltungsbehörden, Auflösung einer Genossenschaft **53** 81, einer GmbH **52** 62; Aussetzung des Rechtsstreits bis zur Entscheidung der **100** 148; Kompetenzkonflikte mit **101** 15; Mitteilungen zum Zentralregister **92** 20; Mitwirkung in Wirtschaftsstrafverfahren **88** 13; iSd OWiG **94** 131; Rechtsanwaltsgebühren im Bußgeldverfahren **117** Anl. 1 Nr. 5101; Verfahren **94** 59 ff.; Verwarnung im Bußgeldverfahren **94** 131; als Vollstreckungsbehörde **94** 92; Zuständigkeit **95** 13, nach OWiG **94** 35 ff., Befugnisse **94** 46
Verwaltungsbeirat der Wohnungseigentümergemeinschaft **37** 29
Verwaltungsgerichte, Gebühren **115** Anl. 1 Nr. 5110 bis 5601; Kompetenzkonflikt **101** 15; Kosten **115** 1; Streitwertberechnung **115** 52; Zuständigkeit **95** 13
Verwaltungsgerichtsbarkeit, oberster Gerichtshof des Bundes **1** 95
Verwaltungsrechtliche Pflicht **85** 330d
Verwaltungsverfahren, Antrag im und Hemmung der Verjährung **20** 204
Verwaltungsvorschriften des Bundes und der Länder **1** 84 bis 86, 87b, 108, 129
Verwaltungszwangsverfahren, Beitreibung der Kosten **122** 1
Verwandte **20** 1589 ff.; **21** 51; Angehörige iSd StGB **85** 11; Anhörung von des Mündels **20** 1847; Arbeit des Schuldners für **100** 850h; Auskunftspflicht **20** 1605; Ausschließung von Erbfolge **20** 1938; als Bedachte **20** 2067; Beischlaf unter **85** 173; Eheverbot **20** 1307; Einsetzung als Erben **20** 2067; Erbverzicht **20** 2346 ff.; gesetzliches Erbrecht **20** 1924 ff., 1934; des Mündels als Vormund **20** 1779; Rangfolge im Unterhalt **20** 1609; Rechte im Strafverfahren **90** 361; Unterhaltspflicht **20** 1601 ff.; Verbot der Mitwirkung als Notar **23** 26; Verhältnis zu angenommenem Kind (Verfassungswidrigkeit) **20** 1755; des Vormundes, Rechtsgeschäfte mit Mündel **20** 1795; Wirkungen der Adoption (Verfassungswidrigkeit) **20** 1755 f.
Verwarnung bei Gesamtgeldstrafe **85** 59c; des Jugendlichen **89** 13; mit Strafvorbehalt **85** 59 ff., Belehrung **90** 409, Beschluss **90** 453 f., Gesamtstrafenbildung **85** 59c, und weitere Maßnahmen **85** 59
Verwarnungsverfahren **94** 56 ff.
Verweigerung der Aussage durch eine Partei **100** 536; des Eides **100** 536; der Entnahme von Blutproben **90** 81c; der Fortsetzung eines gekündigten Arbeitsverhältnisses **84** 12, 16; der Gegenleistung **20** 320; der Herausgabe des Pfandes **100** 838; der körperlichen Untersuchung **90** 81c f.; der Leistung **20** 321 f.; der Schenkung **20** 519; der Übernahme einer Vormundschaft **20** 1786; der Vertragsgenehmigung **20** 1366; der Vorlegung von Urkunden durch Behörden **100** 432; des Zeugnisses **90** 56; des Zugewinnausgleichs **20** 1381; einer Zustimmung bei Gütergemeinschaft **20** 1430
Verweisung auf Änderungen **85a** 322; im Insolvenzverfahren **110** 3d; Kosten **115** 4;

des Prozesses an andere Kammer **95** 96 ff., an zuständiges Gericht **83** 48; **89** 42; **90** 270, 328, 355; **100** 281, 506; bei Widerspruch gegen Mahnbescheid **100** 696
Verwendungen des Besitzers **20** 994 ff.; des Erbschaftsbesitzers **20** 2022 f.; des Erbschaftsverkäufers **20** 2381; Ersatz **20** 459 f., bei Pachtverhältnis **20** 591; des Gläubigers **20** 292; bei Gütergemeinschaft **20** 1467; bei Leihe **20** 601; auf Mietsache **20** 536a, 539, 548; von Mündelgeld durch Vormund **20** 1805; des Nießbrauchers **20** 1043, 1049, 1057; des Pfandgläubigers **20** 1210, 1216; beim Rücktritt **20** 347; des Schuldners **20** 273; bei unerlaubter Handlung **20** 850; des mit dem Vermächtnis Beschwerten **20** 2185; bei Verzug des Gläubigers **20** 304; des Vorerben **20** 2138; Zurückbehaltungsrecht **20** 273
Verwendungsanspruch des Besitzers, Präklusion **20** 1002; Geltendmachung **20** 1001
Verwerfung des Antrags auf Verfahren **90** 368; der Berufung wegen Ausbleibens **90** 391; der Beschwerde **83** 89; des Einspruchs gegen Strafbefehl **90** 411 f.; der Revision **90** 346, 349
Verwertung von Forderungen **100** 844; von Fundsachen **20** 979; Gebühren für Antrag auf Aussetzung **115** Anl. 1 Nr. 2113; Gerichtsvollzieherkosten **123** Anl. Nr. 300; des gewerblichen Pfandrechts **20** 1259; der Insolvenzmasse **110** 173, 233, 265 f.; körperlicher Sachen **100** 825, 847; von Sicherungsgut im Insolvenzverfahren **110** 282
Verwertungsgesellschaften **65** 26 f., 54h; Geltendmachung von Ansprüchen **65** 49
Verwertungskosten, Verteilung durch Gerichtsvollzieher **123** 16
Verwertungsrechte des ausübenden Künstlers **65** 83; Senderecht **65** 20 ff., *s. a. dort;* für Tonträgerhersteller **65** 85; der Urheber **65** 15 ff.
Verwertungsverbot von Eintragungen im Zentralregister **92** 51; von urheberschutzrechtlicher Vervielfältigungen **65** 96
Verwirkung von Ansprüchen nach dem MarkenG **72** 21; von Grundrechten **1** 18; des Maklerlohns **20** 654; von Schadensersatzansprüchen nach dem StVG **35** 15; der Vertragsstrafe **20** 339 ff.
Verwirkungsklausel bei Hypotheken- und Pfandbestellung **20** 1149, 1229, 1277; bei Nichterfüllung **20** 354
Verzeichnis des Anfangsvermögens **20** 1377; des Bestandes eines Inbegriffs von Gegenständen **20** 260, von Sachen bei Nießbrauch **20** 1035; der Massegegenstände **110** 151; des Mündelvermögens **20** 1802; des Nachlasses **20** 1960, 1993, 2215, 2314; der Nachlassgläubiger **112** 456
Verzeihung **20** 2343; Pflichtteil **20** 2337
Verzicht, Abfindung aus Gesamtgut **20** 1501; eines Abkömmlings auf Gesamtgutsanteil **20** 1491; auf Anspruch **100** 306; auf Eigentum an beweglichen Sachen **20** 959, an Grundstücken **20** 928; auf Einlegung von Rechtsmitteln **90** 302; auf Einrede der Vorausklage **20** 239, 773; des Erben **20** 2346 ff.; auf Ersatzansprüche bei Gründung der AG **51** 50; auf Fortsetzung des Pachtverhältnisses **20** 595; auf Gesamtgutsanteil **20** 1517; auf Gesamthypothek **20** 1175; des Geschäftsinhabers auf Wettbewerbsverbot **50** 75a; gesetzlich vermuteter auf Wiedereinsetzung **90** 315, 342; des Hauptschuldners auf Einreden **20** 768; auf Hypothek **20** 418, 1165, 1168 f., 1175, 1178; auf Markeneintragung **72** 48; auf Pfandrecht **20** 1255; auf Pflichtteil für Kind **20** 1643, durch Vormund **20** 1822, und Zugewinnausgleich **20** 1455; auf Rechte aus Pfändung einer Geldforderung **100** 843; auf Revision **100** 565; auf Rücknahmerecht bei Hinterlegung **20** 376; auf Tatbestand und Entscheidungsgründe **100** 313a; auf Unterhalt **20** 1614; des Urhebers auf Vergütung **65** 63a, 137q; auf Urkunden als Beweismittel **100** 436; Urteile auf Grund eines **100** 311; auf Vermögenserwerb **20** 517; und Verständigung vor Urteil **90** 302; Vollmacht zum **100** 81; auf Widerruf der Auslobung **20** 658, der Schenkung **20** 533; auf Zeugen **100** 399
Verzichtsurteil, abgekürzte Form **100** 313b
Verzinsung bei Aufwendungsersatz **20** 256; der Gerichtskosten **115** 5; **119** 6; der Kosten **120** 5; von Kosten und Auslagen **90** 464b; der notariellen Kostenforderung **119** 88; *s. a. Zinsen*
Verzögerung des Rechtsstreits am Arbeitsgericht, Gebühren **115** Anl. 1 Nr. 8700, beim Finanzgericht, Gebühren **115** Anl. 1 Nr. 6600, Gebühren **115** Anl. 1 Nr. 1901, beim Verwaltungsgericht, Gebühren **115** Anl. 1 Nr. 5601; Sozialgericht, Gebühren **115** Anl. 1 Nr. 7601
Verzögerungsgebühr, Beschwerde gegen **115** 69; **118** 60
Verzug der Annahme **20** 322, durch Käufer **20** 446; des Arbeitgebers/Dienstberechtigten **20** 615, Verzugspauschale **20** 288;

des Besitzers **20** 990; des Darlehensnehmers bei Verbraucherdarlehensvertrag **20** 497; des Erbschaftsbesitzers **20** 2024; bei gegenseitigen Verträgen **20** 322, 326; Gerichtsvollziehergebühr **123** Anl.; des Gesamtgläubigers **20** 429; des Gesamtschuldners **20** 425; des Gläubigers **20** 264, 274, 293 ff., 372, 383 f., 424, 429; des Käufers **50** 373 ff.; Leistungsverzug **20** 309; des Mieters **20** 543; des Schenkers **20** 522; des Schuldners **20** 264, 274, 286 ff., 425, Vereinbarung über den Eintritt **20** 286, Unterlassungsanspruch nach UKlaG **105** 1a; des Unterhaltspflichtigen **20** 1613; des Vermieters **20** 536a; Verwirkung der Vertragsstrafe **20** 339; beim Werkvertrag **20** 642 ff.
Verzugspauschale 20 288
Verzugsschaden 20 286 ff.
Verzugszinsen 20 288 ff., 522, 1146; **52** 20; bei Verbraucherdarlehensverträgen **20** 497; Vereinbarung über Haftung für **20** 288, Unterlassungsanspruch nach UKlaG **105** 1a
Videokonferenzverbindungen, Pauschale **115** Anl. 1 Nr. 9019; **118** Anl. 1 Nr. 2015
Vieh, Entgelt für Fütterung bei Zwangsverwaltung **108** 153a; Streitigkeiten **95** 23; Treiben auf Straßen **35a** 28; als Zubehör eines Landgutes **20** 98
Viehhandel 50 382
Vierteljahr 20 188 f.
Vindikationszession 20 931
Vizekanzler, Stellvertreter des Bundeskanzlers **1** 69
Völkermord im Ausland **85** 6; Unverjährbarkeit **85** 78
Völkerrecht, Befreiung von diplomatischen Vertretern von deutscher Gerichtsbarkeit **95** 18; als Bestandteil des Bundesrechts **1** 25; Verf. bei Streit über Anwendbarkeit **1** 100; Vorrang **112** 97
Völkerrechtliche Verträge 1 79
Völkerrechtliche Vertretungsmacht des Bundespräsidenten **1** 59
Völkerstrafgesetzbuch, Straftaten nach dem, Absehen von Strafverfolgung **90** 153f, Haftgründe **90** 112; Verbrechen der Aggression **85** 80a
Volksbefragung 1 118
Volksbegehren zur Neugliederung der Länder **1** 29; Straftaten bei **85** 108d
Volksentscheid zur Neugliederung der Länder **1** 29
Volksschulen, private **1** 7
Volksverhetzung 85 130
Volksvertreter 1 38, *s. Abgeordnete*
Volkszugehörige, deutsche **1** 116
Volljährige, Annahme als Kind **20** 1767 ff., 1772; rechtliche Betreuung **20** 1896 ff.
Volljährigkeit 20 2; des Mündels, Genehmigung von Rechtsgeschäften des Vormunds **20** 1829
Vollkonsolidierung 50 300 ff.
Vollmacht 20 166 ff.; anzuwendendes Recht **21** Art. 8; zur Ausschlagung einer Erbschaft **20** 1945; Beschränkung **100** 83; bei Beurkundung **23** 12; Beurkundung der, Geschäftswert **119** 98; in Ehesachen und selbständigen Familienstreitsachen **112** 114; Erlöschen im Insolvenzverfahren **110** 117; eines geschäftsführenden Gesellschafters **20** 710 f., 714 f.; gesetzliche **62** 69; für Mahnverfahren **100** 703; im Privatklageverfahren **90** 378, 387; im Prozess **100** 78 ff.; Urkunde staatlicher Organe **21** Art. 231; bei Vaterschaftsanerkennung **20** 1596; für Verfahren in Familiensachen und Angelegenheiten der freiwilligen Gerichtsbarkeit **112** 11; Versicherungsvertreter **62a** 2; des Verteidigers, Schriftform **90** 234, 330, 350, 411; vorläufige Zulassung ohne **100** 89
Vollmachtsurkunde 20 172 ff.; Kraftloserklärung **20** 176; Nichtvorlage und Zurückweisung **20** 174; Rückgabe **20** 175
Vollrausch 85 64, 323a; **94** 122
Vollstreckbare Ausfertigung 100 724 ff., 754, 799, 894; Auslieferung an den Schuldner **100** 754; Erteilung **23** 52, durch Rechtspfleger **96** 20; gerichtlicher und notarieller Urkunden **100** 797; bei Gütergemeinschaft **100** 742, 744; Legitimation des Gerichtsvollziehers durch **100** 754 f.; Vermerk der Erteilung auf Urteil **100** 734; weitere **100** 733; *s. a. Vollstreckungstitel*
Vollstreckbare Urkunden, Verfahren **100** 797
Vollstreckbarer Titel *s. Vollstreckungstitel*
Vollstreckbarerklärung, ausländischer Titel, Beschwerden, Rechtsanwaltsgebühren **117** Anl. 1 vor Nr. 3200; durch Berufungsgericht **100** 537; des gerichtlichen Vergleichs **100** 795b; durch Notar **100** 796c; durch Rechtsanwälte **100** 796a; Rechtsanwaltsgebühren **117** Anl. 1 Nr. 3329; durch Revisionsgericht **100** 558; Verfahren, Gebühren **115** Anl. 1 Nr. 1510 ff.; Zuständigkeit **100** 796b
Vollstreckbarkeit, Aufhebung gegen Sicherheitsleistung **100** 769; von Endurteilen **100** 704; von Kostenentscheidungen **100** 708; Schadensersatzpflicht **100** 717; von Schiedssprüchen **100** 1064; des Straf-

urteils **90** 449 ff.; *s. a. Vorläufige Vollstreckbarkeit*
Vollstreckung in Abstammungssachen **112** 96a; ausländischer Titel im Inland (VO (EU) Nr. 1215/2012) **100** 1112 ff., Versagung **100** 1115, Wegfall und Beschränkung **100** 1116; Aussetzung **100** 570, nach FamFG **112** 55; nach Bestätigung der Dispache **112** 409; von Bußgeldentscheidungen **94** 89 ff., Gebühren **115** Anl. 1 Nr. 4303; in Bußgeldverfahren nach GWB **74** 86a; in Ehe- und Familienstreitsachen **112** 120; in Ehewohnungssache **112** 96; Einstellung **112** 93; einstweilige Einstellung in Unterhaltssachen **112** 242; von Entscheidungen über Herausgabe von Personen und die Regelung des Umgangs **112** 88 ff.; nach FamFG **112** 86 ff., Gebühren **118** Anl. 1 Nr. 1600 ff.; Gebühren **119** Anl. 1 Nr. 18000 ff.; Gegenstandswert für Rechtsanwaltsgebühren **117** 25; gerichtlichen Entscheidungen, Zustellung durch Staatsanwaltschaft **90** 36; Gerichtsvollzieherkosten **123** Anl.; in Gewaltschutzsachen **112** 216; grenzüberschreitende vorläufige Kontenpfändung **100** 946 ff., Richtervorbehalt **96** 20, Vollziehung **100** 950 ff.; aus Insolvenzplan **110** 257; im Insolvenzverfahren nach der VO (EG) 1346/2000 **110a** 102, nach der VO (EU) 2015/848 **110a** 102c; nach dem JBeitrG **122** 6, Beginn **122** 5, einstweilige Einstellung **122** 6, Kosten **122** 10; in Jugendstrafsachen **89** 82 ff.; von Maßregeln der Besserung und Sicherung **90** 463; von Ordnungsmitteln **95** 179; Rechtshilfe **95** 160; mit Risikobegrenzung **101** 37; der Strafen, Reihenfolge **85** 67; von Strafen **90** 449 ff., *s. a. Strafvollstreckung;* in Strafsachen, Eintragung ins Zentralregister **92** 15; einer Teilungsvereinbarung **112** 371; in unbewegliches Vermögen nach dem JBeitrG **122** 7; mit unmittelbarem Zwang **112** 90; Verfahren **112** 92; in Verfahren nach dem GewaltschutzG **112** 96; Verfahrenskostenhilfe für die **112** 77; nach ZPO gemäß FamFG **112** 95 ff.; *s. a. Zwangsvollstreckung*
Vollstreckungsabwehrklagen **100** 767 f., 785 f.; gegen Europäischen Zahlungsbefehl **100** 1095 f.; örtliche Zuständigkeit **100** 1086, 1117
Vollstreckungsantrag, vereinfachter bei Vollstreckungsbescheiden **100** 829a; **101** 43
Vollstreckungsauftrag **100** 754; beschränkter **100** 885a; vereinfachter bei Vollstreckungsbescheiden **100** 754a; **101** 43
Vollstreckungsbeamte, tätlicher Angriff auf **85** 114; Widerstand gegen **85** 113
Vollstreckungsbefehl *s. Vollstreckungsbescheid*
Vollstreckungsbehörde, Datenverarbeitung durch **90** 483; Gerichtshilfe **90** 463d; Gerichtskasse als **122** 2; als Gläubiger **122** 6
Vollstreckungsbescheid **100** 699 ff.; Aufhebung **100** 700; Kostenhaftung **115** 22; Rechtsanwaltsgebühren **117** Anl. 1 Nr. 3308; Übermittlung **100** 699; vereinfachter Antrag **100** 829a; **101** 43; vereinfachter Vollstreckungsauftrag bei **100** 754a; **101** 43; Wiederaufnahme gegen **100** 584; Wirkung **100** 700; Zwangsvollstreckung **100** 794, 796
Vollstreckungsbeschränkung **110a** 108
Vollstreckungsgegenklage **100** 767
Vollstreckungsgericht **100** 828; Amtsgericht **100** 764 f., 858; **108** 1; Anordnung und Durchführung der Zwangsversteigerung **108** 15, 35; Arrestvollziehung **100** 930; Aufgebotsverfahren **108** 140; Austauschpfändung **100** 811a; Entscheidung über Erinnerungen **100** 766; für Schiffe **108** 163; Schuldnerverzeichnis **100** 882h; zentrales **100** 802k
Vollstreckungshandlungen des Gerichtsvollziehers **100** 762; und Neubeginn der Verjährung **20** 212
Vollstreckungshilfeverfahren wegen Geldsanktion im Ausland, Gebühren **115** Anl. 1 Nr. 3910
Vollstreckungsklausel **100** 724 f.; **108** 132 f.; Ablehnung der Erteilung **23** 54; Antrag auf Erteilung einer und Hemmung der Verjährung **20** 204; der Arrestbefehle **100** 929; Einwendungen gegen Zulässigkeit **100** 732, 797a; Klage auf Erteilung **100** 731, 796 f., und Neubeginn der Verjährung **20** 212, wegen Unzulässigkeit **100** 768; bei Markenangelegenheiten vor Patentgerichten **72** 125a
Vollstreckungskosten **100** 788
Vollstreckungsmaßnahmen, Aufhebung **100** 765a; Einstellung **100** 765a; Kosten **100** 788; Untersagung **100** 765a
Vollstreckungsschuldner iSd JBeitrG **122** 4 f.; Kostenschuldner für Gerichtsvollzieherkosten **123** 3
Vollstreckungsschutz **100** 765a, 811; Gebühren **115** Anl. 1 Nr. 2112; beim Insolvenzplan **110** 259a
Vollstreckungstitel **100** 704, 794; **112** 86; kein Ausschluss der Anfechtung **111** 10; Errichtung und Verjährung **20** 201; europäische **100** 794, 1079 ff., 1082 ff.,

Zwangsvollstreckung aus **100** 794, Vollstreckungsabwehrklage **100** 1086; Zuschlag in der Zwangsversteigerung **108** 93, 132; *s. a. Vollstreckbare Ausfertigung*
Vollstreckungsurteil, Antrag auf Erlass eines und Hemmung der Verjährung **20** 204; Neubeginn der Verjährung bei Klage auf **20** 212; für Urteil eines ausländischen Gerichts **100** 722 f.
Vollstreckungsverbot im Insolvenzverfahren **110** 89 f.; bei Masseunzulänglichkeit **110** 210
Vollstreckungsvereitelung 85 288
Vollstreckungsverjährung 85 79 ff.; **85a** 309; **94** 34; Ruhen **85** 79a; Verlängerung **85** 79b
Volltrunkenheit, Einweisung in Entziehungsanstalt **85** 64
Vollziehende Gewalt 1 20
Vollziehung des Arrestes, Kosten **123** Anl.; der Auflage **20** 2194; von Entscheidungen des einstweiligen Rechtsschutzes, Rechtsanwaltsgebühr **117** Anl. 1 Nr. 3309 ff.; Gegenstandswert bei Vollstreckung und Vollziehung **117** 25; *s. a. Strafvollstreckung*
Vollziehungsbeamte, Kosten, Beitreibung **122** 1; Vollstreckung nach dem JBeitrG **122** 6; *s. a. Gerichtsvollzieher*
Vollzug der Freiheitsentziehung, Aussetzung **112** 424; der Freiheitsstrafe *s. dort;* des Haftbefehls, Aussetzung **90** 116 f., 122, Zuständigkeit **90** 126; in Unterbringungssachen **112** 327 ff., Aussetzung **112** 328, gerichtliche Entscheidung **112** 327; der Untersuchungshaft **90** 119; *s. a. Strafvollstreckung, Strafvollzug*
Vollzug eines Geschäfts, Geschäftswert **119** 112; Vollzugsgebühr **119** Anl. 1 Nr. 22110 ff.
Vollzug in besonderen Fällen, Vollzugsgebühr **119** Anl. 1 Nr. 22120 ff.
Vollzugs- und Betreuungsgebühr, einmalige Erhebung **119** 93
Vollzugsanstalt, Mitteilungen an das Gericht **90** 114e, durch das Gericht **90** 114d
Vollzugsuntauglichkeit 90 455
Vor- und Familienname, Angleichung **21** 47
Vorabentscheidung 100 304; im Verfahren **83** 61; Zurückverweisung in ersten Rechtszug **100** 538
Voraus des Ehegatten **20** 1932 f., 2311
Vorausklage, Einrede der **20** 771 ff., 777; **50** 349; **53** 115e, Verzicht auf **20** 239, 773
Vorausleistung des Dienstlohnes und fristlose Kündigung **20** 628; der Überbaurente **20** 913; des Unterhalts **20** 1614 f.
Vorausverfügungen über Miete **20** 566b
Vorausvermächtnis 20 2150; Erbschaftskauf **20** 2373
Vorauszahlung, Beschwerde gegen Anordnung **118** 58; in Ehesachen und selbständige Familienstreitsachen **118** 14; beim Familiengericht **118** 12; der Kosten der Vornahme einer Handlung **100** 887; *s. a. Vorschuss*
Vorauszahlungsanordnung, Beschwerde **119** 82
Vorbehalt in Aufgebotsverfahren **112** 440; der Entlassung des Vormunds **20** 1790; der Ergänzung, letztwilliger Verfügungen **20** 2086; geheimer bei Willenserklärungen **20** 116; der nachträglichen Entscheidung über Strafaussetzung **89** 61 ff.; des Ranges für künftig einzutragende Rechte **20** 881; des Rücktritts vom Erbvertrag **20** 2293; der Sicherungsverwahrung **89** 7; der Unterbringung in der Sicherungsverwahrung **85** 66a; **85a** 316i; des Verlustes der Rechte aus Vertrag, Wirkung **20** 354
Vorbehaltsgut, Erbschaft als **20** 1461; bei fortgesetzter Gütergemeinschaft **20** 1486; bei Gütergemeinschaft **20** 1418; keine Haftung des Gesamtguts **20** 1440; Verwendungsersatz **20** 1467
Vorbehaltsklausel für Anerkennung eines ausländischen Urteils **100** 328
Vorbehaltsurteil 100 302, 599; und Anfechtung **111** 14; Erbenhaftung **100** 780; Fortsetzung des Rechtsstreits nach Verkündung **100** 707; Übertragung auf Einzelrichter **100** 348a
Vorbeifahren an haltenden Fahrzeugen **35a** 6
Vorbereitendes Verfahren *s. Ermittlungsverfahren*
Vorbereitung der mündlichen Verhandlung **100** 273, 282
Vorbereitungsdienst, Anwesenheit von Referendaren bei Beratung **95** 193
Vordrucke des Gerichtsvollziehers, Auslagen **123** Anl.
Voreintragung des Verpflichteten im Grundbuch **20** 895
Voreltern, Unterhalt an die Abkömmlinge **20** 685
Vorempfang, Ausgleichung **20** 2095, 2316, 2372, unter Miterben **20** 2050 ff.
Vorenthaltung der Mietsache **20** 543, Entschädigung **20** 546a
Vorerbe 20 2105 ff., 2111; Anzeigegebühr wegen Eintritt der Nacherbfolge **119** 23; Aufwendungen **20** 2124 f.; Befreiung von Verpflichtungen **20** 2136; Erbschein für den **20** 2363; Grundbuch **114** 51; Herausgabepflicht **20** 2138; Hinterlegung von

Wertpapieren **20** 2116; Rechenschaftspflicht **20** 2130; Sorgfaltspflicht **20** 2131; Verfügung über Erbschaftsgegenstände **20** 2120, über Grundstücke und Schiffe **20** 2113, über Nachlassgegenstände **20** 2112 ff., unentgeltliche **20** 2113; Verfügungsrecht **20** 2129, 2140; Verwendungen **20** 2125; vollstreckbare Ausfertigung für und gegen Nacherben **100** 728; *s. a. Nacherbfolge*

Vorfahren, gesetzliches Erbrecht **20** 1929

Vorfahrt im Straßenverkehr **35a** 8, 18 f.

Vorfälligkeitsentschädigung bei Darlehensverträgen **20** 490; bei Verbraucherdarlehensvertrag **20** 502

Vorführung ausbleibender Zeugen **100** 380; des ausgebliebenen Angeklagten **90** 236, 387; des Festgenommenen **1** 104; in Freiheitsentziehungssachen **112** 420; Gerichtsvollzieherkosten **123** Anl.; zur Untersuchung in Betreuungssachen **112** 283; vor den zuständigen Richter **90** 115

Vorführungsrecht im Urheberrecht **65** 19

Vorgesetzte, Verleitung eines Untergebenen zur Straftat **85** 357

Vorkauf 20 463 ff.

Vorkaufsberechtigte, unbekannte **20** 1104

Vorkaufsrecht, Aufgebot des Berechtigten **112** 453; Ausschluss der Ausübung **20** 466, 470 f.; an Grundstücken **20** 1094 ff.; Hinweispflicht des Notars **23** 20; des Mieters **20** 577; der Miterben **20** 2034 ff.; Rechte des Käufers **20** 1100; subjektiv-dingliches **20** 1103; subjektiv-persönliches **20** 1103

Vorlage einer Entscheidung an BGH **95** 121; des Hypotheken-, Grundschuld- und Rentenschuldbriefs **20** 896, 1160; Pflicht zur **100** 422 f., 429, 432; der Rechnungsbelege **20** 259; von Sachen **20** 809 ff.; von Schuldverschreibungen **20** 801 f., Frist **20** 1188

Vorlageanspruch bei Marken **72** 19a

Vorlagepflicht von Gegenständen **100** 144; von Urkunden **100** 142

Vorläufige Austauschpfändung 100 811b

Vorläufige Festnahme 90 127 ff.

Vorläufige Vollstreckbarkeit 100 708 ff.; und Anfechtung **111** 14; Antrag auf **100** 714; der arbeitsgerichtlichen Urteile **83** 62; Außerkraftsetzen **100** 717; im Berufungsrechtszug **100** 537, 718; im Revisionsrechtszug **100** 558; gegen Sicherheitsleistung **100** 709; im Verfahren **100** 708 ff.; Zurückweisung eines Antrags **100** 712 f.

Vorläufiger Rechtsschutz 115 Anl. 1 Nr. 3830

Vorlegung an BVerfG **1** 100

Vorleistung 20 320 ff., *s. a. Vorausleistung*

Vormerkung, Aufgebot des Berechtigten **112** 453; Bodenreform **21** Art. 233; Eintragung einer, Zuständigkeit **100** 942; Geschäftswert **119** 45; im Grundbuch **20** 883 ff., 1971, 1990, 2016; im Insolvenzverfahren **110** 106; auf Löschung **21** 194; zur Sicherung des Anspruchs auf Löschung einer Hypothek **20** 1179; Verurteilung zur Bewilligung **100** 895; Wegfall der Wirkung **108** 130a; Wirkung des Vorkaufsrechts als **20** 1098

Vormund, Amtsvormund *s. dort;* Änderung der Anordnungen des Familiengerichts **20** 1837; Aufwandsentschädigung **20** 1835a; Auskunftspflicht **20** 1839; Auswahl **20** 1779; Befreiung von Verpflichtungen **20** 1817; Benennung **20** 1776 f., 1852; Bestallung **20** 1791; Bestellung **20** 1774, 1791a ff., des Jugendamtes als **20** 1791b; einseitige Rechtsgeschäfte ohne Genehmigung **20** 1831, 1834; Entlassung **20** 1886 f., 1889; Entziehung der Personensorge **20** 1837; Ermächtigung zu Rechtsgeschäften **20** 1825; Ersatz von Aufwendungen **20** 1835; Fürsorge und Aufsicht des Familiengerichts **20** 1837 ff.; Gefährdung des Kindeswohls **20** 1837; gemeinschaftlicher **20** 1775; genehmigungsbedürftige Rechtsgeschäfte **20** 1821 f.; Haftung **20** 1833; Hemmung der Verjährung während der Vormundschaft **20** 207; keine Vergütung nach RVG **117** 1; mehrere **20** 1797; Pflichtwidrigkeit **20** 1837; Rückgabe der Bestallung **20** 1893; Sorge für die Person **20** 1800, für Vermögen **20** 1794, 1802 ff.; Übergehen des berufenen **20** 1778; Unfähigkeit zum **20** 1780; Untauglichkeit **20** 1781 f.; Vereinsvormundschaft **20** 1791a; Vergütung **20** 1836; Verhinderung **20** 1846; Verpflichtung durch Bestellung **20** 1789; Verwendung von Mündelvermögen für sich **20** 1805, 1834; Wechsel **20** 1851; Zwangsgeld **20** 1788, 1837

Vormundschaft 20 1773 ff.; Ablehnungsrecht **20** 1786 f.; anzuwendendes Recht **21** Art. 24; für Ausländer **21** 24; Ausschließungsgründe **20** 1780, 1782; Beendigung **20** 1882 ff.; befreite **20** 1852 ff.; im Beitrittsgebiet **21** Art. 234 § 14; Beschränkung **20** 1794 f., durch Vater **20** 1852; Bestellung eines Gegenvormunds **20** 1792; deutsche Zuständigkeit **112** 99; Fälligkeit der Gebühren **118** 10; Fortführung nach Beendigung **20** 1893; Führung **20** 1793 ff.; Kindschaftssache **112** 151;

Kosten **118** 22; über Minderjährige **20** 1773 ff.; Mitwirkung des Jugendamts **20** 1851; persönlicher Kontakt mit Mündel **20** 1793; Testamentserrichtung **20** 2229, Übergangsvorschriften **21** 210; Überlassung von Gegenständen an Mündel **20** 1824; Übernahmepflicht **20** 1785; Verjährung der Kosten **118** 7; vorläufige Übernahmepflicht **20** 1787; *s. a. Amtsvormundschaft, Betreuung*
Vormundschaftsgericht, Genehmigung des Erbverzichts und dessen Aufhebung **20** 2351; Kindeswohlprinzip **20** 1697a; Mitwirkung bei Verwaltung des Kindesvermögens **20** 1639
Vornamen in Unterschrift des Erblassers **20** 2247
Vorpfändung 100 845; Kosten **123** Anl.
Vorrang, Einräumung **20** 1165
Vorrang- und Beschleunigungsgebot in Ehesachen **112** 129a; in Kindschaftssachen **112** 155
Vorrechte im Insolvenzverfahren **110** 39, 327
Vorsatz 85 11, 15; **94** 10; bei Amtspflichtverletzung **20** 839; bei Arbeitsunfällen **20** Anm. zu 618; bei Geschäftsführung ohne Auftrag **20** 680; bei Haftung des Finders **20** 968; bei Schenkung **20** 521, 529; bei unerlaubten Handlungen **20** 826; als Verschuldensform **20** 276, 300
Vorschriftzeichen 35a Anlage 2; im Straßenverkehr **35a** 41
Vorschulen 1 7
Vorschuss beim Auftrag **20** 669; Berechnung bei Insolvenz der Genossenschaft **53** 106; in Ehesachen und selbständigen Familienstreitsachen **118** 14, 17; Einziehung bei Insolvenz der Genossenschaft **53** 109; beim Familiengericht **118** 12; gerichtliche Festsetzung **116** 4; auf Gerichtskosten *s. dort;* der Gerichtsvollzieherkosten **123** 4; für Handelsvertreter **50** 87a; Hinterlegung oder Anlegung nach Insolvenz der Genossenschaft **53** 110; bei Kosten **120** 8; der Kosten bei Fortdauer des Arrestes **100** 934; bei Notarkosten **119** 15; einer Vergütung nach JVEG **116** 3; für Vormund **20** 1835; für Zeugen und Sachverständige **100** 379; Zinsen **50** 354
Vorschusspflicht für Gerichtskosten, Fortdauer **119** 17
Vorsitzende RichterInnen im Strafverfahren, Anordnungen **90** 221, zur Anwesenheit des Angeklagten **90** 231; Entzug des Fragerechts **90** 241; Ladungen durch den **90** 214; Leitung der Hauptverhandlung **90** 238 ff., 243 ff.; Unterbrechungen **90** 228; Vernehmung minderjähriger Zeugen **90** 241a
Vorsitzende Richterinnen und Richter am Arbeitsgericht **83** 36, Alleinentscheidungen **83** 55, Befugnisse **83** 53 ff.; Bestimmung des schriftlichen Vorverfahrens **100** 276; am BGH **95** 124; der Kammer, alleinige Entscheidung **100** 944, für Handelssachen **95** 105 f.; **100** 349, am OLG **95** 122; Leitung der Beratung **95** 194; Terminsbestimmung **100** 272; Veranlassung des schriftlichen Vorverfahrens **100** 272, 276; Vollstreckung von Ordnungsmitteln durch **95** 179
Vorsorgeregister, zentrales **23** 20a
Vorsorgevollmacht 20 1901c; **23** 20a; Herausgabe einer Abschrift **112** 285; Hinweis auf durch Gericht **112** 278
Vorstand der Genossenschaft **53** 9, 24 ff., Aufgaben **53** 11, Beschränkung der Vertretungsbefugnis **53** 27, und Generalversammlung **53** 27, Haftung **53** 34, Ordnungsgeldverfahren gegen **50** 339, Sorgfaltspflichten **53** 34, Strafbarkeit **53** 147 f., vorläufige Enthebung **53** 40; einer Stiftung **20** 86
Vorstand der Aktiengesellschaft 51 76 ff.; Anmeldepflicht **51** 184; Auskunftspflicht gegenüber Aktionären **51** 131 f.; Bekanntmachungspflichten **51** 246; Berichtspflichten **51** 90; Bestellung/Abberufung **51** 84; Bezüge **51** 87, Angemessenheit **50a** 68; **51a** 23, Nachhaltigkeit **51** 87, Offenlegung **50** 285 f., Pflichtangaben **50** 314, Vergütungssystem **51** 87a; **51a** 26j; Einberufung des Aufsichtsrats **51** 110, der Hauptversammlung **51** 121 ff.; Einrichtung eines Überwachungssystems **51** 91; Entlastung **51** 119 f.; Ermächtigung zur Ausgabe von Wandelschuldverschreibungen **51** 221; erster **51** 30; Geheimhaltungspflicht **51** 404; Geschäftsführung **51** 77; Haftung **51** 117, 147, 309 f., 318, mit Selbstbehalt **51** 93; keine Mitgliedschaft im Aufsichtsrat **51** 105; Kreditgewährung an Mitglieder **51** 89; Ordnungsstrafen gegen Mitglieder **51** 407; Ordnungswidrigkeiten **51** 405; **51a** 26k; Pflichten **51** 83, bei Verlust, Überschuldung, Zahlungsunfähigkeit **51** 92 f.; Sorgfaltspflicht und Verantwortlichkeit der Mitglieder **51** 93; Stellvertretung **51** 94; Strafvorschriften **51** 399 ff.; Verantwortlichkeit **51** 48, 147, 309 f., 318; Vertretungsbefugnis **51** 81; Wettbewerbsverbot **51** 88; Widerruf der Bestellung auf Zeit **51** 84; Zwangsgelder gegen Mitglieder **51** 407
Vortäuschen einer Straftat **85** 145d

Vorteilsabschöpfung nach GWB **74** 34 f., durch Verbände und Einrichtungen **74** 34a
Vorteilsannahme 85 331, 335a
Vorteilsgewährung 85 333
Vorträge, Urheberrechtsschutz **65** 2, 48
Vortragsrecht iSd UrhG **65** 19
Vorverfahren, Haftbefehl **90** 125; bei Ordnungswidrigkeiten **94** 53 ff.; Sachverständigengutachten **90** 82; schriftliches **100** 272
Vorversterben des mit einem Vermächtnis Bedachten **20** 2160
Vorzugsaktien 51 139 ff.
Vorzugsrechte, Erlöschen bei Schuldübernahme **20** 418; Übergang mit der Forderung **20** 401; Verzicht auf bei der Bürgschaft **20** 776; in der Zwangsvollstreckung **100** 804 f.
Vorzugsweise Befriedigung, Klage auf **100** 805

Waffen 1 26; Landfriedensbruch mit **85** 125a; Untersagung des Gebrauchs, Eintragung ins Zentralregister **92** 10; Verteilung an unbefugte Gruppe **85** 127
Waffen- und Sprengstoffrecht, Gesetzgebung **1** 73
Waffenschein, Ablehnung, Eintragung ins Zentralregister **92** 10
Wahl, Ausübung der Staatsgewalt **1** 20; des Bundeskanzlers **1** 63, eines anderen B. **1** 67 f.; des Bundespräsidenten **1** 54; im Bundestag **1** 42; der Bundestagsabgeordneten **1** 38, 41, 48, 137; des Gerichtsstandes **100** 35; der Mitglieder des BVerfG **1** 94
Wählbarkeit, Beschränkung bei Beamten und Angestellten des öffentl. Dienstes sowie Richtern **1** 137; Verlust durch Strafurteil **85** 45 ff., 108c, 109i
Wahlen, Straftaten bei **85** 107 ff.; unbefugtes Wählen **85** 107a
Wahlfälschung 85 107a
Wahlprüfung 1 41
Wahlrecht 1 20, 28, 41, 48, 137; aktives und passives **1** 38, 137; des Insolvenzverwalters **110** 103; bei mehreren Leistungen **20** 262 ff.; von Staatsangehörigen aus EG-Staaten **1** 28; Verlust durch Strafurteil **85** 45 ff., 101, 108c, 109i; bei Vermächtnis an mehrere Personen **20** 2151 ff.
Wahlschuld 20 262 ff.; Unmöglichkeit einer Leistung **20** 265; Verzögerung der Wahl **20** 264
Wahlverteidiger 90 138; Zurückweisung **90** 146a
Wahl-Zugewinngemeinschaft 20 1519
Wahrheitspflicht im Zivilprozess **100** 580
Wahrnehmung berechtigter Interessen bei Beleidigung **85** 193
Währung bei Geldschulden **20** 244; vertragsmäßige **50** 361
Währungsumrechnung in der Eröffnungs- oder Jahresbilanz **50** 256a; in der Konzernbilanz **50** 308a
Währungswesen 1 73, 88
Waisengeld 21 81
Wald, Erbschaft **20** 2123; Nießbrauch **20** 1038
Waldgenossenschaften 21 83
Waldwege, Vorfahrtsrecht **35a** 8, 19
Wandelschuldverschreibungen, Ausgabe durch Aktiengesellschaft **51** 221, von Bezugsaktien gegen **51** 199
Wappen, Missbrauch **94** 124 f.; als Schutzhindernisse iSd MarkenG **72** 8; strafbare Verunglimpfung des Staates und seiner Symbole **85** 90a
Warenlager 20 92; Angestellte in offenem **50** 56; des Insolvenzschuldners, Verkauf **110** 160
Warenverkehr, Gesetzgebung **1** 73
Wärmelieferung, Kosten als Betriebskosten **20** 556c
Warnanstrich von Straßenbau- und -unterhaltungsfahrzeugen **35a** 35
Warnblinklicht von Fahrzeugen, Benutzung **35a** 15 f.
Warndreieck für Kraftfahrzeuge **35a** 15
Warnkleidung von Straßenarbeitern **35a** 35
Warnzeichen, Beseitigung, Entstellung **85** 145; von Kraftfahrzeugen, Benutzung **35a** 5, 16
Wartegelder 21 81; Abtretung **20** 411
Wasser, Vergiftung **85** 314; Verunreinigung **85** 324
Wasserbauten, Beschädigung **85** 318
Wasserfahrzeuge im Ausland **21** 45
Wasserhaushalt, Gesetzgebung **1** 74
Wasserleitung, Zerstörung **85** 318
Wasserrecht 21 65
Wassersicherstellungsgesetz, Zuwiderhandlungen **88** 1
Wasserstand, Merkmal **85** 274
Wasserstraßen 1 74; des Bundes **1** 89; Notweg zu **21** 123
Wasserversorgungsunternehmen, Meldepflichten nach dem GWB **74** 31a; und Wettbewerbsrecht **74** 31 ff.
Wasserwirtschaft 1 89; Meldepflichten nach dem GWB **74** 31a; und Wettbewerbsrecht **74** 31 ff.
Wechsel, Ankauf durch Kommissionär **50** 395; Ausstellung durch Vormund **20**

1822; Hypothek für Wechselforderungen **20** 1187 ff.; Insolvenzanfechtung **110** 137; Pfandrecht **20** 1292, 1294; Pfändung **100** 831; Pfändungskosten **123** Anl.; der Rechtsform **52a** 190 ff.; Verpfändung **20** 1292, 1295
Wechsel- und Scheckprotest, Gerichtsvollziehergebühr **123** Anl.; Notargebühr **119** Anl. 1 Nr. 23400 f.
Wechselklagen, Zuständigkeit für **100** 603
Wechsellichtzeichen zur Verkehrsregelung **35a** 37, 43
Wechselprozess **100** 592; Klagefrist **100** 586; Mahnverfahren **100** 703a; Verfahren **100** 602 ff.; Vollstreckbarkeit der Urteile **100** 708; Zurückverweisung in ersten Rechtszug **100** 538; *s. a. Urkundenprozess*
Wechselsteuer **1** 106
Wege, Beschädigung **85** 318; Regulierung **21** 113
Wegegeld für ehrenamtliche Richter **95** 107; erhöhtes der Gerichtsvollzieher **123** 12a
Wegfall des Beschwerten **20** 2161, 2194, 2196; eines Erben **20** 2053; des Erbunwürdigen **20** 2341; eines Miterben **20** 2051, 2094 f., 2110, 2354, 2373; des Testamentsvollstreckers **20** 2197, 2224
Wegnahme bei Austauschpfändung **100** 811a; von Einrichtungen **20** 258, 459, 539, 601, 1049, 1057, 1216, 2125; von Personen durch Gerichtsvollzieher, Gebühr **123** Anl.; von Sachen **20** 867, 997, 1005, Gebühr **123** Anl., aus Selbsthilfe **20** 229 ff.
Wehr, Beschädigung **85** 318
Wehrbeauftragter des Bundestages **1** 45b
Wehrbeschwerdeordnung, Verfahren, Rechtsanwaltsgebühren **117** Anl. 1 vor Nr. 6400
Wehrdienst, Grundrechtseinschränkung **1** 17a; Jugendstrafrecht **89** 112a ff.; Verpflichtung **1** 12a; Verweigerung aus Gewissensgründen **1** 12a
Wehrdisziplinarordnung, Verfahren, Rechtsanwaltsgebühren **117** Anl. 1 vor Nr. 6500
Wehrersatzwesen **1** 87b
Wehrgesetze, Rücksicht auf landsmannschaftl. Verhältnisse **1** 36
Wehrpflicht, Gesetzgebungskompetenz **1** 73; Wohnsitz bei **20** 9
Weihnachtsgratifikation, Pfändbarkeit **100** 850a
Weimarer Verfassung, Übernahme von Bestimmungen **1** 140
Weine, traditionelle Bezeichnungen und Markenschutz **72** 8
Weisungen und Auflagen gegen Jugendliche **89** 8; an Beauftragten **20** 665; an Bevollmächtigten **20** 166; als Bewährungsauflage **85** 56c; **90** 265a, 268a, 453b; an Bundesratsmitglieder **1** 77; Einstellung des Strafverfahrens unter **90** 153a; des Gerichts **85** 68b; nach JGG, Dauer und Änderung **89** 11; von Polizeibeamten im Straßenverkehr **35a** 36, 44
Weisungsgebundenheit der Beamten der Staatsanwaltschaft **95** 146
Weisungsrecht des Bundes gegenüber Ländern **1** 37, 84 f., 108, 115f, 128
Weitere Beschwerde in Arbeitssachen **83** 78; Aufnahme durch Rechtspfleger **96** 24; im Strafverfahren **90** 310
Weitervermietung, Rechtsnachfolge **20** 565
Weltanschauung **1** 4, 33, 140; Diskriminierungsverbot **34** 9
Weltanschauungsschule **1** 7
Weltanschauungsvereinigungen, Beschimpfung von **85** 166 ff.
Welturheberrechtsabkommen, Genfer **65** 120
Wenden im Straßenverkehr **35a** 9, 18
Werbung für Ausstellung geschützter Werke **65** 58; für Schwangerschaftsabbrüche, Aufhebung von Urteilen **85a** 316n; strafbare **73** 16; auf Straßen **35a** 33; als unlautere geschäftliche Handlungen **73** 3 ff.; vergleichende **73** 6
Werkausgaben, Urheberrechtsschutz **65** 137b
Werke, Abnahme **20** 641; Eigentum an bei der Auslobung **20** 661; Einsturz **20** 836 ff., 908; unwesentliche Mängel **20** 640
Werke iSd UrhG **65** 2 ff., 129; Änderungsverbot **65** 62; anonyme und pseudonyme **65** 66, 138; Bearbeitung **65** 3, und Umgestaltung **65** 23; gesetzlich erlaubte Nutzungen **65** 44a ff., 55 ff., 62 ff., Quellenangabe **65** 63, unabdingbare Rechte **65** 60g, für Unterricht, Wissenschaft und Institutionen **65** 60a ff.; gesetzliche Vergütungsansprüche **65** 63a; Lieferungswerke **65** 67; nachgelassene **65** 71; nicht verfügbare **65** 61d ff.; öffentliche Wiedergabe **65** 52; an öffentlichen Plätzen **65** 59; verwaiste **65** 61 ff., Nutzung durch Rundfunkanstalten **65** 61c, sorgfältige Suche **65** 61a, Anlage; Verwertung durch Senderechte **65** 20 ff.
Werklieferungsvertrag **50** 381; über die Herstellung digitaler Produkte **20** 650
Werkmietwohnungen **20** 576 ff.
Werkstätte für behinderte Menschen, Mitbestimmung, arbeitsgerichtliches Verfahren **83** 83, Rechtsweg **83** 10

Werktitel, Markenschutz **72** 5
Werkvertrag 20 631 ff.; Abschlagszahlungen **20** 632a, 650m; mit Architekten und Ingenieuren **20** 650p ff., *s. a. dort;* Bauträgerverträge **20** 650u f.; über Bauwerke *s. Bauverträge;* über die Herstellung digitaler Produkte **20** 650; Informationspflichten bei Abschluss außerhalb von Geschäftsräumen **21** Art. 246a, Anlagen 1, 2 zu 246a; bei Insolvenzverfahren **110** 116; und Kaufrecht **20** 650; Kostenanschlag **20** 649; Kündigungsrecht **20** 648 f.; Minderung **20** 638; Nacherfüllung **20** 635; Pfandrecht des Werkunternehmers **20** 647; Rücktritt **20** 636; Schadensersatz **20** 636; Selbstvornahme **20** 637; Verantwortlichkeit des Bestellers **20** 645; Verjährung der Mängelansprüche **20** 634a; Vollendung des Werkes **20** 646; Wechsel des Vertragspartners **20** 309
Wert des Beschwerdegegenstandes im Berufungsrechtszug **100** 520; Feststellung des **20** 1034, einer Sache **20** 1067; des Gegenstandes, Ersatz **20** 290, der Verurteilung **100** 708; Kosten der Schätzung **123** Anl.; des Nachlasses **20** 2313; der Nachlassgegenstände **20** 1973; einer Sache **119** 46; der übermäßig gezogenen Früchte **20** 1039; verbrauchbarer Sachen **20** 1067; *s. a. Streitwert*
Wertangabe 119 77
Wertausgleich 112 226
Werterhöhung des Gegenstandes beim Wiederkauf **20** 459
Wertersatz, Einziehung bei Straftaten **85** 74c, Verjährung **85** 76b; Einziehung iSd OWiG **94** 25; Einziehung nach StGB **85** 73c f.; **90** 459g, 459n, Vermögensarrest zur Sicherung **90** 111e ff.; bei Rücktritt **20** 346 f.; kein Schadensersatzanspruch **20** 346; durch Verpächter **20** 596b
Wertersatzpflicht, Sorgfaltspflichten **20** 347
Wertfestsetzung 100 3; **115** 61 ff.; **118** 53; **119** 77 ff.; bei Austauschpfändung **100** 811a; für die Rechtsanwaltsgebühren **117** 33; für Zulässigkeit der Beschwerde **119** 78; *s. a. Streitwertfestsetzung*
Wertgebühren 117 Anl. 2 zu § 13 RVG; **119** 34; in Familiensachen **118** 28
Wertminderung, Ersatz **20** 290
Wertpapiere, Anlegung von Mündelgeld in **20** 1807; **21** 212, Sicherung **20** 1814, 1818, 1853; Anspruch auf Leistung von **100** 884; Erwerb mit Kindesvermögen **20** 1646; Haftung des Wirts **20** 702 f.; Hinterlegung **20** 372, 700, 2116, zur Abwendung der Untersuchungshaft **90** 116a; Kauf **50** 381; als Leistungsgegenstand bei Anweisung **20** 783; Nießbrauch **20** 1081 ff.; Pfandrecht **20** 1292 ff.; Pfändung **100** 808; Sicherheitsleistung durch **20** 232 ff.; **108** 69; Übertragung in Systemen **20** 675b; Umschreibung von Namenspapieren **100** 822; Unpfändbarkeit von in Hypotheken- und Deckungsregister eingetragenen **100** Anm. zu 811; Verkauf gepfändeter **100** 821; Verpfändung **20** 1296; Verwahrung durch Notar **23** 62; mit Zinsscheinen, Kraftloserklärung **112** 471 ff.
Wertpapiererwerb, elektronischer Bundesanzeiger **50** 367
Wertpapiererwerbs- und Übernahmegesetz, Ausschlussverfahren, Gegenstandswert für Rechtsanwaltsgebühren **117** 31a, Geschäftswert **119** 73; Kosten **115** 1; Streitwertberechnung im Bewerdeverfahren **115** 50; Verfahren, Gebühren **115** Anl. 1 Nr. 1632
Wertpapierfälschung 85 151 f.; im Ausland **85** 6
Wertpapierhandelsgesetz, Beschwerdeverfahren, Streitwertfestsetzung **115** 50; Klagen nach dem UKlaG **105** 2
Wertpapierinstitute, aktienrechtliche Regelungen **51** 70 ff., 131, 134a, zum Jahresabschluss **51** 256, 258; Rechnungslegung, Offenlegung, Jahresabschluss **50** 340 ff.; **50a** Art. 67; unternehmensrechtliche Verfahren nach dem FamFG **112** 375
Wertpapierprospektgesetz, Klagen nach dem **95** 95
Wertvorschriften 119 35 ff.; allgemeine **119** 59 ff., 95; in Familiensachenverfahren **118** 33 ff.
Wertzeichenfälschung 85 148 ff.; Begutachtung **90** 92
Wesentliche Bestandteile einer Sache **20** 93 f., 946 f.
Wettbewerb, Irreführung durch Unterlassen **73** 5a; Schutz des **73**, *s. a. UWG;* Straftaten gegen **85** 298 ff.
Wettbewerbe, berufssportliche **85** 265d; des organisierten Sports **85** 265c
Wettbewerbsabrede 50a 29a
Wettbewerbsbehörden *s. a. Kartellbehörden*
Wettbewerbsbeschränkende Vereinbarungen, freigestellte Vereinbarungen **74** 2; im Pressewesen **74** 30; Untersuchungen durch Kartellbehörde **74** 32e; Verbot **74** 1 f.
Wettbewerbsbeschränkende Verhaltensweisen, Liefersperren **74** 21; von marktbeherrschenden Unternehmen **74** 19; sonstige **74** 21; unbillige Behinderungen

74 20; von Unternehmen mit relativer Marktmacht **74** 20; Verbot **74** 1 f.

Wettbewerbsbeschränkungen gegenüber abhängigen Unternehmen **74** 20; Beschwerden, Rechtsanwaltsgebühren **117** Anl. 1 vor Nr. 3200; Boykottverbot **74** 21; Einstandspreise **74** 20; europäische Vorgaben **74** 2; Gesetz gegen **74**, und europäisches Wettbewerbsrecht **74** 22, Klagen **95** 95, Kosten **115** 1, Zusammenschlusskontrolle **74** 35 ff.; in der Landwirtschaft **74** 28; Rechtsanwaltsgebühren **117** Anl. 1 Nr. 3300 ff.; Streitwertberechnung im Bewerdeverfahren **115** 50; Verfahren, Gebühren **115** Anl. 1 Nr. 1630 f.; Zuwiderhandlungen gegen das GWB **74** 32 ff., *s. a. Wettbewerbsverstöße*

Wettbewerbsrecht, europäisches **74** 22

Wettbewerbsregeln, Anerkennung **74** 24 ff., Stellungnahme Dritter **74** 25; Veröffentlichung **74** 27; von Wirtschafts- und Berufsvereinigungen **74** 24

Wettbewerbsverbot **50** 60 f., 74 f., 90a, 165; geheimes **50** 75f; für Komplementär der KGaA **51** 284; Nichtigkeit **50** 74a; Unwirksamkeit **50** 75; des Volontärs **50** 82a; Zahlung der Entschädigung **50** 75

Wettbewerbsverstöße, einstweilige Maßnahmen **74** 32a; Herausgabepflichten **74** 33g; Kronzeugenregelungen **74** 33e; Vorteilsabschöpfung **74** 34 f.

Wette **20** 762

Wetterdienst **1** 74

Widerklage vor Amtsgericht **100** 506; Berechnung des Wertes **100** 5; in Berufungsinstanz **100** 533; auf Feststellung **100** 256, 506; Gerichtsstand **100** 33; vor Kammer für Handelssachen **95** 97 ff.; kein Kostenvorschuss **115** 12, 14; im Privatklageverfahren **90** 388; Rechtskraft **100** 322; Streitwertberechnung **115** 45; Teilurteil **100** 301; Trennung der Verhandlung **100** 145; Unstatthaftigkeit bei Nebenintervention **100** 67; nicht im Urkundenprozess **100** 595; Versäumnisverfahren auf **100** 347; Vollmacht zur **100** 81

Widerruf der Anweisung **20** 790; des Auftrags **20** 671; der Auslobung **20** 658; der Aussetzung des Berufsverbots **85** 70b, der Jugendstrafe, Anfechtung **89** 59, einer Unterbringung **85** 67g; der Autorisierung von Zahlungsvorgängen **20** 675j; Belehrungspflicht bei Teilzeit-Wohnrechtevertrag u. ä. **20** 482a; der Beseitigung des Strafmakels **89** 101; der Bestellung zum Geschäftsführer der GmbH **52** 38, des Vereinsvorstandes **20** 27; der Einwilligung bei Rechtsgeschäften **20** 183, 1427, 1431; der Erklärungen des Beistandes **100** 90; bei Fehlen der Genehmigung des Familiengerichts **20** 1830; von Fernabsatzverträgen, Übergangsvorschriften **21** Art. 229 § 27, Art. 229 § 32; Form bei Testamenten **20** 2256; eines genehmigungspflichtigen Vertrages bei gemeinschaftlicher Gesamtgutsverwaltung **20** 1453; des Geständnisses **100** 290; einer letztwilligen Verfügung **20** 2257; **21** 26, Notargebühr **119** Anl. 1 Nr. 21201; der Nebenklage **90** 402; der Prokura **50** 52; der Prozessvollmacht **100** 87; Rechtsfolgen **62** 9; der Restschuldbefreiung **110** 303; der Schenkung **20** 530 ff.; einer Stiftung **20** 81; der Strafaussetzung **85** 56f; **90** 268a, 453c; des Straferlasses **85** 56g; **90** 453; des Testaments **20** 2253 ff.; der Überlassung der Vermögensverwaltung **20** 1413; der Vaterschaftsanerkennung **20** 1597; des Verbraucherbauvertrages **20** 650l; bei verbundenen Verträgen **20** 358 f.; durch Versicherungsnehmer **62** 8, 152; von Verträgen **20** 109, 178, 180, mit Ehegatten **20** 1366, Rechtsfolgen **20** 357c; der Vollmacht **20** 168, 171, 176; wechselbezüglicher Verfügungen **20** 2270 f.; von Willenserklärungen **20** 130; von Zahlungsvorgängen **20** 675p; der Zustimmung zur Scheidung **112** 134

Widerrufsbelehrung, Muster **21** Anl.; **62** Anlage; **62a** 8

Widerrufsfrist, Versicherung **62** 8

Widerrufsrecht, Belehrung **20** 358; bei Immobiliardarlehensverträgen **20** 495; bei Teilzeit-Wohnrechtevertrag u. ä. **20** 356a, 357b, 485; bei Verbraucherbauverträgen **20** 356e, 357d, 650l; von Verbrauchern **20** 356 ff.; des Verbrauchers **20** 355 ff.; des Versicherungsnehmers **62** 8

Widerspruch des Arbeitnehmers bei Betriebsübergang **20** 613a; gegen Arrestbeschluss **100** 924 ff.; Berichtigung im Tatbestand **100** 320; gegen Beschlagnahme von Waren **72** 147; Bewilligung der Eintragung **100** 895; gegen Dispache **112** 407; Dritter gegen Zwangsvollstreckung **100** 771 ff.; gegen Eintragung einer Marke **72** 114; Eintragungsgebühr **119** Anl. 1 Nr. 14431; des Gesellschafters **20** 711; gegen Hypothek **20** 1139, 1160; gegen Inhalt des Versicherungsscheins **62** 5; gegen Kündigung der Miete **20** 574, 576a, des Pachtverhältnisses **20** 594d; gegen Löschung **112** 393; gegen Mahnbescheid **100** 694 f., Abschriften **100** 695, als Einspruch **100** 694, elektrische Erklärung **100** 702 f., Rechtsanwaltsgebühren **117**

Anl. 1 Nr. 3307, Verfahren **100** 696; gegen Markeneintragung **72** 42; gegen Pfändung **100** 805, 810; gegen die Richtigkeit des Grundbuchs **20** 899, 927, 1140, des Schiffsregisters **100** 942; des Schuldners gegen Zwangsvollstreckung **100** 777; gegen Teilungsplan **100** 876 ff.; **108** 115, 124; gegen Überbau **20** 912
Widerspruchsrecht des Ehegatten bei Zwangsvollstreckung **20** 1455
Widerstand gegen Gerichtsvollzieher **100** 892; Recht zum **1** 20; gegen die Staatsgewalt **85** 111 ff.; gegen Vollstreckungsbeamte **85** 113
Widerstandsrecht bei Beseitigung der verfassungsmäßigen Ordnung **1** 20
Wiederaufnahme in Abstammungsverfahren **112** 185; in Aufgebotssachen **112** 439; des Bußgeldverfahrens **94** 85 f.; in Ehe- und Familienstreitsachen **112** 118; Einstellung der Vollstreckung wegen beantragter **100** 707; des Strafverfahrens, Gebühren **115** Anl. 1 Nr. 3140 f.; des Verfahrens **100** 578 ff., in Arbeitssachen **83** 79, Eintragung in Zentralregister **92** 16, als Hilfsklage **100** 582, Zulässigkeitsprüfung **100** 589, Zuständigkeit **100** 584
Wiederaufnahmeverfahren nach FamFG **112** 48; Gebühren des Verteidigers **117** Anl. 1 Nr. 4136 bis 4140; nach OWiG, Gebühren **115** Anl. 1 Nr. 4130 f.; Zuständigkeit in Strafsachen **95** 140a
Wiederaufnahmeverfahren iSd StPO 90 154, 359 ff.; nach Ablehnungsbeschluss **90** 211; Antrag des Privatklägers **90** 390; ausgeschlossene Richter **90** 23; Entschädigungsverfahren **90** 406c; Form des Antrags **90** 365; Kosten **90** 464a, 473; bei Strafbefehl **90** 373; unzulässiges **90** 363; Verteidigerbestellung **90** 364a f.
Wiedereinbürgerung von Verfolgten **1** 116
Wiedereinsetzung in den vorigen Stand, Antrag auf **100** 236; in Aufgebotssachen **112** 439; Einstellung der Zwangsvollstreckung wegen beantragter **100** 707; bei Fristversäumnis **100** 233 ff.; in Markenangelegenheiten **72** 91; nach OWiG **94** 52; bei Rechtsbehelf gegen Entscheidungen des Rechtspflegers **96** 11; im Strafverfahren **90** 44 ff., bei Ausbleiben in Berufungsverhandlung **90** 329, und Berufung **90** 315, Kosten **90** 473, für Nebenkläger **90** 401, Privatklagesachen **90** 391, und Revison **90** 342, bei Verhandlung ohne Angeklagten **90** 235, bei Verletzung des rechtlichen Gehörs **90** 33a; bei Teilungsverfahren **112** 367; Unanfechtbarkeit **100** 238; bei Verfahren nach dem FamFG **112** 17 ff., 48; bei Versäumnis des Prüfungstermins **110** 165
Wiedereröffnung der Verhandlung **100** 156
Wiedergutmachung des Schadens **85** 56b, 56e, durch Jugendlichen **89** 15, und Strafzumessung **85** 46, 46a
Wiedergutmachungsrecht 1 74
Wiederherstellung des früheren Zustandes **20** 249 ff., 258, 951; bei Umweltschäden **28** 16; des versicherten Gegenstandes bei Hypothek **20** 1130; zerstörter Gebäude **21** 110
Wiederherstellungsklausel, Versicherungsvertrag **62** 93
Wiederinvollzugsetzung, befristete **85** 67h
Wiederkauf 20 456 ff.
Wiederkaufsrecht, Mehrheit von Berechtigten **20** 461; Präklusion **20** 462
Wiederkehrende Leistungen, Abänderungsklage **100** 323; Haftung beim Nießbrauch **20** 1088; Hypothek **20** 1126; Reallast **20** 1105 ff.; Schenkungsversprechen **20** 520; Streitwert **100** 9; Streitwertberechnung **115** 42; Verjährung **20** 197, 216, 902; Verpflichtung für Betreuten **20** 1907, für Mündel **20** 1822; in der Zwangsversteigerung **108** 13, 30a, 46 f.
Wiederverheiratung, Ende der fortgesetzten Gütergemeinschaft **20** 1493
Wiederwahl des Bundespräsidenten **1** 54
Wilderei 85 292 ff.
Wildschaden, Streitigkeiten **95** 23
Willenserklärung 20 116 ff.; Abgabe an Samstagen, Sonn- oder Feiertagen **20** 193; Anfechtbarkeit **20** 119 ff.; Auslegung **20** 133; Beurkundung **23** 6 ff.; gegenüber Ehegatten bei Gütergemeinschaft **20** 1450; einwilligungsbedürftige, Einwilligungsvorbehalt **112** 271; empfangsbedürftige **20** 122, 130 f., 145; Gerichtsvollziehergebühren bei Mitwirkung **123** Anl.; Geschäftsunfähiger **20** 105 f.; scherzhafte **20** 118, 122; unrichtige Übermittlung **20** 120; durch Vertreter **20** 164 ff.; Verurteilung zur Abgabe einer **100** 894 ff.; Wirksamwerden **20** 130 ff.; Zugang an gesetzlichen Vertreter **20** 131; Zustellung **20** 132
Willensmängel 20 116 ff.; bei Vertretung **20** 166
Winkel zwischen Grundstücken **20** 921
Winterausrüstung für Kraftfahrzeuge **35a** 2
Wirksamwerden von Beschlüssen in Betreuungssachen **112** 287, in Freiheitsent-

ziehungssachen **112** 422; des Unterbringungsbeschlusses **112** 324
Wirte, Streitigkeiten mit Reisenden **95** 23; *s. a. Gastwirt*
Wirtschaftliche Einheit von Verträgen **20** 358
Wirtschaftliche Sicherung der Krankenhäuser, Gesetzgebung **1** 74
Wirtschaftliche Vereine **20** 22, 43 f.; staatliche Genehmigung der Vereinssatzung **20** 33
Wirtschaftseinheit, Wahrung der **1** 72
Wirtschaftsgenossenschaften *s. Genossenschaften*
Wirtschaftsgeräte auf einem Landgut, Zubehör **20** 98
Wirtschaftskammer, bestellte oder beigeordnete Verteidiger, Gebühren **117** Anl. 1 Nr. 4122 f.; Terminsgebühren im ersten Rechtszug **117** Anl. 1 Nr. 4120 f.
Wirtschaftsplan bei Nacherbschaft **20** 2123; bei Nießbrauch **20** 1038; der Wohnungseigentümergemeinschaft **37** 28
Wirtschaftsprüfer als Abschlussprüfer von Kapitalgesellschaften **50** 319 ff.; Ausschlussgründe **50** 319 ff.; strafbare Verletzung von Privatgeheimnissen **85** 203
Wirtschaftsprüfungsexamens-ReformG, Übergangsvorschriften **50a** 55
Wirtschaftsprüfungsgesellschaften als Abschlussprüfer **50** 319
Wirtschaftsrecht, Gesetzgebung **1** 74
Wirtschaftsstrafgesetz **88**
Wirtschaftsstrafkammern **95** 74c; Verfahrensgebühren im ersten Rechtszug **117** Anl. 1 Nr. 4118 f.; Zuständigkeit **95** 74c
Wirtschaftsstruktur, Mitwirkung des Bundes bei Verbesserung der regionalen **1** 91a
Wirtschaftsvereinigungen, anerkannte Wettbewerbsregeln **74** 24
Wirtschaftsvergehen, Abführung des Mehrerlöses **88** 8; Rückforderungsanspruch Geschädigter **88** 9
Wissenschaft, Förderung **1** 74; Freiheit **1** 5; gesetzlich erlaubte Nutzung geschützter Werke **65** 60a f.; Urheberrechtsschutz **65** 1
Wissenschaftliche Ausgaben, Urheberrechtsschutz **65** 70, 124
Wissenschaftliche Forschung, Zusammenwirken von Bund und Ländern **1** 91b
Witwengeld **21** 81
Witwen/Witwer, Anspruch gegen **48** 26
Woche, Berechnung **20** 188
Wohn- und Betreuungsverträge, Klagen nach dem UKlaG **105** 2
Wohnanhänger, Personenbeförderung **35a** 21
Wohnraum, Belassung des bei Zwangsverwaltung **108** 149; Besitzschutz **20** 865; in Gebieten mit angespannten Wohnungsmärkten **20** 556d ff.; **21** 35, Indexmiete **20** 557b, Staffelmiete **20** 557a; Kosten der Räumungsklage **100** 93b; Kündigung **20** 568 ff.; Kündigungsfristen **20** 573c, 576; Miete **20** 549 ff.; Räumung **100** 940a, durch einstweilige Verfügung **100** 940a
WohnraummodernisierungssicherungsG, Überleitungsvorschrift **21** 225
Wohnsitz **20** 7 ff.; **21** 157; eines Ehegatten im Ausland, Güterrecht **20** 1409, Güterrechtsregister **20** 1558 f.; des Erblassers **20** 1944, 1954; des Erklärungsgegners **20** 132; Freizügigkeit **1** 11, 17a, 73; als Gerichtsstand **100** 13, 15 f., nach der StPO **90** 8; des Kindes **20** 11; letzter **100** 16; des Mündels, Verlegung **20** 1851; des Schuldners, Leistungsort **20** 269; eines Soldaten **20** 9
Wohnsitzwechsel, Güterrechtsregister **20** 1559; jugendlicher Angeklagter **89** 42
Wohnung, akustische Überwachung der **90** 100c ff.; Betreten für Unterbringungssache **112** 326; Betreten wegen Betreuungsuntersuchung **112** 283; Dauerwohnrecht **37** 31 ff., *s. a. dort;* Ehewohnung bei Getrenntleben **20** 1361b; als Kernbereich privater Lebensgestaltung **90** 100d; Kündigung wegen Gesundheitsschädlichkeit **20** 569; richterlicher Durchsuchungsbeschluss **112** 91; Unverletzlichkeit **1** 13, 17a
Wohnungen, Maklerverträge betreffend **20** 656a ff.; **21** Art. 53
Wohnungs- oder Teileigentumsgrundbuch, Anlegung, Gebühren **119** Anl. 1 Nr. 14112
Wohnungseigentum **37** 1; bauliche Veränderungen **37** 20 f.; Begründung **37** 2 ff.; Entziehung **37** 17; Gemeinschaft der Eigentümer **37** 9a ff., *s. a. Wohnungseigentümergemeinschaft;* bei Getrenntleben der Ehegatten **20** 1361b; Maklerverträge betreffend **20** 656a ff.; **21** Art. 53; Pflichten Dritter **37** 15; Rechte aus Sondereigentum **37** 13; Veräußerungsbeschränkung **37** 12, 46; Verteilung von Nutzungen und Kosten **37** 16; Verwaltung, Regelungen während der COVID-19-Pandemie **52d** 6; Wiederaufbau **37** 22
Wohnungseigentümer, Pflichten **37** 14; Rechte aus Sondereigentum **37** 13; Rechtsverhältnisse der **37** 10 ff., Anspruch auf Verwaltung und Benutzung **37** 18 f.; Versammlung der **37** 23 ff., *s. a. dort;* Zuständigkeit des Amtsgerichts **95** 23

Wohnungseigentümergemeinschaft, Altvereinbarungen **37** 47; Aufhebung **37** 11; Rechtsfähigkeit **37** 9a ff.; Regelungen während der COVID-19-Pandemie **52d** 6; Verfahrensvorschriften in Rechtsstreitigkeiten **37** 43 ff., Beschlussklagen **115** 49; Vertretung **37** 9b; Verwaltung des gemeinschaftlichen Eigentums **37** 18; Verwaltungsbeirat **37** 29; Wirtschaftsplan, Jahresabrechnung, Vermögensbericht **37** 28; Zuständigkeit des Amtsgerichts **95** 23
Wohnungseigentümerversammlung **37** 23 ff.; Beschlussfassung **37** 25
Wohnungseigentumsgesetz **37**; Übergangsvorschriften **37** 48 f.
Wohnungseinbruchdiebstahl **85** 244
Wohnungserbbaugrundbuch **37** 30
Wohnungserbbaurecht **37** 30
Wohnungsgenossenschaften, Kündigungsausschluss **53** 67c
Wohnungsgrundbuch **37** 7, 9
Wohnungsnutzungsverbot **20** 1666
Wohnungsrecht als Dienstbarkeit **20** 1093; dingliches bei Getrenntleben der Ehegatten **20** 1361b
Wohnungsunternehmen, gemeinnützige **53** 162
Wohnungswesen, Gesetzgebung **1** 74
Wohnungszuweisungssachen, Gebühren **118** Anl. 1 Nr. 1320 ff.
Wucher **85** 291; Nichtigkeit eines Rechtsgeschäfts **20** 138
Württemberg-Baden **1** 118, 138
Württemberg-Hohenzollern, Erstreckung des Rechts des Vereinigten Wirtschaftsgebietes auf **1** 127
Wurzel, Hinüberragen **20** 910

Zahlung der Ablösungssumme **20** 1200 ff.; Anspruch auf **100** 592, Mahnverfahren **100** 688; einer Geldschuld **20** 244 f.; an Gerichtsvollzieher, Gebühr **123** Anl.; Verurteilung zur einer Entschädigung **100** 510b
Zahlung durch Dritte, Versicherungsprämie **62** 34
Zahlungs Statt, Abtretung an **20** 1282; Annahme an **20** 364 f., 422, 429; Überweisung an **100** 835, 849
Zahlungsaufschub, entgeltlicher **20** 506 ff.
Zahlungsbedingungen und Wettbewerbsbeschränkungen **74** 2
Zahlungsbefehl *s. Mahnbescheid*
Zahlungsdienste **20** 675c ff.; Einzelzahlungsverträge, Informationspflichten **21** Art. 248 §§ 12 ff.; Informationspflichten des Bargeldabhebungsdienstleisters **21** Art. 248 § 18, des Zahlungsempfängers **21** Art. 248 § 17
Zahlungsdiensterahmenvertrag **20** 675f ff.; Änderungen **20** 675g; Informationspflichten **21** Art. 248 §§ 3 ff.; Kündigung **20** 675h
Zahlungsdienstevertrag **20** 675f ff.; Anzeigepflichten des Nutzers **20** 676b; Ausgleichsanspruch des Zahlungsdienstleisters **20** 676a; E-Geld **20** 675i; Haftung des Zahlungsdienstleisters **20** 675u, 675y; Informationspflichten **20** 675d; **21** Art. 248; Klagen nach dem UKlaG **105** 2; Rahmenverträge **20** 675f ff.; Risiko der Versendung von Zahlungsinstrumenten **20** 675m; Übergangsvorschriften **21** Art. 229 § 22, Art. 229 § 45; unabdingbare gesetzliche Regelungen **20** 675e; Zahlungsinstrumente **20** 675k ff., Kleinbetragsinstrumente **20** 675i; Zahlungsvorgänge **20** 675j, *s. a. dort*
Zahlungsfrist, Erleichterung bei Ordnungsgeld **85a** 7; bei Geldstrafen **85** 42; Vereinbarung über die **20** 271a, Unterlassungsanspruch nach UKlaG **105** 1a
Zahlungsinstrumente, Kleinbetragsinstrumente **20** 675i, Informationspflichten **21** Art. 248 § 11; missbräuchliche Nutzung **20** 675v; Nutzung **20** 675k; Pflichten des Dienstleisters **20** 675m, des Nutzers **20** 675l; Risiko der Versendung **20** 675k
Zahlungskarten mit Garantiefunktion, Fälschung **85** 152a ff., im Ausland **85** 6, Passwortdiebstahl **85** 152c; gebührenfreie Nutzung **20** 270a
Zahlungsmittel, bargeldlose **20** 270a
Zahlungsort **20** 270; Änderung bei Hypotheken **20** 1119; Gerichtsstand **100** 603; bei Grundschuld **20** 1194
Zahlungspflicht, Erlöschen **119** 28
Zahlungssperre **21** 102, 174, 178; beim Aufgebotsverfahren **20** 799, 802; **112** 480 ff.; Verfahren, Gebühren **119** Anl. 1 Nr. 15212
Zahlungsunfähigkeit **110** 17 ff.; als Voraussetzung für Nachlassinsolvenzverfahren **110** 320; Zahlungen trotz **110** 15b
Zahlungsvereinbarungen, Gegenstandswert für Rechtsanwaltsgebühren **117** 31b
Zahlungsverkehr, Gesetzgebung **1** 73
Zahlungsverzug bei Erstprämie **62** 37; bei Folgeprämie **62** 38; fristlose Kündigung des Mietverhältnisses **20** 543
Zahlungsvorgänge **20** 675j ff.; Ausführung von **20** 675n ff., Beweislast **20** 676, Frist für **20** 675s, Kundenkennungen **20** 675r; Authentifzierung, Haftung bei mangelnder **20** 675x; Autorisierung **20** 675j; Be-

weislast für Authentifzierung **20** 675w; Entgelte **20** 675q; Haftung des Zahlungsdienstleisters **20** 675u, 675y; Informationspflichten vor Ausführung **21** Art. 248 §§ 6 ff., bei Einzelzahlungsverträgen **21** Art. 248 §§ 12 ff.; Unwiderruflichkeit eines Zahlungsauftrages **20** 675p; Verfügbarkeit von Geldbeträgen **20** 675t; Wertstellungsdatum **20** 675t

Zahlungszeit, Änderung **20** 1119

ZahnärztInnen, Berufsverbot, europaweite Unterrichtung durch Gerichte (Vorwarnmechanismus) **90a** 9; strafbare Verletzung von Privatgeheimnissen **85** 203

Zeichen, Missbrauch **94** 124 ff.; der Polizeibeamten **35a** 36, 44; schutzfähige als Marke **72** 3

Zeichnen als Verarbeitung **20** 950

Zeichnungsbefugnis für GmbH **52** 35

Zeichnungsschein für neue Aktien **51** 185

Zeitbestimmung bei Annahme einer Erbschaft **20** 1947; bei Auflassung **20** 925; bei Aufrechnungserklärung **20** 388; bei Ausschlagung einer Erbschaft **20** 1947

Zeitgeschichte, Person der, kein Recht am eigenen Bild **67** 23

Zeitpunkt des Eintritts der Bedingung **20** 158; der Erbschaftsannahme **20** 1946; der Erbschaftsausschlagung **20** 1946; der Zwangsvollstreckung gegen juristische Personen des öffentlichen Rechts **100** 882a

Zeitrechnung, vertragsmäßige **50** 361

Zeitungen und Zeitschriften, Preisbindungen **74** 30

Zeitungsartikel, Urheberrechtsschutz **65** 49

Zeitzuschlag bei Gerichtsvollziehergebühren **123** Anl. Nr. 500

Zensurverbot **1** 5

Zentrale Kontaktstelle gem. Art. 18 RL (EU) 2015/2302 – Reisevertragsrecht **21** Art. 253

Zentrale Vollstreckungsgerichte, Verwaltung der Vermögensvezeichnisse **100** 802k

Zentrales Fahrerlaubnisregister **35** 48 ff.; Datenlöschung **35** 61; Datenübermittlung durch das **35** 52 ff., an ausländische Stellen **35** 55 f.; Mitteilungen an das **35** 51

Zentrales Fahrzeugregister **35** 31 ff.; Abgleich mit Sachfahndungsdaten beim BKA **35** 36b; automatisierter Datenabruf **35** 36 ff.; Mitteilungen aus dem **35** 2c

Zentrales staatsanwaltschaftliches Verfahrensregister, länderübergreifendes **90** 492 ff.

Zentrales Testamentsregister **112** 347

Zentralregister, Auskunft an Behörden **92** 43a f., im Ausland **92** 57, vertrauliche **92** 44, an Betroffene **92** 42, unbeschränkte **92** 41 ff., Versagung **92** 44a, für wissenschaftliche Zwecke **92** 42a; automatisierter Datenabruf **92** 21 f.; Datenverarbeitung nach Europarecht **92** 58a ff.; Eintragungen **92** 3 ff., ausländischer Verurteilungen **92** 54 ff., Entfernung nach Tod **92** 24 ff., Speicherungen **92** 56b, Tilgung **92** 45 ff., Rechtswirkungen **92** 51; Entscheidungen von Verwaltungsbehörden **92** 3, 10; Erziehungsregister **92** 59 ff., *s. a. dort;* Führung **92** 3 ff.; Führungszeugnis **92** 30 ff.; Identifizierungsverfahren **92** 20b; Internationaler Registerinformationsaustausch **92** 53a ff.; Mitteilungen der Meldebehörde trotz Adoptionsgeheimnis und Offenbarungsverbot **92** 20a, Berichtigungen **92** 20; rechtliches Gehör zur Wiedereintragung **92** 26, 50; Suchvermerke **92** 27 ff.; Übergangsvorschriften **92** 69; Übermittlung von Daten zwecks Rehabilitierung **92** 64b; Übernahme des Strafregisters der DDR **92** 64a, 65; Verurteilungen, Berücksichtigung ohne Eintragung **92** 58

Zentralstelle, polizeiliche **1** 87

Zerstörung von Arbeitsmitteln **85** 305a; beim Erbschaftskauf **20** 2374; fremder Sachen bei Gefahrenabwehr **20** 228 f.; der Nießbrauchsache **20** 1042; von Verkehrsanlagen **85** 315b; eines Vermächtnisgegenstandes **20** 2288

Zession *s. Abtretung*

Zeugen in Arbeitssachen **83** 9; Ausbleiben der **100** 380; Ausschließung bei Beurkundung **23** 26; Beitreibung von Ansprüchen gegen **122** 1; Benennung im Beweisbeschluss **100** 359 f.; bei Beurkundung **23** 22, 24 f., 29; Beweis durch **100** 373 ff.; Eid **100** 391 ff.; Entschädigung **94** 59; **116** 1, 19 ff., in Markenangelegenheiten **72** 93a; Errichtung eines Nottestaments vor drei **20** 2250; Gegenüberstellung **100** 394; in Jugendverfahren **89** 50; Justizvergütungs- und -entschädigungsgesetz **116**; kommissarische Vernehmung **100** 375; Ladung **100** 377; Ordnungsmittel **95** 178 ff.; **100** 380, 390; Rechtsanwaltsgebühren **117** Anl. 1 vor Nr. 4100, des Beistands **117** Anl. 1 vor Nr. 2100, Anl. 1 vor Nr. 3100; sachverständige **100** 414; vor Schiedsgericht (Arbeitssachen) **83** 106; schriftliche Erklärungen von **100** 377; eines Seetestaments **20** 2251; bei Testamenten **20** 2249 ff.; unbeeidigt zu vernehmende **100** 393; Unterlagen zur Aus-

sageerleichterung **100** 378; Vereidigung **83** 58; Vernehmung **100** 394 ff., im Ausland **100** 363, Notargebühr **119** Anl. 1 Nr. 23302; Zuziehung von bei Zwangsvollstreckung **100** 759

Zeugen im Strafverfahren 90 48 ff.; Ausbleiben der **90** 51; Auskunftsverweigerungsrecht **90** 55 f.; Belehrung **90** 57; Beschwerde der **90** 304; besonders schutzwürdige **90** 48a; Entlassung **90** 248; Entschädigung **90** 71; Gegenüberstellung **90** 58; getrennte Vernehmung **90** 247a; Kreuzverhör **90** 239; Ladung **90** 219 ff.; minderjährige **90** 241a; Namhaftmachung **90** 222; sachverständige **90** 85, *s. a. dort;* Vereidigung **90** 59 ff., durch beauftragten oder ersuchten Richter **90** 63, bei Behinderungen **90** 66, eidesgleiche Bekräftigung **90** 65, unberechtigte Verweigerung **90** 70, Verbot **90** 60, im vorbereitenden Verfahren **90** 62; Vernehmung **90** 58 ff., 68 ff., an anderem Ort **90** 247a, und Anwesenheitsrechte **90** 168e, Aufzeichnung **90** 58a, Verwertung **90** 255a, durch beauftragten oder ersuchten Richter **90** 223 f., Grundsatz der persönlichen **90** 250, durch die Polizei **90** 163, durch Staatsanwaltschaft **90** 161a, Übertragung **90** 58b, durch Vorführung der Aufzeichnung einer Vernehmung **90** 255a; Zeugenbeistand **90** 68b; Zeugenschutz **90** 68; Zeugnisverweigerung, unberechtigte **90** 70; Zeugnisverweigerungsrecht **90** 52 ff.

Zeugenbeistand im Strafverfahren **90** 68b

Zeugenbeweis 100 373 ff.

Zeugengebühren 100 401

Zeugenschutz 90 200; Auskunftsversagung nach dem BZRG **92** 44a; im Strafverfahren **90** 68

Zeugnis für Arbeitnehmer **20** 630; Beglaubigung **23** 39; über Ehefähigkeit **20** 1309; einfaches, Beglaubigung **23** 39 f., elektronische Beglaubigung **23** 39a; über Erbrecht **20** 2353; Erteilung, Einziehung oder Kraftloserklärung bei Gesamtgutsauseinandersetzung **112** 373; falsches **85** 277; über Fortsetzung der Gütergemeinschaft **20** 1507; des Gerichts (Testamentsvollstrecker) **20** 2368; bei Nachlassauseinandersetzung nach GBO und SchiffsregisterO **112** 342; Recht auf Ausfertigung **112** 357; des Registergerichts **20** 69; Verweigerung des *s. Zeugnisverweigerungsrecht*

Zeugniserteilungsverfahren, Gebühren **119** Anl. 1 Nr. 12213 ff.

Zeugnispflicht trotz Zeugnisverweigerungsrecht **100** 385

Zeugnisse von Behörden, Verlesung im Prozess **90** 256; Gebühren **120** Anl. Nr. 1402; Leumundszeugnisse **90** 256

Zeugnisverweigerung, unberechtigte **90** 70

Zeugnisverweigerungsrecht 1 47; **100** 383 ff.; Belehrung **90** 56; der Berufsgeheimnisträger **90** 53 ff.; und Beschlagnahme iSd StPO **90** 97; der Bundesbeauftragten für Antidiskrimierung **34** 26 f.; von Bundestagsabgeordneten **100** Anm. zu 383; und Ermittlungsmaßnahmen **90** 160a; im Strafprozess **90** 52 ff.; und Verlesung von Protokollen **90** 252

Zinsen bei Anfechtung iSd InsO **110** 143; **111** 11; Anlage des Mündelvermögens auf **20** 1806; Anrechnung einer Leistung **20** 367; Aufrechnung **20** 396; beim Auftrag **20** 668; von Aufwendungen **20** 256; der Ausgleichsforderung **20** 1382; Basiszinssatz **20** 247; Beitreibung **119** 89; für Darlehen **20** 488; des Ersatzbetrags bei unerlaubter Handlung **20** 849; Erstreckung des Pfandrechts auf **20** 1289; Erweiterung der Hypothek auf **20** 1119; für Fremdkapital im Anhang der Bilanz **50** 284; für Genossenschaftsgeschäftsguthaben **53** 21 f.; Grundschuld auch für **20** 1191 f.; Haftung des Erbschaftsverkäufers **20** 2379, des Grundstücks **20** 1118 f.; handelsrechtliche **50** 352 f.; bei Hinterlegung **20** 379; Hypothekenforderung **20** 1107, 1115, 1118, 1145, 1158 f., 1178; keine Berücksichtigung für Verfahrenswert **118** 37; vom Mündelvermögen **20** 1834; nachrangiger Forderungen iSd InsO **110** 39; als Nebenforderungen **100** 4; für nicht fällige Forderungen **110** 41; Nießbrauch an verzinslicher Forderung **20** 1076 ff.; des Nießbrauchers **20** 1047; des Pfandes **20** 1210; für Prozesskosten **100** 104; Prozesszinsen **20** 291; Übergangsvorschriften **21** Art. 229 § 7; bei ungerechtfertigter Bereicherung **20** 820; beim Vermögensnießbrauch **20** 1088; Verteilung unter mehreren Berechtigten **20** 101; vertragsmäßige **20** 248, bei Verwahrung **20** 698; bei Verzug des Gläubigers **20** 301; Verzugszinsen **20** 288 ff.; bei Werkvergütung **20** 641; Wirkung der Verjährung **20** 216; Zahlung und Neubeginn der Verjährung **20** 212; Zubilligung von, Antrag **100** 308; Zwischenzinsen *s. dort*

Zinseszinsen 20 248, 289; bei Handelsgeschäften **50** 353, 355

Zinshypothek 20 1178

Zinssatz, gesetzlicher nach BGB **20** 246, nach HGB **50** 352

Zinsscheine 20 803 ff.; **21** 174; Aufgebot von Wertpapieren mit **112** 471 ff.; Ausschluss der Amortisation **20** 799; Hinterlegung **20** 234; von Mündelgeld **20** 1814, 1818; Nießbrauch **20** 1081, 1083; Pfandrecht **20** 1296; Vorlegungsfrist **20** 801
Zinsverbindlichkeiten 20 246
Zitate, Urheberrechtsschutz **65** 51, und Karikatur, Parodie, Pastiche **65** 51a, 62
Zivilbevölkerung, Gesetzgebung zum Schutz der **1** 73
Zivildienstleistende 34 24
Zivilkammern 95 60, 71; Berufungs- und Beschwerdegericht **95** 72; Besetzung **95** 75; Übertragung auf Einzelrichter **100** 348a
Zivilprozess 100; Angriffs- und Verteidigungsmittel **100** 282, verspätetes Vorbringen **100** 296 f.; Antragstellung **100** 297; bei Gütergemeinschaft **20** 1422, 1433; Güteverhandlung **100** 278; Klagezustellung nach Gerichtskostenvorauszahlung **115** 12, 14; PKH **100** 114 ff.; Verfahren bei Zustellung **100** 166 ff.; Zuständigkeit des Rechtspflegers **96** 20
Zivilprozessordnung 100; Anwendung im Arbeitsgerichtsverfahren **83** 46 f.; Anwendungsbereich **21** 152; EinführungsG **101**; Geltungsbereich **101** 3; Gerichtskosten **115** 1; Übergangsvorschriften **101** 26
Zivilsachen, Berufung **95** 119; Beschwerde **95** 119, 133; Rechtsanwaltsgebühren **117** Anl. 1 Nr. 3100 bis 3518; Rechtshilfe **95** 156 f.; Revision **95** 133; Zuständigkeit des BGH **95** 133, der OLG **95** 119; Zuständigkeit der Amtsgerichte **95** 23
Zivilschutz, Verpflichtung zur Dienstleistung **1** 12a
Zivilsenate beim BGH **95** 130; beim OLG **95** 116
Zollbehörden, Beschlagnahmen nach MarkenG **72** 146 ff.; Maßnahmen nach UrhG **65** 111b f.
Zolldienst, Sonderrechte im Straßenverkehr **35a** 35
Zölle 1 105 f., 108
Zubehör 20 97, 926; Belastung **20** 311c; Eigentumserwerb bei Grundstück **20** 926; Erstreckung der Hypothekkauf **20** 1120 ff., 1135, des Vermächtnisses auf **20** 2164; Herausgabe beim Wiederkauf **20** 457; Nießbrauch **20** 1031, 1062; keine Pfändung des Grundstückszubehörs **100** 865; Veräußerung **20** 311c; Vorkaufsrecht **20** 1096; bei Zwangsversteigerung **108** 55
Zuchtmittel bei Jugendlichen **89** 5, 8; Rechtsmittel **89** 55; Zuständigkeit **89** 39
Zufall, Haftung für bei unerlaubter Handlung **20** 848, bei Verzug **20** 287; Untergang durch **20** 346
Zug um Zug, Erfüllung **20** 274, 322; beim Rücktritt **20** 348; Vollstreckung von Urteilen auf Leistung Zug um Zug **100** 756, 765; Vollstreckungsklausel **100** 726
Zugang der Kündigung **84** 5; der Willenserklärung **20** 130, 132
Zugänglichmachen, öffentlich geschützter Werke **65** 19a, 22
Zugewinn, Begriff **20** 1373
Zugewinnausgleich, Anfangsvermögen **20** 1374, Ermittlung **20** 1376; Ausgleichsforderung **20** 1378 ff.; bei Beendigung der Ehe **20** 1372 ff., der Gemeinschaft **20** 1371 ff.; Berechnung **20** 1387, bei Scheidung **20** 1384; Dreijahresfrist **20** 1385; Endvermögen **20** 1375 f.; Gütertrennung bei vorzeitigem **20** 1388; notarielle Beurkundung der Vereinbarung über den **20** 1378; Pfändbarkeit des Anspruchs auf Ausgleich **100** 852; im Todesfall **20** 1371; Übergangsvorschriften **21** Art. 229 § 20; Verfahren in Güterrechtssachen **112** 264; Verzicht **20** 1432, 1455; vorzeitiger **20** 1385 ff.
Zugewinngemeinschaft als gesetzlicher Güterstand **20** 1363; vorzeitige Aufhebung **20** 1385 f.
Zugmaschinen, Personenbeförderung **35a** 21
Zuhälterei 85 181a
Zuhörer, Maßnahmen gegen **95** 177 f.
Zulässigkeit von Fragen an Zeugen und Sachverständige **90** 242; der Klage, Rüge **100** 282, verspätete **100** 296, Verhandlung über **100** 280, Zurückverweisung bei Entscheidung über **100** 538; der Musterfeststellungsklage **100** 606; des Rechtswegs **83** 48; **95** 13; der Revision **90** 333 ff.; von verspätetem Vorbringen **100** 296; der Wiederaufnahme des Verfahrens **90** 362
Zulassung zu ärztlichen und anderen Heilberufen **1** 74; von Kraftfahrzeugen **35** 1, internetbasiertes Verfahren **35** 6g; verspäteter Kündigungsschutzklagen **84** 5
Zulassungsbeschwerde 112 61
Zulassungsgebühren, Beitreibung **122** 1
Zumutbarkeit der einstweiligen Einstellung der Zwangsversteigerung **108** 30a; der Stundung des Pflichtteilsanspruchs **20** 2331a
Zurechnungsfähigkeit *s. Schuldfähigkeit, Schuldunfähigkeit*
Zurückbehaltungsrecht 20 273 f., 772 f.; Absonderungsrecht im Insolvenzverfahren **110** 51; Aufwendungen der Erben **110**

323; des Besitzers **20** 1000; des Erbschaftsbesitzers **20** 2022; des Finders **20** 972; des Gläubigers **100** 777; des Handelsvertreters **50** 88a; und Hemmung der Verjährung **20** 205; kaufmännisches **50** 369 ff.; bei Kosten **120** 9; des Mieters von Wohnraum **20** 556b; nach Verjährungseintritt **20** 215; an Vollmachtsurkunde **20** 175; Zuständigkeit bei Streit über **95** 23
Zurücknahme von Anträgen, Gebühren **119** Anl. 1 Nr. 14401; des Antrags auf Entschädigung im Strafverfahren **90** 404, auf streitiges Verfahren **100** 696; eines Auftrags, Gerichtsvollzieherkosten **123** Anl.; des Einspruchs gegen Strafbefehl **90** 411; der öffentlichen Klage **90** 153b, 156; der Revision **100** 565; des Strafantrags **85** 77d, Gebühren **115** Anl. 1 Nr. 3200
Zurückverweisung in ersten Rechtszug **90** 328; **100** 538; Gebühren **119** 57; in zweiten Rechtszug **90** 354; **100** 563, 566
Zurückweisung von Angriffs- und Verteidigungsmitteln **100** 296 f.; von Anträgen, Gebühren **119** Anl. 1 Nr. 14400; der Berufung **100** 522; einer Erklärung **20** 353; eines Gebotes bei Zwangsversteigerung **108** 71; eines Rechtes durch einen Dritten **20** 333; von Rechtsgeschäften **20** 111, 174
Zurückweisungsbeschlüsse, Übergangsvorschrift **101** 38a
Zurückweisungshaft, Vorrang der U-Haft-Vollstreckung **90** 116b
Zurückzahlung zuviel gezahlter Kosten **119** 90
Zusammenhang des Anspruchs mit Gegenanspruch **100** 302; von Strafsachen, Verbindung in der Hauptverhandlung **90** 237
Zusammenrechnung des Werts mehrerer Ansprüche **100** 5
Zusammenrottung **21** 108; bei Haus- und Landfriedensbruch **85** 124 f.
Zusammenschluss, Koalitionsfreiheit **1** 9; von Unternehmen **74** 37, Kontrolle **74** 35 ff., 186 ff., Verfahren **74** 40 ff., Meldepflichten **74** 39 f., 186, Ministererlaubnis **74** 42, Untersagung **74** 40, 186, Verbot des Vollzugs **74** 41
Zusammentreffen von Strafmilderungsgründen **85** 50
Zusammentritt des Bundestages **1** 39, 122
Zusatzgebühren für besonders umfangreiche Beweisaufnahmen, Rechtsanwaltsgebühren **117** Anl. 1 Nr. 1010; des Notars **119** Anl. 1 Nr. 26000 ff.
Zuschlag, Gefahrübergang auf Ersteher **108** 56; Kosten des Beschlusses **108** 58; Versagung **108** 74a f., 83; bei Versteigerung **20** 156; im Zwangsversteigerungstermin **108** 74, 79 ff., 90, Beschwerde gegen Erteilung **108** 95; bei Zwangsvollstreckung, Versagung **108** 85a
Zuschreibung von Grundstücken **20** 1131
Zuschüsse des Bundes **1** 120
Zustand einer Sache, Feststellung bei Nießbrauch **20** 1034
Zuständigkeit in Abstammungssachen **112** 170; in Adoptionssachen **112** 187; der Amtsgerichte, Wertgrenze **95** 23; Änderung vor Hauptverhandlung **90** 225a; der Arbeitsgerichte **83** 2 ff., 8, 48, Festlegung im Tarifvertrag **83** 48, örtliche **83** 82; bei Aufgebot des Schiffshypothekengläubigers **112** 452; für Aufgebot des Grundstückseigentümers **112** 442, des Hypotheken-, Grundschuld- oder Rentenschuldgläubigers **112** 447, der Nachlassgläubiger **112** 454, des Schiffseigentümers **112** 446, betreffend Urkunden **112** 466; ausschließliche nach GWB **74** 87, 92, 171; Bescheinigungen über inländische Titel **100** 1110 f.; bei Beschlagnahmen wegen Verletzung von Kennzeichenrechten **72** 148; Bestellung eines Pflichtverteidigers **90** 142, der psychosozialen Prozessbegleitung **90** 406g; Bestimmung des Gerichts **100** 36; **101** 9; in Betreuungssachen **112** 272 f., 341; der deutschen Gerichte nach FamFG **112** 105 f., bei Verfahren mit Auslandsbezug **112** 98 ff.; in Ehewohnungssachen und Haushaltssachen **112** 201 f.; für einstweilige Anordnung nach FamFG **112** 50; für einstweilige Verfügung **100** 943; bei Entziehung der Rechtsfähigkeit eines Vereins **20** 44; Erinnerung gegen Beitreibung nach dem JBeitrG **122** 8; für Erklärung der Mündelsicherheit von Wertpapieren **20** 1807 mit Anm.; für Eröffnung des Hauptverfahren **90** 209; nach FamFG **112** 2; in Freiheitsentziehungssachen **112** 416; der Gerichte, Änderung **85a** 312, nach dem UWG **73** 14 f.; zur Gesetzgebung **1** 70 ff.; grenzüberschreitende vorläufige Kontenpfändung **100** 946 ff., Richtervorbehalt **96** 20; für Güterrechtsregistereintragungen **20** 1558; in Güterrechtssachen **112** 262 f.; für Haftentscheidungen **90** 125; Haftprüfung bei langer Dauer **90** 121 f.; für Insolvenzverfahren **110** 2 ff., 315, 348; im internationalen Insolvenzrecht **110a** 102, 102c; Jugendstrafvollzug **89** 93; der Kartellbehörden **74** 55; in Kindschaftssachen **112** 152; für Klagen aus HaftpflichtG **33** 14; in Nachlass- und Teilungssachen **112** 343 f.;

des Notars **23** 63; 112 492; der ordentlichen Gerichte **95** 13, 17c; örtliche in Abstammungssachen 112 170, in Adoptionssachen **112** 187, im arbeitsrechtlichen Beschlussverfahren **83** 82, in Ehesachen **112** 122, in Familiensachen **112** 2, in Gewaltschutzsachen **112** 211, in Insolvenzverfahren **110** 3 ff., in Nachlass- und Teilungssachen **112** 343 f., der Staatsanwaltschaften **95** 143, bei Verkehrsunfällen **35** 20, in Vollstreckungsabwehrklagen **100** 1086, 1117; nach dem OWiG **94** 35 ff., 131; Rechtsbehelfe wegen Fehlens der **100** 513; der Rechtspfleger **96** 3 f.; für Registersachen **112** 376 f.; der Richter nach JGG **89** 42; sachliche *s. dort;* des Schiedsgerichts **100** 1040; bei Schiedsverfahren **100** 1062; in sonstigen Familiensachen **112** 267; im Straßenverkehr **35a** 44; nach dem StVG **35** 26; nach dem UKlaG **105** 6; in Unterbringungssachen **112** 313 f.; in Unterhaltssachen **112** 232 f., 260; für unternehmensrechtliche Verfahren **112** 376 f.; nach dem UrhG **65** 104 ff., 111b f.; in Vereinssachen **20** 29, 37, 44, 60, 66, 78; bei Verfolgung von Wirtschaftsstraftaten **88** 13; Vermögensauskunft **100** 802e; in Versorgungsausgleichssachen **112** 218; Vollstreckung nach dem JGG **89** 84; für Vollstreckungklausel nach Bestätigung der Dispache **112** 409; in weiteren Angelegenheiten der freiwilligen Gerichtsbarkeit **112** 411; Wertfestsetzung zur Bestimmung der **115** 62; *s. a. Gerichtsstand*

Zuständigkeitsvereinbarung 100 38 ff.

Zustellung von Amts wegen **100** 270, 693, in Gewaltschutzsachen **112** 214; des Anerkenntnisurteils **100** 310; der Anklageschrift **90** 201; von Anwalt zu Anwalt **100** 133; in der Arbeitsgerichtsbarkeit **83** 9, 50; im Ausland **100** 183; im Berufungsrechtszug **90** 316; der Berufungsschrift und -begründung **100** 521; von Beschlüssen **100** 329; auf Betreiben der Parteien durch Gerichtsvollzieher, Gebühren **123** Anl. Nr. 100 ff.; Bevollmächtigung zur Empfangnahme von **90** 116a; von Entscheidungen **90** 35 ff.; in der Europäischen Union (VO (EU) 2020/84) **100** 1067 ff.; von Gerichtsentscheidungen, Fristenberechnung **90** 37; im Insolvenzverfahren **110** 8, 307; nach dem JBeitrG **122** 3; der Klageschrift **100** 271, 274, 498; der Ladung **100** 274; in Markenangelegenheiten **72** 94; öffentliche **100** 185 ff., 841, 875, im Strafverfahren **90** 40; nach OWiG **94** 51; eines Pfändungs- und Überweisungsbeschlusses **100** 829; durch die Post **100** 1068; Rechtshilfe **95** 160; im Revisionsrechtszug **90** 343; **100** 550; an Staatsanwaltschaft **90** 41, im Strafprozess **90** 145a; des Urteils **100** 317, 517 f.; unter Vermittlung des Urkundsbeamten der Geschäftsstelle **100** 829; des Versäumnisurteils **100** 310; von Willenserklärungen **20** 132; nach der ZPO **100** 166 ff., auf Betreiben der Parteien **100** 191 ff., elektronische Dokumente **100** 173, 193a, Ersatzzustellung **100** 178 ff., Ort **100** 177; in der Zwangsversteigerung **108** 41; im Zwangsversteigerungsverfahren **108** 3 ff., 32, 88

Zustellungsanträge ausländischer Gerichte, Zuständigkeit **96** 29

Zustellungsbeamte 95 154 f.

Zustellungsbevollmächtigte 90 116a, 132; Bestellung durch Rechtspfleger **96** 20; Klagen des **100** 34

Zustellungsformulare 100 190

Zustellungsmängel 100 189

Zustimmung zur Aufhebung von Rechten an Grundstücken **20** 876; Dritter zu Rechtsgeschäften **20** 182 ff.; eines Ehegatten zum Erwerbsgeschäft des anderen Ehegatten **20** 1456; des Eigentümers zur Löschung von Pfandrechten, Notargebühr **119** Anl. 1 Nr. 21201; Geschäftswert **119** 98; des Grundstückseigentümers zur Rangänderung **20** 880, bei Verfügung über Erbbaurecht **41** 5 ff., 15; zum Insolvenzplan **110** 243 ff.; des Mieters auf Mietzinserhöhung **20** 558, 558b; zu Rechtsgeschäften des Ehegatten **20** 1426, bei Gütergemeinschaft **20** 1423 ff.; zur Veräußerung des Wohnungseigentums **37** 12, 46

Zutritt zu Bundestagssitzungen **1** 43

Zuweisung eines landwirtschaftlichen Betriebes **108** 185

Zuweisungssachen, betreuungsgerichtliche, Geschäftswert **119** 63

Zuwendungen 20 516; Ausgleichung **20** 2050, 2053 f., 2056; unter Ehegatten, Anrechnung auf Ausgleichsforderung **20** 1380; an Kinder **20** 1638; letztwillige **20** 1939 f.; an Minderjährige, Pflegschaft **20** 1909; unentgeltliche **20** 330, 516, bei ungerechtfertigter Bereicherung **20** 822; Verzicht **20** 2352

Zuwiderhandlungen gegen jugendrichterliche Weisungen **89** 11; Verwirkung der Vertragsstrafe **20** 339

Zwangs- oder Ordnungsmittel, Anordnung, Gebühren **119** Anl. 1 Nr. 18003; Festsetzung, Gebühren **119** Anl. 1 Nr. 13310

Zwangsarbeit, Strafbarkeit **85** 232b; Verbot **1** 12
Zwangsgeld, Beitreibung **122** 1; zur Erwirkung einer Handlung **100** 888; zur Erzwingung einer Anmeldung **50** 14; gegen Gegenvormund **20** 1837; gegen Liquidatoren und Vorstandsmitglieder **20** 78; bei unkorrekten Geschäftsbriefen **50** 37a; wegen Unterlassung von Anmeldungen zum Handelsregister **50** 14; gegen Verleger von öffentlichen Bekanntmachung **90** 463c; gegen Vormund **20** 1788; gegen Vorstand der AG **51** 407, einer Genossenschaft **53** 160; gegen Zwangsverwalter **108** 153
Zwangsgeldverfahren 112 388 ff.
Zwangshaft zur Erwirkung einer Handlung **100** 888; zur Erzwingung des Zeugnisses **100** 390; Kosten **115** Anl. 1 Nr. 9010; **118** Anl. 1 Nr. 2008, in Familiensachen **118** Anl. 1 Nr. 2008
Zwangsheirat, Strafbarkeit **85** 237; Übergangsvorschriften **21** Art. 229 § 26
Zwangshypothek 100 867; für Ansprüche nach JBeitrG **122** 4
Zwangslage, Nichtigkeit einer Willenserklärung bei Ausbeutung einer **20** 138
Zwangsmittel 100 888; Anwendung in Familiensachen **112** 35, in der freiwilligen Gerichtsbarkeit **112** 35; Beschwerde **90** 305; keine Gewalt gegen Kinder **112** 90; Vollstreckung durch Rechtspfleger **96** 31; Vorschriften **85a** 5 ff.
Zwangsprostitution, Strafbarkeit **85** 232a
Zwangsrechte 21 74
Zwangsversteigerung 20 450 f., 882; **108**; Anordnung der Versteigerung **108** 15 ff.; Aufhebung und Verfahren **108** 28 ff., 75 ff., 86; Ausführung des Teilungsplans **108** 117 f.; von ausländischen Schiffen **108** 171; wegen bedingter Ansprüche **108** 14; Benachrichtigung des persönlichen Schuldners **20** 1166; Beschwerde **108** 95 ff., Gebühren **115** Anl. 1 Nr. 2240 ff.; bestehen bleibende Rechte **108** 52; Dauerwohnrecht **37** 39; Einstellung des Verfahrens wegen Gefährdung des Kindeswohls **108** 180; des Erbbaurechts **41** 24; erneute Einstellung **108** 30c; Ersteher eines Grundstücks als Rechtsnachfolger **100** 325; Gebühren **115** Anl. 1 Nr. 2210 bis 2216; Gefahrübergang **108** 56; zur Gemeinschaftsaufhebung **108** 180 ff.; Gesamtausgebot mehrerer Grundstücke **108** 112; eines Grundstücks **108** 15 ff., Eintragung des Schuldners **108** 17; im Insolvenzverfahren **108** 172 ff.; Kosten **115** 1, Fälligkeit der Gebühren **115** 7, Haftung für **115** 26, Vorschuss und Vorauszahlung **115** 15; von Luftfahrzeugen **108** 171a ff.; mehrerer Grundstücke **108** 18; zur Nachlassauseinandersetzung **108** 175 ff.; Rangordnung **108** 10 ff.; Rechtsanwaltsgebühren **117** 26 f., Anl. 1 Nr. 3311 f.; von Schiffen und Schiffsbauwerken **100** 931; **108** 162 ff.; Streitwertberechnung **115** 54, 56; bei Teilung einer Gemeinschaft **20** 753; unbekannte Berechtigte **108** 126, 135; Versagung des Zuschlags **108** 33; versicherte Sache **62** 99; Versteigerung **108** 66 ff.; Versteigerungsbedingungen **108** 44 ff., 82; Verteilung des Erlöses **108** 105 ff.; Verwaltung des Grundstücks durch Schuldner **108** 24; wiederkehrende Leistungen **108** 46 f.; Zustellung im Verfahren **108** 32; Zwangsvollstreckung durch **100** 866, 869, 870a
Zwangsverwalter 108 150 ff., 152 ff.; keine Vergütung nach RVG **117** 1
Zwangsverwaltung 108; Anordnung nach versuchter Zwangsversteigerung **108** 77; Aufhebung **108** 161, der einstweiligen Einstellung **108** 153c; außergerichtliche Verteilung **108** 160; Beschwerden, Gebühren **115** Anl. 1 Nr. 2240 ff.; und Eigentümergrundschuld **20** 1197; Gebühren **115** Anl. 1 Nr. 2220 f.; gerichtliche **20** 1052, 1054; eines Grundstücks **100** 866, 869; **108** 146 ff.; im Insolvenzverfahren **108** 172 ff.; Kosten **115** 1, Fälligkeit der Gebühren **115** 7, Vorschuss und Vorauszahlung **115** 15; Kostenhaftung **115** 26; Rangordnung **108** 10 ff.; Streitwertberechnung **115** 55
Zwangsvollstreckung 100 704 ff.; Ablösungsrecht **20** 268; im Ausland bei Unterhaltstiteln **112** 245; Ausschluss vom Bieten **20** 450; zur Befriedigung des Hypothekengläubigers **20** 1147, des Pfandgläubigers bei Pfandrecht an Rechten **20** 1277; aus Beschlüssen der Arbeitsgerichte **83** 85; Beschränkungen **100** 765a, 775, 811, 811b, 811c, 851a f.; Beschwerden, Gebühren **115** Anl. 1 Nr. 2120 ff.; in bewegliches Vermögen **100** 811; in Bruchteil eines Grundstücks oder Schiffs **100** 864; gegen jeweiligen Eigentümer des Grundstücks **100** 800, des Schiffes **100** 800a; Einstellung **100** 707, 769, 775 f.; Einwendungen gegen Art und Weise **100** 766; in Erbbaurecht **41** 8, 24; nach Erbfall **110** 321; erster Rechtszug, Gebühren **115** Anl. 1 Nr. 2110 bis 2117; Erwerb von Rechten durch **20** 2016; zur Erwirkung der Herausgabe von Sachen und Handlungen oder Unterlassungen **100** 883 ff.; aus europäischen Titeln **100** 794; aus dem Europäi-

schen Zahlungsbefehl **100** 1093 ff.; in Forderungen und andere Vermögensrechte **100** 828 ff.; bei fortgesetzter Eigentums- und Vermögensgemeinschaft **100** 744a; Fortsetzung **100** 751; Gebühren bei Anträgen vor dem Finanzgericht **115** Anl. 1 Nr. 6301, vor dem Verwaltungsgericht **115** Anl. 1 Nr. 5301; wegen Geldforderungen **100** 802a ff.; und Genehmigung des Rechtsgeschäfts **20** 184; Gerichtsstand **100** 802; bei geringfügigen Forderungen **100** 1105 ff.; gegen Gesellschafter der OHG **50** 129; in Grundstück mit Belastung durch Erbbaurecht **41** 25; gegen Hauptschuldner **20** 772; in eine Heimstätte **100** Anm. zu 866; bei Insolvenzverfahren **110** 88 ff.; gegen juristische Personen des öffentlichen Rechts **100** 882a; **101** 15; Kaufverträge im Rahmen der **20** 312; in körperliche Sachen **100** 808 ff.; Kosten und Gebühren **100** 788, der Gerichtsvollzieher **123**, Verjährung **20** 197; aus Kostenentscheidungen **122**; Kostenvorschuss **115** 12; bei Leistung Zug um Zug **100** 756; bei Marken **72** 29, 154; in Nachlass **20** 1984, 1990, 2213; aus Räumungsvergleich **100** 794a; Rechtsbeschwerden, Gebühren **115** Anl. 1 Nr. 2122 ff.; Sachaufklärungsreform **101** 39; in Schiffe **100** 847a, 864, 870a; in die Schiffspart **100** 858; während Schwebezeit der Bedingung **20** 161; ohne Sicherheit **100** 720a; sofortige Beschwerde **100** 793; strafbare Vereitelung der **85** 136, 288; Übergangsvorschriften **101** 22; in unbewegliches Vermögen **100** 864 ff.; zur Unzeit **100** 758a; in Urheberrechtssachen **65** 112 ff.; aus Urteilen der Arbeitsgerichte **83** 62; gegen Veräußerungsverbot **20** 135 f.; Verfügung im Wege der **20** 135; aus Vergleichen **83** 109, und Sprüchen des Ausschusses der Handwerksinnung **83** 111; Versagung des Zuschlags **108** 85a; Verteilungsverfahren **100** 872 ff.; Verweigerung, Aussetzung oder Beschränkung, Gebühren **115** Anl. 1 Nr. 2119; Verwendung des Erlöses bei PKH **123** 15; Vollmachtsnachweis **100** 753a; Vollstreckungsabwehrklage **100** 786a; aus Vollstreckungsbescheid **100** 794; Vollstreckungsklausel **100** 724 f.; Voraussetzungen des Beginns **100** 750 f.; Vorbereitung **119** Anl. 1 Nr. 23800 ff., Geschäftswert **119** 118; Vorbereitung der grenzüberschreitenden **115** Anl. 1 Nr. 1510; bei Vorerbfolge **20** 2115; und Vormerkung **20** 883; bei Wahlschulden **20** 264; Wartefrist vor Beginn **100** 798; Widerspruchsrecht des Ehegatten bei Gütergemeinschaft **20** 1455; und Wiederkauf **20** 458; wiederkehrende Leistungen **108** 13, 30a; in Wohnraum **100** 721; bei Zug-um-Zug-Leistungen **20** 274, 322; Zuständigkeit des Rechtspflegers **96** 20, des Richters **96** 20; *s. a. Vollstreckung*

Zweckänderung einer Stiftung **20** 87

Zweckvermögen, Pflegschaft **20** 1914

Zweige, Hinüberragen **20** 910

Zweigniederlassung im Firmenrecht **50** 30; einer Genossenschaft **53** 14; einer GmbH im Ausland **50** 13g; von Kapitalgesellschaften mit Sitz im Ausland **50** 13e ff.; von Unternehmen **50** 13

Zwischenräume zwischen Grundstücken **20** 921

Zwischenscheine 51 72, 191, 219; beschädigte **51** 74; Eintragung in Aktienregister **51** 67; Kraftloserklärung **51** 72; Nichtigkeit **51** 10; Übertragung **51** 68; Unterzeichnung **51** 13; Verbot der Ausgabe **51** 41

Zwischenstaatliche Einrichtungen, Übertragung von Hoheitsrechten **1** 24

Zwischenstreit bei der Beweisaufnahme **100** 366; Versäumnisurteil über **100** 347

Zwischenurteil 83 61; **100** 71, 280, 303; Bindung des Gerichts **100** 318; über Grund **100** 304; Übertragung auf Einzelrichter **100** 348a; über Zeugnisverweigerungsrecht **100** 387

Zwischenverdienst, Anrechnung bei Fortsetzung des Arbeitsverhältnisses **84** 11

Zwischenzinsen 20 272, 1133, 1217; bei ungerechtfertigter Bereicherung **20** 813

Für handschriftliche Notizen

Für handschriftliche Notizen

Für handschriftliche Notizen

Für handschriftliche Notizen

Für handschriftliche Notizen

Für handschriftliche Notizen

Für handschriftliche Notizen

Für handschriftliche Notizen

Für handschriftliche Notizen

Für handschriftliche Notizen

Für handschriftliche Notizen

Für handschriftliche Notizen

Für handschriftliche Notizen

Für handschriftliche Notizen

Für handschriftliche Notizen

Für handschriftliche Notizen

Für handschriftliche Notizen

Für handschriftliche Notizen

Für handschriftliche Notizen

Für handschriftliche Notizen

Für handschriftliche Notizen

Für handschriftliche Notizen

Für handschriftliche Notizen

Für handschriftliche Notizen

Für handschriftliche Notizen

Für handschriftliche Notizen

Für handschriftliche Notizen

Für handschriftliche Notizen

Habersack-Schnellübersicht

Stand: September 2022

(E = Ergänzungsband)

AbgabenO (Auszug)	**88 b (E)**
AdoptionsvermittlungsG	**45 i (E)**
AGG	**34**
AktienG mit EG	**51, 51 a**
AnfechtungsG	**111**
Arbeitnehmer-überlassungsG	**84 a (E)**
ArbeitsgerichtsG	**83**
ArbeitszeitG	**78 (E)**
Artikel 10-Gesetz	**90 f (E)**
AufwendungsausgleichsG	**80 a (E)**
AVAG	**103 a (E)**
BaufordSichG	**32 (E)**
BeratungshilfeG	**98 b (E)**
BerechnungsV	**30 b (E)**
BerufsO für RA	**98/1 (E)**
BetäubungsmittelG	**86 (E)**
VerschreibungsV	**86 a (E)**
BetreuungsvergütungsG	**49 b (E)**
BetriebskostenV	**30 b/1 (E)**
BetriebsverfassungsG	**82 (E)**
BeurkundungsG	**23**
Beweisaufnahme, VO (EG)	**103 d (E)**
Bildnisschutz, UrheberR	**67**
BuchpreisbindungsG	**66 a (E)**
BundesnotarO	**98 a (E)**
BundesrechtsanwaltsO	**98 (E)**
BundesurlaubsG	**80 b (E)**
BundeszentralregisterG	**92**
Bürgerliches Gesetzbuch mit EG	**20, 21**
BußgeldkatalogV	**94 a (E)**
CISG	**50 c (E)**
COVID-19	**52 d, 110 d**
DepotG	**59 (E)**
DesignG	**69 (E)**
Deutsches RichterG	**97 (E)**
DrittelbeteiligungsG	**82 d (E)**
Ehesachen, VO (EG)	**103 b (E)**
Elterngeld/zeitG	**45 e (E)**
EMRK (Auszug)	**2 (E)**
EntgeltfortzG	**80 (E)**
EntschädigungsG für Strafverfolgung	**93 (E)**
ErbbauRG	**41**
Erbsachen, VO (EU)	**21 e (E)**
ESÜ	**103 m (E)**
EuGüVO	**103 i (E)**
EuPortVO	**103 k (E)**
Europäisches Mahn-verfahren, VO (EG)	**103 g (E)**
FachanwaltsO	**98/2 (E)**
FahrerlaubnisV	**35 d (E)**

Habersack-Schnellübersicht

Stand: September 2022

(E = Ergänzungsband)

FamFG	**112**
FamGKG	**118**
FamilienrechtsverfahrensG	**103 n (E)**
Fluggäste, VO (EG)	**36 a (E)**
GebrauchsmusterG	**71 (E)**
GeldwäscheG	**88 a (E)**
GenossenschaftsG	**53**
GeschäftsgeheimnisG	**75 (E)**
GerichtskostenG	**115**
Gerichts- und NotarkostenG	**119**
GerichtsverfassungsG mit EG	**95, 95 a**
Gerichtsvollzieher, GVO	**109 a (E)**
Geschäftsanweisung	**109 (E)**
KostG	**123**
Geringfügige Forderungen, VO (E)	**103 e (E)**
GewaltschutzG	**49 (E)**
GmbH-Gesetz mit EG	**52, 52/1**
GrundbuchO	**114**
Grundgesetz	**1**
GrundstückverkehrsG	**40 (E)**
GWB	**74**
HaftpflichtG	**33**
HandelsregisterVO	**50 d (E)**
GebührenV	**50 f (E)**
HeizkostenV	**30 c (E)**
HGB (Auszug) mit EG	**50, 50 a**
HKÜ	**103 l (E)**
Insolvenzordnung	**110**
mit EG (Auszug)	**110 a**
InsolvenzVO (EU)	**110 b (E)**
IntErbRVG	**103 p (E)**
IntGüterrechtsVG	**103 q (E)**
Int. Rechtshilfe, Strafsachen	**90 h (E)**
JugendgerichtsG	**89**
JustizbeitreibungsG	**122**
Justizvergütungs- und -entschädigungsG	**116**
JVKostG	**120**
KartellG	**74**
Kindergeld	**45 a, 45 b (E)**
Kinder- und Jugendhilfe	**46 (E)**
Kontenpfändung, VO (EU)	**103 h (E)**
KündigungsschutzG	**84**
KunstUrheberG	**67**
LandpachtverkehrsG	**39 (E)**
LPartG	**43 (E)**
LohnfortzG	**80 a (E)**
LuftverkehrsG (Auszug)	**36 (E)**
LwVG	**39 a (E)**

Habersack-Schnellübersicht

Stand: September 2022

(E = Ergänzungsband)

Makler- u. BauträgerV **32 a (E)**
MarkenG **72**
MarkenV **72 a (E)**
MediationsG **106**
MindestlohnG **80 c (E)**
Mitbestimmung **82 a ff. (E)**
Mitteilungen Strafsachen **90 c (E)**
Mitteilungen Zivilsachen **101 a (E)**
MutterschutzG **79 (E)**

NachweisG **78 a (E)**
Notarordnung **98 a (E)**

OpferentschädigungsG **93 a (E)**
OrdnungswidrigkeitenG **94**

PachtkreditG **42 (E)**
PartnerschaftsgesellschaftsG **50 b**
PatentG **70 (E)**
  PatentkostenG **70 b (E)**
  PatentV **70 a (E)**
  Vertretergebühren-ErstattungsG **70 c (E)**
PersonenstandsG **113 (E)**
PflichtversicherungsG (Auszug) mit VO **63, 63 a**
PreisangabenV **73 a (E)**
PreisklauselG **73 b (E)**
ProdukthaftungsG **27**
ProstitutionsG **29 a (E)**
PublizitätsG **52 b**

RechtsanwaltsO **98 (E)**
RechtsanwaltsvergütungsG **117**
Rechtsanwaltsverzeichnis- und -postfachV **98/3 (E)**
RechtsdienstleistungsG mit EG **99, 99 a (E)**
RechtspflegerG **96**
RechtsprechungseinheitsG **95 b (E)**
REITG **57 (E)**
RichterG **97 (E)**
RiStBV **90 e (E)**
Rom I–III, VOen (EG) **21 a–21 c**

ScheckG **56 (E)**
SchlichtungsG der Länder **104–104 h (E)**
Schuldnerverzeichnis **102, 102 a**
Schwarzarbeits-bekämpfungsG **94 b (E)**
SGB VIII **46 (E)**
SpruchG **51 b (E)**
Strafgesetzbuch mit EG **85, 85 a**
StrafprozeßO mit EG **90, 90 a**
Strafverfolgungsmaßnahmen, EntschG **93 (E)**
StrafvollstreckungsO **90 d (E)**

Habersack-Schnellübersicht

Stand: September 2022

(E = Ergänzungsband)

StrafvollzugsG **91 (E)**
Straßenverkehr: StVG **35**
  StVO **35 a**
  StVZO (Auszug) **35 b (E)**
  Autobahn-RichtgeschwV **35 c (E)**
  PflVG **63**

TarifvertragG **81 (E)**
Teilzeit/BefristungsG **78 b (E)**

UmwandlG **52 a**
UmwelthaftungsG **28**
UN-Kaufrecht **50 c (E)**
Unl. Wettbewerb, G **73**
Unterhaltsrichtlinien **47–47 t (E)**
Unterhaltssachen, VO (EG) **21 d (E)**
UnterhaltsvorschussG **45 d (E)**
UnterlassungsklagenG **105**
UnternehmensregisterV **50 e (E)**
Untersuchungshaftvollzugs O **91 a (E)**
UrheberrechtsG **65**
  Photographie **67**
  Muster und Modelle **69 (E)**

VerbraucherSBG **107 (E)**
VerlagsG **66 (E)**
VermögensverzeichnisV **102 b**
VerschollenheitsG **45 (E)**
Versicherungsbedingungen **62 c ff. (E)**
VersicherungsvertragsG mit EG **62, 62 a**
VersorgAusglG **48**
VerwertungsgesellschaftenG **65 a (E)**
VOB/B **32 c (E)**
Vollstreckung, VO (EU) **103 (E)**
  AusführungsG **103 a (E)**
Vollstreckungstitel, europ. **103 f (E)**
VormündervergütungsG **49 b (E)**

WärmelieferV **30 e (E)**
WechselG **54 (E)**
WertpapierhandelsG **58 (E)**
Wettbewerbsbeschränkungs G **74**
WirtschaftsstrafG **88**
WohnflächenV **30 d (E)**
Wohn- und Betreuungs-vertragsG **30 a (E)**
WohnungseigentumsG **37**
WohnungsvermittlungsG **31 (E)**

ZentralregisterG **92**
ZeugenschutzG **90 b (E)**
ZivilprozessO mit EG **100, 101**
Zustellung, VO (EG) **103 c (E)**
ZwangsversteigerungsG **108**